제2판

교정학

7·9급 승진·특채·공채 수험용

김상균 · 송병호 · 신석환

박영사

제 2 판 머 리 말

현대사회가 지식정보화사회를 넘어 IoT를 기반으로 하는 4차산업혁명의 시대
가 도래하고 있다. 첨단과학기술의 발전으로 인간의 가치관과 생활양식도 급변하
고 있는 시대에 살고 있다. 전통적인 범죄라고 할 수 있는 살인, 강도, 강간, 방화,
폭력과 같은 범죄는 물론이고 과학기술을 이용한 첨단범죄도 증가하고 있는 실정
이다.

국가의 형사정책도 첨단과학기술을 이용한 범죄통제전략이 필요한 시점이다.
범죄자와 범죄의 증거를 발견하고 수집, 보전하는 수사는 물론이고 범죄자를 구금
하고 통제하는 교정의 전략도 전통적인 교정정책에서 첨단기법을 활용한 교정으로
의 재편이 필요하다. 이에 발생한 범죄에 대응하는 수사활동도 중요하지만 범죄자
를 교정하고 재범을 방지하는 교정교화정책의 중요성이 더욱 부각되고 있는 실정
이다. 국가의 형사정책도 범죄자의 처벌과 범죄억제를 위한 제도적 모색을 위해
많은 노력을 기울이고 있다. 특히 형사사법의 마지막 단계인 교정기관에서는 교정
의 목적을 달성하기 위해 다각도로 대안을 모색함은 물론이고 다양한 연구를 통하
여 교정단계에서 효과적으로 대응하고 수용자의 기본적 인권을 고려한 관리방안을
강구해오고 있으며 우수한 교정공무원을 선발하여 교정의 획기적인 발전을 꾀하고
있다. 특히 2008년에 행형법의 전면개정을 통하여 교정분야의 혁신을 가져오고
있다.

현대교정의 목적이 수형자의 건전한 사회복귀와 재사회화를 위한 교정처우를
하는 데 있다는 점에는 의문의 여지가 없다. 교정목적을 실현하기 위한 대상은 자
유형집행자 외에도 노역장유치, 사형확정자, 보안처분, 보호처분, 미결수용자 및
사회내 처우대상자까지도 포함하는 광의의 교정개념으로 확장되고 있다. 특히 교
정은 형벌의 확실한 집행은 물론 범죄자의 엄격한 처벌과 수용시설을 운용하는 그
이상의 의미를 내포하고 있기 때문에 실무뿐 아니라 학문적으로도 날로 그 중요성

이 더해지고 있다. 수형자를 어떻게 교정하고 교화할 것인가는 재범을 억제하는 그 이상의 의미를 가지고 있는 중요한 국가의 형사정책적 역할이다.

이에 따라 본 교재는 「행형법」이 2008년 12월 「형의 집행 및 수용자처우에 관한 법률」로 전면 개정됨에 따라 관련 법률과 시행령, 시행규칙 등 새로운 법체계를 기준으로 집필하였고, 금번 개정한 교재에는 그간 변경된 법령을 중심으로 수정·보완하였으며, 최근 교정공무원시험에 출제되었거나 출제될 가능성이 많은 문제들을 다수 수록하여 독자들이 쉽게 접할 수 있도록 하였다.

본 교재는 대학에서 교정학을 공부하는 학생들에게 기본교재로서 손색이 없도록 내용을 충실하게 기술하였으며, 교정직과 보호직 공무원을 준비하고 있는 수험생에게도 수험용 기본교재로 사용할 수 있도록 기초이론에서 최신 학설, 최근 기출된 문제와 출제경향을 완벽히 분석하여 광범위한 내용을 일목요연하게 정리하여 집필하였다.

본 교재는 이론과 실무 경험을 가지고 있는 세 명의 저자가 공무원시험 출제경험과 실무에서 경험한 자료, 강단에서 수년간 강의를 하면서 수집해 두었던 강의노트를 정리하여 교재로 집필한 만큼 독자들에게 다양한 정보와 알찬 지식을 전달하는 데 최선을 다하였음을 자신한다. 아무쪼록 본 교재를 접하는 많은 독자들이 자신들이 가지고 있는 꿈과 비전을 실현하는 데 조금이나마 보탬이 될 수 있으리라 확신한다.

이 책이 출간되는 데 도움을 주신 박영사 관계자 여러분께 감사를 드리며 원고 정리를 위해 수고하여 주신 모든 분들께 감사의 말씀을 드린다.

2017. 2.
저자 씀

차 례

chapter 1

행형과 교정

제 1 절   행형과 교정의 의의

1. 행형의 개념과 법원

1) 행형의 의의

⑴ 광의의 행형: 모든 종류의 형벌의 집행을 의미한다. 자유형의 집행은 물론 사형, 벌금형, 자격형의 집행뿐만 아니라 나아가 보안처분의 집행 등이 포함된다.

⑵ 협의의 행형: 자유박탈을 수반하는 형사제재조치의 집행만을 의미한다. 여기에는 자유형과 자유박탈을 수반하는 보안처분의 집행이 포함된다. 행형법의 규율내용이 주로 이에 해당한다.

⑶ 자유형의 집행 자체도 형집행 영역과 행형의 영역으로 구분할 수 있다. 이 경우 형집행은 자유형의 집행 '여부', 행형은 자유형의 집행 '방법'의 영역을 의미한다.

2) 행형의 법원

행형의 법원으로는 헌법과 형사소송법, 그리고 형법과 행형법 및 그 시행령 등을 들 수 있다. 행형은 형사절차의 마지막 단계를 구성하므로 형사절차에 관한 일반법이라 할 수 있는 형사소송법의 적용을 받는다. 또한 형사소송법은 '헌법의 구체적 응용'이라고 하여 헌법의 이념을 실현해야 하므로 형사절차의 전반에 걸쳐 헌법의 직·간접적 적용을 받는다.

3) 행형의 위치

⑴ 형벌의 집행은 형사절차 가운데 최종단계를 구성한다.

⑵ 이와 같이 형사사법의 마지막 단계가 형집행이라는 사실은 세 가지 의미를 갖는다.

① 형집행의 단계에서 비로소 형사사법이 갖는 제재수단이 현실화된다는 점이다.

② 형집행 이전단계의 형사절차에서 형성된 선지식들이 행형단계에서 여과 없이 그대로 수용될 위험이 있다.

③ 형집행은 형사사법의 최종단계이긴 하지만 단순히 이전단계인 형사입법과 형벌선고의 목적을 그대로 '수행'하는 단계로 이해될 수는 없고, 독자적 목적을 지닌 단계로 이해되어야 한다는 것이다. 이처럼 양면적 성격을 지닌 형집행의 위치는 이른바 '세 기둥 이론'(Drei-Saulen-Theorie)에서 보다 분명해진다.[1]

⑶ 행형은 형사법체계의 목적을 실현하기 위한 여러 가지 제재수단 가운데 최후수단으로서의 역할을 담당하여야 한다.

4) 교정의 의의

교정이란 범죄피의자나 수형자를 관리할 책임이 있는 조직, 시설 서비스 그리고 프로그램의 집합이라 할 수 있으며, 사회적 요구에 따라 유죄가 확정된 범죄자를 처벌하고, 그들이 장래 사회에 유용한 삶을 영위할 수 있도록 그들을 지역사회로 재통합시키기 위해 취해지는 행동으로 볼 수 있다. 또한 반사회적·반문화적·

---

1 록신(Roxin)에게서 비롯된 이른바 '세 기둥 이론'(Drei-Saulen-Theorie)에 따르면 형사법체계는 형벌위하, 형벌선고 및 형벌집행의 세 기둥으로 이루어진다고 하였다. 세 기둥 이론은 제3절 근대 행형의 발전과 성격에서 구체적으로 설명할 것이다.

반규범적 행위를 한 비행소년이나 범죄자의 일탈된 성격이나 행동 등을 바로잡아 재사회화시키는 일체의 활동을 의미한다.

5) 교정의 목적과 대상

⑴ 교정의 목적은 범죄인의 재사회화를 위한 각종 교정처우를 실시하는 데 있다.

⑵ 교정목적의 실현 대상범위에는 자유형 집행대상자(수형자) 이외에 노역장 유치자, 사형확정자, 미결수용자, 보안처분 및 보호처분의 대상자까지도 포함시켜야 할 것이다.

2. 행형과 교정의 구별

1) 협의와 광의의 행형

(1) 협의의 행형

① 확정 판결에 의하여 수형자에게 부과된 자유형을 집행하는 것을 말한다.

② 협의로는 자유형, 즉 징역형, 금고형, 구금형의 집행을 의미한다.

(2) 광의의 행형

「형의집행 및 수용자의 처우에 관한 법률」 이외에도 사형수형자의 수용과 그 집행, 노역장유치 및 미결수용까지 행형의 범주에 해당한다.

2) 행형과 교정의 동일 개념론

⑴ 실무상 행형이라는 용어와 교정행정 또는 교정이라는 용어가 많이 혼용되고 있지만 발생사적으로 구분할 수 있다.

⑵ 행형은 응보형주의하에서 구금확보기능을 위주로 하던 시대에 주로 사용되었던 용어이며, 교정은 근대 이후의 교육형주의가 대두됨에 따라 행형의 방향이 범죄인 교화·개선을 통한 사회복귀로 이행됨에 따라 사용된 개념이다.

⑶ 법적 근거는 행형법상 1961년 제1차 행형법개정에 의하여 형무소·형무관이라는 용어가 교도소·교도관으로 변경된 것을 들 수 있다. 그러나 우리 행형에 있어서 교육형 주의가 일반화된 이념이 되고 있으므로 행형이나 교정이나 그 의미, 내용은 동일하다고 볼 수 있다.

3) 행형과 교정의 구별개념론

(1) 법적 성격과 집행 목적 구별

① 행형은 교도소에서의 자유형의 집행만을 의미하고, 교정은 행형의 목적 내지는 이념이라고 할 수 있다.

② 행형은 자유형의 집행을 가리키는 말로서 교도소에서의 교정의 법적 성격을 나타내는 반면, 교정이란 자유형의 집행 목적(행형 목적)이 범죄인을 교육·개선시켜 재사회화시킴에 있다는 행형의 목적개념(이념)을 나타내는 것이다.

(2) 교정의 형식적·실질적 구별

① 행형과 교정을 동일개념으로 접근할 때 행형이라는 용어는 교정의 형식적·법률적 측면을 강조하는 것임에 반해 교정은 행형의 실질적·이념적 의미를 강조하는 표현이라고 할 수 있다.

② 행형의 개념에는 수형자의 교화개선이라는 목적 이외에 응보, 일반예방, 고통의 부과 또는 격리에 의한 특별예방 등 다른 목적까지 포괄할 수 있다.

③ 행형을 교정이라고 부를 때에는 수형자의 교화개선을 다른 목적보다 중요시하거나 이를 우선적으로 추구한다는 현대의 교정이념을 표현하는 것으로 보아야 한다.

④ 이 때문에 행형은 교정의 기초를 조성하는 법적 개념으로, 교정은 행형의 목적개념으로 상호 엄격히 구분하기도 한다. 그러나 전반적으로 행형과 교정을 혼용하여 사용하는 것이 일반적이다.

3. 행형학의 의의와 교정학과의 관계

행형이 자유형을 비롯한 자유박탈을 수반하는 형사제재의 집행을 의미한다면, 행형학은 자유박탈을 수반하는 형사제재의 집행에 관련하는 법률 및 그에 상응하는 법 현실에 대한 체계적 서술이다.

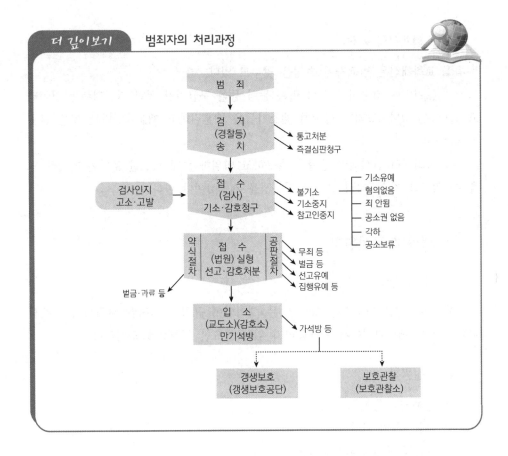

제 2 절 교정의 목적

1. 처벌의 목적과 교화 개선의 목적

1) 처벌의 목적

범죄자에 대한 형벌의 부과는 일반적으로 범죄자의 과거 설계행위에 초점을 맞추는 응보적(retributive) 정당성과 미래의 범죄예방에 초점을 맞추는 공리적(utilitarian) 정당성에서 그 합리성을 찾고 있다.

2) 교화개선의 목적

⑴ 교화개선은 범죄자에 초점을 맞추고 있다.

⑵ 잃어버린 기술이나 장비 또는 능력 등을 구금기간 동안 되돌려주는 것이라고 말할 수 있다. 그러나 단순히 재소자들을 재훈련하고 재교육한다는 것은 잘못된 인식이다.

⑶ 사회에서 건설적인 생활을 추구하고 영위하는 데 필요한 준비와 자격을 얻을 수 있도록 기술, 지식 그리고 전문성을 제공하여야 한다.

2. 행형의 구성원칙

1) 개   념

행형의 구성원칙(배종대, 2005: 76)은 행형법이 규정한 건전한 사회복귀인 재사회화 목적을 행형과정에서 구체화하기 위해 필요한 원칙들을 의미한다.

2) 구성원칙

(1) 법치국가 원칙
① 적법절차의 보장
② 사법적 구제장치의 보장

(2) 행형의 구체적 형성원칙
① 유사성의 원칙(행형에서의 생활은 일반적 생활관계와 가능한 한 유사하여야 한다.)
② 반작용의 원칙(자유박탈의 해악적 효과는 상쇄되어야 한다.)
③ 통합의 원칙(행형은 수형자가 자유 가운데서의 생활에 통합되는 데 도움이 될 것을 지향해야 한다.)

제 3 절 근대 행형의 발전과 성격

1. 행형의 이론적 고찰

1) '세 기둥 이론'의 내용

행형의 체계적 위치는 록신(Roxin)의 '세 기둥 이론'(Drei-Saulen-Theorie)으로 이해할 수 있다. 이 이론에 따르면 형사법체계는 형벌위하, 형벌선고 및 형벌집행의 세 기둥으로 이루어지며 다음과 같다.

⑴ 형벌위하는 형사입법을 통해 이루어지는데, 가벌적 행위의 불법과 책임을 확정하고 국가법질서가 허용하는 것과 금지하는 것을 분명히 하여 법익질서를 보호하는 일을 의미한다.

⑵ 형사재판을 통한 법관의 형벌선고에서는 범죄행위에 대한 사회윤리석 비난과 '책임상쇄,' 그리고 법질서의 보호가 주된 목적이 된다.

⑶ 형벌집행의 단계에서는 범죄자를 법공동체에 다시 편입시키는 특별예방적 관심이 주된 목적이 된다.

2) 이론의 평가와 과제

(1) 이론의 평가

① 전체 형사법체계를 세 영역으로 나누고 각 영역에 고유한 과제와 기능을 부여한 이 이론에 대해서는 형사법체계를 지나치게 단순화한다는 비판과 각 영역에서 여러 가지 과제가 중복된다는 사실을 외면한다는 비판이 제기된다.

② 전체 형사절차에서 중요한 몫을 차지하는 또 하나의 요소인 형사소추의 영역과 이를 담당하는 경찰기구, 그리고 그 근거가 되는 경찰관계법 및 이들이 추구하는 사회안전이라는 목표 등에 대한 언급이 빠져 있다는 점도 문제점으로 지적된다.

(2) 과　　제

① 행형은 더 이상 형사절차의 종속적 부수물이 아니라, 고유의 과제를 갖는 독자적 영역으로서 형사법체계의 한 축을 이룬다.

② 행형이 형사법체계의 다른 영역들과 기능적으로 서로 긴밀히 결합하여 형사법의 전체 과제를 위해 봉사해야 한다.

2. 근대적 의미의 교정

16세기 말에 자유형에 대한 인식의 전환이 발생한다. 더 이상 과거에 저질러진 범죄에 대한 복수에 목적을 두지 않고 범죄자의 개선과 재사회화라는 목적을 추구하였다. 그 결과 유럽의 여러 곳에서 교정원(矯正院: zuchthaus, Correction house)이 설립되고 자유형이 발전하기 시작한다.

1) 영국의 브라이드웰(Bridewell)

최초의 교정원은 영국의 런던시에서 국왕 에드워드 6세로부터 받은 과거의 성 브라이드웰(Bridewell)에 교회의 요청에 따라 1555년에 유랑민, 거지, 좀도둑을 위한 수용소를 설치하면서 시작되었다.[2]

2) 네덜란드

⑴ 유럽대륙에서는 최초의 근대적 의미의 행형시설이 네덜란드에 설립되었다. 1595년 암스테르담의 옛 수도원 건물을 개조하여 최초의 남자 교정원("Tuchthuis")을 설치하였고, 1597년에는 여성을 위한 방직소("Spinhuis")를 설치하였다.[3]

---

2 이는 증가하는 구걸과 유랑의 문제를 더 이상 자선으로 대응하지 않고 노동력을 창출하는 것으로 대응하려는 생각이 관철된 것이었다. 중세 후기 이후 모든 유럽에서 심각한 문제로 대두된 구걸 유랑민의 문제를 이전에는 신체형이나 생명형 등으로 위협하여 해결하려 하였지만, 이러한 수용의 목적은 더 이상 형벌이 아니었다. 부랑민들은 여기서 정규 노동을 위한 교육을 받아야만 했다. 그리하여 브라이드웰 성은 나중에 "교정의 집(House of Corrections)"이라는 이름을 얻게 되고, 이후 여러 도시에서 생성되는 수많은 유사한 교정원들의 모범이 되었으며, "브라이드웰"이라는 이름은 교정원 등의 시설을 의미하는 보통명사("Bridewells")가 되어 갔다. 브라이드웰의 새로움은 강제노역 자체를 위한 시설을 별도로 설립하였다는 점이다. 이전의 강제노역형의 경우 수용시설이 따로 존재하지 않고 시(市) 성곽의 탑이나 지하 등의 공간에서 밤을 보내고 낮에는 밖에 나가 도로청소나 쓰레기청소 등의 노동에 종사하도록 하였지만, 새로운 교정원은 수용시설 자체가 강제노역을 위해 설립되었다는 점이다. 그런데 이러한 "브라이드웰"들이 과연 행형시설이라고 할 수 있는지, 만약 그렇다면 어느 정도까지 행형시설로 보아야 하는지에 대해서는 논란이 있다. 그것은 교정원이 설립되자 곧 경범죄자들, 특히 좀도둑들이 함께 수용되기는 하였지만 이 시설들은 본래 범죄자가 아닌 걸인이나 부랑자들을 수용하기 위한 시설이었기 때문이다.
3 이러한 시설들의 설립이 영국 브라이드웰의 영향을 받은 것인지에 대해서는 견해가 일치하지 않으며, 보다 직접적인 계기는 암스테르담 배심법원의 제안이었다. 1588년 한 소년도둑에게 사형을 언도할

⑵ 이 시설은 처음부터 형사사법과 연계되어 설립되었으며, 그 목적이 노동을 통해 수용자를 교육하고 개선하는 것이었다는 데서 영국의 교정원과 차이가 있으며, 처음으로 근대적 자유형의 개념이 실현된 최초의 근대적 행형시설이라 할 수 있다.

⑶ 교정원은 노동을 중심으로 운영되었고 노동을 위해 교정원 내에 특별한 공장이 설치되었다.[4]

3) 독일권 국가들

독일에서는 1609년 브레멘을 시작으로 교정원과 유사한 시설들이 설립되었다. 이후 자유형이 유럽대륙의 주된 형벌의 형태로 자리 잡게 된다.

3. 근대 자유형의 실태

1) 교정원 이외의 행형시설

전통적 의미의 자유형이라 할 수 있는 강제노역형과 감옥형도 새로운 형벌의 형태와 함께 확대되어 갔다.

(1) 강제노역형

① 강제노역형은 17세기부터는 전 유럽에 널리 퍼져 당시까지 지배적인 형벌이었던 태형(笞刑)과 유형(流刑)을 대체하였다.

② 강제노역형은 골목길청소부터 갈레선형벌(배의 노를 젓는 형벌: galeerenstrafe) 그리고 군역(軍役)에 종사하는 일 등이 있었다. 특히 이 시기에 중요한 의미를 갖는 것은 '수레형'(Karrenstrafe)[5]이라고도 불리던 요새건설현장에서의 노동이었다.

수밖에 없었던 이 법원이 범죄자의 개선과 교육을 위한 조처를 요청하였던 것이다.

4 교정원에 수용되는 이들은 크게 세 부류로 나누어지는데, 먼저 걸인과 부랑자 그룹이 있었고 형벌은 선고받은 범죄자들, 그리고 가족들의 요청에 따라 그들의 비용으로 수용되는 "버릇없는 애들(비행소년)"이 있었다. 1603년에는 마지막 그룹에 속하는 청소년들을 성인 부랑자들과 분리 수용하기 위한 특별시설이 설립되었는데 이는 오늘날의 소년행형과 보육시설의 기원이 되었다.

5 '수레형'이란 명칭은 죄수들이 노역을 위해 특별히 제작된 수레에 쇠사슬로 몸이 묶인 채 일을 했기 때문에 생긴 이름으로, 후에는 강제노역형으로 불리며, 나아가 감금형을 총칭하는 보통명사가 되었다. '수레형'이 선고되는 범죄는 절도, 간통, 중상해 등이었으며, "개선가능성이 있는" 자에게 형을 부과하였다는 것도 특이할만한 점이다.

(2) 감옥형(Gefängnisstrafe)

감옥형은 과거 형집행과 재판을 위해 이루어졌던 단순한 구금의 형태로부터 발전한 것이었다. 17세기 이후 감금은 형사절차를 위한 수단으로써 뿐만 아니라 정규적인 형법적 제재형태로 선고되었다. 영국, 네덜란드, 독일 등에서 근대적 교정시설 이외에 전통적 감옥이 유지되었고, 나아가 행형시설로 확대되었다.[6]

2) 교정원의 쇠퇴기

(1) 교정원은 행형 대상자 이외에 정신병자, 빈민, 고아의 수용시설로 인한 과밀수용으로 남녀노소 등의 구별수용이 불가능하였다. 이에 따라 교정원 설립취지가 무색하게 되고 수용시설의 기능이 마비되었다.[7]

(2) 교정원의 타락은 17, 18세기에 발흥한 중상주의의 영향을 받은 것이었다.[8]

4. 교정에서의 감옥개량운동

이러한 감옥의 폐해가 근본적 감옥개혁운동의 계기가 되었고, 감옥개혁운동은 계몽주의의 영향 아래 자유형이 신체형과 생명형을 대체하고 나아가 19세기에 이르러 주된 형벌의 형태로 자리 잡도록 하였다.

---

6 그러나 감옥형은 암스테르담 등의 새로운 시설과는 달리 교육과 개선의 사고와는 전혀 상관없는 것이었다. 죄수들은 토굴이나 시청 옥탑, 지하실 등에 쇠사슬에 묶인 채 갇혀 노동 없이 하루를 보냈으며, 이들을 수용하는 데는 최소한의 비용만이 지출되었다. 이렇게 18세기 말까지 지속되었던 감옥형은 실제로는 중세시대의 발전단계에 머물러 있던 것으로, 자유박탈과 결합한 신체형에 불과한 것이었다. 이러한 상황을 변화시킬 만한 계기도, 재정적 지원도 없었다.

7 노동시설이 해체되고 위생은 엉망이어서 사망률이 증가하였고, 입소절차와 실상생활에서 구타와 암실구금이 빈번하게 시설내 제재수단으로 사용되었다. 이에 따라 교정원 최초 설립취지가 퇴색하고 수용시설의 기능이 마비되었다. 교육목적이 사라지면서 교정원의 행형은 감옥형의 그것과 별다를 게 없어졌으며, 나아가 감옥형보다 더 가혹한 제재수단으로 자리잡게 되었다. 감옥형의 열악한 상황은 교정원, 심지어 고아원에서도 비슷하게 전개되기 시작하여 19세기 초까지 교정원은 지속적으로 그 기능이 쇠퇴하였다.

8 당시의 자본은 대량의 교정원 수용인원에서 값싼 노동력을 발견하고 이를 국내생산의 증대를 위한 공장화과정에 편입시켰다. 그 과정에서 재사회화이념은 점차 이윤동기에 의해 밀려나게 된다. 특히 1687년 브란덴부르크의 제후들에 의해 세워진 스판다우의 교정원은 재사회화 개념의 실현이라기보다 경제정책의 한 행위로 보아야 한다. 이후 사기업 또한 교정원을 공장으로 사용하도록 함으로써 교정원은 재사회화이념과 완전히 결별하였다. 이들은 교정시설의 형사정책적 목적에는 전혀 관심이 없었고 오로지 이윤제고의 목적에만 관심이 있었다. 나아가 구금형태에 대한 무관심으로 교정원은 점차 오늘날에도 통용되는 의미에서의 "범죄학교"가 되어갔다.

1) 존 하워드(John Howard)의 개혁운동

(1) 참혹한 감옥의 형편을 본 존 하워드(John Howard, 1726-1790)는 유럽대륙의 중요한 행형시설들의 실태를 조사하였다.[9]

(2) 감옥의 개혁을 위해 네덜란드의 교정원을 모델로 삼았다.[10]

2) 바그니츠(Heinrich Balthasar Wagnitz)의 개혁운동

(1) 바그니츠(Heinrich Balthasar Wagnitz, 1755~1839)는 1791년 「독일의 주요 교정원들에 대한 역사적 보고와 지적」이라는 저서를 발행하였다.

(2) 그는 개혁안의 중심에 수형자의 종교적-도덕적 교육을 통한 개선을 주요 목표로 하였다.

(3) 일반인의 위하와 위험한 사회구성원의 격리를 형벌의 목적으로 제시하였고 교도소 직원들의 교육이 중요함을 역설하기도 하였다.

3) 감옥개혁운동의 목표와 초기의 성과

(1) 감옥개혁운동의 목표는 형벌의 비인간적 잔혹성을 제거하는 일과 자유형에서 범죄적 공동체 형성 방지 및 수형자들을 종교적·윤리적 교화를 통해 사회의 유용한 구성원으로 재교육하는 일이었다.[11]

(2) 하지만 교정원의 개선이념이 전반적으로 쇠퇴하던 18세기에도 꾸준히 재사회화작업을 수행하던 행형시설들이 등장하였다. 1703년 교황 클레멘스 11세에 의해 로마의 산 미켈레(san michele)에 세워진 "비행소년의 집"(Bose-Bubenhaus)과 1775년 겐트(Gent)에서 문을 연 "강제교육원"(maison de force)이 여기에 속한다.[12]

---

9 1790년 열일곱번째 실태조사여행 중 페스트로 사망한 그는 그 이전인 1777년까지 관찰한 실태와 개혁안을 제시한 「영국과 웨일즈의 감옥의 실태」라는 저서를 발행하여 영국과 유럽대륙의 감옥개혁운동을 촉발하였다.

10 즉 청소년과 빈민들을 노동에 익숙하게 하고, 범죄자들을 사회에서 추방하는 것이 아니라 노동을 통해 윤리와 종교를 교육하며, 성과가 좋으면 형기가 단축되고 출소 후에는 정상적인 삶을 살 수 있다는 희망을 통해 그들에게 동기를 부여하는 것 등이 그것이다.

11 그러나 하워드, 바그니츠 등의 개혁운동은 당장 감옥의 현실을 개선하는 직접적 효과를 가져오지는 못했다. 그것은 당시 유럽대륙이 나폴레옹 전쟁의 소용돌이에 휩싸여 시대적 상황이 감옥개혁에 유리한 여건이 아니었기 때문이기도 하다.

12 두 시설에서는 개별화된 처우를 바탕으로 한 수형자의 개선작업이 이루어졌다. 이 당시 이미 수형자에 대한 일정한 분류가 시행되었으며 주간에는 공동으로 작업하고 야간에는 독거수용되는 수감형태가 도입되었다.

기출 및 예상문제

P·e·n·o·l·o·g·y

01. 다음은 형행과 교정에 대한 비교이다. 가장 옳지 않은 것은? (09. 9급)

① 행형은 형사정책인 합목적성을 추구하는 반면 교정은 수형자의 사회복귀를 목적으로 하는 정책적 의욕이 담겨져 있다.

② 행형은 형식적·법률적 측면을 강조하는 반면 교정은 실질적·이념적 측면을 강조한다.

③ 행형과 교정을 엄격히 구별하지 않는 것이 오늘날의 추세이다.

④ 행형은 교화개선을 우선시하지만 교정은 일반예방과 고통부과를 우선시한다.

> **정답** ④ 행형은 일반예방과 고통부과를 우선시하지만 교정은 교화개선을 우선시한다.

02. 교정목적의 이론에 대한 설명으로 옳은 것은? (11. 7급)

① 목적형주의는 교육주의 입장에서 수형자에게 사회방위를 위한 형벌과 병행하여 직업교육, 기술교육, 개선교육 등을 실시하는 것이다.

② 응보형주의는 어떠한 목적을 실현하기 위하여 개인에게 형벌을 과하는 것이 아니라, 야기된 범죄에 대하여 보복적인 의미로 형벌을 과하는 것이다.

③ 교육형주의는 범죄인에게 형벌을 과하는 대신 각종 교육을 통해 교화·개선함으로써 선량한 국민으로 재사회화시키는 것을 목적으로 한다.

④ 현대교정주의는 피해자에게 가해진 해악의 정도와 그 피해가 가해진 방법·형태에 상응하는 보복의 원칙에 따라 자유를 박탈하는 것이다.

> **정답** ②.
> ① 형벌을 통한 사회방위와 단순한 지적·도덕적 교육을 통한 개선을 강조하는 것은 목적형 주의이며, 이에 그치지 않고 범죄인을 지(知)·정(情)·의(意)를 겸비한 사회인으로 복귀시키기 위한 온갖 방법을 포함하는 것은 교육형주의이다.
> ③ 형벌의 목적을 범죄인의 교육에 두려는 학설인 교육형주의는 범죄인의 자유박탈과 사회로부터의 격리, 즉 형벌은 교육을 위한 수단으로 보았다. 따라서 형벌을 배제한 것은 아니었다.
> ④ 과거 전통적인 교정주의는 피해자에게 가해진 해악의 정도와 그 피해가 가해진 방법·형태에 상응하는 보복의 원칙에 따라 자유를 박탈하는 것이다. 현대 교정주의는 응보형과 목적형 및 교육형이 조화를 이루어 범죄인을 건전한 국민으로 사회에 복귀시키는 데 있다.

03. 교정학에 대한 설명으로 옳지 않은 것은?   (14. 7급)

① 교정학은 교화개선 및 교정행정과 관련된 일련의 문제들을 이론적·과학적으로 연구하는 학문이다.

② 교정학은 감옥학에서 시작되어 행형학, 교정교육학, 교정보호론의 명칭으로 발전해왔다.

③ 교정은 수형자에 대해 이루어지므로 교정학의 연구대상은 형벌부과대상인 범죄인에 국한된다.

④ 교정학은 자유형의 집행과정 등을 중심으로 교정전반에 관한 이념과 학리를 계통적으로 연구하는 학문일 뿐만 아니라 사회학, 심리학, 정신의학 등 관련 학문의 종합적 응용이 요청되는 분야이다.

> **정답** ③ 교정은 수형자와 같은 형벌부과대상 범죄인만 연구대상이 되는 것이 아니라, 미결수용자와 형벌이 부과되지 않고 보호관찰, 사회봉사명령, 수강명령을 받게되는 사회 내 처우 대상자까지 교정학의 연구대상이 된다.

04. 형벌 목적과 행형 목적의 관계에 대한 설명으로 틀린 것은?

① 응보주의에 따르면 자유의 박탈에 있다.

② 목적형주의에 따르면 궁극적으로 범죄인의 교화개선과 사회방위에

있다.
③ 교육형주의에 따르면 범죄인의 사회격리는 교육을 위한 수단으로만 인정된다.
④ 형벌이 실현되는 단계에서 일반예방이 가장 강조되는 것이 행형단계이다.

> **정답** ④ 행형의 궁극적인 목적은 범죄인의 원활한 사회복귀에 있고, 이러한 행형단계에서는 사회복귀라는 목적 달성을 위해 범죄인을 개선시키는 작용을 의미하는 특별예방사상이 가장 강조된다.

05. 록신(Roxin)의 '세 기둥 이론'(Drei-Saulen Theorie)에 대한 설명으로 옳지 않은 것은?

① 형사입법을 통해 형벌 위하의 효과를 거둔다.
② 형사재판을 통한 판결은 범죄행위에 대한 비난과 법질서보호를 주된 목적으로 한다.
③ 형벌집행단계는 일반예방적 관심이 주된 목적이 된다.
④ 형사법 체계를 지나치게 단순화하였다는 비판이 있다.

> **정답** ③ 록신(Roxin)의 세 기둥 이론 중 하나인 형벌집행단계는 범죄자를 법공동체에 다시 편입시키는 특별예방에 주된 관심을 가졌으므로 일반예방적 관심이 주된 목적이라는 설명은 옳지 못하다.

chapter
2

교정의 발전과 이념적 형태

제 1 절   교정의 세계사적 발전과정

교정의 흐름은 복수적 단계, 위하적 단계, 교육적 개선단계, 과학적 처우단계, 사회적 권리보장단계로 발전하였다.

1. 복수적 단계

1) 복수적 단계는 원시시대부터 고대국가 형성시기까지를 말한다.

2) 이 시대의 복수관념은 탈리오(Talio)법칙이란 동해보복(同害報復)사상과 관련되는 시기이다.

3) 이 시기는 개인적인 형벌에 입각한 복수관(사형벌 위주의 시기)과 종교적·미신적 사회규범(Taboo)에 의한 속죄형 제도를 그 내용으로 한다.

4) 속죄물은 주로 가축·농산물을 사용했지만 후일에는 금전 등이 사용되었다.

2. 위하적 단계

1) 위하적 단계는 고대국가부터 18세기까지를 말한다.

2) 16세기에는 왕권강화와 강력한 공형벌(일반 예방에 입각한 심리강제와 위하) 개념에 따른 준엄하고 잔인한 공개적인 처벌을 포함한 형벌 제도와 순회판사제도가 있었던 시기로 카톨리나 형법전이 대표적인 법전이라 할 수 있다.

3) 이러한 위하적 단계의 수형자에 대한 행형이란 야만성을 탈피하지 못했고, 교육적 목적이 전혀 고려되지 않은 음침한 지하의 철창, 성벽의 폐허 등의 행형건축이 주로 이용되었다.

3. 교육적 개선단계

1) 18세기 말엽부터 19세기 중반까지를 말한다.

2) 유럽의 문예 부흥기와 산업혁명으로 인한 잉여 노동의 성장 그리고 공리주의의 영향을 받으면서 인간의 자아 발견에 이르러 국가형벌권도 박애주의사상에 입각하여 위하적 혹형(酷刑)에서 박애적 관형(寬形)으로, 죄형천단(擅斷)주의에서 죄형법정주의(형벌의 법률화)로, 형벌도 생명형과 신체형에서 자유형으로 변화되어가는 시기라 할 수 있다.

3) 자유의 박탈은 응보적·위하적·배해적(徘害的) 목적에서 교정적·개선적·교화적 목적으로 바뀌게 되었다.

4) 국가는 수형자의 개선을 위하여 질서생활, 근로에 의한 교화개선에 중점을 두었다.

5) 네덜란드의 암스테르담 노역장에서는 교육적 개선형을 처음 실시하여 부랑인·불량소년·우범자에 대한 노동 혐오심을 교정하는 데 주력한 바 있다.

6) 18세기 주야 엄정독거로 자신의 비행에 대한 회오(悔悟)반성을 유도하는 펜실바니아제(Pennsylvania System Penitentiary: '뉘우치는, 참회하는'의 의미), 침묵조건하에 주간에는 공동 작업시키고 야간에는 독거시키는 오번제(Auburn System: 독거제와 혼거제의 절충적인 제도) 그리고 형기를 수개로 나누어 개선의 정도에 따라 자유의 제한을 완화하고 처우와 책임을 누증하여 개선을 촉진하는 누진제 등이 이 시대의 영향을 받은 것이라 할 것이다.

4. 과학적 처우단계

1) 19세기 말부터 20세기 초를 거치면서 형벌의 개별화가 주장된 시기를 의미한다.

2) 이 시기에는 진취적이고 실증적인 범죄의 분석과 범죄자에 대한 처우를 시작하였다.

3) 사회를 범죄로부터 구제 내지 방어하려는 방향과 수용자의 구금분류와 처우를 담당하도록 제시하였다.

4) 수용자의 적성발견과 개별적 처우로써 건전한 사회인으로 재사회화를 도모할 수 있는 직업훈련시설을 갖추고 질병의 감염방지와 건강을 고려한 의료적 배려하에 현대식 건축이 세워졌다.

5) 행형의 집행기구는 보다 집약적인 교정업무를 강력히 수행할 수 있도록 개편되었다.

5. 사회적 권리보장단계

1) 제2차 세계대전 이후의 시기를 의미한다.

2) 이 시기에는 개선·치료모델의 실패로 범죄자가 다시 복귀해야 할 사회와의 재통합을 전제로 한 사회 내 처우가 주목을 받기 시작하였다.

3) 보호관찰·가석방·중간처우 등의 사회 내 처우프로그램들이 인기를 얻게된 시기라 할 수 있다.

4) 1960년대 후반 세계 각국에서 인권운동이 전개되면서 수형자들도 자신들의 권리를 주장하였고, 다각적인 측면에서 수형자의 사회적 권리보장을 위한 교정제도 개선이 시작되었다.

제2절 우리나라의 행형사

우리나라의 행형사는 고조선시대, 삼국시대, 고려시대, 조선시대로 구분할 수있다(이윤호, 2007: 48-). 고대, 중세를 살펴보기 전에 우리나라에 근대적 사법제도가 도입된 것은 19세기 말인 1894. 7.경이라고 할 수 있는데 우리 조상들은 이미 그 이전에 상당히 훌륭한 사법제도를 갖추고 있음을 알 수 있다. 다만, 근대화되기 이전까지는 사법과 행정이 오늘날처럼 서로 분리되어 있지 아니하였으므로 행정기관이 재판기관으로서의 역할도 함께 수행하였다.

1. 고조선시대의 행형

고조선시대의 형벌사상의 기록으로는 후한의 반고가 지은 한서의 지리지 가운데 포함되어 있는 8조법금이 유일하다. 그러나 그 전문은 오늘날 전해지지 않고 3개조만이 전해 내려오고 있는데 그 내용은 다음과 같다.

1. 사람을 죽인자는 즉시 사형에 처한다.
2. 남에게 상해를 입힌 자는 곡물로써 배상한다.
3. 남의 물건을 훔친 자는 노비로 삼는다. 단, 자속(自贖)하고자 하는 자는 50만전을 내야 한다.

이 같은 금법을 통하여 볼 때 고조선 사회는 다분히 복수주의적 응보형이 주류였음을 알 수 있다.

또 부와 권력의 차이를 사회적 기반으로 하여 모계사회에서 가부장제로 옮겨와 사유재산제도가 성립되어 가면서 노예도 생기게 되어 사회가 크게 진전되고 있음을 알 수 있다.

따라서 고조선사회는

첫째, 세계 공통의 만민법인 복수법의 원칙이 적용되었으며

둘째, 개인의 인명, 인신을 존중하였으며

셋째, 사유재산제도가 있었으며

넷째, 노비제와 같은 계급제도가 있었으며

다섯째, 가부장제가 성립되어 있었다는 것을 알 수 있다.

또한 부족국가로 알려진 부여국에 원형옥(圓形獄)[1]이 있었던 것으로 전해지고 있다.

---

1 원형옥(round shape prison)은 신라·고려로 이어져왔고, 조선시대 한양의 대표적 교정시설인 전옥소를 포함하여 일제가 주권을 침탈한 직후인 1914년까지 2천년 이상 원형의 형태로 전래되었다고 한다.

2. 삼국시대의 행형

1) 초기의 부족사회시대에는 민중집회나 씨족의 장에게 재판권한이 있었다.

2) 고구려에서는 부족장회의인 제가평의회가 국가 최고의 재판기관이었고, 백제는 고이왕 때에 형옥을 다스리는 조정좌평이라는 사법기관이 설치되어 있었으며, 신라도 일찍부터 지방관이 재판권을 행사하였는데 수시로 염찰사를 파견하여 송사를 감독하게 하였다.

3) 고구려에서는 부여와 마찬가지로 절도자에게 1책 12법을 적용하고 그 자녀를 노비로 삼아 갚게 한 바 있으며, 패전자·강간자 등은 사형에 처한 것으로 전해진다. 또한 상무적 기질이 강하고 형벌은 준엄하였다.

4) 백제는 국가공권력에 의한 행형을 중시하였으나 고구려 등과 마찬가지로 응보적 수준의 행형이 주류였다고 한다. 또한 중국식의 제도를 도입하여 국가 공권력에 의한 형벌을 중요시하였다.

5) 신라의 형률은 지리적으로 볼 때 토착 부족 중심의 보수성이 강하였고, 행형은 반역자와 전쟁에서 퇴각한 자 등을 엄단하고, 살인자는 사형에 처하며, 절도자는 배상을 물게 하였다고 한다.

6) 당시 삼국의 감옥명칭으로는 영어(囹圄)·뇌옥(牢獄)·형옥(形獄)·수옥(囚獄) 등이 사용되었다고 한다.

3. 고려시대의 행형

1) 고려는 신라의 불교 문화에 유교를 결합하여 진정한 단일국가로서의 민족의식을 확립하고 불교와 유교, 도교까지 수용한 민족통합을 목표로 출발하였다.

2) 태조 때에는 중앙의 재판기관으로서 의형대를 두어 법률에 관한 사항과 재판을 관장하도록 하였다.

3) 공양왕 때부터 서울인 개성에서는 개성부윤이 모든 민사사건 재판을 하였고, 외방은 수령인 유수관, 부사, 지주, 현령, 감무 등이 제1심 재판을 하였으며, 안염사, 관찰사가 제2심 재판기관이었고, 각 도에 파견되는 안무사 또는 순무사, 염문사도 민사사건의 상소심 재판을 하였음을 알 수 있다.

4) 고려시대는 우리 역사상 중세에 해당하는 시기로서 고대국가적인 신라 또

는 근세국가적 조선과는 그 사회의 성격을 달리하고 있음을 알 수 있다.

5) 고려시대 이전부터 이런 종류의 형벌제도가 없었던 것은 아니지만 이를 정비·체계화하여 하나의 입법으로 정례된 것이 고려 때부터라고 할 수 있으며 그간 응보주의에 입각한 준엄, 혹독한 형벌도 고려에 와서야 다소 완화되었다고 볼 수 있는데 이는 고려 역시 상고시대나 삼국시대에서 횡행했던 화형, 사지절단, 갱살,[2] 육시형 같은 잔혹한 형벌은 거의 찾아볼 수 없기 때문이다.

6) 고려시대의 형벌로는 태·장·도·유·사 등 5종의 형벌 외에도 부가형이라 할 수 있는 삽루형[3]과 경면형[4]이 존재하였고 모반 대역죄에 따른 노비몰입, 가산몰수 등이 있었다. 그리고 속전제도가 있어서 일정한 범위에서 속전을 내고 형을 대신할 수 있었다.

7) 종래의 옥, 뇌옥, 영어라고 불리는 구금시설은 고려시대에 와서 처음으로 전옥서라고 하여 확립된 구금시설인 감옥이 설치되었다. 이는 옥수만을 전담하는 유일한 중앙관서로 개경에만 설치되었고 지방에는 지방관아에서 직접 관장하는 부설옥이 설치되어 있었으며 고려 말 공민왕대에는 이를 모두 시옥(時獄)이라고 불렀으며 고려시대의 행형제도를 정리하면 아래와 같다.

⑴ 고려시대의 행형은 11대 문종왕 때 중국의 형법을 고려의 고유한 법속에 결합시켜 죄형법정주의 개념의 형법체계가 수립된 바 있다.

⑵ 이 시대는 유교·불교·도교 등과 같은 종교적 인애사상이념이 행형에 적극 반영되었고 감옥을 전옥서라 하였으며, 정형(定刑)주의를 확립시킨 시기로 평가된다.

⑶ 4대 광종 때는 노비법 개정과정에서 급증하는 수용자를 관리하기 위해 전옥서 외에 임시로 사용할 감옥을 설치하였는데, 이를 가옥(假獄)이라고 하였다.

4. 조선시대의 행형

1) 주요 내용

⑴ 조선시대 행형의 특징은 유교적 색채가 반영된 것이다.

---

2 갱살(坑殺): 구덩이에 산채로 넣고 묻어 죽임.
3 삽루형(鈒鏤刑): 죄인의 얼굴에 칼로 일정한 형태를 새겨 흉터를 남기는 형벌.
4 경면형(鯨面刑): 죄인의 얼굴에 살을 파고 죄명을 먹물로 새겨 넣는 형벌(자자(刺字)형과 유사어).

⑵ 엄중한 형벌집행에 있어서는 신중을 기하는 면을 보여 주고 있는데, 예를 들어 사형에 대하여는 3번 심사를 하는 삼복제(三覆制)를 시행하고, 국왕의 재결을 받아 집행했다.

⑶ 고려시대와 마찬가지로 죄수의 구금을 담당하는 시설을 전옥서라 하였다.

⑷ 관찰사는 유형 이하의 사건만 처리했고, 군·현의 수령은 장형 이하만 처리토록 하였다.

2) 형벌제도

조선 태조 초에 조준에 명하여 당시까지의 조례를 책으로 편집하여 중외에 반포케 한 법령집인 경제육전은 경제대전5으로 간행·반포되었다. 조선시대의 형벌제도를 자세히 설명하면 다음과 같다.

(1) 태형(笞刑)

① 태형은 가장 가벼운 형벌로서 10대(度)에서 50대(度)까지 5등급으로 나누었다.

② 집행은 죄수를 형틀에 묶은 다음 하의를 내리고 둔부를 노출시켜 대(度)수를 세어가며 집행하였는데, 부녀자의 경우는 옷을 벗기지 않았으나 간음한 여자는 옷을 벗겨 집행하였다.

③ 나이가 70세 이상인 자, 15세 미만인 자와 폐질환자, 임산부는 태형을 집행치 않고 대신 속전(贖錢)을 받았다. 이러한 태형은 조선 말 장형이 폐지된 후에도 존속하다가 1920년에 완전 폐지되었다.

(2) 장형(杖刑)

① 장형은 태형보다 중한 벌로서 60대에서 100대까지 5등급으로 나누고, 대체로 도형과 유형에 이를 병과하는 것이 보통이었다.

② 그런데 장형은 행형에 있어서 형을 남용하는 남형(濫刑)의 폐해가 가장 많았다고 한다.

③ 장형은 갑오개혁 다음 해인 1895년에 행형제도의 개혁과 동시에 폐지되었다.

---

5 경제대전은 행형 조례지만 조선왕조의 최초의 법전 편찬으로 우리나라 최초의 성문통일법전으로서 중요한 의미를 갖는다.

(3) 도형(徒刑)

① 도형은 오늘날의 징역형에 해당하는 것으로 도형기간 동안 관아에서 노역에 종사케 하는 자유형의 일종으로 고려시대 당률의 영향을 받아 고려형법에서 처음으로 도입하여 시행되었다. 조선에서는 경국대전의 형전과 대명률직해, 속대전 등에 이를 규정하였다.

② 도형의 기간은 최단기 1년에서 최장기 3년까지 5종으로 구분되고, 도형에는 반드시 장형이 병과되었다.

③ 도형에 대신하는 것으로는 충군이 있었는데, 이는 도역에 복역하는 대신 군역에 복무시키는 것으로 일종의 대체형벌이라 할 수 있다.

(4) 유형(流刑)

① 유형은 중죄자를 지방으로 귀양 보내 죽을 때까지 고향으로 돌아오지 못하게 하는 형벌로 도형과 함께 자유형에 속하지만, 도형과는 달리 기간이 정하여지지 않았다는 점에서 오늘날의 무기금고형에 해당한다.

② 유형에 처해진 자는 임금의 사령 등 왕명에 의해서만 석방이 될 수 있었고 유형은 장형이 병과되는 것이 보통이었는데, 유배죄인에 대한 계호와 처우의 책임은 그 지방의 수령에게 있었다.

③ 유형수(流刑囚) 중 정치범에게는 식량 등의 생활필수품을 관에서 공급하였고, 유배지에 처와 첩은 따라가며, 직계존속은 본인의 희망에 따라 동행을 허가해 주었다고 한다.

④ 유형 중 중도부처(中途付處)란 관원에 대하여 과하는 형벌이고, 안치(安置)는 왕족이나 현직고관인 사람에 한하여 일정한 장소에 격리시켜 유지케 하는 것으로 유형 중에서도 행동의 제한을 가장 많이 받는 형벌이었다.

⑤ 천도(遷徒)는 조선 초 북변개척을 위한 이민정책의 일환으로 범죄자와 그의 가족을 천리 밖으로 강제 이주시키거나 연변지역으로 이주시키는 것을 제도화한 것인데, 특히 전가천도는 일반 유형의 효력이 죄인당사자에 한하는 데 비하여 이는 전 가족에게 영향이 미치는 것으로 가혹한 것이었다.

(5) 사형(死刑)

① 사형에는 교형과 참형, 능지처참 등이 있다. 능지처참이란 가장 중한 극형

에 해당하는 것으로 신체를 여러 부분으로 절단하여 죽이는 형벌이다. 이는 주로 대역죄나 유교적 윤리에 근본적으로 반하는 범죄에 대하여 적용하였으며, 민중에 대한 위하의 목적으로 오살(五殺)·능지처사(凌遲處死)·차열(車裂)·효수(梟首)·기시(棄市) 등 잔인한 방법으로 집행되었다.

② 사사(賜死)란 왕명으로 독약을 마시게 하여 죽게 하는 것이며, 부관참시(剖棺斬屍)는 대역죄 등의 범죄에 대하여 죽은 자의 무덤을 파헤쳐 시체를 꺼내 능지처참을 행하는 것으로 명문의 규정은 없다.

(6) 부 가 형

① 부가형으로 자자형(刺字刑)은 신체의 어느 부위에 먹물로 글씨를 새겨 넣는 형벌인데, 주로 절도범으로 장형·도형·유형에 처하여진 자에게 가해졌고, 경면이란 얼굴에 글씨를 새기는 제도로 이는 일반 백성들에게 그가 전과자임을 알려 수치심을 갖게 하는 동시에 요시찰자로 관리하기 위한 것이었다. 이것은 주로 도둑의 횡포를 막기 위한 방편으로 사용되었으나, 평생 동안 전과자라는 낙인을 찍고 살아야 하는 가혹한 처벌로 영조 16년(1740)에 자자의 도구를 소각시키고 완전히 폐지하라는 전교까지 내리게[6] 되었다.

② 노비몰입이란 범죄인이나 그 가족을 노비에 편입시키는 것으로 절도 재범자, 대역·모반 등 10악(惡)에 해당하는 강상죄인의 가족에게 적용하였다. 재산몰수란 역모 등의 경우에 관련자의 가족을 노비몰입하고 전 재산을 몰수하는 것이다. 이를 몰관(沒官)이라 하는데 몰관에는 몰수, 적몰, 추징이 있다.

③ 그 밖에 권리박탈적 명예형인 윤형(閏刑), 피해자에게 배상하는 피해배상제도가 있었다고 한다.

3) 휼형제도

(1) 조선시대의 휼형사례로는 죄를 용서하여 벌을 면제하는 사면(赦免)과 감강종경(減降從輕)이라 하여 사형은 유형, 유형은 도형, 도형은 장형으로 강등하여 처리하는 감형(減刑)하는 제도가 있었다. 이는 오늘날의 구속집행정지나 형집행정지, 그리고 귀휴제도와 유사하다고 볼 수 있다.

(2) 구금중인 죄인의 건강이 좋지 않거나 구금 중에 친상(親喪)을 당한 때에 죄

---

6 영조실록, 제51권, 비변사담록형옥례 중.

인을 옥에서 석방하여 불구속 상태로 재판을 받게 하거나 상을 치르고 난 후 다시 구금하는 보방제도(保放制度) 등이 있었다.

⑶ 휼형은 삼국시대에도 시행되었다는 기록이 있고, 고려를 거쳐 조선후기로 오면서 더욱 폭넓게 사용되었다.

⑷ 결국 조선시대 휼형사례를 보면 죄지은 사람은 법에 따라 엄중하게 처벌하되 용서의 여지가 있으면 이를 적극적으로 용서해 온 것이 조선형정(刑政)의 특징이라고 할 수 있다. 이처럼 조선의 형벌제도는 백성을 중히 여기는 민본사상(民本思想)과 인정(仁政)에 그 기반을 두고 있다.

4) 감옥제도

⑴ 전옥서는 고려의 제도를 계승하여 개국 초부터 형조에 소속되어 죄인의 수감을 맡아 하던 관서로 갑오개혁 이후 전옥서는 경무청 감옥서로 변경되었고, 1907년 감옥업무가 법부로 이관된 후 경성감옥으로 개칭되었다.

⑵ 육전 조례 전옥서에 의하면 남옥(男獄)과 여옥(女獄)을 분리수용하고, 대부분의 형사법전에 구금할 수 있는 기관, 구금의 요건 등을 상세히 규정하여 구금에 신중을 기하고 피구금자의 인권을 최대한 보호하고자 하였다.

5) 형구(刑具)

⑴ 형구로서 옥구(獄具)에는 태(笞)・장(杖)・신장(訊杖: 고문에 사용한 가시나무 회초리)・가(枷: 목에 씌우는 나무칼)・추7(杻: 수갑)・철삭8(鐵索)・요(鐐: 쇠뭉치가 달린 쇠사슬)의 7종이 있었다.

⑵ 곤장의 종류인 태와 장은 태형과 장형을 집행하는 데 사용하고, 신장은 범죄인을 합법적으로 고문하는 데 사용하였으며, 종류로는 重棍, 大棍, 中棍, 小棍, 치도곤(治盜棍: 호된 벌을 주는)이 있다.

---

7 조선시대 형구의 하나. 죽을죄를 범한 자와 유(流: 귀양) 이하의 죄인의 손을 묶는 것으로, 길이는 1자 6치, 두께 1치). 그러나 실물을 본 사람도 없고, 실제로 사용한 예도 없다 한다(문헌 경국대전, 대전회통, 윤백남 조선형정사).

8 철삭은 가벼운 죄를 범한 사람에 쇠줄을 사용하는 형벌이다. 죄수의 도주를 방지하기 위하여 목 또는 발목에 채운다.

6) 법 외의 형벌

(1) 지금까지 살펴본 정형과 부과형 이외에 조선시대의 관아 또는 사가에서 사실상 행하여진 형벌 내지 형벌집행이 있었다. 법에는 없는 형벌이었지만 그것이 위법으로까지 간주되지는 않았다는 점에서 일종의 관행 내지는 관습에 의한 형벌이었다 하겠다.

(2) 이러한 법 외의 형에는 관에서 관행화 내지 일반화되었던 것과 권문세도가에서 거의 불법으로 행하여지던 것으로 두 종류가 있었다. 전자의 예로는 주뢰·압슬·난장·낙형 등이 있고, 후자의 예로는 의비, 발뒤꿈치의 힘줄을 베어버리는 월형, 사람을 매달아놓고 코에 잿물(회수)을 붓는 비공입회수, 죄인의 발을 쪼개는 고족, 물에 삶아 죽이는 팽형 등이 있었다.

(3) 이러한 여러 가지 형벌을 정리해 보면 다음과 같음을 알 수 있다.

① 조서시대에 있어서는 공형벌주의를 원칙으로 하고, 예외적으로 사(私)형벌주의를 인정하였다.

② 사(私)형벌을 인정하는 경우로는 조부모나 부모에 대한 가해자를 자손이 구타한 경우에 그 상해의 정도가 중상 이상이 아니면 불문에 붙이고, 또한 조부모 또는 부모의 피살현장에서 자손이 범인을 살해한 것도 불문에 붙인다(가해자에 대한 자손의 보복).

③ 자손으로서 조부모나 부모를 구타하거나 처가 남편의 조부모 또는 부모를 구타하는 경우, 그들을 살해하거나 교령(敎令)에 위반하는 자를 징계하다가 우연히 사망한 경우 및 과실치사한 경우에는 가해자는 불문에 붙이며, 남편이 처를 구타하는 것은 이유를 막론하고 이로 인한 상해의 정도가 중상해가 아니면 불문에 붙인다(자손이나 처에 대한 조부모·부모·남편의 징계).

④ 명령에 복종하지 아니하는 노예에 대하여 징계권을 행사하다가 우연히 사망하거나 과실치사한 경우에는 가해자는 불문에 붙인다(노예에 대한 주인의 징계).

조선시대의 형구로는 태·장·신장·가·추·철삭·요 등이 있는데 이미 설명한 태와 장을 제외한 다섯 가지 형구와 곤에 대하여 살펴보기로 한다.

　① 신장(訊杖)
　고신 즉 고문이 합법적으로 인정되었던 조선시대에서 고신을 하는 데 사용한 가시나무 회초리가 신장이다. 중한 죄를 범한 자가 증거가 명백한데도 문초에 자백을 하지 아니하는 경우에는 문안을 분명히 작성하고 신장으로 죄인의 둔부와 넓적다리를 매우 쳤다.
　매질을 하여서라도 수사관이 원하는 내용의 진술을 얻어내려 하는 진술강요 수단으로 사용된 것이다. 신장의 규격은 대두경이 4푼 5리(약 1.4cm), 소두경이 3푼 5리(약 1.1cm)이고 길이가 3척 5촌(약 106cm)이다. 그러나 조선시대 후기에 들어서면서 두 가지의 신장이 추가로 사용되었다. 즉 의금부에서 역옥[9]과 강상죄[10]를 다루는 데 사용한 추국신장은 폭 9푼(약 2.7cm), 두께 4푼(약 1.2cm)이었고, 삼성의 경우에 사용한 사성신장은 폭 8푼(약 2.4cm), 두께 3푼(약 0.9cm)이었다. 이들 두 신장은 세종 때에 정하여진 상용신장에 비해 때리는 곳의 폭과 무게를 다소 크게 한 것이다.

　② 가(枷)
　가는 죄인의 목에 씌우는 나무칼이며 마른 나무로 만든다.
　장 죄인에게 씌우는 것은 무게 25근(15kg), 도형이나 유형수인에게 씌우는 것은 20근(12kg), 장벌인에게 씌우는 것은 15근(9kg)의 무게이며, 길이와 무게를 그 나무칼 위에 새겨 놓아야 한다.
　길이는 5척 5촌(약 167cm), 두활(머리 넣는 곳의 넓이)은 1척 5촌(약 45cm)이다. 그런데 이 가는 중국의 제도를 도입한 것으로서 고려시대부터 널리 사용되어 왔는데 모든 죄인에게 씌웠던 것은 아니다. 여인물가(女人勿枷)라 하여 여자들에게는 비록 사죄를 지었다 하더라도 가를 씌우지 않았으며,[11] 영조 때에 이르러서는 유생물가(儒生勿枷)를 새 원칙으로 채택하여 유생에게도 특전을 베풀었다.

　③ 추(杻)
　추는 죄인의 손에 채우는 수갑이며 마른 나무로 만든다. 남자가 사죄를 범한 경우에만 추를 채우며, 유형 이하에 해당하는 범죄자와 부인의 경우에는 사죄인이라 할지라도 추를 채우지 아니한다.
　추를 채울 때에는 죄인의 오른쪽 손과 팔을 추에 넣은 뒤에 못을 박고 그 추를 가에 붙여 놓는다. 이 제도의 남용을 금지시키기 위하여 영조 5년(1729)에는 죄인의 양손에 수갑 채우는 것을 모두 금지시켰다. 추의 규격은 두께가 1촌(약 3cm), 길이가 1척 6촌(약 48.5cm)이다. 추와 비슷한 형구로써 죄수의 발목에 채우는 것을 차고라 하였다.

　④ 철삭(鐵索)
　철삭은 가벼운 죄를 범한 사람에게 사용하는 쇠줄이며 끝에 쇠고리가 달려 있어 여기에 목 또는 발목을 채운다. 죄수의 도망을 방지하기 위하여 채웠던 형구다.
　철삭은 사용하는 신체부위에 따라 이름이 다르다. 즉 목에 채우면 항쇄, 발에 채우면 족쇄라고 한다. 목에 채우는 항쇄철삭은 길이가 4척(약 1.2cm)이고, 사죄를 범한 의친, 공신 및 당상관, 사족부녀에게 채웠고, 당하관 및 서인부녀는 장형 이상의 죄만 지어도 채웠다. 발목에 채우는 족쇄철삭은 길이가 5척(약 1.5cm)이며 사죄를 범한 당하관 및 서인부녀에 한하여 사용하였다.

　9　역적죄를 지은 범인에 대한 옥사.
　10　삼강과 5상으로서 사람이 지켜야 할 도리를 못함.
　11　육전조례형전 중 '형조형구'조.

⑤ 요(鐐)

요는 도형을 선고받은 죄인의 발목에 채우는 쇠뭉치(연환)가 달린 쇠사슬의 일종이며 쇠고리를 연결하여 만든다. 도형을 선고받은 죄수는 이를 발목에 차고 강제노역에 종사하여야 한다.

⑥ 곤장(棍杖)

죄수의 볼기를 치는 데 사용하는 장보다 더 길고 굵은 것이 특징이다. 곤장은 아무 죄인에게나 사용하는 것이 아니고 군무에 관한 사건과 도둑 및 궁궐에 난입한 자에게만 사용한다. 곤의 종류로는 중(重)곤, 대곤, 중곤, 소곤 및 치도곤이 있는데 이는 규격과 사용처가 다르며, 특히 치도곤은 곤 중에서도 제일 중한 도적을 다스린다는 뜻에서 치도곤이라고 하였는데, 요즈음도 이에 유래하여 호된 벌을 주는 것을 '치도곤을 안긴다'고 하고 있다.

5. 근대적 행형제도

근대적 행형제도는 갑오개혁 이후, 일제강점기, 미군정기로 구분할 수 있다(이윤호, 2007: 55-).

1) 갑오개혁 시 행형관계법

(1) 홍범 14조 13항의 지침

형조의 폐지와 법무아문의 신설, 의금부의 의금사로의 개편, 연좌제의 폐지, 고형(拷刑)폐지, 관·민의 재판권을 법무아문에 귀속처리, 경무청 관제개편, 감옥사무를 내무아문으로 이관하였다.

(2) 재판소구성법

① 재판소구성법은 1895년 3월 5일자 법률 제1호로서, 행정권으로부터 사법권을 독립시키는 근대적 사법제도의 기본원리를 실체적으로 처음 시도하였다.

② 경무청 감옥서는 감옥사무를 일원화하여 관장하고 직수아문에 부설되었던 감옥을 모두 폐지하였는데, 오형(五刑) 중 장형을 폐지했다.

③ 도형을 징역으로 전환하고, 유형은 정치범에 한해서 적용했다.

④ 미결수와 기결수를 구분하여 분리수용했다.

⑤ 징역형을 받은 자는 감옥서에서 노역에 종사시켰다.

2) 광무시대 행형관계법

(1) 감옥규칙

① 감옥규칙은 고종 31년인 1894년 11월 25일에 제정되어 새로운 감옥사무의 지침이 마련되었다. 그리고 광무 2년(1898년) 1월 19일 내부령 제11호로 감옥세칙을 제정하였는데, 동 세칙은 감옥규칙에 대한 시행령에 해당하는 것으로 법률형태에 있어서도 감옥규칙에 비하여 진전된 모습을 보여주고 있다.

② 처음으로 미결수와 기결수를 구분하여 판·검사의 감옥순시를 명시하였고, 재감자 준수사항 등을 규정하였다.

③ 징역수형자의 누진처우를 규정한 징역표에 따라 범죄인의 개과촉진을 목적으로 수용자를 분류하고, 일정기간이 지나면 상위등급으로 진급시켜 점차 계호를 완화하는 등의 단계적 처우를 실시하였다. 이는 조선의 전통적 행형에서 근대적 행형으로 전환하는 과도기적 특징을 지닌다.

(2) 징 역 표

① 1894년 감옥규칙의 제정과 함께 범죄인의 개과촉진을 목적으로 하는 일종의 계급처우법이라고 할 수 있는 징역표를 제정하였다.

② 이 표에 의하면 수형자를 보통자·특수기능소지자·노유자·부녀의 4종으로 구분하고, 다시 각 종류에 대하여 2~5등으로 나누어 상용계구의 종류를 달리 행하고 일정기간이 지나면 진급시키면서 계구를 완화토록 하였는데, 예를 들면 5등에 진급하면 양체, 2등에 편체, 1등은 무계구로 하는 것이다.

(3) 형률명례(刑律名例)

① 형률명례는 1894년 4월 4일 법률 제3호로 제정·공포되었다.

② 조선구제(舊制)의 형벌제도를 근간으로 하면서 근대적 법률체계를 갖춘 과도기적 형법의 형태를 보여 준다.

③ 장형을 없애고, 형의 종류를 사형·유형·도형·태형의 4종으로 구분하였다.

④ 사형은 교수(絞首), 유형은 종신·15년·10년의 3등분, 도형은 17등, 태형은 10등으로 구분하였다.

⑤ 도형과 태형은 국사범 외에는 범죄의 종류나 경중을 참작하여 속전으로 대신할 수 있었고, 가(枷)와 쇄는 도주 우려자에게 사용했으나 노약자와 부녀자에게는

이의 사용을 금하였다.

⑥ 이외에 재판관이 형벌을 완화할 수 있는 재량이 인정되었다.

(4) 형법대전

① 형법대전은 광무 9년인 1905년 4월 29일 법률 제2호로 제정·공포되었다.

② 조선왕조에서 시행한 마지막 형법으로 근대서구의 법체계를 모방한 법전이다.

③ 형사실체관계에 관한 규정, 형사절차 및 행형에 관한 규정 등이 포함되어 있고, 국한문을 혼용한 전문 680조로 되어 있다.

3) 융희시대 행형관계법

(1) 1907년 12월 27일 법무령 제1호 [경성감옥서를 설치하는 건]이 반포됨.

(2) 1908년 4월 11일 법무령 제2호로 전국 8개 감옥의 명칭과 위치를 정함.

(3) 1908년 4월 25일 법무령 제3호로 간수와 간수장 중간에 간수부장직급을 신설.

(4) 1908년 5월 12일에는 [간수 및 여감취체직무규정(女監取締職務規定)]을 제정.

(5) 1908년 7월 13일 법무령 제10호 [감옥사무개시에 관한 건]에 의하여 7월 16일부터 감옥업무가 개시.

(6) 1908년 11월 20일 법무령 제19호로 8개 감옥분감(分監)이 증설.

4) 일제강점기의 행형

(1) 1909년 7월 12일 한국의 사법 및 감옥사무를 일본 정부에 위탁하기로 한 기유각서 근거.

① 대한제국의 감옥사무는 일제에 의해 박탈당하여 통감부 사법청에서 이를 관장.

② 한국의 사법 및 감옥에 관한 법령이 폐지됨.

③ 같은 해 11월 1일부터 일제 통감부의 법령을 적용하게 하여 행형의 근대화 작업은 마감.

(2) 1912년 3월에 감옥관제를 보완하여 조선감옥령과 동시행규칙을 제정·시행.

① 이는 외형상 근대화 체계.

② 실제 조선감옥령이 제정되어 총독권한으로 행령에 관한 별도규정이 가능.

③ 태형제도와 예방구금이 인정되어 민족적 차별과 응보적 행형이 시행.

⑶ 1917년 '간수교습규정' 등에 의거 교도관학교를 설치·운영할 근거를 마련.

⑷ 1923년 5월 5일 감옥을 형무소로 개칭.

⑸ 1924년 김천지소를 김천소년형무소로 개편.

⑹ 1936년에 인천소년형무소 설치를 통한 소년행형의 실시.

5) 미군정시대의 행형

⑴ 미군정시대 행형의 기본이념은 민주행형. 그러나 일제시대의 조선감옥령을 의용하고, 조선총독부의 행형조직을 인수·운영

⑵ 우리나라에 미국교정의 이념에 근거를 두어 본격적인 교화이념에 입각한 행형 도입된 과도기 시대

⑶ 미군정법령 제172호

① 우량수형자석방령

② 재소자석방청원제

③ 형구사용의 제한과 징벌제도의 개선 조치가 단행

6. 현대적 행형제도

1) 1945년 8월 15일 광복 이후에도 일제시대 감옥법이 미군정법령에 적용되어 사용됨. 이후 1950년 3월 2일 '행형법'이 제정되어 1999년 12월 28일 제7차까지 개정. 이후 「형의 집행 및 수용자의 처우에 관한 법률」로 개정되어 이어지고 있다.

2) 1948년 11월 4일 대통령령 제21호(법무부직제)로 법무부는 1실 4국 21개 과로 발족. 교정행정을 총괄하는 형정국은 감사과, 형무과, 작업과, 교육과 및 후생과의 6개 과로 조직. 1962년 5월 21일에는 형정국이 교정국으로 개칭.

고조선 B.C. 233년~ B.C. 108년	• 8조법금 중 3조만이 전래되고 있음. • 사람을 살해한 자는 즉시 사형에 처한다. • 남에게 상해를 입힌 자는 곡물로써 손해를 배상한다. • 남의 물건을 훔친 자는 데려다 노비를 삼는다. 　(단, 스스로 속죄하려는 자는 1인당 50만 전을 내야 한다.)
부 여 B.C. 2C경~ A.D. 494년	• 살인한 자는 사형에 처하고 그 가족을 데려다 노비로 삼는다. • 절도한 자는 물건값의 12배를 배상한다. • 간음한 자는 사형에 처한다. • 투기가 심한 부인은 사형에 처하되 그 시체를 서울 남쪽 산 위에 버려서 썩게 한다. 　(단, 그 여자의 집에서 시체를 가져가려고 할 때에는 소나 말을 바쳐야 한다.)
고구려 B.C. 37년~ A.D. 668년	• 소수림왕 3년(373년) 율령반포 • 형률 • 죄를 지으면 당사자는 죽이고, 그 처자는 노비로 삼는다. • 모반하였을 경우 당사자는 죽이고 그 집안의 전재산을 몰수한다. • 남의 물건을 훔친 자는 12배로 배상하고, 배상할 수 없을 때에는 그 자녀를 노비로 삼는다. • 남의 소나 말을 죽인 자는 노비로 삼는다. • ※ 제가회의(부족평의회)의 결의로 범죄자를 즉결처분 하였다고 함
백 제 B.C. 18년~ A.D. 660년	• 고이왕 27년(260년) 율령반포 • 중앙사법기관: 조정좌평 • 형률 • 반역자는 사형에 처하고 전 재산을 몰수한다. • 사람을 죽인 자가 노비 3명을 바치면 속죄시킨다. • 관리가 뇌물을 받거나 물건을 훔치면 3배로 배상하게 하고 종신금고에 처한다. • 죄의 종류: 모반죄, 살인죄, 간통죄, 절도죄, 수리죄 • 형벌 종류: 참형, 연좌형, 금고형
신 라 B.C. 57년~ A.D. 935년	• 법흥왕 7년(520년) 율령반포 • 중앙사법기관: 좌·우이방부 • 죄의 종류: 모반죄, 모대역죄, 요언혹죄, 사병이직죄, 배공영사죄, 역사불고언죄, 기방시정 　죄, 적전부진죄 • 형벌 종류: 족형, 거열형, 사지해형, 기시형, 자진형, 육시형, 도변형, 장형
고 려 A.D. 918년~ A.D. 1392년	• 고려율법 71개조가 존재하였음. • 중앙사법기관 • 형부 ※ 전옥서: 죄수 관장 • 사헌부: 관원의 규찰탄핵 • 순군만호부: 포도, 금란 관장 • 형벌 종류: 태형, 장형, 도형, 유형, 사형
조 선 A.D. 1392년~ A.D. 1910년	• 사헌부: 문무백관의 치적을 조사 규탄하며 억울한 형벌을 밝히는 업무관장 • 형조: 하급 재판 기관의 감독 및 수령이 관장하는 일반사건의 상소심 역할 • 의금부: 국사범과 문무양반의 심문 및 처벌을 관장함

- **한성부**: 일반행정과 경찰사무를 관장하는 동시에 각종 민·형사 사건의 소송을 담당
- ※ 관찰사, 수령, 암행어사등의 지방사법기관이 존재하여 일반백성을 관리함
- **주요법전**: 대명률, 경제육전, 속육전, 경국대전, 속대전, 대전통편, 대전회통
- **형벌종류**: 태형, 장형, 도형, 유형, 사형
- ※ 상소제도가 운영됨.

더 깊이보기   조선시대 재판제도

조선의 재판제도는 더욱 정비되어 지방수령인 목사, 부사, 군수, 현령, 현감이 민사재판과 경미한 형사사건을 처리하고, 각 도의 관찰사가 상소심과 중한 형사사건을 제1심으로 처리하였다. 또한 왕의 특명을 받고 지방에 파견된 암행어사도 지방관을 대신하여 재판을 함으로써 일종의 부정기 순회재판소의 역할을 하였다. 관찰사에 대한 항소를 의송이라고 하였는데 의송에 의한 판결에서 패소하면 중앙의 육조의 하나인 형조에 상소할 수 있었다. 형조는 법률, 형사소송, 민사소송을 관장하여 사법행정을 감독함과 동시에 수령이 관장하는 일반 사건의 상소심으로서 합의체 재판을 하였다. 그 밖의 중앙의 사법기관으로서 억울한 형벌을 밝혀 주던 사헌부, 호적 및 부동산 관련 소송을 관장하던 한성부, 왕족의 범죄나 반역죄 등을 담당하던 의금부가 있었다.

제 3 절   교정단계의 이념적 정리

범죄행위나 범죄자에 대한 사회전체의 대응은 각 시대와 사회마다 다양한 모습으로 나타나는데, 처벌이념·처우이념·예방이념 범주 중 어느 하나에 치중하면서 형집행을 하게된다(김화수 외, 2007: 49-).

1. 처벌이념

처벌이념의 기능에는 보복, 억제, 무해화의 세 가지가 있다.

1) 보   복

Oppenheimer에 의하면 국가가 피해자의 복수권을 대행하여 국가는 범죄자를 처벌함으로써 종교적 임무를 다하게 되며, 범죄자에게 고통을 줌으로써 그의

죄를 씻어준다고 보았다.

2) 억   제

⑴ 범죄자나 일탈행위자를 처벌함으로써 처벌 받는 자 및 그들과 유사한 범죄를 범하려고 생각하는 자에 대하여 억제력을 지닌다.

⑵ 억제효과를 달성하려면 남김 없는 처벌 및 신속한 처벌이 중요하다.

⑶ 처벌이 범죄자에 의하여 당연한 것으로 인식되어야 하며, 금지된 행위와 내용적으로 유사한 처벌이면 더욱 효과가 크다.

3) 무 해 화

⑴ 처벌을 통하여 범죄자가 재사회화되었으면 좋겠지만 실제로는 이러한 효과를 기대할 수 없는 경우가 있다. 따라서 형 집행 기간 동안만이라도 사회로부터 그를 고립시키고, 범죄성을 제압하여 무력화시킬 수 있을 뿐이다.

⑵ 무해화를 보다 합리화하는 방법으로 선별적 무해화 방법을 들기도 한다. 교도소에 수용하여야 할 수형자가 넘쳐서, 수용거실의 숫자가 모자라게 되면 강력범이나 상습범만을 수용할 수밖에 없다. 미국에서 무장강도범 전용교도소를 운용하자는 주장은 선별적 무해화론의 예이다.

2. 처우이념 단계

1) 개   요

⑴ 범죄자는 보복을 받고 죄의 값을 받아야 하는 존재라기보다 개인의 성향과 특징에 따라서 과학적으로 다루어져야 하는 존재이다.

⑵ 처우이념의 궁극적 목적은 사회에 나아가 또다시 낙오되지 않도록 적응능력을 함양하여 주려는 것이다.

2) 미국의 범죄자 처우

(1) 퀘이커 교

① 1790년대에 퀘이커 교도들은 범죄자란 하느님으로부터 멀어진 자들이기

때문에 범죄자들은 개별거실에 분리 구금되어 성서를 읽고, 참회하지 않으면 안 된다고 보았다. 퀘이커 교도들은 범죄자를 하느님께 돌아갈 수 있도록 도와야 한다고 본다. 범죄자라고 해도 그가 하느님을 만나면 다시는 범죄를 범하지 않게 될 것이라고 믿기 때문이다.

② 1890년대에 이르자 범죄자들이 하느님과 멀어진 이유를 구체적으로 찾기 시작하였는데 예를 들어 가정환경이 열악하거나 불운한 자들이며, 교육·직업훈련·훈육이 제대로 이루어지지 않은 자들이라고 보기 시작하였다.

(2) 교육이념(Educational Doctrine)

수형자들이 석방 후 범죄를 저지르지 않기 위하여 직업교육이나 기술교육을 실시하여야 하며, 적절한 훈육을 실시하여 수형자로 하여금 스스로 자기 통제를 할 수 있게 도와야 한다.

(3) 치료모델

① 1920년대부터 1930년대 초에 이르러 Stanford Bates와 연방 교도소위원회의 주도로 치료모델(Medical Model)이 주장되었다.

② 치료모델은 범죄자에 대하여 과하는 형벌은 마치 병을 앓고 있는 환자에 대하여 의사가 진단과 치료를 하는 것과 같다고 보는 입장이다. 나아가 출소 후에도 치료를 계속하여야 하며 이를 조건부 가석방을 하면서 보호관찰관이 간여하게 되는데 계속 관찰을 한다.

③ 사회치료(Social Therapy)를 하여 사회에 적응하도록 한다. 병자를 개선하는 것은 치료하는 의사와 의사를 관리하는 병원의 책임이라는 사고에 귀착한다.

④ 소극적인 환자와, 적극적이며 운명을 좌우하는 병원이라는 관계가 범죄자(수형자)와 교정시설의 관계를 나타낸다.

(4) 재통합모델(Reintegration Model)

① 범죄와 범죄자에 관련하여 원인과 해결방법에 대하여 여러 가지 의견이 나오고 있지만 지역사회(Community)라는 역학원인론적 인자(Aetiological Factor)를 중요하게 보는 점은 일치한다.

② 지역사회는 수형자라는 지역사회의 구성원을 돌보지 아니 하였고, 때로는 이들을 다른 구성원들과 차별적으로 대한 것이 아닌가 하고 가설을 세운다. 그렇

기 때문에 범죄자(수형자)의 처우는 반드시 지역사회와 연결되어져야 한다.

3. 예방이념 단계

1) 범죄자의 재범율이 증가하고 있는 상황 아래에서 교정당국과 지역사회는 범죄예방을 가장 시급한 과제로 생각하게 된다. 그러나 범죄예방이념이 범죄를 완전히 예방할 수 있게 된다는 의미는 아니다.

2) 일찍이 에밀 뒤르켐이 지적한 바도 있지만 성인의 중죄가 상당한 정도로 예방되게 되면 국가는 청소년 범죄에 좀더 관심을 기울이게 되며, 별일도 아닌 것을 크게 생각하게 될지도 모르지만, 청소년비행에 있어서는 그 원인인 개별적·감정적·사회적 문제를 해결하여 범죄를 감소시켜야 한다는 주장이다.

3) 환경설계(Environmental Design)로써 범죄예방을 시도하는 예로 가로등 설치를 들 수 있다. 많은 창문과 광범위한 지역의 CCTV, 풀기가 용이하지 않은 시건(잠금)장치, 높은 담장, 가로등의 환한 불빛, 이웃 간 왕래를 보다 용이하게 하는 가옥구조 등은 범죄에 대한 장벽이 되며 범죄의 의욕을 꺾는 것이다.

4) 지역사회에서 처우와 예방은 함께 추진되어야 한다. 범죄의 원인이 되었던 문제의 본질과 그 처리 및 문제 발생의 반복에 초점이 맞추어져야 한다.

기출 및 예상문제

P·e·n·o·l·o·g·y

01. 우리나라 구금시설의 명칭을 시기 순으로 바르게 나열한 것은? (08. 7급 공채)

① 영어-전옥서-감옥서-형무소-교도소
② 뇌옥-감옥서-전옥서-형무소-교도소
③ 형옥-형무소-전옥서-감옥서-교도소
④ 수옥-전옥서-형무소-감옥서-교도소

> **정답** ① 삼국시대 이전엔 영어, 뇌옥, 형옥, 수옥이고, 고려와 조선시대에는 전옥서이며 갑오개혁 이후에는 감옥서, 일제강점기(1923년)에는 형무소, 1961년엔 교도소로의 명칭이 변경되었다.

02. 우리나라 형벌의 역사에 대한 설명으로 옳지 않은 것은? (12. 7급)

① 고려시대에는 속전제도가 있어 일정한 범위에서 속전을 내고 형벌을 대신할 수 있었다.
② 고구려에는 훔친 물건에 대하여 12배의 배상을 부과하는 일책십이법이 존재하였다.
③ 조선시대 도형(徒刑)의 기간은 1년에서 5년까지 3종으로 구분하였는데, 장형(杖刑)이 병과되었다.
④ 1894년 갑오개혁을 계기로 종래의 전통적인 5형(태형, 장형, 도형, 유형, 사형) 중심의 형벌 체계가 자유형 중심으로 전환되었다.

③ 조선시대 도형(徒刑)의 기간은 1년에서 3년까지 5종으로 구분하였는데, 장형(杖刑)이 병과되었다.

03. 조선시대의 형벌제도에 대한 설명으로 옳지 않은 것은? (15. 9급)

① 유형은 중죄인을 먼 지방으로 귀향 보내 죽을 때까지 고향으로 돌아오지 못하게 하는 형벌이다.

② 충군은 왕족이나 현직고관인 사람에 한하여 일정한 장소에 격리시켜 유지하게 하는 형벌이다.

③ 도형은 오늘날의 유기 징역형에 해당하는 것으로 범죄인을 관아에 구금하여 소금을 굽거나 쇠를 달구는 등의 노역에 종사하게 하는 형벌이다.

④ 자자형은 부가형으로 신체의 어느 부위에 먹물로 글씨를 새겨넣는 형벌이다.

② 안치는 왕족이나 현직고관인 사람에 한하여 일정한 장소에 격리시켜 유지하게 하는 형벌이다. 충군은 도형의 집행을 군복무로 대체하는 형벌이다.

04. 조선시대의 형벌제도에 대한 설명으로 옳지 않은 것은? (16. 7급)

① 도형(徒刑)은 형집행에 있어서 집행관의 자의가 개입하기 쉽기 때문에 남형(濫刑)의 폐해가 가장 많았다.

② 질병에 걸린 자나 임신한 여자는 태형(笞刑)을 집행하지 않고 대신 속전을 받았다.

③ 장형(杖刑)은 태형보다 중한 벌로써 60대에서 100대까지 5등급이 있었고, 별도로 집행하는 경우도 있었지만 도·유형에 대하여 병과하는 것이 보통이었다.

④ 유형(流刑) 중 안치(安置)는 왕족이나 고관현직자에 적용되었고, 유거의 성질에 따라 본향안치(本鄕安置), 절도안치(絶島安置), 위리안치(圍籬安置) 등이 있었다.

① 남형의 폐해가 가장 많은 형벌은 장형이었다.

05. 교정의 세계사적 발전과정과 관련한 다음 내용 중 틀린 것은? (07. 9급 경채)

① 세계적인 교정의 흐름은 복수적 단계, 위하적 단계, 교육적 개선단계, 과학적 처우단계, 사회적 권리보장단계로 발전하였다.

② 위하적 단계는 개인적인 형벌에 입각한 속죄형제도를 그 내용으로 하며 대표적인 법전은 카롤리나형법전이다.

③ 탈리오(Talio)법칙이란 범죄행위에 대한 처벌로서 동해보복(同害報復)사상 이라고도 한다.

④ 사회적 권리보장단계는 보호관찰, 가석방, 중간처우 등의 사회 내 처우 프로그램들이 인기를 얻게 된 시기이다.

> **정답** ② 위하적 단계는 국가적인 형벌(공형벌)에 입각한 속죄형제도를 그 내용으로 하며 대표적인 법전은 카롤리나형법전이다.

06. 조선시대의 형벌제도에 관한 설명으로 틀린 것은? (06. 9급)

① 유교적 인본주의에 입각하여 사형에 관하여 3복제를 실시하였다.

② 죄수의 구금은 주로 의금부에서 시행하였다.

③ 형벌의 종류로는 태형·장형·도형·유형·사형의 5종류가 있었다.

④ 사형수 외의 죄수로 친상을 당한 경우에는 현행법 규정의 특별귀휴와 같이 죄수를 석방하여 상을 치르게 하였다.

> **정답** ② 죄수의 구금은 주로 전옥서에서 담당하였으며, 의금부는 왕명에 의한 특수범죄를 담당하는 기관이었다.

07. 교정의 역사에 관한 설명으로 틀린 것은? (07. 5급)

① 중세시대 형벌은 응보 및 범죄예방이 목적이었다.

② 현대 교도소제도의 뿌리는 중세 수도원제도에서 찾을 수 있다.

③ 17세기 초에 법률에 의한 구금시설이 있었다.

④ 미국 서부개척시대에는 살인, 방화, 말 도둑 심지어 부모에 대한 불경죄 까지 포함한 다양한 범죄행위에 대해 사형이 적용되었다.

⑤ 펜실베니아제도와 오번제도는 현대 교정의 원형이라고 할 수 있다.

③ 최초의 교정원은 1555년 영국의 브라이드웰인데 이는 유랑민, 거지, 좀도둑을 위한 수용소로 시작되었다. 수용의 목적은 더 이상 형벌이 아닌 정규노동을 위한 교육을 받는 곳이었다. 유럽대륙에서는 최초의 근대적 의미의 형행시설이 네덜란드에서 설립되었다. 1595년 암스테르담의 옛 수도원 건물을 개조하여 설립된 징치장은 형사사법과 연계되어 설립되었으며, 그 목적이 노동을 통해 수용자를 교육하고 개선하는 것이었다는 데서 영국의 교정원과 차이가 있다. 처음으로 근대적 자유형의 개념이 실현된 최초의 근대적 행형시설이라고 할 수 있다. 오늘날 가장 보편적인 형벌형태인 구금형은 1670년대까지 어느 법전에도 언급되어 있지 않았다.

08. 우리나라 행형의 역사에 관한 내용 중 옳지 않은 것은? (07. 9급)

① 고조선시대의 행형은 8조법금 등에서 나타난 바와 같이 복수적 응보가 강하였다.

② 조선시대 형벌 가운데 도형과 유형은 오늘날 자유형과 유사하다.

③ 일제침략기에는 일본 행형법규를 그대로 의용하여 근대적 교육형주의 행형을 시행하였다.

④ 미군정시대에는 재소자석방청원제도가 있었다.

③ 일제침략기에는 일본 행형법규를 그대로 의용하였고, 민족차별과 응보적 행형이 주를 이루었다.

09. 조선시대의 행형제도와 관련한 다음 설명 중 틀린 것은? (07. 9급)

① 형벌의 종류는 고려와 마찬가지로 태형·장형·도형·유형·사형의 5가지로 하였다.

② 남형을 방지하고 인권을 보호하려는 취지에서 인신을 구속할 수 있는 기관을 직수아문이라고 하여 경국대전에 특별히 규정하였다.

③ 사형은 삼복제를 시행하고 국왕의 재결에 의해서만 집행할 수 있었다.

④ 유형은 오늘날의 무기징역형에 해당하는 것으로 장형이 병과되었다.

④ 유형은 오늘날의 무기금고형에 해당되는 것으로 장형이 병과되었다.

10. 조선시대 행형제도에 대한 설명으로 옳지 않은 것은? (08. 9급)

① 형조에서 감옥과 범죄수사업무를 담당했던 부서는 전옥서이다.

② 사형수를 수용하는 시설로 남간을 두었다.

③ 도형은 일정기간동안 관아에서 노역에 종사하게 하는 것으로 장형이 병과되었다.

④ 유형의 일종인 안치는 주로 왕족이나 현직고관에 대해서 인정되었다.

> **정답** ① 형조에서 감옥과 범죄수사업무를 담당했던 부서는 장금사이다.

11. 다음 교정(행형)제도의 각 단계를 역사적 발전 순서대로 나열한 것은? (11. 9급)

| ㄱ. 교육적 개선단계 | ㄴ. 위하단계 | ㄷ. 복수단계 |
| ㄹ. 사회적 권리보장단계 | ㅁ. 과학적 처우단계 | |

① ㄷ → ㄴ → ㄱ → ㄹ → ㅁ
② ㄷ → ㄴ → ㅁ → ㄱ → ㄹ
③ ㄷ → ㄴ → ㄱ → ㅁ → ㄹ
④ ㄴ → ㄷ → ㄱ → ㄹ → ㅁ

> **정답** ③ 원시시대부터 고대사회까지는 복수단계, 고대부터 18세기 중반까지는 위하단계, 18세기 말에서 19세기 중반까지는 교육 개선단계, 19세기 말부터 20세기 초까지는 과학적 처우단계이고, 2차 세계대전 이후에는 사회적 권리보장단계 또는 국제적 협력단계이다.

12. 다음은 교도소의 특성을 설명하는데 자주 이용되는 총체적 기관(Total institution)이라는 개념에 대한 설명이다. 맞지 않은 것은? (12. 9특)

① 사회학자 Erving Goffman이 미국의 교도소에서 오랜 기간 동안 참여관찰을 한 후 고안해낸 개념이다.

② 폐쇄적이고 자유가 박탈된 사회인 교도소에서 수용자의 자아상이 변화하는 모습을 잘 설명하고 있다.

③ 개인의 개별성이 약화되고 사물화되는 것의 문제점에 관심을 가진다.

④ 소수의 관리자와 다수의 통제받는 사람을 상정하고 있다.

정답 ① 사회학자 Erving Goffman은 직접 2년 동안 정신요양원에서 체력관리 보조원으로서 참여관찰을 하였으며 정신질환에 관한 연구를 처음 시작하였다.

Goffman은 통제하는 사람과 통제받는 사람간의 구체적인 상호작용을 통하여 인간의 자아개념 구성과 사회통제의 관계에 대한 이론적 입장을 제시하였다. 그 일환으로 정신질환자에 관한 그의 연구는 상황적으로 부적절한 비사회적 행동을 할 때 일종의 사회적 낙인이 찍혀진다고 파악하였다.

사회통제가 가장 극단적으로 행해지는 총체적 기관(Total institution)이라는 개념을 통해 구성원들을 일정기간 동안 바깥세계로부터 격리시킨 채 공식적으로 규격화되고 통제된 생활을 하게 함으로써 인간의 개체성을 말살시키려 한다고 비판하기도 하였다.

13. 우리나라 교정사에 대한 설명으로 옳은 것은?

① 부여는 공동사회의 질서유지를 위한 기본법으로 8조(條)의 법금(法禁)이 있었다.

② 고조선은 오늘날의 특별사면제도와 유사한 영고와 같은 공동 대제일(大祭日)에 모든 형옥을 중단하고 죄수를 석방하는 풍습이 있었다.

③ 삼국의 감옥은 전옥서로 불리어졌고 대부분 응보적 행형이 이루어졌다.

④ 신라는 대체로 고구려의 형률보다 완화되고 백제의 형률과 가까운 것이었다.

정답 ④.
① 고조선은 공동사회의 질서유지를 위한 기본법으로 8조(條)의 법금(法禁)이 있었다.
② 부여의 행형에서 주목할 것은 영고와 같은 공동 대제일(大祭日)에 모든 형옥을 중단하고 죄수를 석방하는 풍습이 있었다.
③ 삼국의 감옥은 영어(囹圄), 뇌옥(牢獄), 형옥(刑獄), 수옥(囚獄) 등으로 불리어졌고 대부분 응보적 행형이 이루어졌다.

14. 고려시대의 행형제도에 대한 설명으로 옳지 않은 것은?

① 응보위주의 형벌에서 종교적인 인애(仁愛)사상이 가미되고 정형(定刑)주의를 확립시켰으며 태조 때에는 고유법과 중국법을 조화한 고려의 형법체계가 완성되었다.

② 속전(贖錢)제도가 있어서 일정한 범위에서 속전을 내고 형을 대신할 수 있었다.

③ 전옥서만으로는 급증하는 죄인을 수용할 능력이 부족하여 왕(광종)이 임시로 수용시설을 만든 것을 가옥(假獄)이라 하였는데, 주로 노예수용을 담당하였다.

④ 형 집행 중 상(喪)을 당한 경우이거나 임부인 경우 일시석방제도를 운영하였는데, 이는 오늘날 특별귀휴제도와 유사하다.

> **정답**　① 응보위주의 형벌에서 종교적인 인애(仁愛)사상이 가미되고 정형(定刑)주의를 확립시켰으며, 11대 문종 때에는 고유법과 중국법을 조화한 고려의 형법체계가 완성되었다.

15. 조선시대 행형은 유교적 색채를 반영하고 있다. 다음 중 조선시대 행형에 있어서 그 설명으로 바르지 않은 것은?

① 조선시대의 사형제도는 3번 심사를 하는 삼복제를 시행하고 국왕의 재결을 받아 집행했다.

② 장형은 주로 60대에서 100대까지 5등급으로 나누고 대체로 도형과 유형에 병과하는 것이 보통이었다.

③ 유형은 중죄자를 지방으로 귀양 보내는 것으로, 유형수 중 정치범에게는 식량 등의 생활필수품을 관에서 공급하였고 처와 첩은 따라갈 수 있었다.

④ 휼형이란 범죄인에 대한 수사·신문·재판·형집행 과정을 엄중·공정하게 진행하되 죄의 경중에 따라 재산몰수 및 권리박탈 등을 함께 행하는 것을 말한다.

> **정답**　④ 휼형이란 범죄인에 대한 배려로 오늘날의 형집행정지 및 가석방제도와 유사한 보방제도와 오늘날의 감형제도와 유사한 감강종경이 이에 해당한다.

16. 세계 교정의 역사에 대한 설명으로 옳은 것은?

① 교육적 개선단계에서는 죄형법정주의보다는 죄형천단주의가 지배적이었다.

② 구금제도가 정비되고, 누진처우제도가 시작된 시기는 과학적 처우단계이다.

③ 과학적 분류심사가 전제된 개별적 처우가 가능해졌고, 의료적 시설과 직업훈련시설 등이 설치되는 시기는 교육적 개선단계이다.

④ 재통합을 전제로 한 사회 내 처우가 확대되면서 보호관찰·가석방·중간처우 등의 프로그램들이 인기를 얻게 된 시기는 사회적 권리보장단계이다.

17. 갑오개혁 이후의 행형제도에 대한 설명으로 옳은 것은?

① 1895년 5월 2일에는 징역처단례를 제정하여 형벌에 있어서도 조선의 기본형이었던 5형 중 장형을 폐지하고 도형은 징역으로 바꾸고, 유형은 폐지하였다.

② 조선의 전통적 행형에서 근대적 행형으로 전환하는 과도기적 특징을 갖고 있는 조선감옥령은 수용자 준수사항 및 오늘날의 판사와 검사의 시찰제도를 규정하였다.

③ 조선시대의 마지막 형법인 형법대전은 형사실체에 관한 규정, 형사절차 및 행형에 관한 규정을 포함하고 있다.

④ 징역표가 제정되어 4등급으로 나누어 처우개선 및 계호의 완화를 통한 단계적 처우를 실시하였다.

18. 우리나라 교정사와 관련된 다음의 진술 중 옳지 않은 것은?

① 근대적 자유형제도를 확립한 시기는 미군정시기이다.

② 조선시대의 형벌은 태·장·도·유·사의 다섯 형이 있었다.

③ 감옥이 형무소로 명칭을 바꾼 때는 1923년이다.

④ 조선전기에는 신체에 먹물로 글씨를 새겨 넣은 자자형이 부가형으로 집행되기도 하였다.

> **정답** ① 갑오개혁 때 단행된 행형개혁의 핵심은 전통적인 5형(태·장·도·유·사형) 중심에서 징역형 중심의 근대 자유형제도를 확립한 점이다.

19. 조선시대의 형구에 대한 설명으로 옳지 않은 것은?

① 추(杻)는 죄인의 손에 채우는 수갑이며 마른 나무로 만든다.

② 철삭(鐵索)은 중한 범죄자의 목이나 발목에 채우는 쇠줄이나 쇠고리를 말한다.

③ 가(枷)는 죄인의 목에 씌우는 나무칼을 말한다.

④ 신장(訊杖)은 중한 죄를 범한자에게 고문하는 가시나무 회초리를 말한다.

> **정답** ② 철삭은 가벼운 죄를 범한 사람에게 사용하는 쇠줄이며 죄수의 도망을 방지하기 위하여 채웠던 형구이다.

chapter
3

범죄 원인론

제 1 절 범죄학 이론의 개관

1. 기본적 범죄관

유 형	범죄자의 행위를 중시	형법의 행위를 중시
내 용	범죄행위는 자유롭게 선택된 것이거나 개인이 통제할 수 없는 요인에 의해 야기된다고 보는 입장	방법론적 기능으로 보아 형법의 행위에 초점
	인간의 행위는 자유로운 의사로 결정(자유의사론)	인간의 행위는 자신의 통제할 수 없는 개인의 특수한 소질조건과 환경조건에 의해 결정(결정론)

2. 범죄설명의 기본 요소

범행 동기(motivation), 사회적 제재로부터의 자유(freedom from social constraints), 범행 기술(skill), 범행 기회(opportunity)의 요소가 동시에 상호작용해야 한다.

1) 범행동기 — 이론적 접근에 따라 원천이 다르다

긴장이론·마르크스주의 이론	구조적으로 야기된 경제적인 문제와 지위의 문제에서 그 원천을 찾음
문화적 전이 이론 (cultural-transmission)	범죄를 부추기는 가치관으로의 사회화를 강조 또는 범죄에 대한 구조적이고 문화적인 유인에 대한 자기통제(self-control)나 자아개념(self-concept)을 강조

2) 사회적 제재로부터의 자유

범행을 시도하려고 할 때 각종 사회적 장애와 제재 등이 있을 수 있는데, 실제 범행이 가능하게 되려면 제재가 제거되어야 한다.

외적 제재	내적 제재
자치집단의 관습성에 대한 강력한 유대를 의미하며 관습적인 유대가 강할수록 외적인 사회제재를 많이 받게 된다.	관습적인 집단의 구성원이 집단의 규칙을 내재화하는 사회화과정에서 야기된다. 도덕적으로 규칙에 전념하고 옳은 일을 하는 데 대한 자기존중심을 찾는 사람은 이런 내적 제재를 더 많이 받게 된다.

3) 범행 기술

범행 기술과 관련하여 차별적 접촉이론을 제외하고는 크게 부각되지는 못하고 있다.

4) 범행 기회

차별적 기회이론에서는 범행의 동기만큼이나 중요시하고 있다.

제 2 절 범죄원인의 구분적 설명

개별적 수준	생물학적 이론	
	심리학적 이론	
사회적 수준	미시적 수준	사회적 과정을 중시
	거시적 수준	사회적 구조를 중시

1. 개인적 수준에서의 설명

'그 사람이 왜 범행을 했을까?'라는 질문에 답하려는 것이다. 이 구분에는 생물학적 이론, 심리학적 이론, 임상심리적 이론, 사회학적인 관점으로서 역할이론, 차별적 접촉이론, 기타 학습이론 등과 같이 개인적 특성과 경험에 초점을 맞추고 있다.

1) 생물학적 설명

⑴ 규범의 위반을 중시
⑵ 특정 생물학적 구조나 과정이 규범위반을 야기시킨다고 가정하고 있다.
⑶ 오직 생물학적 열등성이나 비정상성에 초점을 맞추기 때문에 이론이 제한적으로 일부에만 적용된다는 약점이 있다.

2) 심리학적 설명

⑴ 규범의 위반을 중시
⑵ 과거의 사회적 경험이 그 삶의 특정한 심리적 특성을 야기시키고 이런 심리적 특성이 규범의 위반을 유발시킨다.
⑶ 심리학적 이론 중 인성이론이 매우 중요한 위치 차지
⑷ 인성이론과 관련하여
① 욕구, 경향, 동기, 욕망 등 인간의 행위에 영향을 미친다고 가정하는 일반적인 심리적 특성의 견지에서 인간을 분석한다.

② 인성특성의 결과론적 접근

정상적인 인성 특성의 결과	규범의 위반을 동조적 행위도 유발시키는 정상적인 인성특성의 결과	소수의 사람만이 폭력성을 표출한다는 점을 설명하지 못함
비정상적인 인격 특성의 결과	정신병질적 또는 사회병질적 인격특성	사회적 상황을 무시한 채 희귀하거나 또는 비정상적인 인격특성만을 지나치게 강조한다는 단점

2. 사회학적 수준에서의 설명

사회구조를 강조하는 입장	사회과정을 강조하는 입장
사회적 상호 작용의 안정된 유형으로서의 규범 위반적 성격	시간에 따른 사회적 상호작용의 계속적인 변화와 발전적 입장에서의 규범 위반적 성격
거시적 관점	미시적 관점
기능주의, 갈등이론, 마르크스주의이론, 아노미이론, 차별적 사회조직화, 하위문화이론	다양한 사회학습적 이론
• 왜 서로 다른 사회제도·문화·하위문화 등이 상이한 유형과 정도의 범죄를 유발하는가 • 왜 범죄가 특정한 방법으로 유형화되는가를 설명한다.	집단과 개인의 상호작용의 결과와 유형에 초점

제3절 범죄학 이론의 기초

1. 고전학파의 범죄학

1) 개   요

고전학파는 인간은 합리적이고 이성적인 존재이므로 고통을 피하고 쾌락을 추구하려는 욕구를 가지고 있음을 기본전제로 하고 있다. 인간이 어떤 행위를 할 경우에 손해와 이익을 계산하고 이익이 많을 경우에 행위를 하게 된다. 범죄행위의 경우에도 마찬가지로 손해보다는 이익이 많을 경우에 범죄행위를 하게 된다는 내용이다. 예를 들면 절도범의 경우에도 절도로 인하여 재물의 이익을 얻기 위하여 절도범죄를 범한다는 것이다.

2) 주요내용

인간은 자신의 자유의지(free will)에 의하여 범죄행위를 저지른다는 입장을 취하고 있다. 인간의 소질이나 그들을 둘러싸고 있는 환경은 인간의 범죄행위와는 무관한 것이며 자신들의 의지에 따라 합리적으로 범죄행위의 실행여부를 결정한다는 전제를 두고 있다.

① 합리적 쾌락주의(rationalistic hedonism)

고전주의 범죄이론은 인간은 행동을 통해서 얻을 수 있는 쾌락과 그 결과로서 받게 될 고통을 비교하여 고통보다 쾌락이 크다고 판단될 때 범죄를 저지른다는 것이다.

② 자유선택주의

인간은 자신의 행동을 결정할 수 있는 능력, 즉 자유의지(Free Will)를 가진 이성적이고 합리적인 존재라는 것이다. 따라서 인간은 그들의 욕구충족이나 문제해결을 위하여 범죄나 비범죄행위 가운데 하나를 선택할 수 있다.

③ 잠재적 범죄자

고전주의를 대표하는 학자인 베카리아와 벤담은 근본적으로 모든 사람들은 자신들의 선택에 따라 언제든지 범죄를 범할 수 있는 잠재적인 범죄자로 보았다.

④ 형벌에 의한 통제

인간의 범죄유발 충동을 억제하기 위해서는 범죄자들에게 대한 사회전체의 보복, 즉 형벌을 가하여 두려움을 갖도록 하여 범죄를 통제할 수 있다. 한 인간의 자유의지에 의한 선택의 결과가 범죄행위이기 때문에, 범죄행위에 대하여 사회전체의 보복인 형벌을 가한다면 범죄행위를 하지 않도록 할 수 있다. 따라서 가장 효과적인 범죄예방은 범죄를 선택하지 못하게 하는 형벌이라고 할 수 있다.

형벌의 목적을 달성하기 위해서는 형벌의 고통이 범죄로부터 얻어질 수 있는 이익을 능가해야만 한다고 믿었다. 그런데 범죄와 형벌의 관계를 계산하기 위해서는 형벌의 엄격성·신속성·확실성이라는 형벌의 3요소가 고려되어야 한다.

형벌의 엄격성	형벌이 위해의 정도에 따라 정당화되지 않거나 지나치게 과다하게 부과되어서는 안 된다는 것이다. 형벌의 엄격성은 범행의 이익을 충분히 능가할 수 있는 정도보다 적어서는 안 되며, 범죄를 억제하는 데 요구되는 것 이상도 이하도 아니어야 한다.
형벌의 신속성	범인검거시부터 재판시까지의 형사절차 과정이 신속해야 한다는 것이다.
형벌의 확실성	범죄를 하게 되면 반드시 체포해서 처벌을 받게 된다는 신념을 말한다. 미약한 형벌일지라도 그것이 확실하다면 항상 사람의 마음을 두렵게 할 것이다.

3) 고전학파에 대한 비판

⑴ 고전주의 이론은 사변적·관념적 이론이라서 과학적인 방법으로 검증하기 어렵다.

⑵ 고전주의 이론은 인간이 범행을 하기 전에 손해와 이익을 계산하고 이익이 많을 때 범행한다는 전제를 두고 있기 때문에 순간적인 충동으로 범행하는 격정범 등에 대해서는 적용하지 못한다.

⑶ 고전주의 이론은 획일적인 집행만을 주장하고 있어 융통성이 없다.

⑷ 형벌이 모든 사람에게 유사한 형벌의 효과를 가질 것이라는 생각은 지나치게 단순하다.

⑸ 일반인들이 형법조항을 인식하고 있어서 범죄행위를 할 경우에 형법조항을 준거의 틀로 삼는다고 주장하고 있으나 일반인들은 법조항을 인식하지 못하고 있다.

4) 신고전학파의 등장

(1) 개   념

자유의사와 완전한 책임이라는 고전학파이론의 적용에 있어 나이, 정신상태, 그리고 상황 등을 고려하여 형벌을 경감해야 한다는 일련의 학파를 소위 신고전학파라고 부른다.

(2) 특   징

고전학파는 범죄행위에 초점을 맞추어 설명하고 있으나 신고전학파는 범죄행위가 아니라 범죄자에 초점을 맞추어 설명하고 있는 것이 특징이다.

5) 현대적 고전주의 개념

(1) 억   제

① 범죄행위는 인간이 쾌락과 이익은 극대화하면서 손실과 고통을 최소화하려고 하기 때문에 발생한 것으로 범행으로 인해 기대되는 이익보다 손실이 크면 범죄는 억제할 수 있다.

② 1970년대 경제학자들이 인간의 경제적 선택을 범죄행위의 분석과 형사사법제도의 선택에 원용하고 있다.

③ 자신이 불법행위를 했을 때 검거될 확률 그리고 체포되었을 때의 가능한 처벌을 계산하여 범행을 결정한다는 것이다.

④ 엄격하고 신속하고 확실하게 처벌함으로서 다음의 두 가지 형태로 범죄는 억제되는 것이다.

특별제지	처벌의 고통이 범죄로 인한 이익을 초과할 때 그는 또다시 범행하지 않을 것이란 논리
일반제지	다른 사람에 대한 처벌을 인식함으로서 처벌에 대한 위협을 느껴서 자신도 범행의 결과 처벌을 받을 것이기 때문에 범행을 두려워하게 되어 잠재적인 범죄자의 범행이 제지될 수도 있다

⑤ 처벌의 엄중성·신속성·확실성과 범죄율은 반비례관계이며, 처벌이 엄중하고 법집행의 효율성과 효과성이 향상될수록 범죄행위에 가담하는 사람의 수는 줄어들 것이다라는 주장이다. 그런데 처벌의 확실성·신속성·엄중성은 상호영향을 미치게 되어 예상하지 못했던 제지 효과가 나타날 수 있다. 예를 들어 특정 범죄에 대한 처벌이 엄중하더라도 범죄자가 거의 체포되지 않고(확실성), 처벌되지 않는다면 그 범죄에 대한 처벌일지라도 처벌의 엄중성은 범죄제지에 특별한 효과가 없다는 것이다. 반대로 효과적인 경찰활동 등으로 체포와 처벌의 확실성이 높아진다면 비록 약한 처벌일지라도 잠재적으로 범죄자에 대한 제지효과가 있을 수 있다는 것이다.

부분적 제지	고속도로의 속도 제한
절대적 제지	마약사범에 대한 의무적인 종신형의 선고처럼 특정 범죄에 대한 완전한 제거

특정 제지	특정 유형의 범죄에 대한 처벌을 강화함으로서 바로 그 특정 범죄의 발생률을 감소
일반화된 제지	특정 범죄에 대한 처벌을 강화하여 특정범죄와 관련된 다른 범죄까지 감소
선별적 제지	특정 범죄에 대한 처벌을 강화하여 계획하지 않았던 다른 범죄까지도 발생률을 감소

⑥ 사람들이 실제로 형사처벌에 관하여 인식하고 있는지 여부는 불확실하며, 제재의 엄중성도 상황적으로 결정되며, 처벌의 확실성도 범죄적 상호작용의 역동성을 고려해야 한다.

⑦ 상당수의 범죄자는 하류층에 속하는데 과연 이들에게 처벌의 공포가 제지효과를 발할 수 있는 것인가는 의문시된다.

⑧ 범죄자들이 마약, 음주 등의 영향을 받거나 인격적 특성의 문제가 있는 등 합리적 계산이 불가능한 경우도 종종 있다.

(2) 무 능 화

① 무능화란 소수의 위험한 범죄자들이 사회의 다수의 범죄를 범한다는 현대 고전주의범죄학의 주장이다. 따라서 범죄를 방지하고 피해자를 보호하기 위해서는 범죄성이 강한 사람들을 장기간 무능화시켜야 한다는 주장이다.

② 선별적 무능화: 소수의 누범자 등 특수범죄자가 다수의 범죄를 범한다는 사실에 착안하여, 이들 소수의 특수범죄 집단에게 무능화를 적용한다면 효과적인 범죄감소전략이 될 수 있다. 그러나 이는 비용이 상당히 많이 들어가며, 또한 범죄자의 무능화가 미래의 범죄성을 제지 할 수 있는가라는 분명한 증거도 없다(이윤호, 2007: 163).

(3) 응   보

① 범죄자는 실제로 행한 범죄에 대해서 처벌받아야 한다.

② 처벌은 재화와 서비스의 공정한 분배와 질서정연한 사회를 확인시켜주는 규칙을 준수하도록 해주며, 처벌이 그 사회가 사회구성원과 사회제도의 평정을 만들어주는 한 방법이 된다고 한다.

(4) 당위적 공과론

① 공리주의적 입장이다.

② 처벌이란 범죄에 의해서 방해받은 사회적 평등성을 담보하기 위하여 필요

하며, 그럼에도 불구하고 처벌의 경중은 범죄의 경중과 상응해야 한다. 또한 피의자의 권리가 다른 사람의 권리를 위해서 희생되어선 안 되며, 범법자는 범행의 특성보다 적게 또는 많게 처벌되어선 안 된다.

(5) 고전주의이론의 정책적 응용

① 정책가들은 강력한 처벌은 범죄억제에 효과적이라고 본다.

② 경찰의 특성과 관련하여 경찰의 가시성과 현장성으로 잠재적 범죄자들에 대한 억제효과가 이를 잘 증명해 주고 있다.

③ 교정과정의 영향: Fogel의 정의모형에 의하면 가석방 등 조기석방제도는 폐지되어야 하며, 범죄자의 형기는 정기형이어야 하고, 교도소는 처우가 아니라 처벌의 장소이어야 한다.

2. 실증학파의 범죄학

1) 개   요

(1) 19세기말 이후부터 우리의 생활과 산업 등 사회 전반에 걸쳐 과학이 적용되기 시작했고 괄목할만한 발전을 이루게 되었다.

(2) 이를 토대로 인간문제도 과학을 적용하기 시작하였다. 그 결과 고전학파의 관념적·사변적인 논의에 대한 반성으로서 경험적·실험적·과학적인 실증학파가 출현하게 된다(Reza Fadaei-Tehrani, Thomas M. Green, 2002: 782).

2) 주요내용

(1) 고전학파의 범죄이론 한계를 극복하기 위하여 19세기 초반부터 등장하기 시작한 이론을 실증학파(positivism) 범죄이론이라 지칭한다. 특히 이 시기는 인간본성에 관한 종래의 의문에 대한 해법으로 철학이나 종교보다는 자연과학의 입장이 많은 관심을 받게 되었다.

(2) 인간이란 자신이 원하는 것을 자유로이 선택할 수 있는 자기결정적 존재라기보다는 자신의 행동이 생물학적·심리학적 요인에 의해서 결정되거나 적어도 영향을 받게 되는 존재로 인식한다.

(3) 고전주의와는 달리 범죄행위를 이해함에 있어서 출생시부터 가지고 있는

개인의 생물학적·심리적 소질과 그를 둘러싸고 있는 사회적 환경이 복합적으로 작용하여 한 인간이 범죄행위를 저지르게 된다고 주장한다.

3) 한   계

⑴ 실증학파는 연구대상집단이 극소수라는 점에서 이론화하기 어렵다.

⑵ 범죄자를 대상으로 한 연구도 있지만 정신이상자 등을 대상으로 과학적인 연구를 하고 있어 연구결과를 객관화하기에는 합리성의 결여되어 있으며,

⑶ 실증주의는 범죄원인의 사회적 환경을 무시하고 범죄자의 사례를 중심으로 연구가 이루어졌다는 점이다.

4) 실증학파의 주요 연구

(1) 생물학적 연구

생물학적 연구는 신체적 특징과 범죄, 유전과 범죄로 나눌 수 있다. 신체적 특징과 범죄와의 관련연구는 크레취마(Kretschmer)의 체격형이론을 들 수 있고, 유전과 범죄와의 관련연구는 범죄자 가계연구, 쌍생아연구, XYY범죄자연구 등이 있다.

(2) 심리학적 연구

① 프로이드(Sigmund Frued)는 1896년 정신분석이론을 주장하면서 인간의 인격구조를 Id, Ego, Superego로 나누어 설명하고 있다. 프로이드 자신은 정신분석이론과 범죄와의 관계를 거의 언급한 바가 없으나 그의 영향을 받은 정신의학자들이 범죄행위를 유발하는 "무의식적 갈등의 영향"을 연구하였다.

② W. Healy는 청소년들에 대한 사례연구를 통하여 "감정적 충격"(emotional trauma)이라는 저서를 통하여 청소년들의 어린 시절의 감정적인 충격이 비행행위를 유발하는 데 상당한 역할을 한다고 주장하고 있다.

③ 이 외에도 MMPI다면인성검사법(Minnesota Multi-phase Personality Inventory)을 통하여 범죄자의 인성차이를 검사한 연구가 있으며, 범죄자가 정신병질을 가지고 있는가의 여부에 대한 연구도 있다. 이러한 연구의 결과로 최근에는 범죄자들도 그들 나름의 독특한 심리학적 특성을 가지고 있다는 것이 일반적인 견해이다.

(3) 사회학적 연구

사회학적 실증주의 접근법은 제도학파인 케틀레와 게리가 생태, 인구, 지리, 사회통계 등을 이용한 것이 최초라고 할 수 있다. 그 후 프랑스의 사회학자인 콩트(August Comte)는 사회문제를 연구함에 있어서 인간의 사회적 행동에 대한 과학적인 연구를 수행한 바가 있다.

5) 고전학파와 실증학파의 차이점

(1) 연구방법의 차이

고전학파는 주로 계몽사상가들이 범죄를 연구하는 데 철학적, 관념적인 방법으로 그 당시의 형사사법제도를 근대화하고 문명화하려고 노력한 반면에, 실증학파는 주로 과학자, 수학자, 통계학자들이 자연과학의 법칙을 인간행동에 적용하여 논리저으로 설명하려고 노력하였다.

(2) 범죄원인의 차이

고전학파들은 인간의 행동은 합리적인 사고와 자유의사를 가지고 있으므로 선과 악을 구별할 수 있다고 하나, 실증주의자들은 인간의 행위는 생물학적·심리학적·사회적 특성에 의하여 결정된다고 보았다.

(3) 관점의 차이

고전학파는 범죄행위에 관점을 맞추고 있으나 실증학파는 범죄자개인에 관점을 맞추고 있다는 점에서 구별된다.

(4) 범죄예방의 차이

고전학파는 가혹한 형벌을 통하여 일반인들이 범죄행위를 하지 못하도록 하는 일반예방을 목적으로 하는 반면에 실증학파는 범죄자개인으로 하여금 범죄성을 제거하여 범죄를 못하도록 하는 특별예방을 목적으로 한다는 점에서 차이가 있다 (이윤호, 2007: 166-167).

제 4 절 생물학적 원인론

1. 초기 범죄 생물학

1) 개 요

범죄 생물학의 초기 연구는 범죄인류학과 관련이 있다. 범죄인류학(Criminal Anthropology)이란 범죄자의 외모 및 체격이 범죄와 어떠한 관계가 있는가를 다루는 범죄생물학의 한 분야이다. 범죄인류학의 초기 연구는 갈(Franz Joseph Gall)과 스퍼 짜임(Johan Gaspar Spurzheim)의 골상학을 들 수 있다. 이들은 인간의 두개골이 함몰되어 있기 때문에 범죄를 저지른다고 주장하고 있다.

2) 주요 연구

⑴ 1859년 찰스 다윈의 '종의 기원': 인간의 행위에 대한 과학적 탐구 관심
⑵ 롬브로조(C. Lombroso): 범죄자들에게는 격세유전의 변이 결과물. 범인성을 일종의 '퇴화'로 보고 있다. 그러나 이는 방법론상의 문제점(통제 집단의 부재), 이외에 환경, 음식에 의해서도 범죄가 야기된다.
⑶ 고링(Goring): 롬브로조의 생물학적 결정론을 비판. 범죄행위는 '결손적 지능'으로서 범죄행위는 유전되므로 가족의 재생산을 규제하여 범죄를 통제해야 한다.
⑷ 후튼(Hooton): 미국에서 재소자와 일반인을 비교한 결과 범죄자는 생물학적으로 열등하다. 그러나 부적절한 통제집단과 비대표적 범죄자표본을 사용했다는 비판, 범죄자 집단과 비범죄자집단의 신체적 차이를 범죄집단의 열등성의 증거로 해석하였다는 비판이 있다.

2. 체형과 범죄

1) 크레취머(Kretchmer) 연구

⑴ 독일의 정신병학자인 크레취머는 1921년 「신체구조와 성격」이라는 그의 저서에서 발표한 체격형·성격·기질과의 상관관계에 대한 연구를 수행하였는데,

그는 체격형 분류를 기초로 하여 체격형과 범죄와의 관계를 설명하였다.

⑵ 크레취머는 정신질환자들의 체격형을 비만형, 투사형, 세장형으로 분류하고, 이에 따라서 기질도 각각 순환형, 점착형, 분열형으로 나누었다. 그리고 각 체격과 범죄성과의 관계를 설명하였다. ① 비만형은 키가 작고 뚱뚱하며 사기 및 폭력범죄와 밀접한 관련이 있다. ② 투사형은 근육이 잘 발달되어 있고 폭력범죄와 친숙한 경향을 나타내며 잔혹한 공격성, 격렬한 폭발성을 보이고 있다. ③ 세장형은 키가 크고 날씬하며 소액절도 및 사기범죄와 친숙한 성향을 보이나 살인을 저지르는 자도 많으며 이런 자는 감정이 없고 조심성이 많다.

2) 셀돈(William H. Sheldon)의 유형학

⑴ 체격형과 범죄에 관한 또 다른 연구인 셀돈의 유형학은 소화기관, 뼈와 근육, 신경과 피부조직의 상호발달에 기초를 두고 있다. 그는 태아의 형성과정에서의 개인차로 인하여 범죄와 밀접한 관계가 있는 특이한 체질과 성향을 형성하게 된나고 주장하였다. 그의 이론은 생물학적 유전과 심리학적 성향과 사회적 행위간에

체 격 형	기 질 형
내배엽 우월형(비만형) • 소화기관이 발달 • 살이 찐 편 • 전신이 부드럽고 둥근 편 • 소골격형 • 피부는 부드럽고 스무드	내장긴장형 • 낙천주의 • 부드러운 장식품을 좋아함 • 온순하나 내향적 • 관대한 편 • 가정생활에 충실
중배엽 우월형(투사형) • 근육조직이 발달 • 가슴이 넓고 손목이 크다 • 여윈 경우도 사각형의 손목	신체긴장형 • 활동적이고 자기주장형 • 공격적, 모험적 • 권력지향적
외배엽 우월형(세장형) • 신경계통이 발달 • 여위고 섬세한 편 • 골격은 작고 긴편 • 축쳐진 어깨 • 뾰족한 코 • 가는 머리카락	두뇌긴장형 • 억제적, 내향적 태도 • 항상 신체적 불편을 호소

밀접한 관계가 있다는 가정을 하고 있다.

⑵ 셀돈은 인간의 체격형을 내배엽우월형, 중배엽우월형, 외배엽우월형의 세 가지를 들고, 기질형도 각각 내장긴장형, 신체긴장형, 두뇌긴장형으로 분류하고 있다.

⑶ 범죄자 중에는 중배엽 우월형에 속하는 자가 압도적으로 많고 외배엽 우월형은 매우 적은 사실을 확인하였다. 셀돈의 이론은 인간의 체격형이 범죄가능성을 가지고 있다는 다양한 면을 암시해주고 있다.

3) 글룩(Glueck) 부부 연구

글룩 부부는 보스톤(Boston)의 소년원에 수용된 비행소년 500명과 정상소년 500명을 대상으로 체격과 비행과의 관계를 규명하는 연구를 수행한 결과, 비행소년의 체격형은 정상소년과 다른 신체구조를 가지고 있음을 발견하였다. 글룩 부부는 비행소년들이 정상소년들에 비하여 손으로 쥐는 힘이 강하고, 입천장이 낮으며, 왼손잡이가 많고, 손톱을 깨무는 습성을 가진 자가 많으며, 정서적으로 불안한 자가 더 많다고 주장하였다.

4) 비   판

⑴ 체형에 관한 기술이나 정의가 부정확.

⑵ 범죄행위와 체형의 관계가 불분명하며, 모든 신체긴장형의 사람이 범죄를 범하지 않는지 또는 왜 모든 범죄자가 신체긴장형의 사람이 아닌지를 알 수 없다.

3. 유전과 범죄

1) 개   요

고링(Goring)의 연구를 필두로 범죄자 가계연구, 쌍생아연구, 입양아연구 등이 있다.

2) 범죄자 가계연구

(1) 쥬크(Juke)家 연구

Juke가계에서 수많은 범죄자가 출현했는데, 이는 유전과 관련이 있다고 봄.

(2) 고링(Goring)의 연구

① 부모간, 부모와 자식간, 형제간의 범인성이 높은 상관성이 있음을 발견하였다. 범죄를 환경과 유전의 상호작용에 의한 결과일 수도 있다는 그의 관점은 중요한 논점이다.

② 비판: 유전적 요인을 지나치게 과대평가했다는 것과, 범인성이 유전된다면 당연히 아들뿐 아니라 딸에게도 유전되어야 하나 이 점은 연구에서 제외되었다는 점이다.

3) 쌍생아연구

(1) 개   요

① 쌍생아연구는 유전학이나 심리학뿐만 아니라 범죄학에 있어서도 유전소질과 환경의 관계를 명확히하는 데 크게 기여하고 있다.

② 쌍생아는 일란성 쌍생아(identical twins)와 이란성 쌍생아(fraternal twins)가 있는데 범죄학에 있어서는 일란성 쌍생아가 논의의 대상이 된다.

③ 독일의 생리학자 랑게(Johannes Lange)는 「범죄와 운명」이라는 저서에서 쌍생아 형제간의 범죄일치율에 대한 조사를 통하여, 일란성 쌍생아의 경우 어느 한쪽이 범죄의 길에 들어서게 되면 다른 한쪽도 마찬가지로 범죄의 길에 들어서게끔 운명지워진다고 주장하고 있다(Einstadter & Henry, 1995: 94).

(2) 비   판

학자들은 반드시 범죄원인이 유전적인 요인 하나만이 아니라 환경적 요인이나 사회적 요인도 범죄원인으로 작용한다고 지적하고 있다.

4) 양자 연구

(1) 개   요

① 범죄자 중에서 양자를 조사하여 그 실부와 양자의 범죄성을 대비하여 보아 실부가 범죄성이 있었던 경우에 양자가 범죄자로 되는 비율이 양부의 경우보다 훨씬 높다면 범죄의 유전성에 대하여 어느 정도 확신을 얻을 수 있다.

② 특히 실부가 범죄성이 있고 양부도 범죄성이 있다면 유전적 요인과 환경적 요인이 상호작용하여 양자의 범죄성이 더욱 높아진다고 할 수 있다.

(2) 비   판

① 양자연구에서 유전적인 요인과 마찬가지로 환경적 요인의 중요성도 동시에 적용된다고 할 수 있다.

② 가정적 결함이라는 환경적 요인이 범죄에 상당한 영향을 미친다는 점을 암시하고 있다.

4. 현대의 생물학적 원인론

1) 개   요

⑴ 1970년대 초반 윌슨(Wilson)이 「사회생물학」을 출간한 후 생물학적 원인론이 다시 대두.

⑵ 초기의 생물학적 원인론과의 차이점: 사회생물학에서는 생물학적·유전적 조건이 인간의 사회행위에 대한 인식과 학습에 영향을 미치며, 또한 이것이 환경구조와도 연관이 있다는 사실을 강조.

⑶ 사회생물학적 원인론의 원리

① 인간은 동일할 수가 없으며 인간의 유전적 특질과 환경의 조합이 개별적 행동유형을 유발시킨다.

② 범죄행위를 포함한 인간의 행위는 학습되는데, 이는 모든 인간이 학습에 대한 독특한 잠재력을 지니고 있다는 것이다. 물리적 또는 사회적 환경은 인간의 학습능력을 신장 또는 제한하기도 한다. 인간은 두뇌와 신경계통을 통해 학습을 하게 되는데, 이는 학습보다는 생화학적 또는 세포의 상호작용에 의해 통제된다.

2) 유전적 영향 - 이상염색체(XYY 신드롬)

⑴ 정상 남성은 XY형의 염색체를 가지며, Y염색체는 남성성으로 전통적으로 공격성을 띤다고 한다.

⑵ XYY형 염색체 보유자는 Y염색체를 하나 더 가짐으로써 범죄성이 높을 것으로 추정된다.

⑶ 연구결과 XYY 남성이 예견할 수 있을 정도로 공격적이지 않으며, 오히려 덜 공격적일수도 있다.

3) 신경생리학적 연구(두뇌활동에 관한 연구)

(1) EEG[1]

① 범죄는 중앙신경계통의 비정상적 활동과 관련이 있다. 이와 관련 두뇌의 전자파를 측정하는 EEG를 이용하는 경우가 대표적이다.

② EEG가 비정상적인 경우와 밀접한 관련이 있는 행동으로는 충동통제의 저조, 부적절한 사회적 적응, 적대감, 충동적인 성질 그리고 파괴성을 지적하고 있다.

③ 메드닉(Mednick)의 연구: 10-13세 소년들의 EEG를 분석하여 기록 후 6년 후 공식기록을 조사하여 비행집단과 정상집단을 비교한 결과 비행집단의 소년들은 지나치게 뇌파활동이 느린 것을 발견하게 된다. 이는 두뇌미숙이론보다는 저외피 자극이론과 관련이 있다.

(2) 간   질

간질 환자들의 폭력성 등이 일반인보다 높다고(교도소 수용자의 비율이 높음) 하지만 반드시 그런 것은 아니다.

(3) 뇌손상, 뇌기능 장애

① 뇌손상과 뇌기능 장애는 X선을 이용

② 재소자나 폭력적인 환자들은 정면부와 관자놀이 부근의 뇌기능장애가 있다.

③ 두뇌손상이나 질병은 인성 변화 등 다양한 종류의 문제를 야기: 우울증, 신경과민 등

(4) 두뇌손상

사고로 인한 부상의 경우

4) 생화학적 요인

(1) 개   요

① 생화학적 결핍이나 불균형으로 인한 감정적 장애에 기인하는 것으로 주장되고 있다.

---

1 EEG란 Electroencephalograph의 약어로 뇌파계(腦波計)라고 한다. 대뇌피질에서 발생하는 전압파를 뇌파라 하는데 뇌파를 검출하여 증폭기록하는 장치이다.

② 생화학적 결핍이나 불균형은 사고형태와 동작의 통제에 영향을 미쳐 직접적으로 범죄로, 간접적으로 비행으로 연결된다.

③ 이러한 요인으로는 환경오염물질, 체중감량, 알레르기 등이 있다.

(2) 체중감량(다이어트)

① 비타민, 미네랄 결핍과 범죄의 관련성에 있어서 영양소가 결핍되면 이상행동을 초래할 수 있다는 것이다.

비타민 결핍	필요한 영양소를 함유한 음식물을 충분히 소화하지 못하는 경우
비타민 의존	유전적 조건으로 인해 정상적인 최소요구치 이상으로 이들 영양소를 필요로 하는 경우

② 비타민 결핍과 비타민 의존의 범죄와의 관련 여부는 비타민 B와 C 그리고 반사회적 행위와의 밀접한 관련성이 있다.

(3) 저혈당증

정상적인 뇌 활동을 위해서는 최소한의 혈당이 필요한데 이것이 부족하면 뇌 기능을 저하시켜 우울증, 갈등 등을 초래하게 된다. 이들의 특징은 공격적이며 폭력적인 행동을 하는 것으로 알려지고 있다.

(4) 내분비 장애

남성 호르몬인 Testosterone이 남성의 2차 성징을 통제하는데, 이는 폭력성과 관련이 있다는 것이다. 재소자 중에서 폭력범죄자가 기타 범죄자에 비해 이 호르몬이 높음을 알 수 있었다.

(5) 인간행위에 대한 환경적 오염

식용색소, 향료 등은 청소년의 반항, 충동 등을 유발하고, TV 등의 방사선도 반사회적 행동을 야기한다는 연구가 있다.

제 5 절 심리학적 원인론

1. 개   관

1) 범죄의 심리학적 원인론자들은 범인성의 원천을 사람들의 정신적 과정에서 추적하며, 범죄를 충동하는 심리학적 과정을 결정해야 범인성의 원인을 찾을 수 있다.

2) 초기에는 범죄자의 정신착란을 중심으로 논의 → 지능검사 도입: 정신적 분야에 초점을 두었다. 이후의 주류는 다음의 표와 같다.

정신의학적 또는 정신분석적 접근	범죄자의 정신을 중심으로 범죄의 원인을 규명
인성이론	인간의 인격 특성의 차이에서 범인성을 찾으려는 이론
인지발달이론	범죄자의 인지발달에 따라 범죄자를 밝히고자 함
학습 및 행동이론	범죄를 범죄자의 과거 학습경험의 자연적인 발전으로 파악
심리생물학적 접근	심리학적 관점과 아울러 생물학적 관점도 동시에 고려

3) 이와 같이 다양한 형태로 볼 수 있지만 기본적 가정은 다음과 같다.

⑴ 범인성의 기본적인 원인은 개인의 유형과 발전에서 찾을 수 있기 때문에 범죄는 내적 장애의 표출로 이해 될 수 있다.

⑵ 내적 장애는 초기 아동기부터 시작한 것이며, 이는 매우 특정적인 특징을 갖게 된다.

2. 정신의학적 접근

1) 개   요

⑴ 정신의학적 이론(psychiatric theory)은 비행이나 범행을 포함한 현재의 행위가 초기아동기의 경험에 기초할 것이라고 이해하고 있다.

⑵ 이처럼 아동기의 경험에 초점을 맞추는 범죄에 대한 정신의학적 이론은 다음의 상이한 세 가지 유형으로 구분할 수 있다.

욕구의 차단	일차적·신체적 욕구를 성취 후 추구하게 되는 감정적 안정과 같은 이차적 또는 심리적 욕구가 충족되지 못할 때 보이는 이상적 증상.
부모의 상실·거부	반사회적이거나 폭력성향의 사람들에게서 모성이나 부성의 결핍과 부재가 많다는 데 기초. 아동은 정상적으로 부성·모성이 있어야 하는데 그렇지 못한 경우를 의미하며, 연구에 따르면 어머니와의 관계가 더 중요한 것으로 알려지고 있다.
부적절한 훈육	거칠거나 일관성 없는 훈육은 청소년들의 반사회성과 비행성을 증대시킨다는 것이다.

2) 주요 구분

(1) 정신병질이론

슈나이더(K. Schneider)는 정신병질은 성격이상으로 인하여 사회에 해를 끼치거나 자신이 고통받는 정신적인 증상이라고 하면서 이러한 성격이상을 가진 자는 사회적응능력의 부족으로 범죄나 비행행위에 빠지기 쉽다고 주장하고 있다.

(2) 정신분석이론

① 의   의

정신분석이론이란 뇌기관의 장애로 인한 것이 아니라 심리적 장애로 인하여 정신생활과 신체생활에 영향을 주는 과정을 다루는 심리학적 분야를 말한다. 1896년 프로이드는 모든 인간은 공격적, 파괴적, 반사회적 충동이나 본능을 가지고 있다고 가정하고 이런 본능은 어린 시절의 잘못된 훈련이나 부모의 무관심, 개인을 효과적으로 통제하지 못함으로써 생기는 것이며 이를 효과적으로 통제하면 범죄를 효과적으로 통제할 수 있다고 한다.

② 범죄자의 인격구조

id	성·음식처럼 모든 행동의 기초를 이루는 생물학적·심리학적 욕구·충동 자극을 대표하는 것으로 태어날 때부터 존재하는 무의식적 개념. 즉각적인 쾌락.
ego	id가 잠재적으로 해를 끼치는 자극을 규제하는 역할로서 유아가 욕구가 즉각적인 만족될 수 없다는 것을 배우기 시작한 때인 인생 초기에 발전된다. 이는 id의 욕구와 superego의 금지를 중재하는 단계이다. 사회관습의 테두리 내에 남도록 행동을 안내하는 기능.
superego	자기비판과 양심. 사회적 경험에서 생성되는 요구를 반영한 것. 사회적 규범과 제재의 두려움으로부터 도출된 내적 제재이다.

③ 성심리적 단계

유아기부터 성인기까지 사회화 과정을 위와 같이 설명하였는데, 각 단계별 과정이 인성형성에 중요한 역할을 한다고 가정한다. 예를 들어 잘못된 구순욕구는 의존성과 수동성의 기초를 제공하는데 이는 반사회성 또는 범죄적 공격성이 발견되곤 한다. 또한 각 단계별 과정에서 알맞은 욕구를 해결해야 하는데 바로 이들 욕구가 긴장을 야기시키며 이런 긴장이 사회적으로 수용될 수 있는 행위를 통해 해결되지 않을때 범죄가 발생한다고 본다(이윤호, 2007: 189-190).

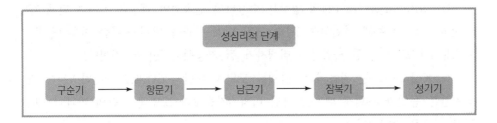

3. 인성이론(Personality Theory)

1) 개   념

인성이론은 범죄의 원인을 이해하고 범죄자의 특성을 파악하며 범죄자의 범죄적 인성을 교정하거나 치료하는 데 중요한 역할을 하고 있다.

2) 주요 내용

⑴ 범죄란 인간의 심리적 틀 내에 존재하는 저변의 갈등이 표출된 것이다.
⑵ 발생기원은 주로 아동기에 있다.
⑶ 특정한 인성적 특징이 사람의 일반적 외형 및 전반적인 행위를 특징화함.
⑷ 비정상적·인성적 특징이 곧 범죄를 유발시키도록 작용한다고 가정하고 있다(이윤호, 2007: 195).

4. 인지발달이론(Cognitive development theory)

1) 피아제(Piaget)의 연구

사람의 도덕성은 일정한 단계에 따라 발전하는데, 각 단계는 그 사람의 경험, 지적 또는 인지적 장비에 따라 그 전 단계에 크게 의존하여 발전한다.

2) 콜베그(Kohlberg)의 연구

⑴ Kohlberg는 Piaget의 입장을 수정하여 연속적인 과정을 거치며 단계별로 발전하는 도덕수준과 관련하여 '관습 이전 단계 → 관습 단계 → 관습 이후 단계'를 거치는데, 그렇지 못한 사람들이 비행자가 될 가능성이 높다는 것이다.

⑵ Kohlberg 는 처음의 세 단계를 도덕적 판단의 6단계로 세분하였는데, 범죄자들은 동일한 사회적 배경을 가진 비범죄자들보다 도덕적 판단의 발달이 매우 낮은 것으로 밝혀졌다(이윤호, 2007: 200).

5. 행동 및 학습이론(Behavior and learning theory)

1) 개　념

행동이론에 따르면 인간의 행위는 학습경험을 통해 발전된다. 사람은 다른 사람으로부터의 반응에 따라 자신의 행위를 변형한다는 것이 행동이론의 근간을 이루는 것이다.

2) 주요 내용

⑴ 사람은 생활경험을 통해 폭력적인 것을 학습한다는 것이다. 그러나 사람은 자신이 학습한 모든 것을 행동으로 이행하는 것은 아니다. 실행할 자극이나 동기가 있을 때에만 행동으로 옮기게 되는 것이다. 따라서 다음의 4가지 요소가 폭력과 공격성을 유발하는 데 일조한다.

자극적 사건	육체적 폭력이나 언어남용을 통해 다른 사람을 화나게 또는 좌절시킴.
공격적 기술	개인적 또는 매체를 통해 다른 사람을 관찰함으로서 얻게 된 학습된 공격적 반응.

예상되는 결과	공격성이 어떤 방법으로든 보상될 것이라는 신념.
행동의 일관성	현재 상황을 고려할 때 공격성이 정당하고 적절하다는 타인의 관찰로부터 얻어진 신념.

(2) 이러한 동기요인은 비행행위를 하여 얻어지는 보상이나 재강화 또는 비행적인 역할모형에의 노출에 따라 학습된 비행의 실행에 중대한 영향을 미친다는 것이다.

(3) 재강화 또는 보상의 원칙은 공격성이 처벌되기보다는 보상될 때 공격적 비행의 확률이 증가된다. 그 유형은 다음과 같다.

외적 강화	현금, 물품, 사회적 지위 또는 행위를 제재하는 데 효과적인 처벌.
재 강 화	그들의 행위로 인하여 재강화되는 다른 사람의 지위를 관찰.
자기규제기제	사람들이 자기보상이나 자기처벌을 유발할 수 있는 보상방법으로 자신의 행동에 대해 반응하는 것.

이런 관찰은 개인적으로 직접 목격하는 경우와 TV와 같은 간접적인 방법이 있다. 이 경우 성장 시기별로 부모의 강화, 동료집단의 역할 모형의 중시, 대중매체를 통한 언론매체의 영향 등이 강조되고 있다(이윤호, 2007: 202).

6. 심리생물학적 관점(psychobiological perspectives)과 기타 심리학적 관점

1) 정신병과 범죄

(1) 개   념

좁은 의미에서의 정신병이란 우선 자아의 인격구조가 기본적으로 손상되고 주변의 현실상황에 대한 판단과 상호작용이 정상적으로 행해질 수 없어서 환상, 환각, 망상 등을 경험하게 되며 유해한 행동을 하기 쉬운 건강상태를 말한다.

정신분열증	사고의 혼란을 보여줌.
망상증	망상체계로 특징 지어지는 정신병적인 혼란.

(2) 정신분열증과 범죄

정신분열증이란 감정의 둔화, 외계와의 융화성 상실 등으로 특징 지어지는 정신병으로 정신병인구 중에서 가장 많은 부분을 차지하고 있다. 정신병으로 인한 범죄자 중에서도 가장 많이 발견되고 있는데 특성은 다음과 같다.

① 비합리적이고 괴이한 사고과정이며, 사고는 통제불능이며 혼돈스럽고 위협적.

② 언어불안, 비지성적, 비현실적.

③ 극단적인 사회적 움추림과 사회환경으로부터의 격리.

④ 부적절한 감정적 반응.

이러한 특징점은 일관적인 행동유형으로 발견되지는 않는데 그 이유는 각자가 현실의 고통스럽고 긴장스러운 영향으로부터 탈피하기 위한 노력으로 자신의 독특한 행동유형을 선택하기 때문이다.

(3) 망상증과 범죄

① 망상증은 현재는 다른 사람들의 동기에 대한 부당한 의심과 의혹이 중요한 요소인 행동유형을 고수하는 것이다.

② 망상증 환자는 피해망상이나 과대망상에 빠져서 가끔 공격적 행위를 자행할 수 있고, 이것이 범죄와 관련이 있는 것으로 볼 수 있다.

③ 여러 증상 중 정신분열증적 편집증은 망상적인 사고가 현실접촉을 강력하게 방해할 때를 말하는데 이 경우 망상적인 사고가 그 사람의 다른 행위유형을 유도하게 되어 대인관계, 기분, 사고에 있어서 문제를 조장하게 되는데, 이러한 태도가 자신의 망상과 맥을 같이 하여 종종 공격적이고 적대적이게 되는 것이다.

2) 정신신경증과 범죄

정신신경증이란 심리적 장애 때문에 정신생활이나 신체생활에 장애를 초래하는 것을 말한다.

환상, 망상 등이 없는데 정상적인 지각작용과 사고가 가능하여 정신병과는 구별된다. 또한 생활상의 장애를 초래하는 점에서는 성격장애와는 구별된다. 정신신경증은 내심의 욕구를 과도하게 억제하는 데에서 초래되는 것으로 범죄와 같은 반사회적 행위와는 직접적인 관계가 없는 것처럼 볼 수 있으나, 정도가 심할 경우

범죄의 원인이 되기도 한다.

(1) 강박신경증

억압된 성적 충동이나 기억 때문에 성도착자들의 성범죄가 발생할 수 있으며, 성욕 등 내적 긴장감이나 불안감의 상징적 표출 방법으로 방화하는 방화광, 절취도벽자가 될 수 있다. 일반적으로 이들의 행동은 성욕 등 내적 불만상태와 긴장감을 해소하려는 강박적 충동 때문으로 설명할 수 있다.

(2) 불안신경증

심한 불안감으로 여러 가지 정신신체상의 장애를 느끼는 경우를 말한다.

3) 성격장애(personality disorder)와 범죄

⑴ 성격장애란 다른 사람의 비용과 비윤리적인 방법으로 자신의 욕구를 충족시키는 행위라고 할 수 있다. 이는 미성숙한 성상의 결과이며, 행동은 어린이 같고 충동적이며 이기적, 무의식적으로 돌발하는 특징을 갖는다.

⑵ 범죄심리학자들은 도덕적으로 무관심하고, 법률제도와 잦은 충돌이 있는 사람을 정신병자 또는 반사회인이라고 간주한다. 한편 임상병리학자들은 이들은 정신병자로는 생각하지 않고 무감각한 방법으로 행동하는 공격적이고 위험하며 반사회적인 사람으로 간주한다.

⑶ 정신병(psychopathy)은 그들의 행위에 대한 직관이 부족하며 그들이 폭력적, 공격적이며 범죄적인 행위에 대해 후회를 하지 않으며, 자신의 실수나 처벌에 의해서 영향을 받지 않는 정신상태를 말한다. 또한 타인에 대한 감정이 없고 충동에 따라 행동하기 때문에 자신의 반사회적 행위를 표출하기 쉬워진다고 볼 수 있어서 매우 위험한 것으로 보고 있다.

4) 지능과 범죄 — 본성과 양육(nature vs. nurture)

(1) 지능수준과 범죄의 관련성

① 지능이 낮은 사람은 어떤 특정 상황에서 행위의 비도덕성 또는 비윤리성을 느끼고 평가할 능력이 낮기 때문에 저지능과 범죄행위가 직접적으로 관계가 있는 것으로 가정되고 있다.

② 사람이 지능이 낮으면 자신의 감정과 욕망을 통제할 수 있는 능력도 낮기

때문에(통제능력이 낮기 때문에) 범죄행위에 가담할 가능성이 높다고 가정할 수 있다.

(2) 본성과 양육

범죄와 지능의 관련성은 과연 지능은 유전적인가 아니면 후천적인가에 따라 본성이론(nature theory)과 양육이론(nurture theory)으로 구분할 수 있다.

① 본성이론

초기의 이론과 재소자들에 대한 지능검사를 기초로 한 연구결과에서는 대체로 지능이 유전되며 지능이 낮은 소년을 잠재적으로 비행소년으로 지적하여 저지능과 범인성의 상관관계가 존재하는 것으로 보고 있다.

② 양육이론

지능은 부분적으로 생물학적인 것이지만 주로 사회학적인 것으로 간주되고 있다. 즉 지능이 낮은 결과 학교, 동료들에게 받는 환경적 자극이 그 사람의 지능수준을 만드는 것이다. 따라서 저지능은 비행과 범죄행위를 자극하고 유발하는 환경으로부터 초래되는 것이라고 할 수 있다. 그러므로 범죄자의 지능이 낮다면 그것은 범죄자의 문화적 배경을 반영하는 것이지 그 사람의 정신능력을 반영하지는 않는다고 결론을 내릴 수 있다.

제 6 절 사회학적 원인론

1. 사회구조이론

1) 사회해체론

(1) 의   의

사회변동, 이민증대, 계층간의 갈등, 윤리의식의 저하 등으로 인해 종래의 사회구조가 붕괴됨에 따라, 현존하는 사회적 행동기준이 개인에 대하여 미치는 영향력이 감소하여 사람들의 반사회적 태도가 증가하고 규범준수에 대한 사회구성원의 공감이 약화되어 가는 상태로, '사회조직의 분화'라고도 하는데, Cooley, Thomas, Queen, Elliott & Merrill, Faris, Thrasher 등이 주장하였다.

(2) 이론적 기반

① 당시 시카고지역의 상황: 미시간호의 운하작업과 급격한 외국이민의 증가

로 값싼 노동력을 이용하기 시작하면서 급속하게 성장했는데, 1898년과 1930년의 30여년 사이에 시카고의 인구는 두 배로 늘어났고 청소년범죄도 급증하였다.

② 시카고 학파의 인간생태학: Park, Burgess, Wirth 등 시카고 대학의 사회학과와 Shaw와 Mckay 등을 중심으로 시카고 지역에 대한 조사연구를 통하여 생태계에 일어나는 지배, 침입, 계승의 과정이 사회내에서도 그대로 일어나 인구의 지리적 분포는 경쟁 → 갈등 → 적응 → 동화의 주기로 순환하는데 주거구성이나 직업에 따라 분화된 도시의 특정구역인 자연지역(natural area)을 형성하게 되고, 그 과정에서 일정한 문화적 갈등이 야기된다고 보았다.

③ 버제스(Burgess)의 동심원이론: 첫 번째 지역은 회사와 공장들이 있고 거주자는 거의 없는 '중심상업지역'이고, 다음 지역은 회사와 공장들에 잠식당하고 있는 지역이므로 '전이지역'이라고 한다. 이 지역은 거주지로서는 바람직하지 않으며 질적 저하 때문에 살기에 가장 값싼 장소였고 일자리를 쉽게 구할 수 있어 그 당시 이주민들과 빈민층이 거주했다. 또한 '틈새지역'(interstitial area)이 있는데, 과거의 지배적인 사회관계는 와해되었지만 아직까지 새로운 관계가 형성되어 있지 않은 지역이라고 한다. 이사할 여유가 생긴 이주민들은 '근로자주택지역'인 세 번째 지역으로 이사했으며, 전이지역은 다른 이민자들의 물결로 대체되었다. 같은 과정을 반복하여 '주거지역'과 '통근자지역' 등이 동심원의 형태로 형성되었다.

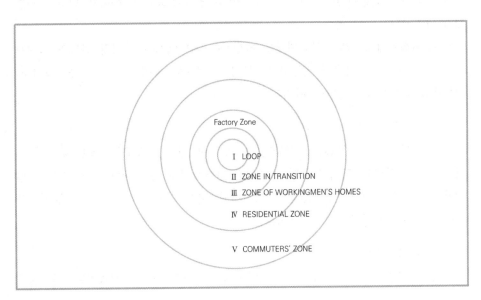

㉠ 중심업무지역(The central Business District): 이는 도시의 중심부에 위치하는 상공업, 기타 각종 직종의 중앙적 업무지역이다.

㉡ 퇴화과도지역(Zone in Transition): 이 지역은 도시의 확대·발전의 결과 많은 중심부의 사람들이 공기 맑고 넓은 교외지역으로 옮겨 감에 따라 퇴화과정을 걷게 된 지역으로, 구건물이 그대로 남아 있고 불량한 조건들이 산재하며 술집·매음가가 성행하고 각종 실패자가 범람하여 일종의 빈민가(Slum area)를 형성하므로 범죄학상 가장 문제되는 지역이다.

㉢ 노동자 계층지역(Working class zone): 이곳은 2·3세대가 한 건물안에서 공동 거주하는 예가 많고, 저소득의 노동자들이 많이 거주하는 곳이다.

㉣ 중간계급지역(Middle class zone): 이 지역은 대개 2세대씩 주택을 이루고 살며, 중간계급이상의 고소득층의 사람들이 거주하는 곳이다.

㉤ 교외주변지역(The Suburbs and Urban Fringe): 도시의 주변지대로 정기통근권지역이라고도 한다.

(3) 범죄의 원인

① 공식적인 사회조직의 해체: 급격한 산업화와 도시화로 인한 도시로의 인구의 유입은 원래의 거주민이 교외로 나가게 되는 인구이동을 가져와 지역사회가 전이하게 되어 주민들이 더 이상 그 지역사회와 일체감을 갖지 못하게 되고 사회통제가 약화된다.

② 사회통제의 약화: 사회해체를 경험하는 지역에서는 비행적 전통과 가치관(반사회적인 하위문화)이 관습적 전통과 가치관을 대체하여 공식적 또는 비공식적인 사회통제를 약화시켜서 일탈이 야기된다.

(4) 사회해체론에 대한 비판

사회해체이론은 산업화·도시화의 초기단계에 있는 개발도상국에는 타당할 수 있으나 이미 산업화·도시화가 다 이루어진 현대사회에서는 적용하기 어렵고, 방법론상 공식통계에 지나치게 의존하여 형사사법기관의 자의에 따른 암수의 문제점을 제대로 고려하지 않았다(Shaw와 Mckay연구).

(5) 사회해체론의 영향

사회해체론은 미국 사회학적 범죄이론의 시작으로 차별적 접촉이론, 문화갈등이론, 아노미이론, 사회통제이론의 이론적 발전에 기초를 제공하였다.

2) 긴장이론

(1) 의   의

① 프랑스어에서 유래한 아노미는 무규범 상태를 의미한다.

② 사회적·문화적 구조의 요소: 미국 사회에서 부를 축적하고자 하는 일반적 욕구와 미국사회의 계층구조에 따른 목표 달성의 한계 사이에서 초래되는 분열이 범죄 동기로 발전된다고 본다.

③ "안 되면 되게 하라", "모로가도 서울만 가면 된다"와 같이 목표를 지나치게 강조하고 반면에 이를 추구하는 수단을 경시하는 인식 유형은 머튼이 제기한 문화적 아노미의 좋은 예라고 할 수 있다.

④ 머튼은 이러한 것을 문화적 목표와 제도적 수단이라는 용어로 설명했다.

⑤ Anomie현상의 발생원인: 머튼은 문화적 상황과 사회 구조적 상황이 불일치할 때에 사회적 긴장이 조성되며 이러한 불일치를 아노미상황이라고 하였다.

(2) Durkheim과 Merton의 이론 비교와 세 가지 명제

구 분	Durkheim	Merton
인간의 욕구	생래적인 것	사회의 관습이나 문화적 전통에 의해 형성
인간의 본성	성악설적 인간	성선설적 인간
아노미의 개념	끝없는 자기 욕망을 사회규범이나 도덕으로써 제대로 규제하지 못하는 사회적 상태	문화적 목표와 제도화된 수단간의 괴리
범죄원인	욕망의 분출 또는 좌절에 의한 긴장의 해소(개인적 차원)	강조되는 문화적 목표에 비해 제한된 성취 기회(사회구조적 차원)

① 부의 성취를 강조하는 가치가 미국문화의 특징이며 이 성공목표는 모든 계층의 사람이 다 가지고 있다는 것.

② 많은 하류계층 사람들에게는 이 목표를 달성할 수 있는 합법적인 수단이 거부되어 있다는 것.

③ 이 갈등으로 인하여 하류계층사람들이 비합법적인 수단으로라도 성공을 하려고 노력하게 된다는 것이다.

(3) 범죄의 원인

Merton은 대공황을 갓 넘긴 자본주의적인 미국사회가 정의한 사회적 목표인 물질적 부의 성취는 개인적 성공을 강조하는 사회풍토를 조성하게 되는데 이때 사회적 목표와 그 목표에 이르는 수단간의 괴리로 아노미가 초래된다고 보았다.

(4) 사회·문화적 구조에 대한 적응방식

적응 유형	문화적 목표	제도화의 과정	적응 예
동 조(순응)	+	+	정상인
개 혁(혁신)	+	−	전통적인 범죄인
의 례(의식주의)	−	+	샐러리맨
도 피(퇴행)	−	−	알콜·마약중독자
반 항(전복)	±	±	혁명가

+: 수용, −: 거부.
±: 만연된 가치의 거절과 새로운 가치의 보충(기존의 사회질서를 다른 사회질서로 대체할 것을 요구)

① 동조형(conformity): 그 사회의 성공목표를 용인하고 또한 그에 도달하기 위한 제도적 수단도 인정하여 정상적인 생활을 유지하는 사람들이다.

② 개혁형(innovation): 성공목표는 적극 수용하는데 제도적 수단에만 의존하지 않고 비합법적인 방법도 용인한다. 사회에서 전통적인 범죄행위는 이들에 의해서 행해지며 일반적으로 금전획득을 위한 재산범죄가 많다.

③ 의례형(ritualism): 순진한 샐러리맨의 경우와 같이 현실의 높은 성공목표를 외면(포기)하면서 다만 제도적 규범수단들에 충실하여 순종적인 생활을 해나간다. 사회적으로 중하층에 속해 있는 사람들에서 흔히 볼 수 있는 적응방식으로 특별한 범죄유형은 발견되지 않는다.

④ 도피형(retreatism): 현실적인 성공목표와 그 제도적 규범수단을 모두 부정하고 그로부터 도피적인 생활을 하는 유형으로 알콜·마약중독자나 부랑자들이 이에 속한다. 머튼에 의하면 합법적 수단을 통한 목표성취노력의 계속적인 실패와 제도화된 수단에 대한 내면화에 따른 양심의 가책 때문에 불법적인 수단을 사용할 능력이 없는 결과 나타나는 유형이라고 한다.

⑤ 반항형(rebellion): 도피형과는 달리 사회목표의 거부를 비밀리에 하지 않고

공공연히 하는 것으로, 현행 제도의 개혁을 주장하는 데모나 혁명에 가담하는 정치범 또는 확신범의 경우이다.

(5) 적응유형과 범죄

① 머튼에 의하면 사회가 인정하는 '목표'와 '수단'에 충실한 사람만이 동조자라고 할 수 있고, 목표와 수단의 둘 중에서 한가지나 두가지 모두를 부인하는 사람은 사회로부터 일탈자로 간주된다. 즉 동조형을 제외한 나머지는 모두 반사회적(일탈적) 적응방식이다.

② 범죄학적으로 특히 문제가 되는 것은 '개혁형'이다. 이들은 강한 성취욕구는 있으나 이에 도달하는 제도적 수단이 허용되지 않기 때문에 또는 제도적 수단에만 의존할 이유를 강하게 느끼지 못하기 때문에 비합법적으로 성공목표에 도달하려고 하므로 범죄행위 내지 일탈행위를 저지를 위험성이 가장 크다.

③ 적응양식의 차이는 개인적인 속성의 차이가 아니라 사회적 문화구조에 의해 결정된다고 보기 때문에 사회구조에 관한 이론이다.

④ 머튼은 자본주의체제의 모순은 인식하였으나 범죄의 원인을 아노미라고 보아 자본주의의 구조적 모순이 범죄의 원인이라는 갈등론적 범죄학과 차이가 있다.

(6) 비   판

① 어느 사회에서나 문화적 목표와 가치에 대한 기본적인 합의가 이루어지고 있다는 공통가치를 전제로 하고 있으나 지위고하를 막론하고 모든 인간이 일률적으로 물질적 성공이라는 목표를 공유하고 있다는 주장은 그 근거가 의문이다.

② 일탈의 원인을 문화와 사회구조 속에서 파악하려 한 나머지 집단 또는 개인들간의 상호작용이 일탈행위에 미치는 영향을 과소평가 또는 무시하고 있다.

③ 구조적 긴장이 극도화되어 있는 하류계층의 일탈행위는 설명할 수 있으나, 중상류층의 범죄나 일탈에 대해서는 의문이 많다.

④ 범죄자 중 상당한 비율을 차지하는 일시적인 격정범은 잘 설명할 수 없으며, 사회적 목표의 달성이 아닌 오직 개인적인 즐거움을 위하여 저질러지는 대부분의 소년비행의 동기가 되는 비영리적인 요소를 설명하지 못한다.

3) 하위문화이론

(1) 이론적 전제

① 하위문화이론은 아노미이론을 이론방전의 틀로 하고 있다.

② 전제 1. 하위문화이론은 대부분의 비행행위가 집단 내에서 발생한다는 것을 전제로 하고 있다. 즉 비행소년들은 전형적으로 행동을 같이한다.

③ 전제 2. 비행이 대체로 하류계층 남자들의 현상이다.

(2) 코헨(Cohen)의 비행하위문화이론 — 중류계층 척도와 신분 좌절

① 개   념

㉠ 일반문화체계에서는 구별되는 문화 안의 문화로 비행집단에 공통된 특정한 가치관이나 신념·지식 등을 포함하는 사고나 그에 기한 행동양식을 말한다.

㉡ '하류계층의 비행은 실제로 중류계층의 가치와 규범에 대한 저항'이라고 할 수 있다.

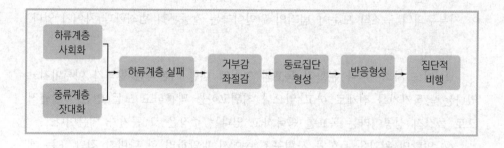

② 주요 내용

㉠ 상대적으로 많은 수의 하류계층 청소년들이 학교에서 실패하고 있으며,

㉡ 이런 저조한 학업성취도는 비행과 관련되고,

㉢ 이들의 저조한 학업성취는 대부분 하류계층 청소년들의 가치와 학교체제의 지배적인 중류계층의 갈등에 기인한 것이며,

㉣ 이러한 실패를 극복하기 위해 하류계층 청소년들은 자신들의 지위와 사회적 인정을 제고하고 자아존중감을 회복할 수 있는 방안을 위해 중산층의 문화와 반대되는 기준에 바탕을 둔 비행집단을 형성하게 된다.

③ 범죄의 원인

미국과 같이 중류계층의 가치체계에 의해 지배되는 사회에서는 하위계층의 소년들이 성공목표를 합법적으로 달성할 수 없기 때문에(Merton의 영향) 신분좌절을 경험하고 사회적으로 불만을 느끼게 됨에 따라 이에 대한 반동(반항)으로 비행집단으로 함께 어울려서 비공리적이고, 악의적이며 부정적인 행위에 가담함으로써, 그것이 일반적인 사회규범이나 가치체계를 무시하는 결과로 발전하여 범죄나 비행으로 나아가게 된다.

④ 비행적 하위문화의 특징

비공리성	중산층문화가 행위규범으로 합리성 및 공리성을 강조하는 데 반해 비공리성을 강조하는데, 예를 들어 절도의 경우 물건 그 자체보다는 단순히 스릴이나 자기 동료들로부터 영광과 지위를 얻기 위해 행하는 것을 말한다.
악의성	다른 사람에게 불편을 주고 고통당하는 모습에서 쾌감을 느끼는 심리를 가리킨다.
부정성 (거부주의)	중간계급의 가치 또는 어른들의 문화를 거부하는 경향으로, 중간계급에서 강조하는 가치를 전도시켜 그들 나름의 가치체계를 구축하는 것이다. 하위계급의 소년들이 사회의 일반문화와 정반대되는 방향으로 하위문화의 가치나 규범을 설정하는 과정을 반항형성(reaction formation)이라는 개념으로 표현하였다.
단기적 쾌락주의	장기적인 계획과 목표하에서 사는 것이 아니고 당장의 쾌감에 급급하는 심리를 가리킨다.
집단자율성의 강조	Gang의 형성, 내적으로 강한 단결력과 외적으로 적대감 형성, 변덕 등이 있다.

⑤ 아노미이론과의 차이

구 분	아노미이론	집단문화이론
사회구조에 대한 부적응 형태	개인적 부적응	집단적 부적응
행동방식	공 리 성	비공리성

⑥ 비 판

㉠ 중산계층이나 상류계층출신들이 저지르는 비행이나 범죄는 설명하지 못한다.

㉡ 하위계급출신의 소년 중에서도 비행을 저지르지 않는 소년이 많다는 사실

을 간과하였다.

　ⓒ 하위계급 출신들이 저지르는 비행 중에서 가장 많은 것이 절도인데, 이는 비공리성, 악의성, 부정성 등의 비행하위문화 영향보다는 공리적이고 이성적으로 저질러질 때도 많다.

　ⓓ 하위계급 소년들이 자신들의 문화에 의해 비행을 저지르면 행위에 대한 자부심이나 만족감을 가지고 죄의식이나 수치심은 느끼지 않아야 하는데, 실제 체포된 소년의 대부분은 자기 행동을 후회하고 있다. 이는 비행소년들이 항상 비행적 하위문화의 지배를 받는 것은 아니라는 것을 시사해준다.

　(3) 클라워드(Cloward)와 오린(Ohlin)의 차별적 기회이론

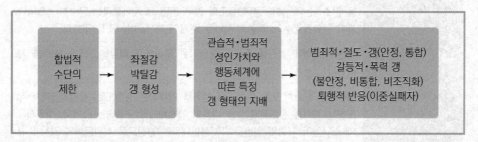

　① 이론의 전제

　Cloward와 Ohlin은 Shaw와 Mckay의 문화전달이론 및 이를 체계화한 Sutherland의 분화적 접촉이론과 Merton의 Anomie이론을 종합하여 범죄 내지 비행문제를 설명하되, 위의 이론들이 놓친 '기회구조의 개념'을 도입하여 성공을 위한 목표에로의 수단이 합법적·비합법적인 두 가지 기회구조가 있음을 전제로 한다.

　② 개　념

　개인이 합법적인 기회구조와 비합법적인 기회구조라는 양자에 걸친 지위에 있다고 가정하고, 개인이 성공을 위한 목표를 달성하려고 할 때 양자 중 어느 수단을 취하는가는 사회구조와의 관계에서 어떠한 수단을 취할 수 있는 위치에 있는가에 달려 있다고 한다.

③ 범죄의 원인

문화전달·차별적 접촉·Anomie이론에 대한 비판	문화전달이론이나 차별적 접촉이론은 주로 비합법적인 행동방식을 전하는 학습환경에의 접근가능성만 문제시하고 합법적인 행동방식을 전하는 학습환경에의 접근가능성은 경시되었다. 반대로 Anomie이론에서는 성공목표에 접근하는 방법으로서의 합법적인 수단에의 기회차별만 강조되었을 뿐 그것이 불가능할 경우 비합법적인 수단에의 접근가능성의 차이에 관하여는 언급하지 않은 결함이 있음을 지적하였다.
기회구조의 개념도입	비행을 학습하는 과정이나 그것을 실제로 수행하는 과정에 있어서 사람들은 합법적인 것과 비합법적인 것의 양면으로 그 접근가능성의 차이를 느끼게 되어 있고, 이 두 가지 면에서의 접근가능성의 차별은 비행의 학습 여부와 비행의 수행 여부를 결정하는 데 있어 더욱 중요한 문제가 되며 이러한 문제는 '기회구조'의 개념을 도입해서만 해결할 수 있다.
차별적인 기회구조	합법적인 기회구조에 접근할 수 있는 기회가 차단되어 있다고 해서 바로 범죄가 유발되는 것이 아니라 동시에 불법적인 수단에 접근할 수 있는 기회가 주어져야 하고(이 점에서 Merton의 이론과 차이가 있다) 이러한 불법적인 기회구조도 역시 차별적으로 분배되어 있다.
범죄적 하위문화론	Cloward와 Ohlin은 합법적인 기회구조가 배제된 청소년들이 참여할 수 있는 비행적 하위문화를 제시하였는데, Miller의 하층계급문화이론, Cohen의 비행적 하위문화이론등을 포함하여 '범죄적 하위문화론'으로 분류하기도 한다.
개인적 적응양식의 유형 (Merton의 모형 수정)	(아래 표 참조)

적응양식	목표	합법적 수단	비합법적 수단	폭력수용	하위문화
동조형	+	+			
개혁형	+	-	+		범죄적 하위문화
공격형	+	-	-	+(Yes)	갈등적 하위문화
도피형	+	-	-	-(No)	도피적 하위문화

동조형	문화적 목표와 이를 달성하기 위한 합법적 수단을 가진 사람들로 Merton의 동조형에 해당한다.
개혁형	문화적 목표는 수용하지만 이를 달성하기 위한 제도적 수단은 없고 비합법적 기회를 가진 자들로 주로 도구적 일탈행위를 저지른다. Merton의 개혁형에 해당하지만 Merton과는 달리 비합법적 기회구조와의 접촉을 강조하고 있다.

공격형	문화적 목표는 인정하지만 이를 달성하기 위한 합법적·비합법적 기회가 모두 차단되어 이에 대한 불만을 폭력으로 분출하는 유형으로 표출적 일탈행위가 이에 속한다. Merton의 유형에는 없는 새로운 유형이다.
도피형	문화적 목표는 인정하지만 이를 달성하기 위한 합법적·비합법적 기회구조가 모두 차단되어 있고 이에 대한 불만을 폭력으로 배출하지 않고 자포자기하는 유형으로 도피적 일탈행위가 이에 속한다.

④ 비행적 하위문화의 종류

슬럼(Slum)지역에는 합법적인 기회구조가 배제된 청소년들이 참여할 수 있는 다음과 같은 세 개의 비행적 하위문화가 있다.

범죄적 하위문화	Cloward와 Ohlin의 모형 중 개혁형에 해당되는 비행문화로 문화적 가치를 인정하지만 합법적 기회구조는 없고 비합법적인 기회구조와 접촉이 가능하여 성인범죄자 및 각 연령층의 긴밀한 유대와 통합의 바탕 위에 주위환경의 옹호를 통하여 범행이 장려되고 불법이 생활화된다. 이들은 주로 성인범죄자와의 접촉을 통하여 사기·절도의 기술과 지식을 습득하여 재산범죄를 저지르므로 성인범죄자와 긴밀한 연계가 있는 지역에서 발생할 가능성이 가장 높다.
갈등적 하위문화	Cloward와 Ohlin의 모형 중 공격형에 해당되는 비행문화로 문화적 가치를 달성하기 위한 합법적·비합법적 기회구조(즉 성인들의 범죄가 조직화되지 않아 비합법적인 수단에 소년들이 접근할 수 없어 범죄기술을 전수할 수 있는 환경이나 기회가 발전되지 않은 지역)가 모두 차단되어 있어 이에 대한 욕구불만을 폭력행위나 집단싸움으로 해소하는 청소년 비행문화집단으로, 가장 위험성이 없으며 그들이 나이가 들어 직장을 갖거나 결혼을 하게 되면 이전의 비행적인 행동양식을 청산하고 정상인의 생활을 하게 된다.
도피적 하위문화	Cloward와 Ohlin의 모형 중 도피형에 해당되는 비행문화로 문화적 목표는 인정하지만 이를 달성하기 위한 합법적·비합법적 기회구조와의 접촉이 모두 차단되어 있고 폭력도 사용하지 못해 자포자기하는 집단으로 '이중실패자'(double failure)라고도 하는데 주로 알콜·약물중독자들이 이에 속한다.

⑤ 이론의 공헌

㉠ 집단비행현상의 구조적 요인은 Anomie이론에서, 구체적인 비행의 성격과 형태를 문화전달이론과 분화적 접촉이론에서 파악한 점에서 독창적이다.

㉡ 범죄와 비행을 유발하는 중간적인 사회구조적 여건, 즉 합법적 기회구조·비합법적 기회구조를 지적하였다.

ⓒ 미국의 1960년대 존슨행정부의 지역사회 행동과 비행예방 프로그램 등의 사회정책에 크게 영향을 주었다.

⑥ 이론의 비판

㉠ 상이한 하류계층간에 존재하는 가족구조와 인종적 요소 등 배경적인 차이를 체계적으로 취급하지 않고 있다.

㉡ 비행이 하류계층에 상대적으로 더욱 보편화되어 있다는 가정에서 출발한 이론으로 중상류 계층에서의 비행발생에 관한 설명이 없다.

㉢ 동일한 기회구조속에서도 왜 사람마다 서로 다르게 반응하는지에 대해서 설명할 수 없다.

㉣ 다른 조사결과에 의하면 높은 청소년 비행율을 나타내고 있는 지역사회들에는 어느 특정한 한 가지의 하위문화가 아니라 복수의 하위문화가 존재한다고 한다.

(4) 밀러(Miller)의 하류계층문화이론(lower-class culture theory)

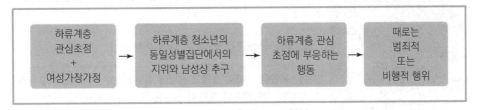

① 개   념

㉠ Miller는 미국 보스톤시의 우범지역에서 빈번히 발생하는 청소년 갱문제를 해결할 수 있는 방안을 연구하던 중 우범지역에 거주하는 사람들이 관심을 갖는 사항은 다른 지역에서는 찾아볼 수 없을 정도로 독특하다는 것을 발견하였는데, 하층계급은 그들의 관심이 일반인들과 다르기 때문에 독특한 문화규범이 생기고 이에 따라 행동함으로써 중류계층의 법규범을 위반하고 범죄가 생기게 된다는 것이다.

㉡ 하류계층 청소년의 비행은 중류계층 가치의 수용불능이기보다는 하류계층의 문화나 가치가 더 중요하게 작용하여 이러한 하류계층의 문화를 체득하여 나온 행동패턴은 지배적인 계층인 중류계급이 희망하는 행동패턴과 상치하기 때문에 발

생하는 것이다.

② 범죄의 원인

㉠ 하층문화계급에의 동조는 곧 중류계층 규범의 위반을 의미하지만, 중류계층의 가치와 행동규범에 대한 악의적인 원한이나 울분을 표시하는 것은 아니고 그들의 집중된 관심에의 추구가 범죄원인이다.

㉡ 중류계층의 가치나 행동규범을 정면으로 거부하고 이에 대한 악의적인 원한이나 울분을 표시하는 것은 Cohen의 비행하위문화이론의 부정성이다.

③ 관심의 초점

말썽(trouble: 걱정)	법이나 법집행기관 등과의 말썽이 오히려 영웅적이거나 정상적이며 성공적인 것으로 간주되는 것이다.
강인(toughness)	특히 남자들의 경우에 남성다움과 육체적 힘의 과시, 용감성, 대담성에 대한 관심을 의미한다.
교활(smartness: 영악함)	지적인 영리함이 아니라 도박, 사기, 탈법과 같이 속고 속이는 세상에서 남이 나를 속이기 이전에 내가 먼저 남을 속일 수 있는 능력을 말한다.
흥분(excitement: 자극성)	스릴, 모험, 권태감을 모면하는 데에 대한 관심.
숙명론(fate: 운명)	빈곤한 사람은 때때로 그들의 생활을 숙명이라고 생각함으로써 자기의 현실을 정당화하며 따라서 성공은 요행이 중요하다고 생각하고 체포되면 운수가 좋지 않았기 때문이라고 생각한다.
자율(autonomy)	외부로부터 통제나 간섭을 받기 싫어하는 속성으로, 자신들의 사회계층제도상의 위치 때문에 항상 타인으로부터 명령과 간섭을 받고 있는 현실에 대한 잠재의식적인 반발을 보인다.

(5) 볼프강(Wolfgang)과 페라쿠치(Ferracuti)의 폭력하위문화이론

특정지역의 사람들은 일반인에 비해서 자신의 명예, 집안의 명예, 남자의 명예를 지나치게 강조하고 인간의 생명을 가볍게 보아 이들의 생활양식, 사회화과정, 대인관계면에서 폭력사용을 용인하고 권장하는 폭력하위문화가 존재한다고 보았다.

4) 하위문화이론의 비판

(1) 비행률이 높은 흑인 청소년들에게 폭력의 하위문화가 존재한다는 증거를 제시하지 못하고 있다.

(2) 다양한 문화로부터 하위문화의 가치를 구별할 것인가는 의문이다.

(3) 무엇이 하위문화를 지탱하는가, 왜 하위문화가 지속되는가 등의 의문이 남아 있다.

(4) 하위문화이론은 하위문화에 속하지 않는 사람들의 비행에 대해서 전혀 언급하지 않았다.

5) 사회구조적 이론의 평가

(1) 슬럼지역의 높은 비행·범죄율에 대한 이론적 공헌은 높이 살만하다.

(2) 범죄를 유발하는 것이 하류계층 문화 그 자체인지는 불확실하다.

(3) 실질적인 비행하위문화가 존재하는지도 의문이다.

(4) 하류층의 소년들도 중류층 못지않게 교육을 중시하고 있다.

2. 사회과정이론

1) 사회과정과 범죄

(1) 개인이 범죄자가 되가는 과정을 설명하고자 함.

(2) 전제: 하위계층 못지 않게 중상류층의 소년들도 비행에 가담.

(3) 주요 구분

사회과정이론	학습이론	사람들이 어떻게 범행하는지 학습.
	통제이론	사회의 범죄예방요소가 일부 사람을 통제하는 데 실패.
	낙인이론	부정적 낙인이 직접범죄자 유발.

2) 학습이론

(1) 서들랜드(Sutherland)의 차별적 접촉이론
① 등장배경

시카고 학파의 영향	쇼와 멕케이의 영향을 받아 슬럼지역에서 비행이 집중하여 발생한다는 것을 지적하였는데, 이는 서덜랜드가 각 지역마자 비행 친구를 접촉할 수 있는 기회가 다르다는 차별접촉이론을 만드는 데 영감을 주었다. 즉, 슬럼지역에서 사는 소년들은 비행청소년과 접촉할 기회가 다른 지역의 청소년들에 비해서 많다는 것이다.
상징적 상호작용이론의 영향	미드의 상징적 상호작용이론의 영향을 받아 사람은 다른 사람과의 접촉을 통해서 영향을 받으면서 다른 사람의 행동을 학습하게 된다는 것이다.
모방학습이론의 영향	따르드(Tarde)의 모방학습이론에 영향을 받아, 한 개인은 다른 사람의 행동을 모방하면서 학습하게 된다는 것이다.

② 기본 명제
예를 들어 직업적 절도범은 주로 슬럼지역 출신인데, 그 이유는 슬럼지역에서는 다른 지역에 비하여 일반 소년들이 비행소년들과 접촉할 기회가 많기 때문이라고 하며, 다음과 같은 주장을 하였다.

- 범죄행위는 학습된다.
- 범죄행위는 접촉 등의 상호작용 과정에서 학습된다.
- 범죄행위학습의 주요부분(핵심)은 가족·친지 등의 가까운 사적 집단 내에서 이루어진다(라디오, TV, 영화, 신문 등의 비인격적 매체와는 관련이 없다).
- 학습의 내용에는 범행기술, 동기, 합리화와 범죄행위에 대한 인식과 태도가 포함된다.
- 범죄행위의 동기는 법에 대한 호의적인 또는 비호의적인 태도를 가지는가에 의하여 다양한 관점으로부터 학습된다.
- 한 개인이 범죄자가 되는 것은 법을 위반하는 것에 대한 거부반응보다 수용하는 태도가 강하기 때문이다.
- 접촉은 빈도, 기간, 우선 순위, 그리고 강도 등에 의해 차이가 발생한다.[2]
- 범죄행위를 학습하는 과정은 다른 일반 행위와 같다.
- 범죄행위는 일반적인 필요와 가치관의 표현이지만, 범죄행위는 그런 것만으로는 설명되지 않는다. 이유는 범죄행위가 아닌 것도 그와 같은 욕구와 가치관의 표현에 의해서 발생하기 때문이다.

---

2 즉 접촉의 빈도가 많고 기간이 길수록 학습의 영향은 더 커지고, 시기가 빠를수록, 접촉의 강도가 클수록 더 강하게 학습을 하게 된다. 따라서 차별적 접촉이론은 나쁜 친구를 사귀면 범죄를 저지를 것

결과적으로 한 개인이 범죄자와 접촉을 자주, 오래, 그리고 강하게 하면 할수록 법을 어기는 것을 합리화하기 쉬워진다. 그 결과로 범죄자가 되는 것이다.

③ 차별적 접촉이론의 평가

학습 받지 않고도 범행동기를 이미 가진 사람이 있을 가능성을 배제했다는 점과, 이 이론을 청소년에게 초점을 맞추어 성인들의 범죄와의 관련성은 배제했다.

(2) 최근의 사회학습이론 ― 차별적 접촉이론의 구체화

범죄문화(행동)에 접촉해도 범죄를 행하지 않는 이유는 무엇일까라는 의문점에 대하여 여러 수정이 시도되었다.

① 버제스(Burgess)와 에이커스(Akers)의 차별적 강화이론

㉠ 차별적 접촉이론의 단점인 학습이 구체적으로 어떤 과정을 거쳐 발생하는지에 대한 의문점을 보완하였는데, 이는 Skinner의 '조작적 조건이론'과 같은 심리학적 이론을 이용하여 학습과정을 설명했디.

㉡ 이 이론은 어떤 행위에 대해 지속적인 보상을 받게 되면, 그 행위를 계속할 것이고(강화), 반면 어떤 행위에 대해서 처벌을 받게 되면 그 행위를 자제할 것이다(처벌)라는 내용이다.

㉢ 예를 들어 아이들이 나쁜 행동을 할 때 주위에서 크게 꾸짖으면 그것을 안 하게 되지만 처벌이 없거나, 오히려 칭찬을 받는 등의 외부 자극이 있게 되면 비행을 반복적으로 저지르게 될 가능성이 높다고 하였다. 잘못된 행동을 하면 비행친구는 보상과 칭찬으로 대응해주므로 비행의 가능성이 높다.

② 그래져(Daniel Glaser)의 차별적(분화적) 동일시 이론

개인이 범죄문화에 접촉을 하였을 경우에 그것에 동화되었을 때 범죄를 일으킨다는 내용이다. 여기에서의 '동일시'는 타인의 가치관에 공감하여 그 가치관에 따라 자신의 행동을 결정한다는 것이다. 또한 사람과의 직접적인 접촉 이외에도 매스미디어 등의 간접적 접촉도 포함시켰다. 이후 차별적(분화적) 기대이론을 전개하여 범죄는 + 기대가 - 예상을 초과할 때 범죄가 발생하다고 보았다.

이라는 식의 단순한 등식이 아니라 불법적인 정의를 접촉한 정도와 준법적인 정의를 접촉한 정도의 차이가 범죄유발의 중요한 요인이라는 것이다.

③ 맛샤(Matza)와 사이크스(Sykes)의 중화이론

㉠ 의   의

비행소년이라 할지라도 대부분의 경우에는 다른 사람과 마찬가지로 일상적이고 준법적인 생활을 하고 특별한 경우에 한하여 위법적인 범죄를 저지르게 되고, 체포된 후에는 대부분 후회하고 수치심을 느낀다고 지적하였다. 즉 비행자들은 이미 내면화되어 있는 규범이나 가치관이 '중화'(neutralization)되어 자신을 합리화하면서 비행으로 나아가게 된다.

㉡ 범죄 발생의 원인

표류	표류란 합법과 위법의 중간 단계로서 비행은 일탈적인 생활양식과 관습적인 생활양식 사이를 오가며 행동한다.	
중화의 기술	규범을 위반한 때에 그 행동에 정당성을 부여하는데, 이때 중화기술을 이용하여 사회 규범으로부터 표류하여, 일탈 행동으로 이어지는 것이다.	
	책임의 부인	술에 취해 제정신이 아니었다.
	피해자 부인	나쁜놈은 맞아도 싸다.
	가해의 부인	돈 많은 사람의 자동차를 훔쳐도 별상관은 없겠지.
	비난자의 부인	검사도 불법을 저지르던데!
	충성심 요구	친구와의 의리를 위해.

④ 레클리스(Reckless)와 디니즈(Dinitz)의 자아관념이론

㉠ 종래의 연구와 구별

Reckless, Dinitz, Murray 등의 연구로, 범죄적 문화에 접촉한 사람은 왜 범죄에 빠지게 되는가의 문제가 아니라 범죄적 문화와 접촉한 사람 가운데 어떤 사람은 왜 범죄에 빠지지 않는가를 연구의 대상으로 한다.

㉡ 비범죄화의 원인

자기관념의 차이	동일한 비행적 접촉환경에서도 좋은 자기관념을 갖는 자는 범죄에 빠지지 않고, 나쁜 자기관념을 갖는 자는 범죄를 저지르게 된다.
자기관념의 형성	청소년들에게 있어 비행을 멀리하게 하는 절연체로서의 가족관계(자기관념은 가정에서 담당하는 사회화 교육에 크게 영향을 받아 12세 이전에 대체로 형성된다고 한다)를 들고 이를 바탕으로 형성된 무비행적 태도의 내면화, 즉 사회적으로 용인된 적정한 자기관념의 획득과 유지가 비범죄화의 요인이 된다.

3. 사회통제이론

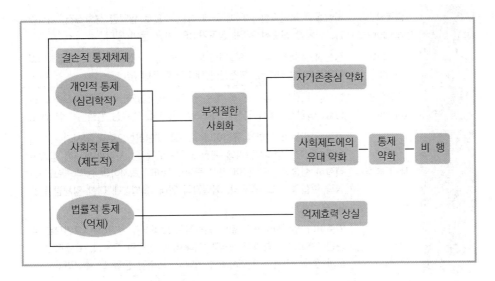

1) 개인적 통제(레클리스의 견제이론)

(1) 개 념

① Reckless는 자기관념이론을 발전시켜 강력한 내면적 통제와 이를 보강하는 외부적 통제가 사회적·법적 행위규범의 위반에 대한 하나의 절연체를 구성한다고 하였다. 레클리스는 내적 요소가 비행을 결정하는 데 가장 중요한 요소라고 보았는데 '좋은 자아개념'과 같은 내적 견제 요인을 비행의 가장 중요한 설명 요인으로 보았다.

② Reckless는 두 가지 상호 대립된 영향력을 기초로, 사람들은 누구든지 범죄나 비행으로 이끄는 힘과 이를 차단하는 힘을 받게 되는데 만일 이끄는 힘이 차단하는 힘보다 강하면 그 사람은 범죄나 비행을 저지르게 되고 반면에 차단하는 힘이 강하면 비록 이끄는 힘이 있더라도 범죄나 비행을 자제한다는 것이다.

(2) 범죄 유발 요인과 통제 요인

범죄유발 요인	압력요인 (pressures)	사람들을 불만족한 상태에 들게 하는 것으로 열악한 생활조건, 가족갈등, 열등한 신분적 지위, 성공기회의 박탈 등이 있다.
	유인요인 (pulls)	정상적인 생활로부터 이탈하도록 유인하는 요소로 나쁜 친구들, 범죄하위문화, 범죄조직, 불건전한 대중매체 등이 있다.
	배출요인 (pushes)	범죄나 비행을 저지르도록 하는 각 개인의 생물학적·심리적 요소로 불안감, 불만감, 내적 긴장감, 증오심, 공격성, 즉흥성 등을 들 수 있다.
범죄통제 요인	내적 통제	주로 사람들이 사회적 규범이나 도덕을 내면화함으로써 각자가 내부적으로 형성한 범죄차단력에 관한 요인으로 좋은 자기관념(내적 통제가 적절히 형성되는 데 있어 가장 중요), 자아나 초자아의 능력, 목표지향성과 현실적 목표, 책임감, 좌절감의 인내, 합법성에 대한 일체감 등을 들 수 있다.
	외적 통제	가족이나 주위사람들과 같이 외부적으로 범죄를 차단하는 요인으로 일관된 도덕교육, 합리적 규범과 기대체계, 집단의 포용성, 효율적인 감독과 훈육, 가족과 지역사회의 기대감, 소속감 등을 들 수 있다.

2) 사회적 통제(허쉬(Hirschi)의 사회유대이론)

(1) 의   의

Hirschi는 반사회적 행위의 근본적인 원인은 인간의 본성에 있어 모든 사람들은 내버려두면 범죄를 저지를 가능성을 가지고 있으나, 이러한 범죄발생을 통제하는 것이 개인이 일상적인 사회와 맺고 있는 '유대'(사회연대)라고 본다.

(2) 범죄의 원인

범죄는 개인의 사회에 대한 유대가 약해졌거나 끊어졌을 때 발생한다고 보았다. 즉 비행청소년은 관습적인 사람과의 결속이 약하고 관습적인 생활에 대한 전념이 없으며, 따라서 관습적인 일에 참여하여 몰두하지 못하는 것이다. 이는 관습적인 규범에 대한 신념이 없기 때문에 관습적인 사회에 대해 유대와 결속을 갖지 못하고 따라서 그 사회로부터 통제와 제재를 적게 받아 그만큼 쉽게 일탈할 수 있다는 것이지 그들이 비행을 저지르도록 어떠한 강요를 받아서는 아니다.

(3) 사회연대의 요소

애착 (attachment)	자신에게 중요하고 그들의 의견에 민감한 사람들에 대한 청소년의 감정적 결속으로 부자지간의 정, 친구사이의 우정, 가족끼리의 사랑, 학교선생님에 대한 존경심 등을 들 수 있다(주로 감정적·정서적 관계에 기초한다).
전념 (commitment)	관습적인 생활방식과 활동에 투자하는 시간과 정열로 규범준수에 따른 사회적 보상에 관심을 두는 것을 의미한다. 이러한 열망의 소유자는 자신의 비행이 미래의 희망을 망칠 수도 있다고 우려하기 때문에 비행을 자제한다는 것이다(합리적인 판단을 바탕으로 개인과 사회의 유대가 형성되고 유지되는 형태이다).
참여 (involvement)	행위적인 측면에서 개인이 사회와 맺고 있는 유대의 형태로, 전념의 결과로 실제로 관습적인 일에 참여하는 것을 의미한다. 사회생활에 대하여 참여가 낮으면 그만큼 일탈행동의 기회가 증가함으로써 비행이나 범죄를 저지를 가능성이 높다고 보았다(산업예비군 즉 실업자는 범죄의 예비군이다).
신념 (belicf)	관습적인 규범의 내면화를 통하여 개인이 사회와 맺고 있는 유대의 형태로서, 관습적인 도덕적 가치에 대한 믿음을 의미한다. 이는 내적 통제와 같은 표현으로 규범에 대한 믿음이 약할수록 비행이나 범죄를 저지를 가능성이 높나고 보았다.

3) 법률적 통제(억제이론)

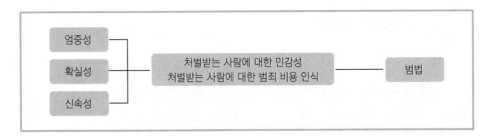

(1) 의   의

범죄로부터의 이익이 비행의 원인이라면 범죄에 대한 처벌의 고통은 비행을 제지하는 요인이므로, 범죄의 이익이 처벌의 고통보다 크다면 범죄는 발생할 것이고 처벌의 고통이 범죄의 이익보다 크다면 범죄는 발생하지 않을 것이라고 하는 것이다.

(2) 억제의 요소

① 처벌의 엄중성: 벌금의 양이나 구금의 기간과 같은 처벌의 정도에 관한 것

으로서, 보다 엄중한 처벌일수록 범법의 정도는 더 낮아질 것이라고 가정하는 것이다.

② 처벌의 확실성: 처벌받을 확률을 뜻하는 것으로 처벌받을 확률이 높을수록 범법의 수준은 더 낮아질 것이라고 가정하는 것이다.

③ 처벌의 신속성: 범행시기부터 처벌받는 시기까지의 시간적 간격을 의미하는 것으로 범행 후 빨리 처벌받을수록 그만큼 사람들에게 처벌이 실감나기 때문에 범법의 수준은 더 낮아질 것이라고 가정하는 것이다.

(3) 결   론
처벌이 엄중하고 확실하며, 신속할수록 범죄의 억제효과는 커진다.

(4) 한   계
범죄의 이익과 비용을 합리적으로 계산할 수 있는 경제범죄 등의 도구적 범죄(원하는 물품과 봉사를 관습적인 방법을 통해서는 얻을 수 없게 되어 결국에는 불법적인 방법에 호소하여 획득하려는 범죄)에는 적용될 수 있으나 격정범 등 표출적 범죄에는 적용에 한계가 있다.

4. 사회적 반응이론

1) 개   요

⑴ 1960년대 중반부터 미국을 중심으로 전개된 범죄학의 새로운 경향은 범죄현상 및 범죄대책에 있어서 '관점의 전환'이라고 할 수 있다. 즉 종래의 전통적 범죄학이 개별현상 또는 집단현상으로서의 범죄 또는 범죄자의 생물학적·심리학적·사회학적 원인에 대한 연구였다면, 새로운 경향은 인간의 일정한 행동에 대해 범죄 또는 범죄자라고 낙인을 찍는 사회나 법집행기관이 주요한 연구대상으로 기존의 기능주의 범죄학에 대한 코페르니쿠스적 전환을 가져온 것으로 평가된다.

⑵ 전통적 범죄학의 경향은 대체로 1930년대에서 1950년대에 형성된 범죄사회학적 이론을 말한다. 전통적 실증주의 범죄이론들은 법제도의 안정성과 이의 무비판적 수용을 바탕으로 범죄인과 비범죄인 사이에는 근본적인 차이가 있다는 전제 위에서 주요 분석적 초점을 개인으로 제한하여 범죄의 원인을 개인의 소질이나

환경에 있다고 보고, 범죄는 소수 일탈자의 문제이므로 이를 교정주의적 간섭을 통하여 해결하려 한다.

2) 낙인이론

(1) 개   요

① 전통적 범죄학과는 달리 낙인이론은 사법체계를 비판하는데, 사법기관은 아무 문제가 없어 보이는 행동을 문제행동으로 규정하기 때문에 비행이 존재하는 것이고, 또한 잘살고 힘있는 사람들은 대변하고 보호하지만, 못살고 힘없는 사람들은 통제하기 때문에 특히 하층의 비행이 많게 된다고 한다.

② 1960~70년대에 걸쳐 베트남 전쟁에 대한 반전 분위기와 닉슨 행정부의 부패 등 정부기관에 대한 반발에 그 배경이 있다.

③ 낙인이론은 누가 비행을 하는가 보다는 누가 비행자로, 그리고 어떤 행동이 비행으로 규정되는가에 주목하는데, 예를 들어 상상력이 풍부하여 수업시간에 방해 행동을 했을 경우 기발한 천재 내지는 수업을 방해하는 학생으로 규정될 수 있다(짧은 치마에 노란 염색). 이처럼 낙인이론가들은 비행을 아이들이 저지른 행동의 성질이 아니라 비행이라고 규정된 것이라고 본다.

④ 사법기관에 의해 '이런 저런 특정 행위는 비행이다.'라고 규정되어 있기 때문에 그 행위는 비행이 되는 것이지, 특별히 어떤 아이들이 비행을 저지르는 것은 아니라고 본다.

(2) 낙인의 과정과 결과

① 낙인이론가들은 비행이 그렇게 규정된 것이라는 점도 강조했지만, 그것이 비행으로 규정된 후 소위 낙인찍힌 아이가 어떻게 나중에 엄청난 범죄자로 발전하는지에 대해 관심을 가졌다.

② 레머트(Lemert)의 주장

낙인이론의 대표적 학자는 레머트로서 범죄를 포함한 일탈행위를 '일차적 일탈', '이차적 일탈'로 구분하였다.

일차적 일탈	일시적이며 다양한 사회적, 문화적, 심리적 요인들에 의해 야기되는 즉, 누구나 한 번쯤은 우연한 기회에 저지를 수 있는 것을 말하는데, 예를 들어 동네 상점에서 과자 같은 작은 물건을 절도하는 것을 말한다.
이차적 일탈	예를 들어 절도를 저지른 학생이 경찰에 채포된 후 '억울하다'라는 심정으로 또다시 절도를 하였다면 이러한 행위는 경찰의 체포라고 하는 사회적 반응에 대한 반발에 의해서 일어난 것이므로 이차적 일탈이라고 할 수 있다. 즉 당사자가 일차적 일탈로 인해 일탈자로 낙인을 찍히게 되면, 그 아이는 사소한 수준을 넘어 보다 심각한 일탈을 저지르게 되는데, 이처럼 낙인으로 인한 보다 심각한 수준의 일탈을 이차적 일탈이라고 한다.

③ 탄넨바움

"소년범은 일반인이 그를 나쁘다고 규정하고 계속 본다면 그는 일탈자가 된다. 악은 적을수록, 선은 많을 수록 좋다"라는 명제로 낙인이론을 대변하였다.

④ 베커(Becker)

'주지위'라는 개념처럼 한 번 전과자로 낙인을 찍히면 계속해서 전과자로 남게 되는 것이다.

(3) 비행대책

낙인이론가들은 소위 '4D'라는 대책을 제시해왔다.

비범죄화 (Decrimination)	웬만한 비행은 일탈로 규정하지 말자는 것으로서, 기존 형법의 범죄 목록 중에서 사회변화로 인하여 더 이상 사회 유해성이 없는 행위로 평가되는 것에 대해서는 범죄 목록에서 삭제되어야 한다고 한다.
전환제도 (Diversion)	비행 청소년을 체포·기소·처벌이라는 공식 절차상에 두지 않고, 기소하기 전에 지역사회에서 일정한 처우를 받도록 함으로서 낙인을 줄이려는 것으로서, 중한 공식적 반작용은 경한 공식적 반작용으로 대체되어야 한다는 것이 전환제도이다.
공정한 절차 (Due Process)	계층간에 차별 없이 공정하게 법이 집행되어야 한다는 것을 강조하였다.
탈시설화 (Deinstitutionalition)	소년원이나 소년교도소와 같은 시설에서 처우하기보다는 가능하면 사회 내에서 처우를 하여 아이들이 낙인을 덜 받고 사회에 재적응하기 쉽도록 하자는 것이다.

이러한 4D정책으로 재사회화 후 성과가 양호한 경우 피낙인자에게 그의 사회적 지위를 회복시킬 수 있는 탈낙인화가 뒤따라야 한다.

공식적 낙인	차별적 기회구조의 초래 차별적 접촉의 초래 부정적 자기관념의 초래	이차적 일탈

3) 갈등이론

(1) 개   요

갈등이론에서는 법은 모든 사람을 위해 존재하는 가치 합의에 의한 것이 아니라, 특정 집단의 이익을 위해 존재하는 권력의 행사로 파악한다. 따라서 하층이나 소수민, 청소년, 여성처럼 사회적으로 불리한 층에게 법은 불리하게 차별적으로 적용될 수 있다는 점에 주목한다.

(2) 주요 내용

① 마르크스주의나 비판이론가들에 따르면 자본주의체제하에서는 자본가가 법을 통해 자신들의 이익을 대변하고, 법을 노동자와 피지배층을 억압하고 통제하는 데 사용한다고 보고 있다.

② 갈등이론이나 마르크스 이론은 개인의 비행행위보다는 사회제도인 법을, 그리고 그 근간이 되는 사회성격을 규명한 점에서 낙인이론가들의 미시적 관점과는 달리 거시수준의 성격이라 할 수 있다.

③ 갈등이론가들에 따르면 법은 불공평하며, 사회적 약자에게 차별적으로 적용된다고 했다. 예를 들어 지배층이 저지를 수 있는 환경 오염이나 뇌물보다는 절도 강도를 더 엄격하게 처벌하며, 또 같은 비행이더라도 하층에게 불리하게 적용된다고 보고 있다.

④ 예를 들어 자본주의 사회에서 자본가들의 이윤착취로 하층들은 더욱 빈곤해지면서 범죄나 비행이 발생한다는 것이다.

⑤ 직장 전망이 낮은 학업성적이 부진한 아이들은 소외될 수밖에 없는 상태에서 비행이 발생한다는 것으로 접근한다.

5. 기타 범죄이론

1) 문화지체 이론

(1) 개   념

① 문화지체의 이론(cultural lag theory)이란 사회 내의 각종 사회문제, 즉 실업문제, 노동문제, 교통사고, 이혼, 소년비행 및 범죄문제 등은 결국 사회 내의 각종 문화의 부조화적인 변동·발전에 기인한다고 보는 이론이다.

② 문화간의 변동·발전의 속도가 서로 달라서 부조화를 이룰 때 사회문제가 발생한다는 것으로 미국의 오번(Ogburn)이 주장하였다.

(2) 주요 내용

① 인간사회의 문화에는 기본적인 생계와 관련된 기계, 식품생산, 교역 등 물질문화(material culture)와 이와 관련해서 이루어지는 결혼생활·가정생활, 종교·도덕·법·정치·교육제도 등의 적응문화(adaptive culture)가 있다. 일반적으로 물질문화가 선행적으로 발전·변화하고 적응문화는 뒤따라 서서히 변하게 되는데 이 과정에서 적응문화가 효율적으로 변화·적응하지 못하면 문화의 지체가 일어나며, 이 과정에서 이혼·범죄와 같은 각종 사회문제가 일어나게 된다는 것이다(W. F. Ogburn & M. Nimkoff, 1940: 886-893).

② 이에 의하면 범죄를 포함한 사회문제는 양자간에 있어 변화의 속도가 적절히 조정되지 못했기 때문에, 즉 사회개발정책(social planning)의 잘못 때문에 일어난다고 한다.

③ 이 이론은 다음과 같은 비판도 받고 있다.

첫째, 이 이론은 범죄 발생의 일반적인 배경을 설명하는 데 적합하나 개별적인 범죄를 설명하는 데는 미흡하기 때문에 구체적인 개인적·사회적 원인의 분석이 필요하다.

둘째, 문화의 지체란 상대적인 개념이기 때문에 어느 한 개인에게 지체라고 인식될 수 있다고 하여 다른 사람에게도 반드시 그럴 수는 없다는 것이다.

2) 합리적 선택이론

(1) 등장 배경

① 영미에서는 1980년대에 접어들면서 합리적 선택이론이라 불리는 범죄학이론이 급속히 대두했다.

② 범죄자는 '범죄에서 얻은 이익(benefit)이 크게'하거나 '범죄에 실패할 때의 손실(cost)이 적게'하는 것을 고려해서 범죄의 유무, 방법, 장소 등을 선택한다.

③ 이 이론에서는 범죄는 합리적인 인간이 자유의지에 의해 한 것이고 유전이나 환경의 산물이 아니라고 본다.

(2) 주요 내용

① 합리적 선택이론은 경제학의 호모 이코노믹의 가설('인간은 기대되는 자기의 효용계수를 최대화하려 한다')을 기초로 하고 있다.

② 이 이론은 18세기에 베카리아나 벤담이 주장한 고전파 범죄학과 비슷하게 범죄에 의해 야기되는 비용과 이익을 비교형량해 범죄의 실행 여부를 결정하는 합리적인 범죄인상을 전제로 하기 때문에 '고전파 범죄학의 부활'이라고도 평가되고 있다.

3) 환경범죄론

(1) 등장 배경

환경범죄학이 주목받게 된 것은 형사사조로서 범죄예방론이 대두된 1980년대 후반부터이다. 이 시기에 범죄예방론이 대두된 배경은 다음과 같다.

① 형사사법시스템에 대한 실망[3]

② 범죄원인론에 대한 실망과 합리적 선택이론의 대두[4]

---

3 1970년대 이후 사회복귀모델이 후퇴하고 정의모델이 대두하게 되었다. 하지만 이 정의모델에서도 범죄는 계속 증가해 1980년대 이후 형사사법제도가 범죄의 증감에 미치는 역할은 현실적으로 한정적인 것이 아닌가, 혹은 전혀 없는 것이 아닌가 하는 주장이 강해지기 시작했다. 이런 상황 속에서 1980년 중반에 '범죄실행 후에 형사사법기관이 범죄를 사후 처리하는 시스템'에서 '커뮤니티(cummunity)를 기반으로 범죄실행 자체를 사전에 저지하는 시스템'으로의 전환을 주장하는 범죄예방론이 대두됐다. 따라서 영미의 형사정책이 1970년대에서 1980년대 전반의 '사회복귀사상의 후퇴 → 정의모델의 대두시대'에서 많은 변혁을 가져와 21세기에 걸쳐서 '커뮤니티를 기반으로 한 범죄예방론의 시대'로 전환하려는 시대이다.

4 종래의 범죄원인론은 범죄요인을 생물학적·심리학적 접근 및 사회학적 접근방법에서 분석했다. 하지

(2) 주요 논점

① 방어공간이론

방어공간이론(defensible space theory)은 제이콥스(J. Jacobs)와 뉴만(O. Newman)이 주장해 환경설계론의 선구가 된 이론이다.[5] 뉴만은 공공주택이 범죄의 온상이 된다고 지적하고 다음과 같은 주공간의 4원칙을 제시했다.

영역성(territory)의 설정	외부에서의 침입을 막기 위해 거주지를 블록화해 각 블록마다 영역성을 강하게 한다.
자연적 감시(natural surveillance)	건물배치 등의 환경설계에 의해 거주자가 구역을 일상적으로 감시할 수 있도록 하는 것이다.
거주지의 이미지형성	치안이 나쁜 거리라는 낙인이 붙지 않도록 거리를 가꾸는 것이다. 즉 범죄에 취약하게 보이지 않고 주변 지역사회로부터 고립되지 않도록 이웃과 지역사회를 조성하는 것을 의미한다.
입지조건(milieu)의 정비	주택지를 안전지대에 인접시켜 배치하는 것이다. 주거단지의 입지조건은 범죄의 발생과 관계가 깊기 때문에 이를 배제하기 위해 건물의 형태나 배치에 유의하고 주거단지를 안정성이 높은 지역에 배치하도록 배려한다. 랩(Lab)은 범죄가 적고 감시가 많은 지역 안에 거주지가 위치하는 것이 범죄예방에 유리하다고 설명하였다.

② 방범환경설계론[6]

방범환경설계론의 실용매뉴얼에 의하면 4가지 전략에 기본을 두고 있다.

만 1980년대 전후부터 이들 접근방법에서는 범죄요인 탐구가 곤란할 분 아니라 요인을 안다 해도 쉽게 대책을 세울 수 없다는 비관론이 높아져 범죄의 원인탐구에서 범죄예방의 기대가 높아졌다. 한편 영미의 범죄학에 있어 합리적 선택이론이 강한 지지를 받는 것을 주시할 필요가 있다. 전술한 합리적 선택이론이 대두한 결과로서 두 개의 형사정책적 결론이 도출된다. 하나는 저지형 이론이고 하나는 범죄예방론이다. 즉 합리적 선택이론은 합리적 인간상을 전제로 하나, 합리적 인간은 형벌의 저지효과를 이해하는 측면이다. 범죄가 예방된다면(범죄성공률이 낮다면) 실행으로 옮기지 않는 측면을 가지고 있는 것이 전제된다. 하지만 억제이론에 대해서 효과가 실증되지 않았다든가, 사형이나 장기구금형의 증가를 부르는 역기능이 우려된다.

5 이 이론은 당시 급격히 증가하는 주택의 고층화가 범죄를 유발한다고 지적하고 범죄예방을 위해 공적 공간과 사적 공간을 명확히 구별, 가로의 시야가 확보되게 건물 방향을 연구, 가로가 보색에 이용되게 해야 한다고 주장하면서, 거리에 익숙한 사람이 범죄예방에 기여한다고 하였다. 이로부터 유명한 거리의 감시자(eyes on the street)개념이 제시되기도 하였다.

6 제이콥스나 뉴만의 문제제기를 받아 환경설계의 테마에 최초로 손을 댄 이는 제퍼리(Jeffery)이다. 제퍼리는 1971년에 「환경설계에 의한 범죄예방」을 발간하여, 범죄실행 후에 범죄자를 처벌하는 종래의 형사사법 방법을 격렬하게 비판하고 범죄실행 전에 환경을 직접 통제하여 범죄예방을 해야 할 필

감시의 강화	가로조명의 개선, 전자감시장비 이용
외부인의 행동규제	출입구축소, 열쇠나 철책담장 설치
주민에 의한 방범활동 원조	활동을 위한 장소제공, 가두활동 지원
방범의식 계몽	방범캠페인, 경찰과의 연계 강화

4) 상황적 범죄예방론[7]

상황적 범죄예방론은 '범죄기회를 주는 상황'을 없애는 것이 범죄예방의 핵심
이라고 주장하였고 다음과 같은 기본원칙을 제시하고 있다.

범죄예방의 목적	범죄의 기회를 감소시키는 것.
범죄예방의 대상	구체적인 특정의 범죄형태.
범죄예방의 방법	범죄자의 갱생이나 환경의 일반적 개선이 아닌 범죄발생의 가능성이 있는 환경에 직접 뛰어들어 관리, 설계 및 조작을 하는 것.
범죄예방의 중점	범죄를 실행할 때 들어가는 노력과 리스크를 높게 해서 범죄에서 얻는 이익을 감소시키는 것.

5) 일상활동이론[8]

펠슨(Marcus Felson)은 범죄를 발생시키는 구체적 요소로서 잠재적인 범죄자,

요성을 주장했다. 그는 종래의 사회복귀모델이나 억제형론을 철저히 비판해 환경공학에 기반을 둔 방
범환경설계론(=CPTED)은 뉴만의 '지키기 쉬운 주공간'이 주택지를 대상으로 한 것에 비해 주택지
이외의 학교나 상업지에도 시야를 넓힌 종합적인 환경설계를 목표로 한 것으로 그 후 많은 연구 프로
젝트가 조직되고 이 개념의 체계화가 시도되었다. 단, 최근에는 제퍼리가 생물학적 관점도 혼합한 독
자적 방범환경설계론을 전개하고 있어 실제로 추진되고 있는 CPTED에는 그의 영향은 미미하다.

7 상황적 범죄예방론은 1970년대 중반부터 영국 내무성 조사본부를 중심으로 조사연구가 진행되어 서
  서히 구체적 정책이 실시되었다. 주요 보고서는 1980년대의 클라크(Ronald Clark)와 메이휴(Pat
  Mayhew)가 공동으로 쓴 「설계에 의한 방범」, 1981년 힐(Kevin Heal)과 레이콕(Glaria Laycock)
  이 쓴 「상황적 범죄예방」, 1992년 클라크가 쓴 「상황적 범죄예방-성공사례의 case study」가 있다.
  이 이론이 만들어진 직접적 계기는 비행소년을 수용하는 중간처우 등의 처분효과를 조사한 결과 '소
  년의 도주나 일탈행위의 가능성은 소년들의 발달과정이나 성격에 의존하는 것이 아니고 시설에서 그
  때그때의 상황(특히 도주, 일탈행위가 가능한가 아닌가)에 의존한다'는 결론을 얻었다.
8 펠슨 등은 범죄는 일상적인 활동의 기회구조 중에서 발생한다고 생각해 범죄기회의 감소를 목적으로
  생활양식을 변화시켜야 한다고 주장하였다. 일상활동이론은 펠슨(Marcus Felson) 등이 「사회문화와
  범죄발생의 경향-일상적 활동적 접근」이라 쓴 논문에서 제시한 것이다. 펠슨 등은 범죄가 실행되는
  기회는 일상생활에 있어서는 다수 있고, 범죄의 표적이 무방비에 방치되어 있는 경우에는 범죄가 발
  생하는 것이 아닌가 하는 문제의식에서 연구를 진행했다. 펠슨은 미국의 일상활동의 변화와 범죄율

적당한 범죄 목표, 감시자의 부재를 들고 있다.

6) 깨진 창 이론

황폐이론(incivility theory)이라고도 불리는 '깨진 창 이론'(broken windows theory)은 하나의 깨진 창의 방치가 주민에게 나쁜 사회심리학적인 영향을 주고 그 결과, 거리 전체가 황폐화된다는 이론이다.[9]

7) 급진주의 범죄이론

(1) 개 요

① 전통적인 범죄학에 대해 '자본주의 체제에 봉사하는 보수적 학문'이라고 비판, 사회변혁을 위한 이론의 수립을 주장한 급진주의 범죄학은 특히 영·미에서 1970년대에 각광을 받았다.

② 이 범죄학은 영국에서 '신범죄학'(New Criminology)이라 불리는 한편 미국에서는 '비판범죄학'(Critical Criminology) 등의 이름으로 사용되고 있다. 이런 급진주의 범죄학은 오늘날에는 변모를 거듭, 레프트 리얼리즘을 표방해 관념론에서 현실주의로의 전환을 주장하고 있다.

③ 새로운 범죄학의 움직임인 레프트 리얼리즘을 상세히 검토하기 전에 그런 전신인 초기 급진주의 범죄학의 동향에 대해 개관하는 것도 의미 있는 작업이라고 생각한다.[10]

의 관계를 1947년부터 1974년의 자료를 근거로 검토했다. 그들은 1960년대 이후의 생활양식(life style)의 변화로서 청소년 인구의 증가, 휴대용 소형전자제품의 보급, 맞벌이 가정의 증가와 전통적 사회연대의 약화를 들어서 이것이 1960년대 이후의 범죄증가에 기여했다고 결론지었다.

9 즉 창의 파손이 방치되는 것은 한편으로는 그와 같은 행위가 주민에 의해 비난받지 않고 주민상호존 중과 시민으로서의 의무감이 희미해지는 것을 의미한다. 그 때문에 이런 것이 계기가 되어 지역환경의 황폐가 광범위하게 퍼지게 되어 범죄가 증가하면서 지역 전체의 방범환경의 의식이 낮아져 거리 전체가 황폐화되는 것이다. 이 이론은 윌슨과 게링이 1982년에 발표한 논문 「깨어진 창·경찰과 지역안전(broken windows: the police and neighborhood safety)」에서 제창한 것이다. 또 그들은 여기에서 현실의 범죄 유무보다도 지역환경을 황폐화시키는 자의 존재가 지역주변에 범죄에 대한 불안감을 주기 때문에 경찰을 중심으로서 지역환경의 황폐화를 막고 지역사회 전체를 지키는 것의 중요성을 역설했다.

10 급진주의 범죄학의 탄생은 1986년 영국의 젊은 범죄학자들이 전통적인 범죄학에 대응할 목적으로 「NDC(National Deviancy Conference=전국일탈회의)」를 설립한 데서 기원을 찾을 수 있다. 또 미국에서도 급진주의 범죄학자에 대해 정치적 압력이 격해져 1976년에는 버클리대학의 범죄학부는 없어지게 되었다. 이른바 '버클리 사건'이다.

(2) 레프트 리얼리즘(Left Realism)

① 등장배경[11]

㉠ 세계적으로 사회주의 국가의 붕괴를 들 수 있다. 즉 독일의 베를린벽 붕괴, 소련의 해체, 또 일련의 동구제국의 탈 사회주의화를 볼 때 급진주의 범죄학의 목표인 '국가와 형벌 없는 사회'의 건설 자체가 환상이란 주장이 높아졌다.

㉡ 페미니즘운동이나 인종차별 반대운동 등 시민운동의 고조시기에 종래 급진주의 범죄학이 충분히 대응치 못하는 것이 분명해졌기 때문이다.

② 레프트 리얼리즘의 주장[12]

소년비행, 약물범죄, 여성범죄 등의 범죄문제 또 경찰이나 형무소의 개혁문제 등에 주로 사회학적 방법을 이용하면서 접근하여 연구결과를 기반으로 전통적인 범죄학에 도전하였다.

8) 페미니스트(feminist) 범죄론

(1) 등장 배경

① 1970년대 이후 영·미의 범죄학은 전통적 범죄학과 새로운 범죄학이 대립하는 구도 속에서 발전을 거듭하였다.

② 하지만 최근의 영·미에서는 이런 종래의 ─ 신구범죄학 모두 ─ 범죄학의 방법 그 자체에 의문을 갖는 움직임이 대두되었다. 이것이 바로 페미니스트 범죄

---

11 급진주의 범죄학 중에 1980년대 초의 관념적인 신범죄학은 '법과 질서' 정책에 대항 못하고 굳어져 간다고 예측하고 빨리 현실적인 정책 논의에 참가해야 할 것이라고 주장하기도 했으나 소수에 그쳤다. 하지만 1980년대 중반 이후 일련의 범죄 실태조사를 직접 계기로 '혁명이 필요한 것은 급진주의 범죄학이다'란 주장이 급진주의 범죄학 자체에서 많은 동조를 받게 되어 레프트 리얼리즘 범죄학이 등장하게 되었다. 그리고 종래의 급진주의 범죄학을 '좌익 관념주의'라 비판, 현실주의로서의 전환을 주장하는 자도 나타났다. 대표적 주장 자로 영(J. Young), 마듀(Roger Mathews), 리(John Lea)를 들 수 있다. 1980년대 후반 레프트 리얼리즘이 탄생한 배경은 무엇인가? 여기에서는 일반적인 배경에 주목할 필요가 있다. 영국에서 급진주의 범죄학을 중심으로 연구환경에 변화가 보였다. 즉 지방자치단체에 개혁적인 단체장이 많이 등장해 그들의 조사연구에 예산을 지원하여 주었다. 미국에선 종래 급진주의 범죄학과는 다르게 젊은 연구자들이 보수적 정치사조에 대항해 급진주의적인 관점에서 조사연구를 시작했다.

12 새롭게 대두된 레프트 리얼리즘 범죄학의 주장은 어떤 것인가? 연구방법적인 면에서 보면, 추상적 용어의 나열에 불과하다는 비판이 강했던 관념적 논의에서 탈피를 꾀해 '도그마(이론)에서 리서치(조사)로의 전환'이 진행되었다. 범죄통계에 대한 급진주의 범죄학자의 종래 인식은 권력자가 지배하기 위해 조작한다는 부정적인 인식이 팽배하였으나 통계에 의한 사회학적 조사를 자신들도 해보기로 하였다.

학이다.

(2) 주요 내용13

페미니스트 범죄학도 여러 입장이 있으나 공통분모로 뽑아 볼 수 있는 문제의
식은 3가지로 요약할 수 있다.

① 지금까지 여성범죄연구는 여성에 대한 편견에 기초를 한 것이다.

② 종래 범죄학이론에는 여성이 무시되었다.

③ 형사사법과정에서 여성은 부당하게 차별받았다.

---

13 페미니스트의 주장이 범죄학에서 주목을 받게 된 배경에는 사회적 페미니즘 운동의 증가가 뒤에
있다. 페미니즘에 관한 통일된 정의는 없으나 일반으로는 남녀평등권이나 여성해방을 지향하는 사
상을 의미하는 것이라 이해된다. 이런 사상은 프레-페미니즘(pre-feminism)이라 불리는 시대까
지 거슬러 가면 유럽에서 200년이 넘는 긴 역사를 갖추고 있다. 현대적 의미의 페미니즘은 1960
년대 이후 급속한 발전을 이루었다. 페미니즘 범죄학은 이런 페미니즘의 문제제기를 기반으로
1970년대에 주장되기 시작해 1980년대에 주목을 받기 시작했다. 페미니스트 범죄학의 선구자적인
업적은 크라민의 논문 「여성범죄의 원인론-관련문헌의 해부」와 스마트의 저서 「여성. 범죄 및 범
죄학」이다.

기출 및 예상문제

P·e·n·o·l·o·g·y

01. 생물학적 범죄원인론에 대한 설명으로 옳지 않은 것은? (16. 7급 보호직 형사정책)

① 랑게(Lange)는 일란성 쌍둥이가 이란성 쌍둥이에 비해 쌍둥이가 함께 범죄를 저지를 가능성이 높다고 하였다.

② 허칭스(Hutchings)와 메드닉(Mednick)의 연구결과에 의하면 입양아는 생부와 양부 둘 중 한 편만 범죄인인 경우가 생부와 양부 모두가 범죄인인 경우보다 범죄인이 될 가능성이 낮다고 하였다.

③ 크레취머(Kretschmer)는 사람의 체형 중 비만형이 범죄확률이 높은데 특히 절도범이 많다고 하였다.

④ 제이콥스(Jacobs)에 의하면 XYY형의 사람은 남성성을 나타내는 염색체 이상으로 신장이 크고 지능이 낮으며 정상인들에 비하여 수용시설에 구금되는 비율이 높다고 하였다.

> **정답** ③ 비만형이 아니라 투사형이고, 투사형은 강력범죄가 많은 것인 특징이다.

02. 다음은 슈나이더(Schneider)가 분류한 정신병질의 특징과 범죄의 관련성에 대해 설명한 것이다. 괄호 안에 들어갈 말이 바르게 짝지어진 것은?

(13. 7급 형사정책)

• (㉠) 정신병질자는 인간이 보편적으로 갖는 고등감정이 결핍되어 있으며, 냉혹하고 잔인한 범죄를 저지르는 경우가 많다.

- (㉡) 정신병질자는 환경의 영향을 많이 받으며, 누범의 위험이 높다.
- (㉢) 정신병질자는 심신의 부조화 상태를 늘 호소하면서 타인의 동정을 바라는 성격을 가지며, 일반적으로 범죄와는 관계가 적다.
- (㉣) 정신병질자는 낙천적이고 경솔한 성격을 가지고 있으며, 상습사기범이 되기 쉽다.

	㉠	㉡	㉢	㉣
①	광신성	의지박약성	우울성	발양성
②	무정성	의지박약성	무력성	발양성
③	광신성	자신결핍성	우울성	기분이변성
④	무정성	자신결핍성	무력성	기분이변성

- (㉠ 무정성) 정신병질자는 인간이 보편적으로 갖는 고등감정이 결핍되어 있으며, 냉혹하고 잔인한 범죄를 저지르는 경우가 많다.
- (㉡ 의지박약성) 정신병질자는 환경의 영향을 많이 받으며, 누범의 위험이 높다.
- (㉢ 무력성) 정신병질자는 심신의 부조화 상태를 늘 호소하면서 타인의 동정을 바라는 성격을 가지며, 일반적으로 범죄와는 관계가 적다.
- (㉣ 발양성) 정신병질자는 낙천적이고 경솔한 성격을 가지고 있으며, 상습사기범이 되기 쉽다.

03. 범죄이론과 그 내용의 연결이 옳은 것은? (11. 사시)

① 사회유대(통제)이론: 소년은 자기가 좋아하고 존경하는 사람들의 기대에 민감하고, 그들이 원하지 않는 경우 비행을 멀리하게 된다.

② 아노미이론: 중산층문화에 적응하지 못한 하위계층 출신의 소년들은 자신을 궁지에 빠뜨렸던 문화와 정반대의 문화를 만들어 자신들의 적응문제를 집단적으로 해결하려고 한다.

③ 비행적 하위문화이론: 소년은 사회통제가 약화되었을 때 우연히 발생하는 상황을 어떻게 판단하는가에 따라 합법적인 행위를 하거나 비행을 저지르게 된다.

④ 봉쇄(견제)이론: 소년비행에 있어서는 직접적인 대면접촉보다 자신의 행동을 평가하는 준거집단의 성격이 더 중요하게 작용한다.

⑤ 차별적 동일시이론: 소년은 범죄를 유발하는 힘이 범죄를 차단하는 힘
보다 강할 때 비행을 저지르게 된다.

> **정답** ①.
> ② 비행하위문화이론: 중산층문화에 적응하지 못한 하위계층 출신의 소년들은 자
> 신을 궁지에 빠뜨렸던 문화와 정반대의 문화를 만들어 자신들의 적응문제를 집단
> 적으로 해결하려고 한다.
> ③ 표류이론: 소년은 사회통제가 약화되었을 때 우연히 발생하는 상황을 어떻게
> 판단하는가에 따라 합법적인 행위를 하거나 비행을 저지르게 된다.
> ④ 차별적 동일시이론: 소년비행에 있어서는 직접적인 대면접촉보다 자신의 행동
> 을 평가하는 준거집단의 성격이 더 중요하게 작용한다.
> ⑤ 봉쇄이론: 소년은 범죄를 유발하는 힘이 범죄를 차단하는 힘보다 강할 때 비행
> 을 저지르게 된다.

04. 하층계급의 높은 범죄율을 설명하는 이론으로 가장 거리가 먼 것은? (12. 9급)

① 머튼의 아노미이론　　　　② 사회해체이론
③ 허쉬의 사회유대이론　　　④ 일탈하위문화이론

> **정답** ③ 머튼의 아노미이론은 하층계급의 재산범죄의 원인을 설명하는 데 유용
> 하고, 사회해체이론에서는 퇴행변이지역에서의 하층계급의 높은 범죄율을 설명하고
> 있으며, 일탈(비행)하위문화이론은 중류계층의 기준에 대항하는 하층계급 청소년의
> 범죄의 원인을 규명하는 데 유용하다.
> 허쉬의 사회유대이론은 유대관계를 범죄의 원인으로 보기 때문에 하층계급과 상층
> 계급 모두의 범죄원인을 해명하는 데 활용될 수 있다.

05. 범죄 및 범죄원인에 대한 설명으로 옳지 않은 것은? (12. 7급)

① 비결정론은 법률적 질서를 자유의사에 따른 합의의 산물로 보고 법에서
금지하는 행위를 하거나 의무를 태만히 하는 행위 모두를 범죄로 규정
하며, 범죄의 원인에 따라 책임소재를 가리고 그에 상응하는 처벌을 부
과해야 한다는 견해이다.

② 결정론에 따르면 인간의 사고나 판단은 이미 결정된 행위과정을 정당화
하는 것에 불과하므로 자신의 사고나 판단에 따라 자유롭게 행위를 선
택할 수 없다고 본다.

③ 미시적 환경론과 거시적 환경론은 개인의 소질보다는 각자가 처해 있는

상황을 주요한 범죄발생원인으로 고려한다는 점에서 유사하다.

④ 갈등이론에 의하면 법률은 사회구성원들이 함께 나누고 있는 가치관이나 규범을 종합한 것으로서, 법률의 성립과 존속은 일정한 가치나 규범의 공유를 상징한다.

> **정답** ④ 갈등이론에 의하면 법률은 사회를 상호갈등적인 다양한 집단의 집합으로 보고 이 집단들 중에서 자신들의 정치적·경제적 힘을 주장할 수 있는 집단을 자신들의 이익과 기득권을 보호하기 위한 수단으로 여긴다. 또한 갈등이론은 사회적 가치·규범 및 법률에 대한 사회적 합의를 인정하지 않는다.

06. 허쉬(Hirschi)의 사회통제이론의 네 가지 유대에 대한 설명으로 옳지 않은 것은?

(13. 7급)

① 애착(attachment): 애정과 정서적 관심을 통하여 개인이 사회와 맺고 있는 유대관계가 강하면 비행이나 범죄를 저지를 가능성이 낮다.

② 전념(commitment): 규범적인 생활에 집착하고 많은 관심을 지닌 사람은 그렇지 않은 사람들에 비해 잃을 것이 많기 때문에 비행이나 범죄를 저지를 가능성이 낮다.

③ 참여(involvement): 사회생활에 대하여 참여가 높으면 그만큼 일탈행위의 기회가 증가됨으로써 비행이나 범죄를 저지를 가능성이 높다.

④ 신념(belief): 규범에 대한 믿음이 약할수록 비행이나 범죄를 저지를 가능성이 높다.

> **정답** ③ 참여(involvement): 사회생활에 대하여 참여가 높으면 범죄를 저지를 시간적인 여유가 없기 때문에 범죄를 저지를 가능성이 낮아진다는 것이다.

07. 전과자 A는 교도소에서 배운 미용기술로 미용실을 개업하여 어엿한 사회인으로 돌아오고, 범죄와의 고리를 끊었다. 다음 중 이 사례를 설명할 수 있는 것으로 가장 거리가 먼 것은?

(14. 7급)

① 허쉬(Hirschi)의 사회유대

② 샘슨(Sampson)과 라웁(Laub)의 사회자본

③ 베커(Becker)의 일탈자로서의 지위

④ 머튼(Merton)의 제도화된 수단

08. 다음 학자와 그 이론에 대한 설명으로 바르게 연결되지 않은 것은? 　(15. 9급)

① 롬브로조(Lombroso): 범죄의 원인을 생물학적으로 분석하여 격세유전과 생래적 범죄인설을 주장하였다.

② 페리(Ferri): 범죄의 원인을 인류학적 요인, 물리적 요인, 사회적 요인으로 구분하고 이 세 가지 요인이 존재하는 사회에는 이에 상응하는 일정량의 범죄가 발생한다는 범죄포화의 법칙을 주장하였다.

③ 셀린(Sellin): 동일한 문화 안에서 사회변화에 의하여 갈등이 생기는 경우를 일차적 문화갈등이라 보고, 상이한 문화 안에서 갈등이 생기는 경우를 이차적 문화갈등으로 보았다.

④ 머튼(Merton): 아노미 상황에서 개인의 적응 방식을 동조형(conformity), 혁신형(innovation), 의례형(ritualism), 도피형(retreatism), 반역형(rebellion)으로 구분하였다.

09. 범죄이론에 대한 설명으로 옳지 않은 것은? 　(16. 보호직 7급 형사정책)

① 서덜랜드(Sutherland)에 의하면 범죄행동은 학습되며 범죄자와 비범죄자의 차이는 학습과정의 차이가 아니라 접촉유형의 차이라고 한다.

② 글래저(Glaser)에 의하면 범죄는 행위자가 단순히 범죄적 가치와 접촉함으로써 발생하는 것이 아니라, 행위자 스스로 그것을 자기 것으로 동일시하는 단계로까지 나가야 발생한다고 한다.

③ 사이크스(Sykes)와 맛짜(Matza)에 의하면 비행소년들이 범죄자와 접촉

하는 과정에서 전통의 규범을 중화시키는 기술을 습득하게 된다고 한다.

④ 머튼(Merton)에 의하면 반응양식 중 혁신(innovation)은 문화적 목표는 부정하지만 제도화된 수단은 승인하는 형태라고 한다.

> **정답** ④ 머튼(Merton)에 의하면 반응양식 중 의례형은 문화적 목표는 부정하지만 제도화된 수단은 승인하는 형태라고 한다.

10. 다음 범죄이론의 내용과 주장자를 올바르게 연결한 것은? (16. 사시)

ㄱ. 어떤 사람이 범죄자가 되는 것은 법률 위반을 긍정적으로 생각하는 정도가 부정적으로 생각하는 정도보다 크기 때문이다.

ㄴ. 범죄로 이끄는 힘이 범죄를 차단하는 힘보다 강하면 범죄나 비행을 저지르게 된다.

ㄷ. 성공목표를 달성하기 위한 수단이 주로 사회경제적 계층에 따라 차등적으로 분배되어 목표와 수단의 괴리가 커지게 될 때 범죄가 발생한다.

ㄹ. 개인이 일상적 사회와 맺고 있는 유대가 범죄발생을 통제하는 기능을 하며, 개인과 사회 간의 애착(attachment), 전념(commitment), 참여(involvement), 믿음(belief)의 네 가지 관계를 중요시 한다.

ㅁ. 하류계층의 비행은 범죄적·갈등적·은둔적 세 가지 차원에서 발생한다.

A. 허쉬(Hirschi)의 사회통제이론
B. 레크리스(Reckless)의 봉쇄이론
C. 클로이드(Cloward)와 올린(Ohlin)의 차별적 기회이론
D. 서덜랜드(Sutherland)의 차별적 접촉이론
E. 머튼(Merton)의 아노미이론

① ㄱ-D, ㄴ-B   ② ㄱ-B, ㄷ-E
③ ㄴ-A, ㅁ-C   ④ ㄷ-D, ㄹ-A
⑤ ㄹ-D, ㅁ-C

ㄱ. 어떤 사람이 범죄자가 되는 것은 법률 위반을 긍정적으로 생각하는 정도가 부정적으로 생각하는 정도보다 크기 때문이다: 서덜랜드(Sutherland)의 차별적 접촉이론

ㄴ. 범죄로 이끄는 힘이 범죄를 차단하는 힘보다 강하면 범죄나 비행을 저지르게 된다: 레크리스(Reckless)의 봉쇄이론

ㄷ. 성공목표를 달성하기 위한 수단이 주로 사회경제적 계층에 따라 차등적으로 분배되어 목표와 수단의 괴리가 커지게 될 때 범죄가 발생한다: 머튼(Merton)의 아노미이론

ㄹ. 개인이 일상적 사회와 맺고 있는 유대가 범죄발생을 통제하는 기능을 하며, 개인과 사회 간의 애착(attachment), 전념(commitment), 참여(involvement), 믿음(belief)의 네 가지 관계를 중요시 한다: 허쉬(Hirschi)의 사회통제이론

ㅁ. 하류계층의 비행은 범죄적·갈등적·은둔적 세 가지 차원에서 발생한다: 클로이드(Cloward)와 올린(Ohlin)의 차별적 기회이론

11. 머튼(Robert K. Merton)의 긴장이론(Strain Theory)에 대한 설명으로 옳지 않은 것은? (11. 9급)

① 사회 내에 문화적으로 널리 받아들여진 가치와 목적, 그리고 그것을 실현하고자 사용하는 수단 사이에 존재하는 괴리가 아노미적 상황을 이끌어낸다고 보았다.

② 특정 사회 내의 다양한 문화와 추구하는 목표의 다양성을 무시하고 있다.

③ 다섯 가지 적응유형 중에 혁신형(Innovation)이 범죄의 가능성이 제일 높은 유형이라고 보았다.

④ 하층계급을 포함한 모든 계층이 경험할 수 있는 긴장을 범죄의 주요 원인으로 제시하였다.

정답 ④ 계층의 경험보다는 사회적 구조(상태)와 사회적 목표와 그 목표에 이르는 수단간의 괴리인 자본주의의 구조적 모순이 범죄의 주요 원인이다. 또한 머튼의 아노미 이론은 하류계층의 재산범죄에 대한 것으로 중상류 계층의 범죄를 설명하는 데는 무리가 있다. 한편, 머튼과 뒤르껨의 구분을 주의해야 한다. 한편, 하층계급을 포함한 모든 계층이 경험할 수 있는 긴장을 범죄의 주요원인으로 제시한 이론은 에그뉴(Agnew)의 일반긴장이론이다.

12. 범죄예측에 대한 설명으로 옳은 것은?   (11. 9급)

① 임상적 예측방법은 정신의학, 심리학 등을 바탕으로 행위자를 조사·관찰한 후 범죄를 예측하기 때문에 조사자의 주관이 개입이 될 여지가 없어 자료해석의 오류가능성이 없다.

② 수사단계의 예측은 선도조건부 기소유예와 같은 처분의 결정시 소년에 대한 잠재적 비행성을 판단하는 데 유용하다.

③ 현행법상의 제도로는 재판단계에서의 피고인에 대한 다양한 조사를 하는 데 한계가 있으므로 판결 전 조사제도 도입이 시급하다.

④ 통계적 예측은 개별 범죄인에게 존재하는 고유한 특성이나 개인의 편차를 예측과정에 반영할 수 있다.

> **정답** ②
> ① 임상적 예측방법은 정신의학, 심리학 등을 바탕으로 행위자를 조사·관찰한 후 범죄를 예측하기 때문에 조사자의 주관이 개입이 될 우려가 있어 객관성에 한계가 있다.
> ③ 현행법상 판결 전 조사제도는 성인과 소년에 대해 운영되고 있다.
> ④ 개별 범죄인에게 존재하는 고유한 특성이나 개인의 편차를 예측과정에서 반영할 수 있는 것은 임상적 예측방법이다.

13. 범죄원인론에 관한 설명으로 옳지 않은 것은?

                                                        (10. 9급)

① 셀린(Sellin)은 이해관계의 갈등에 기초한 집단갈등론을 1958년 이론범죄학에서 주장하였다.

② 사이크스(Sykes)와 맛차(Matza)의 중화기술이론에 의하면 중화기술의 유형에는 책임의 부정, 가해의 부정, 피해자의 부정, 비난자에 대한 비난, 고도의 충성심에 호소 등 5가지가 있다.

③ 메스너(Messner)와 로젠펠드(Rosenfeld)는 머튼(Merton)의 아노미이론을 계승하여 제도적 아노미이론을 주장하였다.

④ 합리적 선택이론은 고전주의 학파에 그 뿌리를 두고 있다.

> **정답**   ① 이해관계의 갈등에 기초한 집단갈등론을 1958년 이론범죄학에서 주장한 학자는 Vold이다. 셀린은 문화갈등이론을 통해 1차적 문화갈등과 2차적 문화갈등론을 주장하였다.

14. 범죄학자의 저서 및 주장내용을 바르게 연결한 것은?

(10. 9급)

> ㄱ. 감옥개량운동의 선구자로 감옥개혁을 주장하였다.
> ㄴ. 범죄와 형벌 사이에는 비례성이 있어야 한다.
> ㄷ. 감옥은 단순한 징벌장소가 아닌 개선장소가 되어야 한다.
> ㄹ. 자연범설을 주장하면서 적응의 법칙을 강조하였다.
> ㅁ. 범죄예방의 가장 좋은 방법의 하나는 잔혹한 형의 집행보다 확실하고 예외 없는 처벌이다.
> ㅂ. 사형집행으로 죽는 죄수보다 감옥 내 질병으로 죽는 죄수가 많다는 것은 곤란한 일이다.
> ㅅ. 근대 범죄학의 아버지로 불리며 생래적 범죄인설을 주장하였다.
> ㅇ. 잔혹한 누범자에 대하여 사형을 인정하였다.

① 베까리아(Beccaria) — 범죄와 형벌 — ㄴ, ㄷ, ㅁ
② 하워드(Howard) — 감옥의 상태 — ㄱ, ㄷ, ㅂ
③ 가로팔로(Garofalo) — 범죄사회학 — ㄴ, ㄹ, ㅂ
④ 롬브로조(Lombroso) — 범죄인론 — ㄷ, ㅅ, ㅇ

정답 ② ㄱ. 감옥개량운동의 선구자로 감옥개혁을 주장하였다. — 존 하워드
ㄴ. 범죄와 형벌 사이에는 비례성이 있어야 한다. — 베까리아
ㄷ. 감옥은 단순한 징벌장소가 아니라 개선장소가 되어야 한다. — 존 하워드
ㄹ. 자연범설을 주장하면서 적응의 법칙을 강조하였다. — 가로팔로
ㅁ. 범죄예방의 가장 좋은 방법의 하나는 잔혹한 형의 집행보다 확실하고 예외없는 처벌이다. — 베까리아
ㅂ. 사형집행으로 죽는 죄수 보다 감옥 내 질병으로 죽는 죄수가 많다는 것은 곤란한 일이다. — 존 하워드
ㅅ. 근대범죄학의 아버지로 불리며 생래적 범죄인설을 주장하였다. — 롬즈로조
ㅇ. 잔혹한 누범자에 대하여 사형을 인정하였다. — 롬브로조

15. 오늘날 형사사법정책의 새로운 방향이 아닌 것은?

(10. 9급)

① 소년비행 및 소년범죄에 대한 다이버전(diversion)
② 벌금형의 축소 및 단기자유형의 확대
③ 원상회복적 사법(restorative justice)

④ 범죄예방에 대한 공중참가제도

> **정답** ② 벌금형의 확대 및 단기자유형의 폐지 등이 새로운 방향이라고 할 수 있다. 이외에도 사회 내 처우 확대, 비범죄화 및 비형벌화 경향, 인도적 처우 및 적극적 일반예방의 강조 등이 새로운 방향으로 논의 중이다.

16. 다음 사례는 사이크스(Sykes)와 맛차(Matza)의 중화기술 중 무엇에 해당하는가?

(09. 9급)

> 강간범 홍길동은 자신이 술에 너무 취해서 제정신이 없는 상태에서 자신도 모르게 강간을 하게 되었다고 주장하고 있다.

① 가해의 부정   ② 피해자의 부정
③ 비난자에 대한 비난   ④ 책임의 부정

> **정답** ④ 홍길동은 술에 취한 상태로 인해 불가피하게 범죄를 하였다는 것으로 음주로의 책임을 전가 시키고 있다. 가해의 부정은 자신의 범죄사실을 부정한다고 보아야 한다.

17. 비범죄화에 대한 설명으로 옳지 않은 것은?

(10. 9급)

① 1960년대 미국에서 번성했던 낙인이론 및 갈등이론에서 비롯되었다.
② 성풍속과 관련된 간통 등의 범죄가 주로 논의의 대상이 된다.
③ 공공질서 관련 범죄들은 비공식적 통제조직에 의해 오히려 효과적으로 통제될 수 있다는 생각을 바탕에 두고 있다.
④ 일정한 범죄자를 대상으로 형벌을 완화시키거나 형벌 이외의 처분을 하는 것을 말한다.

> **정답** ④ 비범죄화는 일정한 범죄행위를 형벌에 의한 제재로부터 제외시키는 것이다. 공식적 통제보다는 비공식적 통제를 강조하는 의미로 해석될 수 있다.

18. 다음과 같이 서덜랜드의 차별적 접촉이론을 비판하여 수정·보완한 이론은? (07. 9급)

> 범죄학습의 주요 부분은 친밀한 개인집단 안에서 일어나며, 이러한 학습은 친밀한 집단과의 직접적인 접촉을 통해서만 가능하다고 주장하여 대중매체와 같은 간접적인 접촉을 통한 학습방법의 가능성을 간과하였다.

① 차별적 기회구조론(Differential Opportunity Theory)
② 차별적 동일시이론(Differential Identification Theory)
③ 자기관념이론(Self-Concept Theory)
④ 중화기술이론(Techniques of Neutralization Theory)

> **정답** ② 같은 범죄기회가 주어져도 동일시한 사람이 범죄의 길로 나아가게 된다는 차별적 동일시 이론을 설명한 것이다.

19. 비범죄화에 대한 설명으로 옳지 않은 것은? (07. 9급)

① 제2차 세계대전 후에 영국, 미국, 독일 등에서 가치관의 다양화에 기초한 개방사회의 이념을 배경으로 대두되었다.
② 형벌에 대신하여 과태료 등의 행정벌을 과하는 것은 비범죄화에 포함되지 않는다.
③ 피해자 없는 범죄의 처벌을 반대하는 입장과도 맥락을 같이 한다.
④ 매춘, 낙태, 도박 등의 처벌에 회의적인 입장이라 할 수 있다.

> **정답** ② 형벌을 대신하여 행정법을 과하는 것도 비범죄화이다.

20. 다음 중 범죄성향은 유전된다는 주장을 뒷받침해 줄 수 없는 연구결과는? (07. 9급)

① 초범자 집단보다 누범자 집단 부모들의 범죄성향이 더 높다.
② 이란성 쌍둥이 집단보다 일란성 쌍둥이 집단의 범죄일치율이 더 높다.
③ 일반가정보다 결손가정 청소년들의 범죄율이 더 높다.
④ 일반인보다는 범죄인 가계의 범죄율이 더 높다.

21. 다음 이론이 설명하는 내용과 가장 관련이 적은 것은? (10. 7급)

> 범죄는 내적 장애의 표출이다. 범죄자에게는 충동성, 공격성, 도덕성 부족, 낮은 자존감 등과 같은 특성을 발견할 수 있다.

① 심리학적 성격이론, 자기통제이론 등이 이에 해당한다.

② 범죄행위에 대한 개인의 자유의지를 부정하는 편이다.

③ 범죄인 교정을 위해 범인성에 대한 치료적 접근이 필요하다.

④ 범죄 원인 규명을 위해 개개인의 특성보다 범죄자가 처한 사회적 상황에 관심을 갖는다.

정답 ④ 보기의 지문은 심리학적 범죄원인론의 관점 내용이다. 특히 개인의 긍정적인 자아관념의 결핍이나 정신병질과 관련이 있다. 따라서 범죄원인 규명을 위한 개개인의 특성보다 범죄자가 처한 사회적 상황에 관심을 갖는다는 지문은 사회학적 범죄원인론에 대한 내용이기 때문에 관련성이 적다.

22. 다음의 설명에 해당하는 이론은? (09. 7급)

> 이 이론은 차별적 접촉이론(differential association theory)이 각각의 개인들의 차별적 반응에 대한 문제를 도외시하고 있다는 비판을 한다. 즉 "왜 범죄적 문화와 접촉한 사람 중에서 어떤 사람은 범죄에 빠지지 않는가"라는 질문을 한다. 이 이론에 따르면 비행다발지역의 청소년들 중에서 다수가 비행에 가담하지 않는 것은 자신에 대한 좋은 이미지를 통해 비행에의 유혹이나 압력을 단절시키기 때문이다.

① 봉쇄이론(containment theory)

② 사회학습이론(social learning theory)

③ 중화이론(neuturalization theory)

④ 억제이론(deterrence theory)

① 보기의 내용은 차별적 접촉이론을 수정보완한 자아관념이론에 대한 설명이다. 자아관념이론은 긍정적인 자아관념이 있다면 아무리 범죄자인 친구들과 접촉을 한다고 해도 범죄를 실행하지 않는다라는 것이다. 자아관념이론은 레클리스에 의해 봉쇄이론으로 발전하는데, 자아관념이론은 내적 봉쇄이론으로 본다. 따라서 자아관념이론과 관련이 있는 봉쇄이론이 정답이다.

23. 다음 중 사법적 권리구제제도에 해당하지 않는 것은? (09. 9급)

① 행정소송 　　　　　　　　　② 헌법소원

③ 손해배상청구 　　　　　　　④ 행정심판청구

④ 행정심판청구는 비사법적 권리구제수단이다.

24. 학자와 학설의 연결이 옳지 않은 것은? (00. 7급)

① 뒤르껭(Emile Durkeim) — 범죄정상설

② 셀린(Thorsten Sellin) — 문화갈등이론

③ 허쉬(Travis Hirschi) — 사회통제이론

④ 밀러(Walter B. Miller) — 낙인이론

④ 밀러(Walter B. Miller)는 하위계층문화이론을 주장한 대표적 학자이다. 낙인이론의 대표적 학자는 레머트(Lemert)이다.

25. 정신병질(Psychopathy)에 대한 설명으로 옳은 것은? (09. 7급)

① 정신병질자들은 일상생활에서 이상행동을 자주 보이기 때문에 조기에 발견된다.

② 헤어(Robert Hare)는 교정시설에 수용되어 있는 범죄인들의 80%가 정신병질자라고 했다.

③ 정신병질을 측정하는 도구로 MMPI - 2, PCL - R 등이 사용되고 있다.

④ 일반적으로 정신병질자는 지능이 높고, 회피학습 능력이 탁월하다.

③
① 정신병질자들은 일상생활에서 이상행동을 자주 보이지 않기 때문에 조기에 발

견되기 어렵다.
② 헤어(Robert Hare)교수는 교정시설에 수용되어 있는 범죄인들의 25% 내외를 정신병질자들로 보고 있다. 80%는 반사회적 성격장애를 갖고 있는 자들이다.
④ 일반적으로 정신병질자는 지능이 높고, 회피학습능력이 부족하다.

26. 다음에 제시된 〈보기 1〉의 수용자 처우모형과 〈보기 2〉의 그에 대한 설명이 모두 바르게 연결된 것은?

(08. 7급)

〈보기 1〉

ㄱ. 의료모형(medical model)

ㄴ. 적응모형(adjustment model)

ㄷ. 재통합모형(reintegration model)

ㄹ. 사법모형(justice model)

〈보기 2〉

A. 범죄자의 문제는 범죄문제가 시작된 바로 그 사회에서 해결되어야 한다는 가정 아래 지역사회에 기초한 교정을 강조한다.

B. 범죄인을 결정론적 관점에서 바라보며, 범죄원인에 따라 인성의 결함을 치료해야 한다는 모형으로 부정기형 제도의 이론적 기초가 되었다.

C. 교도소는 사회복귀실행의 장소가 아니라 처벌의 장소라는 입장에서 정기형의 유지 및 가석방 폐지 등을 강조한다.

D. 범죄자는 병자이므로 처우를 필요로 하며 치료될 수 있다고는 믿지만, 동시에 자신의 행위에 대해서 책임질수 있고 준법여부에 대한 의사결정을 스스로 할 수 있다고 본다.

① ㄱ - A, ㄴ - D, ㄷ - B, ㄹ - C

② ㄱ - B, ㄴ - D, ㄷ - A, ㄹ - C

③ ㄱ - B, ㄴ - D, ㄷ - C, ㄹ - A

④ ㄱ - B, ㄴ - C, ㄷ - A, ㄹ - D

정답 ②

27. 사회적 범죄원인론의 내용과 이론을 바르게 연결한 것은? (08. 7급)

> ㄱ. 조직적인 범죄활동이 많은 지역에서는 범죄기술을 배우거나 범죄조직에 가담할 기회가 많으므로 범죄가 발생할 가능성이 큰 반면, 조직적인 범죄활동이 없는 지역에서는 비합법적인 수단을 취할 수 있는 기회가 제한되어 있으므로 범죄가 발생할 가능성이 적다.
>
> ㄴ. 사람들이 법률을 위반해도 무방하다는 관념을 학습한 정도가 법률을 위반하면 안 된다는 관념을 학습한 정도보다 클 때에 범죄를 저지르게 된다.
>
> ㄷ. 사람들은 누구든지 비행으로 이끄는 힘과 이를 차단하는 힘을 받게 되는데, 만일 이끄는 힘이 차단하는 힘보다 강하게 되면 그 사람은 범죄나 비행을 저지르게 되는 반면, 차단하는 힘이 강하게 되면 비록 이끄는 힘이 있더라도 범죄나 비행을 자제하게 된다.
>
> ㄹ. 중산층의 가치나 규범을 중심으로 형성된 사회의 중심 문화와 빈곤계층 출신 소년들에게 익숙한 생활 사이에는 긴장이나 갈등이 발생하며, 이러한 긴장관계를 해결하려는 시도에서 비행문화가 형성되어 이로 인해 범죄가 발생한다.

	ㄱ	ㄴ	ㄷ	ㄹ
①	차별적 동일시이론	선택이론	억제이론	하층계급문화이론
②	차별적 기회구조이론	차별적접촉이론	억제이론	비행하위문화이론
③	차별적 기회구조이론	억제이론	사회통제이론	문화갈등이론
④	차별적 동일시이론	자아관념이론	문화갈등이론	아노미이론

정답 ②

28. 범죄사회학이론 가운데에는 일정한 하위문화 때문에 범죄를 범한다고 하는 범죄적 하위문화론이 있다. 이에 대한 설명으로 옳지 않은 것은? (08. 7급)

① 범죄적 하위문화론은 모두 범죄행위를 특정한 하위문화의 자연적 결과로 인식하는 점에서는 동일하지만 범죄적 하위 문화의 구체적 성격이나 그 형성과정에 대해서는 다양한 입장이 개진되었다.

② 범죄적 하위문화란 사회의 다양한 하위문화 가운데 규범의 준수를 경시하거나 반사회적 행동양식을 옹호하는 것을 말한다.

③ 코헨(Albert Cohen)은 사회의 중심문화와 빈곤계층 출신 소년들이 익숙한 생활 사이에 긴장이나 갈등이 발생하며 이러한 긴장관계를 해결하려는 시도에서 비행적 하위문화가 형성된다고 하였으며, 그 특징으로 비공리성, 악의성, 부정성(否定性) 등을 들고 있다.

④ 클로워드(Cloward)와 오린(Ohlin)은 비행적 하위문화의 기본형태 가운데 폭력범죄와 갱 등에서 흔히 나타나는 것으로서 범죄적 하위문화를 들고 있다.

> **정답** ④ Wolfgang과 Ferracuti의 폭력하위 문화이론에 속한다.

29. 다음은 교도소를 연구한 학자의 이름과 저서의 이름, 그리고 그들의 주장을 연결한 것이다. 맞지 않는 것은? (12. 9특)

① Clemmer-교도소의 비공식적 사회구조와 수형자가 그러한 비공식적 규범에 동화되어 가는 과정을 교도소화로 설명

② Sykes-교도관 권력의 구조적 한계와 수형자가 느끼는 다섯 가지 구금의 고통을 서술

③ Lombardo-교도관은 자신들만의 배타적인 규범을 가지는 응집력 강한 조직이 아니며 따라서 교도관들의 하위문화가 존재하지 않음을 주장

④ Wheeler-교도소 수용자의 규율위반 행동을 교도소에 들어오기 전부터 가지고 있는 개인적, 성격적 특성 으로 설명

> **정답** ④ 휠러는 L형 곡선을 통해 수형자의 역할에 따라 그리고 단순히 수형기간이 아니라 수형단계에 따라 교도소화의 정도가 달라진다는 사실을 밝힌 학자이다. 교정시설 내 수용자의 행위유형은 교정시설의 내부적 영향에 의해서라기보다는 수용자가 사회로부터 함께 들여온 것이라고 주장한 것은 어윈과 크레세이(Irwin & Cressey)가 주장한 이론이다.

30. 사이코패스에 대한 설명으로 틀린 것은 몇 개인가?

> ㉠ 지능은 평균 이하
> ㉡ 사랑할 능력이나 타인에 대한 이타심의 부재
> ㉢ 극단적 이기주의

ⓔ 공감능력 결핍 및 죄책감이나 양심의 가책 결여

ⓜ 회피학습능력 탁월

ⓗ 자기중심적

ⓢ 정서적 둔감성

ⓞ 추상적 단어에 대한 이해 부족

ⓩ 사이코패스는 전체 인구의 약 1% 그리고 수용되어 있는 범죄자들의 약 25% 정도이다.

① 1개   ② 2개   ③ 3개   ④ 4개

> **정답** ②.
> ㉠ⓜ이 틀린 설명이다.
> 사이코패스는 지능은 평균 이상이고, 회피학습능력이 정상인에 비해 부족하다는 특징을 갖고 있다.

31. 아노미이론(anomie theory)에 관한 설명으로 옳지 않은 것은?

① 뒤르껨(Durkheim)은 처음으로 범죄원인론에 아노미개념을 도입하여, 급속한 변화를 겪는 사회에서는 도덕적 규제의 감소와 사회연대감의 약화로 인하여 범죄가 증가한다고 주장하였다.

② 머튼(Merton)은 아노미의 발생원인을 문화적 목표와 제도화된 수단 간의 괴리에서 찾았다.

③ 머튼(Merton)은 아노미상태에서 개인의 적응방식을 동조형, 혁신형, 의례형, 도피형, 반역형으로 나누고, 그중 혁신형이 범죄와 가장 깊은 관련이 있다고 보았다.

④ 머튼(Merton)의 아노미이론은 재산범죄뿐만 아니라 격정범 및 중상류층의 범죄 등에 대한 설명에도 유용하기 때문에 이론적 보편성을 가지고 있다.

> **정답** ④ 아노미이론에서 범죄는 비행과 범죄를 인간이 합법적인 사회적 성공을 성취하기 위한 자신의 무능력한 경험에 대한 울분과 좌절의 결과로 보았는데, 이러한 아노미상태가 발생하는 원인은 문화적 목표의 지나친 강조에 따른 사회의 불안정과 목표와 수단 간의 간극이 커지고 분노와 좌절의 긴장이 초래되었기 때문으로 보고 있어 <u>재산범죄에 대해서는 타당한 논리가 될 수 있지만 목표달성과</u>

무관한 폭력범 및 중상류층의 범죄 등에 대한 설명이 곤란하다는 비판을 받는다. 뿐만 아니라 결과적으로 범죄와 관련하여 하층을 주목하게 함으로써 하층에 대한 비난을 함축하고 있고, 왜 하나의 반응을 택하는지 설명하지 못하고, 청소년비행의 비공리적인 이유에 대한 설명이 부족한 것으로 주로 미국 사회에 국한된 이론으로 남성위주의 일탈에 초점을 두었다는 비판을 받고 있다.

32. 맛차와 사이크스의 중화이론에서 중화기술의 유형과 사례로 잘못된 것은?

① 책임의 부정은 자기의 비행에 대해 사실상 책임이 없다고 합리화시키는 기술로서 소유자가 불확실한 재물을 훔친 경우, 훔친 것을 빌린 것이라고 하는 경우를 들 수 있다.

② 피해자의 부정은 피해자가 피해를 입어 마땅하다고 생각함으로써 자기 행위를 합리화시키는 기술로서 물건을 훔치면서 가게 주인이 정직하지 못한 사람이기 때문이라고 생각하는 경우이다.

③ 비난자에 대한 비난은 자신을 비난하는 사람을 비난함으로써 자신의 행위를 정당화하는 기술로서 선생들은 촌지와 정실의 노예이기 때문에 비행소년들을 비난할 자격이 없다고 비난하는 경우이다.

④ 상위가치에 대한 호소는 자신의 행위가 옳지는 않지만 더 높은 가치에 기반하여 비행을 합리화하는 기술로서 비행을 하면서 친구들 간의 의리를 지키기 위해서라고 생각하는 것을 예로 들 수 있다.

> **정답** ① 맛차와 사이크스의 중화이론은 범죄행위를 합리화시키는 기술을 학습함으로써 범죄행위를 한다고 주장하는 이론으로 가해의 부정, 책임의 부정, 피해자의 부정, 비난자에 대한 비난, 상위가치에 호소 등이 있는데, 훔친 것을 빌린 것, 소유자가 불확실한 재물을 훔쳤다고 합리화시키는 유형은 가해의 부정이다.

33. 다음 중 낙인이론에 대한 설명으로 옳지 않은 것은?

① 형사사법기관의 낙인은 차별적 접촉 및 차별적 기회 그리고 부정적 자기관념을 초래한다.

② 낙인이론은 비행이 사회통제를 유발한다는 기존 이론과 달리 사회통제가 범죄를 유발한다는 정반대의 주장을 한다.

③ Schur의 사회적 지위로서의 일탈 및 Becker의 자아관념으로서의 일탈

이 이에 해당된다.

④ 1938년 Tannenbaum의 범죄와 지역사회를 시작으로 1960년대 이후 본격적으로 논의되었다.

> **정답** ③ Becker의 사회적 지위로서의 일탈 및 Schur의 자아관념으로서의 일탈이 이에 해당된다.
> 낙인이론(Labeling Theory)은 1938년 Tannenbaum의 범죄와 지역사회를 시작으로 1960년대 이후 본격적으로 논의된 비행이 사회통제를 유발한다는 기존 이론과 달리 사회통제가 범죄를 유발한다는 정반대의 주장을 펼치고 있는데, 일탈행위와 사회적 낙인화의 동적 관계를 '사회적 상호작용'이라는 관점에서 파악하는 것으로, '사회적 반작용이론' 또는 '사회반응이론'이라고도 한다.

34. 다음은 세 가지의 사회적 범죄원인론의 내용을 설명한 것이다. 이와 관련이 없는 것은?

> ㉠ 사람들이 법률을 위반해도 무방하다는 관념을 학습한 정도가 법률을 위반하면 안 된다는 관념을 학습한 정도보다 클 때에 범죄를 저지르게 된다.
> ㉡ 중산층의 가치나 규범을 중심으로 형성된 사회의 중심문화와 빈곤계층 출신 소년들의 익숙한 생활 사이에는 긴장이나 갈등이 발생하여, 이러한 긴장관계를 해결하려는 시도에서 비행문화가 형성되며 이로 인해 범죄가 발생한다.
> ㉢ 사람들은 누구든지 범죄나 비행으로 이끄는 힘과 이를 차단하는 힘을 받게 되는데, 만일 이끄는 힘이 차단하는 힘보다 강하게 되면 그 사람은 범죄나 비행을 저지르게 되는 반면, 차단하는 힘이 강하게 되면 비록 이끄는 힘이 있더라도 범죄나 비행을 자제하게 된다.

① 차별적 기회구조이론(differential opportunity theory)
② 봉쇄이론(containment theory)
③ 비행하위문화이론(theory of delinquent subculture)
④ 차별적 접촉이론(differential association theory)

> **정답** ①.
> ① 차별적 기회구조이론(differential opportunity theory)에 대한 설명은 없다.
> ② 사람들은 누구든지 범죄나 비행으로 이끄는 힘과 이를 차단하는 힘을 받게 되

는데, 만일 이끄는 힘이 차단하는 힘보다 강하게 되면 그 사람은 범죄나 비행을 저지르게 되는 반면, 차단하는 힘이 강하게 되면 비록 이끄는 힘이 있더라도 범죄나 비행을 자제하게 된다.
③ 중산층의 가치나 규범을 중심으로 형성된 사회의 중심문화와 빈곤계층 출신 소년들이 익숙한 생활 사이에는 긴장이나 갈등이 발생하여, 이러한 긴장관계를 해결하려는 시도에서 비행문화가 형성되며 이로 인해 범죄가 발생한다.
④ 사람들이 법률을 위반해도 무방하다는 관념을 학습한 정도가 법률을 위반하면 안 된다는 관념을 학습한 정도보다 클 때에 범죄를 저지르게 된다.

35. 다음 중 하위문화이론에 대한 설명으로 틀린 것은?

① 통상적인 사회규범과 마찰이 발생할 수 있는데, 슬럼지역의 거주자들은 무규범 때문이 아니라 이와 같은 하위문화의 규범에 동조하기 때문에 법을 어기게 되는 것이다.

② 밀러는 하위계층문화이론을 통해 범죄의 원인을 중류계층의 가치와 행동규범에 대한 악의적인 원한이나 울분을 표시하는 것이라고 주장하였다.

③ 코헨은 비행청소년들이 재산범죄를 범하는 것은 머튼의 주장과는 달리 금전적 성공을 이루려는 행위라기보다는 비행하위문화에 놓여 있는 비행친구들의 인정을 받기 위한 행위라고 보았다.

④ 클라워드와 올린의 차별적 기회이론은 성공이나 출세를 위하여 합법적 수단을 사용할 수 없는 사람들은 바로 비합법적 수단을 사용할 것이라는 머튼의 가정에 동의하지 않는다.

정답 ② 코헨은 하위계층문화이론을 통해 범죄의 원인을 중류계층의 가치와 행동규범에 대한 악의적인 원한이나 울분을 표시하는 것이라고 주장하였다. 밀러는 하층문화계급에의 동조는 곧 중류계층규범의 위반을 의미하지만, 중류계층의 가치와 행동규범에 대한 악의적인 원한이나 울분을 표시하는 것은 아니고 그들의 집중된 관심에의 추구가 범죄원인이라고 주장하였다.

36. 다음 중 차별적 기회구조이론에 대한 설명으로 거리가 먼 것은?

① 아노미현상을 비행적 하위문화의 촉발요인으로 본다는 점에서 머튼의 영향을 받았으며, 머튼의 이론을 확대·발전시켰다.

② 범죄는 개인의 심리적 결단의 문제가 아니라 어떤 하위문화에 속해 있느냐의 문제로 보았다.

③ 범죄적 하위문화는 비합법적인 기회구조가 많은 지역에서 형성되는 하위문화로 범죄적 가치 및 지식이 체계적으로 전승되어 성인범죄자들과 미성년자들 혹은 각 연령층 간에 매우 강한 통합을 보인다.

④ 갈등적 하위문화에서 소년들은 성공한 성인범죄자를 자신의 미래상으로 인식하여 범죄적 가치나 지식 습득하고, 범죄는 다른 사람들로부터 자신의 기술과 재능을 인정받을 수 있는 유형이라고 생각한다.

> 정답   ④는 범죄적 하위문화에 대한 설명이다.
> 갈등적 하위문화는 성인들의 범죄가 조직화되지 않아 비합법적인 수단들에 소년들이 접근할 수 없는 지역에서 형성된다고 한다. 범죄는 대체로 개인적인 것이고 조직화되지 않으며 가벼운 내용이고, 타인으로부터 인정받기 위해 과시적인 폭력과 무분별한 갱(Gangs)전쟁 등이 빈번하다.

37. 범죄학 이론과 그 내용의 연결이 옳지 않은 것은?

① 사회유대(통제)이론: 소년은 자기가 좋아하고 존경하는 사람들의 기대에 민감하고, 그들이 원하지 않는 경우 비행을 멀리하게 된다.

② 아노미이론: 중산층문화에 적응하지 못한 하위계층 출신의 소년들은 자신을 궁지에 빠뜨렸던 문화와 정반대의 문화를 만들어 자신들의 적응문제를 집단적으로 해결하려고 한다.

③ 견제이론: 소년은 범죄를 유발하는 힘이 범죄를 차단하는 힘보다 강할 때 비행을 저지르게 된다.

④ 차별적 동일시이론: 소년비행에 있어서는 직접적인 대면접촉보다 자신의 행동을 평가하는 준거집단의 성격이 더 중요하게 작용한다.

> 정답   ② 중산층문화에 적응하지 못한 하위계층 출신의 소년들이 자신을 궁지에 빠뜨렸던 문화와 정반대의 문화를 만들어 자신들의 적응문제를 집단적으로 해결하려고 하는 것은 아노미 이론이 아니라 코헨의 비행하위문화이론이다.

38. 다음 중 갓프레드슨과 허쉬(Gottfredson & Hirschi)의 일반이론에 대한 설명으로 거리가 먼 것은?

① 통제의 개념을 생물학적·심리학적이론, 일상활동이론과 합리적 선택이론의 통제개념과 통합한 이론으로 고전주의적 견해와 실증주의적 견해를 결합시키고자 하였다.

② 자기통제력은 어릴 때 부모의 양육방식에 의해 결정된다고 하여 가정에서 부모의 역할을 강조했다.

③ 범죄성향(자기통제력)과 범죄기회를 통합함으로써 유사한 환경 속에 자란 아이들이 왜 범죄를 하고, 또는 하지 않는가를 설명한 이론이다.

④ 충동적인 성격으로 인해 자기 통제력이 빈약한 사람은 범죄기회와 무관하게 반복적으로 범죄를 실행에 옮긴다고 주장한다.

> **정답** ④ 충동적인 성격으로 인해 자기 통제력이 빈약한 사람은 범죄를 범할 위험성이 높지만, 그들의 충동적인 욕구를 만족시켜줄 만한 범죄기회가 없다면 범죄를 실행에 옮기지는 않는다. 욕구충족을 위한 기회가 주어진다면, 자기통제력이 강한 사람도 범죄행동을 할 수 있다는 것으로 결론적으로 범행을 위한 기회가 주어진다면 자기통제력은 제 기능을 발휘하지 못한다.

39. 생물학적 범죄이론이 아닌 것은?

① 생물학적으로 열등한 범죄자이론
② XYY 초남성 범죄자이론
③ 타고난 범죄자이론
④ 정신분석이론

> **정답** ④ 생물학적으로 열등한 범죄자이론은 고링(Goring), 후튼(Hooton), 쉘턴(Sheldon) 등이 주장한 생물학적 범죄이론이다. XYY 초남성 범죄자이론은 폭력적인 남성 범죄자의 행동을 설명하기 위해서 1960년대 이후에 등장한 비정상적 염색체이론이며, 정신분석이론은 뇌기관의 장애로 인한 것이 아니라 심리적 장애로 인한 영향을 분석한 심리학적 범죄이론에 속한다.

40. 범죄의 원인을 밝히는 미시적 수준의 이론이 아닌 것은?

① 사회학습이론　　② 낙인이론　　　③ 갈등이론　　　④ 사회통제이론

> **정답**　③ 갈등이론은 대표적인 거시적 수준의 이론이다. 갈등이론에 따르면 권력집단이 우리사회에서 법을 장악하므로 힘없는 집단은 입법과 사법의 피해자로서 법을 위반할 수밖에 없다는 것이다.

chapter
4

교정처우와 관리

제 1 절 형벌의 이해

범죄에 대한 법률 효과로서의 형사제재에는 형벌과 보안처분이 있다. 형벌은 책임주의 원칙이 지배하여 책임을 전제로 하고 과거의 범죄행위에 대하여 과해진 다는 점에서 미래의 범죄적 위험성을 전제로 하는 비례성의 원칙이 지배하는 보안 처분과는 구분된다.

형벌은 국가가 범죄에 대한 법률상의 효과로써 범죄자에게 부과하는 국가에 의한 법익 박탈행위이며, 주체가 국가이기에 언제나 공형벌이며 범죄가 아닌 범죄 자(사람)에게 부과하는 제재이다.

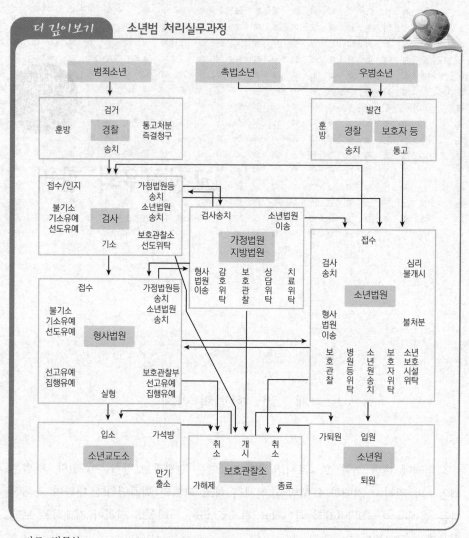

자료: 법무부.

1. 형벌의 목적

형벌의 목적으로는 응보형주의, 일반예방주의, 특별예방주의, 결합설이 제시되고 있다.

1) 응보형주의

응보형주의는 형벌의 본질이 범죄에 대한 정당한 응보에 있다는 사상이다. 즉, 범죄란 정의에 반하는 악행이므로 범죄자에 대해서는 그 범죄에 상응하는 해악을 가함으로써 정의가 실현되며, 따라서 형벌의 본질은 응보에 있고 형벌의 내용은 악에 대한 응보 이외의 다른 목적을 인정하지 않고 응보적 해악으로서의 형벌 자체를 자기목적으로 하기 때문에 '절대주의'라고 한다. 대표적인 학자는 칸트(Kant)와 헤겔(Hegel) 등이 있다.

2) 일반예방주의

일반예방주의는 범죄자에 대하여 형벌을 과함으로써 일반인으로 하여금 범죄예방의 효과를 거두려는 견해이다. 이는 소극적 일반예방과 적극적 일반예방이 있다.

(1) 소극적 일반예방

소극적 일반예방은 형벌의 위하력을 일반인에게 과함으로써 범죄를 예방하는데 있다는 견해이다. 소극적 일반예방에는 '형집행에 의한 일반예방'과 범죄 및 형벌을 법률에 규정하여 이를 일반인에게 예고함으로써 범죄예방의 효과를 거두려는 '형벌예고에 의한 일반예방'(Feuerbach의 심리강제설)이 포함된다. 대표적인 학자는 베카리아(Beccaria), 포이에르바하(Feuerbach)를 들 수 있다.

(2) 적극적 일반예방

적극적 일반예방은 범죄자를 처벌함으로써 일반 국민의 규범준수의식을 강화시켜 사회의 규범안정을 도모하여 범죄를 저지르지 않도록 하는 것이다. 최근 들어 일반예방이론 중 중요한 의미를 포함하는 이론으로서 적극적 일반예방을 들 수 있다. 대표적인 학자는 야콥스(Jakobs)이다.

3) 특별예방주의

특별예방주의는 범죄자의 사회복귀에 중점을 두고 있으며, 형벌을 가하여 범죄자를 교화·개선함으로써 더 이상 범죄를 저지르지 않도록 하는 것을 말한다. 또한 그 목적 달성의 수단으로 형벌의 개별화, 단기 자유형의 제한, 집행유예·선고

유예의 활용, 가석방 등을 주장한다. 대표적인 학자는 롬브로조(C. Lombroso), 페리(E. Ferri), 가로팔로(R. Garofalo) 등이 있다.

4) 결 합 설

결합설은 응보형주의, 일반예방주의, 특별예방주의 이론들의 장점을 결합하여 형벌의 본질과 목적을 설명하는 것이다. 이에 의하면 응보목적은 책임주의 원칙에 의해 제한되므로 책임원칙은 형벌의 상한을 결정하게 되고, 이러한 형벌 범위 안에서 일반예방과 특별예방의 목적을 고려하여 일반예방과 특별예방은 형벌의 하한을 결정하게 된다(오영근, 2002: 837). 대표적인 학자는 메르켈(Merkel), 히펠(Hippel) 등이 있다.

제 2 절   형벌의 종류

「형법」 제41조는 9가지 형벌의 종류(사형, 징역, 금고, 자격상실, 자격정지, 벌금, 구류, 과료, 몰수)를 규정하고 있다. 형벌의 종류는 크게 주형과 부가형 두 가지로 구분할 수 있다. 주형은 생명형(사형), 자유형(징역, 금고, 구류), 명예형(자격상실, 자격정지), 재산형(벌금, 과료)이며, 부가형은 재산형(몰수)이다.1 단, 현행법상 주형과 부가형의 구별을 폐지하였지만, 몰수형의 부가성은 인정하고 있다.

1. 사   형

1) 사형의 의의와 연혁

(1) 사형의 의의

사형은 「형법」 제66조에 의거하여 수형자의 생명을 박탈하는 형벌이다. 이는 생명형 또는 극형(極刑)이라고도 하며, 또한 「군형법」 제 3 조 에서도 총살형을 규정하고 있다. 현행 「형법」은 법정형으로 사형을 인정하고 있지만, 「소년법」 제59조에서는 죄를 범할 당시 18세 미만인 소년에 대하여 사형 또는 무기형(無期刑)으로

---

1 몰수는 주형의 재산형과 부가형의 재산형 모두 포함되는 형벌이다.

처할 경우에는 15년의 유기징역으로 한다고 하여 사실상 사형을 인정하지 않는다. 또한 「국제인권법」에서는 18세 이하의 미성년자에 대해서는 사형선고를 내릴 수 없도록 되어 있어, 사실상 미성년자에 대한 사형을 법으로 금지하고 있다(김화수 외, 2007: 119-).

(2) 사형의 연혁

사형은 가장 오랜 역사를 가지고 있는 형벌로서 "형벌사는 사형의 역사"라고 할 만큼 중요한 위치를 차지하고 있다. 구약시대의 율법은 많은 경우에 사형을 부과하였으며, 사형을 제한할 수 있는 다양한 절차가 있었다.[2] 세계에서 가장 오래된 성문법인 함무라비법전의 형법 편에는 탈리오 법칙이 반영되어 위하관념이 강한 약 37개 조항의 사형이 규정되어있다.[3] 중세는 사형의 전성기라고 할 만큼 수많은 사형이 행하여졌고 그 방법도 잔인하였다. 특히 영국의 헨리(henry) 8세의 치세(1509~1547)에는 72,000명, 엘리자베스(Elizabeth) 1세 치하(1558~1603)에서는 89,000명이 처형되었는데, 정치적·종교적으로 남용되었다. 집행도 공개적으로 이루어지는 경우가 많았고 신분에 따라 각기 다른 사형방법이 있었다. 18세기 이래 계몽사상가와 인도주의사상의 영향으로 사형의 적용범위를 제한하거나 폐지해야 한다는 논의가 활발해졌다.

우리나라에는 고조선시대의 '8조금법'(八條禁法)에 사형이 규정되어 있었고, 고려시대에 의용했던 당률(唐律)과 조선시대에 의용했던 대명률(大明律)에도 사형이 교형(絞刑)과 참형(斬刑)의 형태로 존재하였고, 현행형법도 사형을 규정하고 있다.

2) 사형제도의 찬반론

(1) 연 혁

사형제도에 대하여 체계적으로 비판한 대표적인 학자는 베카리아(Beccaria, 1738~1794)이다. 그는 「범죄와 형벌」(1764)이라는 저서를 통하여 당시의 사회계약

---

2 사형을 과하는 데 증인을 필요로 하였으며(신명기 19장 16~21절), 사형범죄에 대한 위증은 사형에 처해지도록 되어 있다(신명기 19장 18~19절). 또한 과실치사범이 복수로 죽음을 당하지 않도록 도피성을 6개 마련하여 두기도 하였다(출애굽기 21장 13절, 민수기 35장 11~15절, 신명기 19장 3~5절).

3 제 1 조는 타인을 살인죄로 고소하고 그것을 입증하지 못한 자, 제 2 조는 타인을 마술사로 고발하고 그것을 입증하지 못한 자, 제 3 조는 중대한 사건에 대해 위증한 자 그리고 제 7 조는 증인이나 계약 없이 자유민의 아들이나 노예로부터 금·은 노예 혹은 소·말을 사거나 관리를 위해 수임하는 행위 등을 한 자를 절도로 보고 사형에 처하도록 하였다.

설에 입각하여 사형폐지를 주장하였다. "인간이 자신을 죽일 권리가 없는 이상, 그 권리를 타인이나 일반사회에 양도하는 것 역시 불가능한 것이다"라고 하여 대신에 종신노역형으로도 사형 이상의 효과를 가져 올 수 있다고 역설하였다. 베카리아의 뒤를 이어 영국의 감옥개량가 하워드(Howard)는 「감옥상태론」이라는 저서를 통하여 사형폐지운동을 전개하였다.

스위스의 페스탈로치(Pestalozzi)도 형벌의 교육적 기능을 중시하여 사형폐지를 주장하였고, 위고(Victor M Hugo)도 사형은 범죄억지력이 없으므로 종신징역형으로 대체하여야 한다고 주장하였고, 교육형론자인 리프만(Liepmann)은 사형에는 위하력이 없고 오판의 경우 회복할 수 없다는 점을 들어 사형폐지를 주장하였고, 신사회방위론을 주창한 앙셀(M. Ancel)은 사형뿐만 아니라 무기징역도 폐지하여야 한다고 주장하였다. 또한 영국의 캘버트(Calvert), 미국의 서덜랜드(Sutherland), 독일의 라드부르흐(Radbruch) 등이 사형폐지론을 주장하였다.

(2) 사형폐지론
사형폐지론의 논거는 다음과 같다.
① 사형은 야만적이고 잔혹하므로 인간의 존엄성에 반한다.
② 국가는 사람의 생명을 박탈하는 권리를 가질 수 없다.
③ 국가가 사람을 살해한 범인의 행위를 비난하면서 국가 자신이 이를 행하는 것은 응보 이외에는 아무것도 아니며, 국가가 도살꾼임을 인정하는 결과가 된다.
④ 오판에 의한 사형집행은 이를 회복할 방법이 없다.
⑤ 사형은 일반사회인이 기대하는 것처럼 범죄억제적 효과를 갖지 못한다.
⑥ 사형은 형벌의 교육적·개선적 기능을 전혀 달성할 수 없다.
⑦ 사형은 피해자에 대한 손해배상 내지 구제에도 도움이 되지 못한다.
⑧ 사형은 그 자체가 위헌이다.

예컨대, 사형은 미국 연방수정헌법 제8조가 금지하고 있는 "잔혹하고 비정상적인 형벌"(Cruel and Unusual Punishment)에 해당한다.

셀린(T. Sellin)은 ㉠ 미국에서 사형을 폐지한 주와 사형을 존치한 주의 살인사건발생율을 비교하는 방법, ㉡ 동일주에서 사형의 폐지하기 전과 폐지한 후에 살인사건 발생율을 비교하는 방법, ㉢ 사형집행의 사실을 공표한 후와 공표하기 전의 범죄발생율을 비교하는 방법을 사용하여 조사결과를 발표하였는데, 사형에는 범죄억제력이 없는 것으로 나타났다(박상기 외, 2009: 287).

(3) 사형존치론
사형존치론의 논거는 다음과 같다(박상기 외, 2009: 287).
① 사람을 살해한 자는 생명을 박탈해야 한다는 것이 국민의 법 감정이다.
② 흉악범 등 중대범죄에 대하여는 사형으로써 위하하지 않으면 법익보호의 목적을 달성할 수 없다.
③ 극악한 인물은 국가사회에 대하여 유해하므로 사회방위를 위해서는 사회로부터 완전히 제거되어야 한다.
④ 사형에 대한 오판의 우려는 지나친 염려이다.
⑤ 사형은 무기형보다 정부의 재정적 부담을 덜어준다.
⑥ 사형은 위히에 의한 범죄억제력 효과가 있다.
⑦ 사형제도 자체를 위헌이라고 할 수 없다.
예컨대, 우리나라의 헌법재판소나 대법원은 위헌이 아니라고 하고 있다.
엘리히(Ehrlich)의 연구에 의하면, 사형에는 범죄억제력이 있는 것으로 나타났다.

3) 각국의 사형존폐 현황
'국제사면위원회'(International Amnesty)의 2012년 자료에 의하면, 사형제를 사실상 폐지한 나라는 한국(사형제도는 존재하고 있지만, 집행을 하지 않는 상태이다)을 포함하여 140개국이며, 여전히 유지하고 있는 나라는 58개국에 달한다.
한편, 국내 법조계와 학계의 동향은 다음과 같다. 검찰과 법원, 헌법재판소 등은 사형제도가 아직은 존재해야 하며 무효화시키는 것은 타당하지 아니하므로 헌법질서에 위반되지 아니한다고 하여 사형제도에 대한 위헌법률심판청구에 대하여 1996년 11월 7대 2로 합헌결정을 내린 바 있으나, "사형은 아주 예외적인 경우에만 적용되어야 하고, 시대 상황이 변하면 재론이 불가피할 것"이라는 입장을 밝혔고 대법원도 2000년 10월 영웅파두목의 사형을 확정하면서 "국내 실정과 국민의 도덕 감정 등을 고려하면 다른 생명이나 공공이익을 보호하기 위한 불가피성이 충족되는 예외적인 경우에만 적용되면 헌법위반이 아니다"며 헌재의 결정을 재확인하고 있지만 헌재와 대법원의 결정 이면에는 사형제도의 폐지가능성에 무게를 두고 있는 듯하며, 반대의견을 낸 김진우 재판관은 "사형제도가 인간의 존엄성을 유린하는 악법이며, 나아가 사형제도는 양심에 반하여 사형선고를 해야 하는 법관과 사형집행관의 양심의 자유를 침해하는 비인간적인 제도"라고 하였으며, 조승형 재판관은 "사형제도는 생명권의 본질적인 내용을 침해하고, 형벌의 목적이 응보, 예방, 개선에 있음에도 불구하고 사형은 형벌의 이러한 목적달성에 필요한 정도를 넘어서 생명권을 제한하는 것으로 목적의 정당성, 그 수단의 적정성과 피해의 최소성 등 제 원칙에 반한다"고 사형제도폐지의견을 낸 바 있다. 법무부도 2006년 2월 발표한 법무부변화전략계획에 사형제도의 폐지를 포함한 개선방안에 대한 연구를 추진한다고 밝힌 바 있으나 지금까지 뚜렷한 진전은 없는 것 같다.

4) 사형의 집행방법

오늘날 사형제도를 시행하고 있는 국가에서도 가능한 한 잔악상을 줄이는 방법으로 사형을 집행하는 방향으로 나아가고 있으며, 일반인에 대한 예방효과를 극대화하기 위하여 공개집행하던 중세와 달리 현대에는 종교적 전통을 이유로 한 중동지역 7개 국가(이란, 이라크, 쿠웨이트, 사이디, 시리아, 아랍에미레이트, 예맨)를 제외하고는 공개처형을 하는 나라는 거의 없는 실정이다.

미국에서의 사형집행방법은 주별로 다양한데 독극물주입형과 전기살이 가장 일반적이고, 그 밖에 가스살형, 교수형, 총살형이 있다. 유타(Utah)주에서는 사형대상자가 총살형과 약물주입형을 선택할 수 있다(박상기 외, 2009: 286).

현재 사형을 집행하는 국가의 집행방법은 다양한데 이를 살펴보면 다음과 같다.

(1) 총   살

총살은 수형자를 총으로 사살하는 사형방법으로서, 수형자의 명예를 존중하는 의미에서 사용되는 경우가 많다. 「군형법」 제 3 조는 군인에 대해서는 총살로써 집행하도록 규정하고 있다. 이것은 군의 명예를 존중한다는 의미와 함께 군인에게는 총은 생명과 같다는 의미로 재해석할 수 있다.

(2) 참   살

참살은 수형자의 목을 절단하는 사형방법으로써, 우리나라 조선시대에는 칼을, 서양에서는 도끼를 사용하였으며, 프랑스혁명 당시는 단두대라고 불리던 기요틴(Guillotine)이 자주 사용되었다. 기요틴은 1981년 프랑스가 사형제도를 전면 폐지함으로써 중단되었다.

(3) 전 기 살

전기살은 고압전류를 통한 감전으로 하는 사형방법으로 1889년 미국의 뉴욕주에서 최초로 시행되었으며, 타 사형집행에 비해 고통이 적고 순간적으로 끝나며 집행인의 심리적 압박이나 불쾌감을 덜어준다고 하나, 사체를 부검한 의사들의 소견에 의하면 신체가 심하게 파손되어 참혹한 사형집행방법이라고 한다.

(4) 가 스 살

가스살은 사형수를 밀폐된 가스실에 가두고 가스로 질식시켜 생명을 박탈하는 사형집행방법으로써 1921년 미국의 네바다 주에서 최초로 시행되었다. 최근 들어 미국에서는 가스살을 사용하는 수가 늘어나고 있다. 사망의 신속성 그리고 수형자의 고통이 비교적 적다는 이유로 집행방법의 인도성이 강조되기도 한다.

(5) 교   살

교살은 끈을 이용하여 수형자의 목을 매어 질식시켜 생명을 박탈하는 사형방법으로 교수형이라고도 한다. 현재 사형을 존치하고 있는 대부분의 국가는 이 방법을 이용하고 있다.

(6) 기   타
① 독 약 살

독약살은 사형에 처할 자에게 스스로 독약을 음용케 하여 자살하도록 하는 사형집행방법이다. 오늘날 이 방법을 채용하는 나라는 없지만, 고대 그리스의 철학자 소크라테스의 독배, 제 2 차 세계대전시 나치스의 장군 롬멜(Rommel)도 반역죄로 몰리어 이 방법으로 처형되었고, 한국 역사상 사약도 일종의 독약살이라고 할 수 있다. 독약살에 대하여는 국가가 국민의 자살을 방조 또는 장려하는 결과가 된다는 비난이 따르고 있다.

② 투 석 살

투석살은 사우디, 이란, 예멘 등에서는 특정한 성범죄에 대해 돌을 던져 살해하는 방법으로 법으로 정하고 있다.

③ 무통주사살

무통주사살은 수형자에게 주사함으로써 생명을 박탈하는 사형방법으로 고통을 줄여준다는 의미에서 1977년 미국 텍사스 주에서 최초로 사용되었으며, 의사로 하여금 사람을 살해하도록 함으로써 인술에 어긋난다는 비난이 따르고 있다.

2. 자 유 형

1) 자유형의 의의와 연혁

(1) 자유형의 의의

자유형은 수형자의 신체의 자유를 박탈하는 것을 내용으로 하는 형벌을 말하며, 현대 형벌제도 중 가장 중심을 이루고 있으며, 자유형의 집행은 시설 내 처우의 핵심이 되고 있다. 현행법에서는 징역, 금고, 구류의 세 종류의 자유형을 인정하고 있다.

자유형의 집행의 주된 목적은 교화·개선을 통한 수형자의 재사회화에 있다. 이에 따라 「형의 집행 및 수용자의 처우에 관한 법률」 제 1 조는 자유형의 집행목적이 수형자의 사회복귀에 있다는 점을 선언하고 있다.

자유형의 역사를 살펴보면 이 제도는 근대에 이르러 발달된 형벌제도이다.

(2) 자유형의 연혁

자유형의 기원은 고대의 노예제(손해배상을 할 수 없는 사람을 노예로 파는 경우)나 노역제(로마시대부터 죄수들을 전함 등에서 노를 젓는 일에 사용, 프랑스에서 15세기경부터 18세기까지 갈레선이라는 배에서 죄수들을 노 젓는 일에 사용) 등에서 비롯된 것으로 추정되고 있는데, 이때에는 노예나 노역자의 노동력확보가 목적이었으므로 자유박탈 형벌의 의미가 부여된 것은 아니었다.

이후에도 중세까지 수사나 재판절차를 확보하기 위해서나 다른 형벌집행을 위한 일시적 감금수단(시청사의 지하실, 성곽의 탑, 기타 비인간적인 가혹한 조건의 장소)으로 이용되었는데 형벌의 한 종류로 인식되지는 않았다. 단지 변형된 신체형이었다. 또한 범죄인을 구금하여 노동에 동원함으로써 노동력을 확보할 수 있었던 것은 자유형 등장의 한 원인이기도 하였다. 입법적으로는 카알 5세때의 카롤리나형법전(1532년)에서 자유형을 신체형과 생명형 이외의 정규의 제재형태로 인정하였다(박상기 외,

2009: 289-290).

(3) 자유형과 교도소

자유형에 대한 근본적인 변화는 16세기 말부터 시작되었다. 영국의 에드워드 4세는 교회의 부탁으로 1555년 런던의 Bridewell성 안에 걸인이나 좀도둑, 부랑인들을 수용하여 노동에 종사하게 하는 수용소를 개설하였는데, 형벌을 집행하기 위한 목적보다는 노동이 목적이었기 때문에 교화소(House of Correction)라고 불렀다.

그 후 유럽대륙에서는 네덜란드 1595년 암스테르담에 최초의 남자수형시설이, 1597년에는 여성수형시설(방적일)이 설치되었다. 이러한 시설은 걸인이나 부랑인을 수용하며 노동을 통해 교화시키는 것이다. 암스테르담에 1597에 설립된 여성을 위한 노역장(방직공장) 출입문 위에는 "두려워 말라. 나는 악행에 대하여 복수하려는 것이 아니고, 너희를 선도하려는 것이다. 비록 나의 손은 엄하나 나의 마음은 자비에 가득차 있다"라는 표현이 있는데, 이는 범죄자의 개화·교선이라는 취지를 잘 보여주고 있다.

네덜란드에 이러한 시설이 등장하자 독일에도 영향을 미쳐 1609년에 브레맨(Breman), 1613년에 뤼백(Luebeck), 1617년 카셀(Kassel) 등에 설치되었다. 이러한 제도에 나타난 노동에 의한 개선·교육사상이 현실적인 의미를 가지게 되기까지는 시민사회의 본격적인 발전을 기다려야만 했다(박상기 외, 2009: 290-292).

(4) 계몽사상과 자유형의 변화

감옥 혹은 교도소는 그 후 계몽사상의 영향을 받은 사회분위기에 따라 영국의 존 하워드(John Howard, 1726-1790)가 1777년에 「잉글랜드와 웨일즈 지방의 감옥상태」를 출간하면서 유럽각국에서 감옥개량운동이 일어났고. 특히 독일의 경우 이에 영향을 받은 할레(halle) 교도소의 목사인 바그니츠(Wagnitz)는 「독일 교도소의 난맥상에 대한 사실(史實)과 논평」이라는 책에서 교도소의 수형자에 대한 교육적 기능수행을 통해 범죄자를 개선하고 일반인에 대해서는 범죄를 하지 못하도록 하며 범죄자로부터 격리하도록 하여야 한다고 하였다.

영국의 경우에는 1842년 펜토빌(Pentonvile)교도소에서 수형자의 수형태도에 따라 가석방까지 4단계의 단계적 완화를 인정하는 방법을 택하였다. 독일에서는 이를 모델로 하여 1848년에 브룩살(Bruchsal)교도소가 설치되었다.

미국의 경우 1790년의 필라델피아교도소(펜실베니아 행형체제)와 1823년의 뉴욕 오번(Aubyrn)교도소가 대표적인 행형시설이었는데, 종교적 엄격성이 근간을 이루고 있었다.

그런데 유럽각국은 이러한 미국의 행형체제에 영향을 받아 '펜실베니아 행형체제'(분리수감방식)를 선호하여 도입하였다. 그 후 19세기 말에는 자유형의 개선목적이 더욱 강조되는 한편 자유형의 보안처분성이 강조되어 부정기형제도가 새로운 각도에서 논의되기에 이르렀다(박상기 외, 2009: 292-293).

2) 자유형의 집행방법

자유형의 집행방법을 구금주의와 유형주의로 나누어 볼 수 있다.

(1) 구금주의

구금주의는 범죄자를 특정한 시설에 구금하는 제도로서, 자유형의 일반적인 의미이다.

(2) 유형주의

유형주의는 과거에 국가에서 수형자를 강제로 원격지(국내 또는 국외)에 일정기간 또는 무기한 체류케 하는 제도로서, 현재는 식민지제도의 폐지와 함께 유형주의를 채택하는 국가가 없어 역사적 의의만 남아 있다.

3) 형법상의 자유형

현행 형법상 자유형은 징역·금고·구류로 구분한다.

(1) 징   역

징역은 「형법」 제67조에 의거하여 형무소 내에 구치하여 정역(定役)에 복무하게 하는 형벌이며, 유기징역과 무기징역이 있다. 유기징역은 「형법」 제42조에 의거하여 1개월 이상 30년 이하이며, 형을 가중할 때에는 50년까지로 한다. 무기징역은 형무소 내에 기간의 제한없이 구금한다.

(2) 금   고

금고는 「형법」 제68조에 의거하여 형무소 내에 구치하며, 형집행 기간은 징역과 동일하지만, 정역(定役)에 복무하지 않는 점에서 징역과 구별된다. 단, 「형의 집행 및 수용자의 처우에 관한 법률」제67조에 의거하여 수형자의 신청에 따라 작업을 부과할 수 있다.

(3) 구　　류

구류는 「형법」제68조에 의거하여 형무소 내에 구치하며, 형집행 기간은 「형법」제46조에 의거하여 1일 이상 30일 미만으로 한다. 금고형 수형자와 마찬가지로 「형의 집행 및 수용자의 처우에 관한 법률」제67조에 의거하여 수형자의 신청에 따라 작업을 부과할 수 있다. 구류자는 주로 「경범죄처벌법」위반이 대부분이며, 일반적으로 경찰서 내 유치장에서 집행한다.

4) 자유형의 문제점과 개선방안

(1) 무기자유형

응보형주의자들은 형벌의 본질을 해악으로 보고 있어 무기자유형을 인정하였다. 현행법상 자유형의 일종으로 규정하고 있는 무기자유형은 그 장기간의 집행을 통해서 비록 필연적인 것은 아니지만, 개별적으로 정신적 장애가 발생하여 인격의 퇴화, 유년단계로의 퇴보, 사회생활 적응능력의 상실 등이 일어난다(허일태, 1990: 61).

① 무기자유형의 문제점

수형자의 사회복귀 및 개선의욕을 상실시켜 자포자기하게 하며, 장기간의 구금을 통해 수형자의 수명을 서서히 단절시켜 사형 이상으로 가혹한 형벌이다. 또한 수형자의 수명에 따라 무기형의 집행기간이 상이하므로 불공평한 형벌이다.

② 무기자유형의 개선방안

「형법」제72조에 의거한 가석방에 의해 무기자유형을 완화하는 것이 아니라, 일정한 조건 아래서 수형자에게 필요적 가석방의 권리가 부여되는 근거조항이 필요하고, 또한 무기자유형의 위헌성의 부담을 줄이기 위해 형무소 시설과 그 운영을 인간중심적 방식으로 개선하고, 불가피한 경우가 아니면 무기자유형과 같은 중형주의에서 탈피해야 한다(허일태, 1990: 64).

(2) 단기자유형

단기자유형은 매우 상대적인 개념이므로 다양한 견해가 제시되고 있다. 1949

년 국제형법 및 형무회의에서는 3월 이하, 1959년 UN 범죄자처우회의와 독일·오스트리아·한국에서는 6월 이하, 미국에서는 1년 이하로 제시되고 있다. 이러한 단기자유형을 수량적으로 표시하여 한정하고 획일화하는 데 의미가 있는 것이 아니고, 이 제도가 가지고 있는 폐해를 과학적으로 연구하여 그 위험성이 확인될 수 있는 형기의 범위를 개별적으로 찾아내는 데 그 의미가 있다. 따라서 가장 적절한 의미로는 1872년 런던에서 개최된 '제 1 회 국제형법 및 형무회의'에서 이탈리아의 뽀레스트(Poresta)가 단기자유형에 대하여 수형자의 개선을 위해서는 너무나 짧은 기간이지만 그를 부패시키는 데는 충분한 기간이라고 하였다.

① 단기자유형의 문제점

19세기 말에 독일 형법학자 리스트(Liszt)는 자신이 단기자유형에 맞서 싸우는 십자군임을 자칭하면서 단기자유형에 대하여 비판을 가하여 단기자유형은 형사정책상 무용할 뿐만 아니라 해롭기까지 한 형벌이라고 하여 5가지 문제점을 주장하였다.

㉠ 전과자로 낙인이 되면 사회복귀가 어렵고, 재범의 위험성이 증가하며, 탈사회화의 문제가 발생한다.

㉡ 범죄의 정도에 비해 가족 구성원의 경제적 파탄과 정신적 부담감을 초래한다.

㉢ 형무소 내에서 악풍감염의 우려가 있고, 과다수용으로 인한 시설 부족현상을 초래한다.

㉣ 단기간의 형집행으로 인해 수형자를 교화·개선시키는 예방효과가 미흡하다.

㉤ 누범문제가 제기되어 집행유예 결격사유가 되는 불이익이 발생한다.

② 단기자유형의 개선방안

㉠ 보호관찰제도(선행보증, 거주제한, 단종, 수강명령, 사회봉사 등)를 활용하여 사회내처우를 시행한다.

㉡ 유예제도(기소유예, 선고유예, 집행유예)를 시행하여 조속한 사회복귀를 앙양한다.

㉢ 벌금형을 부과할 수 있는 범위를 확대하고, 피고인의 경제력을 감안하여 벌금형의 범위를 정한다.

㉣ 구금제도의 완화(주말구금, 휴일구금, 야간구금, 단속구금, 반구금, 전자감시 가택구금, 개방

_{교도소}) 등으로 전환한다.

　(3) 자유형 단일화

　자유형 단일화는 현행「형법」제67조 및 제68조에서 징역·금고·구류로 구분하는 자유형을 하나로 통합하자는 것이다. 이에 대한 문제점은 1872년 런던에서 개최된 '제1회 국제형법 및 형무회의'에서 최초로 제기되었으며, 또한 1878년 스톡홀름에서 개최된 '제2회 국제형법 및 형무회의'에서 자유형의 단일화를 의결하였고, '제2차 세계대전' 이후 영국·스위스·스웨덴·독일 등 많은 국가들이 입법으로 명문화하여 단일화하였다.

　① 자유형 단일화 찬성론

　㉠ 교정정책의 일관성을 유지하기 위해 단일화가 필요하다.

　㉡ 징역과 금고의 구별은 노동천시사상에 지나지 않으며, 구시대적 발상에서 비롯되었다.

　㉢ 징역과 금고를 적용할 파렴치한 범죄의 구별 및 입법상의 곤란을 가져온다.

　㉣ 법에 윤리적 개념을 지나치게 도입한 것은 적절하지 않다.

　② 자유형 단일화 반대론

　㉠ 형의 종류도 범죄에 대한 기본적인 평가의 차이를 둘 필요가 있다.

　㉡ 파렴치범인지 여부는 다소 상대적이긴 하지만 그 구별이 가능하다.

　㉢ 자유형은 교육적인 목적 및 응보적 측면도 있어서 그 내용을 구별할 필요가 있다.

　㉣ 노역부과가 강제적일 때에는 노동이 천시될 수 있다.

　③ 자유형 단일화 개선방안

　㉠ 수형자의 재사회화라는 특별예방적 관점에서 자유형 단일화를 하는 것이 바람직하다.

　㉡ 징역과 금고를 자유형으로 칭하고, 노역부과 여부는 교정차원에서 행형실무에서 고려하는 것이 바람직하다.

　㉢ 구류는 형기를 제외하고는 신체의 자유를 박탈한다는 점에서 그 실질적인 내용에 차이가 없으므로 독립된 형벌로 할 필요가 없다.

3. 부정기형

1) 부정기형의 의의와 연혁

(1) 부정기형의 의의

부정기형은 자유형의 기간을 정하지 않고 수형자의 교화·개선된 정도에 따라 조기석방, 장기수용 등을 결정하는 제도이다. 일반적으로 절대적 부정기형(전혀 형기를 정하지 않고 선고하는 것. 죄형법정주의 원칙에 위배)과 상대적 부정기형(장기와 단기를 정하여 정하여 선도하는 것)으로 구분된다.

(2) 부정기형의 연혁

19세기 초 교육형주의자들에 의해 제창되어 19세기 말에 미국의 드와이트 (Dwight), 와인즈(Wines), 브록웨이(Brockway) 등이 '아메리카 감옥협회'를 조직하여 부정기형 운동을 전개하여, 1876년 미시간 주가 최초로 부정기형을 입법화하였으며 1877년 뉴욕 주의 엘마이라 교도소에서 최초로 상대적 부정기형을 실시하였다.

2) 부정기형의 찬반론

(1) 부정기형의 찬성론

① 교화·개선 목적에 가장 적합한 제도로 수형자의 개선의지를 촉진할 수 있다.

② 성인범의 경우 위험범죄자 또는 상습누범자에 대하여 장기구금을 확보할 수 있기에 사회방위에 유리하다.

③ 초범자나 범죄성이 약한 수형자들에게 수형기간을 단축하는 이점이 있다.

④ 부정기형의 도입으로 형의 불균형 시정이 가능하다.

(2) 부정기형의 반대론

① 수형시설 내 교화개선 활동의 효과 및 판단기준에 대한 의문을 가진다.

② 부당한 장기수용은 인권침해 우려가 있다.

③ 교활한 수형자와 정직한 수형자의 불평등을 초래한다.

④ 수형자와 그 가족들에게 불안감을 증폭시킨다.

3) 부정기형의 개선방안

절대적 부정기형 제도는 죄형법정주의에 반하는 것으로 철저히 배제되어야 하지만, 상대적 부정기형 제도는 책임주의와 일반예방의 형벌 목적을 유지하는 한에서 자율적인 교화·개선이라는 특별예방의 형벌목적을 실현하기 위한 것으로서 소년범에게는 거부할 이유가 없지만, 성인범에 대해서는 불필요하다고 본다.

4. 재 산 형

1) 재산형의 의의와 연혁

(1) 재산형의 의의

「형법」제45조(벌금), 제47조(과료), 제48조~제49조(몰수)에 의거한 재산형은 일정한 재산을 박탈하는 것을 내용으로 하는 형벌을 말한다. 벌금과 과료는 금액·시효기간·선고유예의 가부 등에 있어 차이가 있지만, 모두 금전상의 제재를 가한다.

(2) 재산형의 연혁

고대시대부터 로마의 12표법, 게르만법, 함무라비법에 재산형에 대한 기록이 존재하여 자유형보다는 오랜 역사를 가지고 있었다. 중세에 접어들어 속죄금이나 배상금의 형태로 실시하였으며, 중세후기에 들어서 국가권력이 강화되자 국가가 배상지급을 강제하면서 배상금의 일부를 국가에 납입하게 하는 평화금제도가 운용되면서 국가 재정수입을 확대하는 방안으로 사용되었다. 20세기 전후에 접어들면서 단기자유형의 폐단을 줄이는 수단으로 활용되고 있다.

2) 벌 금 형

(1) 벌금형의 의의 및 성격
① 벌금형의 의의

「형법」제45조에 의거한 벌금형은 범죄자에게 일정한 금액을 지불하도록 하는 형벌이며, 현재 한국에서는 총액벌과금제도[4]를 채택하고 있다.

---

4 한국에서 채택하고 있는 총액벌과금제도는 벌금형을 선고할 때 벌금의 총액을 산정하여 선고하는 제도를 의미한다(총액벌과금제도에 따를 경우 벌금형의 선고는 '피고인은 금 OO에 처한다'와 같은 방식으로 이루어진다).

② 벌금형의 성격

일신전속적(제3자의 대납이 허용되지 않는다), **상계금지**(범죄자가 소유하고 있는 국가에 대한 채권과 상계되지 않는다), **개별책임**(다수인이 벌금을 납입하는 경우에도 공동연대책임을 지지 않는다), **상속금지**(원칙적으로 벌금은 상속되지 않아 범죄자가 사망하면 소멸한다. 단 예외적으로 「형사소송법」 제478조~제479조에 대해서는 집행할 수 있다)의 특성이 있다.

(2) 벌금형의 장·단점

① 벌금형의 장점

㉠ 자유형보다는 형집행비용이 적고 국고수입이 증대된다.

㉡ 구금으로 인한 경제적 폐해 및 범죄오염을 제거할 수 있다.

㉢ 범죄자에게 재산적 손실을 가져오므로 위하력을 가진다.

㉣ 오판시 회복이 가능하고 소송경제상 도움이 된다.

㉤ 피의자와 피해자에 대한 정상참작 및 탄력적인 운영이 가능하다.

㉥ 형사정책상 비시설화의 도모로 인한 범죄자의 사회화에 기여할 수 있다.

② 벌금형의 단점

㉠ 범죄자 석방으로 인해 사회보호기능과 일반예방기능이 저하된다.

㉡ 경제력에 따른 형벌의 위하력에 차이가 생긴다.

㉢ 벌금미납자의 노역집행을 위한 별도의 시설이 미비하다.

㉣ 교화·개선이 미흡하여 형벌의 개별화가 곤란하다.

㉤ 벌금징수가 어렵고 사법행정에 추가부담가능성을 가져온다.

㉥ 현행법상 거액의 벌금미납자도 3년 이하의 노역으로 벌금을 대체할 수 있어서 형평성이 저하된다.

(3) 벌금형의 개선방안

① 총액벌과금제도 대신에 일수벌과금제도[5]를 도입하여 탄력적으로 운영할 필요가 있다.

② 벌금형에 대한 집행유예제도를 도입할 필요가 있다.

③ 피고인의 사정상 벌금을 일시에 납부하기 곤란하다고 인정되는 경우에는

---

5 독일, 오스트리아에서 채택하고 있는 일수벌금형제도는 벌금을 일수와 일액으로 별도 표시하여 선고하는 제도를 의미한다(일수벌과금제도에 따를 경우 벌금형의 선고는 '일일정액 몇 원의 몇 일간의 벌금에 처한다'는 형식으로 이루어진다).

벌금의 분납 또는 납부기일을 연장해주는 제도가 필요하다.

④ 교도소에 수용하는 노역장유치 대신에 사회봉사명령 등의 대체자유형의 도입이 필요하다.

⑤ 단기자유형의 폐단을 줄이기 위해서는 징역형만을 법정형으로 규정하고 있는 경미한 범죄에 대하여 벌금형을 선택형으로 규정하여 그 적용범위를 확대할 필요가 있다.

⑥ 자유형의 가석방제도와 같이 조기에 석방할 수 있는 제도가 필요하다.

⑦ 행정상의 의무불이행에 대해 벌금형에 처하는 규정을 두고 있지만, 이는 행정상의 의무불이행에 대하여 형벌인 벌금형을 과하는 것은 비례의 원칙에 맞지 않으므로, 벌금형에 처하는 행정형법 위반죄를 과태료로 전환하는 것이 필요하다.

3) 과   료

「형법」 제47조에 의거한 과료는 벌금과 같은 재산형의 일종으로서 일정한 금액의 납입의무를 부과하는 형벌로서 비교적 경미한 범죄에 부과되므로 「경범죄처벌법」이나 단행법규에 규정되어 있다. 또한 과료는 형벌의 일종인 행정질서벌과 민사질서벌인 과태료와 구별된다. 그러나 현재의 경제수준에서 5만원 미만의 금액을 형벌로 부과하는 것은 형벌의 실효성을 기대할 수 없어서 과료에 해당하는 범죄를 비범죄화하거나 범칙금이나 과태료 등 행정벌로 전환이 필요하다.

4) 몰   수

(1) 몰수의 의의와 종류

① 몰수의 의의

현행 「형법」 제48조~제49조에 의거한 몰수는 범죄의 반복을 방지하거나 범죄에 의한 이득을 얻지 못하게 할 목적으로 범죄행위와 관련된 재산을 박탈하는 것을 내용으로 하는 재산형을 말한다.

② 몰수의 종류

몰수에는 **임의적 몰수**(「형법」 제48조에 의거하여 법원의 재량에 의해 국고에 귀속시키는 임의적 몰수가 원칙)와 **필요적 몰수**(「형법」 제134조: 뇌물에 관한 죄, 「형법」 제206조: 아편에 관한 죄, 「형법」 제357조 제 3 항: 배임수증재죄)가 있다.

(2) 몰수의 법적 성격

몰수의 법적 성격에 대해서는 학설의 대립(형벌인지 보안처분인지가 관건)이 있는데 ① 부가적 형벌설, ② 대물적 보안처분설, ③ 형식적으로는 형벌이나 실질적으로는 대물적 보안처분이라는 절충설 등이 대립한다.

형법은 몰수를 재산형의 일종으로 규정하고 있어 형식상 형벌이라고도 할 수 있으나, 실질적으로 몰수는 재범의 위험성을 예방 혹은 차단하기 위한 사전적 보안처분으로서의 성격도 가지므로 절충설이 타당하다.

(3) 몰수의 대상 및 요건

① 몰수의 대상

「형법」 제48조 제1항에 의거하여 몰수의 대상은 다음에 열거한 물건의 전부 또는 일부이다.

㉠ 범죄행위에 제공하였거나 제공하려고 한 물건(예컨대, 살인에 사용한 흉기, 강도에 사용하려고 준비한 흉기, 도박자금으로 제공한 금품)

㉡ 범죄행위로 인하여 생겼거나 이로 인하여 취득한 물건(예컨대, 문서위조죄의 위조문서, 도박이나 공갈로 취득한 금품)

㉢ 전2호의 대가로 취득한 물건(예컨대, 장물매각대금, 인신매매대금)

② 몰수의 요건

㉠ 범인 이외의 자의 소유에 속하지 아니할 것(예컨대, 범인의 소유물, 금제품, 소유자 불명의 물건, 공범의 소유물 등)

㉡ 범죄 후 범인 이외의 자가 정을 알면서 취득한 물건일 것(취득 당시에 그 물건이 「형법」 제48조에 해당한다는 사실을 알면서 취득하는 것)

5) 추　징

(1) 추징의 의의

「형법」 제48조 제2항에 의거한 추징은 몰수할 대상물의 전부 또는 일부를 몰수하기 불가능한 때에 그 가액의 납부를 명하는 사법처분의 일종이지만, 실질적으로는 부가형으로서의 성격을 가진 것이다. 통설 및 판례에 따르면 추징가액의 산정기준은 판결 선고시를 기준으로 함이 타당하다는 입장이다.

(2) 추징의 법적 성격

추징은 형법상 형벌이 아닌 사법처분의 일종이지만, 부가형의 성질을 지니고 있으며, 1심에서 선고하지 않은 추징을 항소심에서 선고하면 불이익변경금지의 원칙에 위배된다.

5. 명 예 형

1) 명예형의 의의 및 연혁

(1) 명예형의 의의

「형법」 제43조(형의 선고와 자격상실, 자격정지), 제44조(자격정지)에 의거한 명예형은 범죄자의 일정한 권리나 법적능력을 박탈·제한하는 형벌로 권리박탈형(명예상실, 공직상실, 식업활농금시 능) 또는 자격형이라고도 힌다.

(2) 명예형의 연혁

고대부터 19세기까지 시행된 명예형은 치욕형(오욕형)으로서 범죄자를 일반대중 앞에서 치욕을 주어 사회적 명예를 침해하는 것이었다. 이러한 치욕형의 집행방법은 나라마다 다양하였는데, 범죄자의 신체에 먹물로 낙인을 하거나 공공장소에서 조롱하거나 목에 칼을 씌우는 등이었다. 한국의 경우에도 조선시대에 신분에 대한 형으로 일정기간 또는 영구히 일정한 자격의 취득을 박탈하거나 제한하는 것으로 오늘날 자격정지와 자격상실에 해당하는 금고와 윤년형[6]을 인정하였다.

2) 자격상실

「형법」 제43조 제1항에 의거하여 사형, 무기징역 또는 무기금고의 판결을 받은 자는 별도의 형 선고 없이 부수적 효력으로 당연히 자격이 상실된다(공무원이 되는 자격, 공법상의 선거권과 피선거권, 법률로 요건을 정한 공법상의 업무에 관한 자격, 법인의 이사나 감사 또는 지배인 기타 법인의 업무에 관한 검사역이나 재산관리인이 되는 자격). 이에 따르면 사면이나 가석방이 되더라도 복권이라는 별도의 사면조치가 없는 한 자격을 영구히 상실한다는 점에서 가혹하다는 문제점이 있다(실질적인 사회복귀가 가능하도록 폐지하는 것이

---

6 신분에 과하는 형으로서 관리의 신분에 과하는 형과 도사나 승려의 신분에 과하는 것이 있다. 종류로는 문무관범공죄, 문무관범사죄, 금고가 있었다.

타당하다는 견해가 있다).

3) 자격정지

「형법」제43조 제 2 항과 제44조에 의거한 자격정지는 특정한 자격의 전부 또는 일부를 일정기간 동안 정지시키는 것을 말하며, 선택형 또는 병과형으로 규정할 수 있다. 또한 자격정지는 당연정지(유기징역 또는 유기금고 판결을 받은 자는 그 형의 집행이 종료하거나 면제될 때까지 당연히 자격이 정지되는 것)와 선고정지(판결 선고에 의해 자격의 전부 또는 일부를 정지시키는 것)가 있다. 문제점은 자격의 당연정지에 있어 선거권 박탈은 합리적인 이유도 없고, 「헌법」제24조(선거권)에 위배된다는 것이다. 또한 현행 행정처분으로 시행하는 운전면허의 정지나 취소를 자격형의 내용으로 흡수하는 것이 필요하다.

제 3 절   구금에 대한 이해

1. 구금의 목적

1) 교화개선사상이 싹트기 이전의 전통적인 교정시설의 모습은 그 규모가 우선 방대하여, 교도소 사회가 철저히 격리되어 있었으며, 재소자들의 통신과 접견 등도 지극히 제한되었다.

2) 엄격한 이상생활에 따라 재소자와 교도관도 엄격하게 구분된 사회적 계층을 형성하였으며, 계급과 훈육이 중시되어 재소자의 처우를 위해서라기보다는 구금의 확보가 우선적인 관심사였다.

3) 1950년대 이후 교정에 있어서도 많은 변화를 겪게 되는데, 그 중에서도 가장 중요한 변화는 역시 교화개선 또는 범죄자처우사상의 도입이었다.

4) 그 결과 부정기형의 실시, 재소자에 대한 심사분류와 그 결과에 따른 처우 그리고 교화개선적 교정의 중요한 부분인 가석방의 시행 등으로 인하여 상담전문가·교육전문가·심리학자 등의 처우 전문 인력이 교정인력에 가담하게 되었다. 이와 함께 외부세계의 교정시설 참여가 시작된 것도 바로 이 시기였다.

5) 이로 인하여 더 이상 교정시설이 사회로부터 철저하게 격리되지 않았고,

이것은 교정시설의 여러 가지 관행에 커다란 영향을 미치게 되었다.

6) 이와 더불어 민권의 신장으로 재소자들도 그들의 권익을 요구하게 되고, 그 결과 교정에 대해서는 3권분립의 원칙과 교정시설의 폐쇄성으로 지금까지 견지하였던 무개입의 원칙(hands-off)에서 벗어나 개입하기 시작하여(hands-on) 교정시설이 이제는 사법부의 간섭을 받고 헌법이 요구하는 바에 의하여 운영되기에 이르렀다.

7) 그러나 교화개선사상에 대한 불만과 정치적 보수화 및 범죄현상의 악화로 교정에 있어서도 보수화의 바람이 일게 되었다. 부정기형을 대신하여 정기형의 목소리가 많아지고, 그 결과 수용인구가 급격히 증가하게 되어 교정시설에 과밀수용을 초래하고, 교정시설에서 폭력과 폭동 등의 제반문제가 증대되어 현재의 교정시설은 인본주의적 구금을 실현하는 것을 중요한 목표로 삼게 되었다.

8) 이러한 구금과 교정시설의 변천과정을 보면, 구금은 대체로 관리(custodial)·교화개선(rehabilitation)·재통합(reintegration)모형이 지배해왔음을 알 수 있다.

9) 관리모형은 교정시설의 보안 훈육 질서를 강조하고, 교화개선모형은 교정시설에 수용된 자 등을 개선시키기 위해 고안된 처우프로그램의 제공을 강조하는 시설모형이며, 재통합모형은 재소자와 소년원생이 언젠가는 사회로 되돌아갈 것이라는 사실을 인식하여 재소자와 소년원생을 개선하는 방법으로서, 범죄자를 지역사회 및 가족과 유대관계를 유지하는 것을 강조하는 교정시설의 모형을 일컫는다.

10) 관리모형은 재소자는 무능력화, 제지, 응보, 그리고 사회의 보호를 목적으로 구금된다는 가정에서 기초하고 있다. 따라서 교정기관장의 권위에 복종함으로 질서와 보안을 유지하는 것을 강조하며, 훈육이 엄격히 적용되고 대부분의 행위가 철저히 규제된다.

11) 오늘날의 대다수 중구금교도소가 이에 속하는 것으로 볼 수 있다. 교화개선모형의 교정시설은 보안과의 소내 관리활동이 교화개선노력을 위한 기본적인 틀로 간주된다.

12) 교정조직의 거의 모든 것이 교화개선을 지향해야 한다는 사상에 따라 전문적인 처우전문가가 다른 직원에 비해 더 높은 위상을 갖게 된다. 그러나 1980년대 이후 교화개선사상과 목적에 대한 재인식의 필요성이 대두되면서 교화개선모형을 지향하는 시설이 감소추세에 있으나, 대부분의 교정시설에서는 아직도 다양한 형태의 처우프로그램이 시행되고 있다. 그러나 엄격하게 말해서 이들 교정시설을

교화개선모형에 속한다고 규정하기는 힘들다.

13) 재통합모형은 지역사회교정의 목표와 구조에 연계되지만, 교정시설의 운영에 직접적인 영향을 미치고 있다. 물론 범죄자는 교정시설에 수용되지만, 수용의 경험이 사회로의 재통합을 지향하는 것으로 받아들여진다.

14) 이들 교정시설은 재소자에게 수용기간 동안 자유와 책임감을 점증적으로 제공하며, 보호관찰 등으로 지역사회로 석방하기 전에 지역사회교정센터(community correctional center)나 중간교도소(halfway house) 수용 또는 외부통근(work release) 등을 시키고 있다.

15) 일종의 지역사회교정과 유사한 관점으로서 재소자와 소년원생이 자유사회와의 유대관계를 유지·발전시키는 것이 매우 중요하다는 가정에 기초하고 있다. 따라서 재통합모형의 전적인 초점은 바로 정상적인 생활을 되찾는 데 두고 있다(이윤호, 2007: 61).

2. 구금의 방법

자유형의 구금방법으로는 크게 2가지가 있었는데, 그것은 수형자를 공권력으로 국내 또는 국외의 원격지로 강제 이송하여 억류시키는 유형제도와 수형자를 일정한 구금시설에 구금하여 자유를 박탈함과 동시에 수형자를 교화개선시키는 구금제도가 있다.

유형제도는 형벌사상의 변천과 수형자의 지위향상으로 그 자취를 감추었고 오늘날은 구금제도만이 자유형으로 존속하는데, 이는 또 어떤 면에 중점을 두고 집행되느냐에 따라 여러 가지 형태로 발전되어 왔다.

즉 구금방법에 따라 독거제와 혼거제(잡거제), 정신적 개선에 중점을 둔 펜실베니아제, 악풍감염의 폐해제거에 중점을 둔 오번제, 자력적 갱생에 역점을 둔 엘마이라제, 사회적 훈련에 중점을 둔 수형자자치제 등을 들 수 있는데, 이를 나누어 설명하면 다음과 같다.

1) 독 거 제

독거제라 함은 수형자를 교도소 내의 독거실에 구금 수용하여 수형자 상호간의 면식접촉을 방지하고 묵사회상(默思回想)으로 회오 속죄함으로써 정신적 교정과 통모의 방지 및 악풍감염의 방지를 목적으로 하는 구금제도이다.

이 제도의 발전과정을 살펴보면 1704년 교황 클레멘스(clemens) 11세가 산 미케레(San Michele) 소년감화원에서 소년에 대하여 야간에 독거구금을 실시하였고, 이어서 빌렌(Vilain) 14세 때인 1772년부터 1775년까지 칸드(Gand) 교도소에서 일반범죄인에게 독거구금을 적용한 바 있으며, 독거 제도를 최초로 제창한 것은 영국의 감옥개량가인 존 하워드(John Howard)이다. 그는 1776년 「감옥상태론」(The State of Prison)을 저술하여 채무자와 범죄자, 남과 여, 소년과 성년이 잡거하여 취업도 하지 않고 무위도식하며 생활하는 교도소의 폐해에 대하여 비판하고 개량책을 제안하기도 하였으며, 그의 사상은 1774년과 1781년에 걸쳐 영국의 법률에 반영되어 독거구금을 할 수 있도록 호샴(Horsham), 글로스터(Gloucestor), 페트워드(Petworth)에 최초로 독거교도소가 설립되기에 이르렀다.

(1) 장·단점
① 장   점
㉠ 수용자 간의 통모를 방지할 수 있다.
㉡ 수용자 상호간의 악풍감염을 예방할 수 있다.
㉢ 회오반성 및 속죄의 기회를 준다.
㉣ 개별처우에 편리하다.
㉤ 감시·감독 및 질서유지에 편리하다.

② 단   점
㉠ 공동생활의 사회적 훈련이 불가능하다.
㉡ 신체의 허약, 자살, 정신장애를 초래할 우려가 있다.
㉢ 행형실무상 교육, 교회, 운동, 작업 등 집단적 교육이 불편하다.
㉣ 국가의 재정상의 경비가 크다.

(2) 우리나라의 독거제도
우리나라 「형의 집행 및 수용자의 처우에 관한 법률」 제14조(이하 "형집행법"이라 한다)에 따르면 독거수용을 원칙으로 하고, 다만 다음 중 어느 하나에 해당하는 사유가 있으면 혼거수용할 수 있도록 되어 있다.
① 독거실 부족 등 시설여건이 충분하지 아니한 때
② 수용자의 생명 또는 신체의 보호, 정서적 안정을 위하여 필요한 때

③ 수형자의 교화 또는 건전한 사회복귀를 위하여 필요한 때

2) 혼 거 제

혼거제는 잡거제라고도 하는데 이 제도는 수인의 수형자를 동일한 거실 또는 공장에 잡거시키는 구금방법으로 이는 행형제도의 발달사상 가장 오래되고 소박한 구금제도인 것이다.

혼거제는 관리상의 편리와 경제상의 이점이라는 장점도 있지만, 한편 천차만별의 범죄자를 집금(集禁) 수용하는 데서 악풍감염의 폐해 또한 크다고 볼 수 있는데, 이러한 폐해를 제거하기 위하여 침묵제(교담금지)와 분류제를 활용하여 왔다.

앞에서 언급한 「형집행법」 제14조에서 보듯이 우리나라는 혼거수용을 예외로 인정하고 독거를 원칙으로 하고 있지만, 실무상은 대부분 혼거수용하고 있는 실정이다. 이 경우에는 수용자의 형기·죄질·성격·범수·연령·경력 등을 참작하여 거실을 구분 수용함으로써(형집행법 제11조) 혼거에 따르는 폐해를 최대한 줄이려는 노력이 엿보인다.

이와 같은 혼거제가 어떠한 목적하에 운영되었는가는 시대에 따라 상이하였던 것으로 고대사회에서는 단지 범죄인을 격리시키는 데 그 목적이 있었던 것이나, 과학적 근대 사회 속에서는 이 밖의 다른 목적, 즉 범죄인을 사회공동생활에로 건전하게 복귀시키기 위하여 사회적응능력을 함양시키는 데 그 목적을 두었다. 다시 말해 독거제가 수용자의 정신적 개선에 그 중점을 둔 데 반하여 혼거제는 공동생활 및 사회적 훈련에 중점을 둔 구금제라고 하겠다.

(1) 장점과 단점
① 장   점
㉠ 수용자의 심신단련을 도모할 수 있다.
㉡ 건축비·인건비 등 행형비용을 절약할 수 있다.
㉢ 형벌의 통일을 기할 수 있다.
㉣ 사회공동적인 사회적 훈련을 시키기 용이하다.
㉤ 작업훈련을 통한 사회복귀에 기여할 수 있다.
㉥ 자살을 방지할 수 있다.

② 단   점

㉠ 수용자 상호간의 악풍감염이 우려된다.

㉡ 수용자에 대한 개별처우가 곤란하다.

㉢ 출소 후 감방동료의 지속적 교제로 공범범죄의 가능성이 높다.

㉣ 계호상 감시·감독 및 기율유지가 곤란하다.

㉤ 동색관계의 폐해가 없지 아니하다.

㉥ 비위생적이며 방역상 곤란한 점이 많다.

(2) 혼거제의 폐해제거를 위한 여러 제도

① 침묵제(교담금지제)

이 제도는 수형자의 혼거는 인정하나 상호간의 교담을 금지하는 제도이며, 뒤에 설명하는 분류제와 병행하여 실시되는 것이 일반적이다.

② 반독거제(완화독거제)

이 제도는 수형자를 주간에는 엄중한 침묵을 지키게 하면서 혼거하여 일정한 작업에 종사하게 하고, 야간에는 각자 독방에 수용하여 취침케 하는 제도이다. 이것은 독거제와 혼거제의 장점을 살리기 위한 제도로서 1823년 미국 뉴욕 주의 오번감독에서 린즈(Elam Lynds)에 의하여 최초로 시행되었으므로 오번제(Auburn system)라고도 한다.

③ 분 류 제

이 제도는 혼거제의 폐해를 제거하고 그 장점을 활용할 목적으로 수형자를 여러 가지 관점에서 분류하여 구금하는 방법이다.

(3) 우리나라의 혼거제도

우리나라는 혼거수용이 필요한 경우를 ① 독거실 부족 등 시설여건이 충분하지 아니한 때, ② 수용자의 생명 또는 신체의 보호, 정서적 안정을 위하여 필요한 때, ③ 수형자의 교화 또는 건전한 사회복귀를 위하여 필요한 때로 규정하고 있다(형집법 제14조). 혼거수용의 경우 3인 이상을 수용함을 원칙으로 하는데, 다만, 요양이나 그 밖의 부득이한 사정이 있는 경우에는 예외로 한다(형집행법 시행령, 제8조). 노역장 유치명령을 받은 수형자와 징역형·금고형 또는 구류형을 선고받아 형이 확정된 수형자를 혼거수용 시켜서는 안 된다. 다만 징역형·금고형 또는 구류형의 집행을 마친 다음에 계속해서 노역장 유치명령을 집행하거나 그 밖에 부득이한 사정이 있는 경우는 혼거수용시킬 수 있다(동법 시행령 제9조). 혼거실에는 그 면적, 정원 및 현재 인원을 적은 현황표를 붙여야 한다(동법 시행령 제12조 제1항).

오늘날 시설부족으로 인한 과밀수용과 재정상의 여건 등을 고려할 때 수형자의 과학적 분류를 전제로 한다면 혼거제를 배척할 이유가 없으므로 우리나라 행형 실무상 거의 혼거수용을 하고 있다. 그러나 혼거수용 시 한 개 거실의 수용인원을 몇 명까지로 한 것인가의 기준은 없으나 계절적 환경과 수용관리 및 처우를 고려하여 적절하게 조정되어야 할 것으로 본다.

3) Pennsylvania system

⑴ Quaker교도들의 감옥개량운동의 결실로 펜실베니아주의 Walunt Street Jail에서 시도하였던 구금제도로서, 범죄의 원인은 범죄자의 마음에 근원하기 때문에 독거구금되어 침묵을 강요당함으로써 자신의 범죄에 대해서 반성하고 속죄케 하는 정신적 개선에 중점을 둔 구금제도이다.

⑵ 따라서 주야 구분 없이 엄정한 독거수용을 원칙으로 하기 때문에 모든 재소자가 노작을 포함한 모든 활동을 각자 자신의 거실에서 함으로써 재소자 상호간에 철저하게 격리된 구금제도인 독거제(separate confinement)를 채택하였던 구금제도이다.

⑶ 이곳에서는 모든 재소자가 먹고, 자고, 일하고, 종교지도를 받는 등 모든 것을 자신의 거실에서 행한다. 따라서 재소자들은 동료재소자를 보거나 접촉할 수 없고, 오로지 간헐적인 종교인이나 교도관의 거실문으로 다른 사람을 접촉할 수 있는 유일한 것이었다.

이러한 Pennsylvania system은 다음과 같은 가정에 기초하고 있다.

첫째, 재소자는 복수적으로 취급되기보다는 어렵고 선별적인 형태의 고통을 통하여 그들이 자신의 생활을 변화시킬 수 있다는 것을 확신시킬 수 있는 방향으로 취급되어야 한다.

둘째, 교정시설이 악풍감염으로부터 헤어나기 위해서는 모든 재소자의 독거가 필요하다.

셋째, 재소자들이 격리된 채 은둔함으로써 자신의 잘못에 대하여 반성하고 참회할 수 있는 기회를 가져야 한다.

넷째, 독거는 인간의 본성이 사회적 존재이기 때문에 일종의 처벌적 훈육이다.

다섯째, 독거는 재소자들이 그들의 구금으로부터 이익을 얻는 데는 긴 시간을 요하지 않고, 교도관이 많이 필요치 않으며, 의복비도 적게 들기 때문에 경제적이다.

따라서 이곳의 재소자들은 혼자서 일하고, 성경책을 읽고 자신을 되돌아보는 것 외에는 아무런 방해를 받지 않기 때문에 재소자의 도덕적 교화개선에 유리한 구금제도로 알려졌었다.

이를 현실적인 차원에서 평가하면 재소자간의 통모가 불가능하고 더불어 악풍감염의 염려가 없으며, 개인적 시간을 주기 때문에 반성의 기회가 많고 개별처우와 감시·감독 등 재소자관리가 용이하다는 장점이 있다. 반면에 인간이 사회적 존재임에도 불구하고 공동생활이 불가능하기 때문에 사회적 훈련이 어렵고, 혼자만 있게 하기 때문에 정신적·심리적 문제를 유발할 소지가 있으며, 자살의 우려나 건강상의 문제가 있을 수 있고 행형경비가 많이 필요하다는 단점도 있다.

4) Auburn system

⑴ 기존의 교정시설이 과밀수용으로 문제가 되어 뉴욕 주에서는 Auburn에 새로운 주립교도소를 신설하기에 이르렀고, 과거 독거제의 성공에 힘입어 독거제를 도입하되 효과성을 검정하기 위해서 실험을 거치기로 하였다.

⑵ 그래서 처음 8명의 재소자를 노동이나 적정한 운동을 허용치 않은 채 자살의 방에서 혼자 생활하는 독거수용되었으나 피험자인 재소자들이 자살·정신이상·질병 등을 일으켜 그 실험은 실패로 끝나고 말았다.

⑶ 그 후 Elam Lynds가 소장으로 부임하여 새로운 혼거제(congregate system)를 시행하게 되었다.

⑷ 혼거제는 재소자들이 밤에는 각자 상호 격리된 채 자신의 방에서 독거하나 낮에는 말을 할 수는 없지만 동료재소자들과 함께 일을 하는 제도이다.

⑸ Lynds는 재소자들은 대부분 어쩔 수 없는 사람들이기 때문에 작업능률의 향상이 교정시설의 목표가 되어야 한다고 믿었다. 이곳에서의 재소자들의 치료요법으로서 뿐만 아니라 교정시설의 자족하는 방법으로 교도작업에 참여하였다. 정부가 상품제조자와 계약을 하면 업자가 재료를 제공하여 교도시설에서 완제품으로

만들었다.

(6) 재소자들은 매우 엄격한 통제를 받았으나 작업결과로 얻어진 돈의 일부를 스스로 간직할 수 있었다. 따라서 재소자들에게 도덕적 개선보다는 일하는 습관을 심어 줌으로써 재범을 방지하는 데 더 관심을 두었다.

(7) 이 Auburn system은 독거제의 단점과 혼거제의 결함을 동시에 보완할 수 있는 제도로서 의미를 부여받고 있는데, 그 이유는 공동작업을 통하여 독거수용에 따른 문제점이 해결되고 작업 중 엄중침묵을 강요함으로써 재소자간 통모나 범죄학습 등의 문제도 해결할 수 있기 때문이다.

(8) 따라서 엄정독거에 비하여 사회적 처우가 어느 정도 가능하기 때문에 보다 인간적이며, 작업 중 침묵으로 인하여 악풍감염의 문제가 해소되고, 집단작업을 통하여 사회적 훈련이 가능해지며, 정신건강이나 자살의 위험 등 주야엄정독거제의 폐해를 줄일 수 있다는 장점이 있는 반면, 재소자간의 의사소통을 금지하기 때문에 인간관계의 형성이 어렵고, 말을 못하게 함으로써 새로운 고통을 부과하는 결과가 되며, 작업시 의사소통을 허용치 않기 때문에 작업능률이 떨어질 수 있다는 단점도 지니고 있다.

5) Pennsylvania system과 Auburn system의 비교논쟁

(1) 독거제(Pennsylvania system)는 정직한 사람을 만들고자 하였던 반면, 혼거제(New york 또는 Auburn system)는 복종적인 시민을 만들고자 하였다.

(2) 이러한 제도는 공히 재소자는 사회로부터 격리되고 훈육된 일상생활을 해야 한다고 믿었다. 그들은 일탈이 지역사회에 팽배한 타락의 결과이며, 교회나 가정 등의 기관에서는 더 이상 사회의 타락에 영향을 미칠 수 없다고 생각하였다.

(3) 따라서 범죄자를 타락된 사회와 유혹으로부터 격리하여 체계적이고 규칙적인 생활습관을 터득케 함으로써 유용한 시민으로 만들 수 있다고 믿었다.

(4) 그러나 이들 두 제도를 구분할 수 있는 것은 재소자의 개선이 이루어지는 방법의 차이에서이다.

(5) Auburn system은 재소자는 침묵과 집단훈육을 통해 일단 자신을 깨부셔서 재사회화되어야 한다고 주장하나, Pennsylvania system은 엄격한 훈육을 비판하고 물리적 처벌이나 기타 인간의 존엄성을 침해하는 일들을 포기하였다.

(6) Auburn system을 주장하는 사람들은 침묵제도가 비용이 적게 들며, 재소

자의 노동력을 효율적으로 이용할 수 있고, 산업사회에 필요한 훈련을 받고 지역사회로 되돌아갈 수 있는 사람을 만들 수 있다고 주장하였으며, Pennsylvania system을 주장하는 사람들은 Auburn system이 비용-편익이라는 부수적인 목표를 위하여 개선(reformation)이라는 원칙적 목표를 희생시킨다고 비판하면서 대규모 작업을 통하여 재소자를 착취하는 것이 결코 직업윤리를 증진시키지 못한다고 주장하였다.

(7) 결국 Pennsylvania system는 과거의 종교적 수공업사회를 지향하였던 반면, Auburn system은 막 싹트기 시작한 산업사회를 지향하였던 것으로 보인다. 그래서 Conley는 Pennsylvania system이 Auburn system에 진 것은 Pennsylvania system이 지나치게 낙후된 노동제도를 고집하였기 때문이라고 지적하였다.

(8) 즉 Auburn system은 교정시설의 비용을 자족하기 위해서 재소자의 노동력을 착취하는 수단을 제공하며, 국가에 이익을 줄 수 있는 공장에서의 대량생산이라는 새로운 요구와 도전의 궤를 같이하였다. 바로 이 점에서 Auburn system이 20세기 산업교도소의 전신이라고 볼 수 있다.

3. 구금시설의 보안수준

(1) 교정의 목적이 처벌, 제지, 교화개선 또는 무능력화이건 간에 이는 모두 구금을 전제로 하고 있으며, 구금에 있어서 가장 중요한 관심은 역시 보안의 유지라고 할 수 있다. 그런데 이러한 보안은 교정의 목적에 따라 그리고 사회의 지배적 성향에 따라 그 수준을 달리하고 있다.

(2) 그러나 교정시설이란 처음부터 최대한의 보안을 강조하는 장소로서 지어졌으며, 이는 전형적으로 높은 담과 전기가 통하는 철망, 무장한 교도관 등의 표현으로 대변되는 사회로부터 멀리 격리된 중(重)구금시설(maximum security prison)이다. 이들 중구금교도소는 바로 처벌을 위해서 고안된 시설임을 알 수 있다.

(3) 따라서 이들 중구금시설에서 석방되는 재소자는 처음 수용되기 전보다 감정적으로 더 불안정한 상태이기 쉽다.

(4) 20세기 들어 이들 중구금교도소에 대한 여러 가지 대안들이 실험되면서 새로운 형태의 중구금시설(maximum security prison)이 세워지고 있다.

(5) 물론 초기의 중구금시설은 재소자의 통제가 절대적인 관심이라는 면에서는

과거의 전통적 중구금교도소와 크게 다를 바가 없지만, 그 속의 재소자들은 자신이 감시당하고 있다는 것을 쉽게 느낄 수 있는 정도는 아니었다. 또한 이들 중구금시설은 과거 중구금시설에 비해 재소자들의 일상생활이 덜 억압적이고 몰인격성이 지배하지도 않으며, 더불어 더 중요한 것은 그 규모가 대체로 상당히 작아졌다는 사실이다.

⑹ 최근에 신설되는 중구금시설(maximum security prison) 중에는 소위 말하는 캠퍼스모형으로 설계되어 수용사동(舍洞)이 아니라 마치 대학교정의 기숙사와 같은 느낌을 주기도 한다. 이 곳에서의 감시는 도주의 위험보다는 수형자 상호간의 보호를 위해서이며, 보안의 유지는 대체로 전기 등의 감시 장치가 대신하고 있다.

⑺ 만약 우리가 범죄에 대한 반응으로서 구금을 활용한다면, 이와 같은 새로운 형태의 중구금시설이 되어야 할 것으로 보인다.

⑻ 한편 오늘날 이들 중구금(重拘禁, maximum) 또는 중구금(中拘禁, medium security)교도소 외에 재소자와 소년원생보다는 시골농장이나 공공사업의 필요성을 충족시키기 위해서 설계된 경구금(minimum security)시설과 개방시설(open institution)을 볼 수 있다. 대체로 위험성이 적은 것으로 분류된 재소자가 농장에서부터 캠프에 이르기까지 다양한 이들 시설에 수용되고 있다.

⑼ 이들 경구금시설이나 개방시설은 여러 가지 방면에서 장점이 있다. 대규모 시설에서 있을 수 있는 개인적 위험과 억압적 구금에서 오는 감정적 불안정으로부터 재소자를 보호할 수 있다. 만약 우리가 범죄자 자신은 물론이고 사회에 대해서도 위협이 적은 재소자와 소년원생에게 충분한 기간 동안 구금한다면, 전통적 교도소에 비해 개방시설이 더 유리할 수 있다.

⑽ 반대로 중구금(maximum)교도소에서의 교육, 직업훈련 기타 처우프로그램을 더욱 개발한다면, 경구금시설이나 개방시설에 수용된 재소자는 그러한 기회를 놓칠 수도 있다.

⑾ 또한 지역사회에 기초한 교정이 위험성이 적고 처우 가능한 재소자와 소년원생을 더 많이 수용할수록 개방시설은 지역사회교정에 적합하지 않은 위험성이 높은 중누범자를 처우하는 데는 적합하지 않기 때문에 개방시설의 가치도 그만큼 줄어들 수 있다.

⑿ 물론 이러한 가정 하에서 교정당국에서는 교정처우를 이유로 재소자와 소년원생을 지역사회교정에 보내기보다는 경제적인 이유로 재소자와 소년원생을 경

구금시설이나 개방시설에 계속해서 수용하려고 노력할 것이다.

제 4 절   노역장 유치

1. 노역장 유치의 의의와 법적 성격

1) 노역장 유치의 의의

⑴ 「형법」 제70조에 의거한 노역장 유치는 벌금 또는 과료를 선고하는 때, 이를 납입하지 않을 경우 유치기간을 정하여 선고하는 환형처분을 말한다.

⑵ 「형법」 제71조에 의거하여 벌금 또는 과료의 선고를 받은 자가 그 일부를 납입한 때에는 벌금 또는 과료액과 유치기간의 일수에 비례하여 납입금액에 상당한 일수를 공제한다.

⑶ 반면에 「소년법」 제62조에는 소년에 대하여는 환형처분이 금지되어 있어 노역장 유치의 집행에 관하여는 「형사소송법」 제492조의 규정이 준용된다.

2) 노역장 유치의 법적 성격

⑴ 법적 성격을 살펴보면 노역장 유치의 법적 성격과 관련하여 논란이 되고 있는 것은 노역장유치가 벌금완납을 강제하는 압박수단(Druckmittel)이냐 아니면 벌금납입에 갈음하는 대체수단(Ersatzmittel)이냐 하는 점이다.

⑵ 이 논쟁의 단초는 「형법」 제69조 제 1 항에 벌금을 선고할 때에는 동시에 그 금액을 완납할 때까지 노역장에 유치할 것을 명할 수 있다고 함으로써 강제수단으로서의 노역장 유치를 상정하고 있는 반면, 동조 제 2 항은 벌금을 납입하지 아니한 자는 1일 이상 3년 이하, 과료를 납입하지 아니한 자는 1일 이상 30일 미만의 기간 노역장에 유치하여 작업에 복무하게 한다고 규정하여 노역장유치가 재산형의 대체수단임을 명시하고 있는 것이다.

⑶ 노역장유치를 벌금완납의 강제(압박)수단으로 보느냐 아니면 벌금납입의 대체수단으로 보느냐에 따라 노역장유치제도의 운영상 구금과 노역 가운데 어느 쪽을 더 강조하게 될 것인가가 결정된다고 볼 수 있다.

⑷ 결론적으로는 노역장유치의 법적 성격은 원칙적으로 벌금납입의 대체수단

이지만, 자유박탈의 위협이 미납금을 납입할 수 있는 능력이 있는 자에게는 벌금 완납을 강제한다는 점에서 압박수단의 기능도 함께 수행하고 있다고 보아야 할 것이다.

2. 노역장 유치집행의 요건과 절차

노역장 유치집행의 요건과 절차를 규율하고 있는 주요법령으로는 「형법」, 「소년법」, 「형사소송법」, 「형의 집행 및 수용자의 처우에 관한 법률」, 「재산형 등에 관한 검찰집행사무규칙」 등이 있다.

1) 재산형과 노역장 유치일수의 동시선고 원칙

(1) 「형법」 제70조와 「형사소송법」 제321조 제2항은 벌금 또는 과료를 선고할 때에는 납입하지 아니하는 경우의 유치기간을 정하여 동시에 선고하도록 규정하고 있다.

(2) 이처럼 재산형을 선고할 경우에 처음부터 그에 상응하는 노역장 유치일수를 법관이 선고하도록 규정한 것은 재산형의 환형처분 시에 형 집행 기관에 의해 자의적으로 노역장 유치기간이 결정되지 않도록 하기 위함이다. 즉, 노역장 유치의 집행이 벌금미납자의 행위불법과 행위책임에 반하여 행사되는 것을 방지하기 위함이다.

2) 노역장 유치집행의 대상

(1) 18세 미만의 소년에 대해서는 「소년법」 제62조에 의거하여 환형처분이 금지되어 있으므로 재산형의 선고 시에 노역장 유치를 함께 명할 수 없다.

(2) 다만 판결 선고 전에 이미 구금되어 있었던 경우에는 그 구금기간은 노역장에 유치된 것으로 보아 형기에 산입한다. 법인에 대해서는 사실상 노역장 유치집행이 불가능하므로 양벌규정에 따라 법인에게 재산형을 선고할 때에 노역장유치를 선고하거나 집행할 수 없다. 따라서 노역장 유치집행의 대상은 벌금 또는 과료를 완납하지 못한 18세 이상의 자연인이다.

3) 판결확정 후 벌금 또는 과료의 미납

⑴ 현행법상 노역장 유치는 재산형의 환형처분으로서 제 1 차 형벌이 아니라, 벌금이나 과료를 납입하지 아니한 경우에 등장하는 제 2 차 형벌이다. 즉, 판결확정 후 벌금 또는 과료를 납입하지 아니한 자에 대해서만 노역장 유치집행이 이루어질 수 있다.

⑵ 다만, 「형법」 제69조 제 1 항과 같이 벌금을 선고한 경우에는 이른바 담보부 유치명령(벌금납입 전 노역장 유치명령)을 인정함으로써 벌금선고와 동시에 노역장 유치를 할 수 있는 예외를 허용하고 있다.

⑶ 그러나 이 경우에도 제 1 차 형벌은 벌금형이고, 노역장 유치는 벌금완납을 강제하기 위한 압박수단의 성격을 상대적으로 강하게 내포하고 있다고 하여야 할 것이다.

4) 벌금과 과료의 납입기간 설정

⑴ 「형법」 제69조 제 1 항에는 벌금과 과료의 납입은 판결확정일로부터 30일 이내에 하도록 하고 있다. 따라서 노역장 유치는 원칙적으로 재산형의 판결확정 후 30일이 경과된 이후에 비로소 집행될 수 있다.

⑵ 이것은 납입의무자에게 벌금 마련을 위한 30일간의 시간적 여유를 주기 위함이다. 벌금과 과료의 납입기간 설정은 노역장 유치의 보충적 성격과 형벌집행의 비례성원칙에 비추어 볼 때 지극히 당연한 내용이다.

⑶ 벌금미납자에 대한 환형처분은 국가형벌권 행사에 있어서 최후수단으로서의 성격을 지니고 있으므로 노역장 유치는 최소한 벌과금 납입기간이 경과한 후에 보충적으로 집행되어야 할 것이다.

5) 노역장 유치 집행절차

⑴ 「형사소송법」 제492조에서는 노역장 유치의 집행은 형의 집행에 관한 규정을 준용하도록 하고 있다. 여기서 형의 집행에 관한 규정은 재판집행에 관한 일반원칙과 자유형(징역)의 집행에 관한 규정으로 해석할 수 있다.

⑵ 따라서 노역장 유치의 집행에 준용되는 규정은 구체적으로 형의 집행지휘(「형사소송법」 제460조, 제461조), 형의 집행순서(「형사소송법」 제462조), 형의 집행정지(「형사

소송법」 제470조, 제471조), 형의 집행을 위한 소환(「형사소송법」 제473조), 형집행장의 발부와 집행(「형사소송법」 제473조, 제474조, 제475조) 등이다.

제5절 개방형 처우제도

1. 개방형 처우제도의 의의 및 연혁

1) 개방형 처우제도의 의의

⑴ 개방처우란 수형자의 자율성과 책임감에 대한 신뢰를 기초로 구금을 확보하기 위한 물리적·유형적 시설의 조치를 완화하는 처우제도로서, 좁게는 개방시설에 있어서의 처우만을 의미하지만 넓게는 외부통근제나 귀휴제 등의 소위 중간처우를 포함하는 의미로 사용하고 있다.

⑵ 수형자에 대한 분류처우제도의 발전에 따라 새로운 처우방법의 하나로 개발된 개방처우제도는 1955년 제네바에서 열린 제1회 유엔 범죄방지 및 범죄자처우회의에서 채택된 '개방시설에 관한 권고결의안'과 'UN 피구금자 처우 최저기준규칙'에서도 그 필요성 및 유용성이 강조되고 있고, 세계 각국에서 광범위하게 실시되고 있다.

2) 개방형 처우제도의 연혁

⑴ 개방시설의 연원은 19세기 중엽 아일랜드의 마코노키(Machonochie)가 가석방 전단계에서 실시한 중간교도소에서 찾을 수 있으며, 19세기 말 스위스의 비쯔빌(witzwill) 교도소에서 최초로 일반수형자들에게 개방처우를 실시하였다.

⑵ 그 후 제2차 세계대전 이후 처우의 개별화와 수형자의 건전한 사회복귀라는 관점에서 본격적으로 개방처우가 국제적인 주목을 받게 되었다.

⑶ 1950년 네덜란드 헤이그에서 개최된 '제12회 국제형법 및 형무회의'에서 이론과 실제에 관한 결의가 있었고, 1955년 스위스 제네바에서 개최된 UN '제1회 범죄방지 및 범죄자처우에 관한 회의'에서 개방처우시설의 채용 및 확충을 각국에 권고사항으로 결의한 바 있다.

⑷ 또한 1957년 일본 동경에서 개최된 UN '제2회 아시아지역 범죄예방 및 범죄자처우에 관한 회의'에서도 수형자의 구외작업(통근작업, 외박작업)의 활성화를 위해 개방교도소제도를 최대한 활용할 것을 권고하였다.

3) 개방형 처우제도의 운영형태

교정시설의 전체 또는 일부를 개방구역으로 지정하여 운영하거나, 시설 내 처우를 받아 온 수형자에 대해 석방 전 처우 또는 중간처우로 활용하고 있다. 일반적으로 개방시설은 독립적으로 설치된 개방교도소(천안개방교도소: 일관되고 체계화된 운영으로 철저한 개방처우가 가능)와 일반교도소에 부속된 개방교도소(처우의 지속성을 유지할 수 있으며, 개방시설에서 사고나 위험성이 있을 때 폐쇄시설로의 복귀가 용이)가 있다.

4) 개방형 처우제도의 장·단점

(1) 개방형 처우제도의 장점
① 수형자의 사회적응력을 향상시키고 교정에 대한 신뢰감을 증가시켜 개선의 욕을 촉진시킨다.
② 완화된 시설과 감시가 수형자의 신체적·정신적 건강에 유리하다.
③ 구금시설에 비해서 통제와 감시에 소요되는 비용을 절감할 수 있다.
④ 가족이나 친족 등과의 유대감 지속으로 정서적 안정감을 부여한다.

(2) 개방형 처우제도의 단점
① 통상적인 형벌관념이나 일반 국민의 법 감정에 부합하지 않는다.
② 도주 및 외부인과의 접촉이 용이하다.
③ 지역사회와의 갈등을 초래할 수 있다.
④ 대상자 선정에 있어 사회보호를 지나치게 강조하면 수용해야 할 필요성이 없는 수형자까지도 개방처우하게 되어 형사사법망의 확대를 가져올 수 있다.

2. 개방형 처우제도의 종류

1) 개방교도소(Open Correctional Institution)

⑴ 전통적인 폐쇄시설의 특징으로 높은 주벽 쇠창살 및 자물쇠를 들 수 있다

면 이에 대응하는 개념인 개방시설은 이와 같은 도주방지 수단을 완전히 제거한 시설만을 의미한다고 할 수 있다.

⑵ 그러나 현실적으로는 그와 같은 개방교도소 외에 반개방시설 또는 폐쇄교도소의 구외에 부설된 개방사동 등 여러 형태의 수정형이 존재하고 있는데, 개방시설이라 하면 통상 이러한 수정형도 포함하여 부르는 것이 일반적이다.

⑶ 1955년 스위스 제네바에서 개최된 UN '제 1 회 범죄방지 및 범죄자 처우회의'에서 채택된 권고 결의한에 의하면 개방시설은 도주방지를 위한 물적·인적 경비가 없고 수형자의 자율심과 책임감을 기초로 하는 제도라고 규정하면서 수형자에게 주어진 자유를 남용하지 않고 그것을 향유할 수 있게 하여야 한다는 점을 강조하고 있다.

⑷ 즉 개방시설은 인적·물적 경비의 완화 및 제거라는 형식적 요건도 갖추어야 하지만 더 중요한 것은 수형자에게 주어지는 신뢰라는 실질적 요건에 그 제도의 핵심이 있다는 점을 유의해야 한다. 우리나라의 개방교도소는 천안시 신당동에 약 300명 수용규모로 1988. 11. 30.에 개소하였다.

2) 외부통근제도(Work Release System, Prison Hostel Scheme)

⑴ 이는 교정시설에 수용된 수형자에 대하여 계호 없이 교정시설 밖의 일반업체에 나가 사회일반근로자와 같은 근로조건하에서 취업하도록 하고, 야간과 휴일에는 교정시설 내에서 생활하게 하는 것을 말한다.

⑵ 따라서 외부통근제는 구외작업과 달리 수형자가 교정시설 밖에서 작업함에 있어서 교도관의 계호와 감시·감독을 받지 않으며 시설 밖에서 작업을 하되 야간에는 교정시설로 복귀해야 한다는 점에서 시설외의 자유노역제와 구별된다.

⑶ 외부통근제도의 연원은 1880년 메사추세츠주의 플라밍감 교정시설에서 여성수형자를 연말봉사형식으로 사회에 내보낸 것이 효시(嚆矢)이다.

⑷ 그러나 이 제도가 법제화되어 시행된 것은 1913년 위스콘신 주의 후버법(Huber Law)이 최초인데 이 법에서는 경범죄자 및 단기수형자에 대하여 법원의 판결로서 수형 당시부터 외부통근을 명할 수 있도록 규정하였다.

⑸ 외부통근제도는 사법형(형벌의 일종으로서 법원에서 외부통근을 선고하는 것), 행정형(석방전 처우의 일환으로서 가석방심사위원회나 기타 교정기관에서 행정적으로 결정되는 것), 혼합형(양자를 혼합하는 것으로 법원은 형벌의 일종으로 통근형을 선고하는 한편, 교도소도 가석방위원회 등의 허가

를 얻어 외부통근을 실시할 수 있도록 하는 제도)으로 구분할 수 있다. 사법형은 특히 단기형 선고자에게 수용으로 인한 실업의 위험을 해소해 주는 등의 장점이 있고, 행정형은 주로 장기형 수형자에게 수용으로 인한 사회와의 단절을 해소하여 사회적응력을 높일 수 있다는 장점이 있다.

(6) 우리나라의 외부통근제도

① 의   의

기술습득 등으로 사회복귀를 촉진시키기 위하여 외부기업 등에 통근하는 수형자를 말하므로 행정형 외부통근제를 채택하고 있으며, 점차 무(無)계호하의 외부통근제도로 나아가고 있다.

② 연   혁

㉠ 1984년 경 수원교도소에서 삼성전자에 직업훈련으로 12명이 외부통근

㉡ 1988년 말 인천,마산교도소 등 6개 시설에서 100명을 실시함

㉢ 1990년대에는 전국적으로 행정형 외부통근제도를 확대실시함

③ 법적 근거(형의 집행 및 수용자의 처우에 관한 법률 제68조)

㉠ 소장은 수형자의 건전한 사회복귀와 기술습득을 촉진하기 위하여 필요하면 외부기업체 등에 통근 작업하게 하거나 교정시설의 안에 설치된 외부기업체의 작업장에서 작업하게 할 수 있다.

㉡ 외부 통근 작업 대상자의 선정기준 등에 관하여 필요한 사항은 법무부령으로 정한다.

④ 선정기준(법 시행규칙 제120조)

㉠ 외부통근자는 다음 각 호의 요건을 갖춘 수형자 중에서 선정한다.

　　1. 18세 이상 65세 이하일 것

　　2. 해당 작업 수행에 건강상 장애가 없을 것

　　3. 개방처우급 · 완화경비처우급 · 일반경비처우급에 해당할 것

　　4. 가족 · 친지 또는 교정위원 등과 접견 · 서신수수 · 전화통화 등으로 연락하고 있을 것

　　5. 외부기업체에 통근하는 수형자는 집행할 형기가 7년 미만이고 가석방이 제한되지 아니할 것

　　6. 교정시설 안에 설치된 외부기업체의 작업장에 통근하는 수형자는 집행

할 형기가 10년 미만이거나 형기기산일부터 10년 이상이 지났을 것

ⓒ 소장은 위의 요건에도 불구하고 작업 부과 또는 교화를 위하여 특히 필요하다고 인정하는 경우에는 선정기준에 해당되는 수형자 외의 수형자에 대하여도 외부통근자로 선정할 수 있다.

⑤ 선정취소(법 시행규칙 제121조)

소장은 외부통근자가 법령에 위반되는 행위를 하거나 법무부장관 또는 소장이 정하는 준수사항을 위반한 경우에는 외부통근자 선정을 취소할 수 있다.

⑥ 외부통근자 교육(법 시행규칙 제122조)

소장은 외부통근자로 선정된 수형자에 대하여는 자치활동·행동수칙·안전수칙·작업기술 및 현장적응훈련에 대한 교육을 하여야 한다.

⑦ 외부통근자의 자치활동(법 시행규칙 제123조)

소장은 외부통근자의 사회적응능력을 기르고 원활한 사회복귀를 촉진하기 위하여 필요하다고 인정하는 경우에는 수형자 자치에 의한 활동을 허가할 수 있다.

⑧ 외부 직업훈련(법 시행규칙 제96조)

㉠ 소장은 수형자가 개방처우급 또는 완화경비처우급으로서 직업능력 향상을 위하여 특히 필요한 경우에는 교정시설 외부의 공공기관 또는 기업체 등에서 운영하는 직업훈련을 받게 할 수 있다.

ⓒ 위 직업훈련의 비용은 수형자가 부담한다. 다만, 처우상 특히 필요한 경우에는 예산의 범위에서 그 비용을 지원할 수 있다.

3) 귀휴제도(Furlough System)

⑴ 귀휴제도는 교정성적이 양호하고 도주의 위험성이 적은 수형자에게 일정한 요건하에 기간과 행선지를 제한하여 외출·외박을 허용하는 제도로서 수형자의 석방 후 생활준비, 가족과의 유대관계 유지 등을 그 직접적인 목적으로 하면서, 수형자로 하여금 사회와의 유대를 강화시켜 사회적응능력을 키워주려는 데 그 취지가 있다.

⑵ 귀휴제도의 연혁

① 1913년 미국의 위스콘신주의 후버법(Huber Law)에서 비롯하여 1918년 미국의 미시시피주에서 최초로 시행되었다고 하지만, 1922년 프로이센의 「교도소

직무 및 집행규칙」에서 처음 채택되었다는 설도 있다.

② 1929년 뉴욕주 교정법에서는 근친자가 위독하거나 상(喪)을 당하였을 때 외출 및 휴가를 부분적으로 허용하는 법을 제정하였다.

③ 벨기에에서는 소년수형자에게 외부통근과 함께 일요일 귀휴를 허가하였다.

④ 고려 시대부터 죄수가 친상(親喪)을 당했을 때 상을 치를 수 있도록 집에 다녀오게 하는 귀휴제도가 시행되었다.

⑤ 광복 이후 1961년까지 귀휴제도를 시행하지 않다가 1961년 12월 23일 「행형법」의 개정으로 제44조 귀휴제도를 신설함으로써 1962년부터 귀휴제도를 실시하였다.

⑥ 1961년 「행형법」 제 1 차 개정 시 반영된 귀휴는 일반귀휴이고, 1999년 「행형법」 제 7 차 개정 시 반영된 것은 특별귀휴이다.

(3) 현행법령상 귀휴제도

① 일반귀휴(형의 집행 및 수용자의 처우에 관한 법률 제77조 제 1 항)

소장은 6개월 이상 복역한 수형자로서 그 형기의 3분의 1(21년 이상의 유기형 또는 무기형의 경우에는 7년)이 지나고 교정성적이 우수한 사람이 다음 각 호의 어느 하나에 해당하면 1년 중 20일 이내의 귀휴를 허가할 수 있다.

1. 가족 또는 배우자의 직계존속이 위독한 때
2. 질병이나 사고로 외부의료시설에의 입원이 필요한 때
3. 천재지변이나 그 밖의 재해로 가족, 배우자의 직계존속 또는 수형자 본인에게 회복할 수 없는 중대한 재산상의 손해가 발생하였거나 발생할 우려가 있는 때
4. 그 밖에 교화 또는 건전한 사회복귀를 위하여 법무부령으로 정하는 사유가 있는 때

더 깊이보기   귀휴의 허가

형의 집행 및 수용자의 처우에 관한 법률 시행규칙
제129조(귀휴 허가) ① 소장은 법 제77조에 따른 귀휴를 허가하는 경우에는 제131조의 귀휴심사위원회의 심사를 거쳐야 한다.
② 소장은 개방처우급·완화경비처우급 수형자에게 법 제77조 제 1 항에 따른 귀휴를 허가할 수 있다. 다만,

교화 또는 사회복귀 준비 등을 위하여 특히 필요한 경우에는 일반경비처우급 수형자에게도 이를 허가할 수 있다.

③ 법 제77조 제1항 제4호에 해당하는 귀휴사유는 다음 각 호와 같다. [개정 2014. 11. 17]
 1. 직계존속, 배우자, 배우자의 직계존속 또는 본인의 회갑일이나 고희일인 때
 2. 본인 또는 형제자매의 혼례가 있는 때
 3. 직계비속이 입대하거나 해외유학을 위하여 출국하게 된 때
 4. 직업훈련을 위하여 필요한 때
 5. 「숙련기술장려법」 제20조 제2항에 따른 국내기능경기대회의 준비 및 참가를 위하여 필요한 때
 6. 출소 전 취업 또는 창업 등 사회복귀 준비를 위하여 필요한 때
 7. 입학식·졸업식 또는 시상식에 참석하기 위하여 필요한 때
 8. 출석수업을 위하여 필요한 때
 9. 각종 시험에 응시하기 위하여 필요한 때
10. 그 밖에 가족과의 유대강화 또는 사회적응능력 향상을 위하여 필요한 때

② 특별귀휴

소장은 다음 각 호의 어느 하나에 해당하는 사유가 있는 수형자에 대하여는 제1항(일반귀휴요건미비)에도 불구하고 5일 이내의 특별귀휴를 허가할 수 있다.

　　1. 가족 또는 배우자의 직계존속이 사망한 때
　　2. 직계비속의 혼례가 있는 때

③ 귀휴허가의 조건

㉠ 소장은 귀휴를 허가하는 경우에 법무부령으로 정하는 바에 따라 거소의 제한이나 그 밖에 필요한 조건을 붙일 수 있다(법 제77조 제3항).

㉡ 귀휴조건(법 시행령 제140조) 귀휴를 허가하는 경우에 붙일 수 있는 조건은 다음 각 호와 같다.

　　1. 귀휴지 외의 지역 여행 금지
　　2. 유흥업소, 도박장, 성매매업소 등 건전한 풍속을 해치거나 재범 우려가 있는 장소 출입 금지
　　3. 피해자 또는 공범·동종범죄자 등과의 접촉금지
　　4. 귀휴지에서 매일 1회 이상 소장에게 전화보고(제141조 제1항에 따른 귀휴는 제외한다)
　　5. 그 밖에 귀휴 중 탈선 방지 또는 귀휴 목적 달성을 위하여 필요한 사항

④ 심사사항(법 시행규칙 제135조)

귀휴심사위원회는 귀휴심사대상자(이하 이 절에서 "심사대상자"라 한다)에 대하여 다음 각 호의 사항을 심사하여야 한다.

　　1. 수용관계

　　가. 건강상태

　　나. 징벌유무 등 수용생활 태도

　　다. 작업·교육의 근면·성실 정도

　　라. 작업장려금 및 영치금

　　마. 사회적 처우의 시행 현황

　　바. 공범·동종범죄자 또는 심사대상자가 속한 범죄단체 구성원과의 교류 정도

　　2. 범죄관계

　　가. 범행 시의 나이

　　나. 범죄의 성질 및 동기

　　다. 공범관계

　　라. 피해의 회복 여부 및 피해자의 감정

　　마. 피해자에 대한 보복범죄의 가능성

　　바. 범죄에 대한 사회의 감정

　　3. 환경관계

　　가. 가족 또는 보호자

　　나. 가족과의 결속 정도

　　다. 보호자의 생활상태

　　라. 접견·서신·전화통화의 내용 및 횟수

　　마. 귀휴예정지 및 교통·통신 관계

　　바. 공범·동종범죄자 또는 심사대상자가 속한 범죄단체의 활동상태 및 이와 연계한 재범 가능성

⑤ 귀휴기간의 형기산입 여부와 비용

㉠ 귀휴기간의 형기산입: 일반귀휴와 특별귀휴의 기간은 형집행기간에 포함된다(법 제77조 제4항)

ⓛ 귀휴비용(법 시행규칙 제142조)

　　a. 귀휴자의 여비와 귀휴 중 착용할 복장은 본인이 부담한다.

　　b. 소장은 귀휴자가 신청할 경우 작업장려금의 전부 또는 일부를 귀휴비용으로 사용하게 할 수 있다.

⑥ 귀휴의 취소사유(법 제78조)

소장은 귀휴 중인 수형자가 다음 각 호의 어느 하나에 해당하면 그 귀휴를 취소할 수 있다.

　　1. 귀휴의 허가사유가 존재하지 아니함이 밝혀진 때

　　2. 거소의 제한이나 그 밖에 귀휴허가에 붙인 조건을 위반한 때

⑦ 귀휴자에 대한 조치(법 시행령 제97조)

㉠ 소장은 2일 이상의 귀휴를 허가한 경우에는 귀휴를 허가받은 사람(이하 "귀휴자"라 한다)의 귀휴지를 관할하는 경찰관서의 장에게 그 사실을 통보하여야 한다.

㉡ 귀휴자는 귀휴 중 천재지변이나 그 밖의 사유로 자신의 신상에 중대한 사고가 발생한 경우에는 가까운 교정시설이나 경찰관서에 신고하여야 하고 필요한 보호를 요청할 수 있다.

㉢ 보호 요청을 받은 교정시설이나 경찰관서의 장은 귀휴를 허가한 소장에게 그 사실을 지체 없이 통보하고 적절한 보호조치를 하여야 한다.

⑧ 귀휴심사위원회(법 시행규칙 제131조)

㉠ 수형자의 귀휴허가에 관한 심사를 하기 위하여 교정시설에 귀휴심사위원회를 둔다.

㉡ 위원회는 위원장을 포함한 6명 이상 8명 이하의 위원으로 구성한다.

㉢ 위원장은 소장이 되며, 위원은 소장이 소속기관의 부소장·과장(지소의 경우에는 7급 이상의 교도관) 및 교정에 관한 학식과 경험이 풍부한 외부인사 중에서 임명 또는 위촉한다. 이 경우 외부위원은 2명 이상으로 한다.

4) 주말구금제도(Weekend Imprisonment)

⑴ 주말구금제도란 형의 집행을 가정이나 직장생활에 지장이 없는 토요일과 일요일인 주말에 실시하는 제도로 매 주말마다 형이 집행되는 형의 분할 집행방법이다.

⑵ 이는 독일의 소년법원에서 소년구금의 형태로 휴일구금을 인정한 데서 비롯되었다.

⑶ 한편 1948년 영국의 형사재판법은 경범죄자에게 직장에 지장이 없는 휴일에 출두하여 제재를 받게 한 바 있으며, 벨기에는 1963년 단기자유형의 폐해 대책으로 주말구금제를 반구금제와 함께 실시한 바 있다.

⑷ 주말구금제는 첫째, 경범죄자에 대한 명예감정을 자각시켜 자신의 범죄적 책임을 반성토록 촉구하고, 둘째, 단기자유형의 악성감염 등 폐해를 제거하며, 셋째, 직장과 가정생활을 원만하게 함과 아울러, 넷째, 피해자에 대한 손해배상에도 유리하다(이정국, 2005: 412-414).

5) 사회견학 및 봉사활동

⑴ 수용생활로 인한 일반사회와의 단절현상을 완화시키기 위하여 수형자로 하여금 사회현장을 직접 체험하게 하는 현장교육의 일환으로 사회견학 및 봉사활동을 실시하고 있다.

⑵ 2008년 4,386명, 2009년 2,994명, 2010년의 경우 5,108명의 수형자가 문화유적지, 사회복지시설, 산업시설 등을 견학하고 봉사활동에 참가하였다. 2009년의 경우 전국적으로 유행한 신종플루의 영향으로 외부활동을 제한한 결과에 의해 실적이 감소한 것으로 해석된다.

6) 가족 만남의 집 및 가족 만남의 날 운영

(1) 의   의

'가족 만남의 집'제도란 가족과 수형자의 접견을 별도의 장소에서 일정시간 동안 허용함으로써 원만한 가족관계를 유지하도록 하고자 하는 제도이며, 이러한 취지로 특정일을 둠으로써 수용생활의 안정과 교정행정의 신뢰를 함께 달성하고자 한다.

「형의 집행 및 수용자의 처우에 관한 법률 시행규칙」 제89조 제4항에는 '가족 만남의 날 행사'란 수형자와 그 가족이 교정시설의 일정한 장소에서 다과와 음식을 함께 나누면서 대화의 시간을 갖는 행사를 말하며, '가족 만남의 집'이란 수형자와 그 가족이 숙식을 함께 할 수 있도록 교정시설에 수용사동과 별도로 설치된 일반주택 형태의 건축물을 말한다고 하고 있다.

(2) 연   혁

① 1959년 미국 미시시피주의 레드하우스(Red House)에서 부부접견을 허용한 데에서 공식화되었다.

② 1999년 6월 안양, 대구, 대전, 광주교도소 등 4개 교정시설에서 수형자 '부부만남의 집'을 설치하고 장기수형자로 하여금 오랜 구금생활로 인해 단절되고 소원해진 가족관계를 회복하게 하며 신뢰감을 증대시켜 안정된 수용생활이 되도록 하였다.

③ 2003년 10월 그 기능을 '가족 만남의 집'으로 확대개편하고 시설을 확충하는 등 많은 발전을 거듭하고 있다.

(3) 대상(법 시행규칙 제89조)

① 소장은 개방처우급·완화경비처우급 수형자에 대하여 '가족 만남의 날' 행사에 참여하게 하거나 '가족 만남의 집'을 이용하게 할 수 있다. 이 경우 접견 허용횟수에는 포함되지 아니한다.

② 소장은 교화를 위하여 특히 필요한 경우에는 일반경비처우급 수형자에 대하여도 '가족 만남의 날' 행사 참여 또는 '가족 만남의 집' 이용을 허가할 수 있다.

③ 소장은 가족이 없는 수형자에 대하여는 결연을 맺었거나 그 밖에 가족에 준하는 사람으로 하여금 그 가족을 대신하게 할 수 있다.

7) 가석방의 활용

(1) 수형자가 무기에 있어서는 10년, 유기에 있어서는 형기의 3분의 1이 경과하고 행형성적이 우수하고 재범의 위험이 없다고 인정되는 때에는 가석방예비회의를 거쳐 법무부차관을 위원장으로 하는 가석방심사위원회에 가석방신청을 할 수 있다.

(2) 다만, 소년 수형자의 경우 그 절차를 달리하여 보호관찰심사위원회의 결정에 의거 장관의 허가를 요한다. 가석방도 개방형 처우라 할 수 있는데 가석방 예정자는 사회복귀를 위한 1주간의 사회봉사활동 등 사회적응훈련을 실시하고 있다.

3. 한국의 개방처우 운영현황 및 개선방안

1) 개방처우 운영현황

⑴ 1988년 천안개방교도소를 최초로 개청하고 군산 및 마산교도소에서도 부설개방시설을 설치·운영하였다. 그러다가 1994년 7월 1일부터 이들 3개 개방시설은 당시 정책결정자들의 잘못으로 가석방예정자를 집결 수용하여 2개월 과정의 사회적응훈련을 시킨 후 이를 무사히 마친 자에 대하여 가석방을 허가하도록 하는 소위 가석방예정자 생활지도관으로 활용케 함으로써 본래 의미의 개방시설처우와는 다른 변칙적 운영을 하여 왔다.

⑵ 국내에 하나뿐인 개방교도소마저 그와 같은 변칙적 운영을 해서야 되겠느냐는 지적을 뒤늦게 받아들여 2002년 1월 1일부터 본래의 모습을 되찾게 되었다. 즉 가석방예정자 직업훈련제도를 폐지하고 천안개방교도소를 교통사범 등 과실범 전담교도소로 기능을 전환하여 그 수용구분기준을 3범 이하의 과실범 및 교통사범 중 형기 5년 이하, 잔여 형기 3개월 이상 2년 이하인 자와 가석방 가능한 초범수형자로 정하였다.

⑶ 한국의 외부통근제도는 행정형이며 1984년부터 모범수형자에게 사회 내의 우수 기업체에서 운영하는 사업체 내 직업훈련원에 수형자가 출·퇴근하면서 기능을 연마하는 훈련인 외부출장 직업훈련과 외부통근작업 등을 부분적으로 실시하고 있다. 1993년 3월부터는 교도관의 감시 없이 수형자 스스로 외부기업체에 출·퇴근하는 명실상부한 무계호 외부통근제를 함께 실시하고 있다.

⑷ 귀휴제도는 1962년부터 「귀휴시행규칙」 등에 의거하여 시행하기 시작하였는데, 현재는 「형의 집행 및 수용자의 처우에 관한 법률」 제77조에 의거하여 귀휴를 허가할 수 있도록 규정하고 있다. 특히 귀휴관련법령을 개정함으로써, 귀휴 허가요건의 완화로 귀휴 인원의 증가와 민법상 친족인 배우자의 직계존속을 포함하여 양성간 평등을 반영하였고, 귀휴 허가요건을 구체적으로 명시하여 귀휴 시행범위를 확대함으로써 많은 수의 수형자가 귀휴 혜택을 받게 되어 수형자 사회복귀능력을 강화할 수 있게 되었다. 또한 민간인인 교정참여인사를 귀휴심사위원회 위원으로 참여하게 하여 교정행정의 공정성과 신뢰성을 제고하였다.

⑸ 모범수형자에 대한 사회참관제도는 전국교정시설에서 매년 5천여 명이 넘

는 수형자에 대하여 문화유적지, 산업시설, 사회복지시설 등에 대한 실제 견학을 실시하고 있다.

⑹ 부부면회제도는 장기형을 받은 모범수형자 또는 가족과의 만남이 필요한 수형자를 대상으로 안양·대구·대전·광주교도소에서 부엌과 침실을 갖춘 13평 규모의 부부만남의 집(1999년 6월 29일 설치)을 설치·운영하였고, 2003년 10월 6일 그 기능을 '가족 만남의 집'으로 확대개편하고 시설을 확충하여 발전을 거듭하고 있다.

⑺ 가족 만남의 날은 누진계급 2회 이상의 모범수형자를 대상으로 어버이날 및 추석 전·후일에 연 2회 실시하여 왔으나, 대상자 및 접견 횟수의 제한으로 적은 수의 수형자에게만 혜택이 돌아가 이를 누진 3급 이하 자는 교화상 필요한 경우 합동접견 대상자에 포함시켜 그 대상자를 확대하였고, 합동접견 횟수도 어버이날 및 추석 전·후일 외에 석가탄신일·성탄절 및 기타 필요한 시기에 연 4회 이상 실시하게 되었다.

2) 개방처우제도의 개선방안

(1) 개방처우 전반

모든 개방처우의 공통된 과제는 그 혜택 범위를 넓힘과 동시에 차별적이지 않고 자의적이지 않은 제도의 운용이 필요하다는 것이다. 개방처우가 아무리 효과적으로 하더라도 그것이 일부소수에게만 차별적으로 베풀어진다면 여기서 배제되는 자들의 사회적 박탈감으로 인하여 이들의 교정·교화는 실패할 가능성이 높다. 따라서 시설이나 제도의 확대와 폭넓고 객관적인 제도운용의 묘미가 필요하다.

개방처우는 시설구금을 완화하고 재소자의 자율과 책임에 더 의존하는 제도인데, 교정당국은 개방처우의 확대실시로 보안의 공백이 발생하게 되고, 결국 이에 대한 모든 책임을 자신들이 져야 한다는 것을 우려하여 그 확대에 소극적이다. 소극적 운영을 지양하고 제도의 참된 의미를 되살리기 위해서는 수형자의 도주시 「형의 집행 및 수용자의 처우에 관한 법률」 제133조(출석의무 위반 등)에 벌칙조항을 신설하여 입법적으로 명백히 하고, 도주에 따른 직원의 문책에 있어서 맹백한 중과실이나 방조한 경우를 제외하고는 징계처분하지 않는 것이 바람직하다.

(2) 개방시설

개방시설을 얼마나 폭넓게 실시하느냐가 그 나라 교정행정의 수준을 가늠하게 하는 척도가 되는 만큼 우리나라도 천안개방교도소 이외의 각 지방교정청 별로 1 개소씩의 개방교도소와 교도소 부설 개방시설을 점진적으로 확대 설치·운영하여야 하고, 각 개방교도소별로 특성화하여 전문화시키는 작업이 필요하다. 또한 이들에 대한 처우에 있어서 특히 전문적인 직업훈련이 가능토록 처우나 프로그램을 다양화해야 한다.

(3) 외부통근제도

외부통근작업에 취업하는 수형자 중 대다수(87%)가 개방시설이 아닌 폐쇄시설에서 출·퇴근하고 있어 이들의 시설 내 수용생활의 개선은 아주 중요한 몫을 차지하고 있다. 소내생활에서 별도로 분리된 시설을 마련하고 자치제를 활성화시키며, 일상 생활프로그램의 개발로 개방처우자로서의 자부심을 갖도록 처우해야 할 것이다. 아울러 사회적응에 유리하고 교정·교화에 도움이 되며, 수형자 본인이나 사업체에서도 더 많은 인원의 취업을 바라고 있는 외부통근작업의 취업인원을 점차 확대해 나가야 하겠다. 또한 외부통근작업 직종의 선택에서도 출소 후 취업에 도움이 될 수 있는 직종과 사고위험이 적은 직종의 선택이 병행되어야 하겠다. 외부통근업체의 근로자나 사업주도 작업과 회사에서의 생활을 통해 교정·교화의 일익을 담당하는 교화위원이라는 입장에서의 폭넓은 협조가 필요하다.

(4) 미시행제도의 도입필요성

범죄자가 자신의 범죄 피해자에게 범죄로 인한 피해를 금전적으로 배상하게 하는 제도인 배상명령제도, 강화된 감시·감독을 실시하는 집중보호관찰제도, 전자장비를 이용하여 감시·감독하는 전자감시제도 등 중간처벌제도의 도입을 통하여 처벌의 다양화를 모색함도 필요하다. 구금의 대안으로서 중간처벌제도에 대하여 범죄자를 가볍게 처벌하기 때문에 형벌의 위하력이 감소되고, 재범의 가능성이 오히려 높아질 수 있다는 부정적 주장도 없지는 않다. 그러나 전과자라는 낙인을 최소화하고 가족과의 생활이나 사회생활을 유지할 수 있는 비시설적 처우 및 각종 전환제도의 유익성이 더해간다. 다만 도입에 앞서 이들 각종 대안에 대한 전문적인 연구와 현실성 있는 입법 등이 요구된다. 또한 대상자의 선정에 신중을 기하고,

지역사회와 통합적인 프로그램 개발이 선행되어야 하고 전문 인력의 확보가 있어야 그 효과성이 뒷받침 될 수 있을 것이다.

(5) 결　　론

현대 교정사조인 교육형주의에 입각해서 볼 때 수형자의 수형생활개선정도에 따라 교정처우의 단계를 점차 완화하고 종국에는 구금이 대폭 완화된 시설 등에서 개방처우를 실시하는 것이 바람직하다. 그러나 이와 같은 개방처우는 각국의 교정제도의 발전에 따라 그 나라의 고유한 토양을 바탕으로 성립된 경험적 제도이므로 외국의 개방처우제도를 무조건 여과 없이 모두 수용하는 것보다는 세계적인 교정사조와 한국의 제반실정을 감안하여 그 발전적 시행방안을 꾸준히 연구·검토 후 마련해 나가도록 하여야 할 것이다. 연일 강력범죄가 언론에 보도되는 현실에서 개방처우를 바라보는 일반시민의 시선을 곱지 않을 수 있다. 그러나 교정사에서도 보듯 엄벌주의나 구금만능주의 역시 교정의 실패작이다. 개방처우는 위에서 검토한 바대로 그 운용의 묘를 살린다면 형벌의 인도화, 교정효과 증대, 형벌비용경감이라는 효과를 거둘 수 있으므로 확대 시행하는 것이 바람직할 것이다.

개방화·인도화가 현대교정의 주류이고, 교정은 어느 특정집단만이 행하여서는 실패할 수밖에 없음을 감안할 때 교정당국은 개방처우의 필요성을 시민에게 납득시키는 여론조성이 필요하고, 시민 역시 교정의 주체로서 이러한 개방처우에 적극적으로 참여하는 것이 중요할 것이다(이정국, 2002: 415-418).

더 깊이보기

• 영치금 온라인 1회 입금한도액을 30만원에서 100만원으로 상향 조정,
• 교도소 수용자의 신문열람제외기사 삭제규정 폐지,
• 해외우수인재 유치 확대를 위한 전자사증 제도 도입,
• 이민자 사회통합프로그램 한국어과정 개선 등도 2013년 중에 시행된다.

제 6 절 교정의 민영화

1. 교정의 민영화 개관

1) 교정의 민영화의 개관 및 의의

⑴ 교정의 민영화(Privatization of Correction)란 교도소 등 교정시설을 사적인 영리를 목적으로 하는 조직에서 재정적으로 지원하거나 운영하고 있는 일부 프로그램을 지원하거나 운영하는 것을 말하는데, 이와 같은 교정의 민영화는 교도작업 분야에서부터 시작되었다고 볼 수 있다.

⑵ 민영화에 본격적으로 눈을 돌리기 시작한 것은 교정시설의 수용자격증에 따르는 교정경비의 증대, 공공기관에서 독점해온 교정사업에 대한 불만에서 비롯되었다고 볼 수 있다.

⑶ 20세기 들어서 민간업체가 전문적으로 수익성을 위해 운영된 최초의 사례로는, 1975년에 미국 펜실베이니아주의 RCA사가 펜실베이니아 교정국에서 다룰 수 없는 문제소년 범죄자들을 인계받아 20실 규모의 중구금시설에서 처우 프로그램을 개발한 것을 든다. 이는 RCA사가 프로그램 개발에 있어서 신속한 추진력과 탄력성을 갖고 있다는 데서 비롯된 것이다.

⑷ 80년대 중반까지의 조사에 의하면 미국의 약 40개 주의 50여 개 교정시설이 민간업체들과 계약하여 서비스를 받고 있다.

⑸ 1990년 이후 현재 가동 중인 민영교도소는 미국 60개, 영국 4개, 호주 3개로 수용인원은 우리나라의 수용규모와 비슷한 5만 명으로 추산된다. 2000년 이후 정확한 교정시설에 대한 통계는 나오지 않고 있으며, 다만 이웃 일본의 경우 2007년 4월 1일 야마구치현(山口縣)에 미네(美祢) 사회복귀센터가 문을 열었는데, 직원은 249명(법무성직원 123명, 민간직원 126명)에 수형자가 총 1,000명으로 남녀 수형자 각 500명씩을 수용하고 있다.

⑹ 이러한 세계적 추세에 따라 의의를 본다면, 교정의 민영화는 교정시설에서 교정에 대한 일부 프로그램을 영리목적으로 하는 단체에 위탁경영을 하는 것이다. 이러한 교정의 민영화는 새로운 개념이 아니라, 민간기업의 다양한 재화와 용역의 제공 및 계약에 의한 교도작업이 수십 년 전부터 시행되었다. 최근 들어서는 소년

사법 분야의 경구금시설이나 교도작업 분야에 많이 시행된다.

⑺ 교정제도의 민간참여는 크게 인적인 면이 강한 교정참여인사제도와 시설적인 면, 즉 교정시설의 건축·운영에 민간이 참여하는 민영교도소제도, 그리고 기타 민간참여 등으로 나눌 수 있다.

⑻ 우선 교정참여인사제도에는 현재 시행되고 있는 교정·교화위원제도나 교육·종교위원제도 등이 있고 시설적인 면에서는 민영교도소 등을 들 수 있다.

⑼ 그리고 기타 민간참여에는 교정시설 건축부분의 참여·음식·의류·세탁 등 공급, 의료서비스, 교도작업의 민간참여, 상담, 종교활동 등에 대한 민간참여 등이 있다. 이러한 민간참여는 단순히 정부규모를 축소하거나, 정부가 수행하던 공공업무를 민간에게 이양하고 정부의 역할을 배제시키는 것을 의미하지 않았다.

⑽ 정부는 업무수행에 있어 필요한 지침과 엄격한 기준을 제시하고, 이를 민간이 집행할 수 있도록 사전지도와 사후감독을 실시해야 하며, 주요 프로그램의 개발 및 보급 등을 통하여 서비스의 질을 감시하고 통제하는 기능을 갖추어야 한다(주희종, 1999: 275).

2) 교정의 민영화의 배경

⑴ 교도소 내 과밀수용과 교정자원의 한계, 재범률의 증가 등의 문제로 인해 국가에 의한 교정에 대해 비판이 제기되기 시작하면서 현실의 교정이 성공적이지 못했다는 평가가 나오기 시작했다.

⑵ 이러한 교정의 실패가 공영교도소 교정프로그램의 실패인지, 아니면 자유형과 감옥이라는 제도 자체의 실패인지는 아직 확실하지 않지만, 만약 자유형과 교도소 자체의 문제라면, 현행 자유형과 감옥제도를 대체할 만한 다른 무엇을 찾아야만 할 것이었다.

⑶ 그러나 아직 자유형과 감옥제도 자체의 실패라고 단정할 만한 근거를 찾기 어려운 상황에서 국가교도소의 교정프로그램의 한계와 문제점에 대한 대안으로써 민간분야가 더 많은 수용자에게 더 좋은 처우와 서비스를 효율적으로 제공하여 국가가 안고 있는 교정능력의 한계를 극복해 줄 수 있다는 판단이 설득력을 얻어 민영화가 논의되었다.

⑷ 한국적 상황하에서의 교정의 민영화는 그 배경이 서구와는 다른 점이 있다. 우선 서구에서의 교정의 민영화는 주로 경제적인 측면이 강조되고 있으나 한

국은 수용자에 대한 교화·개선 효과의 향상, 출소자의 사회복귀 용이, 출소자에 대한 갱생보호의 확대, 교정과 수용자에 대한 시민의 인식 전환 등이 경제성이나 효율성보다 더 중요한 민영화의 배경으로 되었다. 이러한 배경을 정리하면 다음과 같다.

① 교정수요의 증대

범죄 발생량의 증대와 형사정책의 보수화로 인한 과밀수용을 해결하기 위한 방안으로서, 새로운 교정시설의 건설과 운영을 민영화하여 수용능력을 증대하고 비용편익적인 차원에서 효율성을 달성하기 위해 민영화를 모색하였다.

② 교정경비의 증대와 효율성 추구

교정수요가 증대되면서 이들을 관리하기 위한 인력의 증원이나 재소자에 대한 처우비용의 증대 등 제반비용이 증대되는 것은 당연하다. 이러한 경영마인드는 각급기관에서 추진하고 있는 민간기업의 경영마인드와 기법이 도입되면서 교정의 민영화를 모색하였다.

③ 교정행정의 실패

기존의 교정행정의 실패로 인한 재범률이 증가하면서 교화·개선에 문제점이 제기되어, 교정의 민영화 및 사회재통합 이념이 추구되고 있다.

2. 교정의 민영화 쟁점

1) 미국에서 민영화의 효과들이 가시화되기 시작하면서부터 여러 국가에서 꾸준히 민영화의 시도들이 지속되어 민영화는 효율과 성공의 상징으로 인식되었다.

2) 미국의 경우에 있어서는 1980년대 초반에 재정적인 문제의 해결을 위한 대안으로 민영교도소가 등장하였지만, 한국에서의 도입배경은 과밀수용으로 인한 교정서비스의 질적 저하를 막고 보다 효과적인 교정처우를 실현하고자 하는 사회적 여론으로 인해 도입되었다.

3) 즉 한국의 경우, 민영교도소는 공기업의 민영화와 맞물려 시대적 공감대가 형성되면서 현 행형제도의 실패에 대한 대안으로 제시된 새로운 행형형태의 한 모습이다.

4) 민영교도소 도입의 기저는 수형자들의 기본적 인권을 신장하기 위해 좀 더

민주적 방법을 사용함으로 이들의 재사회화를 촉진하고 증가하는 재범률을 최소화하고자 하는 취지를 갖고 있다.

5) 여기에 교정의 민영화 반대론은 교정행정의 공공성과 배치되는 점, 비용절감의 효과에 대한 불투명성, 수준미달의 수용자 처우 가능성에 대한 우려, 공공교정의 침체 등을 들고 있다.

6) 그러나 교정의 민영화 찬성론에서는 비용절감 및 정부의 재정부담의 감축, 다양한 처우 프로그램의 신속한 시행 가능성, 탄력적인 교정 운영의 가능성 등을 그 장점으로 들고 있다. 이는 교정의 민영화 찬성론의 입장은 주로 비용적인 효과에 따르는 효율성에 중점을 두고 있으며 반대론은 법률적인 토대에 논의의 중점을 두어왔다.

7) 그간의 논의 과정을 살펴볼 때, 민영화 반대론의 논거들은 대부분 영리를 위한 기업형 민영교도소의 운영에 초점을 맞추고 있으나 한국의 경우는 현재 비영리 단체에 의하여 교정의 민영화가 이루어지며 비영리 단체를 민영교도소의 운영주체로 하는 경우 영리를 목적으로 하지 않기 때문에 형벌을 통한 이윤을 추구하는 위험성이 적으며, 일반적으로 지역사회에 기초하고 자발적인 동기로 조직된 단체이기 때문에 범죄자의 사회재통합에서 지역사회를 보다 효과적으로 참여시킬 수있다.

8) 또한 공영교도소나 영리목적의 민영교도소라면 형기의 종료와 출소와 함께 서비스가 종료되지만 비영리단체의 경우는 자원봉사자와 사회단체와 연계하여 그 이후까지도 필요한 경우 서비스를 제공할 수 있다는 장점이 있다.

9) 그러나 민영교도소의 찬·반 논의는 민영교도소법이 제정되고 비영리 민영교도소의 실험적 운영이 실시되고 있는 현재의 상황에서 그 논의의 중요성이 상당부분 감소했다고 본다. 다만 경제적으로 국가보다는 효율성이 확보된다는 전제 아래 민간개입에 따라 우려될 수 있는 인권침해방지나 공정성의 확보 또는 이외의 제반사항들을 보다 철저히 준비하고 국가형벌권을 이분하여 집행영역에 있어서 민영화를 이루어나가며 민간운영에 따라 발생할 수 있는 각종 부작용들을 예방하기 위한 기본적 지침으로서 그 의의를 가진다 할 것이다(최인정, 2008: 47).

3. 우리나라의 민영교도소

1) 개   관

(1) 우리나라의 경우는 「형의 집행 및 수용자의 처우에 관한 법률」(이하 "형집행법"이라 한다) 제7조 제1항에 민간교정시설 설치·운영에 관한 근거규정을 마련하고 국내 최초로 민영교도소라고 볼 수 있는 기독교 아가페 교도소가 바로 2010년 12월에 개소한 '소망교도소'이다.

(2) 경기도 여주군에 위치한 소망교도소는 대지 2만3천평에 건물 면적 3,100평으로 이루어져 있다. 수용시설은 최대 380명을 수용할 수 있는데, 현재는 298명이 수감되어 있다(실제 정원 300명 규모).

(3) 한동안 교도소 운영을 민간인, 그것도 특정 종교에 맡겨야 하는 논란을 빚었던 '소망교도소'의 현재를 조명하여, 과연 앞으로 이런 민영교도소가 더 늘어날 수 있는지도 생각하면서 학습해야 할 것이다.

2) 민영교도소 도입 배경

(1) 1980년대 미국은 범죄자가 증가하면서 교도소가 포화상태에 이르렀다. 그 상태에서 교정이라는 부분이 무용지물이 되고, 오히려 교도소 출소 후 범죄율이 증가하자 민간인 투자회사를 활용한 민영교도소를 시작하게 되었다.

(2) 한국도 미국과 비슷한 취지로 민영교도소 도입을 검토했는데, 1997년 IMF 사태를 맞아 정부의 조직과 재정을 최소화하는 방안으로 '교정현대화추진단'의 개혁 정책으로 민영교도소 도입이 있었다.

(3) 우리나라도 기독교총연합회에서 1995년부터 '기독교교도소설립추진위원회'를 설립하여 종교를 통한 교정을 내걸었고, 1999년 행형법(형의 집행 및 수용자 처우에 관한 법률)에서 교도소 운영의 민간위탁권한이 부여됐으며 2001년 법무부는 민영교도소 수탁자 선정 심사위원회를 구성하여 공모하였는데 이때 기독교, 원불교, 경비보안 전문회사 등이 관심만 보이고, 결국 재단법인 아가페에서만 제안서를 제출하여 2002년 3월 아가페 재단을 공식적인 수탁자로 확정하기에 이르렀다.

4. 민간인의 교정활동 참여

수용자의 효과적인 교정교화를 위해 지역 내 덕망 있는 인사를 전국 교정시설의 교정위원(교화위원), 교육위원, 종교위원 및 의료위원으로 위촉하여 수용자들의 재사회화를 촉진하고 있다. 이러한 위원제도는 2008년 8월에 개정하여 추가한 제도이다.

1) 교정위원(교화위원)

1970년대부터 교육자, 사회사업가 등 교정교육에 뜻을 가진 지역인사들을 위촉하여 교도소와 지역사회와의 융화에 기여함은 물론 수형자의 상담, 생활계획 지도, 취업알선 등의 지원을 받고 있다. 2013년 말 현재 1,915명이 활동하고 있다(범죄백서, 2015).

2) 종교위원

1983년부터 목사, 승려 등 종교인을 종교위원으로 위촉하여 수형자에게 신앙생활을 지도하고 그 심성순화에 이바지하고 있는 바, 2013년 말 현재 종교위원 1,967명이 있다.

3) 교육위원

교육자, 학원강사, 직업훈련강사 등 수용자 교육 및 직업훈련의 한 분야를 담당하여 지도할 수 있는 전문지식과 능력을 보유하고 수용자 교육에 헌신적으로 봉사할 수 있는 자질을 갖춘 인사들을 교육위원으로 위촉, 2013년 말 현재 211명이 활동하고 있다.

4) 의료위원

수용자의 부족한 의료처우를 개선하기 위해 전문의료 인력을 중심으로 2013년 말 현재 108명이 활동하고 있다.

제 7 절   소년수형자의 처우

1. 개   설

1) 소년교도소는 소년수형자를 성인수형자와 분리처우하기 위하여 설치된 기관이다.

2) 징역 또는 금고형의 선고를 받은 소년에 대하여는 소년교도소에 수용함을 원칙으로 하고 일반교도소에 수용하는 경우에도 특히 분계된 장소에서 수용하도록 하고 있다.

3) 일반교도소 내의 특히 분계된 장소에서 형을 집행하는 경우는 잔형기가 6월 미만인 경우, 여죄가 있는 경우, 환자의 경우 등 특별한 사정이 있다고 인정한 때에 6개월을 초과하지 아니하는 기간에 한한다.

4) 종전에는 소년수용자를 천안소년교도소에 통합수용하도록 하여 처우의 전문성을 도모하였으나, 천안소년교도소가 외국인전담교도소로 기능이 전환됨에 따라, 2009년 12월 31일부로 법무부와 그 소속기관 직제개정(대통령령 제21946호)에 의해 김천교도소를 김천소년교도소로 변경하여 운영하고 있다.

2. 소년수형자의 죄명·형명·형기

1) 죄명별 인원

지난 10년간 전체 수용인원은 다소의 증감이 있으나, 2003년 이후 감소 추세를 보이고 있는데 2010년의 경우 146명으로 나타나고 있다.

2010년에는 절도 45명(30.8%), 강도 등 33명(22.6%), 강간 등이 32명(21.9%)의 순으로 나타나고 있다.

2) 형명·형기별인원

형명별로는 유기징역형이 매년 99% 이상의 압도적인 비율을 차지하고 있고, 형기별로는 징역형의 경우 지난 10년간 대체적으로 1년 이상 3년 미만이 가장 높은 비율을 보이고, 다음이 3년 이상 5년 미만이며, 6월 이상 1년 미만이 세 번째로 높은 비율을 보여 단기수형자의 증가 현상을 보였다. 2010년에는 1년 이상 3년 미만이 58명(39.7%), 3년 이상 5년 미만이 45명(30.8%), 6월 이상 1년 미만 23명(15.8%)의 순으로 나타났다. 금고형은 2004년 이후 거의 없는 실정이다.

3) 처우상의 특성

(1) 학과교육

종전까지는 한글해독 및 문장능력이 없거나 기초수리능력이 없는 자를 대상으로 하는 초등기초반을 비롯한 초등과, 중등과, 고등과 등 4개 과정의 학과교육을 편성·운용하였으나, 전반적인 학력수준의 향상에 따라 기존의 학과과정을 폐지하고 검정고시반을 중점으로 편성·운용하여 소년수형자에게 각급 검정고시에 응시할 기회를 주고 있다.

이 밖에 소년수형자에게 사회의 정규 고등학교과정을 이수할 기회를 주기 위하여 1981년 인천소년교도소에서 최초로 설치·운용된 제물포고등학교부설 방송통신고등학교를, 김천소년교도소에서는 김천중앙고등학교부설 방송통신고등학교를 설치·운용하여 교육의 기회를 제공하고 있다.

(2) 직업훈련

공공직업훈련은 노동부장관이 정하는 훈련기준(교과내용, 시설, 교사 등)에 따라 실시하는 직업훈련으로 김천소년교도소는 법무부 제17공공직업훈련소를 운용하고 있고 2010년 12월 현재 전기용접, 자동차정비, 제과제빵, 바리스타 등 4개 직종의 훈련을 실시하여 기능사 자격취득을 목표로 하고 있다.

(3) 생활지도

소년수형자의 건전한 생활자세를 확립하고, 자기개선의지를 고취하며 사회생활에 필요한 여러가지 지식과 정보를 제공함으로써 사회복귀를 촉진시키기 위하여 생활지도교육을 실시하고 있는바, 그 중에는 신입자를 대상으로 수용생활안내, 준수사항과 처우의 내용 등을 교육하는 신입자 생활지도와 출소 1개월 전의 수형자를 대상으로 하는 수형자 취업·창업교육 및 인성교육이 있다.

(4) 교화활동

소년수형자의 의식을 개선시키고 정서를 순화하여 교정목적을 달성하고자 다양한 개별 및 집단 교화활동이 행하여지는데 이에는 종교지도, 상담, 수용자 생일위로회, 보호자좌담회, 사회참관, 불우이웃돕기, 체육대회, 음악회, 한자교육, 정보화교육, 외국어교육 등이 있다. 특히 김천소년교도소는 악대 '해오름예술단' 및 농악대를 조직하여 소년수용자의 정서함양을 위한 활동을 활발히 하고 있다.

제8절   여성 및 외국인 수형자의 처우

1. 여성수형자의 처우개요

여성수형자는 전체 수형자의 약 5% 이내를 차지하고 있다. 여성수형자의 특성 및 처우 등을 고려하여 독립된 여자교도소의 설치가 꾸준히 요구되어 오던 중, 1989년에 처음으로 청주시에 500명 수용기준 7,450㎡의 여자교도소를 설치·운영하였고, 2003년 11월에는 지하 1층, 지상 5층 규모로 현대적 감각의 도시형 건물로 개축하여 2009년부터 2013년까지의 매년 말 청주여자교도소 및 전국 교정시설에 수용 중인 여성수형자의 죄명별 인원현황을 법무부 교정본부 통계에 의하면 2013년 말 1,612명을 수용하고 있다.

2. 여성수형자의 죄명·형명·형기

1) 죄명별 인원

전체적으로 사기·횡령이 가장 높은 비율을 차지하고 있고 그 다음은 살인과 절도순으로 나타나고 있다.

2) 여성수형자 처우의 특성

여성수형자에게는 의료 및 모자보건 등 처우에 특별한 배려를 하고 있는데, 특히 임신중에 있거나 출산 후 60일 이내의 산부는 모성보호와 건강유지를 위하여 특별한 처우를 하고 있다.

또한 여성수용자가 자신이 출산한 유아를 교정시설에서 양육할 것을 신청한 때에는 특별한 사유가 없으면 생후 18개월에 이르기까지 이를 허가하여야 한다.

청주여자교도소의 경우 여성수형자를 위한 학과교육, 생활지도교육, 교도작업, 직업훈련 등의 처우프로그램을 실시하고 있다. 그 내용을 보면 초·중·고 교육을 위한 학과교육, 분재·합창·사물놀이와 같은 레크레이션 프로그램, 종교집회, 사회복지시설에의 봉사활동, 외부기업체에 출퇴근 작업을 하는 외부통근제도, 한복·양장·제과제빵·미용·조리·기계자수 등의 직업훈련, 21세기 지식정보화 사회에 대비한 컴퓨터교육 등이 실시되고 있다.

(1) 학과교육

여성수형자 중에서 학과교육이 필요한 자를 대상으로, 4개 과정을 운영하고 있는데 초등기초반은 한글해독 및 문장능력이 없거나 기초수리능력이 없는 자에게 기초소양 교육을, 초등과는 초등학교 중퇴정도 학력의 수형자를 대상으로 기초적인 과목을, 중등과는 초등학교 졸업정도 학력의 수형자를 대상으로 중학교 과정에 준하는 필수적인 과목과 기초직업훈련과목을, 고등과는 중학교 졸업정도 학력의 수형자를 대상으로 고등학교 과정에 준하는 필수적인 과목과 고급기능훈련에 필요한 과목을 각 교육하고 있다.

(2) 직업훈련

수형자의 출소 후 생활을 안정시켜 사회복귀 및 재범을 방지하기 위한 교육프로그램의 일환으로 직업훈련을 실시하는데 청주여자교도소에서는 여성의 특성에 맞는 양장, 한복, 미용, 조리, 기계자수 등의 직종을 중심으로 직업훈련을 실시한 결과 기능자격취득 합격률도 높게 나타나고 있다.

3. 외국인 수형자의 처우

오늘날 국제인력교류의 확대와 중국 및 동남아를 중심으로 한 외국인 산업인력의 급격한 유입으로 인한 외국인의 증가는 사회문제의 주요한 쟁점으로 부각되고 있다.

현재 외국인 수용을 전담하는 교도소로는 형확정된 외국인 남자수형자를 수용하는 대전교도소, 천안교도소와 외국인 여자 수형자를 수용하는 청주여자교도소가 있다.

제 9 절 미결수용자 등의 처우

1. 미결수용자의 처우

1) 수용현황

미결수용자의 1일 평균 수용인원은 2004년에 20,638명이었고, 그 이후 감소 추세를 보이다가 2009년에 16,288명으로 전년도 대비 일시 소폭 증가를 보였음을 알수 있으며, 2009년도 이후에는 다시 감소추세로 돌아서 2013년에는 15,646명이었다.

입소자 총수는 1998년 IMF 사태로 미결수용자의 일시적 증가로 전체 149,304명으로 정점을 이루었으나, 2004년 88,945명, 2006년 58,727명, 2013년 44,274명 등 불구속수사 확대 등의 영향으로 뚜렷한 감소추세를 보이고 있다 (범죄백서, 2015, 380).

2) 처   우

미결수용자의 처우는 수형자와는 달리 도주 및 증거인멸의 방지에 중점을 두고 이루어지고 있다.

미결수용자는 구치소 또는 교도소의 구분된 구역(미결수용시설)에 수용되어 있는 외에 경찰서 유치장에 수용되어 있는 경우가 있으며, 이 경우 경찰서 유치장은 미결수용실에 준하여 처우가 이루어지고 있다.

수용 시에는 사건에 서로 관련이 있는 자를 분리수용하여 서로 간의 접촉을 금지하고 있다.

접견은 교정시설 내의 관계법령에 따라 원칙적으로 1일 1회로 제한하고 있고 변호인과의 서신은 검열을 금지하고 있다. 작업은 강제되지 않으나 신청에 따라 작업이 허용되며 이 경우 작업자에게는 작업장려금이 지급된다.

2. 사형확정자의 처우

사형확정자는 사형집행시설이 설치되어 있는 교정시설에 수용한다. 사형확정자는 독거수용이 원칙이며, 자살방지, 교육·교화프로그램, 작업, 그 밖의 적절한 처우를 위하여 필요한 경우에는 혼거수용할 수 있다. 사형확정자가 수용된 거실은 참관할 수 없으며, 사형확정자의 심리적 안정 및 원만한 수용생활을 위하여 교육 또는 교화프로그램을 실시하거나 신청에 따라 작업을 부과할 수 있다.

3. 노역장 유치자의 처우

노역장 유치자는 벌금 또는 과료를 완납하지 아니한 자를 노역장에 유치하는 것으로 노역장 유치자에 대하여는 작업을 과하는 등 그 처우를 대체로 징역형수형자에 준하여 행하고 있다.

노역장 유치자의 1일 평균 수용인원은 2004년 1,937명이었고, 2013년에는 2,097명이다.

4. 감치에 처해진 자의 처우

감치는 법정 내외에서 재판장의 질서유지명령에 위배되는 행위를 하거나 폭언·소란 등의 행위로 법원의 심리를 방해하거나 재판의 위신을 현저히 훼손한 자에 대하여 재판장이 직권으로 30일 이내의 기간을 정하여 선고하는 질서벌로서 교도소, 구치소 또는 경찰서 유치장에 유치하는 방법으로 집행하며 그 처우는 미결수용자에 준한다.

더 깊이보기　　**각종위원회**

중앙위원회(교정본부)
가석방심사위원회
　행형법 제6차 개정(법률 제5175호, '96. 12. 12)에 의거, 종전에 각 교정기관에 설치되었던 가석방심사위원회가 폐지되고, 법무부차관을 위원장으로 하는 법무부장관 소속의 가석방심사위원회가 설치되었다. 동위원회는 형법 제72조에 의한 가석방의 적격여부를 심사하며, 위원장을 포함한 5인 이상 9인 이하의 위원으로 구성되는데, 위원은 판사, 검사, 변호사, 법무부 소속 공무원 및 교정에 관한 학식과 경험이 풍부한 자 중에서 법무부장관이 임명 또는 위촉한다.

중앙급식관리위원회
중앙급식관리위원회는 수용자급식관리위원회규칙(법무부 훈령 제710호, '2009. 8. 26 개정)에 의거, 수용자에게 급여할 부식의 식군과 수량 및 급식기준과 열량을 결정하여 법무부장관에게 건의하기 위한 자문기관으로서, 교정본부장을 위원장으로 하고 교정정책단장과 소년보호과장 등 당연직 위원 이외에, 영양 및 조리에 관한 학식과 경험이 풍부한 외부인사 6명을 위원으로 위촉하여 운영하고 있다.

지방교정청 행정심판위원회

산하 교정기관의 행정처분에 대한 행정심판청구를 심리·의결하기 위하여 각 지방교정청에 행정심판위원회가 설치되어 있는바, 위원장은 지방교정청장이 되고, 위원은 지방교정청 소속 공무원이나 변호사 자격이 있는 자, 법률학 교수, 전직 4급이상의 공무원중에서 지방교정청장이 임명 또는 위촉하며, 위원회는 위원장을 포함한 15인 이내의 위원으로 구성한다.

일선교정기관 분류처우위원회

형의 집행 및 수용자의 처우에 관한 법률(법률 제9136호) 제62조에 의거, 분류심사에 관한 사항, 소득점수 등의 평가 및 평정에 관한 사항, 수형자 처우와 관련하여 소장이 심의를 요구한 사항, 가석방 적격심사 신청 대상자 선정 등에 관한 사항, 그 밖에 수형자의 수용 및 처우에 관한 사항을 심의·의결하기 위하여 교정시설에 분류처우위원회를 두며, 매월 10일에 정기회의를 개최한다. 위원회는 위원장을 포함한 5인 이상 7인 이하의 위원으로 구성하고, 위원장은 소장이 되며, 위원은 위원장이 소속기관의 부소장 및 과장 중에서 임명한다.

지방급식관리위원회

수용자 주·부식의 품종선택, 수량 및 함유영양량 등에 관하여 일선 교정기관장의 자문에 응하고, 필요한 사항을 건의힐 수 있도록 긱 기관징 소속하에 지방급식관리위원회를 두고 있다. 위원장은 당헤 소장이 되고, 소속 과장 및 영양과 조리에 관한 학식과 경험이 풍부한 자 중에서 5인 이상 7인 이하의 위원을 소장이 임명 또는 위촉한다. 정기회는 매월 1회 이상 개최하며, 위원 2인 이상의 요구가 있는 때에는 위원장이 임시회를 소집한다.

귀휴심사위원회

법무부령 제655호 제131조의 규정에 의거, 수형자의 귀휴허가에 관한 심사를 하기 위하여 교정시설에 귀휴심사위원회를 두고 있으며, 위원장은 소장이 되고 위원은 부소장 및 과장 중 소장이 임명하는 자와 교정에 관한 학식과 경험이 풍부한 자 중에서 위원장이 임명하는 2인 이상 위원으로 구성한다.

징벌위원회

형의 집행 및 수용자의 처우에 관한 법률(법률 제9136호) 제111조 규정에 의거, 징벌대상자의 징벌을 결정하기 위하여 교정시설에 징벌위원회를 두며, 위원장은 소장의 바로 다음 순위자가 되고 위원은 소속 기관의 과장 및 교정에 관한 학식과 경험이 풍부한 외부인사 중에서 소장이 임명하는 3인 이상으로, 위원장을 포함한 5인 이상 7인 이하의 위원으로 구성한다.

01. 벌금 미납자의 사회봉사 집행에 관한 특례법 및 동법 시행령상 벌금미납자의 사회봉사집행에 대한 설명으로 옳은 것은? (15. 9급)

① 징역 또는 금고와 동시에 벌금을 선고받은 사람은 사회봉사를 신청할 수 있다.

② 법원은 사회봉사를 허가하는 경우 벌금 미납액에 의하여 계산된 노역장 유치 기간에 상응하는 사회봉사시간을 산정하여야 하나, 산정된 사회봉사시간 중 1시간 미만은 집행하지 아니한다.

③ 500만원의 벌금형이 확정된 벌금미납자는 검사의 납부명령일부터 30일 이내에 검사에게 사회봉사를 신청할 수 있다.

④ 사회봉사 대상자는 사회봉사의 이행을 마치기 전에는 벌금의 전부 또는 일부를 낼 수 없다.

> **정답** ②.
> ① 징역 또는 금고와 동시에 벌금을 선고받은 사람은 사회봉사를 신청할 수 없다.
> ③ 300만원 이하의 벌금형이 확정된 벌금미납자는 검사의 납부명령일부터 30일 이내에 검사에게 사회봉사를 신청할 수 있다.
> ④ 사회봉사 대상자는 사회봉사의 이행을 마치기 전에 벌금의 전부 또는 일부를 낼 수 있다.

02. 형법상 형벌에 대한 설명으로 옳지 않은 것은? (15. 9급)

① 과료를 납입하지 아니한 자도 노역장 유치가 가능하다.

② 유기징역 또는 유기금고에 자격정지를 병과한 때에는 징역 또는 금고의 집행을 종료하거나 면제된 날로부터 정지기간을 기산한다.

③ 벌금형의 선고유예는 인정되지만 벌금형의 집행유예는 인정되지 않는다.

④ 행위자에게 유죄의 재판을 아니할 때에는 몰수의 요건이 있는 때에도 몰수만을 선고할 수는 없다.

> **정답** ④ 행위자에게 유죄의 재판을 하지 아니할 때 몰수의 요건이 있다면 몰수만을 선고할 수 있다.

03. 형벌에 대한 설명으로 옳은 것은? (15. 5급 승진)

① 징역 또는 금고의 집행을 종료하거나 집행이 면제된 자가 피해자의 손해를 보상하고 벌금 이상의 형을 받음이 없이 5년을 경과한 때에는 본인 또는 검사의 신청에 의하여 그 재판의 실효를 선고할 수 있다.

② 선고하는 벌금이 1억원이상 5억원 미만인 경우에는 300일 이상, 5억원 이상 50억원 미만인 경우에는 500일 이상, 50억원 이상인 경우에는 1000일 이상의 노역장 유치기간을 정하여야 한다. 다만 그 상한은 3년으로 제한된다.

③ 판결선고 전의 구금일수는 그 전부 또는 일부를 유기징역, 유기금고, 벌금이나 과료에 관한 유치 또는 구류에 산입하여야 한다.

④ 벌금과 과료는 판결확정일로부터 15일 이내에 납입하여야 한다. 단, 벌금 또는 과료를 선고할 때에는 동시에 그 금액을 완납할 때까지 노역장에 유치할 것을 명할 수 있다.

⑤ 형의 시효는 형 집행의 유예나 정지 또는 가석방 기타 집행할 수 없는 기간 및 형이 확정된 후 그 형의 집행을 받지 아니한 자가 형의 집행을 면할 목적으로 국외에 있는 기간 동안에도 진행된다.

> **정답** ②.
> ① 징역 또는 금고의 집행을 종료하거나 집행이 면제된 자가 피해자의 손해를 보상하고 벌금 이상의 형을 받음이 없이 7년을 경과한 때에는 본인 또는 검사의 신청에 의하여 그 재판의 실효를 선고할 수 있다.
> ③ 판결선고 전의 구금일수는 그 전부를 유기징역, 유기금고, 벌금이나 과료에 관

④ 벌금과 과료는 판결확정일로부터 30일 이내에 납입하여야 한다. 단, 벌금 또는 과료를 선고할 때에는 동시에 그 금액을 완납할 때까지 노역장에 유치할 것을 명할 수 있다.
⑤ 형의 시효는 형 집행의 유예나 정지 또는 가석방 기타 집행할 수 없는 기간 및 형이 확정된 후 그 형의 집행을 받지 아니한 자가 형의 집행을 면할 목적으로 국외에 있는 기간 동안에는 진행되지 아니한다.

04. 펜실베니아제(Pennsylvania System) 구금방식의 장점으로 옳지 않은 것은?

(13. 9급)

① 자신의 범죄에 대한 회오와 반성의 기회를 주어 교화에 효과적이다.
② 교정교육, 운동, 의료활동, 교도작업 등의 운영에 가장 편리하다.
③ 수형자의 사생활 침해를 방지하는 데 효과적이다.
④ 다른 수형자로부터 악습 전파 및 죄증 인멸 행위를 방지할 수 있다.

> **정답** ② 교정교육, 운동, 의료활동, 교도작업 등의 운영에 가장 편리한 것은 독거방식이 아닌 혼거방식이다.

05. 다음 중 오번제에 대한 설명으로 옳은 것은 몇 개인가? (16. 경채)

> 가. 주간에는 혼거 작업을 하고 야간에는 독거실에 격리시키는 구금형태이다.
> 나. 완화 독거제라고도 한다.
> 다. 작업시 공동협의의 필요성이 요구되는 때에는 의사소통이 허용된다.
> 라. 당시 산업사회의 노동력 확보라는 시대적 요구에 부응하는 제도이다.
> 마. 엘람 린즈에 의해 창안되었다.
> 바. 수용자 스스로 정신적·도덕적 개선을 강조한다.

① 3개   ② 4개   ③ 5개   ④ 6개

> **정답** ②.
> 다. 작업시 침묵이 기본조건이다.
> 바. 수용자 스스로 정신적·도덕적 개선을 강조하는 것은 펜실베니아 제도이다.

06. 개방처우에 대한 설명으로 옳지 않은 것은? (13. 7급)

① 개방처우의 유형으로는 외부통근제도, 주말구금제도, 부부접견제도 그리고 민영교도소제도 등을 들 수 있다.

② 개방시설에서의 처우는 유형적·물리적 도주방지장치가 전부 또는 일부가 없고 수용자의 자율 및 책임감에 기반을 둔 처우제도이다.

③ 외부통근제도는 수형자를 주간에 외부의 교육기관에서 교육을 받게 하거나, 작업장에서 생산작업에 종사하게 하는 것으로 사법형, 행정형 그리고 혼합형으로 구분된다.

④ 우리나라는 가족만남의 집 운영을 통해 부부접견제도를 두고 있다고 해석할 수 있고, 외부통근제도도 시행하고 있으나 주말구금제도는 시행하고 있지 않다.

> **정답** ① 개방처우의 유형에 민영교도소의 운영은 포함되지 않는다. 미영교도소는 그 시설 자체가 국가시설과 동일한 시설로 시설 내에서 이루어지는 시설 내 처우와 개방처우를 실시한다.

07. 다음 중 현행 귀휴제도에 대한 설명으로 틀린 것은? (16. 경채)

① 귀휴기간은 형집행 기간에 포함되지 아니한다.

② 귀휴자의 여비와 귀휴 중 착용할 복장은 본인의 부담으로 한다.

③ 소장은 2일 이상의 귀휴를 허가받은 사람의 귀휴지를 관할하는 경찰관서의 장에게 그 사실을 통보하여야 한다.

④ 특별귀휴는 경비처우급에 따른 제한이 없다.

> **정답** ① 귀휴기간은 형집행 기간에 포함한다.

08. 형의 집행 및 수용자 처우에 관한 법률 시행규칙상 외부기업체에 통근하며 작업하는 수형자로 선정되기 위한 요건으로 옳은 것은? (15. 5급 승진)

① 18세 이상 65세 미만일 것

② 집행할 형기가 10년 미만이고 가석방이 제한되지 아니할 것

③ 해당 과정의 기술이 없거나 재훈련을 희망할 것

④ 직업훈련에 필요한 기본소양을 갖추었다고 인정될 것

⑤ 석방 후 관련 직종에 취업할 의사가 있을 것

정답　①.
② 집행할 형기가 7년 미만이고 가석방이 제한되지 아니할 것을 요한다.
③④⑤는 직업훈련 선정요건이다.

09. 형의 집행 및 수용자의 처우에 관한 법률 시행규칙 상 수형자의 가족 만남의
날 행사 등에 대한 설명으로 옳지 않은 것은?　　　　　　　　　　(16. 7급)

① 소장은 개방처우급·완화경비처우급 수형자에 대하여 가족 만남의 날
행사에 참여하게 하거나 가족 만남의 집을 이용하게 할 수 있다.

② 소장은 가족이 없는 수형자에 대하여는 결연을 맺었거나 그 밖에 가족
에 준하는 사람으로 하여금 그 가족을 대신하게 할 수 있다.

③ 수형자가 가족 만남의 날 행사에 참여하거나 가족 만남의 집을 이용하
는 경우 형의 집행 및 수용자의 처우에 관한 법률 시행규칙 제87조에서
정한 접견 허용횟수에 포함된다.

④ 소장은 교화를 위하여 특히 필요한 경우에는 일반경비처우급 수형자에
대하여도 가족 만남의 날 행사 참여 또는 가족 만남의 집 이용을 허가
할 수 있다.

정답　③ 가족만남의 집과 가족만남의 날 행사로 인한 접견은 동규칙에서 정한
접견횟수에 포함되지 아니한다.

10. 민영교도소 등의 설치·운영에 관한 법률에 대한 설명으로 옳은 것은?　(13. 9급)

① 법무부장관은 필요하다고 인정하면 교정업무를 모든 법인·단체 또는
그 기관이나 개인에게 위탁할 수 있다.

② 법무부장관은 교정업무를 포괄적으로 위탁하여 한 개 또는 여러 개의
교도소 등을 설치·운영하도록 하는 경우에는 법인·단체 또는 그 기관
에게 위탁할 수 있으나 개인에게는 위탁할 수 없다.

③ 민영교도소에 수용된 수용자가 작업하여 생긴 수입은 국고수입으로 한다.

④ 교정법인 이사는 대한민국 국민이어야 하며, 이사의 5분의 1 이상은 교
정업무에 종사한 경력이 3년 이상이어야 한다.

11. 민영교도소 등의 설치·운영에 관한 법률 상 민영교도소의 운영 등에 대한 설명으로 옳지 않은 것은?　(16. 7급)

① 교정법인의 대표자는 민영교도소의 장 및 대통령령으로 정하는 직원을 임면할 때에는 미리 법무부장관의 승인을 받아야 한다.

② 대한민국 국민이 아닌 자는 민영교도소의 직원으로 임용될 수 없다.

③ 민영교도소의 운영에 필요한 무기는 국가의 부담으로 법무부 장관이 구입하여 배정한다.

④ 민영교도소에 수용된 수용자가 작업하여 생긴 수입은 국고 수입으로 한다.

12. 소년수용자와 여성수용자에 관한 다음의 설명 중 옳은 것은?　(06. 7급 공채)

① 소년교도소에는 19세 이상의 수용자가 있을 수 없다.

② 무기형을 선고받은 소년수형자의 경우에 5년의 복역기간이 경과하면 가석방될 수 있다.

③ 여성수용자가 출산한 어린아이에 대해서는 생후 24개월의 기간 동안 해당 여성수용자가 교정시설 내에서 양육하는 것을 허용할 수 있다.

④ 여성수용자의 신체와 의류에 대한 검사는 여성교도관이 행하지만 여성수용자의 휴대품에 대한 검사는 남성교도관도 할 수 있다.

② 징역 또는 금고를 선고받은 소년에 대하여는 무기형의 경우에는 5년, 15년 유기형의 경우에는 3년, 부정기형의 경우에는 단기의 3분의 1이 지나면 가석방을 허가할 수 있다(소년법 제65조).

① 징역 또는 금고를 선고받은 소년에 대하여는 특별히 설치된 교도소 또는 일반 교도소 안에 특별히 분리된 장소에서 그 형을 집행한다. 다만, 소년이 형의 집행 중에 23세가 되면 일반 교도소에서 집행할 수 있다(소년법 제63조).

③ 여성수용자는 자신이 출산한 유아를 교정시설에서 양육할 것을 신청할 수 있다. 이 경우 소장은 법에서 정한 제한사유가 없으면, 생후 18개월에 이르기까지 허가하여야 한다(형의 집행 및 수용자의 처우에 관한 법률 제53조).

④ 여자의 신체·의류 및 휴대품에 대한 검사는 여자인 교도관이 하여야 한다(동법 제93조 제4항).

13. 「형의 집행 및 수용자의 처우에 관한 법률 시행규칙」상 소년수용자의 처우에 대한 설명으로 옳지 않은 것은?　(16. 9급)

① 소장은 소년수용자의 나이·건강상태 등을 고려하여 필요하다고 인정하는 경우 6개월에 1회 이상 건강검진을 하여야 한다.

② 소장은 소년수형자의 나이·적성 등을 고려하여 필요하다고 인정하면 법률에서 정한 접견 및 전화통화 허용횟수를 늘릴 수 있다.

③ 소년수형자 전담교정시설이 아닌 교정시설에서는 소년수용자를 수용하기 위하여 별도의 거실을 지정하여 운용하여야 한다.

④ 소년수형자 전담교정시설에는 별도의 공동학습공간을 마련하고 학용품 및 소년의 정서 함양에 필요한 도서, 잡지 등을 갖춰 두어야 한다.

정답　③ 소년수형자 전담교정시설이 아닌 교정시설에서는 소년수용자를 수용하기 위하여 별도의 거실을 지정하여 운용할 수 있다(동법 시행규칙 제59조의3).

14. 형의 집행 및 수용자의 처우에 관한 법률 시행규칙 상 외국인 수용자의 수용에 대한 설명으로 옳지 않은 것은?　(16. 7급)

① 법무부장관이 외국인수형자의 처우를 전담하도록 정하는 시설의 장은 외국인의 특성에 알맞은 교화프로그램 등을 개발하여 시행하여야 한다.

② 외국인수용자를 수용하는 소장은 외국어에 능통한 소속 교도관을 전담요원으로 지정하여 일상적인 개별면담, 고충해소, 통역·번역 및 외교공

관 또는 영사관 등 관계기관과의 연락 등의 업무를 수행하게 하여야 한다.

③ 소장은 외국인수용자의 수용거실을 지정하는 경우에는 종교 또는 생활 관습이 다르거나 민족감정 등으로 인하여 분쟁의 소지가 있는 외국인수용자는 거실을 분리하여 수용하여야 한다.

④ 소장은 외국인수용자가 질병 등으로 사망한 경우에는 관할 출입국관리사무소, 그의 국적이나 시민권이 속하는 나라의 외교공관 또는 영사관의 장이나 그 관원 및 가족에게 즉시 통지하여야 한다.

> **정답** ④ 소장은 외국인수용자가 질병 등으로 사망한 경우에는 그의 국적이나 시민권이 속하는 나라의 외교공관 또는 영사관의 장이나 그 관원 및 가족에게 즉시 통지하여야 한다. 즉 출입국관리사무소는 통지 대상이 아니다.

15. 형의 집행 및 수용자의 처우에 관한 법률상 여성수용자의 처우에 대한 설명으로 옳은 것은?   (14. 9급)

① 남성교도관이 1인의 여성수용자에 대하여 실내에서 여성교도관 입회 없이 상담 등을 하려면 투명한 창문이 설치된 장소에서 다른 남성을 입회시킨 후 실시하여야 한다.

② 소장은 여성수용자가 자신이 출산한 유아를 교정시설에서 양육할 것을 신청한 때에는 유아가 질병이 있는 경우에만 허가하지 않을 수 있다.

③ 거실에 있는 여성수용자에 대해서는 자살 등의 우려가 큰 때에도 전자영상장비로 계호할 수 없다.

④ 소장은 여성수용자가 유산한 경우에 모성보호 및 건강유지를 위하여 정기적인 검진 등 적절한 조치를 하여야 한다.

> **정답** ④.
> ① 남성교도관이 1인의 여성수용자에 대하여 실내에서 여성교도관 입회 없이 상담 등을 하려면 투명한 창문이 설치된 장소에서 다른 여성을 입회시킨 후 실시하여야 한다.
> ② 소장은 여성수용자가 자신이 출산한 유아를 교정시설에서 양육할 것을 신청한 때에는 유아가 질병 등이 있는 경우, 수용자가 질병 등이 있는 경우, 교정시설에 감염병이 유행하는 경우에 허가하지 않을 수 있다.
> ③ 거실에 있는 여성수용자에 대해서는 자살 등의 우려가 큰 때에는 전자영상장

비로 계호할 수 있다. 이때의 계호는 여성교도관이 하여야 한다.

16. 「형의 집행 및 수용자의 처우에 관한 법률 시행규칙」에서 특별한 보호가 필요한 수용자 처우에 대한 설명으로 옳은 것은? (13. 9급)

① 65세 이상인 노인수용자는 1년에 1회 이상 정기 건강검진을 하여야 한다.
② 외국인수용자의 거실 지정은 분쟁의 소지가 없도록 유색인종별로 분리 수용하여야 한다.
③ 장애인수용자의 거실은 전용 승강기가 설치된 건물의 2층 이상에만 설치하도록 한다.
④ 임산부인 수용자에게는 필요한 양의 죽 등의 주식과 별도로 마련된 부식을 지급할 수 있다.

> **정답** ④.
> ① 65세 이상인 노인수용자는 6개월에 1회 이상 정기 건강검진을 하여야 한다.
> ② 소장은 외국인수용자의 수용거실을 지정하는 경우에는 종교 또는 생활관습이 다르거나 민족감정 등으로 인하여 분쟁의 소지가 있는 외국인수용자는 거실을 분리하여 분리수용하여야 한다. 즉 유색인종별로 분리 수용한다는 규정은 없다.
> ③ 장애인수용자의 거실은 시설부족 또는 그 밖의 부득이한 사정이 없으면 건물의 1층에 설치하고, 특히 장애인이 이용할 수 있는 변기 등의 시설을 갖추도록 하여야 한다.

17. 사회적 처우에 대한 설명으로 옳지 않은 것은? (14. 7급)

① 사회견학, 사회봉사, 종교행사 참석, 연극, 영화, 그 밖의 문화공연 관람은 사회적 처우에 속한다.
② 교정시설의 장은 원칙적으로 개방처우급, 완화경비처우급 및 일반경비처우급 수형자에 대하여 교정시설 밖에서 이루어지는 활동을 허가할 수 있다.
③ 연극이나 영화, 그 밖의 문화공연 관람에 필요한 비용은 수형자 부담이 원칙이며, 처우상 필요한 경우에는 예산의 범위에서 그 비용을 지원할 수 있다.
④ 교정시설의 장은 사회적 처우시에 별도의 수형자 의류를 지정하여 입게

하지만 처우상 필요한 경우 자비구매의류를 입게 할 수 있다.

18. 「형의 집행 및 수용자의 처우에 관한 법률」에서 정한 귀휴에 관한 설명 중 옳은 것은?   (16. 사시)

① 소장은 가족 또는 배우자의 직계존속이 사망한 때 특별귀휴를 허가할 수 있다.

② 특별귀휴 기간은 형집행기간에는 포함되지 않는다.

③ 소장은 귀휴의 허가사유가 존재하지 아니함이 밝혀진 때에는 그 귀휴를 취소해야 한다.

④ 미결수용자에게도 귀휴가 허가된다.

⑤ 특별귀휴 기간은 1년 중 20일 이내이다.

19. 다음 중 현행법령상 미결수용자에 대한 규정으로 옳은 것은?   (16. 경채)

① 미결수용자와 변호인과의 접견에는 교도관이 참여하지 못하며 그 내용을 청취 또는 녹취하지 못한다. 다만, 보이는 거리에서 미결수용자를 관찰할 수 있다.

② 미결수용자에 대한 의사의 진료시 교도관이 참여할 수 없다.

③ 미결수용자가 수용된 거실은 시찰할 수 없다.

④ 미결수용자는 교육, 교화프로그램을 실시하거나 신청에 따라 작업을 부과할 수 있다.

20. 형의 집행 및 수용자의 처우에 관한 법령상 다음 중 옳은 것만을 모두 고른 것은? (15. 7급)

> ㉠ 미결수용자의 접견 횟수는 매일 1회로 하되, 변호인과의 접견은 그 횟수에 포함시키지 않는다.
> ㉡ 교정시설의 장은 미결수용자가 도주하거나 도주한 미결수용자를 체포한 경우에는 그 사실을 경찰관서에 통보하고, 기소된 상태인 경우에는 검사에게 지체 없이 통보하여야 한다.
> ㉢ 경찰관서에 설치된 유치장에는 수형자를 7일 이상 수용할 수 없다.
> ㉣ 미결수용자는 무죄의 추정을 받으므로 교정시설의 장은 미결수용자가 신청하더라도 작업을 부과할 수 없다.
> ㉤ 미결수용자와 변호인 간의 서신은 교정시설에서 상대방이 변호인임을 확인할 수 없는 경우를 제외하고는 검열할 수 없다.

① ㉠, ㉡   ② ㉠, ㉤
③ ㉡, ㉢, ㉣   ④ ㉢, ㉣, ㉤

21. 재산형제도에 관한 설명 중 옳지 않은 것은? (05. 사법고시)

① 「형법」은 벌금형에 대해서도 선고유예와 집행유예를 인정하고 있다.
② 일수벌금형제도는 범죄자의 경제상태를 실제로 조사한다는 것이 쉬운 일이 아니라는 점이 단점으로 지적될 수 있다.

③ 범죄에 제공된 공범자의 소유물은 몰수할 수 있다.

④ 벌금을 납입하지 않은 자는 1일 이상 3년 이하의 기간 동안 노역장에 유치하여 작업에 복무하게 한다.

⑤ 추징은 몰수하기 불가능한 경우에 몰수에 대신해서 그 가액의 납부를 명령하는 사법처분이다.

> **정답** ① 벌금형은 선고유예는 가능하지만, 집행유예는 불가능하다.

22. 사형제도에 대한 설명으로 맞지 않은 것은? (06. 6급 승진)

① 18세 미만의 자는 어떠한 경우에도 사형을 선고할 수 없다.

② 임산부는 법무부장관의 명에 의하여 형의 집행을 정지한다.

③ 법무부장관의 명에 의하여 집행한다.

④ 일반예방의 주장은 사형제도 폐지론자의 배경이 된다.

> **정답** ④ 사형존치론자들은 사형제도가 존재함으로써 일반인들에게 위하력, 즉 일반예방효과에 긍정적인 태도를 보인다.

23. 펜실베니아제도에 관한 설명으로 틀린 것은? (06. 9급)

① 퀘이커 교도소의 감옥개량운동의 결실로 펜실베니아주에서 시작된 제도이다.

② 주야엄정독거를 원칙으로 하였다.

③ 분류제는 이 제도의 단점을 보완하는 데 도움이 된다.

④ 정신적인 개선을 강조하는 제도이다.

> **정답** ③ 펜실베니아제도는 엄정독거를 전제로 하는 것으로 분류의 의미가 크지 않다고 할 수 있다. 분류제도는 수용자의 혼거로 인한 악풍감염을 예방하기 위한 목적으로 발전하였다.

24. 단기자유형의 폐단과 대체방안에 대한 설명으로 옳지 않은 것은? (07. 9급)

① 단기자유형의 경우 효율적인 교정이 어렵고 오히려 다른 범죄자로부터 범죄오염의 가능성이 있다.

② 형기가 짧더라도 전과자로서의 낙인은 남게 되며, 본인의 사회복귀에 큰 지장이 초래될 위험이 있다.

③ 단기자유형은 남용되는 경우 자유형의 일반적 위신이 떨어질 수 있다.

④ 단기자유형의 대체방안으로는 상대적 혹은 절대적 부정기형을 선고하는 것을 들 수 있다.

> **정답** ④ 단기자유형의 대체방안으로 구금을 전제로 한 부정기형은 그 대안이 될 수 없다.

25. 소년에 대한 부정기형에 관한 설명으로 옳지 않은 것은? (09. 7급)

① 부정기형이 소년을 성인과 차별대우한다고 해서 「헌법」 제11조에서 천명하고 있는 평등의 원칙을 위반하는 것은 아니다.

② 선택형으로서 무기징역형을 선택한 후 작량감경을 하여 유기징역형을 선고할 경우에는 부정기형을 선고할 수 있다.

③ 부정기형의 경우 장기와 단기의 폭에 관하여 법률에 정한 바가 없으므로 그 폭이 6월에 불과하더라도 위법하다고 보기 어렵다.

④ 「소년법」상 형의 감경대상이 되는 소년인지 여부는 사실심 판결선고 시를 기준으로 하여야 한다.

> **정답** ② 작량감경이란 법관의 재량에 의한 감경을 의미하는데, 무기징역형에 대한 작량감경의 경우 정기형을 선고해야 한다는 견해가 지배적이다. 즉 소년에 대해 사형이나 무기징역형을 선택한 후 작량감경을 하여 유기징역형을 선고할 경우에는 15년의 유기징역으로 한다. 즉 범행 시 18세 미만인 자에 대한 사형과 무기형의 완화로 인한 형벌은 부정기형을 선고할 수 없다.

26. 민영교도소에 대한 설명으로 옳지 않은 것은? (10. 9급)

① 1989년 호주의 보랄린 교도소는 민영교도소이다.

② 우리나라에서는 1999년 형행법에 교정시설의 민간위탁에 관한 법적 근거를 처음으로 마련하였다.

③ 법무부장관은 교정업무를 법인 또는 개인에게 위탁할 수 있다.

④ 민영교도소에 수용된 수용자가 작업하여 생긴 수입은 법인 또는 개인의 수입으로 한다.

27. 다음 중 민영교도소 설치·운영에 관한 설명 중 틀린 것은 몇 개인가?　(11. 9급)

> ㉠ 법무부장관은 필요하다고 인정하면 개인에게 민영교도소의 설치·운영을 위탁할 수 있다.
> ㉡ 법무부장관은 사전에 기획재정부장관과 협의하여 민영교도소 등을 운영하는 교정법인에 대하여 매년 그 교도소 등의 운영에 필요한 경비를 지급한다.
> ㉢ 교정법인은 민영교도소 등의 장 및 대통령령으로 정하는 직원을 임면할 때에는 지방교정청장의 승인을 받아야 한다.
> ㉣ 교정법인 이사는 과반수는 대한민국 국민이어야 하며, 이사의 5분의 1이상은 교전업무에 종사한 경력이 5년 이상이어야 한다
> ㉤ 교정법인 민영교도소 등에 수용되는 자에게 특별한 사유가 있으면 수용을 거절할 수 있다.
> ㉥ 교정법인의 정관 변경은 법무부장관의 인가를 받아야 한다.

① 2개　　　② 3개　　　③ 4개　　　④ 5개

28. 현행법령상의 접견제한 사유를 모두 고른 것은?　(12. 9특)

> ㄱ. 형사법령에 저촉되는 행위를 할 우려가 있는 때.
> ㄴ. 시설의 안전을 해칠 우려가 있는 때.
> ㄷ. 범죄의 증거를 인멸하려고 하는 때.
> ㄹ. 수형자의 건전한 사회 복귀를 해칠 우려가 있는 때.
> ㅁ. 금지물품을 주고받으려고 하는 때.

① ㄱ, ㄷ, ㄹ　　　② ㄱ, ㄴ, ㄹ　　　③ ㄱ, ㄴ, ㄷ　　　④ ㄱ, ㄴ, ㄷ, ㄹ

형집행법 제41조 제1항. 수용자는 교정시설의 외부에 있는 사람과 접견할 수 있다. 다만, 다음의 어느 하나에 해당하는 사유가 있으면 그러하지 아니하다.
1. 형사법령에 저촉되는 행위를 할 우려가 있는 때
2. [형사소송법]이나 그 밖의 법률에 따른 접견금지의 결정이 있는 때
3. 수형자의 교화 또는 건전한 사회복귀를 해칠 우려가 있는 때
4. 시설의 안전 또는 질서를 해칠 우려가 있는 때

29. 다음 [보기 1]과 [보기 2]의 연결이 바른 것은?　　　　　　　　　　(12. 9특)

[보기 1]
A. 수형자의 개별적인 특성에 따라 중점처우의 내용을 구별하는 기준
B. 도주 등의 위험성에 따라 수용시설과 계호정도를 구별하고 범죄성향의 진전과 개선정도, 교정성적에 따라 처우수준 구별 정도에 따라 처우수준을 구별하는 기준
C. 성별, 국정, 나이, 형기 등에 따라 수용할 시설 및 구획 등을 구별하는 기준

[보기 2]
㉠ 기본수용급　　　㉡ 경비처우급　　　㉢ 개별처우급　　　㉣ 누진처우급

① A-㉢, B-㉡, C-㉠　　　　　② A-㉢, B-㉣, C-㉠
③ A-㉠, B-㉡, C-㉢　　　　　④ A-㉠, B-㉣, C-㉢

A. 수형자의 개별적인 특성에 따라 중점처우의 내용을 구별하는 기준 - 개별처우급
B. 도주 등의 위험성에 따라 수용시설과 계호정도를 구별하고 범죄성향의 진전과 개선정도, 교정성적에 따라 처우수준 구별 정도에 따라 처우수준을 구별하는 기준 - 경비처우급
C. 성별, 국적, 나이, 형기 등에 따라 수용할 시설 및 구획 등을 구별하는 기준 - 기본수용급

30. 다음 중 현행 벌금형제도에 관한 설명으로 옳은 것은?

① 벌금형제도에 대해 선고유예와 집행유예가 가능하다.

② 법인에 대하여 벌금, 과료 등을 명한 경우에는 법인이 그 재판확정 후 합병에 의하여 소멸한 때에도 합병 후 존속하는 법인 또는 합병에 의하여 설립된 법인에 대하여 집행할 수 없다.

③ 몰수 또는 조세, 전매 기타 공과에 관한 법령에 의하여 재판한 벌금 또는 추징은 그 재판을 받은 자가 재판 확정 후 사망한 경우에는 그 상속 재산에 대하여 집행할 수 있다.

④ 벌금을 납부하지 않아 노역장에 유치된 수용자가 사망한 경우 집행하지 못한 벌금은 상속권자에게 납부의무가 전가된다.

> **정답** ③.
> ③ 벌금은 일신전속적 성격 때문에 벌금납부의무자가 사망하면 납부의무까지 소멸되는 것이 원칙이다. 다만 ③의 지문같은 예외가 인정된다.
> ① 현행 벌금형에는 집행유예제도는 없으며, 선고유예제도만 인정하고 있다(형법 제59조 제1항).
> ② 법인이 재판확정 후 합병에 의하여 소멸한 경우에는 법인에 대하여 부과된 벌금·과료 등을 새로 설립된 법인에 대하여 부과할 수 있다.
> ④ 벌금을 납부하지 않아 노역장에 유치된 수용자가 사망한 경우 집행하지 못한 벌금은 상속권자에게 납부의무가 원칙적으로 전가되지 않는다.

31. 다음 중 우리나라 형벌제도에 관한 사항으로 옳은 것은?

① 사형과 무기형의 경우에는 자격이 당연히 정지된다.

② 징역, 금고는 1일 이상 30년 이하 기간이나 가중시 50년이다. 징역은 정역의 의무가 있다는 점에서 금고와 다르다.

③ 300만원 이내의 벌금형이 확정된 벌금 미납자는 법원의 납부명령일로부터 30일 이내에 주거지를 관할하는 지방검찰청의 검사에게 사회봉사를 신청할 수 있다.

④ 집행유예의 실효사유는 유예기간 중 고의에 의한 범죄를 저질러 금고 이상의 실형선고가 확정된 경우인데, 집행유예 이전에 저지른 범죄로 금고 이상의 실형이 확정된 경우에는 실효되지 아니한다.

① 사형과 무기형의 경우에는 자격이 당연히 상실된다.
② 징역, 금고는 1월 이상 30년 이하 기간이나 가중시 50년이다. 징역은 정역의 의무가 있다는 점에서 금고와 다르다.
③ 300만원의 범위 내의 벌금형이 확정된 벌금 미납자는 검사의 납부명령일부터 30일 이내에 주거지를 관할하는 지방검찰청의 검사에게 사회봉사를 신청할 수 있다. 다만, 검사로부터 벌금의 일부납부 또는 납부연기를 허가받은 자는 그 허가기한 내에 사회봉사를 신청할 수 있다.

32. 구금제도에 대한 설명으로 맞는 것은?

① 우리나라는 독거수용을 원칙으로 하고 있기 때문에 필라델피아제와 유사하다.

② 실무적으로 자살 및 자해의 우려가 있거나 도주의 우려가 있는 자는 독거수용의 대상이 된다.

③ 펜실베니아제도는 수용자를 복종적인 시민으로 양성하는 것을 목표로 하고 있고, 오번제도는 수용자를 정직한 시민으로 양성하는 것을 목표로 하고 있다.

④ 현행법령상 혼거수용의 기준은 2인 이상의 자를 수용하는 것으로 하고, 자유형 수형자와 노역장 유치자는 특별한 사유가 있는 경우를 제외하고는 혼거수용할 수 없다.

① 펜실베니아제도의 별칭은 분방제, 엄정독거제, 필라델피아제 등이다. 오번제의 별칭은 침묵제, 완화독거제, 절충제 등이다.
② 자살 및 자해의 우려가 있는 자는 혼거수용의 대상이 되고, 도주 및 상습규율 문란자는 독거수용의 대상이 된다.
③ 펜실베니아제도는 수용자를 정직한 시민으로 양성하는 것을 목표로 하고 있고, 오번제도는 수용자를 복종적인 시민으로 양성하는 것을 목표로 하고 있다.
④ 현행법령상 혼거수용의 기준은 3인 이상의 자를 수용하는 것으로 한다.

33. 다음은 현행 귀휴제도에 관한 설명이다. 틀린 것은?

① 6개월 이상 복역한 수형자로서 그 형기의 3분의 1(21년 이상의 유기형과 무기형의 경우 7년)을 경과하고 행형성적이 우수한 자에 대하여는 1년 중

20일 이내의 귀휴를 허가할 수 있다. 이 경우 귀휴기간은 형기에 산입된다.

② 완화경비처우급 이상인 자가 본인의 혼례 혹은 형제자매의 혼례가 있는 때에는 귀휴심사위원회의 심의를 거쳐 일반귀휴를 허가할 수 있다.

③ 일반귀휴는 긴급을 요하는 경우 귀휴심사위원회의 심의를 거치지 않고 허가할 수 있다.

④ 귀휴의 기간은 제한이 있으나 횟수는 제한을 하지 않고 있다.

> **정답** ③ 특별귀휴는 긴급을 요하는 경우 귀휴심사위원회의 심의를 거치지 않고 허가할 수 있다.

34. 다음 중 외부통근제도의 연혁과 유형에 관한 설명으로 바르게 서술된 것은?

① 미국에서는 1954년 경 외부통근 수형자를 수용하는 호스텔이라는 개방시설을 일반교도소의 개방구역이나 교도소 외의 시가지에 특별히 설치하여 운영하였다.

② 사법형 외부통근제는 '통근형'이라고도 하며 법정이 유죄확정자에게 형벌의 일환으로 외부통근형을 선고하여 실시하는 것으로 영국에서 시행되는 대부분이 이 제도이다.

③ 혼합형 외부통근제란 사법적 외부통근제와 행정적 외부통근제를 병행한 제도이며, 법원이 형벌의 일종으로서 통근형을 선고하고 교도소가 가석방위원회 등의 허가를 얻어 외부통근을 실시하는 형태를 의미하며, 미국의 노오스캐롤라이나주가 전형적인 예이다.

④ 외부통근제도는 1913년 미국의 위스콘신주에서 후버법이 제정된 후 처음 채택되어 경범죄자 및 단기수용자에 대하여 실시한 것이 최초라 할 수 있다.

> **정답** ③.
> ① 영국에서는 1954년 경 외부통근 수형자를 수용하는 호스텔이라는 개방시설을 일반교도소의 개방구역이나 교도소 외의 시가지에 특별히 설치하여 운영하였다.
> ② 사법형 외부통근제는 '통근형'이라고도 하며 법정이 유죄확정자에게 형벌의 일환으로 외부통근형을 선고하여 실시하는 것으로 미국에서 시행되는 대부분이 이 제도이다.

④ 1880년 미국의 매사추세츠주의 플래밍햄 교도소에서 여자수형자에 대하여 연말봉사의 형식으로 사회에 내보낸 것에서부터 시작되었다. 사법형 외부통근제도는 후버법 제정 이후에 시작되었다.

35. 민영교도소 등의 설치·운영에 관한 설명 중 맞는 것은?

① 교정법인은 위탁업무를 수행할 때 같은 유형의 수용자를 수용·관리하는 국가운영의 교도소 등과 동등한 수준 이상의 교정서비스를 제공하여야 한다.

② 민영교도소 등의 운영에 필요한 무기는 국가 부담으로 법무부장관이 구입하여 이를 배정한다.

③ 법무부장관은 위탁업무의 처리결과에 대하여 매년 2회 이상 감사를 하여야 한다.

④ 법무부장관은 민영교도소 등의 직원이 위탁업무에 관하여 「민영교도소 등의 설치·운영에 관한 법률」 또는 「민영교도소 등의 설치·운영에 관한 법률」에 따른 명령이나 처분을 위반하면 그 직원의 임면권자에게 해임이나 정직·감봉 등 징계처분을 하도록 권고할 수 있다.

> **정답** ①.
> ② 민영교도소 등의 운영에 필요한 무기는 교정법인의 부담으로 법무부장관이 구입하여 이를 배정한다(동법 제31조 제2항).
> ③ 법무부장관은 위탁업무의 처리결과에 대하여 매년 1회 이상 감사를 하여야 한다(동법 제35조 제1항).
> ④ 법무부장관은 민영교도소 등의 직원이 위탁업무에 관하여 「민영교도소 등의 설치·운영에 관한 법률」 또는 「민영교도소 등의 설치·운영에 관한 법률」에 따른 명령이나 처분을 위반하면 그 직원의 임면권자에게 해임이나 정직·감봉 등 징계처분을 하도록 명할 수 있다(동법 제36조).

36. 다음 중 현행법령상 규정에 대한 설명으로 틀린 것은 몇 개인가?

> ㉠ 소장은 외국인수용자가 질병 등으로 위독하거나 사망한 경우에는 그의 국적이나 시민권이 속하는 나라의 외교공관 또는 영사관의 장이나 그 관원 또는 가족에게 이를 즉시 통지하여야 한다.

ⓛ 소장은 수용자에 대하여 2개월 이상 6개월 이하의 기간 내에서 징벌의 집행을 유예할 것을 결정할 수 있다.

ⓒ 소장은 외국인수용자의 수용거실을 지정하는 경우에는 종교 또는 인종이 다르거나 민족감정 등으로 인하여 분쟁의 소지가 있는 외국인은 분리수용하여야 한다.

ⓓ 수용자가 징벌집행을 유예 받은 후 징벌을 받음이 없이 유예기간이 지나면 그 징벌의 집행은 종료된 것으로 본다.

ⓜ 징벌위원회는 징벌을 의결하는 때에 행위의 동기 및 정황, 뉘우치는 정도 등 그 사정을 고려할 수 있다.

ⓗ 분류전담시설은 시설별로 있어야 한다.

ⓢ 소장은 징벌집행의 유예기간 중에 있는 수용자가 다시 징벌대상행위를 하면 그 유예한 징벌을 집행한다.

① 2개   ② 3개   ③ 4개   ④ 5개

정답 ③ ⓛⓒⓗⓢ 4개이다.

ⓛ 징벌위원회는 수용자에 대하여 2개월 이상 6개월 이하의 기간 내에서 징벌의 집행을 유예할 것을 의결할 수 있다.

ⓒ 소장은 외국인수용자의 수용거실을 지정하는 경우에는 종교 또는 생활관습이 다르거나 민족감정 등으로 인하여 분쟁의 소지가 있는 외국인은 분리수용하여야 한다.

ⓗ 분류전담시설은 지방교정청별로 1개소 이상이 되도록 하여야 한다.

ⓢ 소장은 징벌집행의 유예기간 중에 있는 수용자가 다시 징벌대상행위를 하여 징벌이 결정되면 그 유예한 징벌을 집행한다.

37. 다음은 현행법령상 특별한 보호가 필요한 수용자에 대한 설명이다. 거리가 먼 것은?

① 소장은 유아의 양육을 허가하지 아니하는 경우에는 수용자의 의사를 고려하여 유아보호에 적당하다고 인정하는 법인 또는 개인에게 그 유아를 보낼 수 있다.

② 노인수용자·장애인수용자 및 외국인수용자에 대한 적정한 배려 또는 처우에 관하여 필요한 사항은 법무부령으로 정한다.

③ 소장은 노인수용자 또는 장애인수용자가 작업을 원하는 경우에는 나이,

건강상태 등을 고려하여 해당 수용자가 감당할 수 있는 정도의 작업을 부과한다. 이 경우 의무관의 의견을 들어야 한다.

④ 외국인 전담교정시설의 장은 외국인 수형자에 대한 직업훈련이 석방 후의 취업과 연계될 수 있도록 그 프로그램의 편성 및 운영에 특히 유의하여야 한다.

> **정답** ④ 장애인 전담교정시설의 장은 장애인 수형자에 대한 직업훈련이 석방 후의 취업과 연계될 수 있도록 그 프로그램의 편성 및 운영에 특히 유의하여야 한다.

38. 미결수용자에 대한 설명으로 옳은 것은?

① 대법원은 미결수용자에 대한 신문기사의 일부삭제 처분은 구치소 내의 질서유지와 보안유지를 위하여 그의 알권리를 본질적으로 침해한 것이라고 판시하였다.

② 미결수용자란 형사피의자와 형사피고인으로서 구속영장의 집행을 받은 자를 말하고, 체포된 자는 이에 해당하지 않는다.

③ 미결수용자에게는 무죄추정의 원칙이 적용되므로 유죄의 예측 아래 불이익을 입혀서는 안 되며, 불이익을 입힌다 해도 미결구금의 목적에 상응하는 필요최소한의 불이익에 그치도록 비례성의 원칙이 존중되어야 한다.

④ 미결수용자를 수용하는 시설의 설비 및 계호의 정도는 일반경비시설과 중경비시설에 준한다.

> **정답** ③.
> ① 대법원은 알권리를 본질적으로 침해한 것이 아니라고 판시하였다.
> ② 체포된 자도 포함된다.
> ④ 미결수용자를 수용하는 시설의 설비 및 계호의 정도는 일반경비시설에(중경비시설 제외) 준한다.

39. 미결수용자에 대한 현행법령상 규정으로 옳은 것은?

① 소장은 미결수용자에 대하여는 신청에 따라 교육 또는 교화프로그램을 실시하거나 작업을 부과할 수 있다. 이 경우 미결수용자에 대한 교육·

교화프로그램 또는 작업은 교정시설 밖에서 행하는 것을 포함한다.
② 경찰관서에 설치된 유치장은 교정시설의 미결수용실로 본다. 경찰관서에 설치된 유치장에는 미결수용자를 30일 이상 수용할 수 없다.
③ 형사사건으로 수사 또는 재판을 받고 있는 수형자와 사형확정자에 대하여는 미결수용자의 변호인과의 접견 및 서신수수, 조사 등에서의 특칙조항을 준용한다.
④ 소장은 미결수용자가 도주하거나 도주한 미결수용자를 체포한 경우, 구속된 미결수용자가 위독하거나 사망한 경우에는 그 사실을 기소 여부와 관계없이 검사 및 법원에 지체 없이 통보하여야 한다.

> **정답** ③.
> ① 미결수용자에 대한 교육·교화프로그램 또는 작업은 교정시설 밖에서 행하는 것은 포함하지 아니한다.
> ② 경찰관서에 설치된 유치장에는 수형자를 30일 이상 수용할 수 없다.
> ④ 법원에 통보하여야 하는 것은 기소된 상태인 경우이다. 즉, 기소된 상태가 아니면 법원에 통보의무는 없다. 검사에게 통보하는 것은 기소 여부와 관계없다.

40. 범죄인 처우모델에 대한 설명으로 거리가 먼 것은 무엇인가?

① 의료모델이나 치료모델에서는 처벌이 범죄자의 문제를 해결하는 데 도움이 되지 않는다고 주장한다.
② 공정모델은 자유의사론적 시각에서 정당한 처벌을 통하여 사법정의의 확보와 그에 따른 인권보호의 차원에 초점을 맞추고 있다.
③ 의료모델이나 치료모델은 부정기형보다 정기형을 선호한다.
④ 지역사회 교정과 관련된 것은 재통합 모델이다.

> **정답** ③ 의료모델이나 치료모델은 정기형보다 부정기형을 선호한다.

41. 수형자자치제도와 관계가 깊은 것은 몇 개 인가?

> ㄱ. 계호주의 흠결보정
> ㄴ. 오스본(T. M. Osborne)
> ㄷ. 카티지(Cottage) 제도

ㄹ. 과학적 수형자 분류

ㅁ. 정기형제도

ㅂ. 자기통제원리

① 3개   ② 4개   ③ 5개   ④ 6개

정답 ③ ㅁ만 틀린 지문이고, 나머지 5개는 맞는 지문이다.
전제조건은 혼거제, 과학적 분류심사, 부정기형, 가석방제도의 활용, 소규모시설 등이 있고, 수형자자치제도는 오스본에 의해 최초로 시행되었으며, 계호주의의 결함을 개선시키고, 사회적응력을 배양하고 수형자의 자력갱생을 촉진하고 건전한 사회일원으로 복귀하도록 자유에 상응한 책임을 부여하는 자기통제의 원리에 입각한 교육·훈련이라고 할 수 있다.

chapter
5

분류처우와 누진처우의 이해

제 1 절 분류처우제도

1. 분류처우의 의의 및 연혁

1) 분류처우의 의의

⑴ 분류처우란 수형자의 관리 및 재사회화를 목적으로 수형자를 일정한 기준에 따라 과학적으로 구분하고, 각 집단에 적합한 처우계획을 수립하여 이를 기초로 처우와 지도를 행하는 일련의 절차를 말한다.

⑵ 이를 구체적으로 설명하면 수형자를 개별적으로 분석하여 그 개성과 능력, 범죄원인·가정환경 및 경력 등을 과학적으로 식별·진단하여 그들을 동일유사성으로 집약분리하고 그 진단 취지에 적합한 개별처우계획을 수립하고, 그 모든 처우계획이 실질적으로 각 수형자의 개별처우에 부합되도록 조정하는 절차이다.

⑶ 또한 그 처우계획이 각개 수형자의 수시 변화하는 심리상태 및 실제적인 생활태도와 그 수요에 맞춰서 시의적절하게 실현되도록 처우방법을 적응시키기 위한 제도이다.

⑷ 분류처우제도는 2008년 12월 22일 개정되고 2010년 5월 4일 일부개정되어 시행되는 「형의 집행 및 수용자 처우에 관한 법률」과 동 시행령, 시행규칙의 시행으로 전면적인 개선이 이루어졌다. 그러나 시행한 결과 운영상 나타난 일부 미비점을 개선 보완하였다(2013. 1. 1. 시행).

⑸ 시행규칙 제71조에서 소장은 분류심사를 위하여 수형자의 심리, 지능, 적성 등의 특성을 측정·진단하기 위한 검사를 할 수 있다.

⑹ 즉 교정목표를 효율적으로 달성하기 위해서는 우선 수형자의 개성과 능력 및 범죄원인 등을 과학적으로 분석한 후 그 분석결과에 따라 각 수형자에 상응하는 개별적인 처우를 행할 필요가 있는바, 각 수형자가 지니고 있는 문제성을 명백히 밝히기 위한 과학적 심사가 분류심사이고, 그 분류심사 결과에 따라 분류된 수형자 집단별로 개별적인 처우계획을 수립하여 시행하는 것이 분류처우이다.

⑺ 따라서 교정시설의 수형자 처우 기본목표는 수형자에 대해 교육·교화프로그램, 작업, 직업훈련 등을 통해 교정교화를 도모하고 사회생활에 적응하는 능력을 함양하도록 하는 데 있다. 이러한 교정목표를 달성하기 위해 여러 가지 처우제도를 수립·시행하고 있는바, 이 절에서는 각종 처우제도의 내용과 운용현황을 중심으로 살펴보고자 한다.

2) 분류심사의 연혁

(1) 전통적 의미의 분류

전통적 의미의 분류는 교도소 내 질서유지·관리와 악풍감염방지라는 소극적 목적으로 수형자의 특성에 따라 유형별로 구분하여 수용하고 시설 내에서도 몇 개의 집단으로 세분화하여 처우하였다.

① 1555년 영국의 브라이드 웰(Bride Well) 노역장은 최초의 교정시설로서 처음에는 부랑자나 매춘부 등을 수용하다가 점차 성인범죄자와 소년범죄자를 수용하게 되면서 노역장으로 발전하였다.

② 1597년 네덜란드 암스테르담에 여성노역장을 설립하여 최초로 자유형을 시행하고, 성별 분류를 실시하였다. 1595년에는 남성노역장, 1597년에는 여성노

역장, 1603년에는 비행소년 숙식소를 설립하였다.

③ 1704년 이탈리아 로마의 산 미켈레(San Michele) 수도원 내의 소년감화원을 설립하여 소년수형자들을 연령 및 범죄성의 정도에 따라 분리수용하여 최초로 연령별 분류를 실시하였다.

④ 1775년 벨기에의 간트(Gand) 교도소는 보다 과학적인 분류수용 및 생산적인 노동과 의료시설을 구비하고 독거제(성인)를 인정하는 등 가장 모범적인 근대교도소의 효시로 각광 받고 있다.

(2) 현대적 의미의 분류

현대적 의미의 분류는 개별처우를 통한 사회복귀 처우책을 수립하여 수형자의 관리 및 재사회화를 목적으로 수형자를 일정한 기준에 따라 과학적으로 구분하고, 각 집단에 적합한 처우계획을 수립하였다.

① 1907년 벨기에의 포레스트(Forest) 교도소는 현대적 의미의 과학적 분류가 최초로 시도되었다.

② 1918년 미국 뉴저지주의 트렌톤(Trenton) 교도소와 뉴욕주의 싱싱(Sing Sing) 교도소는 분류센터를 설치하였다.

③ 1950년 네덜란드 헤이그에서 제12회 국제형법 및 형무회의를 개최하여 분류의 개념으로 개별화를 승인하고 특수한 수형자의 의료서비스와 수형제도의 차별화, 교정시설에 있어서의 분류 원칙들을 정하였다.

④ 1955년 제 1 회 국제연합 범죄방지 및 범죄인 처우에 관한 회의에서 결의된 피구금자처우최저기준규칙은 분류의 기본 원칙인 남·여, 미결·기결, 민사·형사, 성년·소년 수형자의 분리수용을 선언하였다.

(3) 한국의 분류

① 1895년 2월에 징역처단례(懲役處斷例)를 제정하여 형벌에 있어서도 조선의 기본형벌 5형(태형, 장형, 도형, 유형, 사형) 중 장형을 폐지하고, 도형은 징역형으로 바꾸고 유형은 정치범에 한하여 적용하였다. 또한 감옥운영의 기본이 되는 감옥규칙과 징역수형자의 누진처우를 규정하는 징역표를 제정하여, 수형자 분류의 개념이 최초로 등장하였다.

② 1956년 「수형자 상우규정」을 제정하여 현대적 의미의 과학적 분류처우 개념을 확립하였다.

③ 1980년 행형법 제4차 개정을 통하여 징벌의 종류, 분류처우제도 및 교정교육, 훈련규정을 신설하였다.

④ 2008년 「형의 집행 및 수용자의 처우에 관한 법률」 제50조~제54조(여성·노인·장애인 및 외국인 수용자 처우 규정), 제56조~제57조(수형자 개별처우계획 수립 등 규정), 제61조(분류심사 전담시설 지정·운영 규정) 등을 신설하였다.

⑤ 일부 개정된 「형의 집행 및 수용자의 처우에 관한 법률 시행규칙」 제62조(분류심사 제외 및 유예)는 '소장은 집행할 형기가 형집행지휘서 접수일부터 3개월 미만인 수형자는 분류심사 대상에서 제외한다'는 등을 개정하였다.

이에 따른 분류심사 제외 및 유예(시행규칙 제62조)는 다음과 같다.

㉠ 다음 각 호의 사람에 대해서는 분류심사를 하지 아니한다.

1. 징역형·금고형이 확정된 사람으로서 집행할 형기가 형집행지휘서 접수일부터 3개월 미만인 사람

2. 구류형이 확정된 사람

3. 노역장 유치명령을 받은 사람

㉡ 소장은 수형자가 다음 각 호의 어느 하나에 해당하는 사유가 있으면 분류심사를 유예한다.

1. 질병 등으로 분류심사가 곤란한 때

2. 법 제107조 제1호부터 제5호까지의 규정에 해당하는 행위 및 이 규칙 제214조 각 호에 해당하는 행위(이하 "징벌대상행위"라 한다)의 혐의가 있어 조사 중이거나 징벌집행 중인 때

3. 그 밖의 사유로 분류심사가 특히 곤란하다고 인정하는 때

㉢ 소장은 제2항 각 호에 해당하는 사유가 소멸한 경우에는 지체 없이 분류심사를 하여야 한다. 다만, 집행할 형기가 사유 소멸일부터 3개월 미만인 경우에는 분류심사를 하지 아니한다.

2. 분류처우의 필요성

1) 분류심사

분류심사는 수형자 처우의 기본적인 지침을 확보하기 위하여 개인의 성장과

정, 학력 및 직업, 경력, 생활환경, 개인적 특성, 정신상태, 보호관계, 범죄경력, 범죄내용, 상담관찰사항, 자력개선의지, 석방후의 생활계획, 기타 처우 및 관찰에 필요한 사항에 대한 분류조사와 심리, 지능, 적성검사 등의 분류심사 결과 및 수형자와의 개별면담을 통하여 나타난 객관적인 사항들의 결과인 각종 분류지표를 통하여 처우등급을 결정하고 있다.

2) 분류처우 심사의 목적

첫째, 철저한 사회조사와 의학적·정신의학적 그리고 심리학적인 검사와 교육적·직업적·종교적인 조사와 같은 모든 가능한 기술을 통하여 개별적으로 제공된 문제를 분석하는 것이고 둘째, 이들 분석에 의하여 행하여지는 변화있는 처우 및 훈련의 프로그램에 관한 직원의 회의 결정에 따라서 결정된 프로그램이 실시되는 것이며 셋째, 이 프로그램에 따라 수형자가 진보하여가는 상황을 관찰하여 필요하면 그것을 변경함으로써 달성하여야 할 성질의 것이라고 미국교정협회(American Prison Association)는 분류의 목적과 개념을 정의하였다. 그러므로 분류란 단순한 구분을 의미하는 것이 아니라, 처우의 개별화와 연관지어 동태적으로 이해하여야 할 것이다.

3) 분류심사의 전제조건

(1) 분류 전문기관과 전문인력 양성
과학적이고 체계적인 분류를 위해서 분류심사위원회나 분류센터 등 분류전문기관이 별도로 설치·운영되어야 하며 분류업무를 전담할 전문인력을 양성해야 한다.

(2) 판결 전 조사제도 확립
유죄가 인정된 피고인에게 판사가 판결을 내리기 전에 피고인의 인격·소질·환경 등에 대한 과학적 조사를 하여 양형의 기준의 합리화뿐만 아니라 수형자처우에 있어 참고자료로 사용한다.

3. 분류심사(처우)의 구분

1) 분류심사사항

「형의 집행 및 수용자의 처우에 관한 법률 시행규칙」에 의거하여 수형자에 대한 개별처우계획을 수립하고, 수형자에 대한 분류심사를 실시하여야 한다.

(1) 분류심사 대상자

① 분류심사 실시: 매월 1일부터 말일까지 검사의 형집행지휘서가 접수된 일로부터 형기종료일까지의 기간이 3개월 이상인자.

② 분류심사 제외 및 유예

㉠ 집행할 형기가 형집행지휘서 접수일부터 3개월 미만인 수형자는 분류심사 대상에서 제외한다.

㉡ 질병 등으로 인하여 심사가 불가능한 경우,

㉢ 규율위반으로 조사중이거나 징벌집행중인 경우,

㉣ 기타 분류심사를 거부하여 심사가 불가능한 경우.

(2) 분류심사시 유의사항

① 분류 및 누진처우에 관한 사항

② 작업부과·훈련방법 및 교육계획 등 처우지침에 관한 사항

③ 보안상의 위험도 측정 및 거실지정 등에 관한 사항

④ 보건 및 위생관리에 관한 사항

⑤ 이송에 관한 사항

⑥ 가석방 및 귀휴심사에 관한 사항

⑦ 석방 후의 보호대책에 관한 사항

⑧ 기타 처우 및 관리에 관한 사항

2) 분류심사 유형

형의집행 및 수용자의 처우에 관한 법률 시행령(시행 2012. 1. 6.) 제20조 ②항은 신입자의 신원조사를 할 수 있다고 규정한다. 구체적 내용은 "소장은 신입자의 본인확인 및 수용자의 처우 등을 위하여 불가피한 경우 「개인정보 보호법」 제23조

에 따른 정보, 같은 법 시행령 제18조 제 2 호에 따른 범죄경력자료에 해당하는 정보, 같은 영 제19조에 따른 주민등록번호, 여권번호, 운전면허의 면허번호 또는 외국인등록번호가 포함된 자료를 처리할 수 있다.”

(1) 신입심사

형이 확정된 경우에 개별처우계획을 수립하기 위한 심사로서, 분류심사의 제외 또는 유예자를 제외한 모든 신입 수형자를 대상으로 한다.

① 신입심사 유형

㉠ 일반분류심사(정밀분류심사 대상자를 제외한 모든 신입심사 대상자)

㉡ 정밀분류심사(대상자: 집행지휘서 접수일로부터 6월 이상 수형자, 비대상자: 외국인, 보호감호와 형이 병과된 자, 공안사범, 조직폭력·마약사범·관심대상 수형자, 정신지체자)

② 신입심사 시기: 매월 1일부터 말일까지 형집행지휘서가 접수된 수형자에 대하여 실시하되, 다음 달 개최되는 분류처우예비회의 전일까지 이를 완료하여야 한다. 다만, 정밀분류심사가 필요한 수형자에 대하여는 분류심사기간을 연장할 수 있다.

(2) 재 심 사

일정한 형기가 지나거나 상·벌 그 밖의 사유가 발생한 경우에 개별처우계획을 조정하기 위하여 하는 심사로서, 신입심사를 완료한 모든 수형자를 대상으로 한다.

① 재심사 유형

㉠ 정기 재심사(형집행지휘서 접수일부터 6월이 경과하여 형기의 2분의 1에 도달한 때, 형기의 3분의 2에 도달한 때)

㉡ 부정기 재심사(신입심사 또는 재심사에 오류가 있음이 발견된때, 교정사고의 예방에 뚜렷한 공로가 있는 때, 규율을 위반하여 징벌하기로 결정한 때, 가석방 또는 귀휴심사상 필요한 때, 전국기능경기대회에 입상하거나 워드프로세서 1급 또는 산업기사 이상의 자격을 취득하거나 학사고시에 합격한 때, 기타 교도소 등의 운영과 처우의 조정상 필요하다고 인정되는 때)

② 재심사 시기: 재심사를 할 때에는 그 사유가 발생한 달의 다음 달까지 완료하여야 한다.

4. 분류심사의 방법

1) 분류조사의 유형

(1) 분류조사

① 분류조사의 의의

교도소장은 분류심사를 위하여 수형자의 신상에 관한 개별사안에 대하여 분류조사를 실시할 수 있다. 분류조사가 필요한 경우에는 수형자의 가족 등을 면담하여 수형자의 가정환경 및 보호관계 등을 조사하거나 검찰청·경찰서 기타 관계기관에 조회하여 필요한 사항을 확인할 수 있다. 또한 효과적인 분류조사를 위하여 교육학·교정학·범죄학·사회학·심리학 및 정신의학 등에 관한 학식이 있는 자로 하여금 수형자에 대한 고충상담·심리치료 또는 생활지도 등을 하게 할 수 있다.

② 분류조사 사항(시행규칙 제69조)

신입심사를 할 때에는 다음 각 호의 사항을 조사한다.

1. 성장과정, 2. 학력 및 직업경력, 3. 생활환경, 4. 건강상태 및 병력사항, 5. 심리적 특성, 6. 마약·알코올 등 약물중독 경력, 7. 가족 관계 및 보호자 관계, 8. 범죄경력 및 범행내용, 9. 폭력조직 가담여부 및 정도, 10. 교정시설 총 수용기간, 11. 교정시설 수용(과거에 수용된 경우를 포함한다) 중에 받은 징벌 관련 사항, 12. 도주(음모, 예비 또는 미수에 그친 경우를 포함한다) 또는 자살기도(企圖) 유무와 횟수, 13. 상담관찰 사항, 14. 수용생활태도, 15. 범죄피해의 회복 노력 및 정도, 16. 석방 후의 생활계획, 17. 재범의 위험성, 18. 처우계획 수립에 관한 사항, 19. 그 밖에 수형자의 처우 및 관리에 필요한 사항.

재심사를 할 때에는 제1항 각 호의 사항 중 변동된 사항과 다음 각 호의 사항을 조사한다.

1. 교정사고 유발 및 징벌 관련 사항, 2. 제77조의 소득점수를 포함한 교정처우의 성과, 3. 교정사고 예방 등 공적 사항, 4. 추가사건 유무, 5. 재범의 위험성, 6. 처우계획 변경에 관한 사항, 7. 그 밖에 재심사를 위하여 필요한 사항.

③ 분류조사 결과처리

교도소장은 분류조사에 따른 면담·조회를 한 경우에는 그 사항을 수형자분류처우심사표에 기록하고 관련서류는 수형인기록부에 편철해야 한다.

(2) 분류검사

① 분류검사의 의의

교도소장은 수형자에 대한 개별처우계획을 수립하기 위하여 수형자에 대하여 심리검사·지능검사 및 적성검사를 실시하여야 한다.

② 분류검사 유형

㉠ 교정심리검사: 객관적 위험성 평가 도구로서 기존의 심리측정학적인 방법을 동원하여 수형자들에게 내재되어 있는 범죄적 경향성을 측정하기 위한 방법으로서, 수형기간 중의 문제행동을 예측하여 개선급과 관리급 등 수용자의 처우급을 결정하기 위하여 개발되었으며, 주로 신입심사 대상자에 대하여 실시한다(단, 집행할 형기가 3월 미만인 자, 기타 검사가 불가능하거나 불필요하다고 인정되는 사유가 있는 자는 실시하지 아니한다).

㉡ 지능검사: 개인의 추상화 능력, 학습능력, 새로운 상황에 대한 대처능력을 측정하기 위해 고안된 검사로서, 대상자는 주로 집행할 형기가 1년 이상이고, 연령이 35세 미만인 수형자에 대하여 실시한다.

㉢ 적성검사: 특정 유형의 정신적 능력을 측정하기 위한 검사로서, 지능검사 대상자와 동일한 집행할 형기가 1년 이상이고, 연령이 35세 미만인 수형자에 대하여 실시한다.

③ 분류검사 결과처리

교도소장은 분류검사 결과를 분류처우심사표에 기록하며, 추후 수형자가 취업 등을 위해 적성검사 결과를 알고자 하는 경우 공개할 수 있다.

(3) 처우등급의 판정

처우등급은 분류심사 시 개별특성에 따라 일정한 유형으로 나누어 처우할 수 있도록 개별 수형자에 대하여 적합한 처우등급을 부여하도록 하고 있고, 기본수용급·경비처우급·개별처우급으로 나누어진다.

5. 처우등급 기준

1) 처우등급의 구별기준

(1) 기본수용급

기본수용급은 성별·국적·나이·형기 등에 따라 수용할 시설 및 구획 등을 구별하는 기준이다.

① 여성수형자(W급: Woman prisoner)

② 외국인수형자(F급: Foreigner prisoner)

③ 금고형수형자(I급: Imprisonment sentenced prisoner)

④ 19세 미만의 소년수형자(J급: Juvenile prisoner)

⑤ 23세 미만의 청년수형자(Y급: Young prisoner)

⑥ 65세 이상의 노인수형자(A급: Aged prisoner)

⑦ 형기가 10년 이상인 장기수형자(L급: Long-term prisoner)

⑧ 정신질환 또는 장애가 있는 수형자(M급: Mental handicapped prisoner)

⑨ 신체질환 또는 장애가 있는 수형자(P급: Physical handicapped prisoner) 등으로 구분한다.

(2) 경비처우급

① 경비처우급(시행규칙 제74조)은 다음 각 호와 같이 구분한다.

1. 개방처우급: 법 제57조 제 2 항 제 1 호의 개방시설에 수용되어 가장 높은 수준의 처우가 필요한 수형자

2. 완화경비처우급: 법 제57조 제 2 항 제 2 호의 완화경비시설에 수용되어 통상적인 수준보다 높은 수준의 처우가 필요한 수형자

3. 일반경비처우급: 법 제57조 제 2 항 제 3 호의 일반경비시설에 수용되어 통상적인 수준의 처우가 필요한 수형자

4. 중(重)경비처우급: 법 제57조 제 2 항 제 4 호의 중(重)경비시설(이하 "중경비시설"이라 한다)에 수용되어 기본적인 처우가 필요한 수형자

② 경비처우급에 따른 작업기준은 다음 각 호와 같다.

1. 개방처우급: 외부통근작업 및 개방지역작업 가능

2. 완화경비처우급: 개방지역작업 및 필요시 외부통근작업 가능

3. 일반경비처우급: 구내작업 및 필요시 개방지역작업 가능

4. 중(重)경비처우급: 필요시 구내작업 가능

(3) 개별처우급

개별처우급은 수형자의 개별적인 특성에 따라 중점처우의 내용을 구별하는 기준으로,

① 직업훈련(V급: Vocational training)

② 학과교육(E급: Educational curriculum)

③ 생활지도(G급: Guidance)

④ 작업지도(R급: Regular work)

⑤ 관용작업(N급: National employment work)

⑥ 의료처우(T급: Medical treatment)

⑦ 자치처우(H급: Halfway treatment)

⑧ 개방처우(O급: Open treatment)

⑨ 집중처우(C급: Concentrated treatment) 등으로 구분한다.

6. 분류수용 기준

1) 처우기준

⑴ 분류수용된 수형자에 대하여는 급별·범수·죄명·연령·형기·죄질 등을 참작하여 거실지정·작업지정·교육생선발 또는 훈련생선발 등을 하여야 한다.

⑵ 경비처우급은 도주 등의 위험성에 따라 수용할 시설과 계호의 정도를 구별하고, 범죄성향의 진전과 개선정도, 교정성적에 따라 처우수준을 구별하는 기준으로 개방처우급(S1: 외부통근 작업 및 개방지역 작업가능), 완화경비처우급(S2: 개방지역 작업 및 필요시 외부통근 작업 가능), 일반경비처우급(S3: 구내작업 및 필요시 개방지역 작업가능), (重)경비처우급(S4: 법 제57조 제2항 제4호의 重경비시설에 수용되어 기본적인 처우가 필요한 수형자로 필요시 구내작업은 가능)으로 구분한다.

⑶ 이에 따라 수형자는 경비처우급에 따라 개방시설, 완화경비시설, 일반경비시설, 중(重)경비시설에 분류 수용하고, 처우가능한 작업을 실시하고 있다.

⑷ 경비처우급 조정(시행규칙 제81조)에 대해서는 경비처우급을 상향 또는 하향

조정하기 위하여 고려할 수 있는 평정소득점수의 기준은 다음 각 호와 같다. 다만, 수용 및 처우를 위하여 특히 필요한 경우 법무부장관이 달리 정할 수 있다.

1. 상향 조정: 8점 이상(제66조 제1항 제4호에 따른 재심사의 경우에는 7점 이상)
2. 하향 조정: 5점 이하

⑸ 그리고 폐결핵 및 정신질환수용자는 진주교도소에, 한센병 수형자는 순천교도소에, 소년수형자는 김천소년교도소에, 그리고 보호감호병과자 수형자는 경북북부제1교도소, 청주여자교도소에 각 분류수용하고 있다.

2) 경비처우급별 처우

경비처우급은 범죄성향의 진전과 개선정도 및 교정성적에 따라 처우수준을 구별하는 기준으로 경비처우급은 가장 낮은 S4급부터 처우단계가 가장 높은 S1급에 이르기까지 4단계로 나뉘고, 수형생활태도(품행, 책임감, 협동심), 작업 또는 교육성적(근면성, 작업교육실적)에 따라 소득점수를 산정하여 형기의 3분의 1, 2분의 1, 3분의 2, 6분의 5 시점에 정기재심사를 통해 처우급을 조정한다.

제2절 누진처우제도

1. 누진처우의 의의 및 연혁

1) 누진처우의 의의

재판상 선고되는 자유형의 기간 내에서 수형자에 대한 처우를 여러 단계로 나누고, 수형자의 개선 정도에 따라 처우를 점차 완화하는 제도로써 수형자로 하여금 스스로의 노력에 따라 처우는 물론이고 석방에 다가설 수 있도록 희망을 줄 수 있어 교화·개선의 효과가 증가된다.

2) 누진처우의 연혁

① 1822년 영국의 식민지였던 호주에서 교정과정을 4단계로 구분하여 수형자의 교정성적에 따라 점차 사회에 접근할 수 있는 일종의 고사제[1]를 시작하였다.

---

1 행형(行刑)의 누진처우(累進處遇)를 위한 심사 방법의 하나. 일정 기간 동안 심의 대상자를 조사한

② 1840년 호주의 노포크(Norfolk) 교도소장인 마코노키(Machonochie)가 기존의 고사제에 최초로 점수제를 도입하여 보다 발전적인 진전을 이루었다.

③ 1854년 아일랜드의 교정국장인 월터 크로프톤(Walter Crofton)이 영국에서 시행된 점수제를 아일랜드식 점수제로 수정하여 실시하였다.

④ 1869년 드와이트(Dwight) · 와인즈(Wines) · 샌본(Sanborn) · 브룩웨이(Brockway) 등에 의해 고안되어 법이 제정되어 1876년 엘마이라 교정시설이 창설되었다.

⑤ 1934년 총독부령 제178호로 「조선행형누진처우규칙」이 제정되어 일종의 점수제형태의 효시라 할 수 있다.

⑥ 1956년 법무부령 제20호로 「행상심사규정」이 제정되어 일종의 고사제 형태의 누진처우를 실시하였다.

⑦ 1969년 법무부령 제111호로 「교정누진처우규정」이 제정되어 수형자를 위한 누진처우가 본격적으로 시행되었다.

⑧ 2008년 「형의 집행 및 수용자의 처우에 관한 법률」이 시행되어 수형자의 건전한 사회복귀를 도모하고, 수용자의 처우와 권리 및 교정시설의 운영에 관하여 필요한 사항을 규정하였다.

2. 한국의 누진처우

1) 누진처우의 목적

누진처우제도는 수용자의 개선 정도에 따라 처우를 점차적으로 완화해 나감으로써 수용자의 자기개선 욕구를 촉구하는 제도이다. 이는 누진급의 승급과 함께 구금에 따라 강제를 완화하여 처우상의 특전과 자유를 확대하여 줌으로써 수용자의 개선을 촉진시키고자 하는 형사정책적 의미를 가지고 있다고 할 수 있으며, 상기 분류처우제도와의 조화를 통해 수용자의 교정효과를 극대화하려는 제도라고 할 수 있다.

2) 한국의 누진처우

⑴ 우리나라는 누진처우를 폐지하였지만, 현재 4단계 처우를 하고 있다는 점과 소득점수를 매월 계산한다는 점에서 아일랜드제와 유사하다.

교도 관리의 보고를 교정 위원회가 심사하여 진급, 가석방 따위의 여부를 결정한다.

⑵ 교도관회의(분류처우위원회 등)의 심사를 거쳐 처우등급별 사정 등을 결정한다는 점에서 고사제의 성격을 가미하고 있다.

3. 누진처우의 측정방법

1) 고 사 제

누진계급의 측정방법으로 고사제(기간제)는 1843년 호주의 제임스 그레이엄(James Graham)과 로드 스탠리(Lord Stanly)가 창안한 것으로 일정기간을 경과하였을 때에 그 기간 내의 교정성적을 담당교도관의 보고에 의하여 교도위원회가 심사하고 진급을 결정하는 방법인데, 이것은 교도관의 자의가 개입되기 쉽고 관계직원이 공평을 저하시킬 우려가 있다는 비판을 받는다(이윤호, 2007: 154-156).

더 깊이보기   고사제와 점수제

▶ 고사제(考査制): 1843년 호주의 그레이엄이 고안하였으며 일정기간이 경과한 후 그 기간동안의 행형성적을 직원이 보고하고 행형위원회가 심사함으로써 진급을 결정하는 방법을 말한다. 기간제라고도 하며 직원의 보고로 심사가 이루어지기 때문에 수형자의 진급이 행형직원의 자의적 판단에 좌우될 위험성이 있는 단점이 있다.

▶ 점수제(點數制): 수형자에 대한 각자의 책임점수를 정하여 놓고 행형성적을 통하여 얻은 소득점수로써 이를 소각시켜 나가는 것으로 책임점수가 모두 소각되면 진급시키는 방식이다. 점수소각제라고도 한다. 우리나라는 점수제를 기본으로 하면서 고사제를 병행하고 있다고 보여진다.

2) 점 수 제

점수제(점수소각제)는 일일 또는 월마다의 교정성적을 점수로 나타내는 것이고, 교정성적에 따른 소득점수로 소각하여 진급시키는 것으로 교정성적이 숫자로 표시되므로 자력적 개선을 촉진할 수 있다. 그러나 규정점수를 소각만 하면 진급이 되므로 형식에 흐르기 쉽고, 가석방부적격자 등이 최상급에 진급하는 단점이 있다. 따라서 점수제는 재소자의 자발적 노력을 기대할 수 있으며, 노동력이라는 기준으로 점수를 산정하기 때문에 주관적이거나 자의적인 결정이나 재량권의 남용문제가 적고, 객관적이며 단순할 수 있다는 것이 장점으로 볼 수 있다는 것이 장점으로 볼 수 있다. 반면에 노동의 양은 쉽게 측정할 수 있어서 노동의 결가에 가치를 부여하게 되어 재소자들이 노동의 근본적인 가치를 중시하지 않고 기계적으로 노동하는 경향이 있을 수 있다. 그리고 더 중요한 문제는 단순히 노동의 점수로만 누진계급을 산정하기 때문에 경우에 따라서는 사회적 위험성이 높아 가석방되어서는 안 될 재소자가 최상급으로 진급하여 가석방되는 문제가 발생할 수 있다는 비판을 받는다.

그런데 이 점수제는 점수의 계산방법에 따라 England System과 Ireland System으로 구분하는데, 잉글랜드제는 점수를 매일 계산하는 반면 아일랜드제는 매월 계산한다.

이러한 점수제의 종류에는 잉글랜드제·아일랜드제·엘마이라제가 있다.

(1) 잉글랜드제(England System)

잉글랜드제란 수형자를 최초 9개월간 독거구금을 한 후에 공역(公役)교도소에 혼거시켜 강제노역에 취업시키고, 수형자들 고사급(考査級)·제 3 급·제 2 급·제 1 급·특별급의 5급으로 나누어 책임점수를 소각하면 상급으로 진급시켜 가석방하는 것으로 소득점수를 매일 계산하는 것이 특징이다.

(2) 아일랜드제(Irish System)

한국의 누진처우방식과 유사한 아일랜드제는 마코노키(Machonochie)의 개혁사상을 응용하여 1854년 아일랜드의 교정국장인 크로프톤(Walter Crofton)이 창안한 것으로 매월의 소득점수로 미리 정한 책임점수를 소각하는 방법이며, 잉글랜드제의 독거구금·혼거작업·가석방이라는 3단계에 반자유구금인 중간교도소제를 두고 있으며, 가석방자를 경찰감시에 붙인 점이 다르다. 당시 크로프톤은 휴가증(ticket-of-leave)제도를 시행했는데, 이것이 보호관찰부 가석방(parole)의 시초가 되었다고 한다.

(3) 엘마이라제(Elmira System)

① Elmira제도는 자력적 개선에 중점을 둔 행형제도로서 일명 감화제라고도 하는데, 1876년 뉴욕의 Elmira에서 Zebulon Brockway에 의해서 시도된 새로운 누진제도이다.

② 16세부터 30세까지의 초범자들을 위한 시설로서 수형자 분류와 누진처우의 점수제(mark system), 부정기형 그리고 보호관찰부 가석방(parole)과 함께 운용되었다. 범죄자가 판사에 의해서 Elmira에 보내지면 교정당국이 당해 범죄에 대해서 법으로 규정된 최고 형기를 초과하지 않는 범위 내에서 재소자의 석방시기를 결정할 수 있었다.

③ 브록웨이(Brockway)는 바로 이 점을 매우 중요시하였는데, 그 이유는 재소자로 하여금 석방시기에 대해 지나친 희망을 갖는 것보다 정상시민으로의 복귀준비에 온 마음을 쏟을 수 있게 하기 때문이라고 주장하였다(David J. Rothman, 1980: 32).

④ 바로 이 목적을 위해서 Elmira에서는 학과교육·직업훈련·도덕교육 등의 과정을 제공하는 학교와 같은 분위기를 만들고자 하였다. 재소자를 3등급으로 분류하고, 이를 다시 부정기형과 연계하였다.

⑤ 2등급으로 수용되어 아무런 문제를 야기하지 않고 학과과제를 완결함으로써 6개월 동안 월 9점씩 획득하면 석방에 필요한 1등급으로 격상될 수 있다. 그러나 2등급으로 들어왔지만 자신의 개선에 관심을 갖지 않고 자신을 통제하지 못한다면, 오히려 3등급으로 내려갈 수도 있다. 결국 자신의 운명을 자기 개선을 통해서 스스로 결정짓게 된다는 것이다(Ronald J. Goldfarb and Linda R. Singer, 1973: 41).

⑥ 이러한 엘마이라(Elmira)제도는 특히 청소년범죄자의 개선에 상당한 성공을 거둔 것으로 알려졌는데, 실제로 한 보고서에 의하면 81% 정도의 출소자가 대체로 개선된 것으로 분석되기도 하여 교정시설의 폐지라는 주장까지 나오게 되었다 (David J. Rothman, 1980: 55).

⑦ 그러나 이 제도는 우선 청소년범죄자 중에서도 초범자만을 대상으로 하기 때문에 그 적용범위가 극히 일부에 지나지 않아 제한적이며, 더구나 건축형태, 교도관의 태도, 훈육의 강조 등은 과거와 크게 다를 바 없는 것이었다.

⑧ 사실 교육이나 교화노력은 전통적인 처벌방법의 뒷전으로 밀리기 쉬웠다. 심지어 Brockway 자신도 태도가 변한 재소자와 가공적으로 교정시설규칙에 동조하는 재소자를 구분하기 어렵다고 호소하였다.

기출 및 예상문제

P·e·n·o·l·o·g·y

01. 형의 집행 및 수용자의 처우에 관한 법령에 의할 때 옳은 것은? (11. 7급 공채)

① 일반경비저우급 수형지의 접견횟수는 매월 3회이다.

② 완화경비처우급 수형자에게 가능한 전화통화 횟수는 원칙적으로 월 3회 이내이다.

③ 개방처우급 또는 완화경비처우급으로서 작업기술이 탁월하고 작업성적이 우수한 경우, 교도작업에 지장을 주지 않는 범위에서 1일 3시간 이내로 개인작업을 할 수 있다.

④ 개방처우급, 완화경비처우급 또는 자치생활 수형자에 대하여 월 3회 이내에서 경기 또는 오락회를 개최하게 할 수 있다.

> **정답** ②.
> ① 일반경비처우급 수형자의 접견횟수는 매월 5회이다.
> ③ 개방처우급 또는 완화경비처우급으로서 작업기술이 탁월하고 작업성적이 우수한 경우, 교도작업에 지장을 주지 않는 범위에서 1일 2시간 이내로 개인작업을 할 수 있다.
> ④ 개방처우급, 완화경비처우급 또는 자치생활 수형자에 대하여 월 2회 이내에서 경기 또는 오락회를 개최하게 할 수 있다.

02. 다음 수형자 중 형의 집행 및 수용자의 처우에 관한 법률 시행 규칙 상 분류심사 제외 대상에 해당하지 않는 것은? (16. 7급)

① 징역형·금고형이 확정된 사람으로서 집행할 형기가 형집행 지휘서 접

수일부터 3개월 미만인 사람

② 구류형이 확정된 사람

③ 노역장 유치명령을 받은 사람

④ 질병 등으로 분류심사가 곤란한 사람

정답 ④ 질병 등으로 분류심사가 곤란한 사람은 분류심사 유예대상에 해당된다.

03. 형의 집행 및 수용자의 처우에 관한 법률상 수형자의 분류심사에 대한 설명으로 옳지 않은 것은? (15. 9급)

① 수형자의 분류심사는 형이 확정된 경우에 개별처우계획을 수립하기 위하여 하는 심사와 일정한 형기가 지나거나 상벌 또는 그 밖의 사유가 발생한 경우에 개별처우계획을 조정하기 위하여 하는 심사로 구분한다.

② 분류처우위원회는 위원장을 포함한 5인 이상 7인 이하의 위원으로 구성하고, 위원장은 소장이 된다.

③ 법무부장관은 수형자를 과학적으로 분류하기 위하여 분류심사를 전담하는 교정시설을 지정·운영할 수 있다.

④ 법무부장관은 수형자에 대한 개별처우계획을 합리적으로 수립하고 조정하기 위하여 수형자의 인성, 행동특성 및 자질 등을 과학적으로 조사·측정·평가하여야 한다.

정답 ④ 교정시설의 장(소장)은 수형자에 대한 개별처우계획을 합리적으로 수립하고 조정하기 위하여 수형자의 인성, 행동특성 및 자질 등을 과학적으로 조사·측정·평가하여야 한다.

04. 「형의 집행 및 수용자의 처우에 관한 법률 시행규칙」상 소득점수 평가기준과 처우등급 조정에 대한 설명으로 옳지 않은 것은? (15. 7급)

① 소득점수는 수형생활 태도와 작업 또는 교육성적으로 구성되며, 수형생활 태도는 품행·책임감 및 협동심의 정도에 따라, 작업 또는 교육성적은 부과된 작업·교육의 실적 정도와 근면성 등에 따라 채점한다.

② 수형생활 태도 점수와 작업 또는 교육성적 점수를 채점하는 경우에 수는 소속작업장 또는 교육장 전체 인원의 10퍼센트를 초과할 수 없고,

우는 30퍼센트를 초과할 수 없으나, 작업장 또는 교육장 전체인원이 4명 이하인 경우에는 수·우를 각각 1명으로 채점할 수 있다.

③ 소득점수를 평정하는 경우에 평정 대상기간 동안 매월 평가된 소득점수를 합산하여 평정 대상기간의 개월 수로 나누어 얻은 점수인 평정소득점수가 5점 이하인 경우 경비처우급을 하향조정할 수 있다.

④ 조정된 처우등급의 처우는 그 조정이 확정된 날부터 하며, 이 경우 조정된 처우등급은 그 달 초일부터 적용된 것으로 본다.

> 정답 ④ 조정된 처우등급의 처우는 그 조정이 확정된 <u>다음</u> 날부터 하며, 이 경우 조정된 처우등급은 그 달 초일부터 적용된 것으로 본다.

05. 수용자의 처우등급별 처우에 대한 설명으로 옳은 것은? (15. 5급 승진)

① 소장은 일반경비처우급 수용자에게 월 5회의 접견과 자치생활을 허가할 수 있다.

② 수용자가 다른 교정시설의 수용자와 화상접견을 하였거나 혹은 가족 만남의 집을 이용한 경우에는 그 횟수만큼 접견의 허용횟수를 차감한다.

③ 일반경비처우급과 중경비처우급 수형자는 담당교도관의 사무처리를 보조하는 봉사원으로 선정될 수 없다.

④ 개방처우급 수형자는 의류와 식음료의 지급에 있어서 우대를 받을 수 있다.

⑤ 소장은 처우상 특히 필요한 경우에는 일반경비처우급 수형자에게도 교정시설 밖에서의 영화관람을 허가할 수 있다.

> 정답 ⑤.
> ① 소장은 일반경비처우급 수용자에게 월 5회의 접견을 허가할 수 있다는 규정은 맞고, 자치생활은 허가할 수 없다.
> ② 수용자가 다른 교정시설의 수용자와 화상접견을 한 경우에는 접견횟수에 포함되지만, 가족 만남의 집을 이용한 경우에는 접견횟수에 포함되지 아니한다.
> ③ 일반경비처우급는 담당교도관의 사무처리를 보조하는 봉사원으로 선정될 수 있다.
> ④ 개방처우급 수형자는 의류에 대해서는 우대를 받을 수 있지만, 식음료의 지급에 있어서 우대를 받을 수 없다.

06. 다음 형집행법 시행규칙상 기본수용급의 구분 중 틀린 것은 몇 개인가?

(16. 경채)

ㄱ. 형기 15년 이상 수형자
ㄴ. 23세 미만 청년수형자
ㄷ. 여성수형자
ㄹ. 65세 이상 노인수형자
ㅁ. 19세 이하의 소년수형자
ㅂ. 외국인수형자
ㅅ. 신체질환 또는 장애가 있는 수형자
ㅇ. 정신질환 또는 장애가 있는 수형자
ㅈ. 금고형수형자

① 2개   ② 3개   ③ 4개   ④ 5개

정답   ①.
ㄱ. 형기 10년 이상인 장기수형자
ㅁ. 19세 미만의 소년수형자

07. 수형자의 분류심사에 대한 설명으로 옳지 않은 것은?   (10. 9급)

① 소장은 수형자의 집행할 형기가 분류심사 유예사유 소멸일로부터 3개월 미만인 경우에는 분류심사를 할 수 없다.

② 소장은 수형자의 개별처우계획을 합리적으로 수립하고 조정하기 위하여 분류심사를 하여야 한다.

③ 신입심사는 매월 초일로부터 말일까지 형집행지휘서가 접수된 수형자를 대상으로 한다.

④ 수형자의 처우등급은 기본수용급, 경비처우급, 개별처우급으로 구분한다.

정답   ① 집행할 형기가 사유 소멸일부터 3개월 미만인 경우에는 분류심사를 하지 아니할 수 있는 것이지 할 수 없다고 단정할 수는 없다.

08. 현행법령상 분류심사와 관련된 내용으로 옳지 않은 것은? (11. 7급)

① 분류심사 사항에는 분류급에 관한 사항과 작업, 직업훈련, 교육 및 교화 프로그램 등의 처우 방침에 관한 사항 그리고 수용전 전과에 관한 사항 등이 포함된다.

② 수용자가 교정사고 예방에 뚜렷한 공로가 있을 때에는 부정기재심사를 할 수 있다.

③ 집행할 형기가 형집행지휘서 접수일로부터 3개월 미만인 수형자와 노역장 유치명령을 받은 사람은 분류심사 대상에서 제외할 수 있다.

④ 분류조사 방법으로는 수용기록 확인 및 수형자 상담, 수형자 가족 등과의 면담, 그리고 관계기관에 대한 사실조회 등이 있다.

> **정답** ① 수용 전의 전과에 관한 사항은 분류심사 사항이 아니다.

09. 분류심사에 대한 설명으로 옳지 않은 것은? (11. 9특)

① 신입심사는 매월 1일부터 말일까지 형집행지휘서가 접수된 수형자를 대상으로 하며, 그 달까지 완료하여야 한다.

② 부정기형의 재심사시기는 단기형을 기준으로 한다.

③ 2개 이상의 징역형 또는 금고형을 집행하는 수형자의 재심사시기를 산정하는 경우에는 그 형기를 합산하고, 합산한 형기가 20년으로 초과하는 경우와 무기형은 그 형기를 20년으로 본다.

④ 수용의 근거가 된 수형자가 집행유예의 실효 또는 현재 수용의 근거가 된 사건 외의 형사사건으로 금고 이상의 형이 확정된 때 부정기 재심사 사유가 된다.

> **정답** ① 신입심사는 매월 1일부터 말일까지 형집행지휘서가 접수된 수형자를 대상으로 하며, 다음 달까지 완료하여야 한다.

10. 현행법령상 분류심사에 대한 설명으로 틀린 것은? (11. 9급)

① 소장은 분류심사와 그 밖에 수용목적의 달성을 위하여 필요하면 수용자의 가족 등을 면담하거나 법원·경찰관서, 그 밖의 관계 기관 또는 단체

에 대하여 필요한 사실을 조회할 수 있다.

② 법무부장관은 분류심사를 전담하는 교정시설을 지정·운영하는 경우에는 지방교정청별로 1개소 이상이 되도록 하여야 한다.

③ 형집행지휘서가 접수된 날부터 3개월이 지나지 아니한 경우에는 정기재심사를 실시하지 아니한다.

④ 분류심사에 관하여 필요한 사항은 법무부령으로 정한다.

> **정답** ③ 정기재심사는 다음의 어느 하나에 해당하는 경우에 한다. 형집행지휘서가 접수된 날부터 6개월이 지나지 아니한 경우에는 그러하지 아니한다.
> ㉠ 형기의 3분의 1에 도달한 때
> ㉡ 형기의 2분의 1에 도달한 때
> ㉢ 형기의 3분의 2에 도달한 때
> ㉣ 형기의 6분의 5에 도달한 때

11. 누진처우제도에 대한 설명으로 거리가 먼 것은? (11. 9특)

① 재범의 위험성이 있는 자는 가석방이 되지 않는다는 장점이 있다.

② 수형자가 위선과 기망행위를 자행할 개연성이 다분한 제도이다.

③ 누진계급 최상급자가 아니더라도 가석방될 수 있어 공평성을 저해하는 문제점이 있다.

④ 수형생활태도에 대한 심사는 교도관의 주관적 기준에 의거해서 좌우될 우려가 크다.

> **정답** ① 누진계급 최상급자라 하더라도 다른 재사회화 장애사유, 즉 보호관계의 불확실, 취업보장의 불능, 피해자의 감정관계 등으로 인한 장애사유가 있을 수 있다. 결론적으로 가석방 시 재범의 위험성은 외면될 수 있는 것이다.

12. 형집행법 시행규칙상 개별처우계획에 대한 규정으로 옳은 것은?

① 소장은 해당 교정시설의 특성 등을 고려하여 필요한 경우에는 다른 교정시설로부터 이송되어 온 수형자의 개별처우계획을 변경하여야 한다.

② 소장은 형집행정지 중에 있는 사람이 기간만료 또는 그 밖의 정지사유 소멸로 재수용된 경우에는 석방 당시와 동일한 처우등급을 부여할 수 있다.

③ 소장은 가석방의 취소로 재수용되어 잔형(殘刑)이 집행되는 경우에는 석방 당시보다 두 단계 낮은 처우등급을 부여한다.

④ 소장은 형집행정지 중이거나 가석방기간 중에 있는 사람이 형사사건으로 재수용되어 형이 확정된 경우에는 석방 당시보다 두 단계 낮은 처우등급을 부여한다.

> **정답** ②.
> ① 소장은 해당 교정시설의 특성 등을 고려하여 필요한 경우에는 다른 교정시설로부터 이송되어 온 수형자의 개별처우계획을 변경할 수 있다.
> ③ 소장은 가석방의 취소로 재수용되어 잔형(殘刑)이 집행되는 경우에는 석방 당시보다 한 단계 낮은 처우등급을 부여한다.
> ④ 소장은 형집행정지 중이거나 가석방기간 중에 있는 사람이 형사사건으로 재수용되어 형이 확정된 경우에는 개별처우계획을 새로 수립하여야 한다.

13. 경비처우급에 따른 작업기준에 대한 규정으로 옳은 것은?

① 개방처우급 – 외부통근작업 및 개방지역작업 가능

② 완화경비처우급 – 구내작업 및 필요시 개방지역작업

③ 일반경비처우급 – 구내작업 및 필요시 외부통근작업 가능

④ 중(重)경비처우급 – 필요시 개방지역작업 가능

> **정답** ①.
> 경비처우급에 따른 작업기준(형집행법 시행규칙 제74조 제2항)
> 1. 개방처우급: 외부통근작업 및 개방지역작업 가능
> 2. 완화경비처우급: 개방지역작업 및 필요시 외부통근작업 가능
> 3. 일반경비처우급: 구내작업 및 필요시 개방지역작업 가능
> 4. 중(重)경비처우급: 필요시 구내작업 가능

14. 형집행법 시행규칙상 소득점수에 대한 설명으로 옳은 것은?

① 수형생활 태도는 5점 이내이고, 작업 또는 교육성적은 3점 이내이다.

② 소장은 수형자가 부상이나 질병, 그 밖의 부득이한 사유로 작업 또는 교육을 받지 못한 경우에는 5점 이내의 범위에서 작업 또는 교육성적을 부여할 수 있다.

③ 소장은 정기재심사 및 부정기재심사에 따라 재심사를 하는 경우에는 그

때마다 수형자의 소득점수를 평정하여 기본수용급 및 경비처우급을 조정할 것인지를 고려하여야 한다.

④ 조정된 처우등급에 따른 처우는 그 조정이 확정된 다음 날부터 한다. 이 경우 조정된 처우등급은 그 달 초일부터 적용된 것으로 한다.

> **정답** ④.
> ① 수형생활 태도는 5점 이내이고, 작업 또는 교육성적은 5점 이내이다.
> ② 소장은 수형자가 부상이나 질병, 그 밖의 부득이한 사유로 작업 또는 교육을 받지 못한 경우에는 3점 이내의 범위에서 작업 또는 교육성적을 부여할 수 있다.
> ③ 소장은 정기재심사 및 부정기재심사에 따라 재심사를 하는 경우에는 그때마다 수형자의 소득점수를 평정하여 경비처우급을 조정할 것인지를 고려하여야 한다.

15. 재심사에 대한 설명으로 옳은 것은?

① 부정기형의 재심사 시기는 장기형을 기준으로 한다.

② 무기형과 20년을 초과하는 징역형·금고형의 재심사시기를 산정하는 경우에는 그 형기를 20년으로 본다.

③ 2개 이상의 징역형 또는 금고형을 집행하는 수형자의 재심사시기를 산정하는 경우에는 그 형기를 합산한다. 이 경우에는 합산한 형기가 20년을 초과하는 경우라도 초과하는 형기를 형기로 본다.

④ 소장은 재심사를 할 때에는 그 사유가 발생한 달까지 완료하여야 한다.

> **정답** ②.
> ① 단기형을 기준으로 한다.
> ③ 합산한 형기가 20년을 초과하는 경우에는 그 형기를 20년으로 본다.
> ④ 재심사를 할 때에는 그 사유가 발생한 달의 다음 달까지 완료하여야 한다.

16. 관심대상수용자에 대한 다음 기술 중 바르지 않은 것은?

① 관심대상수용자의 번호표 및 거실표의 색상은 노란색이다.

② 관심대상수용자의 지정기준에 해당하는 수용자는 분류처우위원회의 의결이나 교도관회의의 심의를 거쳐 지정한다.

③ 소장은 관심대상수용자 중 지속적 상담이 필요하다고 인정하는 사람에 대하여는 상담책임자를 지정한다.

④ 소장은 지정사유가 해소되었다고 인정하는 경우에는 분류처우위원회의 의결이나 교도관회의의 심의를 거쳐 해제한다.

정답   ④ 관심대상수용자의 지정은 분류처우위원회의 의결이 원칙이고, 예외 교도관회의의 심의를 거쳐 지정하는 것으로 ②번 지문은 그것을 풀어서 설명하고 있는 것으로 맞는 지문이 되고, 관심대상수용자의 지정을 해제하는 경우에는 제1항의 본문을 준용한다고 규정하고 있는바, 단서는 제외가 된다. 따라서 ④번의 지문은 다음과 같이 되어야 맞는 지문이 된다.
　"소장은 지정사유가 해소되었다고 인정하는 경우에는 분류처우위원회의 의결을 거쳐 해제한다."
동법시행규칙 제211조[지정 및 해제] ① 소장은 제210조 각 호의 어느 하나에 해당하는 수용자에 대하여는 분류처우위원회의 의결을 거쳐 관심대상수용자로 지정한다. 다만, 미결수용자 등 분류처우위원회의 의결 대상자가 아닌 경우에도 관심대상수용자로 지정할 필요가 있다고 인정되는 수용자에 대하여는 교도관회의의 심의를 거쳐 관심대상수용자로 지정할 수 있다.
② 소장은 관심대상수용자의 수용생활태도 등이 양호하고 지정사유가 해소되었다고 인정하는 경우에는 제1항의 절차에 따라 그 지정을 해제한다. ─단서는 언급이 없음.
③ 제1항 및 제2항에 따라 관심대상수용자로 지정하거나 지정을 해제하는 경우에는 담당교도관 또는 감독교도관의 의견을 고려하여야 한다.

교정교육과 교도작업

제 1 절 교정교육의 이해

1. 교정교육의 의의 및 특성

1) 교정교육의 의의

⑴ 「형의 집행 및 수용자의 처우에 관한 법률」 제63조에 의거하여 교도소장은 수형자가 건전한 사회복귀에 필요한 지식과 소양을 습득하도록 교육할 수 있으며, 수형자에 알맞은 교육을 실시해야 한다. 또한 교육을 위하여 필요하면 수형자를 외부의 교육기관에 통학하게 하거나 위탁하여 교육받게 할 수 있다.

⑵ 이러한 교정은 잘못된 생각과 비뚤어진 행동과 습관을 고쳐서 올바로 잡는 일을 말하고, 적극적으로는 좋은 행동과 바람직한 습관을 몸에 익히도록 하는 일을 뜻한다. 또한 교정은 심리학적, 정신의학적 등의 방법에 의하여 범죄자의 성격을 교정·치료하는 것이 중요한 목표이다. 지금의 교정행정은 근대 이후의 교육형

주의가 대두되고 행형의 방향이 범죄자의 교화, 개선을 통한 사회 복귀로 이행됨에 따라 생긴 개념이라고 할 수 있겠다.

2) 교정교육의 특성

⑴ 교정교육의 특성은 강제적, 타의적, 수동적으로 이루어지기 때문에 일반인 다수에게 받아들여지고 통용되는 건전한 상식과 사리판단, 실정법과 윤리규범에 비추어 본인의 행동이 잘못되었다는 인식이 중요하며, 본인이 납득할 만한 합리적인 재판이 뒤따라야만 가능하다는 특성을 가진다.

⑵ 교정교육은 인간의 삶을 바람직한 방향으로 전환시키기 위한 조직적 활동이라는 점에서는 일반교육과 동일한 작용을 한다고 볼 수 있다. 그러나 비행과 관련된 비도덕적인 인식체제와 행동 가치를 도덕적인 인식체제와 행동 가치로 변화시키는 활동이라는 점에서는 일반교육과 차이가 있으며, 자발적인 교육이 아니고 강제적으로 시행되는 교육이라는 특성을 갖는다.

⑶ 또한 교정교육은 수형자에 대한 인간 존중의 원리, 자기 인식의 원리, 자조의 원리, 신뢰의 원리, 개별화의 원리를 기초로 한다.

2. 교정교육의 원리

1) 인간 존중의 원리

범죄자를 독립된 인격체로 인정하고, 갱생을 저해하고 있는 문제나 조건을 해결할 수 있는 능력을 가지고 있다는 것에 대한 신뢰감에서 교육은 시작되어야 한다.

2) 자기 인식의 원리

지도자는 자기 인식을 통하여 범죄자에 대한 편견이나 선입관을 배제하지 않으면 안 된다는 원리이다.

3) 자조의 원리

범죄자가 자기의 힘으로 문제를 해결해 나가도록 조력하는 원리이다.

4) 신뢰의 원리

문제해결을 위해 지도자와 범죄자 사이에 믿고 신뢰하는 인간관계를 통해서만 교정교육의 효과를 기대할 수 있다.

5) 개별화의 원리

교육대상자의 개인적 능력을 고려하여 교육을 실시하여야 소정의 목적을 달성할 수 있다.

3. 교정교육활동

1) 생활지도교육

수형자에 대한 생활지도교육은 신입자교육과 석방예정자교육으로 나누어 행하고 있는바, 신입자교육은 소내 생활 전반에 대한 안내 및 준수사항과 처우의 내용 등을 소개하여 수용생활에 대한 공포감·초조감을 해소시키고, 명랑하고 안정된 수용생활을 영위하도록 하기 위하여 모든 신입자를 대상으로 3일간 실시하고, 기존의 석방예정자교육을 수형자 취업 및 창업교육으로 개편하여 장기수형자의 경우 사회변화 및 경제동향, 취업 및 창업정보를 제공하고, 단기수형자에게 자신감 회복을 돕는 출소자 성공사례 강연 등을 편성하여 교육을 실시하고 있다.

2) 인성교육

수용자의 대한 정신교육은 수용자의 건전한 민주의식과 준법정신을 함양시키고 인격도야와 개과천선을 촉진시키기 위하여 1970년부터 시작된 새마을 정신교육의 근면·자조·협동정신을 계승하여 정신교육을 실시해 오다가, 2008년부터 인성교육으로 그 명칭을 변경하여 모든 수형자를 대상으로 형이 확정된 후 6개월 이내에 감수성 훈련, 인간관계 회복, 도덕성 회복, 시민의식 및 준법정신 함양 등을 내용으로 1주간(15시간 이상) 실시하고 있다(범죄백서, 2012: 311).

3) 학과교육

학과교육을 필요로 하는 자에게는 초·중·고등학교 수준의 학과교육을 1년 과정으로 실시하고 있다. 초등과는 초등학교 중퇴정도 학력의 수형자를 대상으로 기초적인 과목을, 중등과는 초등학교 졸업정도 학력의 수형자를 대상으로 중학교과정에 준하는 필수적인 과목과 기초직업훈련과목을, 고등과는 중학교 졸업정도 학력의 수형자를 대상으로 고등학교과정에 준하는 필수적인 과목과 고급기능훈련에 필요한 과목을 교육하고 있다.

4) 대학교육, 외국어 교육 등

고등학교 졸업 또는 이와 동등한 학력이 있는 수형자에게 학사 학위 취득기회를 부여하기 위하여 전국 교정기관 중 11개 중점 교육기관을 선정하여 연평균 약 110명을 교육하고, 교정시설 내에 전문대학 위탁교육과정을 설치하여 청주교도소 주성대학, 순천교도소 청암대학 등 2개 대학에서 약 160여명을 교육하고 있다. 또한 급변하는 국제화시대의 사회환경에 능동적으로 대처할 수 있도록 하며, 실생활에서 활용도가 높은 외국어 및 한자 교육을 실시하고 있는데, 외국어교육은 전문교육과 생활영어교육으로 구분하며, 전문교육의 경우 영어, 일본어, 중국어를 중심으로 1~2년의 교육기간을 정하여 의정부교도소 등 3개 교정시설에서 약 120여명의 수형자를 대상으로 운영하고, 생활영어교육 및 한자교육은 전 교정기관의 수용자를 대상으로 실시하고 있다. 또한 천안교도소 등 2개 교정시설에서 외국인을 대상으로 연평균 100여명에게 한국어 특별교육을 실시하여 기초적인 의사소통을 가능하게 하고 한국문화와 역사를 이해시키는 등 사회적응력 향상을 기하고 있다.

제 2 절 교도작업의 이해

1. 교도작업의 의의 및 연혁

1) 교도작업의 의의

⑴ 교도작업은 교정시설에서 교정교화활동의 일환으로 작업을 통하여 수형자

에게 근로정신을 함양시키고 기술을 습득시켜 사회에 적응할 수 있는 건전한 국민으로 복귀시키는 데 그 목적이 있으며, 작업 수익금은 교도작업특별회계 수입금으로 하여 국가재정에 기여하고 있다.

(2) 따라서 「형의 집행 및 수용자의 처우에 관한 법률」 제65조에 의거하여 교도소장은 수형자에게 건전한 사회복귀를 위하여 기술을 습득하고 근로의욕을 고취할 수 있도록 작업을 부과할 수 있다.

(3) 작업장려금 등

교도작업에 종사하는 모든 수형자에게 그 기능등급과 교정성적을 참작하여 작업시간에 따라 작업장려금을 계산한 후 매월 개인통장에 입금시키며, 그 외에 작업중 신체상해를 입은 수형자에게 위로금을, 사망한 수형자의 유족에게 조위금을 지급하고 있다. 작업장려금은 외부통근자나 구외공장작업자의 경우 교도작업특별회계운영지침의 '작업장려금 1일 지급기준表'에 따라 등급 '상'은 15,000원, '중'은 12,000원 '하'는 10,000원을 지급하고 있다(범죄백서, 2015, 354).

2) 교도작업의 연혁

(1) 외   국

① 1595년 네덜란드 암스테르담의 노역장에서 최초로 노동과 근면에 의한 교화·개선이라는 교육적인 교도작업을 실시하였다.

② 1777년 존 하워드(John Howard)의 논문 '영국과 웨일즈의 감옥상태'에서 교도작업의 중요성을 강조하고 작업의 강제를 주장하였다.

③ 1955년 UN「피구금자처우최저기준규칙」제71조에는 '고통을 주는 교도작업은 금지한다'라고 규정함으로써 교육형 주의에 입각한 작업성격을 명백히 선언하고 있다.

(2) 우리나라

① 조선시대에 들어와서 도역(徒役)에 종사하는 사람은 1~3년의 형기 동안 소금을 굽거나 못을 만드는 작업을 부과하였다(현대적 의미의 교도작업은 아니다).

② 1895년 징역처단례(懲役處斷例)를 제정하여 도형을 폐지하고 역형(징역형)을 일반범에 부과하였다(교도작업을 구체적으로 규정하였다).

③ 1894년 감옥규칙과 1898년 감옥세칙을 제정하여 작업의 부과방법, 급여

공전 등을 규정하였다.

④ 1905년 형법대전을 제정하여 역형(징역형)과 금옥형(금고형)으로 구분하여 금옥형은 정역을 과하지 않고, 역형에 대해서만 복역을 부과하였다.

⑤ 1908년 감옥관제의 실시와 근대적인 교정시설이 설치됨에 따라 일반인의 고공(농사일)을 최초로 실시하였다.

⑥ 1961년 「교도작업특별회계법」과 「교도작업관용법」을 제정하여 1962년부터 본격적인 교도작업이 실시되었다.

⑦ 2008년 「교도작업의 운영 및 특별회계에 관한 법률」이 제정되어 교도작업에 대한 민간기업의 참여 규정과 교도작업으로 생산된 제품에 대한 민간판매 근거 규정을 신설하여 교도작업을 활성화하고 효율적으로 운영하였다.

2. 교도작업의 목적

1) 응보형론

응보형론의 입장에서 보면, 형벌의 본질은 응보이고 제재라고 하지만, 그 목적은 교육에 있다고 하는 견해도 있다는 점에서, 형벌의 집행내용인 교도작업은 그 목적이 수형자의 개선갱생 및 사회복귀에 있다고 하는 것은 가능하다.

2) 교육형론

교육형론이 보는 형벌의 본질은 수형자의 교육을 통한 재사회화를 실현시키는 데 있는 것이므로 교도작업의 목적은 수형자의 개선갱생 및 사회복귀에 있다는 점에 이론이 없을 것이다.

3) 분 배 론

분배론의 입장에서 보면, 형사재판단계에서는 응보적 성질을 인정하면서도, 행형의 단계에서는 형 본래의 응보적 성질은 배후로 숨고, 수형자의 개선목적이 전면으로 나오기 때문에 교도작업의 목적이 수형자의 개선갱생 및 사회복귀에 있다고 하는 생각을 당연의 전제로 한다고 볼 수 있을 것이다.

3. 교도작업의 유형

교도작업의 종류는 직영작업, 위탁작업, 노무작업, 도급작업 등 4가지로 구분되며, 교도소장은 제 1 항에 따른 작업을 중지하려면 지방교정청장의 승인을 받아야 한다.

1) 직영작업

(1) 직영작업의 의의

「교도작업의 운영 및 특별회계에 관한 법률」 제 6 조에 따른 민간기업의 참여 없이 교도작업제품을 생산하는 작업으로서 국가 예산으로 시설·기계·기구·재료·노무 및 경비 등을 부담하여 물건을 생산·판매하는 작업방식으로 한국에서 주로 실시하고 있다. 이러한 직영작업은 「교도작업운영지침」 제21조에 따라 수요자로부터 물품의 생산·제작·조제·가공·수선 또는 공사의 완성이나 노무의 제공에 관한 주문을 받았을 때에는 주문접수부에 이를 기재하여야 한다.

(2) 직영작업의 장·단점
① 직영작업의 장점
㉠ 교도작업 관용주의에 가장 적합하다.
㉡ 사인의 참여를 금지할 수 있다.
㉢ 형벌집행의 통일과 작업통제가 용이하다.
㉣ 국고수입 증대 및 자급자족이 가능하다.
㉤ 자유로운 직종선택이 가능하여 직업훈련이 용이하다.
② 직영작업의 단점
㉠ 많은 예산과 사무가 복잡하다.
㉡ 대량 출하시 민간기업을 압박할 수 있다.
㉢ 시장개척 및 판매에 불리할 수 있다.
㉣ 관계법령의 제약으로 자재 구입이 어렵다.
㉤ 품질저하의 우려가 있다.

2) 위탁작업

(1) 위탁작업의 의의

「교도작업의 운영 및 특별회계에 관한 법률」 제6조에 따라 교도작업에 참여한 민간기업을 통하여 교도작업제품을 생산하는 작업으로서 사회내의 위탁자로부터 작업에 사용할 시설·기계·기구 등을 제공받아 물건을 생산·가공하여 위탁자에게 교부하고 그 대가를 받는 작업이다. 작업기간은 1년 단위로서, 계약시 법무부장관의 승인을 받아야 하며, 재계약시에는 지방교정청장의 승인을 얻어 갱신할 수 있다. 이러한 위탁작업의 승인은 「교도작업운영지침」에 따라 승인신청서와 계약서를 첨부해야 한다.

(2) 위탁작업의 장·단점

① 위탁작업의 장점

㉠ 행형의 통일성을 유지할 수 있다.

㉡ 경제사정에 따른 영향을 받지 않는다.

㉢ 사무가 단순하다.

㉣ 민간기업에 대한 압박이 적다.

㉤ 적은 비용으로 시행이 가능하다.

② 위탁작업의 단점

㉠ 부당경쟁이 발생할 우려가 있다.

㉡ 업종이 다양하지 못해 직업훈련에 부적당하다.

㉢ 위탁자의 사정에 따라 작업기간이 정해지기에 교도작업에 부적당하다.

㉣ 위탁자의 잦은 출입으로 보안상의 문제점이 발생할 수 있다.

㉤ 경제적 이윤이 적다.

3) 노무작업

(1) 노무작업의 의의

「교도작업의 운영 및 특별회계에 관한 법률 시행규칙」 제6조 제1항에 따라 수용자의 노무를 제공하여 교도작업제품을 생산하는 작업으로서, 교도소와 사인간의 계약에 의하여 시행된다. 노무작업의 인원 및 승인은 「교도작업운영지침」에 의거하여 승인 또는 갱신을 하며, 교도소장은 노무작업의 1일 취업인원을 작업종류·작업장·위치·계호인력 등 작업조건을 참작하여 정한다. 노무작업의 승인 또는 갱신은 노무작업 승인신청서를 첨부해야 한다.

(2) 노무작업의 장·단점

① 노무작업의 장점

㉠ 자본없이도 시행이 가능하다.

㉡ 경기변동에 영향을 받지 않는다.

㉢ 초기비용이 없이도 수익을 거둘 수 있다.

㉣ 단순노무만 처리하므로 제품 판로에 대한 부담이 없다.

② 노무작업의 단점

㉠ 사인의 관여로 부정의 가능성이 있다.

㉡ 단순노동으로 교화·개선이 부적당하다.

㉢ 행형의 통일성을 유지하기 어렵다.

㉣ 사인의 관여가 가장 심한 작업이다.

4) 도급작업

(1) 도급작업의 의의

「교도작업의 운영 및 특별회계에 관한 법률 시행규칙」 제 6 조 제 1 항에 따라 국가와 제 3 자 간의 공사 도급계약에 따라 수용자에게 부과하는 작업으로서, 1950년대와 1960년대에는 다소 있었으나 근래에 들어서는 시행되고 있지 않다. 도급작업의 승인신청은 「교도작업운영지침」에 의거하여 교도소장은 도급작업을 시행하고자 할 때에는 도급작업 계약서안을 첨부하여 법무부장관의 승인을 받아야 한다.

(2) 도급작업의 장·단점

① 도급작업의 장점

㉠ 대량작업으로 인한 높은 수익 창출을 할 수 있다.

㉡ 대량작업으로 인한 대규모 취업을 가능하게 한다.

㉢ 수형자의 전문기술 습득이 가능하다.

② 도급작업의 단점

㉠ 전문지식과 기술부족으로 큰 손실을 얻을 수 있다.

㉡ 민간기업의 압박이 우려된다.

㉢ 구외작업으로 인한 계호부담과 보안상 문제가 크다.

4. 교도작업특별회계 및 교도작업관용주의

1) 교도작업특별회계의 의의

⑴ 「교도작업의 운영 및 특별회계에 관한 법률」 제8조에 의거하여 법무부장관은 교도작업의 효율적인 운영을 위하여 교도작업특별회계를 설치·운용·관리한다.

⑵ 동법 제9조 제1항의 특별회계 세입은 교도작업으로 생산된 제품 및 서비스의 판매, 그 밖에 교도작업에 부수되는 수입금, 동법 제10조에 따른 일반회계로부터의 전입금, 동법 제11조에 따른 차입금으로 지정한다.

⑶ 동법 제9조 제2항의 특별회계 세출은 교도작업의 관리와 교도작업 관련 시설의 보수, 그 밖의 교도작업의 운영을 위하여 필요한 경비, 「형의 집행 및 수용자의 처우에 관한 법률」 제73조 제2항의 작업장려금, 「형의 집행 및 수용자의 처우에 관한 법률」 제74조의 위로금 및 조위금, 수용자의 교도작업 관련 직업훈련을 위한 경비로 지정한다.

⑷ 교도작업으로 인한 수익금은 교도작업 운영 및 특별회계에 관한 법률[1] (2010. 1. 1 시행)에 따라 모두 교도작업특별회계의 세입금으로 처리하며, 교도작업 제품은 위 법률에 따라 국가기관, 공공단체, 국영기업체 등에 우선적으로 공급하게 된다.

2) 작업장려금

「형의 집행 및 수용자의 처우에 관한 법률」 제73조에 의거하여 작업수입은

---

[1] 제정이유 및 주요내용으로는, 「교도작업관용법」과 「교도작업특별회계법」을 통하여 교도작업의 운영과 특별회계에 관한 사항을 하나의 법률에서 체계적으로 규정함으로써 국민 중심의 법체계 선진화를 도모하는 한편, 교도작업에 대한 민간기업의 참여 규정과 교도작업으로 생산된 제품에 대한 민간판매 근거 규정을 신설하여 교도작업을 활성화하고 효율적으로 운영하려는 것이 주요 내용이다.

국고수입으로 하며, 교도소장은 수형자의 근로의욕을 고취하고 건전한 사회복귀를 지원하기 위하여 법무부장관이 정하는 바에 따라 작업의 종류, 작업성적, 교정성적, 그 밖의 사정을 고려하여 수형자에게 작업장려금을 지급할 수 있다. 또한 작업장려금은 수용자를 석방할 때에 수용자에게 지급한다. 단, 수용자의 가족생활 부조, 교화 또는 건전한 사회복귀를 위하여 특히 필요하면 석방 전이라도 그 전부 또는 일부를 지급할 수 있다.

3) 장해보상금

「형의 집행 및 수용자의 처우에 관한 법률」 제74조에 의거하여 교도소장은 수형자가 작업 또는 직업훈련으로 인한 부상 또는 질병으로 신체에 장해가 발생한 때, 직업 또는 직업훈련 중에 사망하거나 그로 인하여 사망한 때에 한하여 어느 하나에 해당하면 법무부장관이 정하는 바에 따라 위로금(석방할 때에 수용자에 지급) 또는 조위금(수용자의 상속인에게 지급)을 지급한다.

5. 직업훈련

수형자의 출소 후 생활을 안정시켜 재범을 방지하고, 고도산업사회가 요구하는 유능한 기능 인력을 양성하기 위하여 전국 31개의 교정시설에 일반 및 공공직업훈련소를 설치하고 54개 직종에 걸쳐 기능사 44개 과정 2,553명, 산업기사 11개 과정 769명, 기사 이상 10개 과정 74명, 전문숙련과정 10개 과정 440명을 운영하고 있다.

공공직업훈련은 노동부장관이 정하는 훈련기준에 따라 실시하는 훈련이고, 일반직업훈련은 교정기관장이 각 훈련소 실정에 따라 실시하는 훈련이다.

1) 기능자격취득

직업훈련을 수료한 수형자에게 각종 기능자격시험이나 면허시험에 응시하여 소정의 기능자격을 취득할 수 있는 기회를 부여하고 있다.

2) 기능경기대회 참가

수형자 중 기능이 우수한 자를 선발하여 국제기능올림픽 한국위원회가 주관하는 기능경기대회에 참가시키고 있다.

6. 급여 및 의료

1) 급   여

2013년말 현재 수용자 1인당 1일 급식비는 3,430원으로 한국인 권장열량 2,500㎉를 참작하여 급식을 하고 있으며, 주식은 쌀 90%, 보리 10%의 비율로 지급하고 1일 3식 4찬을 원칙으로 운영되며, 2013년의 경우 외국인수용자에게는 급식비에 1일 300원의 가산금이 추가된다(범죄백서, 2015: 359).

급식 이외에 의류, 침구 등 일상 생활용품이 수용자에게 급여 또는 대여되며 필요한 경우에는 자비부담도 허용되고 있다.

2) 의   료

각 교정시설에는 수용자에게 효과적인 의료처우를 제공하기 위해서 의사, 약사, 간호사 등으로 구성되는 의료진이 배치되어 수용자의 진료나 건강 진단 및 방역과 보건관리에 종사하고 있으며 교정시설 안에서의 치료가 적절치 아니한 환자 치료를 대비하여 2010년말 현재 외부의 373개 병·의원(종합병원 115개, 준종합병원 92개, 의원 166개)을 수용자 진단지정병원으로 정하고 수용자의 건강관리에 적정을 기하고 있다. 또한 폐결핵과 정신질환자는 진주교도소, 한센병은 순천교도소를 치료 중점교도소로 지정하여 운영하고 있다.

기출 및 예상문제

P·e·n·o·l·o·g·y

01. 수형자 교육과정에 대한 설명으로 옳지 않은 것은? (13. 9급)

① 의무교육을 받지 못한 수형자에 대하여는 본인의 의사·나이·지식정도 등을 고려하여 그에 알맞게 교육하여야 하며, 필요하면 외부교육기관에 통학하게 할 수 있다.

② 교도소장은 교육대상자 교육을 위하여 재생전용기기의 사용을 허용할 수 있다.

③ 교정시설에 독학에 의한 학사학위 취득과정을 설치·운영하는 경우 집행할 형기가 2년 이상인 수형자를 대상으로 선발한다.

④ 방송통신대학과정과 전문대학 위탁교육과정의 교육대상자는 고등학교 졸업 이상 학력을 갖춘 개방처우급 수형자에 한하여 선발할 수 있다.

> **정답** ④ 방송통신대학과정과 전문대학 위탁교육과정의 교육대상자는 고등학교 졸업 이상 학력을 갖춘 개방처우급·완화경비처우급·일반경비처우급 수형자에 대하여 선발할 수 있다.

02. 교도작업의 경영방법 중 직영작업의 장점만을 모두 고른 것은? (16. 9급)

> ㄱ. 교도소가 이윤을 독점할 수 있다.
> ㄴ. 교도소가 작업에 대한 통제를 용이하게 할 수 있다.
> ㄷ. 교도소가 자유로이 작업종목을 선택할 수 있으므로 직업훈련이 용이하다.

ㄹ. 민간시장의 가격경쟁원리를 해치지 않는다.
ㅁ. 제품의 판매와 상관없이 생산만 하면 되므로 불경기가 문제되지 않는다.

① ㄱ, ㄴ, ㄷ   ② ㄱ, ㄴ, ㅁ
③ ㄴ, ㄷ, ㄹ   ④ ㄷ, ㄹ, ㅁ

> **정답** ①.
> ㄹ. 민간시장의 가격경쟁원리를 해친다.
> ㅁ. 제품의 판매와 상관없이 생산만 하면 되므로 불경기가 문제되지 않는 것은 위탁작업이다.

03. 형의 집행 및 수용자의 처우에 관한 법률 시행규칙상 교도 작업 및 직업훈련에 대한 설명으로 옳은 것은?   (16. 7급)

① 수형자가 외부 직업훈련을 한 경우 그 비용은 국가가 부담하여야 한다.
② 소장에 의해 선발된 교육대상자는 작업·직업훈련을 면제한다.
③ 소장은 수형자가 개방처우급 또는 완화경비처우급으로서 작업 기술이 탁월하고 작업성적이 우수한 경우에는 수형자 자신을 위한 개인작업을 하게 할 수 있다. 이 경우 개인작업 시간은 교도작업에 지장을 주지 아니하는 범위에서 1일 4시간 이내로 한다.
④ 소장은 개방처우급 또는 완화경비처우급 수형자에 대하여 작업·교육 등의 성적이 우수하고 관련 기술이 있는 경우에는 교도관의 작업지도를 보조하게 할 수 있다. 다만, 처우상 특히 필요한 경우에는 일반경비처우급 수형자에게도 교도관의 작업 지도를 보조하게 할 수 있다.

> **정답** ②.
> ① 수형자가 외부 직업훈련을 한 경우 그 비용은 본인이 부담하여야 한다.
> ③ 소장은 수형자가 개방처우급 또는 완화경비처우급으로서 작업 기술이 탁월하고 작업성적이 우수한 경우에는 수형자 자신을 위한 개인작업을 하게 할 수 있다. 이 경우 개인작업 시간은 교도작업에 지장을 주지 아니하는 범위에서 1일 2시간 이내로 한다.
> ④ 소장은 개방처우급 또는 완화경비처우급 수형자에 대해서만 작업·교육 등의 성적이 우수하고 관련 기술이 있는 경우에는 교도관의 작업지도를 보조하게 할 수 있다.

04. 현행법령상 교도작업에 대한 설명 중 틀린 것은? (16. 경채)

① 12월 31일과 교정의 날에는 작업을 부과하지 않는다.

② 소장은 수형자 배우자의 직계존속이 사망한 경우에는 2일간 작업을 면제한다.

③ 소장은 수형자 아들의 기일을 맞이하게 되면 1일간 작업을 면제한다.

④ 소장은 수형자에게 부상·질병, 그 밖에 작업을 계속하기 어려운 특별한 사정이 있으면 그 사유가 해소될 때까지 작업을 면제할 수 있다.

정답 ③ 부모 또는 배우자의 기일을 맞이하면 1일간 해당 수형자의 작업을 면제한다.

05. 수형자에 대한 현행 교육과정을 모두 고른 것은? (09. 7급)

㉠ 전문대학 위탁교육과정	㉡ 독학에 의한 학위취득과정
㉢ 정보화 및 외국어 교육과정	㉣ 방송통신대학과정

① ㉠, ㉡   ② ㉡, ㉢   ③ ㉠, ㉡, ㉢   ④ ㉠, ㉡, ㉢, ㉣

정답 ④ 모두 현행 교육과정이다. 이외에도 방송통신고등학교, 검정고시반 운영.

06. 현행법상 수용자에 대한 교육에 관한 내용으로 옳지 않은 것은? (09. 9급)

① 소장은 수형자의 정서함양을 위하여 필요하다고 인정하면 연극·영화관람, 체육행사 등의 문화예술활동을 하게 할 수 있다.

② 소장은 필요한 경우 교육을 통해 수형자를 외부교육기관에 위탁하여 교육받게 할 수 있다.

③ 소장은 미결수용자에 대하여는 신청에 따라 교육을 실시할 수 있고, 그 교육프로그램에는 교정시설 밖에서 행하는 것도 포함된다.

④ 소장은 교육대상자의 성적불량, 학업태만 등으로 인하여 교육의 목적을 달성하기 어려운 경우에는 그 선발을 취소할 수 있다.

정답 ③ 미결수용자는 신청에 따라 교육·교화프로그램 작업을 실시할 수 있고, 시설 밖에서 행하는 것은 허용되지 않는다.

07. 현행법상 교육과 교화에 대한 설명으로 옳지 않은 것은?　　　　(09. 9급)

① 수용자의 학과교육은 검정고시반, 방송통신고등학교과정, 독학에 의한 학위취득과정 등을 설치하여 운영할 수 있다.

② 교육계획은 교육대상자, 시설여건 등을 고려하여 소장이 수립하고 시행한다.

③ 수형자의 교정교화를 위한 상담·심리치료 등의 프로그램은 수형자자치위원회가 실시한다.

④ 소장은 교화프로그램으로 문제행동예방프로그램, 가족관계회복프로그램 등을 실시할 수 있다.

> **정답** ③ 수형자의 교정교화를 위한 상담·심리치료 등의 프로그램은 소장이 실시하도록 되어 있다.

08. 교도작업 운영에 대한 설명으로 옳지 않은 것은?　　　　(10. 7급)

① 19세 미만의 수형자에게 작업을 부과하는 경우에는 정신적·신체적 성숙 정도, 교육적 효과 등을 고려하여야 한다.

② 수형자의 작업에 의한 수입은 국고수입으로 하는 것이 원칙이다.

③ 금고형의 집행 중에 있는 사람에게는 신청에 따라 작업을 부과할 수 있다.

④ 수형자의 개인작업에 필요한 작업재료 등의 구입비용은 교도소에서 부담하는 것이 원칙이다.

> **정답** ④ 개인작업에 필요한 작업재료 등의 구입비용은 수형자가 부담한다. 단, 처우상 필요한 경우에는 예산의 범위에서 그 비용을 지원할 수 있다.

09. 교도작업에 대한 설명으로 옳지 않은 것은?　　　　(11. 7급)

> ㉠ 교도작업은 교정시설의 수용자에게 부과하는 노역으로 징역형의 정역, 금고형의 청원작업, 개인작업이 이에 해당한다.
>
> ㉡ 외부통근작업 대상자의 선정기준 등에 관해 필요한 사항은 법무부령으로 정한다.

ⓒ 교도작업의 민간기업 참여절차, 작업종류, 작업운영에 필요한 사항은 지방
　　　교정청장이 정한다.
　　ⓔ 교도작업으로 인한 작업수입금은 교도작업의 운영경비로 지출할 수 있다.

① ⓐ, ⓒ　　　　② ⓐ, ⓔ　　　　③ ⓑ, ⓒ　　　　④ ⓑ, ⓔ

> **정답**　① ⓐ 교도작업은 교정시설의 수형자에게 부과하는 노역으로 징역형의 정
> 역, 금고형의 청원작업이 이에 해당하고, 개인작업은 주로 여가시간을 이용한 작
> 업이기 때문에 노역으로 부과되는 교도작업의 종류에 해당되지 아니한다.
> ⓒ 교도작업의 민간기업 참여절차, 작업종류, 작업운영에 필요한 사항은 법무부장
> 관이 정한다.

10. 교도작업에 대한 설명으로 옳지 않은 것은?　　　　　　　　　　(11. 9급)

　① 수형자에게 부과되는 작업은 선선한 사회복귀를 위해 기술을 습득하고
　　근로의욕을 고취하는 데 적합해야 한다.
　② 소장은 금고형 또는 구류형의 집행 중에 있는 사람이 작업을 신청한 경
　　우 작업을 부과할 수 있다.
　③ 소장은 수형자가 개방처우급 또는 완화경비처우급으로서 작업기술이 탁
　　월하고 우수한 경우, 수형자 자신의 작업을 하게 할 수 있다.
　④ 소장은 수형자의 신청에 따라 집중적인 근로가 필요한 작업을 부과하는 경
　　우에도 접견·전화통화·교육·공동행사 참가 등의 처우는 제한할 수 없다.

> **정답**　④ 소장은 수형자의 신청에 따라 외부통근작업, 직업능력개발훈련 그 밖
> 에 집중적인 근로가 필요한 작업을 부과하는 경우에는 접견·전화통화·교육·공동
> 행사 참가 등의 처우를 제한할 수 있다. 단, 접견 또는 전화통화를 제한할 때에는
> 휴일이나 그 밖에 해당 수용자의 작업이 없는 날에 접견 또는 전화통화를 할 수
> 있게 하여야 한다.

11. 현행법령상 수형자 교육 및 교화프로그램에 관한 설명 중 틀린 것은?

　① 가족관계회복프로그램 대상 수형자는 교도관회의의 심의를 거쳐 선발하
　　고, 교정시설 안에서만 실시한다.
　② 소장은 수형자와 그 가족의 관계를 유지·회복하기 위하여 해당 수형자

의 가족이 참여하는 각종 프로그램을 실시할 수 있다.

③ 외국어 교육대상자가 교육실 이외에서의 어학학습장비를 이용한 외국어 학습을 원하는 경우에는 계호수준·독거여부·교육정도 등에 대한 교도관회의의 심의를 거쳐 이를 허가할 수 있다.

④ 가족관계회복프로그램 참여인원은 3명 이내의 가족으로 한다.

> **정답** ④ 가족관계회복프로그램 참여인원은 5명 이내의 가족으로 한다.
> 가족관계회복프로그램(형집행법 시행규칙 제117조)
> 1. 소장은 수형자와 그 가족의 관계를 유지·회복하기 위하여 수형자의 가족이 참여하는 각종 프로그램을 운영할 수 있다. 다만, 가족이 없는 수형자의 경우 교화를 위하여 필요하면 결연을 맺었거나 그 밖에 가족에 준하는 사람의 참여를 허가할 수 있다.
> 2. 1.의 경우 대상 수형자는 교도관회의의 심의를 거쳐 선발하고, 교정시설 안에서 실시하며, 참여인원은 5명 이내의 가족으로 한다. 다만, 특히 필요하다고 인정하는 경우에는 참여인원을 늘릴 수 있다.

12. 다음은 수용자에 대한 교화개선에 관련된 설명이다. 옳지 않은 것은 몇 개인가?

> ㉠ 교정교화는 신청을 하지 않은 미결수용자를 대상으로 할 수 있다.
> ㉡ 현행법은 종교교화와 교화프로그램의 근거규정을 규정하고 있다.
> ㉢ 수용자의 개인적 특성에 맞는 개별화된 처우가 요구된다.
> ㉣ 교육에는 학과교육, 정서교육 등이 있다.
> ㉤ 교화활동으로 라디오청취, 사회견학 등이 있다.
> ㉥ 과학적인 분류처우로 악풍감염이 최소화되어야 한다.
> ㉦ 교정교화는 교육과 직업훈련을 강조하여 사회복귀능력을 제고할 수 있어야 한다.

① 1개   ② 2개

③ 3개   ④ 4개

> **정답** ①.
> ㉠이 옳지 않은 설명이다.
> ㉠ 교정교화는 원칙적으로 수형자에 대해서 실시하고, 미결수용자는 신청에 의해서만 실시할 수 있다.

13. 현행법령상 수형자에게 작업을 부과할 때 고려해야 할 사항이 아닌 것은?

① 나이와 형기

② 건강상태와 취미

③ 범죄전력과 작업능력

④ 기술과 성격

> **정답** ③ 소장은 수형자에게 작업을 부과하려면 나이, 형기, 건강상태, 기술, 성격, 취미, 경력, 장래생계, 그 밖의 수형자의 사정을 고려하여야 한다(형집행법 제65조). 범죄전력은 거실 지정시 참작사유에 해당되고, 작업능력은 그 어디에도 해당되지 않는다.

14. 현행법령상 직업훈련에 관한 사항 중 옳지 않은 것은?

① 직업훈련 대상자의 선정기준 등에 관하여 필요한 사항은 법무부령으로 정한다.

② 소장은 수형자가 개방처우급 또는 완화경비처우급으로서 직업능력 향상을 위하여 특히 필요한 경우에는 교정시설 외부의 공공기관 또는 기업체 등에서 운영하는 직업훈련을 받게 할 수 있다.

③ 직업훈련의 비용은 일반적으로 예산의 범위에서 그 비용을 지원하는 것을 원칙으로 하고 있고, 특별한 경우 비용을 수형자에게 부담시킬 수 있다.

④ 징벌대상행위의 혐의가 있어 조사 중이거나 징벌집행 중인 경우의 수형자에 대해서는 원칙적으로 직업훈련 대상자로 선정해서는 아니 된다.

> **정답** ③ 직업훈련의 비용은 수형자가 부담한다. 다만, 처우상 특히 필요한 경우에는 예산의 범위에서 그 비용을 지원할 수 있다.

15. 작업과 관련한 다음 설명으로 옳지 않은 것은?

① 소장은 수형자의 신청에 따라 외부통근작업, 직업능력개발훈련, 그 밖에 집중적인 근로가 필요한 작업을 부과하는 경우에는 접견·전화통화·교육·공동행사 참가 등의 처우를 제한할 수 있다.

② 공휴일·토요일과 그 밖의 휴일에는 작업을 부과하지 아니한다. 다만,

취사·청소·간호, 그 밖에 특히 필요한 작업은 예외로 한다.

③ 소장은 수형자의 가족 또는 배우자의 직계존속이 사망하면 2일간, 가족 또는 배우자의 직계존속의 기일을 맞이하면 1일간 해당 수형자의 작업을 면제한다. 다만, 수형자가 작업을 계속하기를 원하는 경우는 예외로 한다.

④ 소장은 수형자에게 부상·질병, 그 밖에 작업을 계속하기 어려운 특별한 사정이 있으면 그 사유가 해소될 때까지 작업을 면제할 수 있다.

> **정답** ③ 가족 또는 배우자의 직계존속이 사망하면 2일간, 부모 또는 배우자의 기일을 맞이하면 1일간 해당 수형자의 작업을 면제한다.

16. 직업훈련대상자 선정의 제한 사유를 모두 고른 것은?

> ㄱ. 15세 미만의 경우
> ㄴ. 의사소통이 곤란한 외국인인 경우
> ㄷ. 징벌대상행위의 혐의가 있어 조사 중인 경우
> ㄹ. 징벌집행 중인 경우

① ㄱ, ㄴ, ㄷ   ② ㄱ, ㄷ, ㄹ
③ ㄴ, ㄷ, ㄹ   ④ ㄱ, ㄴ, ㄷ, ㄹ

> **정답** ④ 모두 맞는 지문이다.
> 형의 집행 및 수용자의 처우에 관한 법률 시행규칙
> 제126조(직업훈련 대상자 선정의 제한) 소장은 제125조에도 불구하고 수형자가 다음 각 호의 어느 하나에 해당하는 경우에는 직업훈련 대상자로 선정해서는 아니 된다.
> 1. 15세 미만인 경우
> 2. <u>교육과정을 수행할 문자해독 능력 및 강의 이해능력이 부족하다고 인정되는 경우</u>
> 3. 징벌대상행위의 혐의가 있어 조사 중이거나 징벌집행 중인 경우
> 4. 작업, 교육·교화프로그램 시행으로 인하여 직업훈련의 실시가 곤란하다고 인정되는 경우
> 5. 질병·신체조건 등으로 인하여 직업훈련을 감당할 수 없다고 인정되는 경우

교정상담의 이해와 기법

제 1 절 교정상담의 이해

1. 교정상담의 의의 및 목적

1) 교정상담의 의의

교정상담(교화상담)은 「형의 집행 및 수용자의 처우에 관한 법률 시행규칙」 제 118조에 의거하여 교도소장이 수형자가 처한 문제 상황에 대하여 보다 효율적으로 대처·관리할 수 있게 하고 나아가 잘못된 인생관 및 생활방식을 바람직한 방향으로 변화를 유도하거나 고충을 해소하기 위하여 실시하는 상담을 말한다.

2) 교정상담의 목적

수용관리상 교정상담 위험성이 높은 수용자를 조기에 발견하여 사전에 예방하고 문제행동의 원인을 전문적인 상담기법을 통하여 해결함으로써 안정된 수용생활을 도모한다. 교정처우상 재범위험성이 높은 수용자들의 공통적인 문제와 개별적인 문제에 대하여 전문지식을 적용하여 범죄인성을 제거하고 교정·교화하여 원활한 사회복귀를 도모한다.

2. 교정상담의 요건 및 특징

1) 교정상담자의 요건

① 보안과 치료라는 대립적 성격의 업무를 동시에 효과적으로 수행하기 위하여 고도의 전문지식을 갖추고 있어야 한다.
② 이상적인 치료환경보다는 열악한 환경에서 일할 의지를 지니고 있어야 한다.
③ 교정상담과정에서 발생하는 특별한 문제들을 위협이라기보다는 도전으로 받아들이는 자세가 필요하다.
④ 심각한 문제를 가진 내담자를 다루는 기술과 재능을 갖춘 사람이어야 한다.

2) 교정상담의 특징

① 행동주의적 상담이론에서는 외형적 행동을 강조한다.
② 생태학적 상담이론에서는 개인의 환경적 특성을 찾아 해결하려 한다.
③ 심리요법상담표는 내적 상태의 변화에 따라 처리한다.
④ 집단상담은 교도소 내 반사회적 집단에 비하여 건설적인 처리방안을 제공한다.
⑤ 상황에 대해 지속적인 관찰과 변화를 살펴야 한다.

3. 교정상담의 유형

1) 인성교육상담프로그램

수용자의 시설 내 생활상의 적응을 돕고, 범죄성을 순화시켜 출소 후 재범을 방지하는 재활프로그램으로 전문상담기법을 응용하여 법무부에서 중점 추진하고 있는 전문상담프로그램이다. 2007년부터 본격적으로 시행되고 있는 프로그램이며 주요 내용은 분노조절, 이완훈련, 친사회적 행동기술훈련, 인지행동 치료방법, 감수성 훈련, 인간관계회복프로그램, 웃음치료, 음악 및 미술치료프로그램 등이 진행되고 있다.

「형의 집행 및 수용자의 처우에 관한 법률」 제64조에 의거하여 교도소장은 수형자의 교정교화를 위하여 상담·심리치료, 그 밖의 교화프로그램을 실시하여야 하나, 현재 교정시설에서는 이러한 인성상담프로그램을 전문적으로 실시할 수 있는 자원의 한계 때문에 주로 교정시설이 위치하고 있는 대학의 심리학과와 상담심리연구소, 전문교육기관 등과 협약을 통해 위탁하여 진행하고 있다(김석현, 2008: 14).

2) 종교상담프로그램

⑴ 종교상담프로그램은 수용자들에게 신앙을 통해서 자신을 발견하도록 돕고, 도덕성을 회복시켜 범죄성을 제서하여 수용시설에서의 적응을 통해 사회적응력을 배양하고 자신의 삶을 올바르고 진실되게 영위하도록 하는 데 그 목적을 두고 운영되고 있는 상담프로그램이다.

⑵ 「형의 집행 및 수용자의 처우에 관한 법률」 제45조에 의거하여 수용자는 교정시설의 안에서 실시하는 종교의식 또는 행사에 참석할 수 있으며, 개별적인 종교상담을 받을 수 있고, 신앙생활에 필요한 서적이나 물품을 소지할 수 있다.

⑶ 또한 수용자들에게 정신적 위안뿐만 아니라 내적변화의 기회와 심성순화를 위해 기독교, 불교, 천주교 등 3대 종교와 원불교, 여호와의 증인 등 소수 종교도 실시하고 있다. 목사, 승려, 신부 등 성직자나 덕망있는 종교인들에 의해 개인 및 집단상담이 이루어지고 있으며, 아버지학교프로그램, 영성훈련프로그램, 참선프로그램, 개인자매결연상담 등이 적극적으로 시행되고 있다.

⑷ 외국의 경우 급증하는 재범률을 줄이기 위한 방법으로 기독교교도소나 국립교도소 내에 기독교 신앙에 입각한 교정프로그램을 운영하여 놀라운 갱생과 성공적인 재사회화의 결과를 얻고 있는데, 미국의 경우 교도선교협의회에서 '내적변화 자유의 첫걸음'이라는 기독교 교정프로그램을 실시하여 미국의 재범률을 5% 이하로 감소시키고 있으며, 이는 미국의 평균 재범률이 60%인 것을 감안하면 엄청난 효과를 거두고 있는 것이다.

⑸ 또한 브라질의 경우 교도선교협의회에서 실시하고 있는 휴마이타교도소의 경우 재범률을 4%대로 감소시키고 있어 브라질의 재범률이 75%인 것에 비교하면

엄청난 성과를 거두고 있는 것으로 평가되고 있다(김희자, 2002: 265).

3) 개인상담프로그램

⑴ 현재 교정본부에서 이용하고 있는 교정처우방법으로 수형자들은 심리적으로 또는 감정적으로 장애가 있다는 기본가정에서 출발하고, 수형자들이 겪고 있는 개인의 특정 문제를 극복하도록 도와주는 상담프로그램이다.

⑵ 전통적 상담방법인 개인상담은 교도관 및 교정위원, 상담전문가들에 의해 실시되고 있다. 수형자들이 시설 내에서 생활하면서 당면하게 되는 다양한 문제를 다루지만, 일반상담과는 달리 자발적인 상담뿐만 아니라 비자발적인 상담이 중요하게 다루어지고 있다.

⑶ 수형자가 자발적으로 상담을 요청하는 경우는 일반상담과 동일하지만, 비자발적인 상담의 경우 해결할 문제와 상담목표가 상담자에게 있다. 수형자의 문제행동이나 행동을 개선하기 위하여 상담자가 능동적으로 개입하여 적응과 행동변화를 유도하는 상담이므로 일반상담과는 차이점이 있으며, 수형자가 문제해결에 대한 의지가 없을 시 상담의 성과를 거두는 데 어려움이 있다.

4) 집단상담프로그램

집단적(3~4명)으로 실시하는 상담치료활동으로써 수형자들의 공통된 문제를 해결하는 방식으로, 그 집단이 지나치게 커지지 않는 한 심리치료의 효과를 크게 감소시키지 않으면서 그 비용은 상당히 줄일 수 있다. 그 밖에 개별상담에서 불가능했던 것으로 상담자는 물론이고 참여 수형자들은 동료 수형자와 자신의 생각을 집단상담을 통하여 비교하고 검증할 수 있다.

제 2 절 교정상담 기법의 활용과 유형

1. 교정상담 기법의 이론적 고찰

⑴ 교정기법은 교정복지의 실천 기술이며 비행 청소년과 범죄자의 재활, 나아가서는 범죄의 예방을 위한 구체적 노력이나 도구, 수단이라 설명하였다. 따라서

본 절에서는 1절에서 살펴본 상담의 제 이론들을 올바로 이해하고 습득하여 교정복지 측면에서의 이를 응용하는 교정상담기술과 조직화기술에 대해서 알아보겠다.

(2) 교정복지의 실천에 있어서 현장의 실무자나 교정복지 분야의 전문가는 비행청소년이나 범죄인의 재활, 나아가서는 범죄예방을 위한 상담가로서, 조직가로서 중요한 역할을 하여야 하며 상담이론과 기법에 대한 명확한 이해와 아울러 조직을 통한 적극적인 실천이 요구된다 하겠다.

(3) 특히 교정상담은 비행청소년이나 범죄자의 재활에 있어서 여러 분야의 관련인 또는 전문가의 개입을 요구하고 있으며 각자가 처해 있는 개인적·환경적 어려움, 그리고 심리적 부적응 상태를 변화시키거나 도움을 주는 것이다. 여기서는 많은 상담기법 중 비행청소년과 범죄인을 상대로 교정복지 실천현장에서 대체로 활용되고 있는 몇 가지 주요 이론을 알아보고 그에 따른 사례를 간략하게 제시해 보고자 한다.

1) 행동의 원인론

(1) 인간은 누구든지 자기가 생각하고 있는 방향으로 행동하고 있다. 행동의 원인론은 이러한 "목표를 위한 행동의 원인에는 무엇이 작용하며 그 뒤에는 어떤 힘이 작용하는 것인가"라는 의문을 가지고 있다. 이는 인간이 가지고 있는 개인차(Individual Difference)가 있어 행동으로 표출된다고 말할 수 있다. 따라서 개인차란 성격이라고 말할 수 있는데 이성적인 사고로 행동한다면 별다른 일이 없는데 그렇지 못한 경우에 범죄행동으로 이어질 수도 있다.

(2) 이러한 의문하에서 성격이론이란 행동이 어떻게 형성되어 어떻게 표출되는지를 설명하는 학문이다. 다시 말하면, 성격이론의 이해는 행동의 원인에 있어 "왜 사람들은 그들 나름대로 행동하고 사고하는가"라는 질문을 얻게 된다. 이런 측면에서 행동으로 표출되는 성격의 원인을 생각하게 되는데 이것은 곧 '로키안 이론'(Lockean Theory), '칸티안 이론'(Kantian Theory), '로키안 - 칸티안 혼합이론'(Lockean-Kantian Mixed Theory)으로 나누어진다(김화수 외, 2007: 201).

(3) 첫 번째는 인간을 둘러싸고 있는 주위 환경조건을 중시하는 이론이며, 둘째 이론은 인간의 자유의지를 주장하고 있다. 마지막은 두 측면 모두를 고려하는 이론들이다. 이러한 측면에서 이론을 중시하는 요건에 따라 아래의 이론들과 연관하여 이해해 나가도록 학습한다.

2) 인간관계중심이론

⑴ 긍정적이고 생산적인 인간관계는 그 개인의 기술에 의해 가능하다. 즉, 인간관계의 기술은 훈련을 통해 얼마든지 개발할 수 있다는 것이다. 인간관계훈련은 훈련자의 인간에 대한 이해와 일정한 형식을 갖춘 틀에 의해 가능하다. 이 틀을 프로그램이라 할 수 있으며 이 프로그램은 특정한 이론에 따라 만들어야 한다. 나아가 인간관계훈련에서는 훈련 참여자 자신에 대한 이해와 상대를 정확히 이해하는 데 초점을 둔다.

⑵ 인간관계라 함은 가장 작은 단위인 '나와 너'의 양자관계로부터 시작하는 인간의 삶에서 나타나는 상호작용이라 할 수 있다. 그러므로 이러한 인간관계를 우리는 가정에서 가족관계, 직장에서 동료들과의 관계, 지역사회 안에서 주민과의 관계 등 매우 다양하게 꾸려 나가고 있다.

⑶ 한마디로 인간관계를 하지 않는 사람은 없고 모든 삶의 형태는 바로 인간관계에 의해 이루어진다(최옥채, 2000 : 190).

더 깊이보기   상담의 과정

제 1 단계	경직된 경험의 상태에 있는 개인이 자발적으로 상담하러 오기가 그리 쉽지 않다. 따라서 이 단계에서의 의사소통은 피상적이다. 곧 자신에 대해 기꺼이 털어놓지 않는다.
제 2 단계	첫번째 단계에서 내담자가 자신이 충분히 수용되고 있음을 경험하게 되면, 상담의 과정은 제 2 단계로 발전한다. 여기서는 가끔 감정들이 표출된다. 자신이 어떤 문제나 갈등을 갖고 있다는 인식을 보이기는 하지만 그 문제나 갈등이 하나의 객관적인 다른 사람의 문제처럼 지각되고 있다.
제 3 단계	제 2 단계에서 약간 느슨해지고 유동적으로 된 태도의 변화가 방해받지 않고, 계속 자신이 있는 그대로 수용되고 있다고 느낄 수 있게 되며, 보다 많은 감정들과 사적인 표현들을 하게 된다. 그러나 지금 여기서 자기가 느끼는 감정이나 경험이 아니고, 하나의 객체로서 자기와 관련된 경험들의 표현이다.
제 4 단계	자신이 지속적으로 수용되고 있음을 느낄 때, 보다 자유로운 감정의 흐름이 가능해진다. 그래서 전에는 의식하기를 부인하던 감정들이 그대로 표현되기도 한다. 그러나 아직은 이러한 표현에 두려움을 느끼고 있다. 또한 문제에 대한 자기 책임의식이 약간씩 나타나기도 한다.
제 5 단계	수용적인 분위기 속에서 감정들이 지금 여기서의 느낌의 상태대로 표현된다. 전에 부인되었던 감정들이 두려움을 가지면서도 의식 속으로 흘러 나온다. 자신이 갖고 있는 문제들

	에 대하여 자신이 분명하게 책임을 가지고 있음을 인정한다.
제 6 단계	전에는 부인되었던 감정들이 그때그때 현재의 경험들로 수용된다. 이제까지 객체로서의 자아는 사라지고 경험의 과정은 현실적인 것이 된다. 내담자는 자신의 문제를 주체적으로 대처해 갈 수 있게 된다.
제 7 단계	이젠 상담자의 도움이 필요하지 않게 된다. 상담장면 바깥에서도 개인은 새로운 감정들을 즉시 그리고 충분히 느긋하게 경험할 수 있다. 자아는 경험의 과정에서 신뢰롭게 된다. 그리하여 개인은 자유롭게 경험하면서 만족하게 역할 수행하는 인간으로 성장한다.

(1) 상담과정

인간중심 상담이론은 그 특성상 상담과정이 명확히 구분되지 않는다. 단지 편의상 구분지어 앞의 표에서 보는 바와 같이 크게 7단계로 요약 설명할 수 있겠다(장혁표·신경일, 1996: 130-131 재구성).

(2) 주요 기법

인간 중심 상담에서는 상담기법보다는 상담자의 철학이나 태도를, 그리고 상담자의 언행보다는 오히려 상담관계를 강조한다. 상담의 기술에 있어서 상담자의 태도에 나타나야 할 적절한 조건과 상담자의 역할을 보면 다음과 같다(김형태, 2000: 74-75).

① 진실성(genuineness)

상담자가 내담자와의 상담관계에서 순간 경험하는 자신의 감정이나 태도를 있는 그대로 솔직하게 인정하고, 경우에 따라서는 솔직하게 표현하는 태도를 말한다. 상담자의 진실한 태도는 내담자와 더불어 탐색함이 없이 순수한 인간적 만남을 가능하게 하고, 내담자의 개방적인 자기 탐색을 촉진·격려하게 된다.

② 무조건적인 긍정적 관심(unconditional positive regard)

상담자가 내담자를 평가·판단하지 않고 내담자가 나타내는 어떤 감정이나 그 밖의 행동 특성들도 그대로 수용하며 그를 소중히 여기고 존중하는 태도이다.

Rogers는 내담자가 어떤 상태에 놓여 있는 존재이든 간에 그를 향한 무조건적인 긍정적이고 수용적인 태도를 경험하게 되면, 치료적 변화가 일어날 가능성이 더 커진다고 주장한다. 그래서 인간 중심적 접근에서 상담자는 실현 경향성을 갖고 있는 유기체에 대한 신뢰를 근거하여 충고나 지시, 그리고 해석 등과 같은 방법 대신에 비판단적인 이해와 진실한 반응으로, 그리고 가끔은 무조건적인 긍정적 관심을 내담자에게 전달하려 한다.

③ 정확한 공감적 이해(accurate empathic understanding)

상담자와 내담자가 상호작용하는 동안에 발생하는 내담자의 경험들과 감정들, 그리고 그러한 경험과 감정들이 상담의 과정 순간 순간에서 내담자에게 갖는 의미를 민감하게 그리고 정확하게 이해하려고 하는 노력을 말한다.

정확한 공감적 이해는 내담자로 하여금 있는 그대로의 자신에게 보다 더 가깝게 접근해 갈 수 있도록 격려하고, 보다 깊이 있게 그리고 강한 경험을 할 수 있도록 도와서 내담자 자신 내에 존재하는 자아와 유기체적 경험 간의 불일치성을 인지하고 해결할 수 있도록 하는 것이다. 이와 같은 이해의 방법에 진단이나 평가 같은 방법은 포함되지 않는다.

교정상담에서 인간관계 이론을 바탕으로 한 인간관계 훈련이 차지하는 중요성과 활용상 특성을 요약하면 다음과 같다.

첫째, 교정상담 대상자에게 자신의 비행이나 범죄를 자연스럽게 깨달을 수 있는 기회를 제공한다.

둘째, 집단상담과 같은 실제 과정에서 필요로 하는 여러 가지의 소 프로그램으로 활용할 수 있다.

셋째, 집단활동에서 '나'를 이해할 수 있고, 나아가 인간관계 기술을 뛰어나게 향상시킬 수 있는 기회를 제공한다.

3) 정신분석 이론

심리학의 3대 주류를 정신분석학, 행동주의 심리학, 인도주의 심리학으로 든다면 교정상담 이론에서도 정신분석 이론은 최초의 심리학으로 분류할 수 있다(이형득 외, 1985). Freud 정신분석 이론이 심리학의 주요 이론으로 인정받고 나아가 최초의 심리학의 자리에 있다는 것은 이 이론이 모든 심리학 이론에 영향을 미치고 있다는 의미로 받아들여진다. 정신분석 이론에서 다루고 있는 주요 기술을 살펴보면 다음과 같다(김형태, 2000: 58-59; 장혁표·신경일, 1996: 48).

(1) 자유연상(free association)

내담자로 하여금 마음속에 떠오르는 것이면 무엇이든지 이야기하도록 하는 방법이다. 즉, 아무런 제한 없이 고통스러운 것이든 즐거운 것이든 무엇이나, 또한 논리적이고 조직적이고 의미있는 이야기가 아니더라도, 그리고 아무리 사소한 것이라 하더라도 의식에 떠오르는 것이면 무엇이든지 모든 것을 이야기하도록 하는 것이다.

(2) 해석(interpretation)

상담자는 꿈이나 자유연상의 내용, 저항, 그리고 상담관계 자체의 의미를 지적 또는 설명하기도 하며, 그리고 가르치기도 한다. 해석은 자아로 하여금 무의식적인 재료를 의식화하는 것을 촉진시킴으로써 내담자로 하여금 무의식적인 재료들에 대한 통찰을 갖게 한다.

해석의 기술을 사용할 때 유의해야 할 두 가지 규칙이 있다. 첫째, 상담자는 내담자가 저항 혹은 방어적인 태도를 취할 때, 그 방어적인 행동의 이면에 숨겨져 있는 원인을 해석하기 전에 내담자의 방어나 저항 행동 자체를 지적하고 설명해 주어야 한다. 둘째, 상담자는 흔히 있을 수 있는 내담자가 표현한 감정의 대상적인 이면을 이해할 수 있어야 한다. 예를 들어, 내담자가 표현한 열등감은 그의 아버지나 어머니에 관한 부정적인 감정이라는 사실이 뒤에 밝혀질 때도 있기 때문이다.

(3) 꿈의 분석과 해석

꿈의 내용이 갖는 상징들을 탐구하여 숨겨져 있는 의미를 파악하는 것이다. 이 꿈은 잠재적 내용과 현시적 내용이라는 두 가지 수준의 내용들을 가지고 있다. 그 중 '잠재적 내용'은 너무나 고통스럽고 위협적인 것들로 가장되어 있으며 숨겨져 있고 상징적이며, 그리고 무의식적인 동기들로 구성되어 있다. '현시적 내용'은 바로 꿈 속에 나타나는 꿈의 내용들을 말한다.

(4) 저항의 분석과 해석

'저항'이란 불안으로부터 자신을 방어하려는 경향을 말한다. 정신분석 초기에 내담자는 억압된 감정이나 생각들을 회상할 수 없거나 혹은 그 표현을 주저하는 경향을 보인다. 상담자는 내담자의 주의를 집중하게 하고 저항들 가운데서도 가장 분명한 저항현상을 해석하는 것이다. 저항 분석의 목적은 내담자가 그 저항을 처리할 수 있도록 하기 위해서 저항의 이유들을 각성할 수 있도록 도우려는 것이다.

(5) 전이의 분석과 해석

'전이'란 내담자가 어릴 때 어떤 중요한 인물에 대하여 가졌던 사랑이나 증오의 감정을 상담자에게 전위시킬 때 나타나는 현상이다. 전이현상의 장면에서 내담자는 사랑의 대치 대상의 역할을 하게 된다. 전이는 직접 언어적인 의사소통으로 나타날 수도 있고, 자유연상이나 꿈의 내용으로 나타나기도 한다.

Freud에 의하면, 내담자가 상담자와의 전이관계의 참된 의미를 점차로 각성하게 됨에 따라 내담자들은 그들의 문제와 밀접하게 관련되고 있는 과거의 경험과 갈등들에 대한 통찰을 획득하게 된다.

(6) 공   감

상담자는 분석 장면에서 심층적인 공감을 통해서 느끼는 감정을 한 가정으로서 간직하고 적당한 자료가 충분히 모였을 때, 적당한 상황에서 해석하기 위해서 기다릴 수 있어야 한다. 여기에서 공감이라는 것은 다차원적이고 다각적인 경청을 통해서 가능해진다. 내담자가 의식적으로 체험하는 것을 같이 느끼는 공감이 있고, 그와 반대로 무의식에 숨겨진 것과 동일시하여 표면과는 다르게 공감이 일어날 수도 있다. 흔히 겉으로 드러나는 말마디에만 반응해서 '공감'하려는 것은 표층만을 두드리는 것에 불과하다. 따라서 전체적인 의미 맥락 속에서 종합적으로 이해될 때 상담자는 심층적 공감을 하는 것이다.

(7) 버텨 주기(holding)

"내담자가 지금 체험하고 있거나 혹은 뭔가 막연하게 느끼기는 하지만 감히 직면할 수는 없는, 끝없이 깊고 깊은 불안과 두려움을 상담자가 잘 알고 있다"는 것을 분석과정 안에서 적절한 순간에 적합한 방법으로 전해 주면서, 내담자에게 큰 힘으로 의지가 되어 주고 따뜻한 배려로 마음을 녹여 주는 것을 의미한다.

(8) 간직하기(containing)

상담자는 내담자가 두려워하는 모든 정동, 충동과 체험 등을 간직하여 완화시켜 주는 역할을 한다. 상담자는 내담자의 그런 감정에 즉시 반응하지 않고, 마음에 간직하여 뜸들이고 길들여서 위험하지 않도록 변화시킨다.

이 기법을 잘 활용하기 위해서는 상담자가 심한 좌절을 견뎌낼 수 있고 강한 감정을 통제할 수 있는 능력을 갖추어야 한다. 상담자는 내담자의 내적 위협을 내담자보다 신랄하고 절실하게 경험하는 동시에 적당한 거리를 유지하여 이러한 경험을 객관화함으로써 내담자가 치유하고 성장할 수 있도록 활용할 수 있는 융통성이 있어야 하기 때문이다.

이 기법은 버텨 주기와 직결되며, 상담자가 자기자신의 역전이 반응을 통제하여 그것을 효율적으로 활용하기 위해서 필수적이다.

그러나 정신분석 이론을 일방적으로 비행청소년이나 범죄인에게 적용했을 때 상담자는 이들 범죄인과 비행청소년의 재활 능력을 무시하고 오직 자신이 '해결사'로 군림할 수도 있다. 그럼에도 불구하고 이 이론이 이들을 이해하는 데 이로운 점을 다음의 몇 가지로 요약할 수 있다(최옥채, 2000 : 192).

첫째, 무의식을 설명함으로써 교정상담 대상자의 범죄와 비행과 평소 생활 양태의 동기에 대해 규명이 어려운 부분을 해결해 준다.

둘째, 성격 발달에서 유아기의 중요성을 강조한 점은 특히 비행청소년의 양육 상황을 이해하는 데 도움을 준다.

셋째, 교정상담 대상자가 유아기에 부모로부터 받은 영향을 이해함으로써 대상자의 행동에 미친 영향을 규명할 수 있다.

4) 지정행 요법(REBT)[1]

지정행 요법(Rational-Emotive-Behavior Therapy)은 상담 혹은 정신치료 이론 중의 하나로 엘리스(Albert Ellis)에 의해 개발되었다. 이 이론은 원래 합리적·정서적 요법으로 1950년대에 창안되어 지금은 지정행 요법으로 발전한 것이다. 지정행 요법은 인간의 적응문제가 합리적 사고 방식의 유무에 의하여 크게 좌우한다고 보고 있으며 개인의 이성적인 생각 내지 인지적이고 지성적인 사고의 과정을 강조하고 있다.

즉, 사람의 사고, 판단, 결심, 분석, 활동 등을 강조하기 때문에 인간의 지적·행동적·활동적인 경향에 초점을 두고 있다. 예를 들면, 교정 상담 대상자의 그릇된 사고방식이나 신념체계를 사리에 맞게 잡아 주는 데 역점을 두고 있다. 그러므로 지정행 요법을 사용하는 교정상담가나 자원봉사자는 강한 논리와 이치에 맞는 판단력이 뛰어나야 한다(최옥채, 2000: 192). 따라서 지정행 요법에 있어서 그 목적과

---

1 Rational-Emotive therapy(심리학)는 논리 정동(情動)요법으로 개인의 불합리한 믿음을 설득에 의해 수정시키는 심리요법.

주요 기술을 간략히 살펴보면 다음과 같다(이형득, 1994: 309-317).

(1) 상담의 목적

Ellis는 합리적·정서적 상담의 중요한 상담 목적으로 두 가지를 제시했다. 그 중 하나는 내담자의 핵심적인 자기파괴적 생각을 최소화하고 삶에 있어 더욱 현실적이고 관대한 철학을 갖도록 하는 것이다. 다른 하나는 삶에 있어 바람직하지 못한 결과가 나왔을 경우 자기 자신이나 다른 사람에 대한 비난을 줄이는 것이다. 이렇게 볼 때 이 이론의 상담목적은 내담자의 겉으로 드러난 어떤 행동과 관련된 그의 자기파괴적 생각을 줄여서 그 행동을 바람직하게 변화시키거나 그의 행동 결과에 대해 자기 자신이나 다른 사람 또는 환경을 비난하지 않도록 하는 데 머물지 않고 내담자의 정서나 행동, 특히 부적절한 정서나 행동에 큰 영향을 미치는 신념, 또는 가치체계를 재검토하도록 도움으로써 성격이나 인생관을 근본적으로 변화시키는 데 있다고 볼 수 있다.

이상의 상담목적 달성을 위한 구체적인 상담목표 중 Ellis, Belkin, Corey의 이론을 요약하면 다음 10가지로 설명할 수 있겠다.

① 자기관심(self-interest)의 촉진이다. 내담자가 다른 사람에 대해서보다도 먼저 자기 자신에게 관심을 가지도록 하는 것이다. 이는 많은 비합리적 생각이 다른 사람을 지나치게 의식하기 때문에 생겨난다는 점과 관련된다. 그렇다고 내담자가 다른 사람에게는 전혀 관심을 가지지 않도록 한다는 것은 아니다. 사람은 남과 더불어 살아가기 때문에 완전히 자기자신에게 빠져버린다든가 이기적이 되는 것도 합리적이거나 바람직한 것이 아니다.

② 사회적 관심(social interest)의 촉진이다. 사람은 좀처럼 고독한 삶을 택하려고 하지 않는다. 그들은 사회집단 속에서 다른 사람과 함께 효과적으로 살아가는 데 흥미를 가진다. 상담자는 내담자의 이러한 흥미를 촉진시켜야 한다. 내담자로 하여금 먼저 자기자신에게 관심을 가지도록 하면서 다른 사람에게도 친절을 베푸는 등의 관심을 가지도록 한다. 다른 사람의 권리가 부당하게 제한당하지 않는 사회가 될 때만이 자신의 권리도 부당하게 제한당하지 않게 되어, 자신이 원하지 않는 불필요한 제한에서 벗어나 자신이 바라는 자유를 누릴 수 있게 되기 때문이다.

③ 자기지도력(self-direction)을 기르는 것이다. 내담자가 자신의 삶에 대해 책임을 지고 대부분의 자기문제를 독자적으로 처리할 수 있는 자기지도력을 갖도록

한다. 정서적으로 건강한 사람이라도 가끔은 다른 사람과 협력하거나 다른 사람의 도움을 받고 싶을 때가 있다. 그러나 이들은 다른 사람의 도움이 꼭 있어야만 한다고 생각하나 실제로 그렇게 도움을 요구하지도 않는다.

④ 관용성(tolerance)을 기르는 것이다. 내담자가 보다 관용적으로 생각하고 행동할 수 있도록 하는 것이다. 비록 상대방의 행동이 내담자 자신의 마음에 들지 않을지라도 그 사람을 비난하거나 욕하지 않도록 한다. 즉, 내담자로 하여금 상대방이 실수할 수 있는 권리가 있음과 상대방이 내담자의 마음에 들지 않는 행동을 할 수 있는 권리도 있음을 인정하도록 하는 것이다.

⑤ 융통성(flexibility)을 기르는 것이다. 내담자로 하여금 보다 융통성있게 생각하게 하고, 변화에 대해 개방적이 되도록 하며 다른 사람에 대해 고정관념을 가지지 않도록 한다.

⑥ 불확실성에 대한 수용(acceptance of uncertainty)이다. 내담자로 하여금 그가 불확실한 세계에 살고 있음을 깨닫도록 하는 것이다. 즉, 우리는 확실한 것이라곤 거의 없는 불확실한 우연성의 세계에 살고 있음과 더불어서 이것이 결코 끔찍한 일도 아니며, 어쩌면 이러한 사실이 여러 면에서 우리를 황홀하게 하고 흥분시키는 것이 될 수도 있음을 내담자가 수용하도록 하는 것이다.

⑦ 심신을 몰입(commitment)하도록 한다. 건강한 개인은 자기 이외의 어떤 것에 완전히 몰입하는 능력이 있다. 내담자로 하여금 자기 이외의 사람이나 사물 또는 다른 사람의 생각 등 그 무엇에도 자신의 심신을 최대로 투입할 수 있도록 하는 것이다.

⑧ 과학적으로 생각할 수 있도록 한다(scientific thinking). 자신의 정서나 생각과의 관계 같은 내적 관계를 포함한 대인관계, 사물과의 관계에서 논리적이고 과학적인 법칙을 적용할 수 있도록 한다.

⑨ 자기자신을 수용할 수 있도록 한다(self-acceptance). 내담자가 단지 자신이 살아 있기 때문만이라도 자신을 수용하고, 자신이 이룬 업적이나 다른 사람의 평가에 자신의 기본적 가치를 두지 않도록 한다.

⑩ 모험을 할 수 있도록 한다(risk taking). 비록 무모할지라도(지나치게 무모해서는 안 되겠지만) 내담자 자신이 정말로 하고 싶어하는 것을 쟁취하기 위해 모험을 해보도록 한다.

⑪ 유토피아적인 생각을 갖지 않도록 한다(non-utopianism). 내담자가 아무리

노력해도 원하는 모든 것을 얻거나 싫어하는 모든 것을 피할 수 없다는 사실을 받아들이도록 한다. 비록 좌절감이나 절망감 등과 같은 부적절한 정서가 어리석거나 자기파괴적인 것이라 할지라도 이들을 완전히 피할 수는 없으며, 우리가 할 수 있는 최선의 방법은 이러한 부적절한 정서가 나타나는 빈도를 줄이고 강도를 약하게 하며 그 기간을 단축시키는 것뿐이라는 사실을 내담자가 분명히 알도록 한다는 것이다.

(2) 주요 기술
① 인지적 기술
㉠ 지정행 요법에서 강조하는 인지적 기술은 비합리적 생각과 그에 근거한 비합리적이고 자기파괴적인 자기진술을 더 이상 계속하지 않도록 하기 위하여, 내담자의 생각 중 비합리적인 생각과 그에 근거한 자기언어를 찾아, 이를 합리적 생각과 그에 근거한 합리적 자기언어로 바꾸도록 하는 것이다. 이를 위해 지정행 요법에서는 논박기법이 많이 사용된다.

㉡ 논박기법(論駁技法: refutation confutation)은 상담과정 중 비합리적인 생각과 자기언어를 확인한 후 이를 합리적인 생각과 자기언어로 재구성하기 위해 사용되는 기술이다. 이 기술을 좀더 구체적으로 살펴보면 다음과 같다.

㉢ 논박의 첫 단계는, 확인된 비합리적 생각과 그에 근거한 자기언어에 대해 규정하여 재진술토록 하는 것이다. 즉, '그 생각(비합리적 생각과 그에 근거한 자기언어)을 규정하여 재진술하면 어떻게 되는가?'라고 묻고 답하는 것이다. 여기서 '규정한다'(defining)는 것은 내담자가 어떤 사실에 대해 판단하거나, 자신이나 타인을 평가할 때 내담자가 막연하게 또는 지나치게 일반화한 것을 그 사실에 국한하여 재진술토록 하는 것이다. 다시 말해, 부적절한 정서를 유발하는 어떤 사실을 막연하게 또는 지나치게 일반화하였을 경우 이를 더욱 분명하게 규정토록 한다. 예를 들어, 수업시간 중 친구와 이야기를 하다가 교사에게 지적을 받고 엉뚱한 대답을 하여 친구들이 크게 웃었을 경우 '나는 바보야'라고 생각한다면 이는 너무 막연하다는 것이다. 즉, 구체적인 사실과 관련짓지 않고 너무 일반화했다는 것이다. 이런 경우 '답을 틀리게 말해서 친구들이 나를 바보라고 할 것이다'라고 규정하여 생각이나 자기언어를 재구성하는 것이다.

㉣ 둘째 단계는, 규정하여 재구성한 생각이나 자기언어가 합리적인가를 묻고

답하는 것이다. 이는 그러한 생각이나 자기언어가 타당한 근거를 가지고 있지 못함을 밝히는 데 목적이 있다. 이 경우 상담자는 그러한 생각이나 자기언어가 하고자 하는 일에 도움이 되는지와 관련지어 그 부당성을 지적하도록 내담자를 돕는다. 처음에는 상담자의 도움을 받지만 결국은 내담자 자신의 논리로 그 부당성을 지적할 수 있도록 한다. 위의 경우를 다시 예로 들어 보면 '답을 틀리게 했다고 바보이어야 할 근거가 어디 있는가? 선생님 질문에 모두 답할 수 있는 학생이 있다면 과연 그는 학교에 다닐 필요가 있는가? 결코 그러한 학생은 없으며 그럴 수도 없다'와 같은 생각을 하거나 자기언어를 구성토록 하는 것이다.

ⓜ 셋째 단계는, 비합리적 생각이나 그 생각에 근거한 자기언어를 내담자가 하고자 하는 일에 도움이 되는 생각이나 자기언어로 대치토록 하는 것이다. 이 단계에서도 처음에는 상담자가 적극적으로 도와주지만 결국은 내담자 자신의 논리로 합리적 생각과 자기언어를 구성할 수 있도록 한다. 앞의 경우를 다시 예로 들어 보면 '선생님 질문에 답할 수 있었으면 좋았지만 그렇지 못했다. 수업중에 선생님 말씀을 잘 듣지 않으면 질문을 받기 쉽고 답도 못할 수 있다. 선생님이 나를 못마땅하게 여기실지도 모르니 이전보다 더욱 열심히 수업에 임해야겠다'라고 생각하거나 자기언어를 구성하는 것이다.

ⓗ 이상에서 살펴본 바와 같이 인지적 기술의 대표적인 것이라고도 할 수 있는 논박은 특정 사실과 관련하여 내담자가 가지고 있는 생각이나 자기언어가 결국 내담자가 하고자 하는 일을 방해하는 비합리적인 것임을 알게 하고 이러한 비합리적인 것은 내담자가 하고자 하는 일에 도움이 되는 합리적인 생각이나 자기언어로 대치토록 하는 것이다. 이러한 논박을 보다 효과적으로 하기 위해서 인지적 과제 (cognitive homework)나 독서법을 사용하기도 한다.

② 정서적 기술

정서적 기술은 문제행동과 관련된 생각을 바꾸어 정서와 행동을 바꾸려는 인지적 기술과는 다르다. 정서적 기술은 바로 정서를 바꾸어 행동을 바꾸려는 기술이다. 이는 인지, 정서, 행동이 서로 영향을 미친다는 데 근거한다. 이러한 정서적 기술은 바로 행동의 변화를 가져올 수도 있지만 비합리적 생각에 접할 수 있는 기회를 제공하기도 한다. 이 경우 정서적 기술은 비합리적 생각을 합리적으로 생각하게 하는 단서가 되기도 한다. Corey와 Ellis는 정서적 기술을 다음과 같이 제시하고 있다.

　㉠ 합리적·정서적 구상법(rational-emotive imagery)

　이 기술은 먼저 내담자로 하여금 습관적으로 부적절한 느낌이 드는 장면을 생생하게 상상하도록 한다. 그리고 그 장면에서의 그러한 부적절한 느낌을 적절한 느낌으로 바꾸어 상상하면서 부적절한 행동을 적절한 행동으로 바꾸어 보도록 한다. 이러한 정서와 행동의 시도는 그 장면과 관련된 비합리적 생각을 버리게 하거나 합리적 생각으로 대치시키는 계기를 마련할 수 있다. 예를 들면, 여러 사람 앞에 나가서 말하는 것이 불안한 경우, 그 장면을 생생하게 상상하면서 불안해 하지 않고 즐겁게 느껴 보는 것이다. 이때 느낌의 변화는 생각의 변화와 밀접하게 관련되었음을 알게 할 수 있다. 즉, 그 장면에 대한 불안은 '실수를 해서는 안 된다'는 비합리적 생각 때문임을 알게 하는 것이다.

　㉡ 역할연기(role-playing)

　역할연기에는 정서적 요소와 행동적 요소가 있다. 내담자는 문제행동과 관련된 장면에서 어떤 느낌이 일어나는지를 알기 위하여 그 장면에서의 행동을 시도해 본다. 필요시 상담자가 상대역을 할 수도 있다. 이 기술에서는 그 장면과 관련된 불쾌감의 밑바탕이 되는 비합리적 생각을 알도록 하는 데 중점을 둔다. 예를 들어, 아버지의 지나친 꾸중에 반발하는 내담자의 경우를 생각해 보자. 상담자가 내담자 아버지의 역할을 수행하면서 내담자와 그 장면을 연기해 본다. 이를 통해 내담자는 아버지에게 얼마나 반발하는지를 알게 되고 그러한 반발은 '아버지의 간섭을 받는 것은 내가 어리석다는 증거다'라는 비합리적 생각 때문임을 알게 된다.

　㉢ 부끄러움 도전 연습(shame-attacking exercise)

　이 기술은 행동에 대해 주위 사람이 어떻게 생각할지에 대한 두려움 때문에 하고 싶은 행동을 하지 못하는 행동에 대해 실제로 행동을 해 보도록 하는 기술이다. 이렇게 해 봄으로써 내담자는 자신이 생각한 것보다는 주위 사람들이 그렇게 관심을 가지고 있지 않음을 알게 된다. 따라서 자신의 생각이 비합리적임을 알게 된다. 이렇게 되면 내담자는 자신이 하고 싶은 일을 가로막고 있던 주위 사람의 반응이나 '인정해 주지 않으면 어쩌나?' 하는 생각을 더 이상 지속할 근거가 없다는 것을 배우게 된다.

② 무조건적 수용(unconditional acceptance)

내담자의 어떤 말이나 행동을 무조건적으로 수용하는 기술이다. 이러한 수용은 상담자의 언어나 비언어를 통해 내담자에게 전해질 수 있다. 이렇게 되면 내담자는 자신을 더 깊이 개방하게 되고 이것이 자신의 혼란된 정서와 접할 수 있는 계기를 제공해 줄 수 있다.

⑩ 시범(modeling)

이 기술은 내담자가 정서적 혼란을 겪고 있는 문제에 대해 자신과는 다르게 생각하고 느끼고 행동하는 사람들의 생각, 느낌, 행동에 대해 시범을 보이는 것이다. 지정행 요법에 익숙한 상담자는 상담과정에서 내담자가 생각하기에 충분히 화를 낼 수밖에 없는 상황에서도 화를 내지 않고(합리적 생각을 하게 되면 화가 나지 않음) 말하며, 비록 상담자 자신이 실수를 해도 죄책감이나 자기비하 없이 그 실수를 완전히 수용하는 행동을 보인다. 상담자의 이러한 행동은 내담자에게 하나의 시범이 될 수 있다.

⑭ 유머(humor)

내담자에게 혼란을 일으키는 어떤 생각을 줄이기 위해 상담자는 유머를 사용한다. 예를 들어, 내담자(이삼사)가 "완벽하게 일을 해야지 그렇지 않으면 마음이 쓰여서 도저히 견딜 수 없습니다"라고 말한다면 "이삼사 씨는 곧 하나님이 되실 것 같은 생각이 듭니다"라고 상담자가 말함으로써 내담자는 자신의 생각이 비합리적임을 알 수 있게 한다. 상담자는 내담자가 화를 내거나 죄책감을 가지는 것이 얼마나 어리석고 비생산적인지를 보여주기 위해 유머스런 합리적 노래(humorous rational song)를 사용하기도 한다.

이상의 6가지 기술 이외에도 모험하기, 자신을 드러내기(revealing one-self), 즐거움 주기(pleasure giving) 등의 기술이 사용될 수 있다. 모험하기나 자신을 드러내기와 같은 기술은 그렇게 해 봄으로써 자신이 피하던 정서에 직면할 수 있게 됨과 동시에 염려했던 결과들이 나타나지 않으므로 새로운 정서를 경험하게 되고 그 결과 자신의 생각이 비합리적임을 알게 된다. 내담자가 자신에게 즐거움을 주는 행동을 해봄으로써 자신의 비합리적 생각을 변화시키는 계기를 마련할 수 있다. 예를 들면, 누군가에게 안겨 보는(내담자에게 즐거움을 주는 행동) 경험은 '나는 절대로 남과 포옹할 수 없다'는 내담자의 비합리적 생각을 변화시킬 수 있다.

③ 행동적 기술

㉠ 지정행 요법에서의 행동적 기술과 행동적 상담에서의 행동적 기술이 비록 같은 절차에 의해서 실시되더라도 그 기본 가정에 있어서는 다르다. 행동적 상담에서의 행동적 기술은 내담자의 생각이나 정서보다는 행동의 변화에만 초점을 둔다. 그래서 행동적 상담에서는 행동의 변화에 따라 생각이나 정서가 바뀌더라도 그것을 그렇게 중요하게 생각하지 않는다.

㉡ 그러나 지정행 요법에서의 행동적 기술은 그 행동적 기술을 통해 행동의 변화뿐만 아니라 생각, 더 나아가 정서까지도 변화시키려는 데 더 강조점을 둔다. 그리고 행동의 변화를 통해 생각의 변화를 가져오게 하고 변화된 생각에 따라 정서와 행동을 더욱 확실하게 변화시킬 수 있다고 본다(이형득, 1994 : 335).

㉢ 그리고 지정행 요법은 인간의 불행과 정서적 장애의 근본 원인을 인간이 갖는 비합리적인 사고방식이나 잘못된 신념체계에서 비롯한다고 본다.

㉣ 그러므로 상담과정에서는 교정상담 대상자가 가지고 있는 여러 가지 감정을 토로하도록 격려하기보다는 그 부정적 감정을 느끼게 하는 대상자 사고체계를 검토하고 분석하는 것이 중요한 치료기법이다. 즉, 대상자의 신념체계 안에 있는 비합리성을 찾아내고 반박함으로써 합리적인 태도를 갖도록 바꾸어 주면 불행의 원인이 되었던 부정적 감정에서 해방될 수 있다.

㉤ 교정상담 대상자를 상담하는 데 지정행 요법의 활용은 다음과 같은 몇 가지 이점이 있다.

첫째, 지정행 요법은 논리성이 강하여 교정상담 대상자들이 주로 보이고 있는 인내심의 결여나 나태한 생활을 변화시키는 데 크게 도움이 된다.

둘째, 교정상담 대상자 중 청소년들에게 새로운 신념체계와 올바른 이상을 심어 주는 것은 이들의 생활변화를 위해 크게 도움이 된다.

셋째, 지정행 요법 기술은 쉽게 익힐 수 있어 특히 50대 이후의 보수성이 강한 교정상담가나 또는 범죄예방, 재범방지를 위해 활동하는 자원봉사자들에게 쉽게 활용될 수 있다.

한편 지정행 요법을 교정상담 대상자에게 활용하거나 적용할 때 자칫 실무자나 자원봉사자 자신의 틀에 맞추어 이들의 범죄나 비행의 방지만을 강조한 나머지 지나치게 지시적인 경향으로 흐를 수 있다는 점을 조심해야 한다. 예컨대, 지정행 요법이 강조하는 새로운 신념체계 구성이나 교정상담가의 절도있는 생활상이 전이되어 교정상담 대상자의 게으르고 자유분방한 생활을 단도직입적으로 차단하려 한다면 대상자가 오히려 교정상담가의 조언을 또 다른 압박으로 받아들일 가능성이 높아져 역효과를 가져올 수도 있다.

5) 사이코드라마

① 약 50여 년간에 걸쳐 발전되어 온 사이코드라마(psychodrama)는 우리나라에서도 다양한 채널을 통해 소개되면서 일반인들에게도 상당히 알려진 전문 치료방법으로 자리를 잡았다. 물론 사이코드라마를 이끄는 연출자의 성향이나 방법에 따라 차이가 있으나 비행청소년들에게 교정상담 기술로 적지 않은 효과를 보고 있다. 특히 한국사이코드라마·소시오드라마학회는 정통 사이코드라마를 강조하면서 공주치료감호소를 비롯하여 교정현장에 크게 기여(최옥채, 2000: 195)하고 있어 앞으로 교정현장의 실무자나 관련 전문가들에게 유용한 기술이 될 것으로 생각된다.

② 사이코드라마는 1912년에 모래노(Moreno)에 의하여 고안된 정신치료법이며 특히 사이코드라마는 집단치료에서 활용되었고 이로 인해 Moreno를 집단치료의 창시자라 할 수 있다. "사이코드라마는 착각, 환각, 망상의 심연에 빠져들지 않고 상상력이라고 하는 인간의 기본적 특성을 이용해 지금 이곳의 현장에서 세계를 변화시키고자 하는 하나의 방법이다"(최헌진, 1995)라고 사이코드라마를 정의하고 있다. 즉, 심리적인 어려움을 가지고 있는 사람이 사이코드라마 지도자의 도움을 받아 스스로 모든 허물을 벗어버리고자 노력하면 모든 문제의 근원을 치유할 수 있다는 입장이다.

③ 사이코드라마를 구성하는 요소로는 주인공, 보조자아, 치료자, 관객, 무대가 있으며, 한편 사이코드라마에서 활용하는 기법으로 독백, 역할 바꾸기, 거울기법, 빈의자기법, 이중자아기법 등이 대표적이라 할 수 있다.

사이코드라마의 주요 원칙과 기법을 정리하면 다음과 같다(법무부, 1999: 184-193).

(1) 주요 원칙

심리극 기법들은 지난 50년간 Moreno와 많은 사이코 드라마티스트에 의해 개발되었다. 심리극 기법은 일반적으로 4가지로 나눌 수 있다. 즉, 기본기법, 장면기법, 갈등해결 기법, 워밍업 기법 등으로 구분하는데 아주 다양하여 300개가 넘으며, 변형도 가능하다. 그에 공통되는 원칙은 다음과 같다.

(2) 주요 기법

① 실연(實演: enactment)

집단원들은 극 형태로 삶의 장면을 묘사한다. 기억이나 환상에만 있는 만남들을 신체적으로 재연한다. 그 상황이 집단의 초점이 되면 그 사람은 주인공이 되며, 태도와 느낌에 대해 행위 형태로 그 과정을 경험하도록 한다. 실연은 과거일 수도 있고(기억, 경험을 새로이 해 봄), 현재나 미래일 수도 있다(염려, 희망, 가정상황의 검증, 환상).

더 깊이보기 · 사이코드라마 프로그램

회 차	훈 련 과 정	내 용
1	방향 제시 및 자기 소개	• 프로그램 소개 • 자기 소개 • 서약서 작성
2	자발성 및 신뢰감 촉진하기	• 의자 앉기 • 장님 인도
3	내적 긴장 및 갈등 해소하기	• 음악 듣기 • 느낌이나 떠오르는 생각 이야기하기
4	상상력 표현하기	• 상상력을 통한 흉내내기 • 마술 상점
5	가족관계 그리기	• 가족 그림 그리기 • 역할 연기
6	두려운 존재와 대화하기	• 상상의 인물과 대화 연습하기 • 빈 의자 기법
7	죽음과 재생	• 유서 작성 • 임종과 재생, 혹은 부활 역할연기
8	미래의 모습	• 미래 시점 상상하기 • 역할연기
9	사회극	• 공항놀이 • 역할 바꾸기
10	마무리	• 잊고 싶은 일, 버리고 싶은 자신 버리기 • 경험과 느낌 정리 • 소감문 작성

② 이중자아기법(double)

주인공에게 보조자가 함께하며, 숙련된 동료치료자나 집단원이 보조자로서 주인공의 위치나 느낌을 보여주는 데 지원자의 역할을 한다. 이중자아는 먼저 주인공과의 공감적 유대관계를 갖도록 해야 한다. 대체로 주인공 옆에서 약간 각을 지어 서며 비언어적 소통을 모방하고 일종의 '공동전선'을 편다. 이중자아는 심리극에서 가장 중요하고 기본적인 기법 중 하나이다.

③ **확대법**(amplification)

주인공이 조용하게 말한 것을 이중자아나 연출자가 크게 반복한다. 어느 정도 큰 집단에서 특히 유용하다. 또는 주인공 자신이 더 강도있게 반복하도록 할 수 있으며, 또는 그래서 주어진 생각이나 느낌에 대해 더 많이 이야기할 수도 있다. 이중자아가 이 과정을 돕기도 한다.

④ **독백**(soliloquy, monologue)

주인공은 평소에 숨겨 있거나 억압되었던 느낌과 사고를 관객과 함께 나눈다. 주인공은 혼자 행동할 수도 있다. 예를 들어, 집으로 걸어가거나 바쁜 하루 일과 후에 숨을 돌리거나, 곧 있을 일을 준비하는 등 충고를 주는 내용일 수도 있고, 용기를 북돋우는 말일 수도 있고, 꾸짖는 비난의 말일 수도 있다. 변형으로는 주인공으로 하여금 이중자아와 함께 걸어다니며 독백하도록 할 수도 있고 주인공이 애완용 동물에게 말할 수도 있고 또는 내면의 대화를 바꾸어서 빈 의자와 만나게 할 수 있으며, 현재 역할의 보조자와 만나거나, 미래의 자아 또는 성격의 다른 한 면과도 만날 수 있다.

⑤ **구체화법**(concretization)

심리극에서는 주인공이 추상적인 말을 좀 더 구체적인 것으로 바꾸도록 함으로써 효과가 있게 된다. 왜냐하면 애매모호한 것은 문제를 직접 다루기를 회피하는 주된 방법이 되기 때문이다. 이 기법의 첫째 방법은 '권위계층과의 갈등'과 같은 일반적 문제를 주인공의 삶 속의 상관이나 부모나 교사와의 상황을 보여주는 구체적인 장면으로 바꾸는 것이다. 구체화하는 또 다른 방법은 은유를 실제적인 것으로 바꾸는 것이다. 예로 "내게서 좀 떨쳐 버렸으면"하면 보조자가 주인공의 등에 부드럽게 매달림으로써 극화한다. 소외감을 증진시키려면 관객이 거리를 두고 물러나거나 조명을 끄거나 통과법을 사용한다.

⑥ 재연법(replay)

장면들을 변화하여 재상연할 수 있는데, 좀 더 많은 환기, 좀 더 행복한 결과, 좀 더 효과적인 대인관계 전략, 두려운 상황에 대한 탈감각적 반응 혹은 유사한 성과를 경험하도록 하기 위함이다. 장면, 참가자, 주인공의 행동, 다른 사람의 행동 등을 바꾸어 볼 수 있다. 그러나 한 번에 한 변수만 바꾸는 것이 최선이다.

⑦ 양가적 자아(multiple ego)

주인공은 빈 의자를 사용하거나 무대 위의 일정한 위치들을 사용하여 자아의 서로 다른 부분들을 나타내기도 하는데, 예를 들어 양심과 유혹 등이다. 공간면에서 서로 분리되어 있는 여러 가지 역할을 해 봄으로써—보조자 도움이 있든 없든—주인공은 그 부분들이 어떤 위치를 표현하게 하고 나서 하나씩 만나 본다. 내면갈등을 구체화하는 데에 매우 중요한 기법이다.

⑧ 역할 교대(role reversal)

상호관계 속에서 주요 참가자들이 역할을 바꾼다. 주인공이 역할을 바꿀 때에 이것은 자기중심적 습관의 한계를 넘어서는 길이 된다. 역할교대가 필요할 때란 주인공이 다른 사람의 견해에 공감하는 것이 적합할 때이다. 또한 장면 설정과 보조자의 워밍업에도 역할 교대가 사용된다. 주인공은 역할을 바꾸어 그 장면에서 다른 사람이 어떻게 행동하는지 보여준다. 따라서 보조자에게 비언어적 단서를 제공함으로써 장면이 주인공의 경험과 흡사하게 진행되는 것이다.

⑨ 방백(asides)

상호작용하는 과정에서 주인공이 관객을 향해 자기 의견을 말할 수 있으며, 얼굴 방향이나 손을 들어서 상대방이 이러한 의견을 말하는 것을 모르는 것으로 표시할 수가 있다. 따라서 감추어진 생각이나 느낌이 밖으로 표현된 생각들과 병행하여 표현되기도 한다. 이것을 치료적 독백이라고도 한다.

⑩ 거울기법(mirror)

주인공은 보조자가 주인공이 보여주었던 역할을 다시 해 보이는 동안 뒤에 서서 지켜 본다. 가족간의 상호관계가 다시 보여질 수도 있고, 또는 부모가 자신의 어린시절 장면을 지켜봄으로써 자신의 부모역할 행위에 대해 통찰력을 갖게 될 수도 있다. 이 기법은 비디오 테이프 기록을 사람이 직접 보여주는 것이다. 영향력있는 직면기법이 될 수 있으므로 조심해서 사용해야 한다. 주인공은 조롱의 대상이

되어서는 안 된다. 역할 교대 기법이 주인공의 비언어적 행동의 영향에 대한 피드백을 줄 때 거울기법과 유사해진다.

(3) 장면기법

① 요람기법(搖籃技法: crib science(경기 등의 과학적 지식에 입각한 기술, 숙련, 방법))

전 집단이 참가하여 마치 유아가 배부른 채 기분 좋게 뒹굴며 잠이 드는 경험을 하도록 한다. 부드러운 융단 바닥이나 매트 위에 이불을 덮고 편안한 자세로 눕는다. 치료자와 연출자는 한두 명의 동료치료자와 함께 돌아다니며 부드럽게 두들기며 '잠자고' 있는 사람들에게 다음과 같이 최면식으로 말한다. "엄마는 아가를 사랑해요. 아가를 돌봐줘요. 아주 착한 아가야 …" 이런 식으로 최소 10분간 계속하며, 집단은 그 역할에서 아주 부드럽게 일으켜진다. "이제 아가는 잠을 깨요. 조금 움직여요. 몸을 조금 뻗어요 …" 마침내 참가자들은 탈역할하고 원래 상태로 돌아온다. 일종의 최면으로 유사한 법칙들이 적용된다. 지시사항은 명료하고, 지지적이고, 간격을 충분히 하여 주어진다.

② 사망기법(death science)

주인공은 중요한 사람(보조자가 역할하는)이 죽어가거나, 죽어서 입관되어 있을 때 말을 하도록 한다. 또는 주인공이 죽은 사람 역할을 하고 집단원들이 말을 시킬 수가 있다. 이 기법은 힘이 있으며, 주인공이 충분히 워밍업된 상태가 되어 있어야 한다.

③ 미래 투사(future projection)

미래의 특정한 장면을 펼친다. 소장면을 포함하기도 한다. 가장 바라던 것과, 가장 두려운 일, 과장된 반응, 현실적 기대, 또는 닥쳐올 상황에 대해 탐색하기 등이다. 역할훈련에서 이 기법은 리허설과 행동연습에의 기회가 된다.

④ 마술가게(magic shop)

집단원들은 한 번씩 나와 자기가 가장 원하는 욕구를 인정해 주는 '상점 주인'과 거래한다. 신비한 장면을 다소 재미있게 꾸미면서 상점 주인의 성격에 마술적인 힘이 있다는 점이 분위기를 만들어 낸다. 관객집단으로 하여금 참여하여 이러한 교환이나 타협이 어느 정도 시적·낭만적 공평성이 있음을 알게 할 수 있다.

⑤ 꿈 실연 기법(dream presentation)

현재 일어나는 것처럼 실연된다. 보조자는 유생물, 무생물을 모두 묘사한다. 끝나지 않은 꿈을 끝냄으로써 두려움을 명료화하고, 긍정적이고 선택된 해결에 대해 인정하도록 한다. 심리극은 이처럼 꿈과 주어진 환상을 펼쳐 볼 수 있는 좋은 기회가 되며, 내면의 경험을 증진시켜 준다.

⑥ **등뒤기법**(behind the back)

주인공은 방구석으로 가고 집단에게서 돌아서 앉는다. 집단은 주인공이 없는 것처럼 하고 의견을 나눈다. 다른 방법은 주인공이 장면이나 상황을 보여준다. 그러면 집단은 인물에 대해서보다 문제에 대해 토론한다. 또 다른 방법은 집단이 주인공에게서부터 뒤돌아 앉도록 하고 어떤 자극이 있어도 아무 반응도 보이지 않도록 한다. 한편 주인공은 집단 개인 개인마다에 대해 자신의 느낌을 말하도록 한다.

(4) 갈등해결 기법

① **역할훈련**(role training)

목적은 주로 역할을 연습 연마하는 데에 있다. 직장 면담에서 행동하는 방법, 데이트 신청하는 방법, 영업사원에게 거절하는 방법 등 기본 과업은 주로 초기에 있게 되며, 관련된 깊은 정서를 탐색하는 데는 노력을 하지 않는다.

② **통과기법**(breaking in)

주인공은 소외감에 대처하는 노력으로 또는 내면의 느낌 속으로 빠져들기 위해 다음과 같이 한다. 안쪽을 향해 서로 붙들고 있는 10여 명의 집단원 안으로 힘을 들여 (너무 폭력적이지는 않게) 들어가도록 한다. 일명 원돌파법(plunping in circle)이라고도 한다.

③ **분광기법**

집단에게 토론주제가 되는 어떤 문제나 특성에 대해서 집단은 자기들이 서 있는 위치나 자기 스스로 평가하는 바를 보여주는데, 방에 보이지 않는 선을 긋고 그 선 위에 올라서도록 한다. 이 기법은 문제를 객관화하고 명료화하므로 토론의 여지가 많아진다. 행위사회측정학의 일차원 형태이다.

(5) 워밍업 기법

① **보조의자**(auxiliary chair)

주인공이 실연시 보조인물 역할을 하는 사람(보조자) 대신 빈 의자가 그 위치를 대신한다. 이 기법은 주인공의 공격적이거나 착한 느낌을 보다 자발적으로 표현하게 해 주며, 집단의 구성에 따라 또는 주인공이 다른 사람 앞에서 느끼는 당혹감에 따라 달라진다. 매우 가치있는 기법으로 일대일 치료적 장면에서 쓰이며, 게슈탈트 치료에서 중요한 부분이 되고 있다.

② 비밀 나누기

집단원들은 각자 종이 위에 비밀을 쓰고 통에 넣어 섞는다. 그리고 나서 비밀을 하나씩 꺼낸다. 각자는 자기 비밀을 뽑지 않도록 하며, 그 비밀을 읽은 후 마치 자기 비밀인 양 1~2분간 좀 더 자세히 정성들여 설명한다. 이 기법은 9명 이하 집단에 가장 좋다. 워밍업으로 유용하며, 집단응집력을 갖게 하고 공감대를 형성하는 기법이기도 하다. 하지만 장난이 되지 않게 그리고 자신의 비밀이 노출될 수도 있으므로 신뢰도가 다소 높은 집단에서 조심스레 사용되어야 할 것이다.

③ 행위사회측정법

주인공은 가족들, 직업현장, 현재 집단, 기타 상황에서의 관계성에 대해 자각한 것을 마치 투시화나 조각처럼 보여 준다. 거리감(멀고 가까움)을 구체적으로 보이며, 느낌을 얼굴 방향과 제스처로 나타낸다. Satir는 가족조각이라는 명칭으로 이 기법을 사용하고 있다. 동상 만들기라고도 불리운다.

④ 인도된 환상(guided fantasy)

지도자가 언어로 지시하는 대로 한다. 주인공은 이완하고 상상 속에서 지도자가 지시하는 대로 경험해 본다. 심리극 기법을 수정하여 주인공으로 하여금 상황이 일어나는 대로 대처하도록 변형되기도 한다. 이 기법은 집단 전체에게 할 수도 있으며, 모두 방에 흩어져 눕거나 머리를 가운데로 원을 그리고 누울 수도 있다. 워밍업이나 마무리 기법으로 유용하다. 주제로는 신체 내부나 바닷속으로 여행하거나, 기묘한 집이나 성을 탐험하는 것이다.

⑤ 동작과 춤(movement and dance)

주인공은 장면에서 아무 말 없이 움직이도록 할 수 있는데 목적은 정서를 보다 충분히 표현하기 위해서이다. 또는 장면에 워밍업되도록 하려는 것이다.

⑥ 음악과 리듬(music and rhythm)

준비작업이나 마무리를 위해 여러 가지 음악을 활용하는 기법이다.

이러한 기법을 응용한다면 교정상담의 실제에서 사이코드라마 전체가 아닌 부분을 활용할 수도 있다. 사이코드라마의 기술을 익혀 교정상담에 적용한다면 다음과 같은 유용한 점이 있다.

첫째, 적절히 표출하지 못해 억압되었던 개인의 경험이나 억눌린 감정 등 다양한 측면을 역할놀이 등을 통해 자각하게 하여 클라이언트의 자기인식을 향상시키고 감수성을 높여 대인관계를 유지, 향상시키는 데 유용하다.

둘째, 집단에서 활용함으로써 관객으로 있는 집단성원도 함께 치료의 과정을 경험케 할 수 있어 범죄나 비행의 유형이 같은 이들에게 공감을 줄 수 있고 예방과 치료에 효과적이다.

셋째, 역할분담 행동을 강화시켜 비행청소년들에게 다양한 가치체계를 경험하게 함으로써 자신의 부적응 행동을 이해하게 되어 적응력을 높일 수 있다.

넷째, 역할놀이를 통해 비행청소년의 비행 원인과 가족 간의 역동적 상호작용에 대하여 체계적인 자료를 얻음으로써 비행문제를 가족 속에서 재검토케 하고 유효한 치료방법과 예방대책을 탐색하는 데 도움을 준다.

2. 행동치료(행동수정)법

Skinner가 Pavlov의 여러 조건형성 이론을 그의 이론에 많이 포함시켰지만 많은 인간행동은 단순한 반사나 조건반응으로 구성된다고 믿지는 않았다. 그에 따르면 대부분 인간의 사회적 행동은 유기체에 의해 자유스럽게 발생한 행동인, 즉 2차적인 부류의 행동이다. 왜냐하면 이 같은 행동 형태는 유기체가 그의 환경에서 행동을 일으키고, 환경을 통제하고, 그것에 의해 통제받는 활동적인 유기체를 의미하며 Skinner는 이 반응을 특별히 조작적(operant)이라 불렀다.

조작행동(도구적 혹은 조작적 조건화에 의해 산출된)은 반응에 뒤따르는 어떤 사건이 결정한다. 즉, 하나의 행동은 어떤 결과가 뒤따르고 그 결과의 특성은 유기체가 미래의 그 행위를 되풀이하는 경향을 조정한다. 행동수정의 주요 기법을 요약해 보면, 다음 바람직한 행동을 증강시키는 방법과 바람직하지 못한 행동을 감소시키는 방법으로 대별해 볼 수 있다.

1) 정적 행동 강화법

① 정적 강화

부모나 교사들이 일반적으로 사용하는 행동수정의 방법은 아동이 어떤 바람직한 행동을 할 때 보상하는 것이다. 이러한 보상을 '정적 강화자극'이라고 한다. 즉, 미래의 행동발생률을 향상시킬 수 있는 후속자극은 모두 정적 강화자극이라고 할 수 있으며, 이러한 후속자극으로 행동 강도를 증가시키는 과정을 '정적 강화' (positive reinforcement)라고 말한다. 흔히 사용되는 정적 강화에는 음식, 돈, 승진, 인정, 주목, 칭찬, 자유시간, 사탕, 어떤 특혜를 주는 것 등이 있다. 또한 여러 가지 간단한 언어 응답이 개인에게 자기 승인과 자존심을 앙양시켜 주는데 예를 들면 '좋았어', '훌륭해', '잘한다'와 같은 칭찬 등이다.

② 부적 강화

부적 강화(negative reinforcement)는 어떤 바람직한 행동을 할 때 학생이 싫어하는 대상물을 제거해 주는 방법을 말한다. 이때 제공되는 것을 부적 강화자극이라고 말한다. 정적 강화나 부적 강화나 모두 어떤 행동의 발생빈도를 증가시킨다는 점에서 동일하다. 다른 점은 정적 강화는 바람직한 행동을 함으로써 어떤 바람직한 것(예를 들면, 휴식, 칭찬, 음식, 돈 등)을 얻게 되고, 부적 강화는 바람직한 행동을 함으로써 어떤 불쾌한 것(예를 들면, 교사의 꾸중, 화장실 청소, 또는 구속)을 피할 수 있다는 것이 다르다.

③ 차별강화

차별강화란 어떤 사람의 여러 행동 종목 중 어느 하나만을 골라 선택적으로 강화하는 방법을 말한다. 예컨대, 교사의 허락 없이 수시로 자리를 뜨고 돌아다니는 아동의 경우, 이 아동이 제자리에 앉아 있을 때에만 강화를 하고 그 외의 시간에는 강화를 회수하는 방법이다. 이때 행동수정 목표는 교사의 허락 없이 자리를 뜨고 돌아다니는 행동 자체이다. 차별강화의 기술은 학생이 이미 할 수 있는 어떤 행동을 더 자주 많이 하도록 할 때 사용된다.

④ 행동조형

행동조형(shaping)의 기법은 아동이 한 번도 해본 적이 없거나 거의 하지 않는 어떤 새로운 행동을 가르치려고 할 때 효과적으로 응용될 수 있는 기법이다. 예컨대, 숙제를 전혀 해본 적이 없는 아동에게 숙제를 매일 해올 수 있도록 지도하는 것은 좀 어려운 일이다. 이와 같이 어떤 학생이 한 번도 해본 적이 없는 새로운 행동을 가르치는 데에 행동조형 또는 점진접근법이라는 방법이 유효하게 사용된다. 여기서 행동조형이란 어떤 최종 목표행동을 정해놓고 현재 아동이 그 목표에 얼마나 유사한 행동을 할 수 있느냐 하는 것을 파악하는 데서부터 시작된다.

⑤ 용 암 법

용암법(fading)이란 한 행동이 다른 사태에서도 발생할 수 있도록 그 조건을 점차적으로 변경해 주는 과정을 말한다. 예컨대, 집에서는 안경을 쓰지만 학교에 가면 안 쓴다든지 식구들 앞에서는 말을 잘 하지만 이웃이나 학급의 학생들 앞에서는 말을 못 한다든지 하는 경우에 용암법이 사용된다. 용암법은 어떤 특정한 행동을 일어나게 하는 자극을 점차 변화시켜 특정한 반응을 통제하고자 하는 변화된 자극이 되게 하는 것이다.

⑥ 간헐강화

어떤 행동이 발생할 때마다 강화하지 않고 부분적으로 강화하는 것을 간헐강화(intermittent reinforcement)라고 한다. 조작적 조건화의 중요성은 모든 다른 조건이 동일하다면 강화된 행동은 반복되는 경향이 있으며, 반면 비강화되거나 처벌받은 행동은 반복되지 않거나 소멸되는 경향이 있다는 사실에 근거한다.

2) 부적 행동 감소법

① 상반된 행동의 강화

Skinner가 말하는 바람직하지 못한 행동의 발생률을 감소시키기 위한 가장 훌륭한 방법은 상반되는 행동을 긍정적인 강화를 통해서 조건화하는 것이다. 그는 긍정적인 강화인자는 불쾌한 자극과 관련된 부정적인 부산물을 야기시키지 않는다고 주장했다. 그러므로 이 방법은 개인의 행동을 더 효과적으로 조형시킬 수 있다.

간단한 하나의 예가 이 방법의 적용 가능성을 시사해 준다. 유죄를 선고받은 중죄인은 대부분 감옥에서 견딜 수 없는 상황에 놓인다(외국의 여러 감옥에서의 최근 몇 년간의 폭동이 그 증거가 된다). 범죄를 교정하려는 대부분의 시도가 비참하게도 실패했는데 이것은 상습범과 재범의 비율이 높아진 것으로 알 수 있다.

이와 같이 Skinner의 방법은 감옥의 환경 조건을 재조정해서 법을 준수하는 사람과 비슷한 행동을 하면 긍정적인 강화를 주도록 하는 것이다. 예를 들면, 죄수가 사회에 적응할 수 있는 기술, 가치, 태도 등을 학습할 때 그 행동을 강화해 주는 것이다.

② 소   멸

바람직하지 못한 행동의 발생률을 감소시키기 위하여 사용할 수 있는 또 하나의 방법은 그런 행동이 더 이상 강화될 수 없도록 이제까지 주어지던 강화를 차단하는 일이다. 그러면 그 행동의 발생률이 낮아지다가 결국 없어지는데 이런 현상을 소멸이라고 한다. 학생이 부적절한 행동을 할 때 교사가 신경을 쓰고 야단을 치면 그런 행동이 더 심해지는 경우가 있다. 즉, 교사가 신경을 써주고 관심을 가져주는 것은 그만큼 학생을 유쾌하게 하는 일이 되기 때문이다. 즉, 야단맞는 일이라 하더라도 교사가 무시하는 것보다는 낫기 때문이다. 이런 아동에게 가장 좋은 약은 그들의 행동을 무시하는 것이다.

③ 벌

벌은 어떤 행동에 후속되어 그 행동이 재발될 확률을 감소시킬 수 있는 자극이다. Skinner는 이 벌을 현대생활에 있어 행위를 통제하는 가장 일반적인 기법이라고 말한다. 만약 어린애가 잘못을 하면 매를 맞거나 야단을 맞는다. 만일 학생이 시험을 볼 때 부정행위를 하면 제재를 당한다. 만약 어른이 도둑질을 하면 벌금을 물거나 감옥에 간다. 벌은 어떤 반응을 강화해 주기보다는 최소한 일시적으로 그 반응이 다시 발생할 가능성을 감소시킨다. 벌의 목적은 사람이 그 방법으로 다시 행동하지 못하도록 유도하는 데 있다.

많은 인간의 행동은 개인의 어떤 반응과 연관된 고통, 불쾌, 불안을 가져오는 혐오자극을 통해 통제될 수 있다. 일반적으로 널리 쓰이는 혐오자극 통제의 두 가지 방법은 벌과 부적(negative) 강화이다. 이 두 가지 방법을 나타내는 용어는 혐오자극 통제의 개념상의 정의나 행동의 효과를 나타내는 것과 흔히 동의어로 사용되어 왔는데 Skinner는 이를 구별하여 벌은 어떤 표적행동을 감소시키는 것이고 부적 강화는 어떤 표적행동의 발생 빈도를 증가시키는 것으로 설명하고 있다.

> 벌: 지각생에게 청소당번을 시키니까 지각생이 줄어든다(지각생의 감소).
> 표적행동: 지각, 벌: 청소당번
> 부적 강화: 청소당번이 싫어 일찍 등교한다(일찍 등교하는 행동 증가).
> 표적행동: 일찍 등교함, 부적 강화: 청소당번을 면함.

④ 혐오자극법

동물실험에서 많이 쓰지만 사람의 경우는 내담자가 강력히 요구하지 않는 한 윤리적 이유 때문에 잘 쓰지 않는다. 이 기법에는 두 가지가 있다. Pavlov식 혐오법(Pavlovian aversion)은 병적 행동을 없애기 위해서는 그것을 유발하는 자극이 생길 때마다 불쾌한 자극을 줌으로써 처음 자극이 생기지 않게 하는 방법이다. 동성애에 대한 충동이 일어날 때마다 전기자극을 준다. 즉, 동성애의 유쾌한 자극과 전기의 불유쾌한 자극을 짝지음으로써(pairing) 결국 동성애를 포기하게 만든다. 조작적 혐오법은 병적 행동이 일어났을 때 전기 자극, 술이나 음식에 구토제를 첨가하는 등 처벌의 형태로써 주는 방법인데 알코올중독자 치료에 쓰이기도 한다.

⑤ 자극포화법

자극포화(stimulus saturation)는 혐오법(aversion)의 한 방법이다. 병적 행동을 충족시켜 줄 수 있는 자극을 정도가 넘도록 줌으로써 질려 버리게 하는 방법이다. 담배를 끊고 싶어도 안 되는 사람에게 그가 피우고 싶은 이상으로 피우게 함으로써 아예 생각조차 못하게 하는 방법이다. 강박행동 내담자에게 흔히 쓰여진다.

3) 기타 방법

① 질 책 법

질책이란 어떤 방식으로든 인정하지 않는 표시를 하는 것이라고 한다. 질책은 언어적 진술이 보통이지만 손가락을 흔드는 것과 같은 동작이나 성난 표정도 질책이 될 수 있다. 질책의 이점은 부적응행동이 발생한 직후에 쉽게 적용할 수 있고 준비가 필요없으며 상대편에게 신체적 불편을 주지 않는다는 것이다.

질책은 사소한 행동의 잘못이더라도 문제가 발생한 직후에 제공되어야 한다. 어떤 학생이 친구와 이야기하려고 뒤돌아볼 때 곧 "똑바로 해"라고 말하는 편이 두 학생이 서로 이야기를 주고받을 즈음이 되어서야 "내가 너희들에게 조용히 하라고 몇 번이나 말했어"라고 소리치는 것보다 낫다. 또 다른 중요한 방법은 학생이 주의를 끌도록 눈짓을 하되, 되도록 학생 가까이 가서 하며 또한 문제를 명시해 주는 일을 한다. 행동이 나아진 후에는 인정하는 말을 해 주는 것이 중요하다.

질책 사용시 주의할 것은 질책을 관심의 형태로 학생이 받아들이거나 긴 설명이 필요한 질책이라면 오히려 강화의 역할을 하게 된다. 질책은 간단하고 예리해야 하며 적절한 행동에 대한 인정과 연합되어야 한다.

② 내폭요법

아동이 도피할 수 없는 환경 속에서 공포자극이 나타나게 치료 사태를 준비한다. 치료자는 아동의 공포와 관계 있는 공포 사태를 말해 주고 아동으로 하여금 그것을 심상하게 하되 모든 감각을 통해 가능한 한 강하게 경험하게 한다. 이런 공포의 폭발이 내적 폭발이기 때문에 내폭이라고 한다. 이런 내폭이 반복되어도 해를 입지 않으므로 그 자극은 불안 야기력을 상실한다. 내폭요법자들은 처음부터 아동이 일으킬 수 있는 가장 무서운 장면을 가능한 생생히 심상하게 하는 것이 체계적 감각과 다른 점이다.

③ 격 리 법

격리법이란 수업중 그릇된 행동을 하는 아동을 일시적으로 다른 장소에 격리시키는 방법이다. 즉, 학생들이 수업중에 그릇된 행동을 한 다음에 받게 되는 정적 강화의 기회를 차단함으로써 그 행동이 강화되지 않도록 하는 일종의 벌이다.

예컨대, 수업중 이상한 몸짓으로 학생들을 웃기는 경우, 그의 그릇된 행동은 교실 안의 급우들에 의해 강화되고 있다고 할 수 있다. 그의 행동을 소멸시키기 위해 급우들의 웃는 행동을 통제하기보다 그 학생을 잠시 다른 곳에 격리시킴으로써 그의 이상행동이 강화받지 못하도록 한다.

3. 현실요법

현실요법은 1960년대 중반 이후 상담자들에게 급속히 인기를 얻게 되었으며 이는 정신건강 및 지역의 사회사업기관과 학교의 개인상담 및 집단상담에 적용되었다. 현실요법은 수많은 긍정적인 속성에 기인한다고 할 수 있는데, 즉 이해하기 쉽고, 기법이 적으며 상식을 기초로 하며, 결과 및 성취 지향적·문제 중심적이며, 시간·자원·노력에 있어서 효율적이다. 현실요법은 상식적이기 때문에 고도로 훈련된 전문가들뿐만이 아니라 책임감있는 다양한 종류의 사람들도 배우고 사용할 수 있으며 이 방법은 치료적이기보다는 예방적인 방법이다.

(1) 주요 원리

현실요법은 내담자의 성공정체감을 발달시킨다는 목표를 달성하는 데 관련되는 여덟 가지 중요한 원리를 가진 활동적인 조력체제이다. 앞의 세 가지 원리는 유대관계와 동기에 초점을 둔 것이고, 나머지 다섯 가지는 내담자로 하여금 책임있는 방식으로 자신의 욕구를 충족시킬 수 있도록 돕는 것을 강조하는 것이다 (Glasser, 1981; 김형태, 2000: 167-170 재구성).

① 내담자와 개인적인 유대관계 맺기

현실요법에서 유대관계의 원리는 인간 중심 치료의 공감과 비슷하다. 현실요법가들은 개인적이며, 관심을 가지고, 순수하게 행동함으로써 라포(rapport)와 신뢰감을 형성한다. "우리들의, 당신들의, 나는, 너는, 우리는, 우리들을"과 같은 사적인 단어들이 개인적인 유대관계를 위해 사용된다.

② 내담자의 감정보다는 현재 행동에, 과거보다는 현재 시간에 초점 두기

현실요법에서는 먼저 행동이 변화되지 않는다면 현재의 감정이 변화되기는 매우 어려울 것이라고 주장한다. 내담자는 보다 책임있는 방식으로 삶을 시작할 수 있게 하기 위하여 자신의 행동을 자각하는 것이 필요하다. 감정을 변화시키기보다는 행동을 변화시키는 것이 더 쉽고, 감정의 변화는 행동의 변화에 수반되는 것이 보통이기 때문에 현실요법에서는 행동에 초점을 둔다.

③ 내담자로 하여금 자신의 행동을 평가하고 판단하도록 돕기

내담자는 자신의 행동을 평가하고 그가 현재 하고 있는 것이 자신의 욕구를 충족시킬 수 있는 것인지에 관해 가치 판단하는 것이 필요하다. 치료자는 내담자가 상담장면 밖에서도 평가할 수 있도록 돕는데, 능동적이면서도 객관적이어야 한다. 또한 행동의 옳고 그름을 판단하는 사람은 반드시 내담자 자신이어야 한다.

④ 책임있게 행동하는 계획을 세우도록 돕기

내담자가 일단 자신의 행동이 잘못되었다는 것을 깨닫고, 보다 책임있는 방식으로 행동하기로 결정하면, 치료자는 내담자로 하여금 현실적인 계획을 발전시키도록 돕는 데 집중한다. 내담자에게 계획을 강요하는 것은 좋지 않다. 왜냐하면 내담자가 어떤 계획을 받아들일 것을 치료자가 아무리 원하더라도 결국 그 계획의 성공은 내담자에게 달려 있기 때문이다.

⑤ 내담자가 책임있는 행동 단계를 결성하고 서약하도록 돕기

Glasser의 서약원리는 계획을 성공적으로 수행하려는 내담자의 동기를 높여 준다. 계획에 대한 서약은 내담자를 그 계획 자체와 내담자를 돕는 사람과 함께 개인적인 관계로서 묶어 준다. 서약은 내담자가 행동 단계를 시작하도록 격려하고 강화한다. 서약에 의해 내담자는 일상적인 삶의 타성을 막을 수 있는 방법을 생각하고, 행동하도록 자극받는다. 서약은 자기자신과는 물론 조력자에 대한 약속이다.

⑥ 내담자가 계획을 수행 또는 완수하지 못한 경우 변명을 허용 않기

현실요법에서는 변명을 받아들이지 않기 때문에 어떤 계획이 왜 성공하지 못했는가를 밝히는 데 시간을 소비할 필요가 조금도 없다. 비록 내담자가 불운한 사연을 가지고 있거나 또는 어떤 사람이나 어떤 사건 때문에 계획의 완수가 방해를 받았다고 생각할지라도 그 계획이 실행되지 않았다는 것은 여전히 사실로 남아 있다. 더욱이 불수행을 변명한다고 해서 성공이 찾아오는 것도 아니다. 많은 내담자들이 처음 시도할 때에는 수많은 이유 때문에 성공하지 못한다.

⑦ 내담자의 실패에 대해 처벌은 하지 않되, 응분의 결과를 받아들이도록 하기

글레저(Glasser)는 "우리는 처벌이 환자가 성공하는 데 필요한 유대관계를 방해한다고 믿는다"라고 말했다. 그는 처벌을 "신체적 혹은 정신적으로 고통을 주는 타인의 조치"로 정의하였다. 실패에 대해 내담자를 말로 꾸짖는 것은 내담자를 비언어적으로 거부하는 것과 마찬가지로 처벌로 간주될 수 있다. 치료자가 하는 경미한 비판일지라도 내담자로 하여금 "난 틀렸어! 난 안돼"라고 말하도록 만들 수 있다. 이렇게 스스로 낙인을 찍어버림으로써 치료자가 제거하려고 하는 바로 그 실패정체감을 유발하고, 개인적 유대관계를 파괴한다. 따라서 처벌은 처음에는 약간의 효과가 있을지라도 처벌이 많으면 많을수록 문제해결로 나아가기보다는 문제해결을 위한 변명으로서의 역할만 할 뿐이다.

⑧ 절대 포기하지 않기

상담자는 내담자가 어떠한 말이나 행동을 하더라도 그의 변화 가능성에 대해 끝까지 희망을 버리지 않는다는 것이다. 내담자의 변화 가능성에 대해 포기하지 않는다는 것은 상담자가 진정으로 내담자가 친밀한 관계를 맺고 있다는 표시이며, 내담자의 소속감이 확고해지므로 계획을 실행하고 상담을 더욱 촉진시킨다.

내담자가 계획의 일부나 또는 전부에서 실패했다 하더라도 치료자가 절대로 포기할 수 없는 몇 가지 이유가 있다. 먼저 현실요법가들은 행동을 개인적 가치로서 판단하지 않는다. 행동에 실패했다는 것은 내담자가 그것을 하지 않았다는 것일 뿐이다. 둘째, 치료자의 '포기행동'에 대한 내담자의 모방은 이 체계의 원리에 상반되는 것이다. 셋째, 포기하는 것은 유대관계를 파괴할 수 있으며, 내담자의 자기가치감을 손상시키며, 내담자가 가진 대안들을 일축시켜 버린다.

(2) 주요 기술

현실요법의 주요 기술은 앞에서 기술한 8가지 기본 원리를 사용하며, 대체로 이 원리를 따른다. 이 8가지 원리는 치료과정에 포함된 융통성있는 단계로 볼 수도 있다. 효과적인 치료자는 이 단계들을 잘 고수하지만 기계적으로 집착하지는 않는다. 성공적인 치료를 위한 왕도란 없다. 현실요법에서 기본적으로 사용되고 있는 주요 전략적 기술을 요약하면 다음과 같다(장혁표·신경일, 1996: 이형득, 1994).

① 유대관계

치료자는 어떻게 내담자와 순수한 유대관계를 달성하고 촉진할 수 있는가? 모든 치료자들이 유대관계를 형성하는 유형과 기법은 독특하다. 내담자를 배려하는 태도를 표현하기 위해서 치료자는 그 순간에 당장은 되돌아오는 것이 없다 해도 인간에 대한 이해, 가치, 공유, 보살핌, 의사소통 및 관계를 열망하는 동기가 있어야 한다. 치료자는 안전하고, 성숙하고, 책임감있으며, 비위협적이고, 현실과 확고한 접촉을 가지고 있어야 한다. 타인을 조종하거나 권위를 행사하지 않고, 그들을 통제하지 않으면서도 타인을 돕는 데 대한 순수한 관심을 가지고 있어야 한다.

② 여기-지금의 준수

비록 우리가 내담자의 현재 행동에 주의집중해야 한다는 것을 이미 알고 있다 할지라도, 조력전략으로서 현재 행동을 강조하는 것은 중요하다. 특히 초보 치료자의 경우 현재 행동에 초점을 유지하는 것이 어렵다. 많은 내담자는 현재의 고통과 불행에 기여했던 과거의 상처, 잘못 또는 사건을 논의하게 되면 도움이 될 것이라고 잘못 알고 있다. 이처럼 과거와 외적인 사건에 초점을 두는 것은 내담자가 성공정체감을 획득하는 데 아무런 영향도 미치지 못한다.

③ 현실요법의 원칙 실천하기

효율적인 현실요법가는 내담자가 보다 책임있는 행동을 학습하는 데 촉진적이 될 수 있는 바로 그 방법대로 생활하고 실천한다. 치료자는 다음과 같이 자신의 인간적·전문적 욕구를 책임있는 방식으로 충족시킨다.

첫째, 신체적·정신적 건강을 유지하기 위해 충분한 휴식, 운동 및 영양을 취한다.

둘째, 흥분되고, 긴박한 일을 피하고 부드럽고 조용하면서 전문적인 환경을 조성하는 방식으로 일정과 일을 계획한다.

셋째, 내담자와 자신의 일에 신선한 시각을 주고, 또한 '고갈'(burnout)에 대비하기 위하여 전문단체에 가입한다.

넷째, 다른 현실요법가들과의 회의 및 인간성장 프로그램에서 자신의 문제를 포함하여 실제 문제를 다루어 본다.

다섯째, 각 상담회기 사이에 내담자를 위한 적절한 치료전략을 연구하고, 종합하고, 계획하는 것을 계속하여 항상 준비하는 자세를 갖는다. 즉, 효과적인 현실요법가는 단순히 되는 대로 치료회기에 임하는 자유방임적 방법에 의존하지 않는다.

여섯째, 현실요법의 원리를 직장, 가정 혹은 다른 관계 상황에서 적용한다. 만일 현실요법이 내담자를 돕는 데 기여한다면 자기 자신이 사용할 때도 마찬가지로 좋을 것이며, 자신의 방법에 믿음이 없다면 실천할 수 없을 것이기 때문이다.

④ 긍정적으로 되기

현실요법가들은 긍정적이며, 건설적인 계획과 행농에 대해 이야기하고, 초섬을 두며, 강화한다. 다른 치료자에게 노출된 내담자는 치료자가 자신의 불행과 문제, 실패, 실망과 골치아픈 상황을 자꾸 반복해서 듣길 원한다고 믿을지도 모른다. 이러한 부정적이고 우울한 논의는 내담자를 더욱 우울하게 만들며, 사고나 행동을 개선하는 데 기여하지 못한다. 촉진적인 전략이란 내담자가 진실로 비참하게(혹은 우울하다 혹은 무기력하다) 느끼고 있는 사실을 수용하는 방식으로 반응하는 것이며, 내담자가 부정적인 습관에서 벗어나, 지금-여기에서 건설적이며 긍정적인 것에 초점을 두도록 고무시키는 것이다.

⑤ 내담자의 불행에 대한 반응

치료자는 먼저 치료의 목적은 개인적인 책임감이며, 내담자의 불행은 무책임한 행동의 원인이 아니라 결과라는 사실을 인식하고 있어야 한다. 가끔 내담자들은 치료의 목적이 행복을 확인시켜 주고, 유지해 주는 것으로 오인하는 경우가 있다. 행복이란 내적인 특성이며, 행복한 특성을 소유한 사람만이 순수한 행복을 발견하고 유지할 수 있다. 또한 누구라도 특히 치료자가 내담자에게 행복을 줄 수는 없으며 행복이란 책임있는 행동에 뒤따라오는 것이다.

⑥ 전체적으로 보기

현실요법에서는 내담자, 유대관계, 내담자-치료자 관계의 변화 및 치료적 변화의 과정을 전체로서 다룬다. 각 과정, 만들어진 모든 계획, 서약서 또는 계약서, 모든 전화통화 및 달성된 소목표들은 전체와의 관계 속에서 고찰된다. 이러한 이유로 녹음이나 관찰 같은 치료과정 분석기법에 대해서는 거의 가치를 두지 않는다. 대신에 치료자는 내담자에게 특수한 목표나 상황에서 그들이 어떻게 행동하는가를 물어볼 따름이다. 전체는 부분의 합 이상일 뿐만 아니라 내담자가 계속적인 성취를 경험하는 체계적이고, 과학적이며, 점진적인 단계들로 볼 수 있다.

⑦ 유머 사용하기

현실적인 관점과 유머의 사용은 인생의 중요한 측면이다. Glasser와 Zumin은 심리치료에 유머 사용을 주장한다. 이들은 "인간이 자신의 어리석음과 실수, 우연한 잘못에 대해 웃을 수 있는 능력은 정신적으로 건전한 자아개념의 최고 형태이다"라고 말한다. 치료가 항상 즐겁고 우스운 것은 아니라 하더라도 내담자와 치료자는 우스꽝스러운 인간의 조건에 대해 민감성을 유지하는 것이 좋다.

⑧ 내담자에게 직면하기

현실요법에서는 내담자의 책임감을 강조하고 변명을 허용하지 않기 때문에 직면이 필수적이고 효과적인 전략이 되는 것은 당연한 일이다. 비처벌적·조력적인 방식으로 내담자에게 직면하려면 인간으로서 내담자의 가치와 잠재 가능성은 공격하지 않으면서, 변명이나 무책임한 행동을 무색하게 만드는 기술과 주의집중 및 배려가 요구된다. 처벌은 내담자로 하여금 아무도 자신을 보살펴 주지 않는다는 신념을 강화시키는 반면에 직면은 치료자가 내담자 자신을 존중하고 진지하게 받아들이고 있다는 신념을 강화시킨다. 내담자의 변명, 설명 혹은 합리화에 대해 직면하는 것은 때때로 어렵지만 적절히 사용되면 책임있는 행동을 향한 내담자의 변화를 촉진한다.

⑨ 의식적 사고 다루기

현실요법은 현재 내담자의 의식적 사고만을 의도적으로 다루며, 꿈이나 환상, 기타 억압된 무의식적 갈등의 영역에서 비롯된 내담자의 무의식적 사고에 관련되는 것을 피한다. Glasser는 "내담자의 무책임성의 주요 원인인 무의식적 측면에 대해 강조하게 되면 내담자로 하여금 현실 직면을 회피할 또는 다른 변명의 여지를 주게 된다"고 말한다. 치료자는 의식적인 면만을 다룸으로써 내담자로 하여금, 그 자신이 욕구를 충족시킬 수 없는 방식으로 현재 행동하고 있다는 것을 더 잘

깨닫도록 할 수 있다.

⑩ 내담자가 자신을 이해하고 수용하도록 돕기

치료자는 내담자를 현재 있는 그대로의 인간으로서 관계 맺음으로써 신선하고 신뢰할 수 있는 관계의 모범이 된다. 가치와 잠재력을 가진 인간으로서 현재의 내담자를 수용하는 것은 내담자로 하여금 자신을 수용하도록 가르치는 첫 단계이다.

⑪ 책임있는 행동을 계획하기

성공정체감 획득의 기준은 반드시 내담자로부터 나온 것이어야 한다. 치료자는 촉진자로서 행동하지만, 계획, 목표 및 서약의 주인은 내담자이다. 가장 빈번한 잘못된 치료전략 중의 하나는 내담자에게 강요하는 식으로 치료자가 계획을 제안하는 것이다. 이러한 계획은 수용될 수 없다. 치료자는 내담자가 진실로 원하는 것의 핵심을 파악하고 현실적인 계획을 발전시키고, 주인의식을 갖도록 하는 것에 능숙한 것이 필수적인 조건이다.

4. 교류분석(TA)요법

⑴ 교류분석은 의사거래분석, 의사교류분석이라고도 불려지는데 의사거래란 "두 사람 혹은 그 이상의 사람들의 관계 상황에서 일어나는 사회적 상호 교섭의 한 단위"이다(이형득 외, 1984: 236).

⑵ 1950년대 Eric Berne에 의해 창시된 교류분석(TA)은 계약과 결정이라는 치료 방식을 취한다. 이런 면에서 Woollams와 Brown은 TA치료를 "적어도 한 사람이 개인적인 변화를 위해 노력하고 있고 또 다른 사람, 즉 치료자는 그런 변화를 촉진하기 위해 TA 준거틀을 사용하고 있는 관계를 의미한다"고 말하였다.

⑶ 교류분석에서는 정서적인 어려움을 부모의 불건전한 초기 메시지에 대한 반응으로서 부적절한 결정들이 내려진 결과라고 생각하며, 개인들은 새롭고, 더욱 적절한 결정을 내릴 수 있는 능력과 책임이 있다고 주장한다는 점에서 의사결정적 접근이라고 설명될 수 있다.

⑷ 교류분석의 공통적인 특징 중 하나는 TA 상담자들이 공유하고 있는 개념을 설명하기 위해 일군의 개념과 어휘들을 사용하고 있다는 것이다.

⑸ 이런 용어에는 부모(P), 어른(A), 어린이(C), 각본, 게임, 만성부정감정, 무시

(discounting), 스탬프(stamps), 스트로크, 계약, 결정 및 재결정들이 포함된다. 이런 점에서 Woollams와 Brown은 모든 TA치료자들은 자아상태 및 생활각본 개념을 가지고 치료하며, 자·타긍정(I'm OK-You're OK)이라는 가정에 기초한 치료접근을 강조한다.

⑹ 하나의 치료방식으로서 TA는 대체로 집단상황에서 가장 많이 실행된다. 그 이유는 집단상황이 그 구성원들에게 자신의 상호작용 방식에 대한 중요한 피드백을 상호 교환할 수 있는 기회가 될 수 있을 뿐만 아니라, 적절한 행동적 변화를 강화할 수 있도록 서로 서로 스트로크(자극에 대한 욕구)를 제공할 수 있기 때문이다. 그러나 TA는 또한 강도 높은 워크숍 형식으로 실행될 수도 있다. 어떤 TA이론가들은 이러한 강도 높은 경험이야말로 내담자의 빠른 변화를 가져올 수 있는 방법이라고 생각하기 때문이다(장혁표·신경일, 1996 : 259).

5. 사회요법

사회적 요법(social therapy)은 지금까지의 심리적 또는 행동수정 프로그램의 약점을 보완하기 위해서 시도된 요법으로서 재소자들을 위해 건전한 사회적 지원 유형을 개발하고자 하는 것을 주요 내용으로 한다. 범죄가 범죄자 개인만의 문제라기보다는 개인적 적성이나 특성과 주변 환경의 복합적인 상호작용의 산물로 인식되는 마당에 범죄자 개인만을 대상으로 하는 어떠한 노력도 범죄자를 변화 개선시키기에는 충분할 수 없다는 각성에서 시작된 것이다.

여기서 우리가 사회적 요법이라고 이름 하는 이유는 이들 프로그램이 교도소 내에서의 친사회적인 환경의 개발을 시도하기 때문이다. 사회적 요법이라고 할 수 있는 대표적인 상담치료방법은 환경요법과 긍정적 동료부문화라는 것이 있다.

1) 환경요법

⑴ 환경요법(milieu therapy)은 모든 교정환경을 이용하여 재소자들 간의 상호작용의 수정과 환경통제를 통해서 개별재소자의 행동에 영향을 미치고자 하는 것으로서, 그 대표적인 프로그램이 바로 요법처우공동체(therapeutic community)이다.

⑵ 이 요법처우공동체는 사실 여타의 요법처우와는 달리 시설 내의 사회 환경을 강조한다는 점에서 혁신적인 기법이라고 할 수 있다. 그러나 요법처우공동체는

여타의 처우요법을 무시하지 않고 그 속에 포함시키고 있다. 그럼에도 불구하고 처우의 대부분은 사회적 활동에 투자되고 있다.

(3) 이러한 관점에서 볼 때 요법처우공동체는 재소자가 자신이 살아가야 할 사회적 환경을 만들고 유지할 책임감을 가질 때 비로소 진정한 변화가 일어날 수 있다고 가정한다.

(4) 따라서 시설 내 모든 활동은 적절한 사회적 태도를 견지한 법을 준수하는 생활양식을 조장하는 재소자문화를 개발하는 방향으로 이루어져야 한다는 것이다.

(5) 이러한 프로그램은 모든 것이 친사회적인 시설환경이나 분위기를 엮어 내는 데 도움이 되는 시설정책의 중요한 변화를 전제로 한다. 시설 내 모든 관행이 관료적이지 않고 민주적이어야 하며, 모든 프로그램은 구금보다 처우에 초점을 맞추어야 하며, 시설의 일상적 활동이 억압적이기보다는 인본주의적 목적에 우선순위를 두어야 하며, 융통성이 중시되어야 한다는 것이다.

(6) 그러나 전통적 교정시설이 이와 같은 환경의 시설로 변화하기는 쉽지 않은 문제이기 때문에 이를 위해 필요한 몇 가지 전략을 강구할 수 있다.

(7) 우선 재소자와 교도관을 이러한 요법처우공동체에 적합한 사람으로 채용하고 수용한다. 그리고 교도소의 물리적 시설도 기숙사와 같이 설계되고, 가급적 개방적이어야 한다. 끝으로 가장 중요한 사항은 소규모 재소자집단이 매일 소집되어 교도소관리, 재소자와 교도관의 상호작용 그리고 재소자행위 등에 관한 문제를 토의할 수 있도록 하여야 한다.

(8) 요법처우공동체는 교도소 내 전체 생활단위에서 이루어지고 있으며, 개인적 의사결정기회를 많이 제공할 수 있고, 보안과 처우요원 간의 전통적 갈등이 존재하지 않는다는 이점이 있다. 그 외에 교도관과 재소자 사이의 대화와 언로의 괴리를 상당부분 메울 수 있었다.

(9) 반면에 현재의 과밀수용은 요법처우공동체의 실현을 어렵게 하며, 대부분의 교정당국에서는 그들이 통제력을 상실하는 것이 두려워 요법처우공동체를 시행하는 데 필요한 정도의 수형자자치를 허용하기를 꺼려한다.

(10) 따라서 요법처우공동체를 통제가 중시되는 교정시설에 도입하여 시행하기는 쉽지 않은 일이며, 더욱이 참여재소자에게 상당한 자율성을 부여하기 때문에 간헐적인 무질서의 위험성도 배제할 수 없다. 또한 현재의 교도소가 대부분 물리적 설계나 시설 면에서 공동체처우를 시행하는 데는 장애요인으로 작용하기

도 한다.

2) 긍정적 동료문화(positive peer culture: PPC. 이하 PPC로 한다)

⑴ 이는 생산적인 청소년부문화를 형성하기 위한 집단적 접근법의 하나로서 집단지도상화작용(GGI)을 모태로 하기 때문에 시설 내 수용생활의 모든 면을 총동원하는 총체적 전략이다.

⑵ PPC의 기본목표는 부정적인 동료집단을 생산적인 방향으로 전환시키는 것이다. 이를 위해서 참여자에게 서로서로를 배려하도록 가르친다. 서로를 보살펴 줌으로써 청소년들은 문제를 파악하고, 그 문제를 해결하는 방향으로 노력하게 된다. 따라서 이러한 상호 보살핌이 확산되어 자연스럽게 되면, 상호 해침이란 자연스럽게 사라지게 되는 것이다.

⑶ PPC를 활용한 결과 청소년수용시설에서 수용사고가 적어지고, 프로그램이 더욱 부드럽게 운영될 수 있다는 사실이 밝혀지고 있다. 이 제도는 GGI와 마찬가지로 비행적 동료문화의 가치를 축소시키며, 청소년범죄자처우를 위하여 총체적인 전략을 활용하며, 범죄자에게 책임을 부여한다는 강점이 있다.

⑷ 그러나 이 제도의 적용이나 효과성에 대해서 몇 가지 한계점도 지적되고 있다. 우선 이 제도가 부정적인 재소자지도자의 영향을 과소평가하지는 않았는가라는 의구심을 불러일으킬 수 있다.

⑸ 이보다 더 중요한 것은 일생 동안 약탈과 착취를 경험한 청소년범죄자들에게 상호 보살핌의 관계를 가르치는 것이 과연 가능한가라는 의문이 제기되기도 한다.

3) 물리요법

⑴ 지금까지 살펴본 각종 상담치료나 상담에 잘 반응하지 않고 별 효과가 없는 재소자에게는 아마도 보다 강제적인 기법이 필요한지도 모른다.

⑵ 이들에게 이용 가능한 강제적 기법이 바로 물리요법(physical therapy)이며, 여기에는 약물요법과 같은 화학요법(chemotherapy) · 충격처우(shock treatment) · 거세 등이 포함될 수 있다.

⑶ 물론 이들 요법이 반사회적 행위를 없애기 위한 계획의 일부로서 격한 고통을 부과하기도 하기 때문에 행동수정과 유사한 점도 없지 않다.

⑷ 현재 거세나 충격처우와 같은 물리요법은 거의 활용되지 않고 있으나, 현

재도 이용되고 있는 것은 진정제의 투약과 같은 약물요법이 주류를 이루고 있다. 이러한 약물투약은 사실상 사회적으로 수용될 수 없는 행위를 한 데 대한 준 처벌적인 것으로 이용되기도 한다.

(5) 이러한 약물요법이 때로는 환자(내담자)에 대한 종합적인 평가도 없이 이루어지고 있으며, 임상학자들에 의하면 약물요법 시 반드시 따라야 할 심리요법이 거의 실시되지 않고 있어 교정에 있어서의 약물요법에 대한 심각한 의문이 제기되고 있다.

(6) 약물의 오용은 곧 이들 유기요법(organic therapy)에 대해서 부정적인 시각을 갖게 하는데, 이는 범죄행위에 대한 생물학적 개입의 긍정적 가능성이 상당히 존재하기 때문에 약물요법의 가능성도 없지 않은 점을 고려할 때 매우 불행한 일이다.

(7) 즉 다수의 유전적 문제나 생리학적 또는 생화학적 문제로 인한 범죄자에 대한 가장 효과적인 처우는 바로 이 약물요법일 수 있기 때문이다.

(8) 그러나 이러한 긍정적인 가능성이 있음에도 그 가능성을 적용할 대상, 즉 약물요법을 필요로 하는 범죄자와 재소자는 우리 사회의 전체 범죄자와 재소자 중 극히 일부분에 지나지 않는다는 점이나 강제적 상담치료라는 점에서 인권의 침해 소지가 많다는 등의 문제가 지적될 수도 있다.

01. 교정현장상담과 사회 내 상담의 차이의 설명으로 옳지 않은 것은?　(09. 7급)

① 교정현장상담에서는 내담자 개인의 문제에 초점을 맞추어 진행되는 상담뿐만 아니라 관리자의 필요에 의한 호출상담도 빈번하게 이루어진다.

② 일반상담과는 달리 교정현장상담에서는 내담자의 복지를 최우선적으로 고려해야 되는 것이 아니라 수용질서를 먼저 생각해야 하는 차이점이 있다.

③ 교정현장상담은 일반상담과는 달리 이미 내담자에 대한 정보를 가지고 상담이 이루어진다는 점에서 내담자에 대한 편견이나 선입견을 배제할 수 있는 장점을 가지고 있다.

④ 일반상담과는 달리 교정현장상담은 상담자의 지도력을 중심으로 하는 단회 또는 단기간의 상담형태가 많다.

> **정답**　③ 교정현장에서 이루어지는 상담은 일반상담과는 달리 이미 내담자에 대한 정보를 가지고 상담이 이루어진다는 점에서 내담자에 대한 편견이나 선입견이 생길 수 있다는 단점을 가지고 있다.

02. 다음의 설명과 관련 있는 교정상담기법은?　(16. 7급)

> • 1950년대 에릭 번(Eric Berne)에 의하여 주장된 것으로 계약과 결정이라는 치료 방식을 취한다.

- 상담자는 대체로 선생님의 역할을 하게 된다.
- 재소자로 하여금 자신의 과거 경험이 현재 행위에 미친 영향을 보도록 녹화 테이프를 재생하듯이 되돌려 보게 한다. 이 과정을 통해 재소자가 과거에 대한 부정적인 장면들은 지워버리고 올바른 인생의 목표를 성취할 수 있다는 것을 확신하도록 도와준다.
- 자신의 문제를 검토할 의사가 전혀 없는 사람이나 사회 병리적 문제가 있는 사람에게는 도움이 되지 않는다.

① 교류분석(transactional analysis)
② 현실요법(reality therapy)
③ 환경요법(milieu therapy)
④ 사회적 요법(social therapy)

정답 ① 사람과 사람사이의 대화를 분석하는 것으로 교류분석에 대한 설명이다.

03. 내담자의 부정적인 자기패배적 사고 대신에 긍정적인 자기진보적 사고를 갖도록 교수하는 체계적인 기법은?

① 근육이완훈련 ② 체계적 둔감법
③ 인지적 재구조화 ④ 스트레스 접종

정답 ③
행동주의 상담이론에서 주요 상담기법 중 사고(인지)의 재구조화를 통해 자기긍정적 인식을 갖도록 지도한다.

04. 다음 중 현실치료의 특징만으로만 짝지어진 것은?

A. 책임감에 대한 강조
B. 과거 경험에 대한 체계적인 탐색
C. 자율적이고 합리적인 모습 강조
D. 내담자 스스로 계획수립 및 수행평가

① A, B, C ② B, C, D ③ A, C, D ④ A, B, D

윌리엄 글래서에 의해 시작된 현실 치료는 기본적으로 행동적이고 지시적이며, 실제적이고 교훈적이며, 인지적이다. 이것은 내담자가 변화로 이끄는 실제적인 행동을 하도록 격려한다. 현실치료는 통찰, 감정, 무의식적 동기에 초점을 두는 것이 아니라 현재의 행동이나 사고에 초점을 둔다. 현실 치료자들은 내담자들이 자신의 요구를 만족시키기 위해서 하는 행동을 현재에서 변화시키기 위해 무엇을 할 수 있는지에 초점을 맞춘다. 상담자의 주요 임무는 내담자와 인간적 관계를 확립하여 내담자 자신의 현재 생활 양식을 평가할 수 있도록 힘을 주는 것이다. 사람은 정직한 자기 검토를 통해서 생활의 질을 향상시킬 수 있다. 현실치료에서는 정신분석과 같이 <u>과거 경험의 영향, 초기 기억과 초기 아동기 외상 경험의 영향 등과 같이 과거와 관련된 탐색에 대해 중요하게 생각하지 않는다.</u> 이전 기출의 경우 단순하게 현실치료의 창시자를 찾는 문제가 있었다.

05. 인간중심 상담에서는 내담자를 3가지 자아 간의 불일치 때문에 불안을 경험하는 사람으로 간주한다. 다음 중 그 3가지 자아에 해당하지 않는 것은?

① 현실적 자아   ② 이상적 자아
③ 도덕적 자아   ④ 타인이 본 자아

인간중심 상담에서는 경험을 중시한다. 경험과 자아의 불일치에 의해 사람은 불안을 경험한다고 한다. 현실적인 자아상태(현실적 자아)가 자신이 희망하는 이상적인 모습(이상적 자아)과 일치하지 않을 때, 예를 들어 자신은 지금 현재의 일보다 더 나은 봉급, 더 나은 근로조건의 일을 희망하고 있는 경우 사람들은 이러한 불일치 때문에 힘들어하는 것을 경험상 알 수 있다. 또한 타인이 바라보는 자아와 내가 생각하고 있는 자아 사이에 갭이 발생할 수 있다. 이러한 예는 자신이 생각하는 직업가치와 부모가 희망하는 직업 사이에서 갈등하는 경우를 생각하면 쉽게 알 수 있다. 지문에 나온 도덕적 자아는 프로이드 정신상담에서 주로 다루며 이는 초자아를 연상케 한다.

06. 집단상담에 대한 설명으로 틀린 것은?

① 집단상담의 최대 장점은 한 상담자가 동시에 많은 내담자를 도울 수 있다는 효율적인 점이다.
② 집단상담에서는 특정 개인의 문제가 충분히 다루어지지 않을 가능성이 높은 제한점이 있다.

③ 집단상담 구성원들은 개인적인 조언보다 주변사람들의 공통 의견을 더 잘 받아들이는 경향이 있다.
④ 다양한 발달단계의 이질집단이 동질집단에 비해 자극이 되고 새로운 것을 받아들이는 데 더 효과적이다.

> **정답** ④
> 집단상담의 경우 이질집단의 구성을 어떻게 할 것인지 상담프로그램을 어떻게 구성하고 진행할 것인지에 따라 차이가 난다. 그러나 이질집단의 경우 동질집단에 비해 프로그램 운영에 많은 노력이 들어가야 하며, 이를 통한 효과가 어떨지는 상담프로그램 개발단계에서 고려되어야 한다. 일반적으로 동질집단(어떤 성별로, 어떤 연령별, 어떤 사회적 위치, 어떤 교육이력, 어떠한 상담목표로 구성하느냐)에 비해 이질집단의 경우 공통사항을 축출하기가 어려워 집단간 조화가 어려운 측면이 있다.

07. 인간중심 상담에서 기대하는 상담결과가 아닌 것은?

① 내담자는 현실적으로 변한다.
② 내담자는 불일치의 경험이 증가한다.
③ 내담자는 문제해결에 있어 더 능률적이 된다.
④ 내담자는 근본적 자아자각의 정도가 높아진다.

> **정답** ②
> 인간중심 상담에서 내담자와의 상담관계를 통해 충분히 자아실현을 할 수 있는 사람으로 자신의 삶을 살아갈 것을 희망한다. 이러한 상담결과는 자신의 경험에 대해 개방적이며, 현상학적인 측면에서 자신의 현재를 충분히 숙고하고, 창의적인 인간으로 기능하기를 바란다. 나. 지문의 경우 내담자의 불일치의 경험을 통해 자아와 경험을 통합하는 방향으로 가야한다.

08. 행동주의 접근의 상담기법 중 불안이 되는 부적응 행동이나 회피행동을 치료하는 데 가장 효과적인 기법은?

① 타임아웃기법   ② 모델링 기법
③ 체계적 둔감법   ④ 과잉 교정기법

① 타임아웃기법은 문제행동이 나타날 수 있는 시간, 상황을 가지지 않게 하는 방법이다.
② 모델링 기법은 타인의 행동을 보고 따라하는 것을 의미한다.
③ 과잉 교정기법은 홍수법, 포만법으로 넘치게 자극을 주어 행동수정을 하는 방법이다.

09. 행동주의 직업상담 기법에 관한 설명으로 틀린 것은?

① 체계적 둔감화는 불안반응을 제거시키기 위해 개발된 행동 수정의 기법이다.
② 증상행동에 상반되는 바람직한 행동을 강화함으로써 증상행동이 없어지거나 약화되는 방법을 쓴다.
③ 체계적 둔감화는 근육의 긴장이완, 불안위계표의 작성, 체계적 둔감의 3단계로 시행된다.
④ 변별학습은 다른 사람들의 진로결정행동이나 결과를 관찰함으로 의사결정의 학습을 촉진시킨다.

정답 ④

④ 사회적 모방과 대리학습에 대한 설명이다.
※ 변별학습: 진로선택의 여러 면을 내담자로 하여금 변별하도록 가르치는 것은 진로선택태도에 대한 학습적 성숙에 가장 큰 의미가 있다. 진로선택이나 결정능력을 검사도구와 같은 것을 사용하여 자신의 능력과 태도를 변별하고 비교해 보게 하는 방법이다.

10. 행동주의 상담에서 외적인 행동변화를 촉진시키는 방법이 아닌 것은?

① 주장훈련　　② 자기관리 프로그램
③ 행동계약　　④ 인지적 재구조화

정답 ④

인지적 재구조화는 내적인 행동변화를 촉진시키는 방법으로, 이 외에도 사고정지, 체계적 둔감화, 근육이완훈련 등이 있다.

11. 다음 중 합리적·정서적 상담의 주요개념으로 옳지 않은 것은?

① 인간은 합리적일 수도 비합리적일 수도 있다.

② 비합리적이고 비현실적인 사고방식은 어린 시절 가족의 영향을 받지 않는다.

③ 인간은 지각, 생각, 느낌, 행동을 동시에 할 수 있는 인지적, 정의적, 행동적 존재이다.

④ 심각한 정서적 문제들이 비합리적인 사고로부터 직접 연유되므로 이를 직접 다루어야한다

> 정답 ②
> ② 비합리적이고 비현실적인 사고방식은 어린 시절 가족의 영향을 받는다.

12. 다음 중 현실치료적 상담이론의 중요한 욕구가 아닌 것은?

① 소속과 사랑의 욕구   ② 생존에 대한 욕구

③ 죽음에 대한 욕구   ④ 즐거움에 대한 욕구

> 정답 ③
> ③ 지문은 정신분석의 주요개념이다.

chapter 8

범죄의 형사정책적 대책[1]
(교정시설내 처우)

제1절 「형의 집행 및 수용자의 처우에 관한 법률」의 이해

더 깊이보기

형의 집행 및 수용자의 처우에 관한 법률 제108조의 위헌확인(2016. 5. 26. 2014헌마45)

【판시사항】

가. 금치기간 중 공동행사 참가를 정지하는 '형의 집행 및 수용자의 처우에 관한 법률'(2007. 12. 21. 법률 제8728호로 전부 개정된 것, 이하 '형집행법'이라 한다) 제112조 제3항 본문 중 제108조 제4호에 관한 부분이 청구인의 통신의 자유, 종교의 자유를 침해하는지 여부(소극)

나. 금치기간 중 텔레비전 시청을 제한하는 형집행법 제112조 제3항 본문 중 제108조 제6호에 관한 부분이 청구인의 알 권리를 침해하는지 여부(소극)

다. 금치기간 중 신문·도서·잡지 외 자비구매물품의 사용을 제한하는 형집행법 제112조 제3항 본문 중 제108조 제7호의 신문·도서·잡지 외 자비구매물품에 관한 부분이 청구인의 일반적 행동의 자유를 침해하는지 여부(소극)

라. 금치기간 중 실외운동을 원칙적으로 제한하는 형집행법 제112조 제3항 본문 중 제108조 제13호에

---

1 이 장은 범죄의 형사정책적 대책과 관련하여 「형의 집행 및 수용자의 처우에 관한 법률」(법률 제14281호, 2016. 12. 2. 일부개정)에 반영된 내용을 검토한다. 이 장에서 이 법은 별도의 법명의 표기 없이 제○조, 시행령 제○조, 시행규칙 제○조 등으로 표기한다.

관한 부분이 청구인의 신체의 자유를 침해하는지 여부(적극)

【결정요지】
가. 형집행법 제112조 제3항 본문 중 제108조 제4호에 관한 부분은 금치의 징벌을 받은 사람에 대해 금치기간 동안 공동행사 참가 정지라는 불이익을 가함으로써, 규율의 준수를 강제하여 수용시설 내의 안전과 질서를 유지하기 위한 것으로서, 목적의 정당성 및 수단의 적합성이 인정된다. 금치처분을 받은 사람은 최장 30일 이내의 기간 동안 공동행사에 참가할 수 없으나, 서신수수, 접견을 통해 외부와 통신할 수 있고, 종교상담을 통해 종교활동을 할 수 있다. 또한, 위와 같은 불이익은 규율 준수를 통하여 수용질서를 유지한다는 공익에 비하여 크다고 할 수 없다. 따라서 위 조항은 청구인의 통신의 자유, 종교의 자유를 침해하지 아니한다.

나. 형집행법 제112조 제3항 본문 중 제108조 제6호에 관한 부분은 금치의 징벌을 받은 사람에 대해 금치기간 동안 텔레비전 시청 제한이라는 불이익을 가함으로써, 규율의 준수를 강제하여 수용시설 내의 안전과 질서를 유지하기 위한 것으로서 목적의 정당성 및 수단의 적합성이 인정된다. 금치처분은 금치처분을 받은 사람을 징벌거실 속에 구금하여 반성에 전념하게 하려는 목적을 가지고 있으므로 그에 대하여 일반 수용자와 같은 수준으로 텔레비전 시청이 이뤄지도록 하는 것은 교정실무상 어려움이 있고, 금치처분을 받은 사람은 텔레비전을 시청하는 대신 수용시설에 보관된 도서를 열람함으로써 다른 정보원에 접근할 수 있다. 또한, 위와 같은 불이익은 규율 준수를 통하여 수용질서를 유지한다는 공익에 비하여 크다고 할 수 없다. 따라서 위 조항은 청구인의 알 권리를 침해하지 아니한다.

다. 형집행법 제112조 제3항 본문 중 제108조 제7호의 신문·도서·잡지 외 자비구매물품에 관한 부분은 금치의 징벌을 받은 사람에 대해 금치기간 동안 자비로 구매한 음식물, 의약품 및 의료용품 등 자비구매물품을 사용할 수 없는 불이익을 가함으로써, 규율의 준수를 강제하여 수용시설 내의 안전과 질서를 유지하기 위한 것으로서 목적의 정당성 및 수단의 적합성이 인정된다. 금치처분을 받은 사람은 소장이 지급하는 음식물, 의류·침구, 그 밖의 생활용품을 통하여 건강을 유지하기 위한 필요최소한의 생활을 영위할 수 있고, 의사가 치료를 위하여 처방한 의약품은 여전히 사용할 수 있다. 또한, 위와 같은 불이익은 규율 준수를 통하여 수용질서를 유지한다는 공익에 비하여 크다고 할 수 없다. 따라서 위 조항은 청구인의 일반적 행동의 자유를 침해하지 아니한다.

라. 형집행법 제112조 제3항 본문 중 제108조 제13호에 관한 부분은 금치의 징벌을 받은 사람에 대해 금치기간 동안 실외운동을 원칙적으로 정지하는 불이익을 가함으로써, 규율의 준수를 강제하여 수용시설 내의 안전과 질서를 유지하기 위한 것으로서 목적의 정당성 및 수단의 적합성이 인정된다. 실외운동은 구금되어 있는 수용자의 신체적·정신적 건강을 유지하기 위한 최소한의 기본적 요청이고, 수용자의 건강 유지는 교정교화와 건전한 사회복귀라는 형 집행의 근본적 목표를 달성하는 데 필수적이다. 그런데 위 조항은 금치처분을 받은 사람에 대하여 실외운동을 원칙적으로 금지하고, 다만 소장의 재량에 의하여 이를 예외적으로 허용하고 있다. 그러나 소란, 난동을 피우거나 다른 사람을 해할 위험이 있어 실외운동을 허용할 경우 금치처분의 목적 달성이 어려운 예외적인 경우에 한하여 실외운동을 제한하는 덜 침해적인 수단이 있음에도 불구하고, 위 조항은 금치처분을 받은 사람에게 원칙적으로 실외운동을 금지한다. 나아가 위 조항은 예외적으로 실외운동을 허용하는 경우에도, 실외운동의 기회가 부여되어야 하는 최저기준을 법령에서 명시하고 있지 않으므로, 침해의 최소성 원칙에 위배된다. 위 조항은 수용자의 정신적·신체적 건강에 필요 이상의 불이익을 가하고 있고, 이는 공익에 비하여 큰 것이므로 위 조항은 법익의 균형성 요건도 갖추지 못하였다. 따라서 위 조항은 청구인의 신체의 자유를 침해한다.

1. 개 요

1) 목적(제1조)

「형의 집행 및 수용자의 처우에 관한 법률」 중 중요부분에 대하여 간단히 설명하고자 한다. 이 법의 목적은 수형자의 교정교화와 건전한 사회복귀를 도모하고, 수용자의 처우와 권리 및 교정시설의 운영에 관하여 필요한 사항을 규정하기 위함이라고 밝히고 있다.

2) 정의(제2조)

1. "수형자"란 징역형·금고형 또는 구류형의 선고를 받아 그 형이 확정된 사람과 벌금 또는 과료를 완납하지 아니하여 노역장 유치명령을 받은 사람을 말한다.
2. "미결수용자"란 형사피의자 또는 형사피고인으로서 체포되거나 구속영장의 집행을 받은 사람을 말한다.
3. "사형확정자"란 사형의 선고를 받아 그 형이 확정된 사람을 말한다.
4. "수용자"란 수형자·미결수용자·사형확정자, 그 밖에 법률과 적법한 절차에 따라 교도소·구치소 및 그 지소(이하 "교정시설"이라 한다)에 수용된 사람을 말한다.

3) 적용 범위(제3조)

교정시설의 구내와 교도관이 수용자를 계호하고 있는 그 밖의 장소로서 교도관의 통제가 요구되는 공간에 대하여 적용한다.

4) 교정시설의 규모 및 설비(제6조)

① 신설하는 교정시설은 수용인원이 500명 이내의 규모가 되도록 하여야 한다. 다만, 교정시설의 기능·위치나 그 밖의 사정을 고려하여 그 규모를 증대할 수 있다.

② 교정시설의 거실·작업장·접견실이나 그 밖의 수용생활을 위한 설비는 그 목적과 기능에 맞도록 설치되어야 한다. 특히, 거실은 수용자가 건강하게 생활할 수 있도록 적정한 수준의 공간과 채광·통풍·난방을 위한 시설이 갖추어져야 한다.

5) 교정시설 설치·운영의 민간위탁(제 7 조)

법무부장관은 교정시설의 설치 및 운영에 관한 업무의 일부를 법인 또는 개인에게 위탁할 수 있다. 이에 따라 위탁을 받을 수 있는 법인 또는 개인의 자격요건, 교정시설의 시설기준, 수용대상자의 선정기준, 수용자 처우의 기준, 위탁절차, 국가의 감독, 그 밖에 필요한 사항은 따로 법률로 정한다.

6) 범죄횟수(시행규칙 제 3 조)

① 수용자의 범죄횟수는 징역 또는 금고 이상의 형을 선고받아 확정된 횟수로 한다. 다만, 집행유예의 선고를 받은 사람이 유예기간 중 고의로 범한 죄로 금고 이상의 실형이 확정되지 아니하고 그 기간이 지난 경우에는 집행이 유예된 형은 범죄횟수에 포함하지 아니한다.

② 형의 집행을 종료하거나 그 집행이 면제된 날부터 다음 각 호의 기간이 지난 경우에는 범죄횟수에 포함하지 아니한다. 다만, 그 기간 중 자격정지 이상의 형을 선고받아 확정된 경우는 제외한다.

1. 3년을 초과하는 징역 또는 금고: 10년
2. 3년 이하의 징역 또는 금고: 5년

③ 수용기록부 등 수용자의 범죄횟수를 기록하는 문서에는 필요한 경우 수용횟수(징역 또는 금고 이상의 형을 선고받고 그 집행을 위하여 교정시설에 수용된 횟수를 말한다)를 함께 기록하여 해당 수용자의 처우에 참고할 수 있도록 한다.

2. 외부인사 참여

1) 교정시설의 순회점검(제 8 조)

법무부장관은 교정시설의 운영, 교도관의 복무, 수용자의 처우 및 인권실태 등을 파악하기 위하여 매년 1회 이상 교정시설을 순회점검하거나 소속 공무원으로 하여금 순회점검하게 하여야 한다.

2) 교정시설의 시찰 및 참관(제9조)

판사와 검사는 직무상 필요하면 교정시설을 시찰할 수 있다. 또한 판사와 검사 외의 사람은 교정시설을 참관하려면 학술연구 등 정당한 이유를 명시하여 교정시설의 장(이하 "소장"이라 한다)의 허가를 받아야 한다는 업무의 한계를 규정하고 있다.

제2절 수용관리

1. 수   용

1) 수용의 의의

⑴ 수용이란 국가의 강제력에 의하여 미결수용자, 사형확정자 및 수형자 등의 자유권을 박탈하여 교도소 등의 교정시설에 구금하여 수용자로서의 신분을 설정하는 처분을 말한다.

⑵ 수용은 법률에 정해진 절차에 의하여 집행되어야 하며 수용시설의 적정, 수용 후의 합리적인 처우의 보장 등 인권보장의 내실을 기할 수 있도록 하여야 한다.

2) 수용절차

(1) 신입자의 수용, 인수 및 신체검사
① 신입자의 수용(법 제16조 제1항)

소장은 법원·검찰청·경찰관서 등으로부터 처음으로 교정시설에 수용되는 사람에 대하여는 집행지휘서, 재판서 그 밖에 수용에 필요한 서류를 조사한 후 수용한다.

② 신입자의 인수(시행령 제13조)

㉠ 소장은 법원·검찰청·경찰관서 등으로부터 처음으로 교정시설에 수용되는 신입자를 인수한 경우에는 호송인에게 인수서를 써 주어야 한다. 이 경우 신입자에게 부상·질병 그 밖에 건강에 이상이 있을 때에는 호송인으로부터 그 사실에 대한 확인서를 교부받아야 한다.

㉡ 신입자를 인수한 교도관은 인수서에 신입자의 성명·나이 및 인수일시를

적고 서명 또는 날인하여야 한다.

ⓒ 소장은 확인서를 받는 경우에는 호송인에게 신입자의 성명·나이·인계일시 및 부상 등의 사실을 적고 서명 또는 날인하도록 하여야 한다.

③ 현황표 등의 부착 등(시행령 제12조)

㉠ 소장은 수용자거실에 면적, 정원 및 현재인원을 적은 현황표를 붙여야 한다.

ⓛ 소장은 수용자거실 앞에 이름표를 붙이되, 이름표 윗부분에는 수용자의 성명·출생연도·죄명·형명 및 형기(刑期)를 적고, 그 아랫부분에는 수용자번호 및 입소일을 적되 윗부분의 내용이 보이지 않도록 하여야 한다.

ⓒ 소장은 수용자가 법령에 따라 지켜야 할 사항과 수용자의 권리구제 절차에 관한 사항을 수용자거실의 보기 쉬운 장소에 붙이는 등의 방법으로 비치하여야 한다.

④ 신입자의 신체 등 검사(시행령 제14조)

소장은 신입자를 인수한 경우에는 교도관에게 신입자의 신체·의류 및 휴대품을 지체 없이 검사하게 하여야 한다.

(2) 수형자로서의 처우개시(시행령 제82조)

① 소장은 미결수용자로서 자유형이 확정된 사람에 대하여는 검사의 집행지휘서가 도달된 때부터 수형자로 처우할 수 있다.

② 검사는 집행지휘를 한 날로부터 10일 이내에 재판서나 그 밖에 적법한 서류를 소장에게 보내야 한다.

(3) 수용거실 지정(법 제15조)

소장은 수용자의 거실을 지정하는 경우에는 죄명, 형기, 죄질, 성격, 범죄전력, 나이, 경력 및 수용생활태도 그 밖에 수용자의 개인적 특성을 고려하여야 한다.

(4) 신입자의 신체특징 기록 및 번호표 부착(시행령 제17조)

① 소장은 신입자의 키·용모·문신·흉터 등 신체특징과 가족 등 보호자의 연락처를 수용기록부에 기록하여야 하며, 교도관이 업무상 필요한 경우가 아니면 이를 열람하지 못하도록 하여야 한다.

② 소장은 신입자 및 다른 교정시설로부터 이송되어 온 사람(이하 '이입자'라 함)에 대하여 수용자번호를 지정하고 수용 중 그 번호표를 상의의 왼쪽 가슴에 붙이

게 하여야 한다.

③ 수용자의 교화 또는 건전한 사회복귀를 위하여 특히 필요하다고 인정하는 경우에는 번호표를 붙이지 아니할 수 있다.

(5) 신입자의 건강진단과 목욕

① 신입자의 건강진단

㉠ 소장은 신입자에 대하여는 지체 없이 건강진단을 하여야 한다(법 제16조 제2항).

㉡ 신입자의 건강진단은 수용된 날부터 3일 이내에 하여야 한다. 다만, 휴무일이 연속되는 등 부득이한 사정이 있는 경우에는 예외로 한다(시행령 제15조).

② 신입자의 목욕

소장은 신입자에게 질병이나 그 밖에 부득이한 사정이 있는 경우가 아니면 지체 없이 목욕을 하게 하여야 한다(시행령 제16조).

(6) 신원조사와 수용기록부 등의 작성

① 신원조사

㉠ 소장은 분류심사와 그 밖에 수용목적의 달성을 위하여 필요하면 수용자의 가족 등을 면담하거나 법원·경찰관서 그 밖의 관계 기관 또는 단체(이하 '관계 기관 등'이라 함)에 대하여 필요한 사실을 조회할 수 있다(법 제60조 제1항).

㉡ 조회를 요청받은 관계 기관 등의 장은 특별한 사정이 없으면 그에 관하여 회신하여야 한다(법 제60조 제2항).

㉢ 소장은 신입자의 신원에 관한 사항을 조사하여 수용기록부에 기록하여야 한다(시행령 제20조).

② 수용기록부 등의 작성(시행령 제19조)

소장은 신입자 또는 이입자를 수용한 날부터 3일 이내에 수용기록부·수용자명부 및 형기종료부를 작성·정비하고 필요한 사항을 기록하여야 한다.

(7) 신입자에 대한 고지(법 제17조)

① 형기의 기산일 및 종료일

② 접견 및 서신 그 밖의 수용자의 권리에 관한 사항

③ 청원, 「국가인권위원회법」에 따른 진정 그 밖의 권리구제에 관한 사항

④ 징벌·규율 그 밖의 수용자의 의무에 관한 사항

⑤ 일과(日課) 그 밖의 수용생활에 필요한 기본적인 사항

(8) 사진촬영 등 다른 사람과 식별을 위한 조치(법 제19조)

① 소장은 신입자 및 다른 교정시설로부터 이송되어 온 사람에 대하여 다른 사람과의 식별을 위하여 필요한 한도에서 사진촬영, 지문채취, 수용자 번호지정 그 밖에 대통령령으로 정하는 조치를 하여야 한다.

② 소장은 수용목적상 필요하면 수용 중인 사람에 대하여도 위의 조치를 할 수 있다.

(9) 수용사실의 가족 통지와 형·구속의 집행정지사유의 통보
① 수용사실의 가족 통지(법 제21조)

소장은 신입자 또는 다른 교정시설로부터 이송되어 온 사람이 있으면 그 사실을 수용자의 가족(배우자, 직계존속·비속 또는 형제자매를 말함)에게 지체 없이 통지하여야 한다. 다만, 수용자가 통지를 원하지 아니하면 그러하지 아니하다.

② 형 또는 구속의 집행정지사유의 통보(시행령 제21조)

소장은 수용자에 대하여 건강상의 사유로 형의 집행정지 또는 구속의 집행정지를 할 필요가 있다고 인정하는 경우에는 의무관의 진단서와 인수인에 대한 확인서류를 첨부하여 그 사실을 검사에게, 기소된 상태인 경우에는 법원에 지체 없이 통보하여야 한다.

3) 수용원칙

(1) 구분수용에 대해서 일부 개정된 내용(제11조)
① 수용자는 다음 각 호에 따라 구분하여 수용한다.
1. 19세 이상 수형자: 교도소
2. 19세 미만 수형자: 소년교도소
3. 미결수용자: 구치소
4. 사형확정자: 교도소 또는 구치소. 이 경우 구체적인 구분 기준은 법무부령으로 정한다.

② 교도소 및 구치소의 각 지소에는 교도소 또는 구치소에 준하여 수용자를 수용한다.

(2) 구분수용의 예외(제12조)

① 다음 각 호의 어느 하나에 해당하는 사유가 있으면 교도소에 미결수용자를 수용할 수 있다.

1. 관할 법원 및 검찰청 소재지에 구치소가 없는 때

2. 구치소의 수용인원이 정원을 훨씬 초과하여 정상적인 운영이 곤란한 때

3. 범죄의 증거인멸을 방지하기 위하여 필요하거나 그 밖에 특별한 사정이 있는 때

② 취사 등의 작업을 위하여 필요하거나 그 밖에 특별한 사정이 있으면 구치소에 수형자를 수용할 수 있다.

③ 수형자가 소년교도소에 수용 중에 19세가 된 경우에도 교육·교화 프로그램, 작업, 직업훈련 등을 실시하기 위하여 특히 필요하다고 인정되면 23세가 되기 전까지는 계속하여 수용할 수 있다.

(3) 분리수용(제13조)

① 남성과 여성은 분리하여 수용하며 ② 제12조에 따라 수형자와 미결수용자, 19세 이상의 수형자와 19세 미만의 수형자를 같은 교정시설에 수용하는 경우에는 서로 분리하여 수용한다.

(4) 독거수용의 원칙

① 독거수용(법 제14조)

수용자는 독거수용한다. 다만, 다음 각 호의 어느 하나에 해당하는 사유가 있으면 혼거수용할 수 있다.

1. 독거실 부족 등 시설여건이 충분하지 아니한 때

2. 수용자의 생명 또는 신체의 보호, 정서적 안정을 위하여 필요한 때

3. 수형자의 교화 또는 건전한 사회복귀를 위하여 필요한 때

② 독거수용의 구분(시행령 제5조)

독거수용은 다음 각 호와 같이 구분한다.

1. 처우상 독거수용: 주간에는 교육·작업 등의 처우를 위하여 일과(日課)에 따른 공동생활을 하게 하고 휴업일과 야간에만 독거수용하는 것을 말한다.

2. 계호(戒護)상 독거수용: 사람의 생명·신체의 보호 또는 교정시설의 안전과

질서유지를 위하여 항상 독거수용하고 다른 수용자와의 접촉을 금지하는 것을 말한다. 다만, 수사·재판·실외운동·목욕·접견·진료 등을 위하여 필요한 경우에는 그러하지 아니하다.

③ 계호상 독거수용자의 시찰(시행령 제6조)

㉠ 교도관은 계호상 독거수용된 사람을 수시로 시찰하여 건강상 또는 교화상 이상이 없는지 살펴야 한다.

㉡ 교도관은 시찰 결과, 계호상 독거수용자가 건강상 이상이 있는 것으로 보이는 경우에는 교정시설에 근무하는 의사(공중보건의사를 포함한다. 이하 "의무관"이라 한다)에게 즉시 알려야 하고, 교화상 문제가 있다고 인정하는 경우에는 소장에게 지체 없이 보고하여야 한다.

㉢ 의무관은 위의 통보를 받은 즉시 해당 수용자를 상담·진찰하는 등 적절한 의료조치를 하여야 하며, 계호상 독거수용자를 계속하여 독거수용하는 것이 건강상 해롭다고 인정하는 경우에는 그 의견을 소장에게 즉시 보고하여야 한다.

㉣ 소장은 계호상 독거수용자를 계속하여 독거수용하는 것이 건강상 또는 교화상 해롭다고 인정하는 경우에는 이를 즉시 중단하여야 한다.

④ 혼거수용 인원의 기준과 제한

㉠ 혼거수용인원의 기준(시행령 제8조)

혼거수용 인원은 3명 이상으로 한다. 다만, 요양이나 그 밖의 부득이한 사정이 있는 경우에는 예외로 한다.

㉡ 혼거수용의 제한(시행령 제9조)

소장은 노역장 유치명령을 받은 수형자와 징역형·금고형 또는 구류형을 선고받아 형이 확정된 수형자를 혼거수용해서는 아니 된다. 다만, 징역형·금고형 또는 구류형의 집행을 마친 다음에 계속해서 노역장 유치명령을 집행하거나 그 밖에 부득이한 사정이 있는 경우에는 그러하지 아니하다.

⑤ 수용자의 자리 지정(시행령 제10조)

소장은 수용자의 생명·신체의 보호, 증거인멸의 방지 및 교정시설의 안전과 질서유지를 위하여 필요하다고 인정하면 혼거실·교육실·강당·작업장, 그 밖에 수용자들이 서로 접촉할 수 있는 장소에서 수용자의 자리를 지정할 수 있다.

⑥ 거실의 대용금지(시행령 제11조)

소장은 수용자거실을 작업장으로 사용해서는 아니 된다. 다만, 수용자의 심리적 안정, 교정교화 또는 사회적응능력 함양을 위하여 특히 필요하다고 인정하면 그러하지 아니하다.

⑦ 현황표 등의 부착(시행령 제12조)

1. 소장은 수용자거실에 면적, 정원 및 현재인원을 적은 현황표를 붙여야 한다.

2. 소장은 수용자거실 앞에 이름표를 붙이되, 이름표 윗부분에는 수용자의 성명·나이·죄명·형명 및 형기(刑期)를 적고, 그 아랫부분에는 수용자번호 및 입소일을 적되 윗부분의 내용이 보이지 않도록 하여야 한다.

3. 소장은 수용자가 법령에 따라 지켜야 할 사항과 수용자의 권리구제 절차에 관한 사항을 수용자거실의 보기 쉬운 장소에 붙여야 한다.

(5) 생활용품 지급

① 의류의 품목(시행규칙 제4조)

㉠ 수용자 의류의 품목은 평상복·특수복·보조복·의복부속물·모자 및 신발로 한다.

㉡ 제1항에 따른 품목별 구분은 다음 각 호와 같다.

1. 평상복은 겨울옷·봄가을옷·여름옷을 수형자용(用), 미결수용자용 및 피보호감호자(종전의 「사회보호법」에 따라 보호감호선고를 받고 교정시설에 수용 중인 사람을 말한다. 이하 같다)용과 남녀용으로 각각 구분하여 18종으로 한다.

2. 특수복은 모범수형자복·외부통근자복·임산부복·환자복·운동복 및 반바지로 구분하고, 그중 모범수형자복 및 외부통근자복은 겨울옷·봄가을옷·여름옷을 남녀용으로 각각 구분하여 6종으로 하고, 임산부복은 봄가을옷·여름옷을 수형자용과 미결수용자용으로 구분하여 4종으로 하며, 환자복은 겨울옷·여름옷을 남녀용으로 구분하여 4종으로 하고, 운동복 및 반바지는 각각 1종으로 한다.

3. 보조복은 위생복·조끼 및 비옷으로 구분하여 3종으로 한다.

4. 의복부속물은 러닝셔츠·팬티·겨울내의·장갑·양말로 구분하여 5종으로 한다.

5. 모자는 모범수형자모·외부통근자모·방한모 및 위생모로 구분하여 4종으로 한다.

6. 신발은 고무신·운동화 및 방한화로 구분하여 4종으로 한다.

② 의류의 품목별 착용 시기 및 대상(시행규칙 제5조)

수용자 의류의 품목별 착용 시기 및 대상은 다음 각 호와 같다.

1. 평상복: 실내생활 수용자, 교도작업·직업능력개발훈련(이하 "직업훈련"이라 한다) 수용자, 각종 교육을 받는 수용자 및 다른 교정시설로 이송되는 수용자가 착용

2. 모범수형자복: 제74조 제1항 제1호의 개방처우급에 해당하는 수형자가 작업·교육 등 일상생활을 하는 때, 가석방예정자가 실외생활을 하는 때 및 수형자가 사회봉사활동 등 대내외 행사 참석 시 소장이 필요하다고 인정하는 때 착용

3. 삭제

4. 외부통근자복: 외부통근자로서 실외생활을 하는 때에 착용

5. 임산부복: 임신하거나 출산한 수용자가 착용

6. 환자복: 의료거실 수용자가 착용

7. 삭제

8. 운동복: 소년수용자로서 운동을 하는 때에 착용

9. 반바지: 수용자가 여름철에 실내생활 또는 운동을 하는 때에 착용

10. 위생복: 수용자가 운영지원작업(이발·취사·간병, 그 밖에 교정시설의 시설운영과 관리에 필요한 작업을 말한다. 이하 같다)을 하는 때에 착용

11. 조끼: 수용자가 겨울철에 겉옷 안에 착용

12. 비옷: 수용자가 우천 시 실외작업을 하는 때에 착용

13. 러닝셔츠·팬티·겨울내의 및 양말: 모든 수형자 및 소장이 지급할 필요가 있다고 인정하는 미결수용자가 착용

14. 장갑: 작업을 하는 수용자 중 소장이 지급할 필요가 있다고 인정하는 자가 착용

15. 삭제(※ 개정으로 기존의 '허리띠'가 삭제됨)

16. 모자

가. 모범수형자모: 모범수형자복 착용자가 착용

나. 외부통근자모: 외부통근자복 착용자가 착용

다. 삭제

라. 방한모: 외부작업 수용자가 겨울철에 착용

마. 위생모: 취사장에서 작업하는 수용자가 착용

17. 신발

가. 고무신 및 운동화: 수용자가 선택하여 착용

나. 방한화: 작업을 하는 수용자 중 소장이 지급할 필요가 있다고 인정하는 사람이 착용

(6) 음식물 지급

① 주식의 지급(시행규칙 제10조)

소장이 「형의 집행 및 수용자의 처우에 관한 법률 시행령」(이하 "영"이라 한다) 제28조 제 2 항에 따라 주식을 쌀과 보리 등 잡곡의 혼합곡으로 하거나 대용식을 지급하는 경우에는 법무부장관이 정하는 바에 따른다.

② 지급하는 주식(제11조)

㉠ 수용자에게 시급하는 주식은 1명당 1일 550 그램을 기준으로 한다.

㉡ 소장은 수용자의 나이, 건강, 작업 여부 및 작업의 종류 등을 고려하여 필요한 경우에는 제 1 항의 지급 기준량을 변경할 수 있다.

㉢ 소장은 수용자의 기호 등을 고려하여 주식으로 빵이나 국수 등을 지급할 수 있다.

③ 주식의 지급(시행령 제28조)

수용자에게 지급하는 주식은 쌀로 한다. 소장은 쌀 수급이 곤란하거나 그 밖에 필요하다고 인정하면 주식을 쌀과 보리 등 잡곡의 혼합곡으로 하거나 대용식을 지급할 수 있다.

④ 급식 및 급여

2013년말 현재 수용자 1인당 1일 급식비는 3,430원으로 한국인 권장열량 2,500㎉를 참작하여 급식을 하고 있으며, 주식은 쌀 90%, 보리 10%의 비율로 지급하고 1일 3식 4찬을 원칙으로 운영되며, 2013년의 경우 외국인수용자에게는 급식비에 1일 300원의 가산금이 추가된다.

급식 이외에 의류, 침구 등 일상 생활용품이 수용자에게 급여 또는 대여되며 필요한 경우에는 자비부담도 허용하고 있다(범죄백서, 2015: 359).

(7) 수용의 거절(제18조)

① 소장은 다른 사람의 건강에 위해를 끼칠 우려가 있는 감염병에 걸린 사람의 수용을 거절할 수 있다.

② 소장은 수용을 거절하였으면 그 사유를 지체없이 수용지휘기관과 관할보건소장에게 통보하고 법무부장관에게 보고하여야 한다.

(8) 이 송

① 수용자의 이송(법 제20조)

㉠ 소장은 수용자의 수용·작업·교화·의료, 그 밖의 처우를 위하여 필요하거나 시설의 안전과 질서유지를 위하여 필요하다고 인정하면 법무부장관의 승인을 받아 수용자를 다른 교정시설로 이송할 수 있다.

㉡ 법무부장관은 이송승인에 관한 권한을 대통령령으로 정하는 바에 따라 지방교정청장에게 위임할 수 있다.

② 지방교정청장의 이송승인권(시행령 제22조)

지방교정청장은 다음 각 호의 어느 하나에 해당하는 경우에는 수용자의 이송을 승인할 수 있다. 다만 관할 내 이송으로 한정한다.

1. 수용시설의 공사 등으로 수용거실이 일시적으로 부족한 때

2. 교정시설 간 수용인원의 뚜렷한 불균형을 조정하기 위하여 특히 필요하다고 인정되는 때

3. 교정시설의 안전과 질서유지를 위하여 긴급하게 이송할 필요가 있다고 인정되는 때

③ 이송 중지(시행령 제23조)

소장은 수용자를 다른 교정시설에 이송하는 경우에 의무관으로부터 수용자가 건강상 감당하기 어렵다는 보고를 받으면 이송을 중지하고 그 사실을 이송받을 소장에게 알려야 한다.

④ 호송 시 분리(시행령 제24조)

수용자를 이송이나 출정(出廷), 그 밖의 사유로 호송하는 경우에는 수형자는 미결수용자와, 여성수용자는 남성수용자와, 19세 미만의 수용자는 19세 이상의 수용자와 각각 호송 차량의 좌석을 분리하는 등의 방법으로 서로 접촉하지 못하게 하

여야 한다.

⑤ 수용사실의 가족 통지(법 제21조)

소장은 신입자 또는 다른 교정시설로부터 이송되어 온 사람이 있으면 그 사실을 수용자의 가족(배우자, 직계 존속·비속 또는 형제자매를 말한다. 이하 같다)에게 지체 없이 통지하여야 한다. 다만, 수용자가 통지를 원하지 아니하면 그러하지 아니하다.

2. 위생과 의료관리

1) 필요성과 규정

⑴ 수용자 중에는 범죄생활로 인하여 이미 건강을 해치거나 질병에 걸려 있는 자가 많고 수용 중 집단 생활로 인한 위생관념의 해이 및 자유박탈 때문에 정신적·신체적으로 질병에 걸릴 가능성이 많으므로 이들의 건강을 유지하기 위하여 일정한 위생과 의료 시책이 필요하다.

⑵ 「형의 집행 및 수용자의 처우에 관한 법률」은 질병이 발병하기 이전에 질병을 예방하기 위한 일반위생방법으로 청결유지, 두발·수염의 단정, 목욕, 운동, 건강검진 등을 규정하고 있다.

2) 위생·의료 조치의무

⑴ 소장은 수용자가 건강을 생활을 하는 데에 필요한 위생 및 의료상의 적절한 조치를 하여야 한다(법 제30조).

⑵ 소장은 수용자의 건강, 계정 및 시설여건 등을 고려하여 보건·위생관리계획을 정기적으로 수립하여 시행하여야 한다(시행령 제46조).

3) 소장의 청결유지 및 수용자의 청결의무

(1) 소장의 청결유지의무

① 소장은 수용자가 사용하는 모든 설비와 기구가 항상 청결하게 유지되도록 하여야 한다(법 제31조).

② 시설의 청소·소독(시행령 제47조)

㉠ 소장은 거실·작업장·목욕탕 그 밖에 수용자가 공동으로 사용하는 시설과

취사장, 주·부식 저장고 그 밖에 음식물 공급과 관련된 시설을 수시로 청소·소독하여야 한다.

ⓛ 소장은 저수조 등 급수시설을 6개월에 1회 이상 청소·소독하여야 한다.

(2) 수용자의 청결의무

① 수용자는 자신의 신체 및 의류를 청결히 하여야 하며, 자신이 사용하는 거실·작업장 그 밖의 수용시설의 청결유지에 협력하여야 한다(법 제32조 제1항).

② 수용자는 위생을 위하여 두발 또는 수염을 단정하게 유지하여야 한다(법 제32조 제2항).

③ 수용자는 교도관이 청결유지에 대한 협력규정에 따라 자신이 사용하는 거실·작업장 그 밖의 수용시설의 청결을 유지하기 위하여 필요한 지시를 한 경우에는 이에 따라야 한다(시행령 제48조).

4) 운동 및 목욕

(1) 운   동

① 소장은 수용자가 건강유지에 필요한 운동 및 목욕을 정기적으로 할 수 있도록 하여야 한다(법 제33조 제1항).

② 운동시간·목욕횟수 등에 관하여 필요한 사항은 대통령령으로 정한다(법 제33조 제2항).

「운동시간과 제외사유」

운동시간: 소장은 수용자가 매일(공휴일 및 법무부장관이 정하는 날 제외) 「국가공무원복무규정」에 따른 근무시간 내에서 1시간 이내의 실외운동을 할 수 있도록 하여야 한다.

운동실시제외사유: • 작업의 특성상 실외운동이 필요 없다고 인정되는 때
 • 질병 등으로 실외운동이 수용자의 건강에 해롭다고 인정되는 때
 • 우천, 수사, 재판 그 밖에 부득이한 사정으로 실외운동을 하기 어려운 때

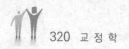

(2) 목 욕

① 목욕횟수(시행령 제50조)

소장은 작업의 특성, 계절 그 밖의 사정을 고려하여 수용자의 목욕횟수를 정하되 부득이한 사정이 없으면 매주 1회 이상이 되도록 한다.

② 여성수용자의 목욕(시행령 제77조)

㉠ 소장은 여성수용자의 목욕횟수를 정하는 경우에는 그 신체적 특성을 특히 고려하여야 한다.

㉡ 소장은 여성수용자의 목욕을 하는 경우에 계호가 필요하다고 인정하면 여성교도관이 하도록 하여야 한다.

5) 건강검진

(1) 의 의

① 소장은 수용자에 대하여 건강검진을 정기적으로 하여야 한다(법 제34조 제1항).

② 건강검진의 횟수 등에 관하여 필요한 사항은 대통령령으로 정한다(법 제34조 제2항).

(2) 건강검진 횟수(시행령 제51조)

① 소장은 수용자에 대하여 1년에 1회 이상 건강검진을 하여야 한다. 다만, 19세 미만의 수용자와 계호상 독거수용자에 대하여는 6개월에 1회 이상(노인수용자 포함) 건강검진을 하여야 한다.

② 건강검진은 「건강검진기본법」에 따라 지정된 검진기관에 의뢰하여 할 수 있다.

6) 감염성 질병에 관한 조치

⑴ 소장은 감염의 우려가 있는 질병의 발생과 확산을 방지하기 위하여 필요하다고 인정하면 수용자에 대하여 예방접종·격리수용·이송 그 밖에 필요한 조치를 하여야 한다(법 제35조).

⑵ 소장은 수용자가 감염병에 걸렸다고 의심되는 경우에는 1주 이상 격리수용하고 그 수용자의 휴대품을 소독하여야 한다(시행령 제53조 제1항).

⑶ 소장은 감염병이 유행하는 경우에는 수용자가 자비로 구매하는 음식물의

공급을 중지할 수 있다(시행령 제53조 제 2 항).

⑷ 소장은 수용자가 감염병에 걸린 경우에는 즉시 격리수용하고 그 수용자가 사용한 물품과 설비를 철저히 소독하여야 한다(시행령 제53조 제 3 항).

⑸ 소장은 감염병에 걸린 경우 선조치한 후 그 사실을 지체 없이 법무부장관에게 보고하고 관할 보건기관의 장에게 알려야 한다(시행령 제53조 제 4 항).

7) 부상자 등 치료

⑴ 소장은 수용자가 부상을 당하거나 질병에 걸리면 적절한 치료를 받도록 하여야 한다(법 제36조 제 1 항).

⑵ 치료를 위하여 교정시설에 근무하는 간호사는 야간 또는 공휴일 등에 「의료법」 제27조(무면허 의료행위 등 금지)에도 불구하고 대통령령으로 정하는 경미한 의료행위를 할 수 있다(법 제36조 제 2 항).

> **간호사의 경미한 의료행동**(시행령 제54조의2)
> 1. 외상 등 흔히 볼 수 있는 상처의 치료
> 2. 응급을 요하는 수용자에 대한 응급처치
> 3. 부상과 질병의 악화방지를 위한 처치
> 4. 환자의 요양지도 및 관리
> 5. 1.부터 4.까지의 의료행위에 따르는 의약품의 투여

⑶ 소장은 수용자가 부상을 당하거나 질병에 걸린 경우에는 그 수용자를 의료거실에 수용하거나, 다른 수용자에게 그 수용자를 간병하게 할 수 있다(시행령 제54조).

8) 외부의료시설 진료와 외부의사의 치료

(1) 외부의료시설 진료

① 소장은 수용자에 대한 적절한 치료를 위하여 필요하다고 인정하면 교정시설 밖에 있는 의료시설(이하 '외부의료시설'이라 함)에서 진료를 받게 할 수 있다(법 제37조 제 1 항).

② 소장은 수용자를 외부의료시설에 입원 시키거나 입원중인 수용자를 교정시설로 데려온 경우에는 그 사실을 법무부장관에게 지체 없이 보고하여야 한다(시행령

제57조).

③ 소장은 수용자가 자신의 고의 또는 중대한 과실로 부상 등이 발생하여 외부의료시설에서 진료를 받은 경우에는 그 진료비의 전부 또는 일부를 그 수용자에게 부담하게 할 수 있다(법 제37조 제5항).

④ 소장은 수용자의 정신질환 치료를 위하여 필요하다고 인정하면 법무부장관의 승인을 받아 치료감호시설로 이송할 수 있다(법 제37조 제2항).

⑤ 치료감호소에 이송된 사람은 수용자에 준하여 처우한다(법 제37조 제3항).

⑥ 소장은 수용자가 외부의료시설에서 진료받거나 치료감호시설로 이송되면 그 사실을 그 가족(가족이 없는 경우에는 수용자가 지정하는 사람)에게 지체 없이 통지하여야 한다. 다만, 수용자가 통지를 원하지 아니하면 그러하지 아니하다(법 제37조 제4항).

(2) 외부의사의 치료(시행령 제55조)

소장은 특히 필요하다고 인정하는 경우에는 외부의료시설에서 근무하는 의사(이하 '외부의사'라고 함)로 하여금 수용자를 치료하게 할 수 있다.

9) 자비치료(법 제38조)

소장은 수용자가 자신의 비용으로 외부의료시설에서 근무하는 의사(이하 '외부의사'라 함)에게 치료받기를 원하면 교정시설에 근무하는 의사(공중보건의사를 포함하여, 이하 '의무관'이라 함)의 의견을 고려하여 이를 허가할 수 있다.

10) 진료환경(법 제39조)

⑴ 교정시설에는 수용자의 진료를 위하여 필요한 의료 인력과 설비를 갖추어야 한다.

⑵ 소장은 정신질환이 있다고 의심되는 수용자가 있으면 정신건강의학과 의사의 진료를 받을 수 있도록 하여야 한다(진주교도소: 정신질환·폐결핵).

⑶ 외부의사는 수용자를 진료하는 경우에는 법무부장관이 정하는 사항을 준수하여야 한다.

⑷ 교정시설에 갖추어야 할 의료설비의 기준에 관하여 필요한 사항은 법무부령으로 정한다.

11) 중환자의 가족 통지(시행령 제56조)

소장은 수용자가 위독한 경우에는 그 사실을 가족에게 지체 없이 알려야 한다 (수용자가 원하지 않으면 통지하지 않는다는 규정 없음).

12) 수용자의 의사에 반하는 의료조치(법 제40조)

⑴ 소장은 수용자가 진료 또는 음식물의 섭취를 거부하면 의무관으로 하여금 관찰·조언 또는 설득을 하도록 하여야 한다.

⑵ 소장은 위의 조치에도 불구하고 수용자가 진료 또는 음식물의 섭취를 계속 거부하여 그 생명에 위험을 가져올 급박한 우려가 있으면 의무관으로 하여금 적당한 진료 또는 영양보급 등의 조치를 하게 할 수 있다.

3. 수용자의 외부교통

1) 접견(제41조)

수용자에게 가장 관심이 있는 부분으로는 접견·서신수수 및 전화통화 등이 있는데 접견에 대하여는 다음과 같은 규정하고 있다.

① 수용자는 교정시설의 외부에 있는 사람과 접견할 수 있다. 다만, 다음 각 호의 어느 하나에 해당하는 사유가 있으면 그러하지 아니하다.

1. 형사 법령에 저촉되는 행위를 할 우려가 있는 때
2. 「형사소송법」이나 그 밖의 법률에 따른 접견금지의 결정이 있는 때
3. 수형자의 교화 또는 건전한 사회복귀를 해칠 우려가 있는 때
4. 시설의 안전 또는 질서를 해칠 우려가 있는 때

② 소장은 다음 각 호의 어느 하나에 해당하는 사유가 있으면 교도관으로 하여금 수용자의 접견내용을 청취·기록·녹음 또는 녹화하게 할 수 있다.

1. 범죄의 증거를 인멸하거나 형사 법령에 저촉되는 행위를 할 우려가 있는 때
2. 수형자의 교화 또는 건전한 사회복귀를 위하여 필요한 때
3. 시설의 안전과 질서유지를 위하여 필요한 때

③ 제 2 항에 따라 녹음·녹화하는 경우에는 사전에 수용자 및 그 상대방에게

그 사실을 알려 주어야 한다.

④ 접견의 횟수·시간·장소·방법 및 접견내용의 청취·기록·녹음·녹화 등에 관하여 필요한 사항은 대통령령으로 정한다.

2) 소송사건의 대리인인 변호사의 접견 등 신청(시행규칙 제29조의2)

① 소송사건의 대리인인 변호사가 수용자를 접견하고자 하는 경우에는 별지 제32호 서식의 신청서에 다음 각 호의 자료를 첨부하여 소장에게 제출하여야 한다.

1. 소송위임장 사본 등 소송사건의 대리인임을 소명할 수 있는 자료
2. 소송계속 사실을 소명할 수 있는 자료

② 소송사건의 대리인인 변호사가 영 제59조의2 제3항에 따라 접견 시간을 연장하거나 접견 횟수를 추가하고자 하는 경우에는 별지 제33호 서식의 신청서에 해당 사유를 소명할 수 있는 자료를 첨부하여 소장에게 제출하여야 한다(2016. 6. 28. 신설).

3) 접견에 대한 시행령(시행령 제58조)

① 수용자의 접견은 매일(공휴일 및 법무부장관이 정한 날은 제외한다) 「국가공무원 복무규정」 제9조에 따른 근무시간 내에서 한다.

② 변호인(변호인이 되려고 하는 사람을 포함한다. 이하 같다)과 접견하는 미결수용자를 제외한 수용자의 접견시간은 회당 30분 이내로 한다.

③ 수형자의 접견 횟수는 매월 4회로 한다.

④ 수용자의 접견은 접촉차단시설이 설치된 장소에서 하게 한다. 다만, 다음 각 호의 어느 하나에 해당하는 경우에는 그러하지 아니하다.

1. 미결수용자(형사사건으로 수사 또는 재판을 받고 있는 수형자와 사형확정자를 포함한다)가 변호인과 접견하는 경우
2. 수용자가 소송사건의 대리인인 변호사와 접견하는 경우로서 교정시설의 안전 또는 질서를 해칠 우려가 없는 경우

⑤ 법 및 이 영에 규정된 사항 외에 수형자, 사형확정자 및 미결수용자를 제외한 수용자의 접견 횟수·시간·장소 등에 관하여 필요한 사항은 법무부장관이 정한다.

⑥ 소장은 교정시설의 외부에 있는 사람의 수용자 접견에 관한 사무를 수행하

기 위하여 불가피한 경우 「개인정보 보호법」 시행령 제19조에 따른 주민등록번호, 여권번호, 운전면허의 면허번호 또는 외국인등록번호가 포함된 자료를 처리할 수 있다.

4) 소송사건의 대리인인 변호사와의 접견(시행령 제59조의2)

① 제58조 제 2 항에도 불구하고 수용자가 소송사건의 대리인인 변호사와 접견하는 시간은 회당 60분으로 한다.

② 수용자가 소송사건의 대리인인 변호사와 접견하는 횟수는 월 4회로 하되, 이를 제58조 제 3 항, 제101조 및 제109조의 접견 횟수에 포함시키지 아니한다.

③ 소장은 제58조 제 1 항과 이 조 제 1 항 및 제 2 항에도 불구하고 소송사건의 수 또는 소송내용의 복잡성 등을 고려하여 소송의 준비를 위하여 특히 필요하다고 인정하면 접견 시간대 외에도 접견을 하게 할 수 있고, 접견 시간 및 횟수를 늘릴 수 있다.

④ 소장은 제 1 항 및 제 2 항에도 불구하고 접견 수요 또는 접견실 사정 등을 고려하여 원활한 접견 사무 진행에 현저한 장애가 발생한다고 판단하면 접견 시간 및 횟수를 줄일 수 있다. 이 경우 줄어든 시간과 횟수는 다음 접견 시에 추가하도록 노력하여야 한다.

⑤ 제 1 항부터 제 4 항까지에서 규정한 사항 외에 수용자와 소송사건의 대리인인 변호사의 접견에 관하여 필요한 사항은 법무부령으로 정한다.

5) 접견내용의 청취·기록·녹음·녹화(시행령 제62조)

① 소장은 법 제41조 제 2 항의 청취·기록을 위하여 다음 각 호의 사람을 제외한 수용자의 접견에 교도관을 참여하게 할 수 있다.

1. 변호인과 접견하는 미결수용자
2. 소송사건의 대리인인 변호사와 접견하는 수용자

② 소장은 특별한 사정이 없으면 교도관으로 하여금 법 제41조 제 3 항에 따라 수용자와 그 상대방에게 접견내용의 녹음·녹화 사실을 수용자와 그 상대방이 접견실에 들어가기 전에 미리 말이나 서면 등 적절한 방법으로 알려 주게 하여야 한다.

③ 소장은 법 제41조 제 2 항에 따라 청취·녹음·녹화한 경우의 접견기록물에

대한 보호·관리를 위하여 접견정보 취급자를 지정하여야 하고, 접견정보 취급자는 직무상 알게 된 접견정보를 누설하거나 권한 없이 처리하거나 다른 사람이 이용하도록 제공하는 등 부당한 목적을 위하여 사용해서는 아니 된다.

④ 소장은 관계기관으로부터 다음 각 호의 어느 하나에 해당하는 사유로 제3항의 접견기록물의 제출을 요청받은 경우에는 기록물을 제공할 수 있다.

  1. 법원의 재판업무 수행을 위하여 필요한 때
  2. 범죄의 수사와 공소의 제기 및 유지에 필요한 때

⑤ 소장은 제4항에 따라 녹음·녹화 기록물을 제공할 경우에는 제3항의 접견정보 취급자로 하여금 녹음·녹화기록물을 요청한 기관의 명칭, 제공받는 목적, 제공 근거, 제공을 요청한 범위, 그 밖에 필요한 사항을 녹음·녹화기록물 관리프로그램에 입력하게 하고, 따로 이동식 저장매체에 옮겨 담아 제공한다.

6) 접견의 중지(제42조)

교도관은 접견 중인 수용자 또는 그 상대방이 다음 각 호의 어느 하나에 해당하면 접견을 중지할 수 있다.

  1. 범죄의 증거를 인멸하거나 인멸하려고 하는 때
  2. 제92조의 금지물품을 주고받거나 주고받으려고 하는 때
  3. 형사 법령에 저촉되는 행위를 하거나 하려고 하는 때
  4. 수용자의 처우 또는 교정시설의 운영에 관하여 거짓사실을 유포하는 때
  5. 수형자의 교화 또는 건전한 사회복귀를 해칠 우려가 있는 행위를 하거나 하려고 하는 때
  6. 수형자의 교화 또는 건전한 사회복귀를 해칠 우려가 있는 행위를 하거나 하려고 하는 때

7) 서신수수(제43조)

① 수용자는 다른 사람과 서신을 주고받을 수 있다. 다만, 다음 각호의 어느 하나에 해당하는 사유가 있으면 그러하지 아니하다.

  1. 「형사소송법」이나 그 밖의 법률에 따른 서신의 수수금지 및 압수의 결정이 있는 때
  2. 수형자의 교화 또는 건전한 사회복귀를 해칠 우려가 있는 때

3. 시설의 안전 또는 질서를 해칠 우려가 있는 때

② 제1항 본문에도 불구하고 같은 교정시설의 수용자 간에 서신을 주고받으려면 소장의 허가를 받아야 한다.

③ 소장은 수용자가 주고받는 서신에 법령에 따라 금지된 물품이 들어 있는지 확인할 수 있다.

④ 수용자가 주고받는 서신의 내용은 검열받지 아니한다. 다만, 다음 각 호의 어느 하나에 해당하는 사유가 있으면 그러하지 아니하다.

1. 서신의 상대방이 누구인지 확인할 수 없는 때

2. 「형사소송법」이나 그 밖의 법률에 따른 서신검열의 결정이 있는 때

3. 제1항 제2호 또는 제3호에 해당하는 내용이나 형사 법령에 저촉되는 내용이 기재되어 있다고 의심할 만한 상당한 이유가 있는 때

4. 대통령령으로 정하는 수용자 간의 서신인 때

8) 서신 내용의 검열(시행령 제66조)

⑴ ① 소장은 법 제43조 제4항 제4호에 따라 다음 각 호의 어느 하나에 해당하는 수용자가 다른 수용자와 서신을 주고받는 때에는 그 내용을 검열할 수 있다.

1. 법 제104조 제1항에 따른 마약류사범·조직폭력사범 등 법무부령으로 정하는 수용자인 때

2. 서신을 주고받으려는 수용자와 같은 교정시설에 수용 중인 때

3. 규율위반으로 조사 중이거나 징벌집행 중인 때

4. 범죄의 증거를 인멸할 우려가 있는 때

② 수용자 간에 오가는 서신에 대한 제1항의 검열은 서신을 보내는 교정시설에서 한다. 다만, 특히 필요하다고 인정되는 경우에는 서신을 받는 교정시설에서도 할 수 있다.

③ 소장은 수용자가 주고받는 서신이 법 제43조 제4항 각 호의 어느 하나에 해당하면 이를 개봉한 후 검열할 수 있다.

④ 소장은 제3항에 따라 검열한 결과 서신의 내용이 법 제43조 제5항의 발신 또는 수신 금지사유에 해당하지 아니하면 발신서신은 봉함한 후 발송하고, 수신서신은 수용자에게 교부한다.

⑤ 소장은 서신의 내용을 검열하였을 때에는 그 사실을 해당 수용자에게 지체

없이 알려주어야 한다.

(2) 서신 등 발송비용의 부담(시행령 제69조)

수용자의 서신·소송서류, 그 밖의 문서를 보내는 경우에 드는 비용은 수용자가 부담한다. 다만, 소장은 수용자가 그 비용을 부담할 수 없는 경우에는 예산의 범위에서 해당 비용을 부담할 수 있다.

9) 전화통화(제44조)

① 수용자는 소장의 허가를 받아 교정시설의 외부에 있는 사람과 전화통화를 할 수 있다.

② 제1항에 따른 허가에는 통화내용의 청취 또는 녹음을 조건으로 붙일 수 있다.

③ 제42조는 수용자의 전화통화에 관하여 준용한다.

④ 제2항에 따라 통화내용을 청취 또는 녹음하려면 사전에 수용자 및 상대방에게 그 사실을 알려 주어야 한다.

10) 교도소 문화 – 집필(제49조)

① 수용자는 문서 또는 도화를 작성하거나 문예·학술, 그 밖의 사항에 관하여 집필할 수 있다. 다만, 소장이 시설의 안전 또는 질서를 해칠 명백한 위험이 있다고 인정하는 경우는 예외로 한다.

② 제26조는 제1항에 따라 작성 또는 집필한 문서나 도화의 소지 및 처리에 관하여 준용한다.

③ 제1항에 따라 작성 또는 집필한 문서나 도화가 제43조 제5항 각 호의 어느 하나에 해당하면 제43조 제7항을 준용한다.

④ 집필용구의 관리, 집필의 시간·장소, 집필한 문서 또는 도화의 외부반출 등에 관하여 필요한 사항은 대통령령으로 정한다.

11) 접견·서신수발 등 개정의 의의

이상에서 간단히 살펴보았지만 형집행법령에 따르면 기존 허가 사항이었던 서신·집필·접견이 수용자의 기본적 권리로 전환되고 서신검열은 '원칙적 검열-예외적 무검열'에서 '원칙적 무검열-예외적 검열'로 전환돼 수용자와 서신 상대방의 프라이버시가 보호되었다.

4. 수용자에 대한 특별한 보호

현행법상 특별한 보호가 필요한 수용자는 시행령 제81조에서 구체적으로 언급하고 있는데 이는 다음과 같다.

① 법 제54조 제1항에서 "노인수용자"란 65세 이상인 수용자를 말한다.

② 법 제54조 제2항에서 "장애인수용자"란 시각·청각·언어·지체(肢體) 등의 장애로 통상적인 수용생활이 특히 곤란하다고 인정되는 사람으로서 법무부령으로 정하는 수용자를 말한다.

③ 법 제54조 제3항에서 "외국인수용자"란 대한민국의 국적을 가지지 아니한 수용자를 말한다.

④ 법 제54조 제4항에서 "소년수용자"란 다음 각 호의 사람을 말한다.

1. 19세 미만의 수형자
2. 법 제12조 제3항에 따라 소년교도소에 수용 중인 수형자
3. 19세 미만의 미결수용자

1) 여성수용자의 처우(법 제50조)

(1) 여성수용자 처우의 주요 내용

① 소장은 여성수용자에 대하여 여성의 신체적·심리적 특성을 고려하여 처우하여야 한다.

② 소장은 여성수용자에 대하여 건강검진을 실시하는 경우에는 나이·건강 등을 고려하여 부인과질환에 관한 검사를 포함시킬 수 있다.

③ 소장은 생리 중인 여성수용자에 대하여는 위생에 필요한 물품을 지급할 수 있다.

④ 소장은 여성수용자가 미성년자인 자녀와 접견하는 경우에는 차단시설이 없는 장소에서 접견하게 할 수 있다.

(2) 여성수용자 처우 시의 유의사항(법 제51조)

① 소장은 여성수용자에 대하여 상담·교육·작업 등을 실시하는 때에는 여성교도관이 담당하도록 하여야 한다. 다만, 여성교도관이 부족하거나 그 밖의 부득이한 사정이 있으면 그러하지 아니하다.

② 남성교도관이 1명의 여성수용자에 대하여 실내에서 상담 등을 하려면 투명한 창문이 설치된 장소에서 다른 여성을 입회시킨 후 실시하여야 한다.

③ 소장은 여성수용자의 목욕횟수를 정하는 경우에는 그 신체적 특성을 특히 고려하여야 한다(동법 시행령 제77조 제1항).

④ 소장은 여성수용자가 목욕을 하는 경우에 계호가 필요하다고 인정하면 여성교도관이 하도록 하여야 한다.

2) 임산부인 수용자의 처우(법 제52조)

① 소장은 수용자가 임신 중이거나 출산(유산을 포함한다)한 경우에는 모성보호 및 건강유지를 위하여 정기적인 검진 등 적절한 조치를 하여야 한다.

② 소장은 수용자가 출산하려고 하는 경우에는 외부의료시설에서 진료를 받게 하는 등 적절한 조치를 하여야 한다.

③ 소장은 임산부인 수용자 및 법 제53조에 따라 유아의 양육을 허가받은 수용자에 대하여 필요하다고 인정하는 경우에는 교정시설에 근무하는 의사(공중보건의사를 포함한다. 이하 "의무관"이라 한다)의 의견을 들어 필요한 양의 죽 등의 주식과 별도로 마련된 부식을 지급할 수 있으며, 양육유아에 대하여는 분유 등의 대체식품을 지급할 수 있다(시행규칙 제42조 임산부수용자 등에 대한 특칙).

3) 출산유아양육신청의 허가

(1) 요건(법 제53조 제1항)

① 여성수용자는 자신이 출산한 유아를 교정시설에서 양육할 것을 신청할 수 있다.

② 소장은 불허사유가 없으면, 생후 18개월에 이르기까지 이를 허가하여야 한다.

③ 불허사유

㉠ 유아가 질병·부상 그 밖의 사유로 교정시설에서 생활하는 것이 특히 부적

당하다고 인정되는 때

　ⓛ 수용자가 질병·부상 그 밖의 사유로 유아를 양육할 능력이 없다고 인정되는 때

　ⓒ 교정시설에 감염병이 유행하거나 그 밖의 사정으로 유아양육이 특히 부적당한 때

　(2) 허가 후 조치

　① 유아의 양육

　㉠ 소장은 유아의 양육을 허가한 경우에는 필요한 설비와 물품의 제공 그 밖에 양육을 위하여 필요한 조치를 하여야 한다(법 제53조 제 2 항).

　㉡ 소장은 유아의 양육허가규정(생후 18개월까지)에 따라 유아의 양육을 허가한 경우에는 교정시설에 육아거실을 지정·운영하여야 한다(시행령 제79조).

　② 유아의 인도(시행령 제80조)

　㉠ 양육불허 유아의 인도

　ⓐ 소장은 유아의 양육을 허가하지 아니하는 경우에는 수용자의 의사를 고려하여 유아보호에 적당하다고 인정하는 법인 또는 개인에게 그 유아를 보낼 수 있다.

　ⓑ 적당한 법인 또는 개인이 없는 경우에는 그 유아를 해당 교정시설의 소재지를 관할하는 시장·군수 또는 구청장에게 보내서 보호하게 하여야 한다.

　㉡ 기간 경과 및 양육취소 유아의 인도

　ⓐ 유아의 양육허가규정에 따라 양육이 허가된 유아가 출생 후 18개월이 지나거나, 유아양육의 허가를 받은 수용자가 허가의 취소를 요청하는 때 또는 유아양육 불허사유규정의 어느 하나에 해당되는 때에는 수용자의 의사를 고려하여 유아보호에 적당하다고 인정하는 법인 또는 개인에게 그 유아를 보낼 수 있다.

　ⓑ 적당한 법인 또는 개인이 없는 경우에는 그 유아를 해당 교정시설의 소재지를 관할하는 시장·군수 또는 구청장에게 보내서 보호하게 하여야 한다.

　4) 노인수용자의 처우

　(1) 정　　의

　노인수용자란 65세 이상인 수용자를 말하며, 소장은 노인수용자에 대하여 나이·건강상태 등을 고려하여 그 처우에 있어 적정한 배려를 하여야 한다.

(2) 수용거실(시행규칙 제44조)

① 노인수형자 전담교정시설이 아닌 교정시설에서는 노인수용자를 수용하기 위하여 별도의 거실을 지정하여 운용할 수 있다.

② 노인수용자의 거실은 시설부족 또는 그 밖의 부득이한 사정이 없으면 건물의 1층에 설치하고, 특히 겨울철 난방을 위하여 필요한 시설을 갖추어야 한다.

(3) 운동과 목욕(시행규칙 제46조)

① 소장은 노인수용자의 나이·건강상태 등을 고려하여 필요하다고 인정하면 운동시간을 연장하거나 목욕횟수를 늘릴 수 있다.

② 소장은 노인수용자가 거동이 불편하여 혼자서 목욕하기 어려운 경우에는 교도관, 자원봉사자 또는 다른 수용자로 하여금 이를 보조하게 할 수 있다.

(4) 건강검진

소장은 노인수용자에 대하여 6개월에 1회 이상 건강검진을 하여야 한다.

(5) 교육·교화프로그램 및 작업(시행규칙 제48조)

① 노인수형자 전담교정시설의 장은 노인문제에 관한 지식과 경험이 풍부한 외부전문가를 초빙하여 교육하는 등으로 노인수형자의 교육 받을 기회를 확대하고, 노인전문오락 그 밖에 노인의 특성에 알맞은 교화프로그램을 개발·시행하여야 한다.

② 소장은 노인수용자가 작업을 원하는 경우에는 나이, 건강상태 등을 고려하여 해당 수용자가 감당할 수 있는 정도의 작업을 부과한다. 이 경우 의무관의 의견을 들어야 한다.

(6) 수용자에 대한 특별한 처우(제54조)의 집행법률의 개정

① 소장은 노인수용자에 대하여 나이·건강상태 등을 고려하여 그 처우에 있어 적정한 배려를 하여야 한다.

② 소장은 장애인수용자에 대하여 장애의 정도를 고려하여 그 처우에 있어 적정한 배려를 하여야 한다.

③ 소장은 외국인수용자에 대하여 언어·생활문화 등을 고려하여 적정한 처우를 하여야 한다.

④ 소장은 소년수용자에 대하여 나이·적성 등을 고려하여 적정한 처우를 하

여야 한다.

⑤ 노인수용자·장애인수용자·외국인수용자 및 소년수용자에 대한 적정한 배려 또는 처우에 관하여 필요한 사항은 법무부령으로 정한다.

5) 장애인수용자의 처우

(1) 정 의

시각·청각·언어·지체(肢體) 등의 장애로 통상적인 수용생활이 특히 곤란하다고 인정되는 수용자를 말하는데, 소장은 장애인수용자에게 대하여 장애의 정도를 고려하여 그 처우에 있어 적정한 배려를 하여야 한다.

(2) 수용거실(시행규칙 제51조)

① 장애인수형자 전담교정시설이 아닌 교정시설에서는 장애인수용자를 수용하기 위하여 별도의 거실을 지정하여 운용할 수 있다.

② 장애인수용자의 거실은 시설부족 또는 그 밖의 부득이한 사정이 없으면 건물의 1층에 설치하고, 특히 장애인이 이용할 수 있는 변기 등의 시설을 갖추도록 하여야 한다.

(3) 전문의료진(시행규칙 제52조)

장애인수형자 전담교정시설의 장은 장애인의 재활에 필요한 전문적인 지식을 가진 의료진과 장비를 갖추도록 노력하여야 한다.

(4) 직업훈련(시행규칙 제53조)

장애인수형자 전담교정시설의 장은 장애인수형자에 대한 직업훈련이 석방 후의 취업과 연계될 수 있도록 그 프로그램의 편성 및 운영에 특히 유의하여야 한다.

6) 외국인수용자의 처우

(1) 전담교정시설

소장은 외국인수용자에 대하여 언어·생활문화 등을 고려하여 적정한 처우를 하여야 한다(노인수용자·장애인수용자 및 외국인수용자에 대한 적정한 배려 또는 처우에 관하여 필요한 사항은 법무부령으로 정한다).

(2) 전담요원 지정(시행규칙 제56조)

① 외국인수용자를 수용하는 소장은 외국어 능통한 소속 교도관을 전담요원으로 지정하여 일상적인 개별면담, 고충해소, 통역·번역 및 외교공관 또는 영사관 등 관계 기관과의 연락 등의 업무를 수행하게 하여야 한다.

② 전담요원은 외국인 미결수용자에게 소송진행에 필요한 법률지식을 제공하는 등의 조력을 하여야 한다.

(3) 수용거실 지정(시행규칙 제57조)

① 소장은 외국인수용자의 수용거실을 지정하는 경우에는 종교 또는 생활관습이 다르거나 민족감정 등으로 인하여 분쟁의 소지가 있는 외국인은 분리수용하여야 한다.

② 소장은 외국인수용자에 대하여는 그 생활양식을 고려하여 필요한 수용설비를 제공하도록 노력하여야 한다.

(4) 주·부식 지급(시행규칙 제58조)

① 외국인수용자에게 지급하는 음식물의 총열량은 동법 시행규칙 제14조 제 2 항에도 불구하고 소속 국가의 음식문화, 체격 등을 고려하여 조정할 수 있다.

② 외국인수용자에 대하여는 쌀, 빵 또는 그 밖의 식품을 주식으로 지급하되, 소속 국가의 음식문화를 고려하여야 한다.

③ 외국인수용자에게 지급하는 부식의 지급기준은 법무부장관이 정한다.

(5) 교화프로그램 시행

법 제57조 제 6 항에 따라 법무부장관이 외국인수형자의 처우를 전담하도록 정하는 시설의 장은 외국인의 특성에 알맞은 교화프로그램 등을 개발하여 시행하여야 한다(시행규칙 제55조 전담교정시설).

(6) 위독 또는 사망 시의 조치(시행규칙 제59조)

소장은 외국인수용자가 질병 등으로 위독하거나 사망한 경우에는 그의 국적이나 시민권이 속하는 나라의 외교공관 또는 영사관의 장이나 그 관원 또는 가족에게 이를 즉시 통지하여야 한다.

7) 소년수용자

(1) 전담교정시설(시행규칙 제59조의2)

① 법 제57조 제6항에 따라 법무부장관이 19세 미만의 수형자(이하 "소년수형자"라 한다)의 처우를 전담하도록 정하는 시설(이하 "소년수형자 전담교정시설"이라 한다)의 장은 소년의 나이·적성 등 특성에 알맞은 교육·교화프로그램을 개발하여 시행하여야 한다.

② 소년수형자 전담교정시설에는 별도의 공동학습공간을 마련하고 학용품 및 소년의 정서 함양에 필요한 도서, 잡지 등을 갖춰 두어야 한다.

(2) 수용거실(시행규칙 제59조의3)

① 소년수형자 전담교정시설이 아닌 교정시설에서는 소년수용자(영 제81조 제4항에 따른 소년수용자를 말한다. 이하 같다)를 수용하기 위하여 별도의 거실을 지정하여 운용할 수 있다.

② 소년수형자 전담교정시설이 아닌 교정시설에서 소년수용자를 수용한 경우 교육·교화프로그램에 관하여는 제59조의2 제1항을 준용한다.

(3) 접견·전화(시행규칙 제59조의4)

소장은 소년수형자등의 나이·적성 등을 고려하여 필요하다고 인정하면 제87조 및 제90조에 따른 접견 및 전화통화 횟수를 늘릴 수 있다.

(4) 사회적 처우(시행규칙 제59조의5)

제92조 제1항에도 불구하고 소장은 소년수형자등의 나이·적성 등을 고려하여 필요하다고 인정하면 소년수형자등에게 같은 항 각 호에 해당하는 활동을 허가할 수 있다. 이 경우 소장이 허가할 수 있는 활동에는 발표회 및 공연 등 참가 활동을 포함한다.

(5) 준용규정(시행규칙 제59조의6)

소년수용자의 나이·건강상태 등을 고려하여 필요하다고 인정하는 경우 주·부식의 등의 지급, 운동·목욕, 전문의료진 등 및 작업에 관하여 제45조부터 제48조까지의 규정을 준용한다.

8) 조직폭력수용자

조직폭력수용자의 지정대상(시행규칙 제198조)은 다음 각 호와 같다.

1. 체포영장, 구속영장, 공소장 또는 재판서에 조직폭력사범으로 명시된 수용자

2. 공소장 또는 재판서에 조직폭력사범으로 명시되어 있지는 아니하나 「폭력행위 등 처벌에 관한 법률」 제4조·제5조 또는 「형법」 제114조가 적용된 수용자

3. 공범·피해자 등의 체포영장·구속영장·공소장 또는 재판서에 조직폭력사범으로 명시된 수용자

9) 마약류수용자

마약류수용자(시행규칙 제205조)에 대해서는 ① 소장은 제204조 각 호의 어느 하나에 해당하는 수용자에 대하여는 마약류수용자로 지정하여야 한다. 현재의 수용생활 중 집행되었거나 집행할 형이 제204조 제1호에 해당하는 경우에도 또한 같다.

② 소장은 제1항에 따라 마약류수용자로 지정된 사람에 대하여는 석방할 때까지 지정을 해제할 수 없다. 다만, 다음 각 호의 어느 하나에 해당하는 경우에는 교도관회의의 심의 또는 분류처우위원회의 의결을 거쳐 지정을 해제할 수 있다.

1. 공소장 변경 또는 재판 확정에 따라 지정사유가 해소되었다고 인정되는 경우

2. 지정 후 5년이 지난 마약류수용자로서 수용생활태도, 교정성적 등이 양호한 경우. 다만, 마약류에 관한 형사 법률 외의 법률이 같이 적용된 마약류수용자로 한정한다.

10) 관심대상수용자

관심대상수용자의 지정대상(시행규칙 제210조)은 다음 각 호와 같다.

1. 다른 수용자에게 상습적으로 폭력을 행사하는 수용자

2. 교도관을 폭행하거나 협박하여 징벌을 받은 전력(前歷)이 있는 사람으로서 같은 종류의 징벌대상행위를 할 우려가 큰 수용자

3. 수용생활의 편의 등 자신의 요구를 관철할 목적으로 상습적으로 자해를 하

거나 각종 이물질을 삼키는 수용자

　　4. 다른 수용자를 괴롭히거나 세력을 모으는 등 수용질서를 문란하게 하는 조직폭력수용자(조직폭력사범으로 행세하는 경우를 포함한다)

　　5. 조직폭력수용자로서 무죄 외의 사유로 출소한 후 5년 이내에 교정시설에 다시 수용된 사람

　　6. 상습적으로 교정시설의 설비·기구 등을 파손하거나 소란행위를 하여 공무집행을 방해하는 수용자

　　7. 도주(음모, 예비 또는 미수에 그친 경우를 포함한다)한 전력이 있는 사람으로서 도주의 우려가 있는 수용자

　　8. 중형선고 등에 따른 심적 불안으로 수용생활에 적응하기 곤란하다고 인정되는 수용자

　　9. 자살을 기도한 전력이 있는 사람으로서 자살할 우려가 있는 수용자

　　10. 사회적 물의를 일으킨 사람으로서 죄책감 등으로 인하여 자살 등 교정사고를 일으킬 우려가 큰 수용자

　　11. 징벌집행이 종료된 날부터 1년 이내에 다시 징벌을 받는 등 규율 위반의 상습성이 인정되는 수용자

　　12. 상습적으로 법령에 위반하여 연락을 하거나 금지물품을 반입하는 등의 방법으로 부조리를 기도하는 수용자

　　13. 그 밖에 교정시설의 안전과 질서유지를 위하여 엄중한 관리가 필요하다고 인정되는 수용자

5. 수형자 처우

1) 원칙 및 분류심사

(1) 수형자 처우의 원칙(제55조)

수형자에 대하여는 교육·교화프로그램, 작업, 직업훈련 등을 통하여 교정교화를 도모하고 사회생활에 적응하는 능력을 함양하도록 처우하여야 한다.

(2) 개별처우 계획의 수립(제56조)

① 소장은 제62조의 분류처우위원회의 의결에 따라 수형자의 개별적 특성에

알맞은 교육·교화프로그램, 작업, 직업훈련 등의 처우에 관한 계획(이하 "개별처우계획"이라 한다)을 수립하여 시행한다.

② 소장은 수형자가 스스로 개선하여 사회에 복귀하려는 의욕이 고취되도록 개별처우계획을 정기적으로 또는 수시로 점검하여야 한다.

(3) 수형자 처우(제57조)

① 수형자는 제59조의 분류심사의 결과에 따라 그에 적합한 교정시설에 수용되며, 개별처우계획에 따라 그 특성에 알맞은 처우를 받는다.

② 교정시설은 도주방지 등을 위한 수용설비 및 계호의 정도(이하 "경비등급"이라 한다)에 따라 다음 각 호로 구분한다. 다만, 동일한 교정 시설이라도 구획을 정하여 경비등급을 달리할 수 있다.

1. 개방시설: 도주방지를 위한 통상적인 설비의 전부 또는 일부를 갖추지 아니하고 수형자의 자율적 활동이 가능하도록 통상적인 관리·감시의 전부 또는 일부를 하지 아니하는 교정시설

2. 완화경비시설: 도주방지를 위한 통상적인 설비 및 수형자에 대한 관리·감시를 일반경비시설보다 완화한 교정시설

3. 일반경비시설: 도주방지를 위한 통상적인 설비를 갖추고 수형자에 대하여 통상적인 관리·감시를 하는 교정시설

4. 중(重)경비시설: 도주방지 및 수형자 상호 간의 접촉을 차단하는 설비를 강화하고 수형자에 대한 관리·감시를 엄중히 하는 교정시설

③ 수형자에 대한 처우는 교화 또는 건전한 사회복귀를 위하여 교정성적에 따라 상향조정될 수 있으며, 특히 그 성적이 우수한 수형자는 개방시설에 수용되어 사회생활에 필요한 적정한 처우를 받을 수 있다.

④ 소장은 가석방 또는 형기 종료를 앞둔 수형자 중에서 법무부령으로 정하는 일정한 요건을 갖춘 사람에 대해서는 가석방 또는 형기 종료 전 일정 기간 동안 지역사회 또는 교정시설에 설치된 개방시설에 수용하여 사회적응에 필요한 교육, 취업지원 등의 적정한 처우를 할 수 있다.

⑤ 수형자는 교화 또는 건전한 사회복귀를 위하여 교정시설 밖의 적당한 장소에서 봉사활동·견학, 그 밖에 사회적응에 필요한 처우를 받을 수 있다.

⑥ 학과교육생·직업훈련생·외국인·여성·장애인·노인·환자·소년(19세 미만인

자를 말한다), 제4항에 따른 처우(이하 "중간처우"라 한다)의 대상자, 그 밖에 별도의 처우가 필요한 수형자는 법무부장관이 특히 그 처우를 전담하도록 정하는 시설(이하 "전담교정시설"이라 한다)에 수용되며, 그 특성에 알맞은 처우를 받는다. 다만, 전담교정시설의 부족이나 그 밖의 부득이한 사정이 있는 경우에는 예외로 할 수 있다.

⑦ 제2항 각 호의 시설의 설비 및 계호의 정도에 관하여 필요한 사항은 대통령령으로 정한다.

(4) 수형자 접견(시행규칙 제87조)
① 수형자의 경비처우급별 접견의 허용횟수는 다음 각 호와 같다.
1. 개방처우급: 1일 1회
2. 완화경비처우급: 월 6회
3. 일반경비처우급: 월 5회
4. 중(重)경비처우급: 월 4회

② 제1항 제2호부터 제4호까지의 경우 접견은 1일 1회만 허용한다. 다만, 처우상 특히 필요한 경우에는 그러하지 아니하다.

③ 소장은 교화 및 처우상 특히 필요한 경우에는 수용자가 다른 교정시설의 수용자와 통신망을 이용하여 화상으로 접견하는 것(이하 "화상접견"이라 한다)을 허가할 수 있다. 이 경우 화상접견은 제1항의 접견 허용횟수에 포함한다.

(5) 중간처우(시행규칙 제93조)
① 소장은 개방처우급 혹은 완화경비처우급 수형자가 다음 각 호의 사유에 모두 해당하는 경우에는 교정시설에 설치된 개방시설에 수용하여 사회 적응에 필요한 교육, 취업지원 등 적정한 처우를 할 수 있다.
1. 형기가 3년 이상인 사람
2. 범죄 횟수가 2회 이하인 사람
3. 중간처우를 받는 날부터 가석방 또는 형기 종료 예정일까지 기간이 3개월 이상 1년 6개월 이하인 사람

② 소장은 제1항에 따른 처우의 대상자 중 중간처우를 받는 날부터 가석방 또는 형기 종료 예정일까지의 기간이 9개월 미만인 수형자에 대해서는 지역사회에 설치된 개방시설에 수용하여 제1항에 따른 처우를 할 수 있다.

③ 제1항에 따른 중간처우 대상자의 선발절차는 법무부장관이 정한다.

2) 교육과 교화프로그램(제63조)

⑴ ① 소장은 수형자가 건전한 사회복귀에 필요한 지식과 소양을 습득하도록 교육할 수 있다.

② 소장은 「교육기본법」 제8조의 의무교육을 받지 못한 수형자에 대하여는 본인의 의사·나이·지식정도, 그 밖의 사정을 고려하여 그에 알맞게 교육하여야 한다.

③ 소장은 제1항 및 제2항에 따른 교육을 위하여 필요하면 수형자를 중간처우를 위한 전담교정시설에 수용하여 다음 각 호의 조치를 할 수 있다.

1. 외부 교육기관에의 통학

2. 외부 교육기관에서의 위탁교육

④ 교육과정·외부통학·위탁교육 등에 관하여 필요한 사항은 법무부령으로 정한다.

⑤ 소장은 매년 초 다음 각 호의 시험을 준비하는 수형자를 대상으로 검정고시반을 설치·운영(시행규칙 제108조)할 수 있다.

1. 초등학교 졸업학력 검정고시

2. 중학교 졸업학력 검정고시

3. 고등학교 졸업학력 검정고시

⑥ 소장은 교육기간 중에 검정고시에 합격한 교육대상자에 대하여는 해당 교육과정을 조기 수료시키거나 상위 교육과정에 임시 편성시킬 수 있다.

⑦ 소장은 고등학교 졸업 또는 이와 동등한 수준 이상의 학력이 인정되는 수형자를 대상으로 대학입학시험 준비반을 편성·운영할 수 있다.

(2) 독학에 의한 학위 취득과정 설치 및 운영(시행규칙 제110조)

① 소장은 수형자에게 학위취득 기회를 부여하기 위하여 독학에 의한 학사학위 취득과정(이하 "학사고시반 교육"이라 한다)을 설치·운영할 수 있다.

② 소장은 다음 각 호의 요건을 갖춘 수형자가 제1항의 학사고시반 교육을 신청하는 경우에는 교육대상자로 선발할 수 있다.

1. 고등학교 졸업 또는 이와 동등한 수준 이상의 학력이 인정될 것

2. 교육개시일을 기준으로 형기의 3분의 1(21년 이상의 유기형 또는 무기형의 경우에는

7년)이 지났을 것

　　3. 집행할 형기가 2년 이상일 것

　　(3) 방송통신대학과정 설치 및 운영(시행규칙 제111조)과 전문대학 위탁교육과정 설치 및 운영(시행규칙 제112조)에서 소장은 제1항부터 제3항까지의 규정에 따른 교육을 위하여 필요한 경우 수형자를 중간처우를 위한 전담교정시설에 수용할 수 있다.

　　3) 작업과 직업훈련

수형자들에게 가장 필요한 부문으로 수형자의 작업과 직업훈련이 있다.

　　(1) 작업의 부과(제65조)

　　① 수형자에게 부과하는 작업은 건전한 사회복귀를 위하여 기술을 습득하고 근로의욕을 고취하는 데에 적합한 것이어야 한다.

　　② 소장은 수형자에게 작업을 부과하려면 나이·형기·건강상태·기술·성격· 취미·경력·장래생계, 그 밖의 수형자의 사정을 고려하여야 한다.

　　(2) 작업의무(제66조)

수형자는 자신에게 부과된 작업과 그 밖의 노역을 수행하여야 할 작업의무가 있다.

　　(3) 신청에 따른 작업(제67조)

소장은 금고형 또는 구류형의 집행 중에 있는 사람에 대하여는 신청에 따라 작업을 부과할 수 있다.

　　(4) 외부 통근 작업 등(제68조)

　　① 소장은 수형자의 건전한 사회복귀와 기술 습득을 촉진하기 위하여 필요하면 외부기업체 등에 통근 작업하게 하거나 교정시설의 안에 설치된 외부기업체의 작업장에서 작업하게 할 수 있다.

　　② 외부 통근 작업 대상자의 선정기준 등에 관하여 필요한 사항은 법무부령으로 정한다.

　　(5) 직업능력개발훈련(제69조)

　　① 소장은 수형자의 건전한 사회복귀를 위하여 기술 습득 및 향상을 위한 직

업능력개발훈련(이하 "직업훈련"이라 한다)을 실시할 수 있다.

② 소장은 수형자의 직업훈련을 위하여 필요하면 외부의 기관 또는 단체에서 훈련을 받게 할 수 있다.

③ 직업훈련 대상자의 선정기준 등에 관하여 필요한 사항은 법무부령으로 정한다.

(6) 작업의 면제(제72조)

① 소장은 수형자의 가족 또는 배우자의 직계존속이 사망하면 2일간, 부모 또는 배우자의 기일을 맞이하면 1일간 해당 수형자의 작업을 면제한다. 다만, 수형자가 작업을 계속하기를 원하는 경우는 예외로 한다.

② 소장은 수형자에게 부상·질병, 그 밖에 작업을 계속하기 어려운 특별한 사정이 있으면 그 사유가 해소될 때까지 작업을 면제할 수 있다.

(7) 외부통근작업 선정기준(시행규칙 제120조)

① 외부기업체에 통근하며 작업하는 수형자는 다음 각 호의 요건을 갖춘 수형자 중에서 선정한다.

1. 18세 이상 65세 미만일 것
2. 해당 작업 수행에 건강상 장애가 없을 것
3. 개방처우급·완화경비처우급에 해당할 것
4. 가족·친지 또는 법 제130조의 교정위원(이하 "교정위원"이라 한다) 등과 접견·서신수수·전화통화 등으로 연락하고 있을 것
5. 집행할 형기가 7년 미만이고 가석방이 제한되지 아니할 것

② 교정시설 안에 설치된 외부기업체의 작업장에 통근하며 작업하는 수형자는 제1항 제1호부터 제4호까지의 요건(같은 항 제3호의 요건의 경우에는 일반경비처우급에 해당하는 수형자도 포함한다)을 갖춘 수형자로서 집행할 형기가 10년 미만이거나 형기기산일부터 10년 이상이 지난 수형자 중에서 선정한다.

③ 소장은 제1항 및 제2항에도 불구하고 작업 부과 또는 교화를 위하여 특히 필요하다고 인정하는 경우에는 제1항 및 제2항의 수형자 외의 수형자에 대하여도 외부통근자로 선정할 수 있다.

(8) 직업훈련 직종 선정 등(시행규칙 제124조)

① 직업훈련 직종 선정 및 훈련과정별 인원은 법무부장관의 승인을 받아 소장이 정한다.

② 직업훈련 대상자는 소속기관의 수형자 중에서 소장이 선정한다. 다만, 집체직업훈련(직업훈련 전담 교정시설이나 그 밖에 직업훈련을 실시하기에 적합한 교정시설에 수용하여 실시하는 훈련을 말한다) 대상자는 집체직업훈련을 실시하는 교정시설의 관할 지방교정청장이 선정한다.

(9) 직업훈련 대상자 선정기준(시행규칙 제125조)

① 소장은 수형자가 다음 각 호의 요건을 갖춘 경우에는 수형자의 의사, 적성, 나이, 학력 등을 고려하여 직업훈련 대상자로 선정할 수 있다.

1. 집행할 형기 중에 해당 훈련과정을 이수할 수 있을 것(기술숙련과정 집체직업훈련 대상자는 제외한다)

2. 직업훈련에 필요한 기본소양을 갖추었다고 인정될 것

3. 해당 과정의 기술이 없거나 재훈련을 희망할 것

4. 석방 후 관련 직종에 취업할 의사가 있을 것

② 소장은 소년수형자의 선도(善導)를 위하여 필요한 경우에는 제1항의 요건을 갖추지 못한 경우에도 직업훈련 대상자로 선정하여 교육할 수 있다.

(10) 직업훈련 대상자 선정의 제한(시행규칙 제126조)

소장은 제125조에도 불구하고 수형자가 다음 각 호의 어느 하나에 해당하는 경우에는 직업훈련 대상자로 선정해서는 아니 된다.

1. 15세 미만인 경우

2. 교육과정을 수행할 문자해독능력 및 강의 이해능력이 부족한 경우

3. 징벌대상행위의 혐의가 있어 조사 중이거나 징벌집행 중인 경우

4. 작업, 교육·교화프로그램 시행으로 인하여 직업훈련의 실시가 곤란하다고 인정되는 경우

5. 질병·신체조건 등으로 인하여 직업훈련을 감당할 수 없다고 인정되는 경우

4) 귀 휴

(1) 귀휴의 조건

① 소장은 6개월 이상 복역한 수형자로서 그 형기의 3분의 1(21년 이상의 유기형 또는 무기형의 경우에는 7년)이 지나고 교정성적이 우수한 사람이 다음 각 호의 어느 하나에 해당하면 1년 중 20일 이내의 귀휴를 허가할 수 있다(제77조 개정).

1. 가족 또는 배우자의 직계존속이 위독한 때

2. 질병이나 사고로 외부의료시설에의 입원이 필요한 때

3. 천재지변이나 그 밖의 재해로 가족, 배우자의 직계존속 또는 수형자 본인에게 회복할 수 없는 중대한 재산상의 손해가 발생하였거나 발생할 우려가 있는 때

4. 그 밖에 교화 또는 건전한 사회복귀를 위하여 법무부령으로 정하는 사유가 있는 때

② 소장은 다음 각 호의 어느 하나에 해당하는 사유가 있는 수형자에 대하여는 제1항에도 불구하고 5일 이내의 특별귀휴를 허가할 수 있다.

1. 가족 또는 배우자의 직계존속이 사망한 때

2. 직계비속의 혼례가 있는 때

③ 소장은 귀휴를 허가하는 경우에 법무부령으로 정하는 바에 따라 거소의 제한이나 그 밖에 필요한 조건을 붙일 수 있다.

④ 제1항 및 제2항의 귀휴기간은 형 집행기간에 포함한다.

(2) 귀휴 허가(시행규칙 제129조)

① 소장은 법 제77조에 따른 귀휴를 허가하는 경우에는 제131조의 귀휴심사위원회의 심사를 거쳐야 한다.

② 소장은 개방처우급·완화경비처우급 수형자에게 법 제77조 제1항에 따른 귀휴를 허가할 수 있다. 다만, 교화 또는 사회복귀 준비 등을 위하여 특히 필요한 경우에는 일반경비처우급 수형자에게도 이를 허가할 수 있다.

③ 법 제77조 제1항 제4호에 해당하는 귀휴사유는 다음 각 호와 같다.

1. 직계존속, 배우자, 배우자의 직계존속 또는 본인의 회갑일이나 고희일인 때

2. 본인 또는 형제자매의 혼례가 있는 때

3. 직계비속이 입대하거나 해외유학을 위하여 출국하게 된 때

4. 직업훈련을 위하여 필요한 때

5. 「숙련기술장려법」 제20조 제 2 항에 따른 국내기능경기대회의 준비 및 참가를 위하여 필요한 때

6. 출소 전 취업 또는 창업 등 사회복귀 준비를 위하여 필요한 때

7. 입학식·졸업식 또는 시상식에 참석하기 위하여 필요한 때

8. 출석수업을 위하여 필요한 때

9. 각종 시험에 응시하기 위하여 필요한 때

10. 그 밖에 가족과의 유대강화 또는 사회적응능력 향상을 위하여 특히 필요한 때

(3) 형기기준(시행규칙 제130조)

① 법 제77조 제 1 항의 형기를 계산할 때 부정기형은 단기를 기준으로 하고, 2개 이상의 징역 또는 금고의 형을 선고받은 수형자의 경우에는 그 형기를 합산한다.

② 법 제77조 제 1 항의 "1년 중 20일 이내의 귀휴" 중 "1년"이란 매년 1월 1일부터 12월 31일까지를 말한다.

(4) 귀휴심사위원회

심사사항(시행규칙 제135조)으로 위원회는 귀휴심사대상자(이하 이 절에서 "심사대상자"라 한다)에 대하여 다음 각 호의 사항을 심사하여야 한다.

1. 수용관계

가. 건강상태, 나. 징벌유무 등 수용생활 태도, 다. 작업·교육의 근면·성실 정도, 라. 작업장려금 및 영치금, 마. 사회적 처우의 시행 현황, 바. 공범·동종범죄자 또는 심사대상자가 속한 범죄단체 구성원과의 교류 정도

2. 범죄관계

가. 범행 시의 나이, 나. 범죄의 성질 및 동기, 다. 공범관계, 라. 피해의 회복 여부 및 피해자의 감정, 마. 피해자에 대한 보복범죄의 가능성, 바. 범죄에 대한 사회의 감정

3. 환경관계

가. 가족 또는 보호자, 나. 가족과의 결속 정도, 다. 보호자의 생활상태, 라. 접견·전화통화의 내용 및 횟수, 마. 귀휴예정지 및 교통·통신 관계, 바. 공범·동종범

죄자 또는 심사대상자가 속한 범죄단체의 활동상태 및 이와 연계한 재범 가능성

(5) 외부위원(시행규칙 제136조)
① 외부위원의 임기는 2년으로 하며, 연임할 수 있다.
② 소장은 외부위원이 다음 각 호의 어느 하나에 해당하는 경우에는 해당 위원을 해촉할 수 있다.
1. 심신장애로 직무수행이 불가능하거나 현저히 곤란하다고 인정되는 경우
2. 직무와 관련된 비위사실이 있는 경우
3. 직무태만, 품위손상, 그 밖의 사유로 인하여 위원으로 적합하지 아니하다고 인정되는 경우
4. 위원 스스로 직무를 수행하는 것이 곤란하다고 의사를 밝히는 경우
③ 외부위원에게는 예산의 범위에서 수당과 여비를 지급할 수 있다.

(6) 취업지원협의회의 외부위원(시행규칙 제146조)
① 법무부장관은 위원회의 외부위원을 다음 각 호의 사람 중에서 소장의 추천을 받아 위촉한다.
1. 고용노동부 고용지원센터 등 지역 취업·창업 유관 공공기관의 장 또는 기관 추천자
2. 취업컨설턴트, 창업컨설턴트, 기업체 대표, 시민단체 및 기업연합체의 임직원
3. 변호사, 「고등교육법」에 따른 대학(이하 "대학"이라 한다)에서 법률학을 가르치는 강사 이상의 직에 있는 사람
4. 그 밖에 교정에 관한 학식과 경험이 풍부하고 수형자 사회복귀 지원에 관심이 있는 외부인사
② 외부위원의 임기는 3년으로 하며, 연임할 수 있다.
③ 법무부장관은 외부위원이 다음 각 호의 어느 하나에 해당하는 경우에는 소장의 건의를 받아 해당 위원을 해촉할 수 있다.
1. 심신장애로 직무수행이 불가능하거나 현저히 곤란하다고 인정되는 경우
2. 직무와 관련된 비위사실이 있는 경우
3. 직무태만, 품위손상, 그 밖의 사유로 인하여 위원으로 적합하지 아니하다고 인정되는 경우
4. 위원 스스로 직무를 수행하는 것이 곤란하다고 의사를 밝히는 경우

5) 전화통화(시행규칙 제90조)

① 수형자의 경비처우급별 전화통화의 허용횟수는 다음 각 호와 같다.
1. 개방처우급: 월 5회 이내
2. 완화경비처우급: 월 3회 이내
3. 일반경비처우급·중(重)경비처우급: 처우상 특히 필요한 경우 월 2회 이내
② 소장은 제1항에도 불구하고 처우상 특히 필요한 경우에는 개방처우급·완화경비처우급 수형자의 전화통화 허용횟수를 늘릴 수 있다.
③ 제1항 각 호의 경우 전화통화는 1일 1회만 허용한다. 다만, 처우상 특히 필요한 경우에는 그러하지 아니하다.

6. 미결수용자 처우

(1) 참관금지(제80조), 분리수용(제81조)
미결수용자가 수용된 거실은 참관할 수 없다는 금지 규정이 있으며 미결수용자로서 사건에 서로 관련이 있는 사람은 분리수용하고 서로 간의 접촉을 금지하여야 한다.

(2) 변호인과의 접견 및 서신수수(제84조)
① 제41조 제2항에도 불구하고 미결수용자와 변호인(변호인이 되려고 하는 사람을 포함한다. 이하 같다)과의 접견에는 교도관이 참여하지 못하며 그 내용을 청취 또는 녹취하지 못한다. 다만, 보이는 거리에서 미결수용자를 관찰할 수 있다.
② 미결수용자와 변호인 간의 접견은 시간과 횟수를 제한하지 아니한다.
③ 제43조 제4항 단서에도 불구하고 미결수용자와 변호인 간의 서신은 교정시설에서 상대방이 변호인임을 확인할 수 없는 경우를 제외하고는 검열할 수 없다.

(3) 조사 등에서의 특칙(제85조)
소장은 미결수용자가 징벌대상자로서 조사받고 있거나 징벌집행 중인 경우에도 소송서류의 작성, 변호인과의 접견·서신수수, 그 밖의 수사 및 재판 과정에서의 권리행사를 보장하여야 한다.

(4) 준용(제87조, 제88조)

경찰관서에 설치된 유치장은 교정시설의 미결수용실로 보아 이 법을 준용하도록 되어 있다. 형사사건으로 수사 또는 재판을 받고 있는 수형자와 사형확정자에 대하여는 제84조 및 제85조를 준용한다.

7. 사형확정자

1) 사형확정자의 수용(제89조)

① 사형확정자는 독거수용한다. 다만, 자살방지, 교육교화프로그램, 작업, 그 밖의 적절한 처우를 위하여 필요한 경우에는 법무부령으로 정하는 바에 따라 혼거수용할 수 있다.

② 사형확정자가 수용된 거실은 참관할 수 없다.

2) 사형의 집행(제91조)

① 사형은 교정시설의 사형장에서 집행한다.

② 공휴일과 토요일에는 사형을 집행하지 아니한다.

3) 상담(제90조)

⑴ ① 소장은 사형확정자의 심리적 안정 및 원만한 수용생활을 위하여 교육 또는 교화프로그램을 실시하거나 신청에 따라 작업을 부과할 수 있으며 ② 사형확정자에 대한 교육·교화프로그램, 작업, 그 밖의 처우에 필요한 사항은 법무부령으로 정한다.

(2) 상담책임자(시행규칙 제196조)

① 소장은 엄중관리대상자 중 지속적인 상담이 필요하다고 인정되는 사람에 대하여는 상담책임자를 지정한다.

② 제1항의 상담책임자는 감독교도관 또는 상담 관련 전문교육을 이수한 교도관을 우선하여 지정하여야 하며, 상담대상자는 상담책임자 1명당 10명 이내로 하여야 한다.

③ 상담책임자는 해당 엄중관리대상자에 대하여 수시로 개별상담을 함으로써 신속한 고충처리와 원만한 수용생활 지도를 위하여 노력하여야 한다.

④ 제 3 항에 따라 상담책임자가 상담을 하였을 때에는 그 요지와 처리결과 등을 제119조 제 3 항에 따른 교정정보시스템에 입력하여야 한다. 이 경우 엄중관리대상자의 처우를 위하여 필요하면 별지 제13호 서식의 엄중관리대상자 상담결과보고서를 작성하여 소장에게 보고하여야 한다.

제 3 절   교정처우와 수형자 안전

1. 안전과 질서유지

1) 외부인의 출입(시행령 제115조)

⑴ ① 교도관 외의 사람은 「국가공무원 복무규정」제 9 조에 따른 근무시간 외에는 소장의 허가 없이 교정시설에 출입하지 못한다(민감정보 및 고유식별정보 처리 근거 마련을 위한 공공기관의 운영에 관한 법률 시행령 등).

② 소장은 외부인의 교정시설 출입에 관한 사무를 수행하기 위하여 불가피한 경우 「개인정보 보호법 시행령」제19조에 따른 주민등록번호, 여권번호, 운전면허의 면허번호 또는 외국인등록번호가 포함된 자료를 처리할 수 있다(민감정보 및 고유식별정보 처리 근거 마련을 위한 공공기관의 운영에 관한 법률 시행령 등).

⑵ 또한 수용자를 체포시 등에 대해서는 포상금을 지급하도록(시행령 제128조의2) 신설하였다.

① 법무부장관은 「형법」제145조·제146조 또는 법 제133조 각 호에 규정된 죄를 지은 수용자를 체포하거나 행정기관 또는 수사기관에 정보를 제공하여 체포하게 한 사람에게 예산의 범위에서 포상금을 지급할 수 있다.

② 포상금의 지급기준·지급방법, 그 밖에 필요한 사항은 법무부장관이 정한다.

⑶ 이에 따라 시행령 제128조의3에서는 포상금을 지급 신청하도록 하였다.

① 포상금을 받으려는 자는 법무부장관이 정하는 바에 따라 포상금 지급 신청서를 지방교정청장에게 제출하여야 한다.

② 제 1 항에 따른 신청서를 접수한 지방교정청장은 그 신청서에 법무부장관

이 정하는 서류를 첨부하여 법무부장관에게 제출하여야 한다.

　⑷ 포상금의 잘못 지급 시에는 포상금을 환수(시행령 제128조의4)할 수 있도록 하였다.

2) 전자장비를 이용한 계호(제94조)

　교도관은 자살·자해·도주·폭행·손괴, 그 밖에 수용자의 생명·신체를 해하거나 시설의 안전 또는 질서를 해하는 행위(이하 "자살 등"이라 한다)를 방지하기 위하여 필요한 범위에서 전자장비를 이용하여 수용자 또는 시설을 계호할 수 있다. 다만, 전자영상장비로 거실에 있는 수용자를 계호하는 것은 자살 등의 우려가 큰 때에만 할 수 있다.

3) 수　　용

　(1) 보호실 수용(제95조)

　① 소장은 수용자가 다음 각 호의 어느 하나에 해당하면 의무관의 의견을 고려하여 보호실(자살 및 자해 방지 등의 설비를 갖춘 거실을 말한다. 이하 같다)에 수용할 수 있다.

　1. 자살 또는 자해의 우려가 있는 때

　2. 신체적·정신적 질병으로 인하여 특별한 보호가 필요한 때

　② 수용자의 보호실 수용기간은 15일 이내로 한다. 다만, 소장은 특히 계속하여 수용할 필요가 있으면 의무관의 의견을 고려하여 연장할 수 있다.

　③ 제2항 단서에 따른 기간연장은 7일 이내로 하되, 계속하여 3개월을 초과할 수 없다.

　④ 소장은 수용자를 보호실에 수용하거나 수용기간을 연장하는 경우에는 그 사유를 본인에게 알려 주어야 한다.

　⑤ 의무관은 보호실 수용자의 건강상태를 수시로 확인하여야 한다.

　⑥ 소장은 보호실 수용사유가 소멸한 경우에는 보호실 수용을 즉시 중단하여야 한다.

　(2) 진정실 수용(제96조)

　① 소장은 수용자가 다음 각 호의 어느 하나에 해당하는 경우로서 강제력을 행사하거나 제98조의 보호장비를 사용하여도 그 목적을 달성할 수 없는 경우에만

진정실(일반 수용거실로부터 격리되어 있고 방음설비 등을 갖춘 거실을 말한다. 이하 같다)에 수용할 수 있다.

1. 교정시절의 설비 또는 기구 등을 손괴하거나 손괴하려고 하는 때

2. 교도관 및 경비 교도(이하 이 장에서 "교도관 등"이라 한다)의 제지에도 불구하고 소란행위를 계속하여 다른 수용자의 평온한 수용생활을 방해하는 때

② 수용자의 진정실 수용기간은 24시간 이내로 한다. 다만, 소장은 특히 계속하여 수용할 필요가 있으면 의무관의 의견을 고려하여 연장할 수 있다.

③ 제2항 단서에 따른 기간연장은 12시간 이내로 하되, 계속하여 3일을 초과할 수 없다.

④ 진정실 수용자에 대하여는 제95조 제4항부터 제6항까지의 규정을 준용한다.

4) 보호장비

(1) 보호장비의 사용(제97조)

교도관은 수용자가 다음 각 호의 어느 하나에 해당하면 보호장비를 사용할 수 있다.

1. 이송·출정, 그 밖에 교정시설 밖의 장소로 수용자를 호송하는 때
2. 도주·자살·자해 또는 다른 사람에 대한 위해의 우려가 큰 때
3. 위력으로 교도관등의 정당한 직무집행을 방해하는 때
4. 교정시설의 설비·기구 등을 손괴하거나 그 밖에 시설의 안전 또는 질서를 해칠 우려가 큰 때

(2) 보호장비의 종류 및 사용요건(제98조)

① 보호장비의 종류는 다음 각 호와 같다.

1. 수갑
2. 머리보호장비
3. 발목보호장비
4. 보호대(帶)
5. 보호의자
6. 보호침대

7. 보호복

8. 포승

② 보호장비의 종류별 사용요건은 다음 각 호와 같다.

1. 수갑·포승: 제97조 제 1 항 제 1 호부터 제 4 호까지의 어느 하나에 해당하는 때

2. 머리보호장비: 머리부분을 자해할 우려가 큰 때

3. 발목보호장비·보호대·보호의자: 제97조 제 1 항 제 2 호부터 제 4 호까지의 어느 하나에 해당하는 때

4. 보호침대·보호복: 자살·자해의 우려가 큰 때

③ 보호장비의 사용절차 등에 관하여 필요한 사항은 대통령령으로 정한다.

(3) 보호장비의 남용 금지(제99조)

보호장비는 남용되어서는 안 된다. ① 교도관은 필요한 최소한의 범위에서 보호장비를 사용하여야 하며, 그 사유가 소멸하면 사용을 지체 없이 중단하여야 한다.

② 보호장비는 징벌의 수단으로 사용되어서는 아니 된다.

③ 소장은 보호장비를 사용하게 하는 경우에 교도관으로 하여금 수시로 해당 수용자의 상태를 확인하고 매 시간마다 보호장비 착용자 관찰부에 기록하게 하여야 한다. 다만, 소장은 보호장비 착용자를 전자영상장비로 계호할 때에는 거실수용자 영상계호부에 기록하게 할 수 있다.

5) 교도관의 강제력의 행사(제100조)

① 교도관 등은 수용자가 다음 각 호의 어느 하나에 해당하면 강제력을 행사할 수 있다.

1. 도주하거나 도주하려고 하는 때

2. 자살하려고 하는 때

3. 자해하거나 자해하려고 하는 때

4. 다른 사람에게 위해를 끼치거나 끼치려고 하는 때

5. 위력으로 교도관등의 정당한 직무집행을 방해하는 때

6. 교정시설의 설비·기구 등을 손괴하거나 손괴하려고 하는 때

7. 그 밖에 시설의 안전 또는 질서를 크게 해치는 행위를 하거나 하려고 하는 때

② 교도관등은 수용자 외의 사람이 다음 각 호의 어느 하나에 해당하면 강제력을 행사할 수 있다.

1. 수용자를 도주하게 하려고 하는 때

2. 교도관등 또는 수용자에게 위해를 끼치거나 끼치려고 하는 때

3. 위력으로 교도관등의 정당한 직무집행을 방해하는 때

4. 교정시설의 설비·기구 등을 손괴하거나 하려고 하는 때

5. 교정시설에 침입하거나 하려고 하는 때

6. 교정시설의 안(교도관이 교정시설의 밖에서 수용자를 계호하고 있는 경우 그 장소를 포함한다)에서 교도관등의 퇴거요구를 받고도 이에 응하지 아니하는 때

③ 제1항 및 제2항에 따라 강제력을 행사하는 경우에는 보안장비를 사용할 수 있다.

④ 제3항에서 "보안장비"란 교도봉·가스분사기·가스총·최루탄 등 사람의 생명과 신체의 보호, 도주의 방지 및 시설의 안전과 질서유지를 위하여 교도관등이 사용하는 장비와 기구를 말한다.

⑤ 제1항 및 제2항에 따라 강제력을 행사하려면 사전에 상대방에게 이를 경고하여야 한다. 다만, 상황이 급박하여 경고할 시간적인 여유가 없는 때에는 그러하지 아니하다.

⑥ 강제력의 행사는 필요한 최소한도에 그쳐야 한다.

⑦ 보안장비의 종료, 종류별 사용요건 및 사용절차 등에 관하여 필요한 사항은 법무부령으로 정한다.

6) 무기의 사용(제101조)

교도관의 가장 중요한 무기의 사용에 대한 규정은 다음과 같다.

① 교도관등은 다음 각 호의 어느 하나에 해당하는 사유가 있으면 수용자에 대하여 무기를 사용할 수 있다.

1. 수용자가 다른 사람에게 중대한 위해를 끼치거나 끼치려고 하여 그 사태가 위급한 때

2. 수용자가 폭행 또는 협박에 사용할 위험물을 소지하여 교도관등이 버릴 것을 명령하였음에도 이에 따르지 아니하는 때

3. 수용자가 폭동을 일으키거나 일으키려고 하여 신속하게 제지하지 아니하면

그 확산을 방지하기 어렵다고 인정되는 때

4. 도주하는 수용자에게 교도관등이 정지할 것을 명령하였음에도 계속하여 도주하는 때

5. 수용자가 교도관등의 무기를 탈취하거나 탈취하려고 하는 때

6. 그 밖에 사람의 생명·신체 및 설비에 대한 중대하고도 뚜렷한 위험을 방지하기 위하여 무기의 사용을 피할 수 없는 때

② 교도관등은 교정시설의 안(교도관이 교정시설의 밖에서 수용자를 계호하고 있는 경우 그 장소를 포함한다)에서 자기 또는 타인의 생명·신체를 보호하거나 수용자의 탈취를 저지하거나 건물 또는 그 밖의 시설과 무기에 대한 위험을 방지하기 위하여 급박하다고 인정되는 상당한 이유가 있으면 수용자 외의 사람에 대하여도 무기를 사용할 수 있다.

7) 재난시의 조치(제102조)

① 천재지변이나 그 밖의 재해가 발생하여 시설의 안전과 질서유지를 위하여 긴급한 조치가 필요하면 소장은 수용자로 하여금 피해의 복구나 그 밖의 응급용무를 보조하게 할 수 있다.

② 소장은 교정시설의 안에서 천재지변이나 그 밖의 사변에 대한 피난의 방법이 없는 경우에는 수용자를 다른 장소로 이송할 수 있다.

③ 소장은 제2항에 따른 이송이 불가능하면 수용자를 일시 석방할 수 있다.

④ 제3항에 따라 석방된 자는 석방 후 24시간 이내에 교정시설 또는 경찰관서에 출석하여야 한다.

8) 수용을 위한 체포(제103조)

교도관은 수용자가 도주 또는 제133조 각 호의 어느 하나에 해당하는 행위(이하 "도주등"이라 한다)를 한 경우에는 도주 후 또는 출석 기한이 지난 후 72시간 이내에만 그를 체포할 수 있다.

9) 수용자의 사망

(1) 사망 등 기록(시행령 제148조)

① 의무관은 수용자가 질병으로 사망한 경우에는 사망장에 그 병명·병력(病歷)·

사인 및 사망일시를 기록하고 서명하여야 한다.

② 소장은 수용자가 자살이나 그 밖에 변사한 경우에는 그 사실을 검사에게 통보하고, 기소된 상태인 경우에는 법원에도 통보하여야 하며 검시가 끝난 후에는 검시자·참여자의 신분·성명과 검시 결과를 사망장에 기록하여야 한다.

③ 소장은 법 제128조에 따라 시신을 인도, 화장(火葬), 임시 매장, 집단 매장 또는 자연장(自然葬)을 한 경우에는 그 사실을 사망장에 기록하여야 한다.

(2) 임시 매장지의 표지 등(시행령 제150조)

① 소장은 시신을 임시 매장하거나 봉안한 경우에는 그 장소에 사망자의 성명을 적은 표지를 비치하고, 별도의 장부에 가족관계 등록기준지, 성명, 사망일시를 기록하여 관리하여야 한다.

② 소장은 시신 또는 유골을 집단 매장한 경우에는 집단 매장된 사람의 가족관계 등록기준지, 성명, 사망일시를 집단 매장부에 기록하고 그 장소에 묘비를 세워야 한다.

2. 규율과 상벌

(1) 규율(시행규칙 제214조)

수용자는 다음 각 호에 해당하는 행위를 하여서는 아니 된다.

1. 교정시설의 안전 또는 질서를 해칠 목적으로 다중(多衆)을 선동하는 행위
2. 허가되지 아니한 단체를 조직하거나 그에 가입하는 행위
3. 교정장비, 도주방지시설, 그 밖의 보안시설의 기능을 훼손하는 행위
4. 음란한 행위를 하거나 다른 사람에게 성적(性的) 언동 등으로 성적 수치심 또는 혐오감을 느끼게 하는 행위
5. 다른 사람에게 부당한 금품을 요구하는 행위
5의2. 허가 없이 다른 수용자에게 금원을 교부하거나 수용자 외의 사람을 통하여 다른 수용자에게 금원을 교부하는 행위
6. 작업·교육·접견·집필·전화통화·운동, 그 밖에 교도관의 직무 또는 다른 수용자의 정상적인 일과 진행을 방해하는 행위
7. 문신을 하거나 이물질을 신체에 삽입하는 등 의료 외의 목적으로 신체를

변형시키는 행위

8. 허가 없이 지정된 장소를 벗어나거나 금지구역에 출입하는 행위

9. 허가 없이 다른 사람과 만나거나 연락하는 행위

10. 수용생활의 편의 등 자신의 요구를 관철할 목적으로 이물질을 삼키는 행위

11. 인원점검을 회피하거나 방해하는 행위

12. 교정시설의 설비나 물품을 고의로 훼손하거나 낭비하는 행위

13. 고의로 수용자의 번호표, 거실표 등을 지정된 위치에 붙이지 아니하거나 그 밖의 방법으로 현황파악을 방해하는 행위

14. 큰 소리를 내거나 시끄럽게 하여 다른 수용자의 평온한 수용생활을 현저히 방해하는 행위

15. 허가 없이 물품을 반입 · 제작 · 소지 · 변조 · 교환 또는 주고받는 행위

16. 도박이나 그 밖에 사행심을 조장하는 놀이나 내기를 하는 행위

17. 지정된 거실에 입실하기를 거부하는 등 정당한 사유 없이 교도관의 직무상 지시나 명령을 따르지 아니하는 행위

(2) 징벌(제108조)
1. 경고, 2. 50시간 이내의 근로봉사, 3. 3개월 이내의 작업장려금 삭감, 4. 30일 이내의 공동행사 참가 정지, 5. 30일 이내의 신문열람 제한, 6. 30일 이내의 텔레비전 시청 제한, 7. 30일 이내의 자비구매물품(의사가 치료를 위하여 처방한 의약품을 제외한다)사용 제한, 8. 30일 이내의 작업 정지, 9. 30일 이내의 전화통화 제한, 10. 30일 이내의 집필 제한, 11. 30일 이내의 서신수수 제한, 12. 30일 이내의 접견 제한, 13. 30일 이내의 실외운동 정지, 14. 30일 이내의 금치(禁置)

(3) 징벌대상자의 조사(제110조)
① 소장은 징벌사유에 해당하는 행위를 하였다고 의심할 만한 상당한 이유가 있는 수용자(이하 "징벌대상자"라 한다)가 다음 각 호의 어느 하나에 해당하면 조사기간 중 분리하여 수용할 수 있다.

1. 증거를 인멸할 우려가 있는 때

2. 다른 사람에게 위해를 끼칠 우려가 있거나 다른 수용자의 위해로부터 보호할 필요가 있는 때

② 소장은 징벌대상자가 제1항 각 호의 어느 하나에 해당하면 접견·서신수수·전화통화·실외운동·작업·교육훈련, 공동행사 참가, 중간처우 등 다른 사람과의 접촉이 가능한 처우의 전부 또는 일부를 제한할 수 있다.

(4) 징벌위원회(제111조)

징벌시 징벌위원회가 설치되어야 한다.

① 징벌대상자의 징벌을 결정하기 위하여 교정시설에 징벌위원회(이하 이 조에서 "위원회"라 한다)를 둔다.

② 위원회는 위원장을 포함한 5인 이상 7인 이하의 위원으로 구성하고, 위원장은 소장의 바로 다음 순위자가 되며, 위원은 소장이 소속 기관의 과장(지소의 경우에는 7급 이상의 교도관) 및 교정에 관한 학식과 경험이 풍부한 외부인사 중에서 임명 또는 위촉한다. 이 경우 외부 위원은 3인 이상으로 한다.

③ 위원회는 소장의 징벌요구에 따라 개회하며, 징벌은 그 의결로써 정한다.

④ 위원이 징벌대상자의 친족이거나 그 밖에 공정한 심의·의결을 기대할 수 없는 특별한 사유가 있는 경우에는 위원회에 참석할 수 없다.

⑤ 징벌대상자는 위원에 대하여 기피신청을 할 수 있다. 이 경우 위원회의 의결로 기피 여부를 결정하여야 한다.

⑥ 위원회는 징벌대상자가 위원회에 출석하여 충분한 진술을 할 수 있는 기회를 부여하여야 하며, 징벌대상자는 서면 또는 말로써 자기에게 유리한 사실을 진술하거나 증거를 제출할 수 있다.

⑦ 위원회의 위원 중 공무원이 아닌 사람은 「형법」제127조 및 제129조부터 제132조까지의 규정을 적용할 때에는 공무원으로 본다(2016. 1. 6. 신설).

(5) 징벌의 집행(제112조)

① 징벌은 소장이 집행한다.

② 소장은 징벌집행을 위하여 필요하다고 인정하면 수용자를 분리하여 수용할 수 있다.

③ 제108조 제14호의 처분을 받은 사람에게는 그 기간 중 같은 조 제4호부터 제13호까지의 처우제한이 함께 부과된다. 다만, 소장은 수용자의 권리구제, 수형자의 교화 또는 건전한 사회복귀를 위하여 특히 필요하다고 인정하면 집필·서신수수·접견 또는 실외운동을 허가할 수 있다.

(6) 징벌의 실효(제115조)

① 소장은 징벌의 집행이 종료되거나 집행이 면제된 수용자가 교정 성적이 양호하고 법무부령으로 정하는 기간 동안 징벌을 받지 아니하면 법무부장관의 승인을 받아 징벌을 실효시킬 수 있다.

② 소장은 수용자가 교정사고 방지에 뚜렷한 공로가 있다고 인정되면 분류처우위원회의 의결을 거친 후 법무부장관의 승인을 받아 징벌을 실효시킬 수 있다.

③ 동법에 규정된 사항 외에 징벌에 관하여 필요한 사항은 법무부령으로 정한다.

(7) 징벌의 실효(시행규칙 제234조)

① 법 제115조 제 1 항에서 "법무부령으로 정하는 기간"이란 다음 각 호와 같다.

1. 제215조 제 1 호부터 제 4 호까지의 징벌 중 금치의 경우에는 다음 각 목의 기간

가. 21일 이상 30일 이하의 금치: 2년 6개월

나. 16일 이상 20일 이하의 금치: 2년

다. 10일 이상 15일 이하의 금치: 1년 6개월

라. 9일 이하의 금치: 1년

2. 제215조 제 2 호에 해당하는 금치 외의 징벌: 2년

3. 제215조 제 3 호에 해당하는 금치 외의 징벌: 1년 6개월

4. 제215조 제 4 호에 해당하는 금치 외의 징벌: 1년

5. 제215조 제 5 호에 해당하는 징벌: 6개월

② 소장은 법 제115조 제 1 항·제 2 항에 따라 징벌을 실효시킬 필요가 있으면 징벌실효기간이 지나거나 분류처우위원회의 의결을 거친 후에 지체 없이 법무부장관에게 그 승인을 신청하여야 한다.

③ 소장은 법 제115조에 따라 실효된 징벌을 이유로 그 수용자에게 처우상 불이익을 주어서는 아니 된다.

3. 권리구제

(1) 청원(제117조)
① 수용자는 그 처우에 관하여 불복하는 경우 법무부장관·순회점검공무원 또는 관할 지방교정청장에게 청원할 수 있다.

② 제1항에 따라 청원하려는 수용자는 청원서를 작성하여 봉한 후 소장에게 제출하여야 한다. 다만, 순회점검공무원에 대한 청원은 말로도 할 수 있다.

③ 소장은 청원서를 개봉하여서는 아니 되며, 이를 지체 없이 법무부장관·순회 점검공무원 또는 관할 지방교정청장에게 보내거나 순회점검공무원에게 전달하여야 한다.

④ 제2항 단서에 따라 순회점검공무원이 청원을 청취하는 경우에는 해당 교정시설의 교도관이 참여하여서는 아니 된다.

⑤ 청원에 관한 결정은 문서로써 하여야 한다.

⑥ 소장은 청원에 관한 결정서를 접수하면 청원인에게 지체 없이 전달하여야 한다.

(2) 위원회의 구성(제120조)
① 위원회는 위원장을 포함한 5인 이상 9인 이하의 위원으로 구성한다.

② 위원장은 법무부차관이 되고, 위원은 판사, 검사, 변호사, 법무부 소속 공무원, 교정에 관한 학식과 경험이 풍부한 사람 중에서 법무부장관이 임명 또는 위촉한다.

③ 위원회의 심사과정 및 심사내용의 공개범위와 공개시기는 다음 각 호와 같다. 다만, 제2호 및 제3호의 내용 중 개인의 신상을 특정할 수 있는 부분은 삭제하고 공개하되, 국민의 알권리를 충족할 필요가 있는 등의 사유가 있는 경우에는 위원회가 달리 의결할 수 있다.

1. 위원의 명단과 경력사항은 임명 또는 위촉한 즉시
2. 심의서는 해당 가석방 결정 등을 행한 후부터 즉시
3. 회의록은 해당 가석방 결정 등을 행한 후 5년이 경과한 때부터

④ 위원회의 위원 중 공무원이 아닌 사람은 「형법」 제127조 및 제129조부터 제132조까지의 규정을 적용할 때에는 공무원으로 본다.

⑤ 그 밖에 위원회에 관하여 필요한 사항은 법무부령으로 정한다.

기출 및 예상문제

P·e·n·o·l·o·g·y

1. 「형의 집행 및 수용자의 처우에 관한 법률」상 수용자의 개념에 대한 설명으로 옳지 않은 것은? (09. 9급)

① 벌금을 완납하지 아니하여 노역장유치명령을 받은 자는 수형자라고 한다.

② 긴급체포를 받아 체포된 자는 미결수용자라고 한다.

③ 과료를 완납하지 아니하여 노역장유치명령을 받은 자는 수형자라고 한다.

④ 법원의 감치명령을 받아 수용된 자 및 일시수용자는 수용자가 아니다.

> **정답** ④ 법률과 적법한 절차에 따라 교도소·구치소 및 그 지소에 수용된 법원의 감치명령을 받은 사람이나 일시수용자인 경우도 수용자에 포함된다.

2. 「형의 집행 및 수용자의 처우에 관한 법률」 제1조에 규정된 목적이 아닌 것은? (09. 9급)

① 수형자의 교정교화와 건전한 사회복귀 도모

② 수형자, 미결수용자, 사형확정자 등의 처우와 권리를 규정

③ 보호관찰과 갱생보호의 처우를 규정

④ 교정시설의 운영에 관한 사항을 규정

> **정답** ③ 「형의 집행 및 수용자의 처우에 관한 법률」은 시설 내 처우와 사회적 처우만을 규정하고 있으며, 보호관찰과 갱생보호의 처우에 대한 규정은 「보호관찰 등에 관한 법률」에 규정되어 있다.

03. 「형의 집행 및 수용자의 처우에 관한 법률」의 성질에 관한 설명으로 옳지 않은 것은? (10. 9급)

① 국가와 수용자 간의 공법적인 관례를 규율하는 공법이다.

② 형벌권의 발생요건을 규정한 「형법」과 마찬가지로 실체법이다.

③ 배분적 정의에 입각하여 범죄로부터 사회를 보호하고 공공의 안녕과 질서유지라는 공익을 추구하는 형사법이다.

④ 형의 집행 및 수용자의 처우에 관하여 국가권력에 의하여 강제적으로 일방적인 법적 효과를 발생시킨다.

> **정답** ② 「형의 집행 및 수용자의 처우에 관한 법률」은 형벌집행에 대한 절차를 규정한 것으로 실체법이 아니라 절차법이다.

04. 교정학에 대한 설명으로 옳지 않은 것은? (14. 7급)

① 교정학은 교화개선 및 교정행정과 관련된 일련의 문제들을 이론적·과학적으로 연구하는 학문이다.

② 교정학은 감옥학에서 시작되어 행형학, 교정교육학, 교정보호론의 명칭으로 발전해왔다.

③ 교정은 수형자에 대해 이루어지므로 교정학의 연구대상은 형벌부과대상인 범죄인에 국한된다.

④ 교정학은 자유형의 집행과정 등을 중심으로 교정전반에 관한 이념과 학리를 계통적으로 연구하는 학문일 뿐만 아니라 사회학, 심리학, 정신의학 등 관련 학문의 종합적 응용이 요청되는 분야이다.

> **정답** ③ 교정은 수형자와 같은 형벌부과대상 범죄인만 연구대상이 되는 것이 아니라, 미결수용자와 형벌이 부과되지 않고 보호관찰, 사회봉사명령, 수강명령을 받게되는 사회 내 처우 대상자까지 교정학의 연구대상이 된다.

05. 현행법상 수용에 관한 설명으로 옳은 것은? (09. 일반경채)

① 신입자는 질병 기타 부득이한 사유가 있는 경우를 제외하고는 수용할 날로부터 5일 동안 신입자거실에 수용하여야 한다.

② 소장은 19세 미만의 신입자 그 밖에 필요하다고 인정하는 수용자에 대

하여는 신입자거실수용기간을 20일까지 연장할 수 있다.

③ 소장은 신입자 또는 다른 교정시설로부터 이송되어 온 사람이 있으면 수용자의 의사 여부와 관계없이 그 사실을 가족에게 지체 없이 통지하여야 한다.

④ 소장은 다른 사람의 건강에 위해를 끼칠 우려가 있는 감염병에 걸린 사람에 대해서는 수용을 거절할 수 있으며 그 사유를 지체 없이 수용지휘기관과 관할 보건소장에게 통보하고 법무부장관에게 보고하여야 한다.

> **정답** ④.
> ① 신입자는 질병 기타 부득이한 사유가 있는 경우를 제외하고는 수용할 날로부터 3일 동안 신입자거실에 수용하여야 한다.
> ② 소장은 19세 미만의 신입자 그 밖에 필요하다고 인정하는 수용자에 대하여는 신입자의 거실수용기간을 30일까지 연장할 수 있다.
> ③ 소장은 신입자 또는 다른 교정시설로부터 이송되어 온 사람이 있으면 그 사실을 수용자의 가족(배우자, 직계 존속·비속 또는 형제자매를 말함)에게 지체 없이 통지하여야 한다. 다만, 수용자가 통지를 원하지 아니하면 그러하지 아니하다.

06. 「형의 집행 및 수용자의 처우에 관한 법률」에 의할 때 수용자를 교정시설에 수용하는 기준으로 옳지 않은 것은? (11. 9급 공채)

① 소년교도소에서 19세 미만의 수형자를 수용하는 것이 원칙이지만, 수형자가 소년교도소에 수용 중에 19세가 된 경우에 본인의 신청으로 23세가 되기 전까지는 계속하여 수용할 수 있다.

② 미결수용자는 구치소에 수용하는 것이 원칙이지만, 범죄의 증거인멸을 방지하기 위하여 필요하거나 그 밖에 특별한 사정이 있는 때에는 교도소에 미결수용자를 수용할 수 있다.

③ 수형자는 교도소에 수용하는 것이 원칙이지만, 취사 등의 작업을 위하여 필요한 경우에는 수형자를 구치소에 수용할 수 있다.

④ 수용자는 독거수용하는 것이 원칙이지만, 수용자의 생명 또는 신체 보호 정서적 안정을 위하여 필요한 때에는 수용자를 혼거수용할 수 있다.

> **정답** ① 수형자가 소년교도소 수용 중에 19세가 된 경우에도 교육·교화프로그램, 작업, 직업훈련 등을 실시하기 위하여 특히 필요하다고 인정되면 23세가 되기 전까지는 계속하여 수용할 수 있다(형집행법 제12조 제3항). 즉 23세가 되기 전

까지 계속하여 수용하는 것은 교정기관의 재량인 것이지 본인의 신청 사항이 아니다.

07. 「형의 집행 및 수용자의 처우에 관한 법률 시행령」상 신입자의 처우에 대한 설명으로 옳지 않은 것은? (16. 7급)

① 신입자의 건강진단은 수용된 날부터 3일 이내에 하여야 한다. 다만, 휴무일이 연속되는 등 부득이한 사정이 있는 경우에는 예외로 한다.

② 소장은 신입자거실에 수용된 사람에게 교화를 위해 필요한 경우 작업을 부과할 수 있다.

③ 소장은 19세 미만의 신입자 그 밖에 특히 필요하다고 인정 하는 수용자에 대하여는 신입자거실에의 수용기간을 30일까지 연장할 수 있다.

④ 소장은 신입자를 인수한 경우에는 교도관에게 신입자의 신체· 의류 및 휴대품을 지체 없이 검사하게 하여야 한다.

> **정답** ② 신입자 거실에 수용된 수용자에게는 작업을 부과해서는 아니 된다.

08. 현행법령상 마약류수용자 관련 규정과 다른 것은? (16. 경채)

① 마약류수용자로 지정되면 어떠한 경우에도 석방할 때까지 지정을 해제할 수 없다.

② 소장은 검사 결과 양성반응이 나타난 수용자에 대하여는 관계기관에 혈청검사, 모발검사, 그 밖의 정밀검사를 의뢰하고 그 결과에 따라 적절한 조치를 하여야 한다.

③ 담당교도관은 마약류수용자의 영치품 및 소지물의 변동 상황을 수시로 점검하고, 특이사항이 있는 경우에는 감독교도관에게 보고하여야 한다.

④ 소장은 마약류수용자의 마약류 근절 의지를 북돋울 수 있도록 마약 퇴치 전문강사, 성직자 등과 자매결연을 주선할 수 있다.

> **정답** ①.
> 동법시행규칙 제205조 제2항
> 소장은 마약류수용자로 지정된 사람에 대하여는 석방할 때까지 지정을 해제할 수

없다. 다만, 다음의 어느 하나에 해당하는 경우에는 교도관회의의 심의 또는 분류처우위원회의 의결을 거쳐 지정을 해제할 수 있다.
1. 공소장 변경 또는 재판 확정에 따라 지정사유가 해소되었다고 인정되는 경우
2. 지정 후 5년이 지난 마약류수용자로서 수용생활태도, 교정성적 등이 양호한 경우. 다만, 마약류에 관한 형사 법률 외의 법률이 같이 적용된 마약류수용자로 한정한다.

09. 현행법령상 보호실 수용 관련 규정으로 틀린 것은? (16. 경채)

가. 보호실 수용된 수용자를 의무관은 매 시간 건강상태를 확인하여야 한다.
나. 기간연장은 7일 이내로 하되, 계속하여 3개월을 초과할 수 없다.
다. 소장은 수용자를 보호실에 수용하거나 수용기간을 연장하는 경우에는 그 사유를 본인에게 알려 주어야 한다.
리. 교정시설의 설비 또는 기구 등을 손괴하거나 손괴하려고 하는 때에 보호실에 수용할 수 있다.
마. 수용자의 보호실 수용기간은 15일 이내로 한다.

① 가, 나   ② 가, 라
③ 나, 다   ④ 다, 마

정답 ②.
가. 의무관은 보호실 수용자의 건강상태를 수시로 확인하여야 한다.
라. 강제력을 행사하거나 보호장비를 사용하여도 계속해서 교정시설의 설비 또는 기구 등을 손괴하거나 손괴하려고 하는 때에 진정실에 수용할 수 있다.

10. 「형의 집행 및 수용자의 처우에 관한 법률」상 수용자의 보호실 및 진정실 수용에 대한 설명으로 옳은 것은? (16. 9급)

① 소장은 수용자가 신체적·정신적 질병으로 인하여 특별한 보호가 필요한 때 진정실에 수용할 수 있다.
② 소장은 수용자를 보호실 또는 진정실에 수용할 경우에는 변호인의 의견을 고려하여야 한다.
③ 소장은 수용자를 보호실 또는 진정실에 수용하거나 수용기간을 연장하

는 경우에는 그 사유를 본인과 가족에게 알려 주어야 한다.

④ 수용자의 보호실 수용기간은 15일 이내, 진정실 수용기간은 24시간 이내로 하되, 소장은 특히 계속하여 수용할 필요가 있으면 의무관의 의견을 고려하여 연장할 수 있다.

> **정답** ④.
> ① 소장은 수용자가 신체적·정신적 질병으로 인하여 특별한 보호가 필요한 때 보호실에 수용할 수 있다.
> ② 소장이 수용자를 보호실 또는 진정실에 수용할 경우에는 변호인의 의견을 고려하여야 한다는 규정은 없다.
> ③ 소장은 수용자를 보호실 또는 진정실에 수용하거나 수용기간을 연장하는 경우에는 그 사유를 본인에게 알려 주어야 한다. 즉 가족에게 알리는 규정은 없다.

11. 「형의 집행 및 수용자의 처우에 관한 법령」상 교도관의 보호장비 및 무기의 사용에 대한 설명으로 옳지 않은 것은? (16. 9급)

① 보호장비를 사용하는 경우에는 수용자에게 그 사유를 알려주어야 한다.

② 수용자가 위력으로 교도관의 정당한 직무집행을 방해하는 때에는 보호장비를 사용할 수 있다.

③ 수갑, 포승, 발목보호장비는 이송·출정, 그 밖에 교정시설 밖의 장소로 수용자를 호송하는 때 사용할 수 있다.

④ 교정시설 안에서 자기 또는 타인의 생명·신체를 보호하기 위하여 급박하다고 인정되는 상당한 이유가 있으면 수용자 외의 사람에 대하여도 무기를 사용할 수 있다.

> **정답** ③ 보호대, 보호의자, 발목보호장비는 이송·출정, 그 밖에 교정시설 밖의 장소로 수용자를 호송하는 때 사용할 수 없다.

12. 형의 집행 및 수용자의 처우에 관한 법령상 소장이 수용자 간의 서신을 검열할 수 있는 경우에 해당하지 않는 것은? (16. 9급)

① 범죄의 증거를 인멸할 우려가 있는 때

② 규율위반으로 조사 중이거나 징벌집행 중인 때

③ 서신을 주고받으려는 수용자와 같은 교정시설에 수용 중인 때

④ 민·형사 법령에 저촉되는 내용이 기재되어 있다고 의심할 만한 상당한 이유가 있는 때

> **정답** ④.
> ④번 지문은 규정에 없다. ①②③과 마약류 수용자, 조직폭력 수용자, 관심대상 수용자가 다른 수용자와 주고 받는 서신이 검열사유에 해당된다.

13. 「형의 집행 및 수용자 처우에 관한 법령」이 규율하는 수용자의 서신수수에 대한 설명으로 옳은 것은? (15. 5급 승진)

① 수용자는 다른 사람과 서신을 주고받을 때에는 소장의 허가를 받아야 하지만, 같은 교정시설의 수용자 간에는 그러하지 아니한다.

② 소장은 시설의 안전을 해칠 우려가 있는 내용이 기재되어 있다고 의심할 만한 상당한 이유가 있는 때에는 수용자가 주고받은 서신의 내용을 검열할 수 있다.

③ 소장은 수용자가 규율을 위반하여 조사 중이란 이유로 그의 서신수수를 제한하거나 서신내용을 검열하여서는 아니 된다.

④ 소장은 범죄의 증거를 인멸할 우려가 있다고 판단하는 때에는 변호사에게 발송하는 서신의 경우에도 봉함하지 아니하고 제출하게 할 수 있다.

⑤ 소장은 법원이나 경찰관서에서 수용자에게 보내온 문서의 경우에는 이를 열람할 수 없다.

> **정답** ②.
> ① 수용자는 다른 사람과 서신을 주고받을 때에는 소장의 허가를 받지 않아도 되지만, 같은 교정시설의 수용자 간에는 그러하지 아니한다.
> ③ 규율위반으로 조사 중이거나 징벌집행 중인 때에는 수용자 간 서신의 검열이 가능하다.
> ④ 범죄의 증거를 인멸할 우려가 있다고 판단하는 때에 봉함하지 않고 제출해야 한다는 규정은 없다.
> ⑤ 소장은 법원이나 경찰관서에서 수용자에게 보내온 문서의 경우에는 이를 열람할 수 있다.

14. 「형의 집행 및 수용자의 처우에 관한 법률」과 동법 시행규칙상 수용자의 교정시설 외부에 있는 사람(변호인 제외)과의 접견에 대한 설명으로 옳지 않은 것은? (16. 7급)

① 시설의 안전 또는 질서를 해칠 우려가 있는 때에는 수용자는 교정시설의 외부에 있는 사람과 접견할 수 없다.

② 일반경비처우급 수형자의 접견 허용횟수는 월 6회로 하되, 1일 1회만 허용한다.

③ 접견 중인 수용자가 수용자의 처우 또는 교정시설의 운영에 관한 거짓 사실을 유포하는 때에는 교도관은 접견을 중지할 수 있다.

④ 소장은 교화 및 처우상 특히 필요한 경우에는 수용자가 다른 교정시설의 수용자와 통신망을 이용하여 화상으로 접견하는 것을 허가할 수 있다.

> **정답** ② 일반경비처우급 수형자의 접견 허용횟수는 월 5회로 하되, 1일 1회만 허용하는 것이 원칙이다.

15. 현행법령상 금품관리에 대한 규정으로 틀린 것은? (14. 경채)

① 수용자는 서신·도서 그 밖에 수용생활에 필요한 물품을 법무부장관이 정하는 범위에서 소지할 수 있다.

② 수용자에게 교부하려고 하는 금품의 허가 범위 등에 관하여 필요한 사항은 법무부령으로 정한다.

③ 금품을 보낸 사람을 알 수 없거나 보낸 사람의 주소가 불분명한 경우에는 그 뜻을 공고하여야 하며, 공고한 후 3개월이 지나도 교부를 청구하는 사람이 없으면 그 금품은 국고에 귀속된다.

④ 수용자의 영치금품은 석방할 때에 신청여부와 관계없이 본인에게 되돌려 주어야 한다.

> **정답** ③ 금품을 보낸 사람을 알 수 없거나 보낸 사람의 주소가 불분명한 경우에는 그 뜻을 공고하여야 하며, 공고한 후 6개월이 지나도 교부를 청구하는 사람이 없으면 그 금품은 국고에 귀속된다.

16. 음식물 지급에 관한 다음 기술 중 틀린 것은? (12. 일반경채)

① 소장은 수용자의 기호 등을 고려하여 주식으로 빵이나 국수 등을 지급할 수 있다.

② 주식은 쌀로 지급한다.

③ 소장은 해당 교정시설의 직전분기 평균급식 인원을 기준으로 2개월의 주식을 항상 확보하고 있어야 한다.

④ 소장은 작업시간을 3시간 이상 연장하는 경우 수용자에게 주·부식 또는 대용식 1회분을 간식으로 지급할 수 있다.

> **정답** ③ 소장은 해당 교정시설의 직전분기 평균급식 인원을 기준으로 1개월의 주식을 항상 확보하고 있어야 한다(동법 시행규칙 제12조).

17. 위생과 의료에 대한 나음 설명 중 틀린 깃은? (16. 경채)

① 소장은 저수조 등 급수시설을 1년에 1회 이상 청소·소독하여야 한다.

② 여성 수용자에 대하여는 1년에 1회 이상 건강검진을 하여야 한다.

③ 소장은 작업의 특성, 계절, 그 밖의 사정을 고려하여 부득이한 사정이 없으면 목욕은 매주 1회 이상이 되도록 한다.

④ 소장은 수용자가 감염병에 걸렸다고 의심되는 경우에는 1주 이상 격리 수용하여야 한다.

> **정답** ① 소장은 저수조 등 급수시설을 6개월에 1회 이상 청소·소독하여야 한다.

18. 다음 중 수용자에 대한 의료처우에 대한 규정으로 옳은 것은? (15. 경채)

① 수용자는 자신의 고의 또는 과실로 부상이 발생했을 경우 치료비의 일부를 부담하게 할 수 있다.

② 소장은 수용자가 부상을 당하거나 질병에 걸린 경우에는 그 수용자를 의료거실에 수용하거나, 다른 수용자에게 그 수용자를 간병하게 하여야 한다.

③ 소장은 정신질환이 있다고 의심되는 수용자가 있으면 정신건강의학과 의사의 진료를 받을 수 있도록 하여야 한다.

④ 소장은 수용자가 진료 또는 음식물의 섭취를 거부하면 교도관으로 하여금 관찰·조언 또는 설득을 하도록 하여야 한다.

정답 ③.
① 수용자는 자신의 고의 또는 중대한 과실로 부상이 발생했을 경우 치료비의 일부를 부담하게 할 수 있다.
② 소장은 수용자가 부상을 당하거나 질병에 걸린 경우에는 그 수용자를 의료거실에 수용하거나, 다른 수용자에게 그 수용자를 간병하게 할 수 있다.
④ 소장은 수용자가 진료 또는 음식물의 섭취를 거부하면 의무관으로 하여금 관찰·조언 또는 설득을 하도록 하여야 한다.

19. 다음 중 징벌 관련 규정으로 맞는 것은 무엇인가? (16. 경채)

① 소장은 질병 등의 사유로 징벌집행을 일시 정지한 경우 그 정지사유가 해소되었을 때에는 지체 없이 징벌집행을 재개하여야 한다. 이 경우 집행을 정지한 날부터 집행을 재개한 날까지의 일수는 징벌기간으로 계산하지 아니한다.
② 소장은 조사기간 중 조사결과에 따라 징벌위원회로의 회부, 징벌대상자에 대한 무혐의 통고, 징벌위원회 회부 보류, 조사 종결, 경고 등의 조치를 할 수 있다.
③ 소장은 조사기간 중 징벌대상자에 대하여 처우를 제한하는 경우에는 처우를 제한한 기간의 전부 또는 일부를 징벌기간에 포함할 수 있다.
④ 징벌사유가 발생한 날로부터 2년이 지나면 이를 이유로 징벌을 부과하지 못한다.

정답 ④.
① 소장은 질병 등의 사유로 징벌집행을 일시 정지한 경우 그 정지사유가 해소되었을 때에는 지체 없이 징벌집행을 재개하여야 한다. 이 경우 집행을 정지한 다음 날부터 집행을 재개한 전날까지의 일수는 징벌기간으로 계산하지 아니한다.
② 소장은 조사기간 중 조사결과에 따라 징벌위원회로의 회부, 징벌대상자에 대한 무혐의 통고, 징벌위원회 회부 보류, 조사 종결, 훈계 등의 조치를 할 수 있다.
③ 조사기간 중 징벌대상자에 대하여 처우를 제한하는 경우에는 징벌위원회의 의결을 거쳐 처우를 제한한 기간의 전부 또는 일부를 징벌기간에 포함할 수 있다.

20. 「형의 집행 및 수용자의 처우에 관한 법률」 및 동법 시행규칙상 수용자의 상벌에 대한 설명으로 옳지 않은 것은? (15. 9급)

① 징벌사유가 발생한 날부터 1년이 지나면 이를 이유로 징벌을 부과하지 못한다.

② 사람의 생명을 구조한 수용자는 소장표창 및 가족만남의 집 이용대상자 선정기준에 해당된다.

③ 소장은 금치 외의 징벌을 집행하는 경우 그 징벌의 목적을 달성하기 위하여 필요하다고 인정하면 해당 수용자를 징벌거실에 수용할 수 있다.

④ 수용자의 징벌대상행위에 대한 조사기간은 조사를 시작한 날부터 징벌위원회의 의결이 있는 날까지를 말하며 10일 이내로 하나, 특히 필요하다고 인정하는 경우에는 1회에 한하여 7일을 초과하지 아니하는 범위에서 그 기간을 연장할 수 있다.

> **정답** ① 징벌사유가 발생한 날부터 2년이 지나면 이를 이유로 징벌을 부과하지 못한다.

21. 다음 중 사형확정자의 처우에 대한 규정으로 옳지 않은 것은? (16. 경채)

① 접촉차단시설이 설치되지 아니한 장소에서 접견을 허용할 수 있다.

② 번호표 및 거실표의 색상은 붉은색으로 한다.

③ 소장은 사형확정자의 심리적 안정 및 원만한 수용생활을 위하여 교육 또는 교화프로그램을 실시하거나 신청에 따라 작업을 부과할 수 있다. 이 경우 교도관회의의 심의를 거쳐야한다

④ 소장은 작업이 부과된 사형확정자에 대하여 교도관회의의 심의를 거쳐 붉은색을 적용하지 아니할 수 있다.

> **정답** ③ 소장은 사형확정자의 심리적 안정 및 원만한 수용생활을 위하여 교육 또는 교화프로그램을 실시하거나 신청에 따라 작업을 부과할 수 있다는 지문은 옳은 지문이고, 이 경우 교도관회의의 심의를 거쳐야한다는 규정은 없다.

22. 다음은 수용자 석방 관련 규정에 대한 설명이다. 틀린 것은? (16. 경채)

① 소장은 수형자의 건전한 사회복귀를 위하여 필요하다고 인정하면 석방 전 7일 이내의 범위에서 석방예정자를 별도의 거실에 수용하여 장래에 관한 상담과 지도를 할 수 있다.

② 사면, 가석방, 형의 집행면제, 감형에 따른 석방은 그 서류 도달 후 12시간 이내에 행하여야 한다.

③ 소장은 형기종료로 석방될 수형자에 대하여는 석방 10일 전까지 석방 후의 보호에 관한 사항을 조사하여야 한다.

④ 소장은 석방될 수형자의 보호 및 재범 방지 등을 위하여 필요하다고 인정하면 그의 성격·교정성적 또는 보호에 관한 의견을 그의 거주지를 관할하는 경찰관서 또는 그를 인수하여 보호할 법인 또는 개인에게 통보할 수 있다. 다만, 법인 또는 개인에게 통보하는 경우에는 해당 수형자의 동의를 받아야 한다.

> **정답** ① 소장은 수형자의 건전한 사회복귀를 위하여 필요하다고 인정하면 석방 전 3일 이내의 범위에서 석방예정자를 별도의 거실에 수용하여 장래에 관한 상담과 지도를 할 수 있다.

23. 「형의 집행 및 수용자의 처우에 관한 법률」상 수용자 사망 시 조치에 대한 설명으로 옳지 않은 것은? (16. 7급)

① 소장은 수용자가 사망한 경우에는 그 사실을 즉시 그 가족(가족이 없는 경우에는 다른 친족)에게 통지하여야 한다.

② 소장은 병원이나 그 밖의 연구기관이 학술연구상의 필요에 따라 수용자의 시신인도를 신청하면 본인의 유언 또는 상속인의 승낙이 있는 경우에 한하여 인도할 수 있다.

③ 소장은 가족 등 수용자의 사망 통지를 받은 사람이 통지를 받은 날부터 법률이 정하는 소정의 기간 내에 그 시신을 인수하지 아니하거나 시신을 인수할 사람이 없으면 임시로 매장하거나 화장(火葬) 후 봉안하여야 한다. 다만, 감염병 예방 등을 위하여 필요하면 즉시 화장하여야 하며, 그 밖에 필요한 조치를 할 수 있다.

④ 소장은 수용자가 사망하면 법무부장관이 정하는 범위에서 화장·시신인

도 등에 필요한 비용을 인수자에게 지급하여야 한다.

> **정답**　④ 소장은 수용자가 사망하면 법무부장관이 정하는 범위에서 화장·시신 인도 등에 필요한 비용을 인수자에게 지급할 수 있다.

24. 신입자의 수용에 대한 설명으로 옳지 않은 것은?

① 교정시설에 입소하는 신입자에 대하여는 적법한 서류를 조사한 후 수용한다.

② 미결수용자로서 자유형의 확정판결을 받은 자에 대하여는 검사의 집행지휘서로써 형의 집행을 개시할 수 있다.

③ 소장은 교정시설에 최초로 입소하는 자에 대해서만 사진촬영, 지문채취, 수용자 번호지정 등의 조치를 하여야 한다.

④ 구치소의 수용인원이 정원을 훨씬 초과하여 정상적인 운영이 곤란한 때에는 교도소에 미결수용자를 수용할 수 있다.

> **정답**　③ 소장은 수용목적 상 필요하면 수용 중인 사람에 대하여도 사진촬영, 지문채취, 수용자 번호지정 등의 조치를 할 수 있다(「형의 집행 및 수용자의 처우에 관한 법률」 제19조 제 2 항).

25. 출산유아대동에 대한 설명으로 옳은 것은?

① 여성수용자가 자신이 출산한 유아를 교도소에서 양육할 것을 신청한 때에는 상당한 이유가 있는 경우에 한하여 법무부장관이 허가한다.

② 출산유아 양육신청은 생모가 아니더라도 법적 모이면 가능하다.

③ 유아의 양육을 허가할 경우 생후 24개월까지 교도소 등의 시설에서 양육할 수 있다.

④ 교정시설에 감염병이 유행하거나 그 밖의 사정으로 유아양육이 특히 부적당한 경우에는 허가하지 않을 수 있다.

> **정답**　④ 출산유아양육신청에 대한 허가는 소장의 허가사항이고, 신청권자는 법적 모가 아니더라도 생모이면 가능하지만 생모가 아닌 법적 모와 남편, 가족은 허용되지 않으며, 양육허가기간은 생후 18개월까지이므로 ①②③은 옳지 못하고 ④가 정답이다.

26. 甲·乙·丙은 공범으로 甲과 乙은 A교도소에 있고 丙은 B교도소에 있다. 다음 중 이들 간의 서신수수에 관한 내용 중 옳지 못한 것은?

① 甲이 乙에게 서신을 보내기 위해서는 A교도소장의 허가를 받아야 한다.
② 甲이 乙에게 보내는 서신이 시설의 안전 또는 질서를 해칠 우려가 없는 경우라도 A교도소장은 甲의 서신을 검열할 수 있다.
③ 甲이 丙에게 보내는 서신이 범죄의 증거를 인멸할 우려가 있는 때에는 A교도소장의 허가를 받아야 한다.
④ 丙이 마약류 사범으로 지정된 경우에는 甲이 丙에게 보낸 서신은 검열의 대상이 되며 원칙적으로 A교도소에서 검열해야 한다.

> **정답** ③ 甲이 丙에게 보내는 서신은 다른 시설이기 때문에 허가를 받아야 하는 것이 아니고 범죄증거를 인멸할 우려가 있는 때에는 A교도소의 검열을 받을 수 있는 임의적 사유에 해당한다.

27. 다음은 수용자 처우와 관련된 판례이다. 잘못된 것은? (11. 9급)

① 수형자의 타 종교 집회 참석을 효율적 수용관리와 계호상의 어려움 등을 이유로 제한하는 것은 기본권의 본질을 침해하는 것이다.
② 교도소 내에서 처우를 왜곡하여 외부인과 연계하여 교도소 내의 질서를 해칠 목적으로 변호사에게 서신을 방송하는 경우에는 변호인의 조력을 받을 권리가 보장되는 경우에 해당하지 아니한다.
③ 신문을 삭제한 후 수용자에게 구독하게 한 행위는 수용질서를 위한 청구인의 알 권리에 대한 최소한의 제한이라고 볼 수 있으므로 청구인의 알 권리를 과도하게 침해하는 것은 아니다.
④ 수용자가 교도관의 감시·단속을 피하여 규율 위반행위를 하는 것만으로는 단순히 금지규정에 위반되는 행위를 한 것에 지나지 아니할 뿐 위계에 의한 공무집행방해죄가 성립한다고 할 수 없다.

> **정답** ① 수형자의 타 종교 집회 참석을 효율적 수용관리와 계호상의 여려움 등을 이유로 제한하는 것은 기본권의 본질을 침해하는 것이 아니다.

28. 수용자의 의료처우에 관한 설명으로 옳은 것은? (08. 7급)

① 수용자가 자비로써 치료를 원하는 때에는 필요에 의하여 당해 소장은 이를 허가할 수 있다(임의적).

② 소장은 수용자에 대한 적당한 치료를 하기 위하여 필요하다고 인정하는 때에는 당해 수용자를 교도소 밖에 있는 병원에 이송하여야 한다(필요적).

③ 소장은 감염병에 걸린 수용자를 다른 수용자를 다른 수용자와 격리수용할 수 있다(임의적).

④ 소장은 감염병의 유행이 있을 때에는 그 예방을 위하여 음식물의 자비부담 취식을 금지해야 한다(필요적).

> **정답** ①
> ② 교도소 밖에 있는 병원에 이송할 수 있다(임의적).
> ③ 감염병에 걸린 수용자를 다른 수용자와 격리수용하여야 한다(필요적).
> ④ 감염병의 유행이 있을 때에는 그 예방을 위하여 음식물의 자비부담 취식을 제한할 수 있다(임의적).

29. 「형의 집행 및 수용자의 처우에 관한 법률」상 특별한 보호가 필요한 수용자들에 대한 적정한 배려나 처우로 옳지 않은 것은? (09. 9급)

① 노인수용자에 대하여 나이·건강상태 등을 고려하여 그 처우에 있어 적정한 배려를 하여야 한다.

② 장애인수용자에 대하여 장애의 정도를 고려하여 그 처우에 있어 적정한 배려를 하여야 한다.

③ 유아를 출산한 여성수용자는 교정시설 내에서 그 유아를 양육할 것을 신청할 수 없으나, 소장의 결정에 의해서 양육이 가능하다.

④ 외국인수용자에 대하여 언어·생활문화 등을 고려하여 적정한 처우를 하여야 한다.

> **정답** ③ 출산유아양육신청은 사회 내 혹은 시설 내에서 태어난 아이 모두 신청대상이 되고, 소장은 필요적으로 허가하여야 한다.

30. 「형의 집행 및 수용자의 처우에 관한 법률」상 수용자의 수용에 대한 설명으로 옳은 것은? (09. 9급)

① 사형확정자는 기결수용시설인 교도소에만 수용한다.

② 범죄의 증거인멸을 방지하기 위해 필요하다는 이유만으로는 미결수용자를 교도소에 수용할 수 없다.

③ 수형자가 소년교도소에 수용 중에 19세가 된 경우에도 교육·교화프로그램, 작업, 직업훈련등을 위해 특히 필요하다고 인정되면 23세가 되기 전까지만 계속 수용할 수 있다.

④ 수용자가 암과 같은 불치병에 걸린 경우에는 소장은 수용을 거부할 수 있고, 그 경우 그 사유를 지체 없이 수용지휘기관과 관할 보건소장에게 통보하여 법무부장관에게 보고하여야 한다.

> 정답 ③
> ① 사형확정자는 교도소와 구치소에 수용된다.
> ② "미결수용자는 초과 증거 없는 때 교도소로 …" 따라서 구치소가 없는 때, 정원 초과, 증거인멸 방지하기 위하여 필요한 때에는 미결수용자를 교도소에 수용할 수 있다.
> ④ 암과 같은 불치병에 걸린 수용자에 대한 수용거절규정은 없고, 위의 지문은 감염병환자에 대한 수용거절규정을 의미한다.

31. 「형의 집행 및 수용자의 처우에 관한 법률」상 수용자의 외부교통권에 관한 설명으로 옳지 않은 것은? (09. 9급)

① 수용자는 교정시설 외부에 있는 사람과 접견할 권리를 가지며, 소장은 일정한 경우에는 접견의 제한, 접견내용의 청취·기록·녹음 또는 녹화를 할 수 있다.

② 교정시설의 수용자 간에도 서신을 주고받을 수 있으나, 이 경우에는 소장의 허가를 받아야 한다.

③ 소장은 수용자에게 외부와의 전화통화를 허가할 수 있고, 이 경우 통화내용의 청취 또는 녹음을 조건으로 할 수 있고 사전에 수용자 및 상대방에게 녹음 등을 하는 사실을 알려 주어야 한다.

④ 수용자는 소장의 허가를 받아 문서 또는 도화를 작성하거나 문예·학술, 그 밖의 사항에 관하여 집필하여야 한다.

④ 서신, 접견, 집필은 원칙적으로 소장의 허가를 요하지 않는 수용자의 권리이고, 전화통화는 권리가 아니라 허가사항이다.

32. 현행법상 여성수용자의 처우에 관한 설명으로 옳지 않은 것은?　　(09. 9급)

① 여성의 신체·의류 및 휴대품에 관한 검사는 물론이고, 거실에 있는 여성수용자를 전자영상장비로 계호하는 경우에도 여성교도관이 하여야 한다.

② 소장은 수용자에 대하여 1년에 1회 이상 건강검진을 하여야 하며, 19세 미만의 수용자와 여성수용자에 대하여는 6개월에 1회 이상 하여야 한다.

③ 부득이한 사정으로 남성교도관이 1명의 여성수용자에 대하여 실내에서 상담 등을 하는 경우에는 투명한 창문이 설치된 장소에서 다른 여성을 입회시킨 후 실시하여야 한다.

④ 소장은 특히 필요하다고 인정하는 경우가 아니면 남성교도관이 야간에 수용자 거실에 있는 여성수용자를 시찰하게 하여서는 아니 된다.

② 6개월에 1회 이상 건강검진대상은 19세 미만의 수용자, 계호상 독거 수용자, 노인수용자이고, 여성수용자는 대상이 아니다.

33. 현행법상 수용자의 위생과 의료에 대한 내용으로 틀린 것은?　　(09. 9급)

① 작업의 특성상 실외운동이 필요 없다고 인정되는 때에는 실외운동을 실시하지 아니할수 있다.

② 소장은 수용자의 정신질환 치료를 위하여 필요하다고 인정하면 법무부장관의 승인을 받아 치료감호시설로 이송할 수 있다.

③ 소장은 수용자가 자신의 고의 또는 과실로 부상 등이 발생하여 외부의료시설에서 진료를 받는 경우에는 그 진료비의 전부 또는 일부를 그 수용자에게 부담하게 할 수 있다.

④ 소장은 감염병에 걸린 수용자에 대하여 다른 수용자와 격리 수용할지의 여부를 재량으로 결정할 수 없다.

③ 소장은 수용자가 자신의 고의 또는 중대한 과실로 부상 등이 발생하여

외부의료시설에서 진료를 받은 경우에는 그 진료비의 전부 또는 일부를 그 수용자에게 부담하게 할 수 있다.

34. 「형의 집행 및 수용자의 처우에 관한 법률」상 여성수용자는 자신이 출산한 유아를 교정시설에서 양육할 것을 신청할 수 있는데, 시설 내에서 양육할 수 있는 기간은? (09. 9급)

① 양육허가 후 18개월
② 생후 18개월
③ 양육허가 후 12개월
④ 생후 12개월

정답 ②

여성수용자는 자신이 출산한 유아를 교정시설에서 양육할 것을 신청할 수 있으며, 생후 18개월에 이르기 까지 시설 내에서 양육할 수 있다.

「형의 집행 및 수용자의 처우에 관한 법률」
제53조【유아의 양육】① 여성수용자는 자신이 출산한 유아를 교정시설에서 양육할 것을 신청할 수 있다.
이 경우 소장은 다음 각 호의 어느 하나에 해당하는 사유가 없으면, 생후 18개월에 이르기까지 허가하여야 한다.
1. 유아가 질병·부상, 그 밖의 사유로 교정시설에서 생활하는 것이 특히 부적당하다고 인정되는 때
2. 수용자가 질병·부상, 그 밖의 사유로 유아를 양육할 능력이 없다고 인정되는 때
3. 교정시설에 전염병이 유행하거나 그 밖의 사정으로 유아양육이 특히 부적당한 때
② 소장은 제1항에 따라 유아의 양육을 허가한 경우에는 필요한 설비와 물품의 제공, 그 밖에 양육을 위하여 필요한 조치를 하여야 한다.

35. 여성수용자의 처우 및 유아의 양육에 관한 설명으로 옳지 않은 것은? (10. 9급)

① 소장은 여성수용자가 목욕을 하는 경우에 계호가 필요하다고 인정하면 여성교도관이 하도록 하여야 한다.
② 소장은 여성수용자의 목욕횟수를 정하는 경우에는 그 신체적 특징을 고

려하여야 한다.

③ 소장은 여성수용자가 자신이 출산한 유아를 교정시설에서 양육할 것을 신청한 때에는 특정한 사유가 없으면 생후 18개월에 이르기까지 교정시설 내에서 양육할 수 있도록 허가하여야 한다.

④ 소장은 여성수용자의 유아가 질병·부상 등이 심할 때에는 그 여성수용자로 하여금 생후 18개월에 이르기까지 교정시설 내에서 양육할 수 있도록 허가하여야 한다.

> **정답** ④ 유아의 양육은 필요적 허가사항이지만, 유아가 질병·부상 등이 심할 때이거나, 여성수용자가 질병·부상 등이 심할 때와 감염병이 유행하고 있는 때에는 허가를 하지 않는다.

36. 현행법령상 수용자의 위생과 의료에 관한 설명으로 옳지 않은 것은? (10. 9급)

① 소장은 수용자가 특별한 경우와 공휴일과 법무부장관이 정하는 날을 제외하고는 매일 근무시간 내에서 1시간 이내의 실외운동을 할 수 있도록 하여야 한다.

② 소장은 작업의 특성, 계절, 그 밖의 사정을 고려하여 수용자의 목욕횟수를 정하되 부득이한 사정이 없으면 매주 1회 이상이 되도록 한다.

③ 소장은 19세 미만의 수용자와 계호상 독거수용자에 대하여는 1년에 1회 이상 건강검진을 하여야 한다.

④ 소장은 수용자가 자신의 비용으로 외부의료시설에서 근무하는 의사에게 치료받기를 원하는 때에는 이를 허가 할 수 있다.

> **정답** ③ 소장은 19세 미만의 수용자와 계호상 독거수용자에 대하여는 6개월에 1회 이상 건강검진을하여야 한다(노인수형자 포함).

37. 현행법령상 신입자의 수용에 관한 설명으로 옳지 않은 것은? (10. 9급)

① 소장은 법원·검찰청·경찰관서 등으로부터 처음으로 교정시설에 수용되는 사람에 대하여는 집행지휘서, 재판서 그 밖에 수용에 필요한 서류를 조사한 후 수용한다.

② 소장은 신입자에 대하여는 지체 없이 건강진단을 하여야 한다.

③ 신입자를 인수한 교도관은 호송인에게 신입자의 성명, 나이 및 인수일시를 적은 인수서를 써 주어야 한다.

④ 소장은 신입자가 환자이거나 부득이한 사정이 있는 경우가 아니면 수용된 날로부터 3일동안 독거실에 수용하여야 한다.

> **정답** ④ 소장은 신입자가 환자이거나 부득이한 사정이 있는 경우가 아니면 수용된 날로부터 3일 동안 신입자거실에 수용하여야 한다.

38. 현행법상 소장이 교도관으로 하여금 수용자의 접견내용을 청취·기록·녹음 또는 녹화할 수 있는 경우가 아닌 것은? (11. 9급)

① 범죄의 증거를 인멸하거나 형사법령에 저촉되는 행위를 할 우려가 있는 때
② 시설의 안전과 질서유지를 위하여 필요한 때
③ 음란물, 사행행위에 사용되는 물품을 주고받으려고 하는 때
④ 수형자의 교화 또는 건전한 사회복귀를 위하여 필요한 때

> **정답** ③ 청취·기록·녹음 또는 녹화사유: "수형자 인질사건 녹화"
> 1. 범죄의 증거를 인멸하거나 형사법령에 저촉되는 행위를 할 우려가 있는 때
> 2. 수형자의 교화 또는 건전한 사회복귀를 위하여 필요한 때
> 3. 시설의 안전과 질서유지를 위하여 필요한 때

39. 「형의 집행 및 수용자의 처우에 관한 법률」에 의할 때 수용자를 교정시설에 수용하는 기준으로 옳지 않은 것은? (11. 9급)

① 소년교도소에서 19세 미만의 수형자를 수용하는 것이 원칙이지만, 수형자가 소년교도소에 수용 중에 19세가 된 경우에 본인의 신청으로 23세가 되기 전까지는 계속하여 수용할 수 있다.

② 미결수용자는 구치소에 수용하는 것이 원칙이지만, 범죄의 증거인멸을 방지하기 위하여 필요하거나 그 밖에 특별한 사정이 있는 때에는 교도소에 미결수용자를 수용할 수 있다.

③ 수형자는 교도소에 수용하는 것이 원칙이지만, 취사 등의 작업을 위하여 필요한 경우에는 수형자를 구치소에 수용할 수 있다.

④ 수용자는 독거수용하는 것이 원칙이지만, 수용자의 생명 또는 신체 보호 정서적 안정을 위하여 필요한 때에는 수용자를 혼거수용할 수 있다.

① 수형자가 소년교도소 수용 중에 19세가 된 경우에도 교육·교화프로그램, 작업, 직업훈련 등을 실시하기 위하여 특히 필요하다고 인정되면 23세가 되기 전까지는 계속하여 수용할 수 있다(형집행법 제12조 제3항). 즉 23세가 되기 전까지 계속하여 수용하는 것은 교정기관의 재량인 것이지 본인의 신청 사항이 아니다.

40. 교정시설의 안전과 질서에 대한 설명으로 옳지 않은 것은? (11. 9급)

① 교도관은 수용자가 자살, 자해하려고 하는 때 가스총이나 가스분사기와 같은 보안장비로 강제력을 행사할 수 있다.

② 교도관이나 경비교도는 소장의 명령 없이 강제력을 행사해서는 아니 되지만 명령을 받을 시간적 여유가 없을 경우에는 강제력 행사 후 소장에게 즉시 보고하여야 한다.

③ 교도관은 수용사가 정당한 사유 없이 작업이나 교육을 거부하는 경우에는 수갑, 포승 등의 보호장비를 사용할 수 있다.

④ 수용자의 진정실 수용기간은 24시간 이내로 하되, 소장은 특히 계속하여 수용할 필요가 있으면 의무관의 의견을 고려하여 연장할 수 있다.

③ 교도관은 수용자가 정당한 사유 없이 작업이나 교육을 거부하는 경우는 징벌부과 사유이지 보호장비 사용사유가 아니다.

〈보호장비의 사용사유〉
1. 이송·출정 그 밖에 교정시설 밖의 장소로 수용자를 호송하는 때
2. 도주·자살·자해 또는 다른 사람에 대한 위해의 우려가 큰 때
3. 위력으로 교도관 등의 정당한 직무집행을 방해하는 때
4. 교정시설의 설비·기구 등을 손괴하거나 그 밖에 시설의 안전 또는 질서를 해칠 우려가 큰 때

41. 외국인 수용자에 대한 설명으로 옳은 것은? (11. 7급)

① 외국인 수용자에게 그 생활양식을 고려하여 수용설비를 제공할 필요는 없다.

② 외국인 수용자에게 지급하는 부식의 지급기준은 교도소장이 정한다.

③ 전담요원은 외국인 미결수용자에게 소송 진행에 필요한 법률지식을 제

공하는 등의 조력을 해야 한다.

④ 법무부장관은 외국인의 특성에 알맞은 교화프로그램 등을 개발하여 시행해야 한다.

> **정답** ③
> ① 외국인 수용자에게 그 생활양식을 고려하여 수용설비를 제공하도록 노력해야 한다.
> ② 외국인 수용자에게 지급하는 부식의 지급기준은 법무부장관이 정한다.
> ④ 시설의 장은 외국인의 특성에 알맞은 교화프로그램 등을 개발하여 시행해야 한다.

42. 수용자의 위생과 의료에 대한 설명으로 옳지 않은 것은?   (11. 7급)

① 소장은 다른 사람의 건강에 위해를 끼칠 우려가 있는 감염병에 걸린 사람의 수용을 거절할 수 있다.

② 소장은 수용자에 대한 적절한 치료를 위해 필요한 경우 법무부장관의 승인을 받아 외부의료시설에 진료를 받게 할 수 있다.

③ 소장은 수용자의 정신질환치료를 위해 필요한 경우 법무부장관의 승인을 받아 치료감호시설에 이송할 수 있다.

④ 소장은 수용자에 대하여 건강검진을 정기적으로 해야 하는 횟수는 대통령령으로 정한다.

> **정답** ② 소장은 수용자에 대한 적절한 치료를 위해 필요한 경우 외부 의료시설에 진료를 받게 할 수 있다. 즉 법무부장관의 승인사항이 아니다. 의료와 관련해서는 치료감호시설로의 이송은 법무부장관의 승인사항이다.

43. 다음은 수용자들의 국가인권 위원회 진정과 관련된 진술들이다. 틀린 것은?

(12. 9특)

① 교도소의 장은 신입수용자들에게 인권침해 사실을 위원회에 진정할 수 있다는 것과 그 방법을 고지해야 한다.

② 교도소의 장은 적절한 장소에 진정함을 설치하고 용지, 필기도구 및 봉함용 봉투를 비치하여야 한다.

③ 진정이 없는 경우에도 교도소 내에서 인권침해나 차별행위가 있다고 믿

을 만한 상당한 근거가 있는 경우 직권 조사를 할 수 있다.

④ 교도소의 직원은 국가인권위원회 직원 등이 수용자를 면담하는 장소에 입회할 수 없다.

> **정답** ④ 구금·보호시설의 직원은 위원 등이 시설수용자를 면담하는 장소에 참석할 수 있다. 다만, 대화 내용을 녹음하거나 녹취하지 못한다. 시설에 수용되어 있는 진정인(진정을 하려는 사람을 포함한다)과 위원 또는 위원회 소속 직원의 면담에는 구금·보호시설의 직원이 참여하거나 그 내용을 듣거나 녹취하지 못한다. 다만, 보이는 거리에서 시설수용자를 감시할 수 있다.

44. 교정의 목적에 대한 설명으로 틀린 것은?

① 형벌의 본질을 응보라 하며, 범죄행위에는 그에 상응하는 형벌을 가하는 것이 정의의 실현이라고 주장하는 이론 및 사상이다.

② 응보형론에서는 행형의 본질적 목석을 사유를 박탈하는 것으로 보았다.

③ 형벌을 사회방위수단으로 여기는 목적형론은 범죄인을 사회로부터 격리시켜 사회의 안전을 유지하며, 아울러 범죄자를 보호하고 교화개선하는 것으로 보았다.

④ 교육형론은 범죄인의 자유박탈과 사회로부터의 격리는 단순히 사회방위를 위한 수단으로 보았다.

> **정답** ④ 교육형론은 범죄인의 자유박탈과 사회로부터의 격리는 단순히 교육을 위한 수단으로 보았다.

45. 현행법령상 시설 수용에 대한 기술로 옳지 않은 것은?

① 소장은 수용자의 거실을 지정하는 경우에는 죄명·형기·죄질·성격·범죄전력·나이·경력 및 수용생활 태도, 그 밖에 수용자의 개인적 특성을 고려하여야 한다.

② 소장은 노역장 유치명령을 받은 수형자와 징역형·금고형 또는 구류형을 선고받아 형이 확정된 수형자를 혼거수용해서는 아니 된다.

③ 소장은 신입자 또는 이입자를 수용한 날부터 3일 이내에 수용기록부, 수용자명부 및 형기종료부를 작성·정비하고 필요한 사항을 기록하여야 한다.

④ 소장은 수용자거실 앞에 이름표를 붙이되, 이름표 윗부분에는 수용자의 성명·출생연도·죄명·형명 및 형기(刑期)를 적고, 그 아랫부분에는 수용자번호 및 입소일을 적되 아랫부분의 내용이 보이지 않도록 하여야 한다.

정답 ④ 소장은 수용자거실 앞에 이름표를 붙이되, 이름표 윗부분에는 수용자의 성명·출생연도·죄명·형명 및 형기(刑期)를 적고, 그 아랫부분에는 수용자번호 및 입소일을 적되 윗부분의 내용이 보이지 않도록 하여야 한다.

46. 엄중관리대상자에 대한 설명으로 옳은 것을 모두 고르면?

> ㉠ 소장은 조직폭력수용자에게 거실 및 작업장 등의 봉사원, 반장, 조장, 분임장, 그 밖에 수용자를 대표하는 직책을 부여하여서는 아니 된다.
> ㉡ 소장은 조직폭력수형자가 작업장 등에서 다른 수형자와 음성적으로 세력을 형성하는 등 집단화할 우려가 있다고 인정하는 경우에는 법무부장관에게 해당 조직폭력수형자의 이송을 지체 없이 신청하여야 한다.
> ㉢ 소장은 마약류수용자로 지정된 사람에 대하여는 특별한 사유가 있다고 하더라도 석방할 때까지 이를 해제할 수 없다.
> ㉣ 소장은 교정시설에 마약류를 반입하는 것을 방지하기 위하여 필요하면 강제에 의하지 아니하는 범위에서 수용자의 소변을 채취하여 마약반응검사를 할 수 있다.
> ㉤ 소장은 수용자 이외의 사람이 마약류수용자에게 물품을 교부하려고 신청하는 경우에는 마약류 반입 등을 차단하기 위하여 법무부장관이 정하는 바에 따라 교정시설에서 판매되는 물품을 제외하고는 신청을 허가하지 아니한다.
> ㉥ 엄중관리대상자에 대해서는 안전과 질서유지를 위해 작업을 부과하지 않는다.

① ㉠, ㉡, ㉣, ㉤   ② ㉢, ㉣, ㉥

③ ㉠, ㉡, ㉣   ④ ㉠, ㉡, ㉣, ㉥

정답 ③.

㉠㉡㉣이 옳은 설명이다.

㉢ 소장은 마약류수용자로 지정된 사람에 대하여는 특별한 사유가 없으면 석방할 때까지 이를 해제할 수 없다. 즉, 특별한 사유가 있으면 해제할 수 있다.

ⓜ 소장은 수용자 이외의 사람이 마약류수용자에게 물품을 교부하려고 신청하는 경우에는 마약류 반입 등을 차단하기 위하여 신청을 허가하지 아니한다. 다만, 다음의 어느 하나에 해당하는 물품의 교부 신청에 대하여는 예외로 할 수 있다.
   • 법무부장관이 정하는 바에 따라 교정시설에서 판매되는 물품
   • 그 밖에 마약류 반입을 위한 도구로 이용될 가능성이 없다고 인정되는 물품
   즉, 두 가지 사유이다.
ⓑ 엄중관리대상자에게 작업을 부과할 때는 분류심사과정에서 받은 조사나 검사 등의 결과를 고려하여 결정하여야 한다. 즉 작업을 부과하지 않는다는 것이 아니라 충분한 검토를 거친 후 작업을 부과하라는 의미로 보아야 한다.

47. 보호장비의 사용방법에 대한 설명으로 옳은 것은 몇 개인가?

> ㉠ 소장은 보호장비사용을 명령하거나 승인하는 경우에는 보호장비의 종류 및 사용방법을 구체적으로 지정하여야 하며, 규칙에서 정하지 아니한 빙법으로 보호장비를 사용하게 해서는 아니 된다.
> ㉡ 수갑은 구체적 상황에 적합한 종류를 선택하여 사용할 수 있다. 다만, 한손수갑은 일시적으로 사용하여야 하며, 사용목적을 달성한 이후에는 즉시 사용을 중지하거나 다른 보호장비로 교체하여야 한다.
> ㉢ 수용자가 머리보호장비를 임의로 해제하지 못하도록 다른 보호장비를 함께 사용할 수 있다.
> ㉣ 보호의자는 그 사용을 일시 해제하거나 완화하는 경우를 포함하여 12시간을 초과할 수 없으며 해제 후 4시간이 경과하지 아니하면 다시 사용할 수 없다. 보호침대, 보호복의 사용시간도 이와 동일하다.
> ㉤ 보호침대의 사용은 다른 보호장비로는 자살·자해를 방지하기 어려운 특별한 사정이 있는 경우에만 사용하여야 한다.
> ㉥ 개인포승은 일시적으로 사용하여야 하며, 계속하여 사용할 필요가 있는 경우에는 일반포승으로 교체하여야 한다.

① 3개   ② 4개   ③ 5개   ④ 6개

정답 ②.
㉠㉢㉤㉥이 옳은 설명이다.
㉡ 일회용 수갑은 일시적으로 사용하여야 하며, 사용목적을 달성한 이후에는 즉시

사용을 중지하거나 다른 보호장비로 교체하여야 한다.
ⓒ 8시간을 초과할 수 없으며 해제 후 4시간이 경과하지 아니하면 다시 사용할 수 없다.

48. 다음 중 교도관의 강제력 행사 및 무기사용이 현행법을 지키지 않은 경우는?

① 수용자 甲이 위력으로 정당한 직무집행을 방해하여 교도봉을 사용하였다.
② 교정시설에 무단으로 침입해 들어온 乙이 시설의 설비를 손괴하려고 하여 가스분사기를 사용하였다.
③ 운동하기 위해 운동장에 나오던 수용자 丙이 갑자기 도주하기 시작해 무기를 사용하였다.
④ 수용자 丁이 폭행에 사용할 위험물을 소지한 채 버리라는 명령에도 따르지 않아 무기를 사용하였다.

정답 ③의 경우는 경고가 없는 상황이기 때문에 보안장비의 사용요건에 해당된다.

49. 현행법령상 접견의 중지사유에 해당되지 않는 것은 무엇인가?

① 범죄의 증거를 인멸하거나 인멸하려고 하는 때
② 금지물품을 주고받거나 주고받으려고 하는 때
③ 형사 법령에 저촉되는 행위를 하거나 하려고 하는 때
④ 암호·기호 등 이해할 수 없는 대화를 주고받은 때

정답 ④ 암호·기호 등은 서신에 대한 수신과 발신 금지사유이다.

50. 현행법령상 수용자 전화통화와 관련하여 틀린 것은?

① 전화통화의 허가범위, 통화내용의 청취, 녹음 등에 관하여 필요한 사항은 법무부령으로 정한다.
② 전화 허가시 통화내용의 청취 또는 녹음을 조건으로 붙일 수 있다.
③ 청취 또는 녹음을 하려면 사전에 수용자에게 알리고 수용자가 원할 경우 상대방에게 알려 주어야 한다.

④ 수용자는 소장의 허가를 받아 교정시설의 외부에 있는 사람과 전화통화를 할 수 있다.

> **정답** ③ 수용자의 의사와 관계없이 통화내용을 청취 또는 녹음하려면 사전에 수용자 및 상대방에게 그 사실을 알려주어야 한다(형집행법 제44조).

51. 현행법령상 수용자 급식관련 규정 중 틀린 것은?

① 수용자에게 지급하는 주식은 1명당 1일 390g이고, 주식으로 빵이나 국수 등을 지급할 수 있다.
② 주·부식의 지급횟수는 1일 3회이며, 1명당 1일 2,500kcal를 기준으로 한다.
③ 소장은 작업시간을 2시간 이상 연장하는 경우 대용식 1회분을 간식으로 지급할 수 있다.
④ 주식은 쌀로 하는 것을 원칙으로 하고, 예외적으로 혼합곡으로 지급할 수 있다.

> **정답** ③ 소장은 작업시간을 3시간 이상 연장하는 경우 대용식 1회분을 간식으로 지급할 수 있다(형집행법 시행규칙 제15조).

52. 현행법령상 징벌의 종류가 아닌 것은?

① 50시간 이내의 근로봉사
② 30일 이내의 텔레비전 시청 제한
③ 30일 이내의 공동행사 참가 정지
④ 30일 이내의 집필의 금지

> **정답** ④ 집필의 금지가 아니라 제한이다. 징벌의 종류에는 금지규정이 없다.
> 징벌의 종류
> 1. 경고
> 2. 50시간 이내의 근로봉사
> 3. 3개월 이내의 작업장려금 삭감
> 4. 30일 이내의 공동행사 참가 정지
> 5. 30일 이내의 신문 열람 제한

6. 30일 이내의 텔레비전시청 제한
  7. 30일 이내의 자비구매물품(의사가 치료를 위하여 처방한 의약품을 제외) 사용
     제한
  8. 30일 이내의 작업 정지
  9. 30일 이내의 전화통화 제한
 10. 30일 이내의 집필 제한
 11. 30일 이내의 서신수수 제한
 12. 30일 이내의 접견 제한
 13. 30일 이내의 실외운동 정지
 14. 30일 이내의 금치

53. 「형의 집행 및 수용자의 처우에 관한 법률」의 주요 규정에 대해 옳은 것은?

① 신입자는 법무부장관이 실시하는 건강진단을 받아야 한다.

② 소장은 수용자가 석방될 때 수용자의 영치금품을 본인에게 돌려주어야
   한다. 다만, 영치품을 한꺼번에 가져가기 어려운 경우 등 특별한 사정이
   있어 수용자가 석방 시 소장에게 일정 기간 동안(3개월 이내의 범위로 한정)
   영치품을 보관하여 줄 것을 신청하는 경우에는 그러하지 아니하다.

③ 소장은 가석방 또는 형기 종료를 앞둔 수형자 중에서 법무부령으로 정
   하는 일정한 요건을 갖춘 사람에 대해서는 가석방 또는 형기 종료 전
   일정 기간 동안 지역사회 또는 교정시설에 설치된 개방시설에 수용하여
   사회적응에 필요한 교육, 취업지원 등의 적정한 처우를 할 수 있다.

④ 소장은 사망통지를 받은 날로부터 30일 이내에 시신의 인도를 청구하
   지 않은 경우에는 화장하여 봉안하여야 한다.

54. 다음 중 수용자의 의료처우에 대한 설명으로 옳지 않은 것은 몇 개인가?

> ㄱ. 감옥개량운동의 선구자로 감옥개혁을 주장하였다.
> ㄴ. 범죄와 형벌 사이에는 비례성이 있어야 한다.
> ㄷ. 감옥은 단순한 징벌장소가 아닌 개선장소가 되어야 한다.
> ㄹ. 자연범설을 주장하면서 적응의 법칙을 강조하였다.
> ㅁ. 범죄예방의 가장 좋은 방법의 하나는 잔혹한 형의 집행보다 확실하고 예외 없는 처벌이다.
> ㅂ. 사형집행으로 죽는 죄수보다 감옥 내 질병으로 죽는 죄수가 많다는 것은 곤란한 일이다.
> ㅅ. 근대 범죄학의 아버지로 불리며 생래적 범죄인설을 주장하였다.
> ㅇ. 잔혹한 누범자에 대하여 사형을 인정하였다.

① 3개   ② 4개   ③ 5개   ④ 6개

정답 ②.
㉠㉡㉣㉻이 틀린 지문이다.
㉠ 재량이 아닌 필요적 규정이다.
㉡ 임의적이 아닌 필요적 규정이다.
㉣ 소장은 수용자가 자신의 고의 또는 중대한 과실로 부상 등이 발생하여 외부의 료시설에서 진료를 받은 경우에는 그 진료비의 전부 또는 일부를 그 수용자에게 부담하게 할 수 있다.
㉻ 외부의사는 수용자를 진료하는 경우에는 법무부장관이 정하는 사항을 준수하여야 한다.

55. 다음 중 보안장비 사용요건은 몇 개인가?

> ㉠ 수용자가 다른 사람에게 중대한 위해를 끼치거나 끼치려고 하여 그 사태가 위급한 때
> ㉡ 수용자가 폭동을 일으키거나 일으키려고 하여 신속하게 제지하지 아니하면 그 확산을 방지하기 어렵다고 인정되는 때
> ㉢ 교정시설의 설비·기구 등을 손괴하거나 손괴하려고 하는 때
> ㉣ 교정시설에 침입하거나 하려고 하는 때
> ㉤ 사람의 생명·신체 및 설비에 대한 중대하고도 뚜렷한 위험을 방지하기 위

하여 무기의 사용을 피할 수 없는 때
ⓑ 수용자를 도주하게 하려고 하는 때
ⓢ 건물 또는 그 밖의 시설과 무기에 대한 위험을 방지하기 위하여 급박하다고 인정되는 상당한 이유가 있는 때

① 1개   ② 2개
③ 3개   ④ 4개

정답 ③.
ⓒⓔⓑ이 보안장비 사용요건이다. 나머지는 무기사용요건이다.

사회 내 처우

제1절 사회 내 처우의 개관

1. 사회 내 처우의 의의 및 연혁

1) 사회 내 처우의 의의

⑴ 사회 내 처우(Community Treatment)는 범죄자를 교정시설에 구금·수용하지 않고 사회 내에서 정상적인 생활을 유지하면서 일정 기간 동안 교정당국의 지도 감독을 받으며 사회복귀를 도모하는 처우방법을 의미한다.

⑵ 범죄인의 개별처우를 실현하기 위한 효율적 처우방법의 하나이며, 시설내 처우에 대응하는 개념으로서 시설 내 처우의 폐단을 극복하기 위한 형사정책적 관심에서 등장한 것이다.

⑶ 여기에는 종래의 구금행형보다 수형자의 사회복귀·재범 방지라는 행형목적을 더욱 효과적으로 달성할 수 있다는 믿음이 깔려 있다. 진정한 자유의 학습은

자유 가운데서 이루어져야 하기 때문에 최근의 행형정책은 시설 내 처우보다 사회 내 처우를 강조하는 경향을 띠고 있다.

⑷ 그러나 사회 내 처우는 구금 형태만 다를 뿐이고 그 본질은 변함이 없어서 여전히 강압적·감시적이라는 비판도 받고 있다. 가장 전형적인 사회 내 처우로는 보호관찰제도를 들 수 있으며, 그 밖에 가석방제도, 사회봉사명령제도, 수강명령제도, 갱생보호제도 등이 있다.

⑸ 사회 내 처우는 수형자를 교정시설에 수용·관리하지 않는다는 점에서 교정시설 내 수용을 전제로 하는 사회적 처우와는 구별된다.

2) 사회 내 처우의 연혁

① 1841년 미국 메사추세츠 주에서 범죄자의 사회복귀를 위한 보호관찰활동을 시작으로 19세기 후반부터 본격적으로 시행되었다.

② 1965년 스웨덴 스톨혹롬에서 개최된 제3회 국제연합 범죄방지 및 범죄인 처우에 관한 회의에서 보호관찰제도에 관한 안건을 발의하였다.

③ 1985년 이탈리아 밀라노에서 개최된 제7회 국제연합 범죄방지 및 범죄인 처우에 관한 회의에서는 교정시설의 수용인원 감소 및 구금에 대한 대체방안으로 사회 내 처우가 적합하다는 데 합의하였다.

④ 1990년 쿠바 아바나에서 제8회 국제연합 범죄방지 및 범죄인 처우에 관한 회의에서는 사회 내 처우를 각국에 권고하였다.

2. 사회 내 처우의 필요성 및 형사정책적 의미

1) 사회 내 처우의 필요성

19세기 후반부터 본격적으로 형성되기 시작한 사회 내 처우는 격리구금을 위주로 하는 시설 내 처우의 폐단을 극복하기 위한 대안으로 등장하였다. 그 등장배경으로는 다음과 같은 것을 들 수 있다.

① 실증적으로는 재범률이 증가함으로써 구금 상태에서 실시하는 교정효과에 대해 의문이 제기되고, 교도소가 오히려 범죄학교의 구실 내지 낙인찍는 결과만을 초래한다는 고려가 들어 있다.

② 범죄자가 정상적 사회생활을 영위하고 준법태도를 익히기 위해 필요한 기회와 기술은 구금 상태에서 주어지기 어렵다는 생각을 반영하고 있다.

③ 구금의 가장 큰 폐해로 지적되는 악풍의 감염과 범죄의 학습은 범죄집단과 접촉을 통해서 생기는 것이기 때문에 이를 차단하기 위해서는 범죄를 하지 않은 정상 집단과 접촉이 필요하다는 생각을 담고 있다.

④ 일탈을 사회적 유대관계의 약화·차단에 기인하는 것으로 보는 입장에서 일탈을 경험한 범죄자를 사회로부터 격리·구금하는 것은 또 다른 일탈 가능성을 조장하게 된다는 우려를 반영하고 있다.

2) 사회 내 처우의 형사정책적 의미

이러한 사회 내 처우는 최근에 와서 국제적으로도 그 실효성을 인정받아 각종 국제회의의 주된 관심사가 되고 있으며 다음과 같이 각국에 그 적용을 권장하고 있다.

① 시설 내 처우에 비해 상대적으로 재사회화 목적 달성에 효과적이다.

② 사회에 대한 고립·단절에서 오는 고통과 악영향을 없애고 열악한 교도소 환경으로부터 벗어나서 자유와 책임을 학습함으로써 점진적으로 사회적응력을 향상시킨다는 점에서 상당히 인도적이라는 평가를 받을 수 있다.

③ 낙인효과를 배제할 수 있기 때문에 낙인이 야기하는 재범을 예방하는 데 효과적이다.

④ 시설 내 수용을 할 때 소요되는 운영경비를 절감할 수 있는 부수적인 경제효과도 있다.

⑤ 형사재판절차를 거쳐야 하는 상당수의 알코올중독자·마약사용자·경범죄자 등에 대해 사법우회절차(Diversion)를 적용할 수 있으므로 사법기관의 부담을 경감시킬 수 있는 형사정책적 의미 등을 가진다.

3) 사회 내 처우의 장·단점

(1) 사회 내 처우의 장점

① 구금으로 인해 범죄배양효과 내지 낙인효과를 피할 수 있고, 사회와의 단절에 따른 많은 문제점을 해소할 수 있다.

② 형사사법기관의 부담을 경감시키고 구금을 위한 교정시설운용에 따른 비용

을 절약하여 국가재정부담을 덜어 줄 수 있다.

③ 사회 내 처우는 알코올중독자, 마약사용자, 경범죄인 등 통상의 형사재판 절차에 처해질 범죄인들에 대한 전환방안으로 활용할 수 있다.

(2) 사회 내 처우의 단점

① 사회 내 처우 시설의 유치는 지역사회의 이기주의로 반대에 직면할 수 있다.

② 시설 내 처우(수용시설)에 넘겨지는 범죄인은 사회 내 처우에 처해지는 범죄자에 비해 더 큰 낙인을 찍는 결과가 되어 비인도적인 측면이 있다.

③ 신종의 사회통제전략(형사사법망의 확대)으로 오늘날의 사회구조를 배경으로 하여 과잉구금의 문제를 회피하기 위하여 고안된 것이다.

제 2 절   사회 내 처우의 유형

1. 보호관찰

1) 보호관찰의 의의 및 연혁

(1) 보호관찰의 의의

① 보호관찰이란, 범죄인에 대한 사회 내 처우의 하나로서, 유죄가 인정된 범죄자에 대하여 교도소 또는 소년원 등 교정시설에 수용·처벌하는 대신 일정한 의무를 조건으로 자유로운 사회생활을 허용하면서 국가공무원인 보호관찰관이 직접 또는 민간자원 봉사자인 범죄예방위원의 협조를 받아 지도 감독 및 원호를 하거나, 사회봉사 수강명령을 집행함으로써 성행을 교정하여 건전한 사회복귀를 촉진하고 재범을 방지하는 선진형사제도이다.

② 이러한 관계로 보호관찰제도는 전문지식과 소양을 갖춘 보호관찰관의 지도·감독과 원호를 받게 하여 건전한 사회복귀를 도와줌으로써 재범을 방지함과 아울러 범죄로부터 사회를 방위하고자 하는 새로운 형사정책수단이다.

③ 보호관찰은 구금 즉, 자유형의 폐해에 대한 인식의 확산에 따라 구금의 대체처분으로써 활발하게 사용되는 형사제재수단이라 할 수 있다. 이 제도는 유죄가 인정된 범죄자에게 사회 내에서 기본적인 자유, 예컨대 직업의 자유, 교육을 받을

권리, 정상적인 가정생활·사회적 교제·종교활동 등의 자유를 허용하면서도 단순한 형의 유예나 석방이 아니고 선량한 일반시민에게 요구되는 준법의무 이상의 강도 높은 준수사항 이행의무를 부과한다.

④ 보호관찰관은 범죄인의 준수사항 이행을 지도·감독하고, 무보수의 강제근로 등을 집행함으로써 일면 구금형에 내재된 처벌적 요소를 갖게 하여 국가형벌권을 구현하는 동시에 시민의 법적 정의관념의 충족을 도모한다. 따라서 보호관찰제도는 개혁적이고 전향적인 형사정책수단으로서 범죄자의 성공적인 사회재통합(reintegration)은 물론이고 사회안전의 확보면에서도 적극적인 형사제도로 평가받고 있다.

⑤ 또한 보호관찰제도는 세계적으로 그 법적 성격에 있어서도 형벌의 일종 또는 최소한 형벌 대체적 처분으로 재규정되고 있을 뿐만 아니라 그 기능면에서도 단순히 경미한 범죄자에 대한 전환절차(diversion)로서의 역할수준을 넘어 상당수의 중범자에 대한 형벌수단, 강력·고위험범죄자(high risk·dangerous offenders) 사회 내 위험관리수단으로 활용되고 있는 등 구금처우를 능가하는 중추적인 형사정책수단으로 발전하기에 이르렀다.

(2) 보호관찰의 연혁

① 서구 각국은 보호관찰제도를 도입하여 시행한 지 100년 이상의 오랜 역사를 지니고 있다(영국 1878년, 뉴질랜드 1886년, 호주 1907년, 일본 1949년, 독일 1953년, 프랑스 1958년 보호관찰제도 도입·실시).

② 최초의 보호관찰은 1841년 미국 메사추세츠 보스톤의 독지가였던 존 어거스터스(John Augustus)가 알콜 중독자를 판사로부터 인계받아 개선시킨 것을 효시로 보호관찰활동이 처음으로 시작한 이래 많은 변화를 겪어왔다. 그 후 1878년 미국 메사추세츠주에서 처음 입법화한 이래 영미법계 국가에서는 형의 선고나 집행을 유예하면서 일정기간 선행유지의 조건을 부과하는 프로베이션의 형태로, 대륙법계 국가에서는 교정시설 내의 구금중인 자에 대하여 가석방을 허용하고 잔형기 동안 선행유지의 조건을 부과하는 퍼롤의 형태로 발전하여 왔다.

③ 한국의 경우, 본래적 의미의 유권적 보호관찰제도를 도입, 실시하게 된 것은 1981년 법무부에 보호국이 설치된 후 1982년 보호관찰제도 도입연구반을 편성하고 1983년 1월 27일 훈령으로 보호관찰 시험실시 지침을 마련, 시행한 데서 비롯된다.

④ 법무부에서는 보호관찰 시험실시 지침에 따라 1983년 3월 1일부터 부산지방검찰청 관내 일부 가석방자를 대상으로 보호관찰을 시작하였고, 1984년 3월에는 전국적으로 확대 실시하였으며, 1985년에는 가퇴원자에게까지 그 대상을 넓히고 1988년 말까지 총 13,112명을 실시하였다.

⑤ 이 같은 시험실시의 성과를 바탕으로 1988년 12월 31일 보호관찰법이 제정되어 1989년 7월 1일부터 우선 소년 범죄자에 대한 전면적이고 체계적인 보호관찰제도를 실시하기에 이르렀다. 성인 범죄자에 대하여는 1989년 3월 25일 사회보호법의 개정으로 보호감호 가출소자 등에 대하여 보호관찰법상 보호관찰관의 직무로 규정되었고, 1994년 4월 1일 성폭력범죄의 처벌 및 피해자 보호 등에 관한 법률의 시행으로 성폭력소년에 대하여 필요적으로 보호관찰을 부과하고, 성인 성폭력범죄자에게도 보호관찰을 확대하였다.

⑥ 특히 1995년 12월 29일 개정된 형법(법률 제5057호) 규정에 따라 1997년 1월 1일부터 선고유예자에 대한 보호관찰(동법 제59조의2), 집행유예자에 대한 보호관찰, 사회봉사명령·수강명령(동법 제62조의2)과 가석방자에 대한 보호관찰(동법 제73조의2)이 시행됨으로써 비로소 성인범을 포함한 전체 형사범에 대한 보호관찰제도 운용의 기본틀을 완비하게 되었다.

⑦ 그 후 각종 특별법 제정을 통하여 특정행위 범죄자에 대한 보호관찰, 사회봉사 및 수강명령 등 사회 내 처우 적용을 점차 활성화하게 되었다. 1997년 12월 13일 가정폭력범죄의 처벌 등에 관한 법률 제정으로 가정폭력범죄에 대한 형사처벌의 특례로써 보호관찰, 사회봉사·수강명령 등 보호처분을 부과할 근거를 마련하였다.

⑧ 2000년 2월 3일에는 청소년의 성보호에 관한 법률 제정으로 청소년 대상 성범죄자에 대하여 수강명령 및 보호처분을 부과하게 되었다. 2004년 3월 22일에는 성매매알선 등 행위의 처벌에 관한 법률 제정으로 성매매자에 대하여 특별한 사정이 없는 한 보호처분 성격으로 보호관찰 등을 부과하게 되었다. 2007년 4월 27일에는 특정 성범죄자에 대한 위치추적 전자장치 부착에 관한 법률 제정으로 2008년 9월 1일부터 특정 성폭력범죄자에 대하여 위치추적 전자장치 부착을 통한 전자감독을 실시하고 있으며, 2009년 5월 8일에는 미성년자 유괴범죄로 전자감독이 확대되면서 법률의 제명도 「특정 범죄자에 대한 위치추적 전자장치 부착 등에 관한 법률」로 변경되었다. 또한 2009년 3월 25일 「벌금 미납자의 사회봉사 집행에 관한 특례법」 제정으로 2009년 9월 26일부터 벌금대체 사회봉사제도가 시행

되었다. 2010년 7월 23일에는 「성폭력범죄자의 성충동 약물치료에 관한 법률」의 제정으로 16세 미만 아동에 대하여 성폭력범죄를 저지른 성도착증환자에 대하여 약물 투여와 심리치료를 병행하는 성충동 약물치료제도를 도입하였다.

아울러 고위험 강력범죄로부터 국민의 생명과 안전을 철저히 보호할 수 있도록 2012년 12월 18일 특정 범죄자에 대한 형집행 종료 후 보호관찰제도를 신설하고, 법률의 제명을 「특정 범죄자에 대한 보호관찰 및 전자장치 부착 등에 관한 법률」로 변경하였으며, 위치추적 전자장치 부착 대상 특정범죄에 강도범죄가 추가되는 등 보호관찰은 우리나라 형사법체계에서 업무영역을 넓히는 가운데 중요한 역할을 수행하고 있다(범죄백서, 2015: 401).

(3) 보호관찰의 효과

교도소 등 수용시설에 수용 시 예상되는 범죄오염과 가정·학교·직장 등 사회와의 단절을 빙지하고, 체계적이고 전문적인 지도 감독을 통해 효과저인 재범방지는 물론, 사회 각계각층이 범죄자 처우에 함께 참여함으로써 공동체 의식을 강화하면서도, 수용처우에 따르는 국가 예산을 절감할 수 있다.

(4) 보호관찰실시 절차도

(5) 그림으로 본 보호관찰 주요정책 변화도(범죄백서, 2012 참조)

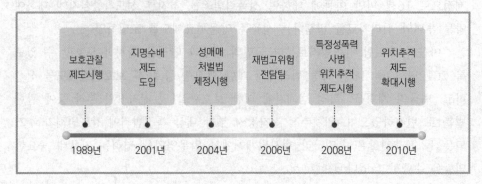

보호관찰 제도시행	지명수배 제도 도입	성매매 처벌법 제정시행	재범고위험 전담팀	특정성폭력 사범 위치추적 제도시행	위치추적 제도 확대시행
1989년	2001년	2004년	2006년	2008년	2010년

2) 보호관찰의 현황

(1) 보호관찰소 행정조직

① 보호관찰소 행정조직은 중앙감독기관인 법무부 범죄예방정책국 산하에 전국 대도시마다 보호관찰소 및 지소를 설치하여 2009년 12월 현재 보호관찰소 16개소(서울, 서울동부, 서울남부, 의정부, 인천, 수원, 춘천, 대전, 청주, 대구, 부산, 울산, 창원, 광주, 전주, 제주)와 지소 40개소(서울서부, 서울북부, 고양, 부천, 인천서부, 성남, 여주, 안산, 평택, 안양, 강릉, 원주, 속초, 영월, 홍성, 공주, 논산, 서산, 천안, 충주, 제천, 영동, 대구서부, 안동, 경주, 포항, 김천, 상주, 영덕, 부산서부, 진주, 통영, 밀양, 거창, 목포, 순천, 해남, 군산, 정읍, 남원)로 총 56개소가 있다.

② 그리고 2008년 9월 1일 이후 특정 성폭력범죄자에 대한 위치추적 전자장치 부착에 관한 법률 시행에 따라 위치추적중앙관제센터 1개소가 설치·운영되고 있다.

③ 보호관찰소는 보호관찰의 실시 및 범죄예방활동 등 관장사무를 담당하고 있고, 그 조직은 보호관찰소마다 약간씩 다르나, 우리나라에서 규모가 제일 큰 서울보호관찰소의 경우 소장을 정점으로 행정지원과, 관찰 1·2·3·4과, 집행과, 조사과를 두고 있으며, 관할구역이 넓은 지역의 업무수행을 위해 2개의 지소를 두고 있다.

(2) 보호관찰 담당자

① 보호관찰은 형사정책학, 행형학, 범죄학, 사회사업학, 교육학, 심리학 기타 보호관찰에 필요한 전문적 지식과 소양을 갖춘 5급 이상의 국가공무원인 보호관찰관과 이들을 도와 보호관찰 대상자의 지도감독 및 명령집행의 실무를 수행하고 있는 6급 이하의 보호관찰 공무원이 담당하고 있다.

② 형법개정에 따라 1997년 성인범 확대실시 이후 대상자가 급증하였으나 직원 증원은 미미하여, 직원 1인당 실시인원은 1999년에 404명 수준을 기록하였다.

③ 이후 직원 1인당 실시인원 수준은 점차 나아져 수년간 300여명 수준을 기록하다가 2005년도부터 소년보호기관으로부터 전입된 직원의 증가로 1인당 200명 수준으로 감소하여 2007년도에는 1인당 171명 수준으로 감소하였다.

④ 이후 직원 1인당 실시인원 수준은 점차 나아져 수년간 300여명 수준을 기록하다가 2005년도부터 소년보호기관으로부터 전입된 직원의 증가로 1인당 200명 수준으로 감소하여 2007년도에는 1인당 171명 수준으로 감소하였다. 이후 특정범죄자 전자감독 등 업무영역의 급속한 확대로 2008년부터는 직원 1인당 실시인원수가 다시 증가하다가 2013년에는 직원 1인당 실시인원수가 123.6명으로 감소하였으나 고위험대상자 증가에 따라 보호관찰직원의 수는 현저히 부족한 상황이다.

⑤ 이러한 실정에 따라 보호관찰 등에 관한 법률은 법무부장관이 위촉하는 민간자원봉사자인 범죄예방자원봉사위원(약칭 범죄예방위원)으로 하여금 보호관찰관을 도와 지도·감독 및 원호 등 업무의 일부를 지원하게 하고 있다.

3) 보호관찰대상자 및 보호관찰기간

현행 법령상 보호관찰 대상자 및 기간은 다음과 같다.

① 형사법원에서 보호관찰을 조건으로 선고유예를 받은 자는 1년

② 형사법원에서 보호관찰을 조건으로 집행유예를 받은 자는 집행유예기간 또는 유예기간 내에서 법원이 정한 기간

③ 가정법원소년부(소년법원)에서 단기 보호관찰처분을 받은 소년은 1년

④ 가정법원소년부(소년법원)에서 장기 보호관찰처분을 받은 소년은 2년(단, 1년에 한하여 연장 가능)

⑤ 가석방자는 잔형기간

⑥ 보호관찰심사위원회에서 임시퇴원 결정을 받은 소년은 6월 이상 2년 이하의 범위 안에서 심사위원회가 결정한 기간

⑦ (구)사회보호위원회에서 가출소 결정을 받은 자는 3년

⑧ 치료감호심의위원회에서 치료감호 가종료 또는 치료위탁 결정을 받은 자는 3년

⑨ 가정폭력법상 보호관찰처분을 받은 자는 6월(1차에 한하여 6월 연장가능)

⑩ 성매매알선 등 행위의 처벌에 관한 법률상 보호관찰처분을 받은 자는 6월(1차에 한하여 6월 연장 가능)

⑪ 기타 다른 법률에 의하여 보호관찰을 받는 자는 그 법률에서 정한 기간

4) 보호관찰의 개시와 종료

① 「보호관찰 등에 관한 법률」 제29조에 의거하여 보호관찰은 법원의 판결 및 결정이 확정된 때 또는 가석방, 임시퇴원된 때부터 개시된다. 이 경우 보호관찰대상자는 보호관찰 개시일로부터 10일 이내에 주거, 직업, 생활계획 기타 필요한 사항을 관할 보호관찰소의 장에게 출석하여 서면으로 신고하여야 한다.

② 한편 「보호관찰 등에 관한 법률」 제47조와 제51조에 의거하여 보호관찰은 당해 보호관찰대상자의 보호관찰기간의 경과, 보호관찰 조건부 형의 선고유예의 실효, 집행유예의 실효 또는 취소, 가석방의 실효 또는 취소, 가출소 또는 가종료 결정의 취소가 있거나 보호관찰 기간 중 재범하여 금고 이상의 형의 집행을 받게 된 때에 종료하게 된다.

5) 보호관찰의 실시 및 내용

(1) 개별지도

보호관찰관은 보호관찰대상자가 준수사항을 지키고 스스로 건전한 사회인이 되도록 지도·감독을 실시한다. 「보호관찰 등에 관한 법률」 제32조 제 2 항의 보호관찰대상자의 준수사항은 다음과 같다.

① 주거지에 상주하고 생업에 종사할 것

② 범죄로 이어지기 쉬운 나쁜 습관을 버리고 선행을 하며 범죄를 저지를 염려가 있는 사람들과 교제하거나 어울리지 말 것

③ 보호관찰관의 지도·감독에 따르고 방문하면 응대할 것

④ 주거를 이전하거나 1월 이상 국내외 여행을 할 때에는 미리 보호관찰관에게 신고할 것 등이다. 또한 법원과 보호관찰심사위원회는 보호관찰대상자의 특성 및 환경 등을 고려하여 특별준수사항을 부과한다. 준수사항은 보호관찰대상자의 행동개선 및 재범방지를 위한 행동지침이라는 점에서 보호관찰관은 보호관찰대상자의 준수사항 이행 여부를 확인하고 독려하기 위하여 지도·감독권을 행사한다.

보호관찰관의 지도·감독은 다음과 같다.

① 보호관찰대상자와 긴밀한 접촉을 가지고 항상 그 행동과 환경을 관찰하는 것

② 보호관찰대상자에게 준수사항을 이행함에 적절한 지시를 하는 것

③ 보호관찰대상자의 건전한 사회복귀를 위하여 필요한 조치를 하는 것 등이다.

보호관찰관은 보호관찰대상자의 준수사항 이행 여부를 확인하고 지도, 독려하기 위하여 대상자를 대면·접촉하는 것은 필수적이다. 이를 위하여 보호관찰관이 지정한 일시에 대상자를 보호관찰소에 출석시키거나, 수시로 주거지나 직장 등 생활현장을 방문하기도 한다. 소년의 경우 야간외출 여부 확인, 학교교사와 연계해 교내 생활 파악, 복학지도 및 주선, 독서지도, 직업훈련, 기능교육, 장학금지급, 상담자 결연 등의 활동을 실시하며, 성인의 경우 취업확인서, 봉급명세서, 운전면허 취득 여부, 차량등록 여부, 주거지 임대차 계약서 사본 확인 등을 통해 준수사항 이행을 확인, 독려하며 필요한 경우 기초생활 수급권자 지정이나 입원주선, 직업훈련을 알선한다. 그리고 소변검사를 통해 약물남용 여부를 조사하는 등 준수사항 이행 여부를 면밀히 확인하는 활동을 전개한다.

(2) 집합교육

① 개시교육

보호관찰소에서는 매월 1회 신규 접수된 보호관찰대상자에게 보호관찰기간 중 지켜야 할 준수사항을 고지하고, 건전한 인격형성과 사회적응에 필요한 교육을 실시함으로써 대상자로 하여금 올바른 생활방식 및 문제해결능력을 갖도록 지도한다.

② 보호자교육

보호관찰대상 소년의 보호자들에게 보호관찰제도의 의의, 가정의 중요성, 부모의 역할 등에 대해 교육함으로써 소년의 건전한 사회복귀에 그 가족이 적극 참여 및 협력하도록 유도한다.

③ 종료교육

보호관찰 기간 동안 준수사항을 성실히 이행하여 보호관찰이 종료되는 보호관찰대상자들을 격려하고 향후 건전한 사회활동을 하도록 계도하며 다양한 설문조사 및 보호관찰 결과분석을 통해 보호관찰 기법 개발 등 업무개선을 도모한다.

(3) 명령집행 및 감독

보호관찰관은 사회봉사명령 및 수강명령을 부과 받은 대상자에 대하여 명령의 집행을 지시하고 이를 엄정투명하게 감독한다. 이를 위하여 대상자는 보호관찰관의 집행에 관한 지시에 따를 것과 주거를 이전하거나 1월 이상의 국내외 여행을 할 때에는 미리 보호관찰관에게 신고할 의무가 준수사항으로 부과되어 있다. 사회봉사명령의 집행은 무보수 강제근로활동으로써 보호관찰소에서 주도하는 자체집행이나 지역사회 내 공공시설 및 복지시설 등과 협력을 통한 방식으로 집행한다. 수강명령의 집행은 법원의 명령부과에 따라 준법운전 프로그램, 약물 오·남용방지 프로그램, 심리치료 프로그램, 성폭력방지 프로그램, 가정폭력방지 프로그램 등 각종 교육프로그램의 집행으로 이루어진다.

6) 성적에 따른 은전조치 및 제재조치

① 보호관찰관은 보호관찰대상자의 보호관찰 상태에 따라 차별적인 지도·감독을 실시하는데, 성적 양호자에 대하여 임시해제를 실시하고 준수사항위반자에 대하여 제재조치를 실시한다.

② 제재조치 중 경고는 준수사항을 위반하거나 위반할 위험성이 있다면 형의 집행 등 불이익한 처분을 받을 수 있음을 고지하고 준수사항의 이행을 촉구하는 것이다.

③ 경고에도 불구하고 준수사항을 위반하였거나 위반하였다고 의심할 상당한 이유가 있고, 일정한 주거가 없거나 소환불응, 도망한 때 또는 도망할 염려가 있는 때에는 보호관찰소장의 신청에 의하여 검사의 청구로 판사가 발부한 구인장을 받아 보호관찰대상자를 구인하여 준수사항 위반사실을 조사한다.

④ 긴급을 요하여 구인장을 발부받을 시간적 여유가 없는 경우, 보호관찰관이 영장 없이 대상자를 구인하고 12시간 이내에 검사의 승인을 받도록 하는 긴급구인이 있다. 구인된 대상자에 대하여 보호처분의 변경, 집행유예 취소 등을 취할 필요

가 있을 때에는 검사의 청구로 판사의 유치허가를 받아 수용기관에 유치한다.

7) 원   호

보호관찰대상자의 자립갱생을 위한 지원 및 주변 환경의 개선을 통해 실질적이고 항구적인 사회복귀를 도와주기 위하여 숙소 및 취업을 알선하고, 직업훈련 등 교육훈련의 기회를 제공하며, 장학금 지급 등 경제적 지원이나 사회적 자원의 수혜대상이 되도록 주선해주는 것을 주요내용으로 하고 있다.

8) 특정 범죄자에 대한 위치관리제도

(1) 의의와 현황

① 위치관리제도는 범죄자의 신체에 위치추적 전자장치를 부착함으로써 대상자에 대한 24시간 위치추적과 보호관찰관의 밀착 지도·감독을 통해 특정 범죄자의 재범을 억제하는 보호관찰 프로그램이다.

② 1997년 미국 플로리다주에서 가석방 보호관찰대상자에게 최초로 활용한 이래 미국 44개 주에서 실시 중에 있고, 특히 미국 콜로라도주 등 7개 주는 종신 위치추적을 실시하는 등 미국, 프랑스, 호주, 네덜란드, 스페인 및 뉴질랜드 등 세계 약 10개국 이상에서 도입·운영하고 있다.

③ 2007년 4월 27일에는 「특정 성폭력범죄자에 대한 위치추적 전자장치 부착에 관한 법률」 제정으로 2008년 9월 1일부터 특정 성폭력범죄자에 대하여 위치추적 전자장치 부착을 통한 위치관리제도를 실시하고 있으며, 2009년 5월 8일에는 미성년자 유괴범죄로 전자감독이 확대되면서 법률의 제명도 「특정 범죄자에 대한 위치추적전자장치 부착 등에 관한 법률」로 변경되었고 다시 2010년 4월 15일 법률 개정으로 전자발찌부착 대상범죄에 살인범죄가 추가되었다.

④ 2009년 3월 25일 「벌금 미납자의 사회봉사 집행에 관한 특례법」 제정으로 2009년 9월 26부터 벌금대체 사회봉사제도가 시행되었다. 2010년 7월 23일에는 「성폭력범죄자의 성충동 약물치료에 관한 법률」의 제정으로 16세 미만 아동에 대하여 성폭력범죄를 저지른 성도착증 환자에 대하여 약물 투여와 심리치료를 병행하는 성충동 약물치료제도를 도입하였다.

아울러 고위험 강력범죄로부터 국민의 생명과 안전을 철저히 보호할 수 있도록 2012년 12월 18일 특정 범죄자에 대한 형집행 종료 후 보호관찰제도를 신설하고, 법률의 제명을 「특정 범죄자에 대한 보호관찰 및 전자장치 부착 등에 관한 법률」로 변경하였으며, 위치추적 전자장치부착 대상 특정범죄에 강도범죄가 추가되는 등 보호관찰은 우리나라 형사법체계에서 업무영역을 넓히는 가운데 중요한 역할을 수행하고 있다.

⑤ 2010년 7월 16일 시행된 개정 법률에서는 적용 범죄의 범위가 살인범죄로 확대되었다. 이 법에 따라 전자장치를 부착하는 대상자 유형은 징역형 종료 이후 단계, 가석방 또는 가종료 단계, 집행유예 단계 등으로 3가지 대상자 유형이 있고, 특히 2010년 7월 16일 시행된 개정 법률에서는 끔직한 성폭력 범죄를 저지른 자임에도 동 제도가 최초 시행되기 전에 출소되었다는 이유로 어떠한 관리·감독도 되고 있지 않은 문제점을 시정하기 위해 2008년 9월 1일 이전에 제1심 선고를 받아 징역형 등이 종료된 지 3년이 경과하지 아니한 자에 대해서도 전자발찌를 부착하는 '소급형기종료자에 대한 전자장치 부착명령제'를 추가하여 시행되었다.

⑥ 징역형 종료 이후 단계는 보호관찰관에 의한 청구 전 조사 등을 참고한 검사의 전자장치 부착명령청구에 의하여 법원은 30년의 범위 내에서 기간을 정하여 부착명령을 선고하고(소급형기종료자에 대한 전자장치 부착명령의 최장기간은 10년), 집행유예의 경우는 보호관찰 기간 내에서 기간을 정하도록 되어 있다. 가석방 또는 가종료 단계는 보호관찰심사위원회 및 치료감호심의위원회가 가석방 또는 가종료 결정시 전자장치 부착을 결정하고 있다.

⑦ 위치추적 전자장치는 부착장치(일명 '전자발찌'), 휴대용 추적장치, 재택감독장치 등 3가지 장비로 구성되어 있다. 부착장치는 피부착자의 동일성을 인증하기 위해 휴대용 추적장치와 재택감독장치에 전자파를 발신하는 장치로써 주로 대상자의 발목에 착용시키고 있다. 휴대용추적장치는 GPS 및 이동 통신망을 통해 피부착자의 위치를 확인하는 장치로써 외출시 대상자가 항상 휴대하여야 한다. 그리고 재택감독장치는 피부착자의 주거지에 설치하여 재택 여부를 확인하는 장치이다.

⑧ 이와 같이 특정 범죄자의 중단 없는 감독을 위해 법무부 산하에 위치추적 중앙관제센터를 설치하여 24시간 365일 연중무휴 감독시스템을 구축·운영하고 있다. 위치추적 중앙관제센터는 특정 범죄자의 전자장치로부터 수신된 위치정보 등 수신자료의 보존·사용 및 폐기를 전담하고 특정 범죄자의 이동경로 모니터링 및 각종 위반경보에 대한 대응을 실시하고 있다.

⑨ 특정 범죄자의 위치관리제도는 특정 범죄자에 대한 24시간 위치추적을 통

하여 범죄동기를 사전에 억제시키고, 보호관찰관의 밀착감독으로 범죄기회를 차단하는 효과가 있다. 만일 대상자가 특정지역·장소에의 출입금지 등 준수사항 위반 시 신속·강력한 형사처벌을 실시할 뿐 아니라 특정 범죄자의 위치정보를 수사 및 재판자료로 활용함으로써 특정 범죄자에 대한 수사 및 재판의 효율성을 높이고 국민의 강력범죄에 대한 불안감을 해소하는 효과를 기대하고 있다.

(2) 전자발찌의 법적 성격

① 「특정 성폭력범죄자에 대한 위치추적 전자장치 부착에 관한 법률」에 의한 전자감시제도는, 성폭력범죄자의 재범방지와 성행교정을 통한 재사회화를 위하여 그의 행적을 추적하여 위치를 확인할 수 있는 전자장치를 신체에 부착하게 하는 부가적인 조치를 취함으로써 성폭력범죄로부터 국민을 보호함을 목적으로 하는 일종의 보안처분이다.

② 이러한 전자감시제도의 목적과 성격, 그 운영에 관한 위 법률의 규정 내용 및 취지 등을 종합해 보면, 전자감시제도는 범죄행위를 한 자에 대한 응보를 주된 목적으로 그 책임을 추궁하는 사후적 처분인 형벌과 구별되어 그 본질을 달리하는 것으로서 형벌에 관한 일사부재리의 원칙이 그대로 적용되지 않으므로, 위 법률이 형 집행의 종료 후에 부착명령을 집행하도록 규정하고 있다 하더라도 그것이 일사부재리의 원칙에 반한다고 볼 수 없다(대판 2009. 9. 10, 2009도6061, 2009전도13).

(3) 헌법재판소의 결정

헌법재판소는 2012. 12. 27. 전자발찌 부착대상을 소급적용함이 「합헌」이라고 하였다. "성범죄로부터 국민 보호 공익목적, 형벌과 구분"한다는 취지의 결정이다.

더 깊이보기   헌재, 전자발찌 부착대상 소급 적용 '합헌'

"성범죄로부터 국민 보호 공익목적, 형벌과 구분"

　전자발찌 부착 명령을 소급 적용할 수 있는 법 조항이 헌법에 어긋나지 않는다는 헌법재판소 결정이 나왔다.
　헌재는 27일 청주지법 충주지원이 위헌법률심판 제청한 '특정 성폭력 범죄자에 대한 위치추적 전자장치(전자발찌) 부착에 관한 법률 부칙 2조 1항'에 대해 합헌 결정했다.
　헌재는 "부착명령 시행 당시 형 집행 중이거나 집행을 종료하고 3년이 지나지 않은 사람에게도 소급해 명령을 내릴 수 있도록 한 부칙 조항은 헌법에 위반되지 않는다"고 밝혔다.

이로써 전자발찌 제도 시행일인 2008년 9월1일 이전 판결을 선고받은 사람에게 부착명령을 내리는 데 따른 법적 논란이 해소되게 됐다.

헌재는 "전자발찌 부착명령은 성폭력범죄자의 성행 교정과 재범 방지를 도모하고 국민을 성폭력 범죄로부터 보호하는 공익을 목적으로 한다"며 "피부착자의 행동 자체를 통제하는 게 아니라는 점에서 자유를 박탈하는 구금 형식과 구별된다"고 판단했다.

이어 "범죄자에 대한 응보를 주 목적으로 책임을 추궁하는 사후적 처분인 형벌과 다르다. 전자발찌 부착은 비형벌적 보안처분으로 소급금지원칙이 적용되지 않는다"고 덧붙였다.

헌재는 또 "국민, 특히 여성과 아동을 보호하는 입법목적은 매우 중대하고 긴요한 공익"이라며 "소급 대상자가 침해받는 신뢰이익의 보호가치 및 침해정도와 공익적 목적을 비교할 때 과잉금지원칙에 위배된다고도 할 수 없다"고 밝혔다.

다만, 이강국·박한철·김이수·이진성 재판관은 형 집행 종료자에게도 소급 적용하는 부분은 위헌이라는 견해를 밝혔다.

이들 재판관은 "형 집행을 마친 사람에게 전자발찌 부착명령을 소급 적용할 경우 형사제재가 종료됐다고 믿는 사람들의 신뢰이익을 침해한다"고 주장했다.

송두환 재판관은 "전자발찌 부착은 형벌적 성격이 강해 법 시행 이전 범죄행위자에게 소급하는 것 전부가 위헌"이라는 반대의견을 냈다.

헌재가 종국적인 위헌 결정을 내리기 위해서는 전체 재판관 9명 중 6명의 위헌 의견이 나와야 한다.

전자발찌 소급 부착 대상자 A씨는 2006년 10월 대전지법 천안지원에서 13세미만 미성년자 강간죄로 징역 4년을 선고받고 2010년 8월 출소했다.

검찰은 A씨에 대해 형 집행 종료 전 전자장치 부착명령을 청구했고 충주지원은 이 조항에 대해 위헌법률심판을 제청했다. 〈서울=연합뉴스 2012. 12. 27〉

9) 위치추적 전자감시제도

(1) 위치추적관제센터

위치추적관제센터는 아동성범죄 사건의 잦은 발생으로 성폭력범죄의 사회적 심각성이 인식되면서 2007년 「특정성폭력 범죄자에 대한 위치추적 전자장치 부착에 관한 법률(현행 특정범죄자에 대한 보호관찰 및 전자장치 부착 등에 관한 법률)」에 근거하여 설치되었다.

현재 2008년에 설치된 위치추적중앙관제센터와 2011년에 설치된 위치추적대전관제센터가 서울에서 운영되고 있다. 위치추적관제센터는 전자장치를 신체에 부착하게 함으로써 24시간 그의 행적을 추적하여 범죄자의 심리적 부담감 증대, 범행기회의 사전차단 및 위치정보의 수사 재판자료 활용으로 성폭력범죄자의 재범 방지와 성행교정을 통한 재사회화를 위하여 성폭력범죄로부터 국민을 보호하고 있다.

(2) 위치추적제도 임무

위치추적제도는 1998년 미국 플로리다주에서 시작되어, 현재 미국, 프랑스, 호주 등 세계 10여 개 국가에서 시행중인 제도로서 우리나라에서는 「특정성폭력 범죄자에 대한 위치추적 전자장치 부착에 관한 법률」로 바뀌었다. 그 이후에도 전자장치 부착 대상 범죄가 살인범죄, 강도범죄에까지 확대되었고, 형 종료 후 보호관찰제도를 신설하면서 「특정 범죄자에 대한 보호관찰 및 전자장치 부착 등에 관한 법률」로 개정되어 시행되고 있다.

(3) 위치추적관제센터의 업무

① 관제(이동경로 탐지, 경보처리)

위치추적 시스템을 통해 확보되는 피부착자의 위치정보, 전자장치 훼손 및 이탈·금지 구역에의 출입여부 등 상황별 경보를 24시간, 365일 관제하고 이상 징후 발생 시 피부착자와 직접 연락을 취하거나 종합적으로 상황을 파악하여 위반사항이 중한 경보는 전담 보호관찰관에게 사건을 이관하여 즉각적인 현장확인 및 조치를 하도록 하는 업무를 담당하고 있다.

② 위치추적 전자장치 및 위치추적 시스템(U-guard)의 관리

• 전자장치 관리: 전자장치 출고 및 입고 등 재고관리 및 배터리상태, 장치배정을 한다.
• 개통관리: 전자장치 사용을 위해 휴대용 추적장치와 재택감독 장치 전화번호의 개통·해지를 실시한다.
• 전자장치 이관: 피부착자에게 전자장치 부착개시 이전 전자장치 시스템이관 및 보호관찰소로 배송을 실시한다.
• 전자장치 유지보수: 전자장치 유지보수 현황 및 유지보수 등록 등 고장난 전자장치를 관리한다.
• 네트워크 등 정보통신 관리: 서버실 및 DR센터(재난복구센터) 운영 및 유지보수를 실시한다.
• 수신자료의 보전·사용·폐기: 수사 및 재판자료로 활용할 수 있도록 피부착자의 위치수신자료를 관리한다.

③ 위치추적 시스템의 장비와 시설의 구성

위치추적 시스템의 장비와 시설은 전자장치 3종과 통신시설, U-guard관제 시스템으로 구분되어 있으며 전자장치는 피부착자가 부착하는 부착장치(일명 전자발 찌), 외출시 휴대해야 하는 휴대용 추적장치, 집에 고정시켜 주거여부를 확인하는 재택감독 장치로 이루어져 있다.

(4) 전자발찌의 발전모색

① 시행에 관한 법무부 방향

• 최근 비약적으로 발전하고 있는 정보화 기술이 범죄예방이나 범죄인 처우 부분에 적극적으로 도입되고 있는 추세이다.

• 정보화 관련 기술자나 행정관리들도 인터넷 사기, 음란물 유포 등과 같은 정 보화의 역기능에도 불구하고, 교통·건축·식품안전·범죄 등의 사회문제는 정보화로 풀 수밖에 없다고 하며, 행정안전부와 한국정보진흥원에서는 매년 국가정보화, 전자정부, 홈네트워크 같은 정보화 청사진을 제시하고 있다.

• 이런 관점에서 보건데 범죄인 처우에 있어서 전자장치를 통한 위치추적 제 도는 앞으로 확대될 수밖에 없다. 실제 외국에서도 무선통신을 통한 전자감 독 제도 도입이 확대되고 있다.

• 또 경제적 측면에서도 범죄인 처우에서 전자감독은 기존의 비용보다 훨씬 저렴하다는 이점이 있다.

② 인권보호와 사회안정의 쟁점

• 전자장치를 발목에 채우는 부착장치는 그 재질이 무독성 의료용 실리콘이 며, 응급치료를 필요로 할 때 그 제거와 시술이 용이하기 위해 어느 정도의 힘을 가하면 누구나 탈착이 가능.

• 이것은 대상자의 인권을 고려한 법무부의 의도에 의해 제작. 그런데 지금 무단으로 전자장치를 훼손하고 도망 사례 빈발.

③ 위치추적 관제센터 및 담당 직원의 확충문제

• 위치추적 중앙관제센터가 동대문구 휘경동에 소재한 서울보호관찰소 내에 있 고, 주간에 근무하는 운영지원조 4명과 3명으로 구성된 세 개조의 관제직원이 교대로 24시간 365일 근무하고 있음.

• 위치추적 대상자가 현재의 특정 성폭력 범죄자, 미성년자 유괴 대상범죄에

서 살인·방화·강도사범과 같은 강력 사범도 포함되는 쪽으로 관련 법률이 개정되는 추세이므로 관제센터 확충이나 위치추적 전담직원을 증가할 필요 있음.

전자감독제도 도입배경과 위치추적 법률 등에 대하여 간단히 요약하면 아래 그림과 같다.

(그림 1) 전자감독제도 도입배경

(그림 2) 위치추적법 법률 제·개정 경과

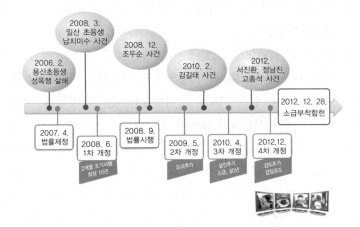

(그림 3)　외국인 전자감독

● 미국, 영국, 스웨덴, 오주, 싱가폴 등
　세계 약 22개국 이상에서
　도입하여 시행
● 1997년 미국 플로리다주에서 가석방
　보호관찰대상자 최초 시작
　- 현재 미국 44개주에서 실시 중
　- 콜로라도주 등 7개주는 종신
　　위치추적 실시 중

● 제1세대(재택구금): 캐나다(1987), 스웨덴(1994), 오스트리아(1997), 영국(1998), 벨기에(1998), 스위스(1999),
　독일(2000), 포르투갈(2002), 이탈리아(2003), 이스라엘(2005)

● 제1세대+제2세대(위치추적): 미국(1983), 뉴질랜드(1995), 네덜란드(1995), 오스트레일리아(1996),
　스페인(2000), 프랑스(2003)

10) 성구매자 교육프로그램, 존스쿨

① 존스쿨(John School)은 성을 구매한 초범 남성들에 대한 처벌형태로 일반화된 벌금 또는 단순 기소유예 처분보다는 성구매 남성의 성의식 개선과 재범방지를 위한 전문적인 교육을 통해 재범을 방지하기 위한 제도로 용어는 미국에서 성을 구매한 혐의로 체포된 남성의 대부분이 자신의 이름을 '존(John)'이라고 밝힌 사실, 샌프란시스코의 시민단체 세이지(SAGE)가 1995년 성매매 재발 예방 프로그램을 만들어 이를 '존스쿨'로 명명한 사실에서 유래하였으며 미국, 스웨덴 등 세계 10여 개 국가에서 운영 중이다.

② 우리나라는 2004년 3월 22일에 「성매매알선 등 행위의 처벌에 관한 법률」이 제정되어 같은 해 9월 23일부터 시행되었고, 2005년 7월 대검찰청이 '성구매자 재범방지를 위한 교육 실시방안 및 성매매알선 등 처리지침'을 수립하여 '성매매 사건의 수사과정에서 피의자가 초범인 성구매자로 성구매자의 동의가 있으면, 보호관찰소에서 실시하는 교육 프로그램(일명 '존스쿨')을 이수하는 조건으로 기소유예 처분을 부과할 수 있다'라고 규정함으로써 존스쿨 제도가 실시되게 되었다.

③ 보호관찰소 존스쿨 프로그램은 보호관찰소에서 1회 8시간 과정으로 이루어지고, 교육인원은 회기당 50여명 이내로 한정하여 실시하고 있다. 검사가 성구매자로부터 성구매교육의 이수를 조건으로 기소유예처분을 결정하기 때문에 만일 대상자가 성구매자 교육을 받지 아니할 경우, 검사는 유예했던 기소를 제기하게 된다.

2013년 달라지는 性범죄 엄벌

1) 2013년부터
- 성폭력범죄 친고죄와 혼인빙자간음죄가 폐지되고,
- 성범죄자의 신상정보 공개 및 고지대상의 범위도 대폭 확대된다.
- 미성년자를 입양할 경우 가정법원의 허가를 얻어야 하며,
- 친권 자동부활 금지제인 이른바 '최진실법' 시행으로
- 자격이 없는 부 또는 모가 친권자가 되는 것을 법으로 금지했다.

2) 성범죄 신상공개
- 공소시효 폐지범위 확대
- 2013년 6월19일부터 성범죄자에 대한 처벌 수위는 강화되고 관련 제도가 보완·개선된다.

3) 성폭력범죄의처벌등에관한법률 개정으로
- 강간살인 등 성범죄 공소시효 폐지 범위가 확대되고
- 친족관계 강간죄의 친족범위에 '동거'하는 '친족'을 포함한다
- 모든 성폭력범죄에 대해 주취 중 심신 장애감경 금지,
- 조사과정 의무적 영상녹화 연령 확대(16→19세),
- 장애인 준강간죄의 항거불능요건 완화 등이 시행된다.
  (이와 함께 성폭력범죄자에 대한 신상정보 등록·관리는 법무부, 공개·고지는 여성가족부로 각각 일원화된다)
- 신상정보 공개·고지 3년 소급 적용으로
- 2008년 4월16~2011년 4월15일 기간에 유죄가 확정된 성폭력범죄자(벌금형 선고자 제외)도 법원 판결에 따라 신상정보가 공개·고지될 수 있다.
- 신상정보 공개 대상범죄도 카메라 등을 이용한 촬영, 공중 밀집 장소에서의 추행,
- 통신매체 이용 음란행위, 공공장소 침입행위 등으로 확대된다.
- 정보 공개범위는 전자발찌 부착 여부, 성폭력 전과사실 및 주거지 지번으로 확대되고
- 미성년자도 성인대상 성폭력범죄자의 신상정보 열람이 가능해진다.

4) '맞춤형' 성충동 약물치료
2013년 3월19일부터 성폭력범죄자의성충동약물치료에관한법률은
- 성충동 약물치료 적용범위가 16세 미만 피해자를 대상으로 한 성폭력범에서 피해자 나이에 상관없이 모든 성폭력범으로 확대된다.
- 이어 6월19일부터 성인 대상 성폭력범에 대해선 유죄판결시
- 성폭력치료프로그램 이수·수강명령을 500시간 범위 내에 반드시 부과토록 하고,
- 성폭력사범의 정신적·심리적 상태, 병력 등에 대한 조사를 통해 맞춤형 치료를 강화토록 했다.

5) 성범죄 친고죄, 혼인빙자간음죄 형법 조항 폐지
- 이와 더불어 내년 6월19일부터 형법 개정에 따라 성범죄 친고죄, 혼인빙자간음죄가 폐지되고 유사강간죄가 신설된다.
- 또 성폭력범죄 피해자를 '부녀'로 정한 형법 조항이 '사람'으로 확대되고,
- 장애인과 13세 미만에 대한 강간 피해자가 '여자'에서 '사람'으로 변경된다.
- 피해자 국선변호사 지원 대상을 19세 미만 성폭력 피해자에서 모든 성폭력 피해자로 확대하고,
- 성폭력 피해 아동과 장애인을 위해 진술조력인 제도 등도 같은 기간에 도입된다.

11) 법사랑위원의 보호관찰활동 현황

(1) 전체 법사랑위원의 보호관찰 분야 활동내용

보호관찰분야에서 활동하는 법사랑위원은 보호관찰대상자를 지정받아 지도하거나 사회봉사명령 집행감독을 보조하는 업무, 수강명령 등 대상자 교육치료 프로그램에 참가하거나 환경조사를 보조하는 등의 업무를 수행한다.

보호관찰분야에서 활동하고자 하는 법사랑위원은 보호관찰소에서 실시하는 법사랑위원전문화교육에 참석하여 일정시간 교육을 이수하여야 한다. 전문화교육은 보호관찰 관련법령, 청소년 비행의 이해, 보호관찰 대상자 지도요령, 보호관찰 경과통보서 작성요령 등의 내용으로 구성된다.

보호관찰관으로부터 보호관찰대상자를 지정받은 법사랑위원은 최소 월 1회 이상 대상자와 면접하게 되며, 가정을 방문하여 보호자와 접촉하는 등 다양한 방법으로 대상자의 재범을 방지하기 위한 활동을 한다. 법사랑위원은 대상자를 지도한 내용을 정리하여 월 1회 이상 담당보호관찰관에게 보호관찰 경과통보서를 제출하여야 한다.

(2) 전체 법사랑위원 중 보호관찰 활동 참여위원 현황

2013년도 전체 법사랑위원 13,508명은 법무부 장관의 위촉을 받은 법사랑위원 9,187명과 보호관찰소장의 위촉을 받은 특별법사랑위원 4,321명을 합한 인원을 말한다. 매년 전체 법사랑위원의 증가에도 불구하고 보호관찰 분야의 활동에 참여하는 법사랑위원의 비율은 2009년부터 벌금 대체 사회봉사 등 신규제도 지원을 위한 법사랑위원들의 조직적 활동이 증가하여 2009년도 69.2%, 2010년 72.3%로 상승하였으나 2011년 이후 급감하였다.

그 이유는 법사랑위원 조직의 내실화 및 보호관찰지원 강화를 위하여 실제 자원봉사자위주로 구성한 보호관찰분과 위원과 특별법사랑위원 중심으로 보호관찰활동을 지원하고 있기 때문이다(범죄백서, 2015: 417).

(3) 보호관찰 대상자를 지정받은 법사랑위원 현황

보호관찰 분야의 활동을 하고 있는 법사랑위원 가운데 보호관찰 대상자를 지정받아 지도하고 있는 위원의 비율을 연도별로 정리한 것이다. 2013년도에는 2,004명의 법사랑위원이 대상자를 직접 지도하여 67.1%의 지정비율을 기록하였다. 지정비율이 전년 대비 다소 감소하였으나 2011년 이후 실제로 보호관찰활동에 참여하는 법사랑위원을 중심으로 보호관찰분과를 재정비하고, 특별법사랑위원을 정예화하여 법사랑위원의 활동을 대상자 결연지도로 점점 확대해 나가고 있다.

2. 보호관찰심사위원회

보호관찰심사위원회는 「보호관찰 등에 관한 법률」 제 5 조에 의거하여 보호관찰에 관한 사항을 심사·결정하기 위하여 법무부장관 소속으로 전국 고등검찰청 소재지 등 대통령령으로 정하는 지역에 설치1한다.

(1) 보호관찰심사위원회의 기능

보호관찰심사위원회는 「보호관찰 등에 관한 법률」 제 6 조에 의거하여 다음과 같이 심사·결정을 한다.

① 소년수형자의 가석방과 그 취소

② 성인가석방자의 보호관찰 부과 및 가석방 취소

③ 소년원에 수용된 보호소년의 임시퇴원과 그 취소

④ 보호관찰대상자에 대한 보호관찰의 임시해제와 그 취소

⑤ 보호관찰의 정지와 그 해제

⑥ 가석방 중인 자에 대한 부정기형 종료

⑦ 기타 ① 내지 ⑥에 관련된 사항 등을 심사·결정하는 업무를 수행하고 있다.

(2) 보호관찰심사위원회의 구성

보호관찰심사위원회는 「보호관찰 등에 관한 법률」 제 7 조에 의거하여 위원장 (고등검찰청 검사장 또는 소속 검사 중에서 법무부장관이 임명)을 포함하여 5명 이상 9명 이하의 위원(판사, 검사, 변호사, 보호관찰소장, 지방교정청장, 교도소장, 소년원장 및 보호관찰에 관한 지식과 경

---

1   보호관찰심사위원회의 직제에 규정된 5개 심사위원회의 명칭과 위치 및 관할구역은 다음과 같다.

심사위원회 명칭	위 치	관할구역
서울보호관찰심사위원회	서울특별시	서울특별시, 인천광역시, 경기도, 강원도
대전보호관찰심사위원회	대전광역시	대전광역시, 충청북도, 충청남도
대구보호관찰심사위원회	대구광역시	대구광역시, 경상북도
부산보호관찰심사위원회	부산광역시	부산광역시, 경상남도
광주보호관찰심사위원회	광주광역시	광주광역시, 전라북도, 전라남도, 제주도

험이 풍부한 사람 중에서 법무부장관이 임명하거나 위촉)으로 구성하며, 동법 제8조에 따라 위원의 임기는 2년으로 하되 연임할 수 있다.

(3) 심사결정 현황

법무연수원에서 발간한 범죄백서에 나타난 보호관찰심사위원회의 심사결정 현황은 2013년의 경우 11,339건의 심사사건을 접수하여 그중 71.5%인 8,105건에 대해 인용결정을 하였다. 특이할 만한 점은 2013년 임시퇴원 인용건수(1,092건)가 2004년 인용건수(462건) 대비 136% 증가하고, 2013년 임시퇴원 신청건수(2,082건)가 2004년 신청건수(475건) 대비 338% 증가하여 임시퇴원제도가 활성화되고 있음을 알 수 있다(범죄백서, 2015: 437).

3. 사회봉사·수강명령

1) 사회봉사명령

(1) 사회봉사명령의 의의 및 연혁

① 사회봉사명령의 의의

사회봉사명령은 법원이 유죄가 인정된 범죄자나 비행소년을 교도소나 소년원에 구금하는 대신 일정기간 무보수로 근로에 종사하도록 명하는 제도이다.

사회에 일정한 해악을 발생시킨 범죄인에 대한 처벌적 성격과 그로 인하여 발생한 피해 회복에 대한 책임을 묻는 배상적 성격 그리고 범죄에 대한 뉘우침을 지향하는 속죄적 성격을 통하여 자유형을 대체하거나 보완하고 대상자의 재범을 억제하는 기능을 추구한다(법무부, 2009: 268).

② 사회봉사명령의 연혁

1960년대 영국에서 자유형을 대체하려는 목적으로 과밀수용을 해소하려는 시도에서 출발하였다. 1970년 영국의 형벌제도에 대한 자문위원회가 작성한 '비구금형벌과 반구금형벌 보고서'에서 사회봉사명령제도의 도입을 제시하였다. 그 후 1972년 형사재판법에서 최초로 입법화하여 영국 및 각국으로 퍼져나갔다. 한국의 경우 1988년 소년법 개정에 따라 1989년에 시행되었으며, 1995년 형법 개정으로 인하여 성인에게도 부과하였다.

(2) 사회봉사명령의 기능 및 유형

① 사회봉사명령의 기능

사회봉사명령은 처벌적 기능(범죄자의 여가 시간을 박탈하여 일정기간 동안 무보수로 사회봉사활동을 통하여 임하게 하는 것), **배상적 기능**(범죄자의 노동으로 인하여 범죄로 야기된 피해 배상 및 범죄행위에 대한 속죄할 수 있는 기능을 부여하는 것), **재통합 기능**(봉사활동을 통한 사회와의 화해 및 재통합 기능을 하는 것)으로 **구분한다.**

② 사회봉사명령의 유형

자연보호활동, 복지시설 및 단체봉사, 행정기관지원, 공공기관지원, 공공시설봉사, 병원지원, 공익사업보조, 농촌봉사, 문화재 보호봉사 등이 있다.

2) 수강명령

(1) 수강명령의 의의 및 연혁

① 수강명령의 의의

수강명령은 법원에서 유죄가 인정되거나 보호처분의 필요성이 인정된 자에 대하여 일정시간 동안 강의, 체험학습, 심신훈련, 봉사활동 등 범죄성 개선을 위한 교육을 받도록 명하는 것을 의미한다. 수강명령을 부과하는 이유는 범법행위의 주요 원인이 행위자의 잘못된 인식과 오래된 습관에 있다고 보고 재범을 방지하기 위해서는 이러한 인식과 습관을 교정할 수 있는 교육이 필요하다고 판단하기 때문이다(윤웅장, 2009: 63).

② 수강명령의 연혁

1948년 영국에서 형사재판법에 의하여 비교적 비행성이 약한 21세 미만의 범죄자에게 주말에 수강센터에 참석, 강의를 받도록 도입됨으로써 처음으로 입법화되었는데, 그것은 소년범죄자들에게 짧고 예리한 충격을 주기 위하여 주말의 여가시간을 박탈함으로써 범죄의 기회를 줄이고 여가선용을 통하여 건전한 사회생활의 습관을 익히도록 하는 데 목적이 있었다(공정식, 2002: 495).

한국에서의 수강명령제도는 최근 보호관찰처분제도의 활성화에 따라서 발전되었다. 비행청소년에 대한 선도조건부기소유예처분의 조건으로 실시해오던 것을 1988년 개정된 소년법에서 보호관찰처분을 받는 16세 이상의 소년에게 사회봉사명령과 선택적으로 수강명령을 할 수 있도록 한 후 보호관찰관이 그 집행을 맡아왔으며, 1997년 1월 1일부로 집행유예를 받은 성인범죄자에게도 적용할 수 있게 되었다. 그동안 소년범에 대하여 실시한 결과 수강명령제도에 대한 긍정적인 평가를 내리게 되었고 이를 기초로 전체 형사범까지 확대 실시하게 되었다(노희란, 2002: 21).

(2) 수강명령의 기능 및 특징

① 수강명령의 기능은 규정하고 있는 법률 내용의 차이에 따라 크게 두 가지로 구분된다. 첫째, 보호관찰에 따른 부수적 처분이며, 둘째, 형집행유예의 보완조치로서 형집행유예와 결합되는 보호관찰의 대체처분이다. 전자는「소년법」제32조에 의거하여 보호관찰을 받은 자에게 병과되는 수강명령을 말하며, 후자는「형법」제62조의2에 의거하여 형집행유예시 보호관찰과 독립적으로 선고되는 수강명령을 말한다. 다만 어떤 성격의 것이든지 사회 내 처우로서 시설 내 처우의 폐단을 줄이고 비용을 절감할 수 있다는 것과 지역사회의 관심과 협력을 통해 범죄자의 교정·교화를 촉진할 수 있다는 일반적 특징을 공유하고 있다.

② 한편 수강명령은 일정시간 범죄자의 자유를 박탈한다는 점에서 보호관찰이나 사회봉사명령과 유사한 성격을 갖지만 국가가 정한 교육프로그램에 참여할 것을 명령한다는 점에서 다른 제재와 구별된다. 즉 강제적인 교육명령이라 할 수 있다. 사회봉사명령이 범죄자가 사회에 끼친 피해를 보상하고 반성하는 기회를 갖도록 하는 데 일차적인 목적이 있다. 수강명령제도는 특정한 수강명령 프로그램이 범죄자의 의식과 행동에 영향을 미쳐 재범을 억제할 것이라는 가정을 전제하고 있는 것이다. 이와 같은 점에서 수강명령은 기본적으로 법적 제재로서 가해지지만 보다 넓은 관점에서 보면 교육프로그램의 하나로서 해석될 수 있다.

4. 가 석 방

1) 가석방의 의의 및 연혁

(1) 가석방의 의의

①「형법」제72조에 의거한 가석방은 교도소 등 시설에 수용되어 있는 범죄자들의 갱생을 촉진하기 위해 형기만료 전에 석방하여 사회복귀의 기회를 부여하는 제도로서 징역 또는 금고형의 수형자에 대한 가석방, 피보호감호자에 대한 가출소, 피치료감호자에 대한 가종료가 있다.

② 가석방은 범죄자에 대한 갱생보호의 수단으로서 시설 내 처우에서 사회 내 처우로 이행시키지만 1989년 7월 1일 이후 소년 가석방자, 가출소자에 대한 보호관찰을 제외하면 성인 가석방자에 대한 체계적인 처우가 실시되지 못했다. 그러나 개정 형법(법률 제5057호, 1995. 12. 29.)에 의하여 1997년 1월 1일부터 가석방자에 대해 보호관찰을 필요적으로 부과하도록 규정하여 성인에 대한 보호관찰을 전면 실시하기에 이르렀다.

③ 「행형법」이 「형의 집행 및 수용자의 처우에 관한 법률」로 전부 개정(법률 제8728호)됨에 따라 개정 법률에 맞추어 별개의 예규로 운영되던 「가석방 업무지침」과 「가석방예정자 처우규칙」을 「가석방 업무지침」으로 통합 정비하였으며, 구 「성폭력범죄자에 대한 위치추적 전자장치 부착에 관한 법률」(「특정 범죄자에 대한 위치추적 전자장치부착 등에 관한 법률」(일부개정 2012. 12. 18.하여 2013. 6. 19.에 시행예정))의 시행에 따라 가석방된 성폭력범죄자가 보호관찰을 받는 경우 전자장치를 필수적으로 부착하게 되므로 가석방자의 보호와 재범방지를 위해 수형자가 출소하기 전에 가석방예정자 명단을 보호관찰소에 통보하도록 하였다.

(2) 가석방의 연혁

① 가석방제도는 19세기 최대의 형사정책적 제도로서 1800년 영국의 유형지 오스트레일리아에서 실시한 「선행의 경우에 주는 가석방 허가서」에서 유래한 조건부 석방제도인데(이재상, 563; 이태언, 401) 뒤에 경찰감시가 보충되어졌다.

② 이 제도는 그 후 영국, 미국 등지로 이행되었는데 parole이란 명칭은 미국에서 에루마이라 제도에서 부정기형과 불가분의 관계를 가지고 수형자들이 교도소라는 시설에서 떠날 수 있도록 허락이 된 데서 유래되었다. 유럽에서는 1862년 작센(Sachsen)지방에서 처음 실시된 이후 각국으로 전파되었다.

2) 가석방의 법적 성격

가석방제도는 행정처분으로 법무부에서 시행하는데 이 제도의 목적을 은혜적인 보상이라는 것과 형벌의 개별화라는 견지에서 위험한 범죄자, 상습범죄자 등에 대하여 사회방위의 견지에서 또 시설석방자에 대한 사회적 위로라는 견지에서 보는 경우가 있다. 일본 개정형법 초안은 「형의 집행을 중지하고 그 갱생에 기하여」라는 조항에서 갱생·사회의 복귀 원호의 취지 등을 밝히고 있다.

가석방의 성격에 대하여 다음과 같이 4가지 견해가 있다.

(1) 은 전 설

가석방은 시설 내의 규칙을 준수하여 개전의 정이 있는 자에게 은전이나 포상을 베푼다는 의미가 있다는 것이다. 이 견해는 가석방의 의의가 형기의 종료 전에 석방한다는 점에 중점을 두는 것으로 시설 내에서의 질서유지라는 점에서는 뜻이 있으나 처우의 목적이 본인의 재범 방지와 사회적 적응에 있다는 점을 경시해서는 안 된다. 이 설은 시설 내의 규율 위반 행위에 대해서는 엄격히 규제해야 한다는 주장이 내포되어 있는데 과거의 다수설이었다.

(2) 행형(교정)수단설

가석방은 자유형 또는 보안처분·보호처분의 집행의 한 형태라는 견해이다.

부정기형제도나 누진처우와 연동시켜서 그 최종 단계를 시설 외에 두는 것을 가석방제도의 의의라고 보는 것이다. 수용자들이 시설 내에서의 자유의 제한을 극복하고 출소한 후 사회생활을 하는 동안 적응의 능력이 입증된 경우에 가석방을 하게 되는데 시설 내에서의 성적이 양호한 자에 대하여 선택적으로 가석방을 허가하게 된다고 한다.

(3) 사회방위설

앞의 두 설은 소내의 성적이 양호하여 사회의 적응이 용이한 자에게 가석방을 허락한다는 것인 데 대해 이 설은 가석방은 사회방위의 수단으로서 사회적으로 위험한 수용자에 대하여 행하는 것이다. 가석방은 보호관찰의 기능과 연결되어져야 제도의 취지를 살릴 수 있다.

(4) 필요적 이행 단계설

① 가석방은 교정시설에 있어서 고도의 관리된 생활과, 자유로운 시민생활의 중간에 위치하는 것으로서 필요적 이행 단계라고 볼 수 있는데 원칙적으로는 모든 수용자에 대하여 부여해야 한다는 설이 있다. 일본에서는 초등소년원 수용소나 단기처우 과정의 소년원생들은 거의 전원이 가퇴원된다.

② 또 장기형·무기형의 수형자는 가석방 신청이 한두 번 기각이 되지만, 최종적으로는 가출소가 될 가능성이 많다. 이런 수용자들에게 가석방은 자유로운 사회생활에 이르는 필요적 이행 단계이다. UN에서 발행하는 책자에서도 필요적 이행

단계설의 성격이 가장 타당한 것으로 보고 있다.

③ 최근에 와서 미국의 일부 주에서는 가석방제도를 폐지하고 있는데 이의 폐지를 고무적으로 보는 학자가 많아지고 있다. 일본에서는 실무상으로 처우의 개별화 수단으로 사회의 응보감정과 사회복귀의 요청이 균형을 이루는 입장에서 가석방의 허부를 결정하고 있다.

3) 수형자의 가석방

(1) 가석방 절차

① 1989년 7월 1일부터 시행된 보호관찰법(1995. 1. 5. 보호관찰 등에 관한 법률로 명칭 변경)의 제정으로 성인수형자와 소년수형자의 가석방은 그 절차를 달리하게 되었는데, 소년수형자는 보호관찰심사위원회에서, 성인수형자에 대해서는 가석방심사위원회에서 각각 심사를 하여 법무부장관의 허가를 받아 실시한다.

② 가석방은 매월 1회 실시하며, 그 실시시기에 따라 정기가석방과 기념일가석방(삼일절, 석탄일, 광복절, 교정의 날, 성탄일)으로 구분된다. 가석방기간 중 재범으로 금고 이상의 형의 선고를 받아 그 형이 확정되면 실효되고, 또한 가석방기간 중 준수사항을 위반하고 그 정도가 무거운 때에는 가석방이 취소되어 재수용된다. 가석방이 실효 또는 취소되지 않고 가석방 기간을 경과하면 형의 집행을 종료한 것으로 본다.

(2) 가석방 운영현황

① 가석방 인원 현황

1998년 1월 1일 성인수형자 형 집행률 완화 등 확대(1998. 1. 1. 가석방 확대지침)에 따라 일부 제외사범을 제한사범으로 완화하고 형 집행률을 10%까지 하향조정하는 등 가석방 요건을 대폭적으로 완화한 결과 매년 허가비율이 증가하여 2005년도에는 11,093명의 신청인원 중 10,206명(허가 비율 92.0%)이 허가되었다.

그러나 2006년도 이후 아동 및 여성을 대상으로 강력사건이 급증함에 따라 국민의 불안감이 증폭되자 보다 엄정한 형 집행과 가석방의 제한을 요구하는 사회적 분위기에 발맞추어 가석방 신청 및 허가인원이 감소하고 있음을 알 수 있다(범죄백서, 2015: 443).

② 형의 집행률

형의 집행률을 전체적으로 볼 때 가석방자의 형 집행률이 대부분 80% 이상이고, 80% 미만의 형 집행률의 경우는 매우 적은 것으로 나타나고 있다(범죄백서, 2015: 445).

4) 소년수용자의 가석방

⑴ 소년수형자가 무기형의 경우 5년, 15년의 유기형의 경우 3년, 부정기형의 경우 단기의 3분의 1을 경과하면 가석방을 허가할 수 있다.

⑵ 가석방의 절차는 소년수형자를 수용하고 있는 교도소, 구치소 및 소년교도소의 장이 해당 기간을 경과한 소년수형자에 대하여 보호관찰심사위원회에 통보하고, 보호관찰심사위원회에서는 수용시설의 장의 신청 또는 직권으로 수형소년의 인격, 교정성적, 생활태도 등 제반사정을 참작하여 가석방의 적부를 심사하여 가석방이 적합한 것으로 결정한 때에는 법무부장관의 허가를 받아 가석방을 실시한다.

⑶ 특히 부정기형으로 가석방된 수형소년에 대하여는 보호관찰이 실시되며 가석방된 후 재범 등으로 인해 그 처분이 취소됨이 없이 가석방 전에 집행을 받은 기간과 동일한 기간이 경과되면 잔형의 집행을 종료한 것으로 간주되고 있으나 가석방된 후 부정기형의 단기가 경과되고 보호관찰 성적이 양호한 때에는 보호관찰심사위원회에서 위 기간이 경과되기 전이라도 잔형의 집행을 종료한 것으로 결정할 수 있다.

5) 피보호감호자의 가출소와 집행면제

⑴ 피보호감호자는 일반수형자와 달리 형의 집행을 받고 있는 자가 아니라 형의 집행을 마치고 재범의 위험성으로부터 사회를 보호하기 위해 그 위험성이 없어졌다고 인정될 때까지 시설에 수용하여 교화·개선하는 것이므로 이들에 대하여는 일정기간 이상의 감호집행을 가출소의 자격요건으로 하지 않고 있다.

⑵ (구)사회보호법상 사회보호위원회에서는 감호집행이 개시된 후 매 1년마다 직권으로 피보호감호자들에 대한 교화·개선 정도를 심사하여 사회적응능력을 갖추었다고 인정되는 자에 대하여 결정으로 가출소를 허가하였으며 동 위원회의 결정은 최종적인 것으로서 가석방의 경우와 달리 법무부장관의 허가를 요하지

않는다.

⑶ 가출소된 피보호감호자에 대하여는 3년간의 보호관찰이 실시되며 가출소가 취소됨이 없이 보호관찰기간이 경과되거나 보호관찰기간 중이라도 보호관찰성적이 양호하여 사회보호위원회가 보호감호 집행면제 결정을 할 경우에는 잔여감호기간에 대한 집행이 면제된다.

⑷ 그러나 2005년 8월 4일 사회보호법의 폐지와 동시에 심신장애나 마약류 사용 등 범죄자에 대한 적절한 치료와 사회보호 등을 위해 2005년 8월 4일 치료감호법이 제정되었고, 치료감호심의위원회에서 (구)사회보호법의 사회보호위원회 기능을 수행하고 있다.

6) 사　　면

(1) 개　　설

① 협의의 사면이라 함은 형사소송법이나 그 밖의 형사법규의 절차에 의하지 아니하고 형의선고의 효과 또는 공소권을 소멸시키거나 형집행을 면제시키는 제도를 말하며, 광의의 사면은 감형과 복권까지 포괄하는 개념이다.

② 사면에는 일반사면과 특별사면이 있다. 일반사면은 범죄의 종류를 지정하여 이에 해당하는 모든 범죄인에 대하여 형의 선고의 효과를 전부 또는 일부 소멸시키거나, 형의 선고를 받지 아니한 자에 대하여 공소권을 소멸시키는 것을 말한다.

③ 특별사면은 이미 형의 선고를 받은 특정인에 대하여 형의 집행을 면제하는 것을 말한다. 특별한 규정이 없는 한 일반사면으로 형의 선고는 그 효력을 상실하고, 형의 선고를 받지 아니한 자에 대하여는 그에 대한 공소권이 상실된다.

④ 특별사면에 의해서는 형의 집행이 면제된다.

⑤ 감형은 형의 선고를 받은 자에 대하여 선고받은 형을 경감하거나 형의 집행을 감경시켜주는 제도이다. 감형에는 죄 또는 형의 종류를 정하여 일반적으로 행하는 일반감형과 특정인에 대한 특별감형의 두 종류가 있다.

⑥ 복권은 죄를 범하여 형의 선고를 받은 자가 그 형의 선고의 부수적 효력으로서 다른 법령에 의하여 자격이 상실 또는 정지된 경우에 그 상실 또는 정지된 자격을 회복시켜주는 제도이다.

⑦ 복권은 자격이 상실 또는 정지된 자 중에서 형의 집행이 종료되거나 집행

을 면제받은 자에 대해서만 행해진다. 복권에는 죄 또는 형의 종류를 정하여 일반적으로 하는 일반복권과 특정한 자에 대하여 하는 특별복권이 있다.

(2) 사면내역

2013년에는 특별사면이 34회, 특별감형이 3회, 특별복권이 18회 실시되었다. 특별사면은 2003년, 2005년, 2008년에 1만 명 이상의 대규모로 실시되었고, 5백명 이상 규모의 특별감형은 2003년, 2005년에 각 1회씩 실시되었고, 1천 명 이상의 대규모 특별복권은 2005년, 2008년, 2010년에 각 1회씩 실시(범죄백서, 2015: 458)되었다.

5. 갱생보호

1) 갱생보호의 의의 및 연혁

(1) 갱생보호의 의의와 발전

① 갱생보호(更生保護)2란 전과자에 대하여 재범 방지를 위한 관찰 보호를 하는 한편, 자활을 위한 생업의 지도, 취직 알선 등의 직접 보호를 행하는 일로서 출소자의 건전한 사회복귀 촉진과 효율적인 범죄예방 활동을 통한 사회보호와 공공복지 증진을 위해 만들어진 특수법인체이다.

② 한국법무보호복지공단은 1961년 갱생보호법에 의거해 만들어진 중앙갱생보호지도회와 8개 지방갱생보호회를 뿌리로 두고 있다.

③ 1963년 갱생보호회와 지부가 설립되었고, 1995년 출소자 사후관리법률을 통합하여 상호역할 분담 및 협조체제 강화를 통해 출소자 사후관리 업무의 효율적인 추진을 도모하고자 갱생보호법과 보호관찰법이 「보호관찰등에 관한 법률」(법률 제4933호)로 통합 제정·공포되면서 한국갱생보호공단이 설립되었다.

④ 2009년에 현재의 명칭으로 변경된 한국법무보호복지공단에서는 무의탁 출소자에게 최대 2년 동안 숙식을 제공하는 사업, 출소 후 취업에 어려움을 겪는 출소자들에 대한 직업훈련과 취업 알선, 창업지원 사업, 출소 후 질병과 부상 등의 어려움을 겪는 대상자들에게 치료비와 월세임차료, 임대주택 등을 지원하는 긴급원호 사업과 주거지원 사업 등을 펴고 있다.

---

2 daum 백과사전 브리태니커.

⑤ 한국법무보호복지공단은 본부에 주거지원사업단, 보호기획팀, 행정지원팀을 두고 있으며 14개의 지역 지부와 여성지원센터를 운영하고 있다.3

(2) 갱생보호의 연혁

① 1766년 미국의 리차드 위스터(Richrad Wister)가 고통받는 수형자를 돕기 위한 필라델피아협회를 조직하여 출소자 보호를 위한 민간조직활동을 시작하였다.

② 1789년 미국의 존 오거스터스(John Augustus)가 교도소의 열악한 상태를 완화하기 위한 필라델피아 협회로 명칭을 변경한 후 행형개량과 갱생보호에 대한 활동을 하였다.

③ 1826년 독일에서는 교도소협회, 1827년에는 수형자 개선을 위한 협회를 조직하여 갱생보호활동을 시작하였다.

④ 1862년 영국에서는 갱생보호법을 제정하여, 1907년에 갱생보호에 해당하는 보호관찰을 실시하였다.

⑤ 1870년 미국 교도소협회가 개최한 국제회의에서 신시내티선언을 하여 '범죄자에 대한 국가의 책임으로는 개선 이외에 취업의 기회제공, 사회적 지위의 회복 등을 해주어야 한다'는 지침을 만들어 채택하였다.

⑥ 1911년 한국에서 출옥인보호회로가 발족하여 갱생보호활동이 시작되었다.

⑦ 1960년 스위스 스톡홀름에서 개최된 제2회 국제연합 범죄방지 및 범죄자 처우회의에서 수형자 가족에 대한 처우, 석방자의 처우 및 사후보조, 사회 내 처우의 최저기준을 논의하였다.

⑦ 1961년 한국에서 갱생보호법이 제정되어 도청단위로 갱생보호회가, 각 교도소 소재지에는 갱생보호소가 설립되었다.

⑧ 1988년 한국에서 보호관찰법을 제정하면서 유권적 갱생보호가 가능하게 되었다.

2) 갱생보호의 필요성

① 수용시설에서 출소한 사람들은 사회로부터 상당한 기간 격리된 생활을 함으로써 현실에 대한 적응이 어렵기도 하고 구금생활 동안에 허황된 계획을 세웠다가 출소 후에 그 계획들이 현실과 부합되지 않게 되므로 사회생활을 올바르게 영

---

3 한국법무보호복지공단 본부는 서울특별시 양천구 목동남로 93에 위치하고 있다.

위하기가 어렵기 마련이다.

② 뿐만 아니라 수감생활로 인해 본인뿐 아니라 가정적으로 궁핍하여 자립을 위한 경제적인 도움을 받기가 어려워 재범으로 나아가는 경우도 적지 않다.

③ 이들에 대한 중간처우적인 보호적 역할을 함으로써 그간의 사회변화를 경험하게 하여 형편에 맞는 계획을 세워 생활에 적응할 수 있도록 지도, 원호함으로써 정상적인 사회복귀를 도울 필요가 있다.

④ 사회에 대한 정보가 어두운 출소자들에게 적절한 사회적 원조가 필요하여 그들을 정상적인 사회인으로 복귀하도록 국가적 공적인 배려가 필요한 것인데 이 제도가 교정시설과 사회를 잇는 다리와 같은 이러한 역할을 감당하는 갱생보호제도가 필요한 이유인 것이다. 이것은 형사정책적으로 재범을 막는 데 있어서도 중요한 역할을 하게 된다.

⑤ 교도소나 소년원 등에 교정처우를 받고 출소한 경우 그대로 두면 재범을 할 우려가 크기 때문에 after-care로서의 갱생보호가 꼭 필요한 것으로 범죄대책들 중에서 갱생보호는 가장 중요한 내용의 하나라고 볼 수 있다(박재윤, 1996).

3) 갱생보호의 담당기구

⑴ 갱생보호사업은 「보호관찰 등에 관한 법률」 제71조에 의해 설립되어 법무부의 지휘·감독을 받는 공법인인 한국법무보호복지공단(갱생보호회가 1995년 6월 1일 한국갱생보호공단으로, 한국갱생보호공단이 2009년 3월 27일 한국법무보호복지공단으로 명칭 변경)에서 담당·집행하고 있다.

⑵ 한국법무보호복지공단은 서울에 소재하고 있는 본부 이외에 전국 대도시에 14개의 지부가 있고 11개의 출장소가 있으며, 각 지부에는 갱생보호 분야에서 활동하는 범죄예방위원이 갱생보호업무를 돕고 있다.

⑶ 그 밖에 재단법인 한국기독교교화복지원, 사단법인 세계교화갱생보호협회, 사단법인 담안 선교회, 사단법인 빠스카 교화복지회, 사단법인 양지뜸, 재단법인 행정갱생보호회, 사단법인 뷰티플라이프, 사단법인 열린낙원 등 8개 민간 갱생보호법인이 법무부장관의 허가를 받아 갱생보호사업을 수행하고 있다.

4) 갱생보호의 방법

⑴ 「보호관찰 등에 관한 법률」 제65조에 의거한 갱생보호의 방법에는 먼저,

직접보호방법으로 무의무탁한 출소자에 대하여 생활관 등 보호시설에서 6월~1년 범위 내에 자유롭게 기거하게 하면서 숙소·음식물 등을 제공하고 정신교육을 하는 숙식제공, 일정한 기술이 없는 갱생보호대상자에게 취업에 필요한 기능훈련을 실시하는 직업훈련, 일정한 취업처를 구하지 못한 갱생보호대상자에게 취업을 알선하고 필요한 경우 신원을 보증하는 취업알선, 갱생보호대상자에 대한 기타자립지원이 있다.

⑵ 그리고 면접·통신·방문 등 적절한 방법으로 갱생보호대상자의 선행을 지도·장려하고 가정·주거·교우 등 환경을 조정·개선하도록 노력하며 직업훈련·취업알선 및 자립지원에 대한 사후관리를 하는 제도가 있다. 이를 지원 분야별로 약술하면 다음과 같다.

① 숙식제공

무의탁 출소자에게 전국 지부, 센터, 지소에서 운영하는 생활관에서 원활한 사회복귀를 위해 최대 2년 동안 숙식을 제공하며, 취업활동을 통한 저축 등을 장려하고 사회 진출에 필요한 재사회화교육을 실시하여, 조기 자립할 수 있도록 도와주는 프로그램

② 직업훈련

기술이 없어 취업에 애로가 있거나 새로운 기술을 배우고자 하는 출소자에게 전문학원 등에 위탁교육을 실시하여 자격증을 취득시켜 직업을 갖고 안정된 생활을 할 수 있도록 지원하는 프로그램

③ 취업알선

취업처를 구하지 못한 출소자에게 취업 관련 기관이나 기업을 경영하는 범죄예방위원, 직능별 후원회원, 기타 독지가와 연계하여 취업을 지원하는 프로그램

④ 창업지원

직업훈련 교육 후 자격증을 취득하였거나 특정 직종 취업으로 숙련기술을 습득한 자 중 창업을 희망하는 출소자에게 소자본 창업에 필요한 창업 임대보증금을 휴면예금관리재단(미소금융중앙재단)과의 업무협약을 통해 지원하는 프로그램(※ 출소자 창업 점포 임차보증금 등 지원(1인당 최대 5천만원))

⑤ 긴급원호

출소 후 질병, 부상, 생계 등으로 어려움을 겪고 있는 대상자에게 원활한 사회생활을 할 수 있도록 치료비, 취업교통비 양곡, 월세임차료 등 원호를 지원하는

취업알선 3단계	1단계	취업처 확보(취업가능업체 확보, 고용지원센터 협조 체계)
	2단계	대상자 선정(사전면담을 통한 희망자 파악, 업체와 출소자의 고용, 취업조건 등)
	도 전	취업 알선(담당직원 동행 취업처 방문, 고용기업체 협조 체계 구축, 장기 취업을 위한 사후관리 실시)
주거지원 3단계	1단계	각 지부별 신청자 접수(입주 자격 및 생활 실태 확인, 적격 대상자 주거지원 사업단 송부)
	2단계	입주 예정자 선정(입주 신청자 주거지원심사위원회에서 적격여부 심사)
	3단계	주택 입주(주택공사와 협의하여 배정 받은 물건 중 입주예정자 희망 주택에 입주)

프로그램

⑥ **주거지원**

출소로 해체된 가정기능 복원을 위해 부양가족이 있는 출소자에게 국토해양부·한국토지주택공사와 업무협약을 체결하여 임대주택을 저렴하게 지원하는 프로그램

⑦ **기타자립지원**

의탁알선, 호적취적 및 주민등록 재등록, 의료시혜, 생계보조금 지급, 합동결혼식 거행 등 대상자가 자립에 필요한 사항 지원

⑧ **재사회화교육**

구금 생활로 인하여 변화된 사회에 적응이 어려운 대상자들에게 체험 학습, 인지역량 강화, 대인관계 능력 증진, 집단 상담치료 등 재교육을 실시

⑨ **멘토링 및 사후관리**

숙식제공, 직업훈련, 주거지원 대상자에 대하여 보호·진로·교육·상담·생활

지도 등의 멘토링 및 사후관리를 실시하며 이 기간 동안 면접·통신·방문 기타 적절한 방법으로 대상자의 선행을 지도·장려하고 가정·주거·교우 등 환경을 조정·개선하도록 지도. 갱생보호사업은 형의 선고유예, 집행유예, 가석방 또는 형기의 종료 등으로 출소한 자에 대하여 자립의식을 고취하고, 경제적 자립기반을 조성시켜 건전한 사회복귀를 촉진함으로써 재범의 위험을 방지하기 위한 사업이다. 보호관찰은 법적 강제성을 바탕으로 유권적인 사회 내 처우라고 한다면 갱생보호는 대상자의 신청을 받아 이루어지는 임의적인 사회 내 처우라는 점에서 서로 비교할 수 있다.

6. 중간처우제도와 중간처벌제도

1) 중간처우제도

(1) 중간처우제도의 의의

중간처우제도는 1950년 미국 미시간주와 콜로라도주 교도소에서 처음 운영한 중간처우의 집(Halfway-out House)과 1954년 영국에서 시행한 호스텔(Pre-discharged Hostel)제도의 일종으로 교정시설의 수용자에게 사회와의 근접된 생활로 장기 구금에 따른 단절감을 해소하여 사회복귀를 용이하게 하기 위한 제도로, 시설 내 처우와 사회 내 처우의 중간형태 내지 결합형태라 할 수 있다.

(2) 중간처우제도 관련규정 신설

① 2008년 12월 19일「수용자 사회복귀지원 등에 관한 지침」(법무부예규 제814호)을 제정하여 새로 도입하는 중간처우제도의 기본원칙과 중간처우 대상자의 선정요건 및 처우 등을 규정하였다.

② 중간처우의 기본원칙은 자율과 책임에 바탕을 둔 자치활동으로 수형자의 특성과 수용에 맞는 개별처우를 실시하여 자립 능력을 향상하고, '중간처우의 집' 수용인원은 10명 내외로 하며, 천안개방교도소의 '사회적응훈련원'에는 중간처우대상자 180명과 개방처우대상자인 관용작업 취업자를 포함한 240명으로 정하였다.

③ 중간처우대상자의 선정요건은 처우급 2급 이상인 자, 중간처우 개시일로부터 6개월 내외에 가석방이 가능한 자, 60세 이하이며 건강상태가 양호하고 교육훈

련을 감당할 수 있는 자, 모범수형자로 도주의 우려가 없는 자, 그 밖의 필요한 요건을 따로 정한 자 등으로 규정하였다.

④ 중간처우대상자의 교육과정은 3단계로 나누어 단계별로 구분·시행하도록 하고, 자치회를 조직·운영하도록 하는 한편, 여가시간에는 컴퓨터를 사용할 수 있으나 인터넷은 중간처우 담당공무원의 허가를 받도록 하였으며, 교정시설 외부의 출장직업훈련과 영화·공연·박물관 등의 관람이나 종교행사 등에 참석할 수 있도록 하였다.

⑤ 중간처우 취소사유로는 규율을 위반하고 그 정도가 중하여 중간처우대상자 및 개방처우대상자로 처우하는 것이 부적당하다고 인정되는 경우, 교육·훈련 및 작업을 감당하기 어려운 환자 및 정서적으로 불안한 경우 등으로 규정하고 이들에 대하여는 타 교정시설로 이송하도록 하였다.

(3) 중간처우제도의 도입
① 소망의 집 개관

우리나라의 중간처우시설은 2009년 1월 21일 안양교도소 담 밖에 개설한 '소망의 집'이 최초이고, 같은 해 9월 17일 개관한 천안개방교도소 사회적응훈련원이 그 두 번째이며, 같은 해 11월 26일 마산·춘천·순천·청주여자교도소 등 지방교정청별 1개 기관에 중간처우의 집을 추가 설치하여 운영하고 있다.

소망의 집은 도주방지를 위한 보안시설이 없는 일반 주택형으로 신축하고 내부에는 2인 1실의 방 5개와 샤워장, 세탁실 및 토론실 등 공동시설과 개인용 침대와 컴퓨터 등의 편의시설을 갖추었다. 또한 중간처우대상자는 가정과 비슷한 환경에서 사회생활을 설계하거나 외부공장에 출·퇴근하는 등의 다양한 프로그램을 통해 사회적응능력을 배양하고 출소 후 사회에 안정적으로 정착하도록 하기 위해 교육과정을 단계별로 구분하고 그에 따르는 계획을 수립·운영하게 하였다. 소망의 집 처우대상자의 단계별 교육훈련 프로그램은 다음과 같다.

교육단계	기 간	처우내용	
		공통사항	개별사항
제 1 단계 (시설적응단계)	1개월	• 자기소개서 작성 • 중간처우시설 적응 교육 • 외부통근작업 지정 • 사회적응 문제요인 파악	
제 2 단계 (사회적응단계)	4개월	• 외부통근작업 • 외부출장 직업훈련 또는 교육	• 사회적응 문제요인 심층분석
제 3 단계 (사회복귀단계)	1개월	• 귀휴, 사회봉사활동 • 외부 문화·종교행사 참석 • 취업·창업지원 교육	• 취업알선 • 사회적응 문제요인 해결책 제시 • 출소 후 생활계획서 작성 • 출소 후 지도에 관한 교육

② 아름다운 자동차가게 개설

중간처우시설인 소망의 집을 활성화하고 일자리 창출을 통한 수형자의 성공적인 사회복귀를 지원하기 위해 (주)오토챠밍과 협력하여 2009년 4월 1일 안양교도소 중간처우시설인 '소망의 집' 옆의 부지에 '아름다운 자동차 가게'를 개설하였다. 중간처우 수형자의 출소와 동시에 취업 또는 창업과 연결시키는 역할을 하고 있다.

③ 천안개방교도소 사회적응훈련원 개관

2009년 9월 17일 천안개방교도소에 가석방예정자 생활관으로 사용하던 근면관을 리모델링하여 사회적응훈련원을 개관하였다. 사회적응훈련원은 수형자들에게 다양한 사회생활 체험훈련을 실시하며 성공적으로 사회에 정착하도록 하기 위한 중간처우시설로 대상자는 교정본부의 교정정책단장을 위원장으로 하고 각 과장을 위원으로 하는 '중간처우대상자 선정심사위원회'에서 매월 30명을 선정하도록 하였다.

처우대상자의 선정요건은 형기 5년 이상인 2범 이하의 수형자 중 처우급 2급 이상이고 개방경비급의 심신이 건강한 모범수형자로 기준일로부터 6개월 이내 가석방이 가능한 일반수형자와 과실범으로 잔형기 3년 미만이고 2범 이하의 처우급 2급 이상인 개방경비급 수형자로 제한하였다.

중간처우 대상자는 기업체 출·퇴근, 대중교통 및 공공기관 이용 등 사회 체험 훈련 위주의 교육을 실시하고 있다. 6개월 과정으로 편성된 교육기간은 1단계부터 3단계로 구분하여 시행하며, 특히 마지막 3단계는 1개월 동안 취업·창업지원 교육과 체험교육을 비롯하여 귀휴 등 사회적 처우를 중점적으로 시행하여 출소 후 직면하게 될 사회부적응 요인을 사전 제거하는 내용을 중심으로 편성·운영하고 있다. 또한 가석방 대상자의 취업을 활성화하기 위해 중소기업청 등과 연계하여 '취업박람회'를 개최하는 등 체계적인 사회복귀지원시스템을 구축하여 장기수형자의 성공적인 사회정착과 재범방지를 지원해주고 있다. 사회적응훈련원의 중간처우대상자에 대한 단계별 교육훈련프로그램은 다음과 같다.

교육단계	기　간	교육내용
제 1 단계	1개월 이내	• 교육계획 수립 • 개방환경 적응교육(가석방예정일 고지)
제 2 단계	4개월 내외	• 근로적응훈련(외부통근작업 등) • 제한적 체험훈련 및 대인관계 향상교육
제 3 단계	1개월	• 전면적 체험훈련, 취업·창업지원교육 • 귀휴 등 사회적 처우

2) 중간처벌제도

(1) 중간처벌제도의 의의

자유형과 보호관찰이라는 극단적 양형 중간에 새로운 형사제재를 가능하게 함으로써 재판관이 범죄의 심각성 정도에 따라 형을 적정하게 할 수 있게 하고 나아가 형사제재의 연속성에 기여한다. 구금형과 보호관찰 사이에 존재하는 일련의 처벌형태로 중간처우가 사회복귀에 중점을 두었다면 중간처벌은 제재에 중점을 둔 제도이다.

(2) 중간처벌제도의 도입

1980년대 이후 과밀수용문제와 보호관찰대상자들의 높은 재범률에 따라 일정 범죄인에 대한 새로운 대체처벌방안이 강구되면서 주장된 것이다. 처벌은 주로 사회 내에서 이루어지며 범죄자에 대한 강화된 통제방안이 포함된 것이 특징이다.

미국의 모리스(Morris)는 범죄자 처벌에 있어서 중간처벌제도를 적극 활용해야 한다고 주장하였다.

(3) 중간처벌제도의 장·단점
① 장   점
㉠ 교정제도의 수용능력에 대한 융통성
㉡ 교정제도의 수용에 따른 개별 범죄자 책임관리 용이
㉢ 국가나 지방단체에서 모두 이용가능
㉣ 교정의 민영화 확산
㉤ 형벌의 불공평성 감소
㉥ 지역사회교정의 활성화 기대 효과

② 단   점
㉠ 중간처벌제도가 구금인구 중 강력범 비율을 감소시킬 수 있는 것은 아님
㉡ 중간제재의 선별과 결정, 집행기관을 어디로 할 것인가에 대한 논란
㉢ 중간제재에 적합한 대상자 선정 문제
㉣ 중간제재가 범죄자에 대한 통제력을 약화시키기보다 강화시킴

(4) 중간처벌제도의 유형
① 충격구금(Shock Incarceration)
㉠ 의   의
보호관찰에 앞서 구금의 고통이 가장 큰 짧은 기간 동안만(통상 30~90일 사이) 범죄인을 구금함으로써 미래 범죄행위에 대한 억지력을 발휘할 것이라고 가정하는 처벌형태로 이는 장기구금에 따른 폐해와 부정적 요소를 해소하거나 줄이는 대신 구금이 가질 수 있는 긍정적 측면을 강조하기 위한 것이다.
㉡ 유   형
ⓐ 충격가석방(Shock Parole) ― 보호관찰에 회부하기 전 단기간의 구금을 시켜 구금의 경험을 통해 교정시설의 실상을 인식할 수 있도록 충격을 가하여 다시는 범죄를 하지 않도록 제지하는 제도이다.
ⓑ 분할구금(Split Sentence) ― 보호관찰과 충격구금과 같은 단속적인 구금에 처하는 두 가지의 처벌형태를 말한다.
ⓒ 충격보호관찰(Shock Probation) ― 병영식 캠프의 전신으로 1965년 오하이

오주에서 시작되었는 데, 주로 구금경력이 없는 청소년을 대상으로 3~6개월 단기간 구금 후 보호관찰부로 석방하는 제도이다.

ⓓ 병영식 캠프(Boot Camp) — 1983년 미국 조지아주에서 시작한 제도로 3~4개월 동안 군대식 훈련을 중심으로 엄격규율과 규칙적인 생활습관 및 책임의식을 강조하며 청소년을 대상으로 단기훈련 기간을 갖는 것을 특징으로 한다. 단기간의 구금을 거쳐 사회 내 감독기관으로 연결되며, 주로 성인교도소에 구금경력이 없는 젊은 층 범죄자를 대상으로 한다는 점에서 공통성을 띠고 있다.

② 가택구금제도(Home Arrest)

㉠ 의   의

가택구금이란 수형자 내지 미결구금자를 수형시설에 수용하는 대신 가택에 구금하는 제도를 말한다. 일반적으로는 수형자가 가택에 머무르고 있는가를 확인하기 위해 전자감시제도와 결합되어 시행된다.

㉡ 대상자 및 조건

ⓐ 대상자 — 일반적으로 폭력범죄자나 알코올·약물중독자가 아니며, 재범위험성이 높지 않은 범죄자들이다. 특히 피해자와의 갈등에 의해 범죄를 저지른 자 및 자동차를 사용하지 못하도록 할 필요성이 있는 교통범죄자들에게 적합하다.

ⓑ 조   건 — 가택구금은 원상회복명령, 사회봉사명령 등과 결합하여 시행되기도 하고 감시비용을 부담할 것을 조건으로 하기도 한다. 대상자는 전혀 가택을 떠나지 못하거나, 원칙적으로 가택을 떠나지 못하고 약속된 일정시간에만 가택을 떠날 수 있다는 등의 준수사항이 부과된다.

㉢ 장·단점

ⓐ 장   점
• 수형시설의 과밀화를 해소하고 교도관이나 보호관찰관의 업무부담을 감소
• 수형시설 내 구금에 의한 악풍감염을 방지
• 시설 내 수용보다 경제적임
• 시설 내 수용에 비해 인도적임

ⓑ 단   점
• 전자감시를 통해 대상자의 프라이버시를 지나치게 침해할 우려
• 전자감시장비의 설치와 유지에 많은 비용 소요

- 대상자들이 가택에 머물지 않는 것을 통제할 수 없는 경우가 많음
- 적용할 수 있는 대상자에 제한이 있음
- 가택을 떠나고 싶은 유혹을 계속적으로 뿌리쳐야 하므로 대상자의 심리적 압박이 지나치게 큼

③ 전자감시제도(Electronic Monitoring)

㉠ 의   의

전자감시제도란 범죄자를 구금하지 않고 정상적으로 사회생활을 하게 하면서 지정된 시간에 지정된 장소에 있을 것을 조건으로 대상자의 신체에 전자감응장치를 부착시키고 이를 통해 준수사항을 이행하고 있는지를 원격감시하는 제도를 말한다.

㉡ 대 상 자

ⓐ 단기자유형을 선고받은 자 혹은 잔형기가 얼마 남지 않은 자

ⓑ 중한 범죄를 저지르지 않은 자

ⓒ 알코올이나 마약중독자가 아닌 자

ⓓ 일정한 주거와 전화를 가진 자

㉢ 유   형

ⓐ 계속적 감시방법(Active System) — 범죄자의 신체에 소형발신기를 부착하고 이것이 일정한 간격으로 무선신호를 발신하면 지정된 주거지 전화기에 부착된 수신장치가 그 신호를 탐지하여 이를 중앙감시컴퓨터에 전송하는 방법

ⓑ 단속적 감시방법(Passive System) — 중앙감시컴퓨터가 무작위로 또는 선정된 시각에 범죄자를 전화호출하여 그 응답 여부로 소재를 확인하는 방법

ⓒ 탐지방법(Tracking System) — 범죄자가 착용하고 있는 소형발신기가 계속적으로 무선신호를 발하면 범죄자의 소재지 부근을 순회하는 보호관찰관의 수신기로 범죄자의 소재지를 확인하는 방법

ⓓ 무선송·수신기 기록감시방법 — 대상자가 착용하고 있는 발신기의 무선신호를 대상자의 주거지 또는 승인된 장소에 설치된 탐지장치가 수신하여 기록하고 다시 이를 무선신호로 중앙컴퓨터에 중계하는 방법

ㄹ 장·단점

ⓐ 장　　점

• 교도소 과밀수용을 완화시키고 수용비용 절감
• 수형시설에 수용하지 않고도 수용의 목적을 충족시킴
• 대상자가 사회에서 정상적으로 생활하도록 함으로써 사회복귀를 원활하게 함
• 처우의 다양화를 기할 수 있음
• 범죄자에 대한 지속적 감시를 통해 사회안전을 확보할 수 있음

ⓑ 단　　점

• 프라이버시 등 인권침해문제나 윤리적 문제를 야기
• 대상자에 대한 사회경제적 편견이 개입되어 낙인효과를 초래할 가능성
• 아직 기술적으로 완전하지 않아 전자감시가 실패할 가능성이 높고, 이 경우 사회의 안전이 훼손될 위험성이 있음
• 사회통제망이 지나치게 확대될 염려가 있음
• 전자감시제도를 실시하기 위한 비용이 많이 소요됨

기출 및 예상문제

01. 교정처우를 폐쇄형 처우, 개방형 처우, 사회형 처우로 구분할 때 개방형 처우에 해당하는 것만을 모두 고른 것은? (16. 9급)

ㄱ. 주말구금	ㄴ. 부부접견	ㄷ. 외부통근
ㄹ. 보호관찰	ㅁ. 사회봉사명령	ㅂ. 수형자자치제

① ㄱ, ㄴ, ㄷ   ② ㄱ, ㅁ, ㅂ

③ ㄴ, ㄷ, ㄹ   ④ ㄹ, ㅁ, ㅂ

> **정답** ①
> ㄱ. 주말구금-사회적 처우   ㄴ. 부부접견-사회적 처우
> ㄷ. 외부통근-사회적 처우   ㄹ. 보호관찰-사회내 처우
> ㅁ. 사회봉사명령-사회내 처우   ㅂ. 수형자자치제-시설내 처우

02. 지역사회교정의 장점을 기술한 것으로 옳지 않은 것은? (16. 9급)

① 새로운 사회통제 전략으로서 형사사법망의 확대효과를 가져온다.

② 교정시설 수용에 비해 일반적으로 비용과 재정부담이 감소되고 교도소 과밀수용 문제를 해소할 수 있다.

③ 대상자에게 사회적 관계의 단절을 막고 낙인효과를 최소화하며 보다 인도주의적인 처우가 가능하다.

④ 대상자에게 가족, 지역사회, 집단 등과 유대관계를 유지하게 하여 범죄

자의 지역사회 재통합 가능성을 높여 줄 수 있다.

> **정답** ① 형사사법망의 확대는 장점이 아니라 단점에 해당된다.

03. 사회 내 처우제도에 대한 설명으로 옳지 않은 것은? (14. 7급)

① 지역사회의 자원이 동원됨으로써 교정에 대한 시민의 관심이 높아지고, 나아가 이들의 참여의식을 더욱 강화할 수 있다.

② 수용시설의 제한된 자원과는 달리 지역사회에서는 다양한 자원을 쉽게 발굴 및 활용할 수 있다.

③ 범죄인이 경제활동을 포함하여 지역사회에서 일상생활을 하는 것이 가능하므로, 범죄인 개인의 사회적 관계성을 유지할 수 있다.

④ 전자감시제도의 경우, 처우대상자의 선정에 공정성을 기하기 용이하다.

> **정답** ④ 전자감시제도의 경우, 처우대상자의 선정에 공정성을 기하기 용이하지 않다. 대상자 선정에 있어서 재량권 남용 및 인권침해의 소지가 있다는 문제점이 있다.

04. 다음 중 현행법령상 중간처우에 대한 설명으로 틀린 것은? (16. 경채)

① 소장은 가석방 또는 형기 종료를 앞둔 수형자 중에서 법무부령으로 정하는 일정한 요건을 갖춘 사람에 대해서는 가석방 또는 형기 종료 전 일정 기간 동안 지역사회 또는 교정시설에 설치된 개방시설에 수용하여 사회적응에 필요한 교육, 취업지원 등의 적정한 처우를 할 수 있다.

② 중간처우 대상자의 경비처우급은 개방처우급과 완화경비처우급이다.

③ 중간처우는 형기가 3년 이하인 사람과 범죄 횟수가 2회 이상인 사람이 대상이 된다.

④ 기본적인 요건을 갖추고 중간처우를 받는 날부터 가석방 또는 형기 종료 예정일까지 기간이 3개월 이상 1년 6개월 이하인 사람은 교정시설에 설치된 개방시설에 수용하여 사회 적응에 필요한 교육, 취업지원 등 적정한 처우를 할 수 있다.

> **정답** ③ 중간처우는 형기가 3년 이상인 사람과 범죄 횟수가 2회 이하인 사람

이 대상이 된다.

05. 가석방자관리규정에 따른 가석방자 관리에 대한 설명으로 옳지 않은 것은?

(16. 7급)

① 가석방자는 가석방 후 그의 주거지에 도착하였을 때에 지체없이 종사할 직업 등 생활계획을 세우고, 이를 관할경찰서의장에게 서면으로 신고하여야 한다.

② 관할경찰서의 장은 6개월마다 가석방자의 품행, 직업의 종류, 생활 정도, 가족과의 관계, 가족의 보호 여부 및 그 밖의 참고 사항에 관하여 조사서를 작성하고 관할 지방검찰청의 장 및 가석방자를 수용하였다가 석방한 교정시설의 장에게 통보 하여야 한다. 다만, 변동 사항이 없는 경우에는 그러하지 아니하다.

③ 가석방자는 국내 주거지 이전(移轉) 또는 10일 이상 국내 여행을 하려는 경우 관할경찰서의 장에게 신고하여야 한다.

④ 가석방자가 사망한 경우 관할경찰서의 장은 그 사실을 관할 지방검찰청의 장 및 가석방자를 수용하였다가 석방한 교정시설의 장에게 통보하여야 하고, 통보를 받은 석방시설의 장은 그 사실을 법무부장관에게 보고하여야 한다.

> **정답** ③ 가석방자는 국내 주거지 이전(移轉) 또는 1개월 이상 국내 여행을 하려는 경우 관할경찰서의 장에게 신고하여야 한다.

06. 가석방제도에 대한 설명으로 옳은 것은? (15. 5급 승진)

① 징역 또는 금고 집행 중에 있는 자가 그 행상이 양호하여 개전의 정이 현저한 때에는 무기에 있어서는 10년, 유기에 있어서는 형기의 3분의1을 경과한 후 행정처분으로 가석방을 할 수 있다.

② 소장이 가석방적격심사를 신청한 때에는 수형자가 동의하지 아니하더라도 신청사실을 보호자 등에게 알려야 한다.

③ 형기에 산입된 판결선고 전 구금일수는 가석방에 있어서 집행을 경과한 기간에 산입하지 아니한다.

④ 가석방 중 고의 또는 과실로 금고 이상의 형을 선고받아 그 판결이 확정된 경우에 가석방처분은 효력을 잃는다.

⑤ 가석방처분을 받은 자가 감시에 관한 규칙을 위배하거나 보호관찰 준수사항을 위반하였다고 하여 반드시 가석방처분을 취소하여야 하는 것은 아니다.

> **정답** ⑤.
> 준수사항을 위반한 경우에는 임의적 취소사유에 해당된다.
> ① 징역 또는 금고 집행 중에 있는 자가 그 행상이 양호하여 개전의 정이 현저한 때에는 무기에 있어서는 20년, 유기에 있어서는 형기의 3분의1을 경과한 후 행정처분으로 가석방을 할 수 있다.
> ② 소장이 가석방적격심사를 신청한 때에는 수형자가 동의한 경우에만 신청사실을 보호자 등에게 알려야 한다.
> ③ 형기에 산입된 판결선고 전 구금일수는 가석방에 있어서 집행을 경과한 기간에 산입한다.
> ④ 가석방 중 고의로 금고 이상의 형을 선고받아 그 판결이 확정된 경우에 가석방처분은 효력을 잃는다.

07. 교정처우 중 사회내 처우에 해당하지 않는 것을 모두 고른 것은?

(16. 7급 보호직 형사정책)

ㄱ. 가택구금	ㄴ. 수강명령	ㄷ. 개방교도소
ㄹ. 집중감시보호관찰(ISP)	ㅁ. 외부통근	

① ㄴ, ㄹ   ② ㄷ, ㅁ   ③ ㄱ, ㄴ, ㄹ   ④ ㄱ, ㄷ, ㅁ

> **정답** ② 개방교도소와 외부통근은 사회적 처우 또는 개방처우에 해당된다.

08. 「보호관찰 등에 관한 법률」상 갱생보호제도에 대한 설명으로 옳은 것은?

(15. 7급)

① 형사처분 또는 보호처분을 받은 자, 형 집행정지 중인 자 등이 갱생보호의 대상자이다.

② 갱생보호 대상자는 보호관찰소의 장에게만 갱생보호 신청을 할 수 있다.

438 교정학

③ 갱생보호사업을 하려는 자는 대통령령으로 정하는 바에 따라 지방교정청장의 허가를 받아야 한다.

④ 갱생보호의 방법에는 주거 지원, 출소예정자 사전상담, 갱생보호 대상자의 가족에 대한 지원이 포함된다.

> **정답** ④.
> ① 형사처분 또는 보호처분을 받은 자이고, 형 집행정지 중인 자는 갱생보호의 대상자가 아니다.
> ② 갱생보호 대상자는 보호관찰소의 장, 갱생보호의 허가를 받은 자, 한국법무보호복지공단 등에 갱생보호 신청을 할 수 있다.
> ③ 갱생보호사업을 하려는 자는 법무부령으로 정하는 바에 따라 법무부장관의 허가를 받아야 한다.

09. 사회 내 처우제도에 관한 설명 중 옳지 않은 것은? (06. 9급)

① 시설 내 처우에 비해 재사회화 목적 달성에 효율적이다.

② 시설 내 처우에 비해 운용경비가 절감된다.

③ 일반인의 법감정을 충족시켜 준다.

④ 개선보다는 과잉구금문제의 해결을 위한 새 사회통제전략에 불과하다는 비판을 받고 있다.

> **정답** ③ 사회 내 처우 등은 사회방위상 위험시될 수 있으므로, 국민의 법감정에는 상충된다고 할 수 있다.

10. 사회봉사명령에 적합한 성인 대상자의 유형으로 적합하지 않은 것은? (07. 9급)

① 사회적으로 고립되어 있거나 단편적인 생활양식을 가진 자의 경우

② 자신을 비하하거나 목적 없이 생활하면서 자신의 능력을 모르는 경우

③ 마약이나 알코올중독으로 비고의적 범죄를 범한 경우

④ 근로정신이 희박하고 다른 사람의 재물을 탐내거나 직무와 관련하여 부당한 대우를 받은 경우

> **정답** ③ 마약이나 알코올중독으로 비고의적 범죄를 범한 경우의 대상자는 사회봉사명령 부적합자이고 수강명령에 적합한 자이다.

11. 전자감시제도의 형사정책적 역기능에 해당하는 것은?　　　　　(07. 9급)

① 사회 내 처우의 효과를 경감시킨다.

② 인간존엄성의 침해소지가 있다.

③ 행형비용을 증가시킨다.

④ 시설처우의 단점을 배가시킨다.

> **정답**　②
> ※ 전자감시제도의 단점
> ㉠ 전자감시를 통해 대상자의 프라이버시를 지나치게 침해
> ㉡ 전자감시장비의 설치와 유지에 많은 비용 소요
> ㉢ 대상자들이 가택에 머물지 않는 것을 통제할 수 없는 경우가 많음
> ㉣ 적용할 수 있는 대상자에 제한이 있음
> ㉤ 가택을 떠나고 싶은 유혹을 계속적으로 뿌리쳐야 하므로 대상자의 심리적 압박이 지나치게 큼

12. 사회 내 처우에 관한 설명으로 옳지 않은 것은?　　　　　(08. 7급)

① 석방 전 지도센터는 사회 내 처우센터의 유형에 해당되지 아니한다.

②「소년법」상 소년에 대한 수강명령은 100시간을 초과할 수 없다.

③ 자율성의 향상과 체득은 개방처우의 기본목표라 할 수 있다.

④ 존 어거스터스(J. Augustus)는 갱생보호제도의 발전에 기여하였다.

> **정답**　① 석방 전 지도센터와 중간처우의 집 등은 사회 내 처우센터의 유형에 해당된다.

13. 전자감시제도에 관한 설명으로 옳지 않은 것은?　　　　　(08. 7급)

① 보호관찰관의 감시업무부담을 경감시키고, 시설수용보다 관리비용을 절감할 수 있다는 장점도 제기되고 있다.

② 전자감시기구는 일반인들의 눈에 잘 띄지 않으므로 낙인효과도 작고, 시민의 자유 침해를 최소화하여 형사사법망의 축소에도 도움이 된다.

③ 전자감시제도는 인간을 기계와 장비의 감시대상으로 전락시키며, 대상자의 사생활을 감시하여 과잉금지원칙에 위배된다는 비판이 있다.

④ 전자감시방법으로는 일정한 시간간격을 두고 무선신호를 자동적으로 발

신하는 계속적 감시시스템, 감시컴퓨터가 무작위로 대상자의 자택에 전화를 걸어 소재를 확인하는 단속적 감시시스템 그리고 대상자에게 외출을 허용하지만 부착된 송신기가 발신하는 무선신호를 통하여 그 소재를 확인하는 탐지시스템이 있다.

정답   ② 전자감시기구는 일반인들의 눈에 잘 띄기 때문에 낙인효과도 생길 수 있고, 시민의 자유 침해를 확대할 가능성이 높고, 형사사법망이 확대되는 문제점이 있다.

14. 중간처벌제도에 관한 설명으로 옳지 않은 것은?   (08. 7급)

① 미국의 모리스(Morris)는 범죄자 처벌에 있어서 중간처벌제도를 적극 활용해야 한다고 주장하였다.

② 구금과 보호관찰처분의 이분법적 처벌형태에서 존재할 수 있는 불공정성을 극복할 수 있다.

③ 보호관찰의 다양한 활용과 구금형의 무용론이 대두되면서 새로운 처벌제도로 논의가 활발하게 이루어졌다.

④ 쇼크구금(Shock Incarceration)과 병영식 캠프(Boot Camp)는 교정관련 중간처벌의 대표적 예에 속한다.

정답   ③ 중간처벌제도는 보호관찰과 구금형의 극단적인 처벌의 문제점을 해소하기 위해 대두된 것이지, 보호관찰의 다양한 활용과 구금형의 무용론 대두와는 무관하다.

15. '전자감시를 조건으로 한 가택구금'에 대한 설명으로 옳지 않은 것은? (09. 9급)

① 범죄자를 자신의 집에 구금시키고 전자장비를 이용하여 범죄자를 감시하는 일종의 시설 내 처우이다.

② 과잉구금 및 교도소 과밀수용의 문제점을 해결하기 위한 대안으로 시작되었다.

③ 범죄자에 대한 통제 강화라는 엄격한 처벌의 요구와 구금비용절약이라는 경제성의 요구를 동시에 만족시킬 수 있다.

④ 형사사법의 그물망을 확대시킴으로써 더 많은 사람들에 대해 형사사법기관이 개입하게 된다는 단점이 있다.

① 전자감시가택구금제도는 전형적인 중간처벌로 사회 내 처우이다.

16. 다음은 중간처우와 중간처벌에 관한 것이다. 바른 것은? (09. 7급)

> ⊙ 중간처우가 사회복귀에 중점을 둔 제도라면, 중간처벌은 제재에 중점을 두
>   었다.
> ⊙ 중간처우소는 영국의 호스텔에서 발전한 것으로 주간에는 직장에 통근하고
>   야간과 공휴일엔 시설에서 자유형집행을 한다.
> ⊙ 우리나라는 수용시설 내의 수형자를 지역사회와 연계시켜 사회적응력을 배
>   양하고 사회복귀를 촉진하기 위해서 중간처우의 집을 운영하고 있다.
> ⊙ 중간처벌은 보호관찰과 구금형 사이의 처벌형태로 일종의 대체처벌이라고
>   할 수 있다.
> ⊙ 재판단계의 중간처벌의 종류는 벌금과 전환이 있다.
> ⊙ 전환은 범죄자라는 낙인을 회피할 수 있고, 다른 범죄자와의 부정적 접촉을
>   차단할 수 있다.
> ⊙ 충격구금은 구금의 효력은 입소 후 6~8개월에 이르기까지 최고조에 달하
>   다가 그 후에는 급격히 떨어진다는 것에 대한 동의를 바탕으로 한다.

① 4개   ② 5개   ③ 6개   ④ 7개

④ ⓒ에 대해서는 일반적으로 중간처우의 집은 석방 전 중간처우소를 의
미하는데, 이러한 석방 전 중간처우의 집은 미국에서는 석방 전 지도센터가 그 전
신이고, 영국은 호스텔이라는 이름으로 불리는 중간처우소를 운영하였다. 미국의
중간처우의 집은 1961년 시카고, 뉴욕, LA 등의 도시에서 교도소에 수용된 수형
자를 석방 전 3개월 내지 4개월 동안 특별한 시설에 옮겨 외부에 있는 직장에 통
근할 수 있도록 한 석방 전 지도센터가 그 전신이라 할 수 있다. 이러한 석방 전
지도센터는 사회 내 처우센터의 일종으로 1953년 영국에서 시작된 호스텔제도가
그 선구라고 할 수 있다.

17. 가석방제도에 대한 설명으로 옳지 않은 것은? (09. 9급)

① 정기자유형의 문제점을 보완하고 수형자의 개선의지를 촉진할 수 있다.
② 교정시설 내 질서유지 및 교정교화의 효과증진에 기여할 수 있다.
③ 불필요한 구금을 회피함으로써 경비를 절감할 수 있다.

④ 사법처분의 일환으로 공정성을 증대시킬 수 있다.

> **정답** ④ 가석방은 「형법」에 근거규정이 있고, 행정기관(가석방심사위원회의 심사결정과 법무부장관의 허가)의 판단에 따라 시행되는 것으로 사법처분이 아닌 행정처분이다.

18. 갱생보호에 대한 설명으로 옳지 않은 것은? (09. 7급)

① 갱생보호의 실시에 관한 사무는 한국법무보호복지공단이 관장한다.
② 한국법무보호복지공단 이외의 자로서 갱생보호사업을 하고자 하는 자는 법무부장관의 허가를 받아야 한다.
③ 갱생보호 대상자와 관계 기관은 보호관찰소의 장, 갱생보호사업의 허가를 받은 자 또는 한국법무보호복지공단에 갱생보호신청을 할 수 있다.
④ 갱생보호 대상자는 형사처분 또는 보호처분을 받은 자로서 자립갱생을 위한 숙식 제공, 여비지급, 생업도구·생업조성 금품의 지급 또는 대여, 직업훈련 및 취업 알선 등 보호의 필요성이 인정되는 자이다.

> **정답** ① 갱생보호의 실시에 관한 사무는 보호관찰소가 관장하고, 갱생보호의 사업은 한국법무보호복지공단에서 관장한다.

19. 다음은 지역사회교정(community corrections)에 대한 설명이다. 맞지 않는 것은? (12. 9특)

① 지역사회교정 출현은 교정시설의 과밀수용, 재범률 증가가 큰 영향을 미쳤다.
② 다이버젼은 범죄자에 대한 부정적 낙인을 최소화함으로서 2차적 범죄를 막으려는 목적이 있다.
③ 지역사회교정에서 민간의 개입은 최소화된다.
④ 지역사회보호, 처벌의 연속성, 사회복귀, 재통합 등이 목표이다.

> **정답** ③ 오늘날 지역사회교정에서 민간의 개입은 최소화되는 것이 아니라 확대되고 있다. 예컨대, 중간처벌의 발전이 교정의 민영화 확산에 기여하는 부분은 이에 해당되는 사례라 할 수 있다.

20. 우리나라 갱생보호제도에 대한 설명으로 옳지 않은 것은? (11. 7급)

① 갱생보호 대상자는 형사처분 또는 보호처분을 받은 사람이다.

② 갱생보호사업을 하려는 자는 법무부장관의 허가를 받아야 한다.

③ 우리나라는 석방자에 대한 필요적 갱생보호를 인정하고 있다.

④ 갱생보호사업을 효율적으로 추진하기 위하여 한국법무보호복지공단이 설립되어 있다.

> **정답** ③ 우리나라는 석방자에 대한 본인의 신청이나 동의가 있는 경우에 할 수 있는 임의적 갱생보호를 인정하고 있다.

21. 다음은 법무부 소속 각종 위원회에 대한 설명이다. 그 중 옳지 않은 것은?

(12. 9특)

① 가석방 심사위원회는 위원장 포함 5인 이상 9인 이하로 구성되며 임기는 2년이다.

② 치료감호심의위원회는 위원장 포함 5인 이상 9인 이하로 구성되며 임기는 2년이다.

③ 보호관찰심사위원회는 위원장 포함 5인 이상 9인 이하로 구성되며 임기는 2년이다.

④ 중앙급식관리위원회는 위원장 포함 8인 이상 12인 이하로 구성되며 임기는 2년이다.

> **정답** ② 치료감호심의위원회는 판사, 검사 또는 변호사의 자격이 있는 6명 이내의 위원과 정신건강의학과 등 전문의의 자격이 있는 3명 이내의 위원으로 구성하고, 위원장은 법무부차관으로 한다.

22. 다음 중 개방처우가 아닌 것은? (05. 7급)

① 가석방   ② 외부통근   ③ 주말구금   ④ 귀휴제

> **정답** ① 가석방과 보호관찰은 사회 내 처우에 해당된다.

23. 시설 내의 엄격한 처우를 완화하기 위한 개방처우에 속하지 않는 것은?

(09. 사시)

① 외부통근제　　　② 부부만남의 집　　　③ 개방교도소
④ 주말구금제　　　⑤ 독거수용제

> **정답**　⑤ 독거수용제는 시설 내 처우에 해당된다.

24. 지역사회교정의 출현배경이 아닌 것은 무엇인가?

① 재범률의 증가와 신종범죄 및 범죄의 양적 급증은 교정시설의 과밀수용으로 나타났고 이는 형사사법기관의 업무량증가와 비효율화를 초래하게 되었다.
② 구금과 보호관찰의 양극적 처우의 부적당성이 증대하였고, 범죄환경의 변화에 따른 다양한 처벌의 필요성이 대두되었다.
③ 낙인이론의 영향을 받아 범죄자를 낙인찍지 않고 지역사회와 유대를 지속하도록 하는 다양한 프로그램을 제공하여 법을 준수하는 행동을 유지할 것으로 기대하였다.
④ 지역사회 교정은 자원부족문제를 해결하기 위해 출현하게 된 것이 아니라 범죄자부조나 사회보호 때문에 출현하게 되었다.

> **정답**　④ 범죄자부조나 사회보호 때문이 아니라 자원부족해결을 위한 것이기 때문에 강제적 참여를 요구하게 되었고, 이는 결국 범죄원인 제거와는 무관하다는 비판이 제기되고 있다.

25. 중간처우란 사회 내 처우에 기반을 두면서 중간시설을 이용하는 형태라 할 수 있는데, 다음 중 이러한 시설에 대한 설명 중 가장 타당한 것은?

① 가석방 호스텔이란 가석방을 받고 출소한 자를 처우하기 위한 조직으로 미국에 있어서는 주로 주에 설치된 보호행정 담당부서에서 운영한다.
② 영국에서는 1954년부터 석방 전 호스텔제도가 발달하기 시작하였고, 대부분의 호스텔은 주로 교도소 내의 일정한 장소에 설치되어 있다.
③ 미국의 중간처우의 집(halfway house)은 주로 교도소로부터 멀리 떨어진 곳에 독립된 시설을 두고 그 곳에 석방준비단계의 수용자들을 수용하게

된다.

④ 출소 전 중간처우의 집(halfway house)은 정신질환 범죄자나 마약중독자들에게 매우 유익한 제도로서, 거주기간은 6개월 이상 장기에 걸쳐 머무르면서, 석방의 충격을 완화하는 완충지대역할을 담당하고 있다.

> **정답** ③.
> ① 가석방 호스텔은 가석방을 받고 출소한 자를 처우하기 위한 조직으로 미국의 경우 종교단체나 자선단체에서 운영(우리나라의 한국법무보호복지공단과 유사)하였고, 보호관찰 호스텔은 미국의 군이나 주에 설치된 보호 행정 담당 정부기관에서 운영하였다.
> ② 영국에서는 1954년부터 석방 전 호스텔(predischarged hostel)제도가 발달하기 시작하였는데, 호스텔은 대부분 교도소의 일부에 따로 설치하였는데, 이곳에 이송된 자들은 시중에서 자기의 기능에 맞는 취업처를 물색하여 돈벌이를 하고 출소시에는 상당한 돈을 모으게 되는 것은 물론 장차 복귀하여야 할 사회의 사정에 익숙해져 석방 준비에 크게 기여하였다.
> ④ 석방 전 중간 처우의 집(halfway out house)에 대한 설명이 아니라 입소 전 중간처우의 집(halfway in house)에 대한 것으로 정신질환 범죄자나 마약중독자들에게 유용한 것으로 구금의 충격을 완화시켜 주는 역할을 한다.

26. 형사제재의 일환으로 여겨지고 있는 중간처벌에 대한 내용으로 가장 알맞지 않은 것은?

① 중간처벌의 실례로는 전자감시 가택구금, 충격구금 등이 있으며, 특히 가택구금의 확대는 보호관찰대상을 축소하게 되어 형사사법망이 확대될 염려가 있다.

② 중간처벌이라는 개념은 결국 형사제재의 연속성에 기여하는 것인데 이것은 결국 교정의 민영화 확산, 형벌부과의 불공정성 증가, 지역사회교정의 활성화라는 기대효과도 거론된다.

③ 중간처벌제도는 오히려 범죄자에 대한 통제력을 약화시키기보다 강화시킨다는 비판도 있다.

④ 중간처벌제도는 1980년대 이후 과밀수용의 문제와 보호관찰 대상자들의 높은 재범률에 따라 새로운 대체처벌방안이 강구되면서 주장된 것이다.

27. 다음 중 현행법령상 갱생보호의 방법이 아닌 것은?

① 여비지급
② 출소예정자 사전상담
③ 창업지원
④ 심리상담 및 심리치료

보안처분

제 1 절   보안처분

1. 보안처분의 의의 및 필요성

1) 보안처분의 의의

⑴ 형벌로는 행위자의 사회복귀와 범죄의 예방이 불가능하거나 행위자의 특수한 위험성으로 인하여 형벌의 목적을 달성할 수 없는 경우에, 형벌을 대체·보완하기 위한 예방적 성질의 목적적 조치이다.

⑵ 또한 범죄로부터 사회를 방위하고 범죄자를 재사회화하기 위한 방법으로서, 특정 범죄자에 대하여 형벌부과만으로는 형사제재로서의 목적달성이 부적합하거나 혹은 법적 관점에서 형벌이 허용되지 않는 경우에 시행하는 처분이다.

⑶ 따라서 보안처분(Sicherungs Massnahme. Measure of Security)이란 범죄를 저지른 범인의 장래에 대한 위험을 방지하기 위하여 형의 대신 또는 형의 보충으로 과

하는 자유의 박탈과 제한을 포함하여 범인을 격리, 개선하는 일체의 처분을 말한다(이태언 공저, 2005: 247).

⑷ 재범행위자 또는 범죄적 위험자에 대하여 시행하는 대인적 보안처분(협의의 보안처분)뿐만 아니라 범죄를 예방하고 진압하기 위하여 국가가 시행하는 형벌 이외의 일체의 강제조치(광의의 보안처분)를 포함한다.

⑸ 이러한 강제조치는 예컨대 교육상 무능력한 부모에 대한 친권의 박탈, 선동적 연설의 정지 등도 보안처분이고 또한 몰수, 영업소의 폐쇄, 법인의 해산, 선행보증 등과 같이 재산에 대한 처분, 즉 대물적 강제처분도 넓은 의미의 보안처분에 포함된다.

⑹ 한국은 헌법 제12조 제 1 항에서 누구든지 법률과 적법한 절차에 의하지 않고는 보안처분을 받지 아니한다고 규정하여 보안처분에 대한 헌법적 근거를 마련하고 있다. 형법은 특별한 규정을 두지 않고 소년법·사회보호법 등의 특별법에 보안처분에 관한 규정을 두고 있다.

2) 보안처분의 필요성

범죄로부터 사회를 보전하는 방법으로서, 범죄에 대하여 형벌을 대하는 방법만으로는 도저히 그 목적을 달성할 수 없으므로 형벌 이외의 방법으로 그 목적을 추구해 보자는 데서 그 필요성을 찾아볼 수 있다.

2. 보안처분의 연혁

1) 근대 이전의 보안처분

(1) 고대와 중세의 보안처분

① 고대국가에서의 국가적 강제조치로서의 보안처분은 정치범의 국외추방, 음주로 인한 범죄방지를 위한 주류 판매의 금지 등이 있었다.

② 중세에는 치안유지를 목적으로 한 부랑자, 걸인에 대한 사형·신체형 부과와 16세기의 독일에서의 부정기의 보안구금, 교정구금, 노역장유치 등이 있었다.

(2) 클라인(Klein)

① 보안처분과 형벌을 구별하여 보안처분의 독자적 필요성을 강조하였다.

② 최초로 보안처분이론을 정립하였다.

③ 자유형 외 부정기의 보안구금을 인정, 즉 해악을 내용으로 하지 않는 '보안 처분' 개념을 정립하였다.

④ 이원주의의 이론적 기초를 제공하였다.

⑤ 형벌에 처할 범죄인이라도 개선·격리를 필요로 한, 형벌집행의 내용으로서 보안구금의 처분을 과할 수 있다고 함으로써 경찰국가직 이상과 합치하는 '특별예 방을 위한 보안사상'을 형법이론에 도입하였다.

⑥ 영향: 1794년에 클라인이 기초한 프로이센 일반 란트법 제 1 조 내지 제 6 조에 보안처분이 규정되었고, 1799년에 공포된 프로이센의 절도 및 이와 유사한 범죄의 처벌을 위한 순회 조례에서는 이원주의를 폐지하고 위험한 책임무능력자에 대해 부정기의 보안처분제도를 도입하였다.

2) 근대 이후의 보안처분

(1) 시대적 배경

① 근대 이후 보안처분의 발달은 산업혁명 이후 자본주의가 발달하고, 아울러 부작용이 나타나면서 그 필요성이 대두되면서부터라고 할 수 있다.

② 19세기 후반의 자본주의 발달은 실업자, 무산계급을 증가시켰고, 이와 함께 누범의 급격한 증가와 소년범의 증가로 이어져 전통적인 형벌개념으로는 이러한 상황에 대처할 수 없게 되었다.

③ 19세기 말에 롬브로소의 범죄인류학적 연구와 케틀레의 범죄통계학적인 연구는 종래의 형벌이 생래적 범죄인이나 상습범죄인에 대하여 무력하고, 범죄행 위의 대소에 따라 형의 경중을 양정할 것으로 요구하는 구파의 형법이론으로는 행 위자의 위험성에 대하여 사회를 방위할 수 없다는 것을 명백히 인식하게 되었다.

④ 결론적으로 효과적인 범죄대책을 강구하게 되었으며, 종래의 형벌을 보충 하거나 대체할 제도로서 보안처분을 고려하게 되었다.

(2) 리스트(Liszt)와 보안형벌

① 19세기에 들어와서 헤겔(F. Hegel) 철학이 형법의 지배적 사상이 되어 형벌 이외의 보안처분은 국가의 보편의사를 부정하는 것으로 보는, 극히 정신적 관념으 로만 생각하여 위협과 응보만을 강조하였기 때문에 특별예방적인 보안처분은 형법

영역에서 완전히 추방되어 버렸는데 19세기 후반기에 리스트(Franz. V. Liszt)에 의해
비로소 Klein의 이론이 부활하게 되었다.

② Liszt는 성격적 범죄에 대한 유효한 법률적 투쟁수단으로서 특히 부정기형
의 입법을 요구하고 상습범인으로서 개선이 필요한 범인에 대해서는 형벌을 중지
하고 개선소에 수용할 것을 광범위하게 주장하여[1] 형벌의 사회방위적 목적을 고조
시켰다.

③ 이러한 Liszt의 사상은 페리(Ferri)의 실증주의사상[2]과 더불어 보안처분이론
의 발전에 새로운 기초를 마련했다. 그러나 Liszt는 Klein과 같이 형벌 이외 특별
한 보안처분을 발전시킨 것이 아니라 형벌은 순수한 보안형벌일 수 있고 범죄에
대한 투쟁으로서의 형벌과 보안처분의 이원주의는 독단(doktrinar)에 불과하다고 주
장했다.[3]

(3) 페리(Ferri)의 형벌대용물사상

① 범죄의 사회적 원인을 중시하여 범죄에 대한 사회방위는 형벌에 의하는 것
보다 사회정책에 의할 것이라고 하면서 사회적 책임론을 주장하였다.

② 형벌 외에 '형벌의 대용제도'를 강조하여 형벌과 보안처분의 구별을 없애
고 상대적 또는 절대적 부정기형을 주장하였다.

③ 이러한 그의 사상은 이탈리아 형법 초안인 페리초안으로 반영되었다.

(4) 슈토스(Stooss) 초안

형법에 최초로 보안처분을 규정한 것은 1893년의 스위스 통일형법 초안이다.
이 초안은 Stooss에 의해 기초된 것으로 이원주의를 취하고 있다. Stooss안이라
불리어지는 이 법에 규정되어 있는 보안처분에는 다음과 같은 것이 있다.

① 위험성 있는 책임무능력자·한정책임능력자에 대한 치료감호처분

② 주요 범인에 대한 교정소 수용 및 음식점 출입금지처분

---

1 Liszt는 1882년 Marburg 대학강령(Maburger Universitats Programm)인 「형법에 있어서 목적
  사상」의 강연에서 종래 고전학파의 입장에서 전개되고 있던 응보형주의에 대해 새로운 목적형주의를
  제창했다.
2 Ferri, Enrico(1856-1929) : 이탈리아의 형법학자, 정치가로 1880년 Boronia대 교수 1909년 이
  후 Rome대 교수로 형사학에 있어 이탈리아 학파의 수립자이다. Rombroso에 사사했으나 그의 학
  설에 사회학적 색채를 가미하여 인류학적 원인 외 물리학적 원인, 사회학적 원인을 가하여 범죄원인
  의 삼원설을 수립한바 특히 사회적 원인을 강조하여 「범죄사회학」이란 저서를 내기도 했다.
3 Liszt를 정점으로 하는 사회학적 형벌이론에 의하면 보안처분과 형벌과의 구분은 없어지고 보안형벌
  은 형벌과 보안처분의 요소를 모두 가지게 됐다.

③ 노동혐기자에 대한 노역장 수용처분

④ 누범자에 대한 교정 및 보호감호

⑤ 직권 및 친권남용자에 대한 권리박탈 처분

⑥ 위험물 소각처분

⑦ 예고처분 등

이 Stooss안을 계기로 각국의 보안처분에서 그의 견해가 채택된바 1909년의 독일 형법을 비롯하여, 1918년의 스위스, 1920년의 오스트리아, 1921년의 이탈리아, 1926년의 체코, 1927년의 일본, 1927년의 이탈리아 Locko안, 1932년의 스페인 등의 형법규정이 그것이다.[4]

3. 보안처분의 기본원칙과 적용요건

1) 보안처분의 기본원칙

(1) 관습법금지와 유추해석금지의 원칙

① 보안처분법정주의를 시인한다면 그 당연한 귀결로서 관습법은 보안처분법의 법원이 될 수 없음은 물론이다.

② 유추해석에 관하여는, 보안처분이 위험성에 대한 합목적적인 조치인 점에 비추어 합리적인 유추해석은 허용된다고 하는 입장도 있으나, 피처분자에게 이익이 되지 않는 한 이를 금지하는 것이 타당하다.

③ 보안처분이 개인의 지위에 대해 중대한 제약을 초래한다는 점을 고려한다면 법률에 대한 자의적인 적용을 초래하는 유추해석은 당연히 금지된다는 것이 일반적인 견해이다.

(2) 소급효금지의 원칙

① 형벌과 마찬가지로 보안처분에 대하여도 소급효금지의 원칙이 적용되는가에 비하여 입장이 대립하고 있다.

② 다수설은 재판시법주의의 입장으로서 실현된 불법에 대한 반작용적인 형벌에만 소급효금지의 원칙을 적용하고 장래에 대한 예방처분인 보안처분에 대하여는

---

4 현재 명확히 보안처분을 형법에 규정, 시행하고 있는 나라는 다음과 같다. 스웨덴(1927), 유고(1929), 덴마크(1930), 이탈리아(1930), 프랑스(1932), 독일(1932), 스페인(1933), 스위스(1937).

적용하지 않는다는 것이다. 반면 소수설은 행위시법주의에서는 개인의 자유와 법적 안정성의 견지에서 보안처분의 경우에도 이 원칙은 적용되어야 한다고 한다.

(3) 절대적 부정기형 금지의 원칙

① 사법권에 대한 행정권의 침해를 야기하게 되어 이를 금지시켜야 한다는 것이다.

② 과거 「사회보호법」에서의 치료감호처분은 "감호의 필요가 없을 정도로 치유될 때까지"로 하여 기간을 정하지 않는 '절대적 부정기형'을 취하였지만, 최근 개정된 「치료감호법」에서는 심신장애자와 정신성적 장애자는 15년 이내, 마약 및 알코올 중독자에 대해서는 2년을 초과할 수 없도록 상한선을 정하고 있다.

③ 15년의 범위 내에서 치료감호심의위원회에서 가종료 여부를 결정하기 때문에 부정기적인 성격을 보이고 있는 것이지 절대적 부정기형은 금지되고 있다.

2) 보안처분의 적용요건

(1) 위법한 행위의 존재

① 보안처분도 형법상의 제재이기 때문에 위험성 제거를 위한 일정한 조치를 취하기 위해서는 일정한 불법적인 행위가 전제되어야 한다. 따라서 구성요건에 해당하고 위법한 행위가 존재해야 한다.

② 보안처분의 성질상 반드시 유책할 필요는 없다. 단지 형법상 불법한 행위, 즉 구성요건에 해당하는 위법한 행위이면 족하다.

③ 구성요건에 해당하는 위법한 행위가 모두 보안처분의 대상이 되는 것은 아니고 그 행위가 보안처분의 본질적 요소인 행위자의 위험성을 징표하는 것이어야 한다.

④ 일반적으로 일정한 범죄행위가 행위자의 범죄적 성벽이나, 상습적으로 인한 것이라든가 심신장애, 각종 중독 등으로 인한 것은 경우에 한해 보안처분의 대상이 될 수 있다.

(2) 중대한 위법행위의 기대

① 특히 자유박탈을 내용으로 하는 보안처분의 적용에 있어서는 기대되는 행위가 중대한 것이어야 한다.

② 중대성에 대한 판단은 구체적인 경우에 따라 다를 것이나, 일반적으로 예

상되는 침해법익의 내용, 행위실행의 방법, 범죄에 대한 행위자의 표상 등을 기준으로 해야 한다.

(3) 상당한 개연성을 가진 위험성의 존재
① 행위자가 나타내는 위험성의 정도는 개연성의 정도에 이르러야 한다.
② 위험성은 비례의 원칙에 입각할 때 보안처분의 전제조건으로서의 행위자의 위험성은 엄격히 판단해야 한다.
③ 단순히 재범의 가능성만으로는 부족하고 보다 높은 정도의 '개연성'을 요한다.
④ 개연성의 정도는 보안처분의 종류와 기대되는 행위의 성질에 따라 상이하고, 자유박탈처분의 경우에는 가장 높은 정도의 개연성이 요구된다.

4. 형벌과 보안처분의 관계

형법의 기초이론으로서 응보형주의를 취하는가 아니면 교육형주의 내지 목적형주의를 취하는가에 따라 그 견해가 달라지고 있다. 즉 전자의 입장에서는 양자가 서로 법적 성격을 달리한다고 하여 소위 이원론을 취하고, 후자의 입장에서는 사회방위라는 측면에서 양자는 법적 성격이 동일하다고 하여 소위 일원론을 취하고 있는 것이다.

1) 이 원 론

이원론은 주로 형벌의 본질을 응보에 있다고 보는 입장에서 주장(독일의 마이어 (M. E. Mayer, 비르크마이어(K. Birkmayer), 벨링(E. Beling))되는 것으로서, 형벌과 보안처분은 법적 성격을 달리하므로 형벌과 보안처분은 동시에 선고되고 중복적으로 집행된다고 한다. 따라서 이를 병과주의라고도 한다.

(1) 주장 논거
① 형벌은 범죄행위에 대한 해악의 부과로 규범적 비난이고 그 본질은 응보에 있는 데 반하여, 보안처분은 사회방위와 본인의 교정·교육을 목적으로 하는 처분이다.
② 형벌의 기초는 도의적 비난가능성인 책임인 데 반하여, 보안처분의 기초는

사회적 위험성이다.

③ 형벌은 가벌적 행위인 범죄를 전제로 하는 데 반하여, 보안처분의 기초는 사회적 위험성을 전제로 한다.

④ 형벌은 과거의 사실을 대상으로 하는 회고적인 성격인 데 반하여, 보안처분은 앞으로 있을 범죄의 예방을 목적으로 하는 전망적인 성격을 가진다.

(2) 문 제 점

① 실제로 보안처분도 억압적인 성격을 가지므로 이원론과 같이 병과주의를 택하면 이중처벌을 인정하는 결과가 된다.

② 선고기관이 행정청으로 자칫 남용의 우려가 있다.

2) 일 원 론

형벌의 본질이 사회방위, 범죄인의 개선·교화에 있으므로 형벌과 보안처분은 모두 사회방위와 범죄인의 개선·교육을 목적으로 하는 것이고, 행위자의 반사회적 위험성을 기초로 과하는 사회방위처분이므로 양자는 본질적인 차이가 없고 따라서 형벌과 보안처분 가운데 어느 하나만을 선고·집행하여야 한다고 주장(락신(Roxin), 리스트(Liszt), 페리(Ferri))하였다.

(1) 주장 논거

① 형벌도 개선·격리를 목적으로 하는 점에서는 넓은 의미에서의 보안처분이라고 할 수 있고, 다만 행위자에게 형벌적응성이 없는 경우에 형벌을 대신하여 보안처분을 과하므로 양자는 단지 그 정도와 분량의 차이만 있을 뿐이다.

② 고전적 형벌론과 같이 형벌을 범죄에 대한 해악의 부과로 보는 응보형의 입장은 현재 부당하며, 형벌도 수형자의 사회복귀에 중점을 두어야 한다.

③ 보안처분이 합목적성을 강조하지만 윤리적인 면을 무시하는 것도 아니며, 다만 사회방위를 고려하여 행위자의 반사회적 성격에 대한 평가를 내용으로 한다.

(2) 문 제 점

① 행위자의 개별책임뿐만 아니라 행위자의 반사회적 위험성까지 척도로 하여 일정한 제재를 가하게 되면 형벌의 대원칙인 책임주의에 반한다.

② 형사정책적인 차원에서도 양자의 중복이 문제되는 경우에 일원론이 타당한

가 하는 본질적인 문제가 있다.

5. 보안처분의 종류

1) 대인적 보안처분

(1) 자유박탈적 보안처분
자유를 박탈하여 범죄적 위험성을 제거·치료하기 위한 목적의 보안처분을 말한다.

① **치료감호처분**(「치료감호법」상 치료감호대상자에 대한 치료시설수용처분)

② **교정처분**(알코올, 마약중독자 등에 대한 교정소 또는 금단시설에 수용처분)

③ **보호감호처분**(상습범 등에 대한 보안감호시설수용처분)

④ **노동시설수용처분**(노동개선처분, 노작처분)

⑤ **사회치료처분**(환경요법, 행동요법 등 전문사회치료시설에 수용처분)

(2) 자유제한적 보안처분
대상자의 자유제한으로 범죄예방효과를 목표로 하는 보안처분을 말한다.

① **보호관찰**(일정조건하에서 범죄인을 사회 내 처우하는 처분)

② **선행보증**(보증금 몰수라는 심리적 압박을 통한 선행유도처분)

③ **직업금지**(작업 또는 직업이나 영업을 일정기간 금지시키는 처분)

④ **거주제한**(일정한 범죄인에게 거주를 제한하는 보안처분)

⑤ **국외추방**(외국인 범죄자를 국외로 추방하는 처분)

⑥ **음주점 출입금지**(음주로 인한 범죄인에게 과해지는 처분)

⑦ **운전면허박탈**(운전부적격자에 대한 운전면허취소처분)

⑧ **단종·화학적 거세**(불량유전인자의 소유자 내지는 성범죄자에 대한 처분)

2) 대물적 보안처분

범죄와 법익침해의 위험을 방지하기 위해 범죄와 관련된 물건에 과해지는 보안처분이다.

① **물건의 몰수**(형벌과 보안처분의 양면적 성격을 갖는 보안처분)

② **영업소의 폐쇄**(범죄에 이용되는 영업소의 일시 또는 영구적 폐쇄처분)

③ 법인의 해산(범죄관련 법인조직의 해산처분)

제 2 절 보안처분 제도

1. 「치료감호법」상 보안처분

1) 목   적

「치료감호법」은 심신장애 상태, 마약류·알코올이나 그 밖의 약물중독 상태,
정신성적(精神性的) 장애가 있는 상태 등에서 범죄행위를 한 자로서 재범(再犯)의 위
험성이 있고 특수한 교육·개선 및 치료가 필요하다고 인정되는 자에 대하여 적절
한 보호와 치료를 함으로써 재범을 방지하고 사회복귀를 촉진하는 것을 목적으로
한다.

2) 종   류

① 치료감호: 심신장애자와 정신성적 장애자는 15년, 약물중독자는 2년을 초
과할 수 없다.
② 보호관찰: 가종료, 치료위탁 시 3년이다.

3) 피치료감호자의 감호원인

피치료감호자의 감호원인을 살펴보면(범죄백서, 2015: 391), 2013년도에는 살인
죄가 가장 많고, 그 다음은 성폭력, 폭력, 절도 순으로 나타나고 있다.

4) 피치료감호자의 처우

(1) 치료재활교육 및 직업훈련

치료감호소에서는 피치료감호자의 효과적인 치료를 위하여 신규 입소자를 검사
병동에 수용하여 정신의학적 진단과 검사를 실시한 후, 주치의와 수용병동을 지정
분류 수용하고 정신과적 치료와 함께 치료경과에 따라 단계적인 사회적응훈련과
예술요법, 작업요법, 심리극 같은 집단요법 등 치료재활프로그램을 시행하고 있다.
2013년도에는 피치료감호자에게 정신건강교육 223명, 단주교육 511명, 가족

교육 433명, 성폭력 가해자교육 503명 등 의료재활교육을 실시하였다. 또한 피치료감호자의 치료를 촉진하고 출소 후의 사회적응능력을 배양하기 위하여 1990. 5. 1. 치료감호소 내에 직업재활센터를 설치하여 직업훈련을 실시하여 오고 있으며, 2013년에는 226명에 대하여 조적, 도배, 타일, 컴퓨터, 건축도장, PC정비, 제과제빵, 세탁 등 8개 종목의 직업훈련을 실시하였고, 특히 지식 정보사회에 걸맞은 직업능력개발을 위한 컴퓨터 종목과 취업에 유리한 제빵 종목의 훈련을 활성화(범죄백서, 2014: 396) 하였다.

(2) 외래진료제 운영

정신질환은 그 속성상 대부분이 만성질환으로 치료감호 종료 후에도 계속적인 통원치료가 필수적이나 치료감호 종료 후 치료가 중단되는 경우에는 정신질환의 재발과 이에 따른 재범가능성이 상존하게 되므로 이에 대한 대책으로 치료감호 종료 후에도 5년의 범위내(1차 연장가능)에서 무료로 통원치료를 받을 수 있도록 외래진료제를 시행하고 있다.

(3) 약물중독재활센터 운영

치료감호소에서는 1996. 4. 16. 약물중독자의 전문적 치료를 위하여 약물중독치료실을 개설하였으나 담당의사들의 부족과 수용관리상의 문제로 운영을 중단한 바 있다.

2000. 5. 25. 이러한 문제점을 해소하기 위하여 약물중독치료실을 다시 개설하여 약물치료 외에 개인정신요법, 가족치료, 집단정신요법, 명상, 이완요법, 사회기술훈련, 심리극 등 다양한 전문치료기법을 개발하고 약물중독자를 전문적으로 치료하여 건전한 사회인으로 복귀하는 데 일익을 담당하여 왔다.

특히 2003년 100병상 규모의 「약물중독재활센터」를 개관함으로써 약물중독사범 분리 수용을 실시하였으며, 2004. 1. 29. 약물중독재활센터 전담직제 신설 및 인력을 증원함으로써 약물중독사범을 일반정신질환자와 분리, 체계적·전문적 치료와 재활교육을 실시(범죄백서, 2015: 397)하고 있다. 2013. 12. 31. 현재 약물중독자 106명이 전문의료진에 의해 집중치료를 받고 있다.

(4) 성폭력범죄자 치료감호제도 시행

심각한 사회문제가 되고 있는 아동 상대 성폭력범죄 근절을 위해 소아성기호증 등 정신성적 장애를 가진 성폭력범죄자를 치료감호 대상에 포함하는 내용의 치료감호법을 개정하여 2008. 12. 14. 시행에 들어갔다.

앞으로 아동 상대 성폭력범죄자는 정신과 전문의의 정신감정을 통해 정신성적 장애자로서 재범위험성이 높다고 판단되면 최장 15년까지 전문 치료시설에서 선치료 후 잔형기를 집행하게 된다.

또한 성폭력범죄자 치료감호제도는 2008년 9월 시행에 들어간 「특정 성폭력범죄자에 대한 위치추적 전자장치 부착에 관한 법률(2012. 12.18. 법률 제11558호로 「특정 범죄자에 대한 보호관찰 및 전자장치 부착 등에 관한 법률」로 개정됨)」상 '위치추적 전자장치 부착제도'(일명 '전자발찌'제도)와의 연계 등을 통해 성폭력범죄 근절에 상당한 기여를 할 것으로 기대(범죄백서, 2015: 398)된다.

2. 「보안관찰법」과 보안처분

1) 목   적

⑴ 「보안관찰법」은 특정범죄를 범한 자에 대하여 재범의 위험성을 예방하고 건전한 사회복귀를 촉진하기 위하여 보안관찰처분을 함으로써 국가의 안전과 사회의 안녕을 유지함을 목적으로 한다.

⑵ 보안관찰해당 범죄(제2조), 보안관찰처분 대상자(제3조) 등 전문 27조와 부칙으로 이루어져 있다. 1975년 7월 사회안전법으로 제정되었다가 1989년 6월 16일 법률 제4132호로 내용이 전부 개정되며 법률명도 「보안관찰법」으로 바뀌었다.

⑶ 보안관찰법 부칙으로(일부 개정되어 2005. 8. 4 법률 7655호) 「치료감호법」이 설치되었다.

⑷ '보안관찰 대상자'라 함은 보안관찰해당 범죄 또는 이와 경합된 범죄로 금고 이상의 형의 선고를 받고 그 형기 합계가 3년 이상인 자로서 형의 전부 또는 일부의 집행을 받은 사실이 있는 자를 말한다.

⑸ 보안관찰법 일부를 다음과 같이 개정한다.
제25조 제3항을 다음과 같이 한다.
③ 보안관찰처분의 집행중지 결정이 있거나 징역·금고·구류·노역장유치 중에 있는 때, 「사회보호법」에 의한 감호의 집행중에 있는 때 또는 「치료감호

460 교 정 학

법」에 의한 치료감호의 집행중에 있는 때에는 보안관찰처분의 기간은 그 진행이 정지된다.

⑹ 보안관찰처분에 관한 사안을 심의·의결하기 위하여 법무부에 '보안관찰처분심의위원회' 둔다. 위원회는 위원장 1인과 6인의 위원으로 구성한다.

2) 보안관찰처분의 종류

① 보안관찰 해당범죄 ─ 내란목적살인(미수)죄와 동 예비·음모·선동·선전죄, 외환죄, 여적죄, 간첩죄, 모병·시설제공·시설관리·물건제공이적죄와 동 미수범 및 예비·음모·선동·선전죄 등

② 기간은 2년으로 한다(보안관찰처분심의위원회 의결로 갱신 가능)

3) 보안관찰처분

보안관찰처분을 받은 자는 소정의 사항을 주거지 관할 경찰서장에게 신고하고, 재범방지에 필요한 범위 안에서 그 지시에 따라 보안관찰을 받아야 한다.

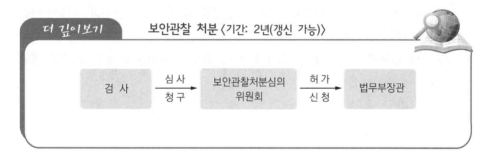

더 깊이보기　보안관찰 처분 〈기간: 2년(갱신 가능)〉

검 사 →(심사 청구) 보안관찰처분심의 위원회 →(허 가 신 청) 법무부장관

3. 「보호관찰 등에 관한 법률」상 보안처분

1) 목　적

이 법은 죄를 지은 사람으로서 재범 방지를 위하여 보호관찰, 사회봉사, 수강(受講) 및 갱생보호(更生保護) 등 체계적인 사회 내 처우가 필요하다고 인정되는 사람을 지도하고 보살피며 도움으로써 건전한 사회 복귀를 촉진하고, 효율적인 범죄예방 활동을 전개함으로써 개인 및 공공의 복지를 증진함과 아울러 사회를 보호함을 목적으로 한다.

2) 보호관찰처분의 종류

죄를 범한 자에 대해 선고유예나 집행유예 혹은 가석방이나 임시퇴원을 하는 경우에 적용한다.

4. 「형법」상 보안처분

1) 목　적

「형법」은 범죄의 예방, 사회의 안정, 사회 질서 유지를 목적으로 한다.

2) 보호관찰과 관계된 종류

① 보호관찰
㉠ 선고유예 시 법원의 재량으로 보호관찰을 명할 수 있다(「형법」 제59조의2).
㉡ 집행유예 시 법원의 재량으로 보호관찰을 명할 수 있다(「형법」 제62조의2).
㉢ 가석방된 자는 가석방기간 중 보호관찰을 받는다. 단, 관청의 판단에 따라 보호관찰을 부과하지 않을 수 있다(「형법」 제73조의2).
② 사회봉사명령·수강명령: 집행유예 시 법원은 사회봉사 또는 수강을 명할 수 있다(「형법」 제62조의2).

5. 「소년법」상 보안처분

1) 목　적

「소년법」은 반사회성(反社會性)이 있는 소년의 환경 조정과 품행 교정(矯正)을 위한 보호처분 등의 필요한 조치를 하고, 형사처분에 관한 특별조치를 함으로써 소년이 건전하게 성장하도록 돕는 것을 목적으로 한다.

2) 종　류

「소년법」 제32조 제1항 제1호 — 보호자 또는 보호자를 대신하여 소년을 보호할 수 있는 자에게 감호 위탁(6월+6월)

제 2 호 ─ 수강명령(100시간, 12세 이상)

제 3 호 ─ 사회봉사명령(200시간, 14세 이상)

제 4 호 ─ 보호관찰관의 단기(短期)보호관찰(1년)

제 5 호 ─ 보호관찰관의 장기(長期)보호관찰(2년+1년)

제 6 호 ─ 「아동복지법」에 따른 아동복지시설이나 그 밖의 소년보호시설에 감
　　　　　호 위탁(6월+6월)

제 7 호 ─ 병원, 요양소 또는 「보호소년 등의 처우에 관한 법률」에 따른 소년
　　　　　의료보호시설에 위탁(6월+6월)

제 8 호 ─ 1개월 이내의 소년원 송치

제 9 호 ─ 단기 소년원 송치(6월 이내)

제10호 ─ 장기 소년원 송치(12세 이상, 2년 이내)

6. 「사회보호법상」 보호감호

① 1980. 12. 18. 사회보호법을 제정(2005. 8. 4.폐지)하여 보호감호 및 치료감호 등 보안처분제도를 시행해왔다. 보호감호 및 치료감호는 범죄자에 대하여 형벌을 과하는 것이 아니라 범죄자들이 가지고 있는 재범의 위험성으로부터 사회를 보호하기 위하여 부득이 격리수용하는 보안처분이다.

② 피보호감호자는 일반수형자와 달리 형의 집행을 받고 있는 자가 아니라 형의 집행을 마치고 재범의 위험성으로부터 사회를 보호하기 위해 그 위험성이 없어졌다고 인정될 때까지 시설에 수용하여 교화·개선하는 것이므로 이들에 대하여는 일정기간 이상의 감호집행을 가출소의 자격요건으로 하지 않고 있다.

③ (구)사회보호법상 사회보호위원회에서는 감호집행이 개시된 후 매 1년마다 직권으로 피보호감호자들에 대한 교화·개선 정도를 심사하여 사회적응능력을 갖추었다고 인정되는 자에 대하여 결정으로 가출소를 허가하였으며 동 위원회의 결정은 최종적인 것으로서 가석방의 경우와 달리 법무부장관의 허가를 요하지 않는다.

④ 가출소된 피보호감호자에 대하여는 3년간의 보호관찰이 실시되며 가출소가 취소됨이 없이 보호관찰기간이 경과되거나 보호관찰기간 중이라도 보호관찰성적이 양호하여 사회보호위원회가 보호감호 집행면제 결정을 할 경우에는 잔여감호기간에 대한 집행이 면제된다.

⑤ 그러나 2005년 8월 4일 사회보호법이 폐지와 동시에 심신장애나 마약류 사용 등 범죄자에 대한 적절한 치료와 사회보호 등을 위해 2005년 8월 4일 「치료감호법」이 제정되었고, 치료감호심의위원회에서 (구)사회보호법의 사회보호위원회 기능을 수행하고 있다.

(1) 피보호감호자의 수용현황

2004년 이후 급격히 감소하다가, 2010년부터 소폭의 증가추세를 보이고 있다. 「사회보호법」의 폐지(2005. 8. 4.)와 함께 폐지법률 시행전에 이미 확정된 보호감호판결의 효력은 유지되고, 그 확정판결에 따른 보호감호 집행에 관해서는 종전의 사회보호법에 따른다는 폐지법률 경과규정(부칙 제2조)에 따라 경북북부제3교도소와 천안교도소에 수용하여 관리하고 있다. 법무부 범죄예방정책국 통계에 의하면 2013년말 현재 119명을 수용하여 관리하고 있다.

(2) 피보호감호자의 전과횟수

피보호감호자의 전과횟수를 살펴보면 전과 2~3범이 2008년도에 크게 증가한 이후 2013년까지 계속하여 20% 이상을 차지하고 있고, 전과 4~5범은 2004년 이후 매년 30%이상을 유지하고 있다(범죄백서, 2015: 387).

(3) 가 출 소

가출소 인원은 2003년도는 1,115명에 이르렀으나 그 이후 매년 감소하였고 2010년에는 17명이 가출소하여 사회로 복귀하였다.

과거 상습 범죄자들인 피보호감호자에 대하여 집행기간이 3년 이상인 자에 한하여 가출소를 허가하여왔으나 2007년도는 3년 미만의 감호집행자가 77.3%에 이르렀고, 2008년부터는 100%로 3년 미만의 감호집행자에 대한 가출소를 대폭 확대하였다.

이는 2005년 사회보호법 폐지에 따라 적극적으로 감호 수용인원을 줄인 것에 기인한 것으로 보인다.

피보호감호자가 가출소되기까지 감호집행기간은 2010년도의 경우 가출소자 17명 전원의 감호 집행기간이 3년 미만이다.

기출 및 예상문제

chapter
10

P·e·n·o·l·o·g·y

01. 보안처분에 대한 설명으로 옳지 않은 것은? (10. 9급 공채)

① 보안처분의 우선적 목적은 과거의 범죄에 대한 처벌이 아니라 장래의 재범위험을 예방하기 위한 범죄인의 교화·개선에 있다.

② 보안처분의 법적 성격을 이원주의로 인식하는 입장에 대해서는 행위자의 개별책임원칙에 반한다는 비판이 제기되고 있다.

③ 보안처분이 정당성을 갖기 위해서는 비례성원칙이 적용되어야 한다.

④ 보안관찰처분의 기간은 2년으로 하는 것이 원칙이다.

> **정답** ② 보안처분의 법적 성격을 이원주의로 인식하는 입장에서는 형벌과 보안처분을 구분하여 별도 선고와 별도 집행을 강조하고 있기 때문에 책임주의 원칙에 반한다고 볼 수 없고 오히려 이중처벌의 위험성이 있다. 행위자의 개별책임원칙에 반한다는 비판은 형벌의 보안처분으로의 대체성을 인정하는 일원주의와 대체주의에 대한 비판이다.

02. 형벌과 보안처분의 관계에 관한 설명 중 옳지 않은 것은? (11. 사시)

① 이원주의는 형벌의 본질이 책임을 전제로 한 응보이고, 보안처분은 장래의 위험성에 대한 사회방위처분이라는 점에서 양자의 차이를 인정한다.

② 대체주의는 형벌과 보안처분이 선고되어 보안처분이 집행된 경우 그 기간을 형기에 산입하여야 한다고 한다.

③ 일원주의는 형벌과 보안처분의 목적을 모두 사회방위와 범죄인의 교육·

개선으로 보고, 양자 중 어느 하나만을 적용하자고 한다.

④ 이원주의는 형벌이 범죄라는 과거의 사실에 중점을 두는 반면, 보안처분은 장래에 예상되는 범죄의 예방에 중점을 둔다고 한다.

⑤ 일원주의는 행위자의 반사회적 위험성을 척도로 하여 일정한 제재를 부과하는 것이 행위책임원칙에 적합하다고 한다.

> **정답** ⑤ 일원주의는 행위자의 반사회적 위험성을 척도로 하여 일정한 제재를 부과하는 것이 행위책임원칙에 부합되지 않는다는 문제점이 있다.

03. 형벌과 보안처분의 관계에 대한 설명으로 옳지 않은 것은? (12. 9급)

① 치료감호와 형이 병과된 경우에는 치료감호를 먼저 집행한다.

② 현행 헌법에서 보안처분 법정주의를 선언하고 있다.

③ 보안처분은 일반예방보다는 범죄자의 개선과 사회방위 등 특별예방을 중시한다.

④ 보안처분은 행위자의 책임에 의해 제한되는 한도 내에서만 정당성을 갖는다.

> **정답** ④ 행위자의 책임에 의해 제한되는 한도 내에서만 정당성을 갖는 것은 보안처분이 아니라 형벌이다. 보안처분은 행위자의 미래의 범죄적 위험성에 대해서 과해지는 강제처분으로 범죄자에 대한 법익침해는 사회방위와 균형을 이루어야 하는 비례성의 원칙이 강조된다.

04. 다음 중 현행법에 근거하여 부과할 수 있는 보안처분이 아닌 것은? (다툼이 있는 경우 판례에 의함) (16. 사시)

① 성폭력범죄자에 대한 약물치료명령

② 특정범죄자에 대한 위치추적 전자장치 부착

③ 집행유예를 선고하는 경우에 명하는 보호관찰

④ 재범의 위험성이 있는 특정강력범죄자에 대한 보호감호

⑤ 아동·청소년 성범죄자에 대한 신상공개명령 및 고지명령

> **정답** ④ 특정강력범죄자에 대한 보호감호제도는 존재하지 않는다.

05. 「치료감호 등에 관한 법률」에 설명으로 옳지 않은 것은? (11. 9급 공채)

① 소아성기호증, 성적가학증 등 성적 성벽이 있는 정신성적 장애인으로서 금고 이상의 형에 해당하는 성폭력범죄를 지은 피치료감호자를 치료감호시설에 수용하는 기간은 15년을 초과할 수 없다.

② 치료감호사건의 제1심 재판관할은 지방법원 및 지방법원지원의 단독판사로 한다.

③ 치료감호가 청구된 사건은 판결의 확정 없이 치료감호가 청구되었을 때부터 15년이 지나면 청구의 시효가 완성된 것으로 본다.

④ 보호관찰기간이 끝나면 피보호관찰자에 대한 치료감호가 끝난다.

> **정답** ② 치료감호사건의 제1심 재판관할은 지방법원 및 지방법원지원의 합의부로 한다.

06. 「치료감호 등에 관한 법률」상 치료감호제도에 관한 설명 중 옳은 것은?

(13. 사시)

① 심신장애인, 알코올 중독자, 정신성적(精神性的) 장애인으로서 벌금 이상의 형에 해당하는 죄를 지은 자는 치료감호의 대상이 된다.

② 심신장애인, 알코올 중독자, 정신성적(精神性的) 장애인의 치료감호 기간은 2년을 초과할 수 없다.

③ 검사는 친고죄에 있어서 고소가 없어 공소를 제기하지 못하는 경우 치료감호대상자에 대하여 치료감호만을 독립하여 청구할 수 없다.

④ 치료감호가 청구된 사건은 판결의 확정 없이 치료감호가 청구되었을 때부터 15년이 지나면 청구의 시효가 완성된 것으로 본다.

⑤ 치료감호와 형벌이 병과된 경우에는 형벌을 먼저 집행한다.

> **정답** ④.
> ① 심신장애인, 알코올 중독자, 정신성적(精神性的) 장애인으로서 금고 이상의 형에 해당하는 죄를 지은 자는 치료감호의 대상이 된다.
> ② 심신장애인과 정신성적(精神性的) 장애인의 치료감호 기간은 15년을 초과할 수 없고, 알코올 중독자는 2년을 초과할 수 없다.
> ③ 검사는 친고죄에 있어서 고소가 없어 공소를 제기하지 못하는 경우 치료감호대상자에 대하여 치료감호만을 독립하여 청구할 수 있다.

⑤ 치료감호와 형벌이 병과된 경우에는 치료감호를 먼저 집행한다.

07. 치료감호 등에 관한 법률에 대한 설명으로 옳은 것은? (13. 9급)

① 치료감호 등에 관한 법률은 죄의 종류와 상관없이 금고 이상의 형에 해당하는 죄를 지은 심신장애인, 마약 등 중독자, 정신성적(精神性的) 장애인 등 가운데 치료의 필요성과 재범의 위험성이 인정되는 경우를 치료감호의 대상으로 하고 있다.

② 검사는 범죄가 성립되지 않는 경우 공소를 제기할 수 없고, 따라서 치료감호만을 독립적으로 청구할 수도 없다.

③ 치료감호와 형이 병과된 경우에는 치료감호를 먼저 집행하고, 치료감호심의위원회가 치료감호 집행기간의 형집행기간 산입 여부를 결정한다.

④ 법원은 공소제기된 사건의 심리결과 치료감호를 할 필요가 있다고 인정할 때에는 검사에게 치료감호의 청구를 요구할 수 있다.

> **정답** ④.
> ① 치료감호 등에 관한 법률은 심신장애인과 약물중독자는 죄의 종류와 상관없이 금고 이상의 형에 해당하는 죄를 지은 자이지만, 정신성적(精神性的) 장애인은 금고 이상의 형에 해당하는 성폭력범죄를 지은 자로 죄의 종류를 한정하고 있다.
> ② 검사는 범죄가 성립되지 않는 경우 공소를 제기할 수 없지만, 상황에 따라서는 치료감호만을 독립적으로 청구할 수 있다.
> ③ 치료감호와 형이 병과된 경우에는 치료감호를 먼저 집행하고, 치료감호심의위원회와 관계없이 치료감호 집행기간은 형집행 기간에 당연히 산입된다.

08. 「치료감호 등에 관한 법률」상 치료감호에 대한 설명으로 옳지 않은 것은?

(16. 9급)

① 피치료감호자에 대한 치료감호가 가종료되었을 때 시작되는 보호관찰의 기간은 3년으로 한다.

② 치료감호심의위원회는 피치료감호자에 대하여 치료감호 집행을 시작한 후 매 6개월마다 치료감호의 종료 또는 가종료 여부를 심사·결정한다.

③ 소아성기호증, 성적가학증 등 성적 성벽(性癖)이 있는 정신성적 장애인으로서 금고 이상의 형에 해당하는 성폭력범죄를 지은 자는 치료감호대상

자가 될 수 있다.

④ 치료감호의 내용과 실태는 대통령령으로 정하는 바에 따라 공개하여야 한다. 이 경우 피치료감호자나 그의 보호자가 동의한 경우라도 피치료감호자의 개인신상에 관한 것은 공개할 수 없다.

> **정답** ④ 치료감호의 내용과 실태는 대통령령으로 정하는 바에 따라 공개하여야 한다. 이 경우 피치료감호자나 그의 보호자가 동의한 경우에는 피치료감호자의 개인신상에 관한 것을 공개할 수 있다.

09. 치료감호 등에 관한 법률상 치료감호에 대한 설명으로 옳지 않은 것은?

(16. 7급)

① 구속영장에 의하여 구속된 피의자에 대하여 검사가 공소를 제기하지 아니하는 결정을 하고 치료감호 청구만을 하는 때에는 구속영장의 효력은 상실되므로 별도로 치료감호영장을 청구하여야 한다.

② 피치료감호자의 텔레비전 시청, 라디오 청취, 신문·도서의 열람은 일과시간이나 취침시간 등을 제외하고는 자유롭게 보장된다.

③ 치료감호와 형이 병과된 경우에는 치료감호를 먼저 집행하며, 이 경우 치료감호의 집행기간은 형 집행기간에 포함한다.

④ 피치료감호자에 대한 치료감호가 가종료되었을 때 보호관찰이 시작되며, 이때 보호관찰의 기간은 3년으로 한다.

> **정답** ① 구속영장에 의하여 구속된 피의자에 대하여 검사가 공소를 제기하지 아니하는 결정을 하고 치료감호 청구만을 하는 때에는 구속영장은 치료감호영장으로 보며 그 효력은 잃지 아니한다(치료감호 등에 관한 법률 제8조).

10. 보안처분에 대한 설명으로 중 옳지 않은 것은?   (02. 7급)

① 보안처분은 형법상의 효과이므로 그 근본목적은 범죄의 일반예방에 있다.

② 형벌을 보완하거나 대체하는 것으로 본다.

③ 사회방위목적을 위한 국가의 처분이다.

④ 치료·개선·교육 등의 목적을 위한 처분이다.

11. 대인적 보안처분이 아닌 것은? (03. 9급)

① 영업장의 폐쇄와 몰수　　② 보호감호

③ 치료감호　　　　　　　　④ 집중감시보호관찰

12. 보안처분에 대한 설명으로 잘못된 것은? (06. 9급)

① 범죄위험성을 사전에 방지하기 위한 강제적 예방처분을 말한다.

② 형벌을 대체하거나 보충하는 사회방위적 제재이다.

③ 일반예방보다는 범죄자의 개선과 사회방위 등 특별예방을 중시한다.

④ 보안처분도 형사제재이므로 응보나 고통부과의 특성을 피하기 어렵다.

13. 「치료감호법」상 치료감호제도에 대한 설명으로 옳지 않은 것은? (07. 9급)

① 치료감호처분은 법원이 선고하는 사법처분으로 그 집행은 검사가 지휘한다.

② 근로에 종사하는 피치료감호자에 대하여는 근로보상금을 지급하여야 한다.

③ 피치료감호자는 자신들의 처우개선에 관한 청원을 할 수 있다.

④ 치료감호와 형이 병과된 경우에는 형을 먼저 집행한다.

④ 치료감호의 청구는 검사가 법원에 청구하며 검사는 공소제기한 사건의 항소심 변론종결 시까지 치료감호의 청구를 할 수 있다. 하지만 치료감호의 선고기관은 법원이며, 치료감호의 제1심 재판관할은 지방법원 합의부 및 지방법원지원 합의부로 한다. 치료감호와 형이 병과된 경우에는 치료감호를 먼저 집행한다. 이 경우 치료감호의 집행기간은 형기에 산입한다.

14. 현행 치료감호제도에 대한 설명으로 옳지 않은 것은? (07. 9급)

① 치료감호시설에 수용된 자도 접견, 서신의 수발, 전화통화 등을 할 수 있다.

② 약물중독범을 치료감호시설에 수용한 경우 그 수용기간은 1년을 초과할 수 없다.

③ 일반예방보다는 범죄자의 개선과 사회방위 등 특별예방을 중시한다.

④ 보안처분도 형사제재이므로 응보나 고통부과의 특성을 피하기 어렵다.

④ 보안처분은 넓은 의미의 형사제재에 속하지만 응보나 고통부과와 같은 처벌목적이 아닌 범죄의 개연성을 사전에 제거하고 치료를 목적으로 한 특별예방적 대책을 강구하는 데 의미가 있다.

15. 현행법상 치료감호에 대한 설명으로 옳지 않은 것은? (08. 7급)

① 특별한 사정이 없으면 심신장애자와 중독자를 분리수용한다.

② 약물중독범을 치료감호시설에 수용한 경우 그 수용기간은 1년을 초과할 수 없다.

③ 도망가거나 도망할 염려가 있는 경우에 검사는 관할 지방법원 판사에게 청구하여 치료감호영장을 발부받아 치료감호대상자를 보호구속할 수 있다.

④ 치료감호사건의 판결은 피고사건의 판결과 동시에 선고하여야 한다. 단 공소를 제기하지 아니하고 치료감호만을 청구한 경우에는 그러하지 아니하다.

② 검사의 치료감호청구시기는 항소심 변론종결시까지이다.

16. 보안처분에 대한 설명으로 옳지 않은 것은? (10. 9급)

① 보안처분의 우선적 목적은 과거의 범죄에 대한 처벌이 아니라 장래의 재범위험을 예방하기 위한 범죄인의 교화·개선에 있다.

② 보안처분의 법적 성격을 이원주의로 인식하는 입장에 대해서는 행위자의 개별책임원칙에 반한다는 비판이 제기되고 있다.

③ 보안처분이 정당성을 갖기 위해서는 비례성원칙이 적용되어야 한다.

④ 보안관찰처분의 기간은 2년으로 하는 것이 원칙이다.

> **정답** ② 보안처분의 법적 성격을 이원주의로 인식하는 입장에서는 형벌과 보안처분을 구분하여 별도 선고와 별도 집행을 강조하고 있기 때문에 책임주의 원칙에 반한다고 볼 수 없고 오히려 이중처벌의 위험성이 있다. 행위자의 개별책임원칙에 반한다는 비판은 형벌의 보안처분으로서의 대체성을 인정하는 일원주의와 대체주의에 대한 비판이다.

17. 보안처분의 이원론을 주장하는 논거로서는 다음과 같은 것이 있다. 이 중 잘못된 것은?

① 형벌은 범죄의 진압, 과거를 대상으로 하는 것인데, 보안처분은 범죄의 예방, 장래에 대한 것이다.

② 형벌은 과거의 범죄에 대한 형사처분인데 대하여, 보안처분은 장래의 위험에 대한 행정처분이다.

③ 형벌의 기초는 사회적 위험인데, 보안처분의 기초는 도덕적 비난가능성이다.

④ 형벌은 범죄를 전제로 하는데, 보안처분은 위험한 성격에 착안한다.

> **정답** ③ 형벌의 기초는 도덕적 책임, 보안처분의 기초는 사회적 위험성이다.

18. 현행 「치료감호 등에 관한 법률」의 내용으로 옳지 않은 것은?

① 치료감호의 요건으로서 재범의 필요성 외에도 '치료 필요성'을 명문화하여 치료감호 선고요건을 강화하였다.

② 치료감호 청구시 정신건강의학과 등의 전문의 진단과 감정을 의무화하고 선고시에도 필요한 경우 재감정을 하도록 하여 치료감호 청구 및 선

고에 적정과 신중을 기하도록 하였다.

③ 치료감호청구 가능시기를 제1심 변론종결시까지로 하였다.

④ 보호구속된 보호대상자에게도 구속적부심사청구권 등을 인정하였다.

> **정답** ③ 항소심 단계에서 피고인의 정신질환이 발견되었음에도 치료감호청구가 불가능하여 무죄가 선고되거나 역으로 사회보호의 측면에서 중형이 선고되는 불합리한 사례를 해소하기 위하여 치료감호청구 가능시기를 항소심 변론종결시까지로 규정하고 있다.

19. 현행 치료감호제도에 대한 설명으로 옳은 것은?

① 피치료감호자의 치료감호가 종료되었을 때와 치료위탁된 때에 보호관찰이 시작된다.

② 검사는 반의사 불벌죄, 친고죄에 해당되는 사안에 대해서 형벌부과를 위한 공소제기는 할 수 없지만, 치료감호만을 별도로 청구할 수 있다.

③ 치료감호와 형이 병과된 경우에는 치료감호를 먼저 집행하며, 이 경우 치료감호의 집행기간은 형 집행기간에 포함되지 아니한다.

④ 치료감호사건의 제1심 재판관할은 지방법원합의부 및 지방법원지원 단독판사이다.

> **정답** ②.
> ① 피치료감호자의 치료감호가 가종료되었을 때와 치료위탁된 때에 보호관찰이 시작된다.
> ③ 치료감호와 형이 병과된 경우에는 치료감호를 먼저 집행하며, 이 경우 치료감호의 집행기간은 형 집행기간에 포함한다.
> ④ 치료감호사건의 제1심 재판관할은 지방법원합의부 및 지방법원지원 합의부이다.

chapter
11

범죄의 형사법적 대책

제 1 절 범죄대책과 예방 의미

⑴ 본 장에서는 교정처우 및 보호관찰제도에 대한 구체적인 학습 이후에 범죄 대책에 대하여 형사정책적 측면에서 살펴보고자 한다. 범죄자에 대한 대책 또는 범죄에 대한 예방이론은 형사정책의 결론적인 설명 부분이 된다.

⑵ 범죄에 대한 대책은 예방과 발생된 결과에 대한 처우, 교정방안이 있지만 예방이 바람직할 뿐만 아니라 효율성이 높은 것이 사실이다.

⑶ 그러나 현실적으로 예방을 위하여 수사력을 투입하거나 사회조직을 가동하는 일은 쉽지 않다. 수사기관은 발생된 범죄에 대한 처단을 담당하고 교정기관(사회 내 처우 포함)은 범죄자의 교정에 힘쓰며, 이에 버금가는 힘과 조직을 가진 사회단체는 범죄예방 쪽을 담당하는 이중적인 제도를 운영하게 되면 어느 사회이고 간에 범죄의 건수를 훨씬 줄일 수 있을 것이다.

⑷ 범죄 실행의 동기가 되는 범죄 유발력을 구성하는 요소들은 개별적인 욕

구나 욕망, 유혹의 대상인 사물의 가치 정도 등일 것이다. 욕구도 여러 면으로 분석할 수 있는데 ① 생리적 욕구의 결핍(섭취의 욕구, 산소, 수분, 음식, 감각의 만족), 긴장(방출의 욕구: 분비물, 유분비, 탄소분비, 대소변), 해(害), 회피의 욕구(불쾌, 열, 냉한, 고통의 회피) 등이 있고, ② 심리적 욕구에는 ⅰ) 사물에 관련된 욕구(획득, 보존, 질서화, 구성), ⅱ) 우월, 성취, 인정, 과시 등과 같이 자기 주장에 관련된 욕구, ⅲ) 방패, 회피, 방어, 반발과 같은 방위에 관련된 욕구, ⅳ) 공격, 굴종, 비난 회피 등의 Sadism적인 것, ⅴ) 소속, 거부, 보유, 의존 등 애정에 관련된 욕구, ⅵ) 인지, 설명 등 경험의 추구에 관련된 것이 있다.

⑸ 그러나 이러한 욕구는 사람의 성격이나 기질에 따라 다르게 나타난다. ① 논리적인 사람, 즉 진리 탐구를 중시하고 지식의 체계화 등에 관심이 많은 인간, ② 부의 축적, 이익의 증대, 경제적으로 유용한 사물의 획득과 처분에 흥미가 많은 경제적인 인간(der Ökonomische Mensch), ③ 예술활동에 관심을 가지며 거기에 도취하는 경향의 심미적인 인간(der aesetische Mensch)으로 경제생활에 별 관심이 없는 인간, ④ 자기를 희생하면서 사회복지 증진, 사회사업 등에 몰두하는 사회적 인간(der Soziale Mensch), ⑤ 권력을 행사하여 남을 지배하고 많은 사람에게 영향을 주는 일에 관심이 많은 권력적 인간(der Macht Mensch), ⑥ 신비의 세계, 초월적 가치에 관심을 갖는 종교적인 인간(der religiöse Mensch) 등이 있다.

⑹ 이상과 같은 기질의 차이가 각 사람의 욕구, 욕망 구조의 차이를 가져와 동일한 유혹 사물에 대해서도 유혹의 정도가 다른 것이다. 이같이 성격이나 기질이 다르게 된 것은 유전적인 것과 환경적인 것 등 많은 복합적인 이유들이 있을 것이다.

제 2 절 범죄 억제력의 요소

범죄를 억제하는 내심의 요소들은 내부적인 것과 외부적인 것으로 나눌 수 있다.

① 내부적인 것으로는 도덕적인 양심의 강도 여하이다. 도덕의식, 법의식은 각 사람에 따라 정도가 다른데 이것이 범죄 억제력의 차이인 것이다.

② 외부적인 억제 요소는 범행을 못하게 되는 원인이 내적인 것이 아니라 현

실적, 외부적인 것으로서 ⅰ) 피해자가 개인적으로 행사하는 억제력은 그의 방어능력일 것이다. 격투기의 능력 정도에 있어 대상 가옥에 대한 철저한 방어 시설들 같은 것이고, ⅱ) 일반 사회인이 집단적으로 행사하는 억제력이 있는데 이는 사회적 통제 작용으로 나타난다. 과거 농업사회에서는 지연이나 혈연 등의 인간적 관계가 사회통제적 기능으로 역할을 했으나 도시화가 되면서 이러한 전통적 개념이 사라지자 사회통제는 느슨하게 되었다. 오늘날에는 어른이 어른으로서의 역할을 못하고 스승이 제자들에게 스승 노릇을 못하게 되었다.

③ 국가의 사법기관에 의한 통제력이다. 즉 검찰, 경찰, 법원 등 법을 집행하는 기관의 작용인 법적 통제작용에 의한 것인데, ⅰ) 범죄 인지 및 범죄자 검거 능률 여하에 따라 다른데 검거율이 높으면 이들에 의한 통제력이 효과가 있게 된다. ⅱ) 인지, 검거된 범죄자에 대한 형사적, 행정적 징벌의 크기에 따라 통제력이 다르게 된다. 징벌의 양이 크고 무거울 경우 국가사법기관에 대한 외포심이 증대되어 범죄 회피적 기질이 우세하게 된다.

결국 범죄의 예방은 범죄의 억제력에 의해 좌우되므로 유발요인보다는 억제적 요인이 강하면 범죄는 발생하지 않는다. 가정, 학교, 교회 등이 앞장서서 구성원들의 도덕심이나 윤리성의 신장, 준법정신의 고양이 필요할 뿐만 아니라 국가에서도 합리적인 법 집행을 통해 범죄 충동적 유혹을 차단하도록 해야 할 것이다.

제 3 절   형사사법기관의 이해

본 절에서는 범죄수사기관에 의하여 입건된 범죄자에 대한 경찰, 검찰 및 법원 등의 처리내용을 살펴보고자 한다. 또한 범죄사건의 처리과정, 즉 범죄수사기관에 의하여 입건된 범죄자에 대한 비범죄화론(다이버전)과 경찰, 검찰 및 법원 등의 처리 내용을 살펴보면 다음과 같다.

1. 비범죄화론

1) 개   념

(1) 비범죄화론(혹은 탈범죄화, decriminalization, Entkriminalisierung)이란 형사사법절차에서 특정범죄에 대한 형사처벌의 범위를 축소하는 것을 의미한다. 이에는 수사기관이 형벌법규가 존재함에도 불구하고 사실상 수사하지 아니함으로써 달성되는 수사상의 비범죄화, 재판 주체가 더 이상 범죄로 판단하지 않음으로써 달성되는 재판상의 비범죄화, 입법자에 의한 법률규정 그 자체의 폐지를 통한 입법상의 비범죄화가 가능하다.

(2) 우선적으로 국가는 형법의 보충성원칙에 따라 단순히 사회윤리와 도덕에 맡길 수 있는 영역이 형법에 범죄로서 규정되어 있다면 이를 비범죄화하는 것이 합리적이다.

(3) 이러한 관점에서 현행 형법전에서 혼인빙자 간음죄(제304조)가 대표적인 비범죄화 대상으로 거론된다. 결혼해주겠다고 거짓말을 하고 여자와 정을 통한 행위는 단순한 도덕적·윤리적 비난 대상에 불과하며 강간죄처럼 상대방의 법익을 강제로 침해하는 범죄실질은 없다는 것이다.

(4) 이처럼 단순히 도덕 또는 윤리의 위반에 해당하는 행위를 비범죄화함으로써 형법을 탈도덕화 내지 탈윤리화시켜야 한다는 관점에서 비범죄화 대상으로 거론되는 것으로는 간통죄, 낙태죄 및 단순도박죄 등이 있다.

(5) 그리고 최근에 제정된 '장기 등 이식에 관한 법률'은 뇌사를 사망 그 자체로 보지는 않았지만 의사가 뇌사 상태에 있는 환자로부터 장기를 적출하여 이식하는 행위에 대해 그 적법성을 인정하는 방법으로 비범죄화시켰다.

(6) 또한 소극적 안락사에 대한 비범죄화의 움직임도 현재 의료계에 의해 활발히 전개되고 있다. 비범죄화론은 특정 행위에 대한 법적 규제와 비규제라는 형사정책적 접근론이다. 그러나 비범죄화론이 자칫 범죄행위에 대한 사회적 동의를 의미하는 것으로 오인될 수 있는 점을 경계하여야 한다.

2) 다이버전의 개념

(1) 다이버전(diversion)이란 다양한 개념으로 사용되고 있지만 일반적으로는 공식적 형사절차로부터의 이탈과 동시에 사회 내 처우 프로그램에 위탁하는 것을 그

내용으로 한다.

(2) 이는 형사사법기관이 통상의 형사절차를 중단하고 이를 대체하는 새로운 절차로의 이행을 의미하며, 이를 통하여 형사제재의 최소화를 도모할 수 있다는 점에서 통상의 형사절차에 해당하는 보석이나 구속적부심사제도와는 차이가 있으며, 다이버전은 형사사법의 탈제도화(deinstitutionalization)라는 의미에서 낙인이론의 산물이라고 할 수 있다.

(3) 즉 낙인이론에서는 사회적 낙인이 일탈행동을 더욱 증가시킬 수 있으며, 기존의 사회통제체제가 범죄문제를 해결하기보다는 더욱 악화시킨다는 가정을 하며 이에 따라 다이버전운동(diversion movement)이 발생한 것이다.

(4) 일부 낙인이론가들은 경미범죄의 경우에 형사처벌대상에서 제외하는 것이 오히려 사회에 이익이 된다는 급진적 무개입정책(radical non-intervention)을 주장하기도 한다.

(5) 일반 형사절차에서 다이버선은 신행 단셰별로 체포 전 다이버전, 기소 전 다이버전, 공판절차 개시 전 다이버전으로 분류될 수 있으며, 주체에 따라 경찰에 의한 다이버전, 검사의 다이버전, 법원에 의한 다이버전이 있을 수 있다. 또한 통상의 형사절차로부터 이탈된 다이버전 대상자에 대한 처우 실시 여부에 따라 단순 다이버전과 개입형 다이버전(예: 범죄인에 대한 교육과 직업알선, 지역사회의 처우프로그램, 의학적·심리적 치료, 피해자에 대한 손해배상이나 화해)으로 나눌 수 있다.

2. 경   찰

(1) 경찰은 치안유지의 1차적인 책임을 진 기관으로 범죄의 예방과 진압기능을 모두 담당하고 있는데 현재 정부행정조직상 행정자치부의 외청으로 되어 있다. 경찰은 형사정책의 최전방에 위치하여 국민의 생명과 신체, 재산 등을 실질적으로 보호하고 있으므로 이 같은 기능을 실질적으로 행사할 수 있도록 필요한 권한이 주어져야 한다.

(2) 경찰은 국민의 일반 치안을 담당하는 일선기관이기 때문에 국민의 사생활 관계 이외의 일체의 분야에 개입하여 공공의 안녕과 질서유지의 직무를 수행하고 있는데 구체적으로는 범죄의 예방, 진압, 수사, 경비, 요인경호 및 대공관계업무, 치안정보의 수집, 작성, 배포, 교통의 단속, 위해를 말한다.

⑶ 최근 파출소 관할지역을 중심으로 24시간 체제로 순찰활동을 하고 있으나 형식에 치우친 방지 등의 일체의 치안업무이다(경찰관직무집행법 제 2 조).

⑷ 그러나 이 중 대표적인 것이자 경찰의 일상적인 활동은 범죄의 예방·진압과 수사관계활동 등일 것이다.

1) 범죄예방과 진압

경찰의 범죄예방활동은 일반적인 방범활동과 특별방범활동으로 나눌 수 있다.

① 일반적 방범활동은 범죄예방적 활동으로서 범죄의 기회나 유발요인을 제거하는 노력인데 순찰활동이나 외근 방문을 통해 범죄 발생의 가능 지역을 돌아보거나 호구조사, 불심검문, 경찰제지, 피난 등의 조치를 하며 필요한 경우에는 보호조치 및 각종 법령위반행위를 사전에 단속하는 일을 말한다. 최근 파출소 관할지역을 중심으로 24시간 체제로 순찰활동을 하고 있으나, 형식에 치우친 감이 있다. 주차질서 단속, 불법노점행위, 도로무단점유, 쓰레기 무단투기 등 기초질서 확립 차원에서 많은 위법적 요소가 있지만 이에 대한 구체적인 단속이 없는 것이 아쉽다.

② 특별방범활동은 특별한 대상이나 사항을 상대로 하는 방범활동인데 이것은 국민이나 지역민의 이해나 협력을 얻어 장기적, 지속적으로 실시함으로써 우범적인 요소를 순화시켜가는 것이다. 범죄성이 큰 자들에 대한 순화교육이며 취업알선, 생활지도를 내용으로 하는 방범보도, 방범정보수집, 방범진단, 방범홍보 등이 있는데 우리나라도 이들 제도를 활성화하도록 노력하여야 할 것이다. 특히, 지역민들로 구성되는 자율방범활동을 육성, 지원함으로써 경찰활동을 보완할 수 있도록 활성화시키는 것이 좋다고 본다.

2) 범죄의 수사

① 범죄수사의 기능은 범죄가 발생했을 때 이에 대한 범인의 발견, 확보, 증거의 수집, 보전을 위한 활동을 총칭하는 것으로서 경찰은 검찰수사를 보조하는 입장에 있기 때문에 특히 초동수사에 있어 만전을 기해야 한다.

② 수사에 있어 경찰의 역할은 사건의 발생을 인지한 후 수사를 개시해야 하는데 수사의 단서는 주로 고소, 고발이겠으나 현행범 체포나 변사자의 검시, 불심검문, 신문기사나 소문 등에 의해서도 할 수 있다.

③ 수사가 진행되면 일단 피의자의 신원을 확보하는 것이 문제인데 피의자의

신원을 확보하였을 때는 체포나 구속의 방법으로 신병을 확보하여야 할 것이고 피의자를 모르는 상태에서는 이를 밝히는 데 주력을 하게 된다. 어쨌든 발생된 범죄를 설명할 수 있는 증거를 다방면으로 수집해야 하는데 이 과정에서 상당한 전문성이 필요한 것이다.

④ 경찰의 수사방법으로는 임의수사와 강제수사가 있으나 이론적으로 임의수사가 원칙이지만 현실적으로 강제수사가 대부분 활용되고 있다.

⑤ 강제수사는 피의자에 대한 체포, 구속, 압수 수색, 검증, 현행범의 체포나 긴급체포 등이 있다.

⑥ 사전영장이 필요하나 긴급체포 등의 경우는 사후영장제도를 인정하고 있다. 피의자를 체포, 구속하는 것은 증거인멸의 방지, 도주의 방지, 법정에의 출석을 확보하기 위한 필요 때문에 이 과정에서 인권침해와 관련된 문제들이 자주 발생되고 있다.

더 깊이보기   고소, 고소권자 및 사건처리절차

1. 고　　소
　고소란 범죄의 피해자 등 고소권을 가진 사람이 수사기관에 범죄사실을 신고하고 범인의 처벌을 요구하는 적극적 의사표시로서, 단순한 범죄 피해신고와는 구별된다. 고소권자는 다음과 같다.

2. 고소권자
　① 범죄의 피해자
　② 법정대리인(피해자가 무능력자인 경우)
　③ 배우자, 직계 친족, 형제자매(피해자가 사망한 경우)
　④ 친족 또는 자손(사자 명예 훼손죄의 경우)

3. 사건(고소·고발)처리 절차

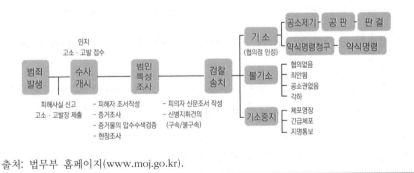

출처: 법무부 홈페이지(www.moj.go.kr).

3. 검 찰

1) 검찰은 형벌권에 기초한 국가 최고의 법 집행기관으로서, 국민 모두가 안심하고 살 수 있도록 범죄를 수사하고 법을 집행하는 임무를 맡고 있다.

2) 검찰은 범죄 수사를 총괄 지휘하고 기소를 담당하는 수사기관이자, 여러 행정부처의 법치행정을 자문하고 감시하는 자문·감시기관이며, 또한 공무원에 대한 사정기관으로서 역할하고 있다.

3) 또한 검찰은 범죄피해자의 피해회복까지 지원함으로써, 진정한 정의가 실현될 수 있도록 하고, 엄정한 법집행을 통해 범죄를 처벌하는 사회적 정의의 수호자로서, 또한 범죄에 취약한 어린이와 여성을 안전하게 보호하는 법적 울타리로서, 검찰은 "범죄에 대한 국가적 대응"이라는 본연의 임무를 수행하는 기관이다.

4) 검찰구성원은 검사, 검찰수사관, 검찰실무관으로 구성되어 있다.

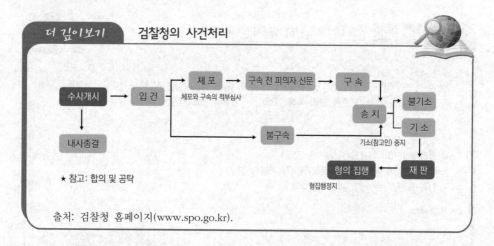

출처: 검찰청 홈페이지(www.spo.go.kr).

5) 범죄를 수사하고 공소를 제기하여, 법원에 법의 정당한 적용을 요구하는 국가행정작용이다.

6) 현재 우리나라에서는 국가소추주의와 기소독점주의에 의해서 국가기관인 검사가 이 작용을 담당하고 있다. 즉 일반의 형사소송에 있어서는 검사가 국가기관으로서 검찰권을 행사한다.

7) 검사는 각자가 단독제의 관청으로서 모두 자기의 이름으로 검찰사무를 행할 권한을 가지며, 각자가 국가기관으로서 의사를 결정·표시한다. 검사동일체의

원칙에 따라 상명하복의 관계에 서지만, 직무상으로는 독립성을 가진다.

8) 그 직무의 내용을 보면 형사상 공익의 대표자로서 ① 범죄수사, 공소제기와 그 유지에 필요한 행위, ② 범죄수사에 관한 사법경찰관리의 지휘감독, ③ 법원에 대한 법령의 정당한 적용의 청구, ④ 재판집행의 지휘 감독, ⑤ 국가를 당사자 또는 참가인으로 하는 소송과 행정소송의 수행 및 감독, ⑥ 다른 법령에 의하여 그 권한에 속하는 사항으로 민사상 금치산, 한정치산 선고를 신청하고, 부재자의 재산관리 및 회사의 해산명령을 청구하며, 외국 회사 지점의 폐쇄명령을 청구하는 등의 직무를 행한다.

9) 검사의 임명에는 법관과 같이 엄격한 임명자격이 요구되는 반면, 정치적 압력을 배제하기 위하여 강력한 신분보장이 인정되고 있다.

(1) 범죄수사와 사법경찰관리의 지휘·감독

한국의 헌법 및 형사소송법은 독일이나 프랑스와 같은 유럽 선진국과 마찬가지로 법치주의 원칙하에서, 범죄 수사 착수에서부터 사건의 종결까지를 총괄할 수 있는 권한을 검사에게 부여하고 있다.

(2) 공소제기 여부의 결정 및 공소유지

검사는 사건의 수사를 종결하기 위해 기소 여부에 대한 결정을 내리게 된다. 검사의 기소에는 피고인이 법정에 출정하여 재판을 받는 「정식재판」과 피고인이 법정에 출정하지 않고 법관이 검사가 제출한 수사서류를 심사하는 것에 의해 판결을 내리는 「약식재판」의 두 종류의 방법이 있다.

약식재판은 통상 검사가 피고인에게 벌금을 부과해야 한다고 판단하는 경우에 실시되는데, 피고인이 이의를 제기한 경우, 법관이 검사의 약식재판 청구가 부적절하다고 판단한 경우, 검사가 법관의 벌금이 부적절하다고 판단한 경우는 정식재판 절차가 개시된다.

검사는 공소제기의 주체로서 공소를 유지할 권한과 책무가 있다. 검사는 형사 법정에서 피고인의 범죄를 입증하고 법관에게 죄에 상응하는 형을 구형하는 등 피고인의 죄에 합당한 형이 선고되도록 소송활동을 수행하고 이와 더불어 피고인에게 유리한 양형자료도 현출하여 피고인의 정당한 이익을 보호하고 있다.

한편, 기소하지 않는 경우, 이것을 통상 「불기소」라고 하는데 「불기소」는 피의자의 행위가 법령에 의해 범죄가 되지 않거나, 충분한 합법적 증거로 증명을 할 수 없는 경우 「무혐의」로 결정하고, 그 밖에 피의자나 증인이 없기 때문에 「기소중지」 또는 「참고인중지」가 된 것 등을 포함해 몇 개의 범주로 구성되어 있다.

검사는 혐의가 인정되는 경우에도 피의자 및 범죄의 성질 등 여러 가지 상황을 고려해 기소를 하지 않는 이른바 「기소유예」처분이라는 재량권을 행사할 수도 있는데, 예컨대, 충분히 사회에서 정상적인 생활을 다시 영위할 수 있다고 판단되는 19세 미만의 범죄자에 대해서는 검사가 「선도조건부기소유예」를 선택할수 있다.

(3) 법령의 정당한 적용 청구

검사는 법원에 대하여 법령의 정당한 적용을 청구할 권한이 있는데, 법령의 해석·적용의 일치를 목적으로 하는 비상상고제도(형사소송법 제441조)는 그 제도적 표현이며 검사가 공소를 제기함에 있어 공소장에 적용법조를 명시하도록 요구하는 제도(형사소송법 제254조 제3항) 또는 심판의 명령위반을 이유로 한 검사의 상소제도(형사소송법 제361조의5 제1호, 제383조 제1호)도 법원에 대한 법령의 정당한 적용의 청구라는 차원에서 이해될 수 있다.

(4) 재판 집행의 지휘·감독

검사는 법관에 의한 판결의 집행을 지휘·감독할 책무와 권한이 있으며 판결의 집행을 해당 사건의 수사관에게 지휘하며, 금고, 벌금의 징수 혹은 그 대신으로 행하는 강제노역장 유치 등의 집행을 감독한다.

(5) 수사과정의 인권옹호

검사는 시민의 인권이 침해받지 않도록 감시할 책임이 있다. 검사는 피고인에 대한 불리한 증거뿐만 아니라, 유리한 증거도 포함하여 보유하고 있는 모든 증거를 법정에 제출해야 한다. 또한 피고인이 재판에서 불공평한 혹은 과잉취급을 받지 않도록 법관에 대해 공평하면서 편견이 없도록 법률을 적용할 것은 요청해야 하는데, 이러한 「인권옹호의 의무」는 검사 역할의 본질적 요소라고 할 수 있다.

또한 검사는 매월 1회 이상 관할 경찰서의 유치장을 방문해 누군가가 비합법적 수단으로 체포되고 있지는 않은지, 또 사건이 부적절하게 처리되고 있지 않은지를 조사함으로써 억울하게 인권이 침해받는 상황이 없도록 감시한다.

(6) 국가행정소송의 수행·감독 등 정부의 대변자로서의 역할

검사는 공익의 대변자로서 국가를 당사자 또는 참가인으로 하는 소송과 행정소송을 수행하고 그 수행을 지휘·감독한다.

(7) 기　　타

기타 업무로 각 지방검찰청에서는 각 지역의 범죄예방위원들을 관리하며 선도조건부 기소유예제도의 활용을 위해 선도상담실을 운영하고 있다. 범죄예방을 위해서는 검찰은 별다른 활동을 하지 않는다. 대국민관계에 있어 일선 치안유지의 책임은 경찰에 있기 때문이다. 다만 검찰은 범죄 진압적인 입장에서 경찰을 지휘하여 수사에 주도적인 위치를 확보하는 데 불과한 제2선의 기관이다. 범죄피해자는 주로 경찰에 고소, 고발하겠지만 검찰에 직접 고소, 고발하는 경우도 있는데 이때 검찰은 그 서류를 관할경찰로 넘겨서 경찰로 하여금 기초조사를 하도록 하고 있다.

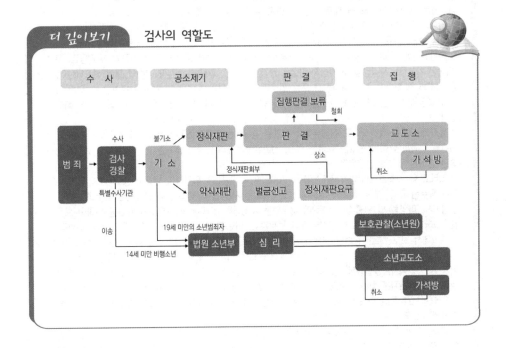

더 깊이보기　　검사의 역할도

경찰(특별사법경찰 포함)이 범죄자를 입건하여 수사를 행한 후에는 통고처분제도(「조세범 처벌절차법」 제9조, 「관세법」 제311조, 「출입국관리법」 제102조, 「도로교통법」 제163조, 「경범죄처벌법」 제6조, 「자동차관리법」 제86조) 등에 따라 범칙금을 납부한 사건과 즉결심판사건(법원조직법 제34조)을 제외한 모든 사건을 검사에게 송치하고, 검사는 그 송치받은 사건 및 직접 인지하거나 고소, 고발을 받은 사건에 대해 수사를 진행한다.

검사는 수사를 완료하면 우선 범죄의 성립 여부를 판단한 다음, 범죄가 성립되지 아니하는 경우에는 불기소하고, 범죄가 성립되는 경우에는 정상 자료와 처벌의 필요성 또는 타당성 여부에 관한 모든 사정을 고려하여 기소 여부를 결정하게 된다. 불기소의 종류로는 기소유예(공소보류), 혐의없음, 죄가안됨, 공소권없음, 기소중지, 참고인중지, 각하 등이 있다.

범죄가 성립되나 처벌의 필요성이 없다고 하여 불기소하는 것이 기소유예이고, 특히 국가 보안법위반 피의자에 대하여 범죄혐의가 있더라도 기소 여부의 결정을 보류하는 제도를 공소보류라고 한다. 검사는 범죄혐의가 인정되지 아니하거나 증거가 불충분한 경우에는 혐의없음 결정을 하여야 하며 구성요건해당성은 있으나 위법성 또는 책임조각사유가 있는 경우에는 죄가안됨 결정을 하여야 한다. 그 외에도 소송요건을 구비하지 못한 경우에는 공소권없음 결정을 하여야 하며 고소(발)의 남용을 막기 위하여 고소자체로 범죄혐의가 명백히 없거나 반복적 고소 등에 대하여는 각하 결정을 할 수 있도록 하였다. 그 외에도 피의자의 소재불명 등의 이유로 인해 수사를 종결할 수 없는 경우에는 그 사유가 해소될 때까지 기소중지 결정을 할 수 있고, 주요 참고인의 소재불명으로 인하여 수사를 종결할 수 없는 경우에는 그 사유가 해소될 때까지 참고인중지 결정을 할 수 있다.

검사의 공소제기에 의하여 법원에 접수된 사건은 약식 사건의 경우에는 간이, 신속한 서면 심리에 의하여 벌금, 과료 등의 형이 과해지고, 공판 사건의 경우 공판절차에 따라 재판이 진행된다.

공판절차에 의하여 유죄가 인정되는 경우에는 사형, 무기징역, 무기금고, 유기징역, 유기금고, 구류(이상은 자유형), 자격상실, 자격정지(이상은 자격형), 벌금, 과료(이상은 재산형)의 형이 선고되는데, 1년 이하의 징역이나 금고, 자격정지 또는 벌금의 형을 선고할 때에는 그 선고를 유예할 수 있고, 3년 이하의 징역이나 금고의 형을 선고할 때에는 1년 이상 5년 이하의 기간 동안 형의 집행을 유예할 수 있다.

유죄의 재판이 확정되어도 집행유예가 선고된 경우에는 집행유예가 실효되거나 취소됨이 없이 유예기간을 경과하면 형의 선고는 효력을 잃고, 선고유예의 경우는 선고유예를 받은 날로부터 2년을 경과하면 면소된 것으로 간주된다.

그리고 구 사회보호법(법률 제5179호, 2005. 8. 4. 폐지)에 의거하여 범죄자 중 재범의 위험이 있거나 특수한 교육, 개선, 치료가 필요하다고 인정되는 자(상습범, 범죄단체 또는 집단의 수괴·간부, 심신장애자, 마약류 및 알콜중독자 등)에 대하여는 사회방위 및 이들의 사회복귀 촉진을 위하여 보호처분을 과하였으며 이러한 보호처분은 크게 보호감호, 치료감호, 보호관찰의 3종류로 나뉘어 있었다.

여기에서 보호감호란 상습범 또는 단체범을 대상으로 하여 피보호감호자를 감호시설 내에 수용하여 감호, 교화하고 사회복귀에 필요한 직업훈련과 근로를 시키는 보호처분을 말하고, 치료감호란 심신장애자, 마약중독자, 알콜중독자를 대상으로 하여 피치료감호자를 치료감호시설 내에 수용하여 치료를 위해 필요한 조치를 취하는 보호처분을 말하며, 보호관찰이란 가출소자, 가종료자, 치료위탁을 받은 자 등을 대상으로 하여 피보호관찰자로 하여금 일정한 준수사항을 이행하고 보호관찰담당자의 지도와 감독에 응하도록 하는 보호처분을 말한다.

감호사건의 경우 검사는 공소제기한 사건의 항소심 판결 선고 전까지 감호청구를 할 수 있고, 일정한 경우 공소를 제기함이 없이 감호청구만을 할 수도 있으며, 법원의 판결이 확정되면 감호시설 내에 수용·집행한다.

다만, 위 사회보호법이 2005. 8. 4. 폐지(보호감호제도 폐지)됨에 따라 그 후속 대책으로 상습절도·강도사범에 대하여는 특정범죄 가중처벌 등에 관한 법률과 특정강력범죄의 처벌에 관한 특례법을 개정하여 상습강·절도사범이나 특정강력범죄에 대하여는 가중 처벌하도록 하였고, 정신질환 범죄자에 대하여는 치료감호법(법률 제7655호, 2005. 8. 4. 제정)을 시행하여 치료감호와 보호관찰을 병행토록 하였다. 한편 2008. 9. 1.부터 특정 성폭력범죄자에 대한 위치추적 전자장치 부착에 관한 법률이 시행됨에 따라 성폭력범죄자가 2회 이상 징역형의 실형을 선고 받아 그 형기의 합계가 3년 이상인 자가 집행종료 후 5년 내 성폭력범죄를 저지른 경우 등과 같이 일정한 요건을 충족한 성폭력범죄자에 대해서는 새로 도입된 위치추적 전자장치(속칭 전자발찌) 부착제도가 시행되고 있다.

4. 법   원

1) 사법부는 행정부, 입법부와 구분되는 개념으로서 사법권을 행사하는 국가기관을 의미한다. 「헌법」 제101조는 "사법권은 법관으로 구성된 법원에 속한다"라고 규정함으로써 법원에 사법권을 부여하여 법치주의를 완수하도록 하였고 「헌법」 제27조는 "모든 국민은 헌법과 법률이 정한 법관에 의하여 법률에 의한 재판을 받을 권리를 가진다. "모든 국민은 신속한 재판을 받을 권리를 가진다."라고 규정함으로써 일정한 자격을 갖춘 법관에 의하여 법원으로부터 정당한 재판을 받을 권리가 국민의 기본권임을 밝히고 있다.

2) 법원은 범죄자에 대한 대책에 있어 최종적인 처분을 하는 기관인데 경찰이나 검찰의 역할은 결국 법원의 정당한 처분에 협력하는 입장에 있는 것이다.

3) 형사재판은 범죄자의 범죄행위에 대해 기계적, 자동적으로 법을 적용하는 것이 아니고 재판과정을 통해 피해자의 감정과 피고인의 심적 상황 등 가변적인 상황적 요소들을 면밀히 파악하여 범죄 방지와 범죄자의 재사회화를 위한 그러면서도 피해자의 입장을 충실히 고려하여 합리적으로 결론을 도출함으로써 재판의 형사정책적 기능을 실질적으로 구현하여야 하는 것이다.

(1) 사법권의 독립

법원이 사법부로서의 임무를 다하도록 하기 위하여, 헌법 제103조는 "법관은 헌법과 법률에 의하여 그 양심에 따라 독립하여 심판한다"고 규정하여 사법권의 독립을 선언하고 있다.

(2) 재판의 기능

① 검사가 사건을 기소하게 되면 최종적인 처리는 법원에서 하게 되는데 법원은 증거에 입각하여 검사의 주장의 타당성을 판단하여 피고인에게 형벌을 가할 것인지의 여부를 결정하게 된다.

② 유죄를 인정하더라도 형벌의 종류와 양을 결정해야 하는데 이 양형의 과정을 통해 범죄자에 대해서는 그가 행한 행위에 대한 응분의 처분받게 하지만 동시에 범죄자에 대한 갱생이나 양심 회복을 위한 교육기능도 가지며, 일반 국민에게도 범죄자가 처벌되는 과정을 통해 법을 지키며 살아야겠다는 인식을 가르치게 됨과 아울러 동시에 사회의 정의구현 내지 회복하게 되는 것이다.

③ 이와 같이 사건 하나하나의 재판을 통해 범죄인과 일반인에게는 범죄행위의 결과가 어떻다는 것을 깨닫게 함으로써 위하적인 기능을 갖게 되고 국가나 사회를 위해서는 준법정신의 함양을 통한 질서유지에 협력하는 형사정책적으로 커다란 영향을 미치는 결과가 된다.

④ 형법 각칙에서는 각 범죄에 따른 형의 상한과 하한의 폭이 광범위하여 법관의 재량권이 너무 크다는 문제제기가 있고 법관 입장에서도 너무 융통성이 큰 재량의 여지 때문에 양형에 고민할 경우도 많다.

⑤ 양형의 과정에서 문제되는 것은 i) 양형의 근거, ii) 범죄자의 인적 특질과 범행에 조화를 이룬 적정절차에 입각했는가 여부, iii) 지역간, 시기적으로 양형 정도에 차이는 없는가, iv) 외국의 동종 사건과 비교할 때 문제가 없는가, v) 검사의 구형과 양형, 법관의 인적 특질과 양형과의 상관관계 등이다.

(3) 재판공개의 원칙

재판이 공정하게 행하여지고 소송당사자의 인권을 충분히 보장하기 위하여, 헌법 제109조는 재판의 심리와 판결을 일반인에게 공개할 것을 규정하고 있다. 특히 형사재판에 있어 공개재판을 받을 권리는 헌법상 국민의 기본권으로 보장되어 있다. 다만 재판의 심리에 있어 국가의 안전보장 또는 안녕질서를 방해하거나 선량한 풍속을 해할 염려가 있는 때에는 예외적으로 법원의 결정으로 공개하지 않을 수 있다.

(4) 심급제도

우리 재판제도는 3심제를 원칙으로 하고 있는데, 민·형사 사건 중 단독사건은 지방법원(지원) 단독판사 → 지방법원 본원 합의부(항소부) → 대법원의 순서로, 합의사건은 지방법원(지원) 합의부 → 고등법원 → 대법원의 순서로 각 심급제를 이루고 있다. 군사재판은 보통군사법원 → 고등군사법원 → 대법원의 차례로 이루어진다.

(5) 형의 유예제도

재판과정에서 형이 경미하거나 특별히 참작할 사유가 있을 때에는 유죄를 인정하여 일정한 형을 선고하더라도 이를 일정기간 동안 유예하는 제도가 바로 집행유예이며, 선고유예는 집행유예보다도 더 엄격하여 초범인 경우 질적으로나 양적으로 범죄가 경미한 경우에 선고 자체를 유예하는 경우이다. 이 제도들은 범죄자에게 실형을 집행하지 않은 채 사회생활을 하도록 하면서 자신의 행위에 대한 반성을 촉구한다는 점에서 경우에 따라서는 유용한 제도인데 최근에는 이들을 보호관찰, 사회봉사명령, 수강명령에 붙임으로써 제도의 효율성을 높이고 있다.

(6) 행정소송

행정소송은 과거에는 고등법원 → 대법원의 2심급으로, 그리고 행정소송 중 행정처분 취소소송에 대하여는 소송제기에 앞서 행정심판을 거쳐야 했었으나, 1998. 3. 1.부터는 1심법원으로 행정법원이 설치되어 3심제가 되고, 행정처분 취소소송도 다른 법률에 특별한 규정이 없는 한 행정심판을 거치지 아니하고, 행정소송을 제기할 수 있게 되었다. 한편 1998. 3. 1. 특허법원이 신설됨에 따라 특허심판원의 심결 또는 결정에 대한 불복의 소를 특허법원의 전속관할로 하고 특허법원의 판결에 대하여 대법원에 상고할 수 있도록 함으로써 특허소송에 관하여는 특허법원 → 대법원의 2심제가 채택되었다.

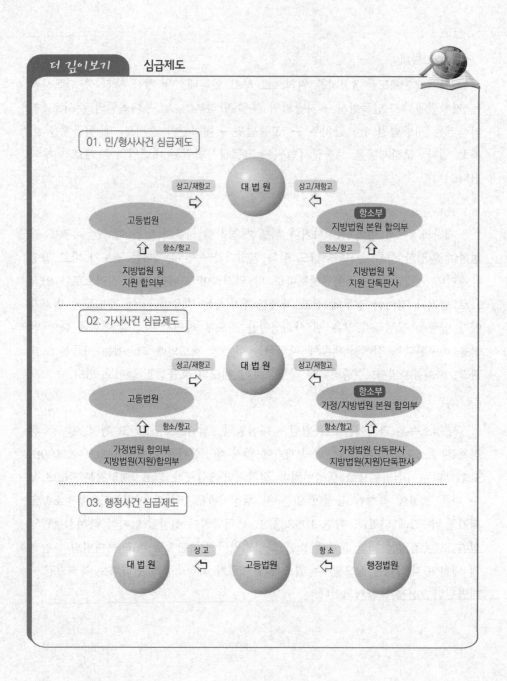

01. 민/형사사건 심급제도

대 법 원

상고/재항고

고등법원

항소/항고

지방법원 및 지원 합의부

상고/재항고

항소부
지방법원 본원 합의부

항소/항고

지방법원 및 지원 단독판사

02. 가사사건 심급제도

대 법 원

상고/재항고

고등법원

항소/항고

가정법원 합의부
지방법원(지원)합의부

상고/재항고

항소부
가정/지방법원 본원 합의부

항소/항고

가정법원 단독판사
지방법원(지원)단독판사

03. 행정사건 심급제도

대 법 원

상고

고등법원

항소

행정법원

제4절 소년사법처우

소년범죄는 성인범에 비하여 상습성의 정도가 약하여 개선 가능성이 크다는 점 등을 이유로 통상의 형사절차와는 다른 특별한 처우절차를 두고 있는데 보호처분의 의의와 이에 관련된 법률을 살펴보고, 소년형사사건의 특징과 원칙, 비행소년과 소년수형자의 처우를 설명하고자 한다.

1. 보호처분의 의의

1) 보호처분은 ① 죄를 범한 소년, ② 형벌법령에 저촉되는 행위를 한 10세 이상 14세 미만의 소년, ③ 보호자의 정당한 감독에 복종하지 않는 성벽이 있거나, 정당한 이유 없이 가정에서 이탈하거나, 범죄성 있는 자 또는 부도덕한 자와 교제하거나 자기 또는 타인의 덕성을 해롭게 하는 성벽이 있으면서 동시에 장래 형벌 법령에 저촉되는 행위를 할 우려가 있는 10세 이상의 소년에 대한 교화·개선·보호를 위해 소년의 환경 조정 또는 성행교정에 필요한 처분을 말한다.

2) 따라서 보호처분은 소년의 비행에 대한 책임을 묻는 수단으로 기능하기보다는 소년의 범죄위험성에 대처하기 위한 수단으로서 보안처분의 일종으로 이해해야 한다.

3) 그 대상이 되는 소년 가운데 범죄소년이 포함되어 있고, 보호처분은 이에 대하여 부과되는 형벌을 대체하는 수단으로 사용되기 때문이다. 보호처분은 해제의 성격은 없고 미숙한 소년을 사회에 잘 적응할 수 있도록 육성, 교화하기 위한 목적을 가지고 있다.

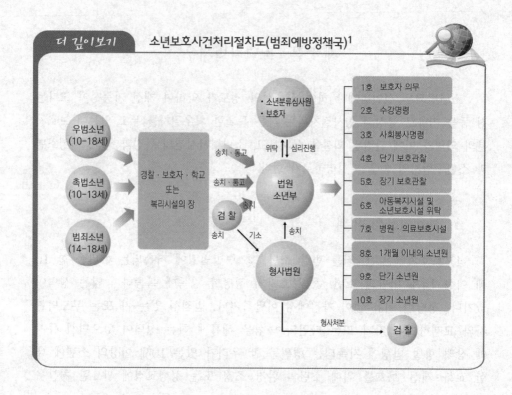

2. 소년보호에 관한 법률의 발전의 발전과정

1) 우리나라 최초의 소년보호에 관한 법률은 1942년 일제에 의해 실시된 조선소년령이었다. 그 후 1958년에는 현행 소년법의 근간이 된 소년법이 제정되었고 지금까지 4차에 걸친 개정이 있었다.

2) 특히 1988년에 전면 개정이 있었는데, 그 주요 내용을 살펴보면 다음과 같다.[2]

① 소년호보사건에서 적법절차원칙 강조, ② 보호처분의 현실화·세분화, ③

---

1 소년법 제32조가 종래 1호처분에서 7호처분이었으나 소년법 개정으로 2008년 6월 22일부터 1호처분에서 10호처분으로 변경되어 처분되고 있다.

2 개정요강은 18세 이상의 소년이 살인·강도·강간죄를 범하였거나 상습범은 보호처분의 대상에서 제외하였으나, 개정법률에는 반영되지 않았다. 실제로 미국 일리노이 주는 살인·강도·강간죄를 소년법원의 관할에서 제외하고, 일본도 사형·무기 또는 단기 3년 이상의 징역 또는 금고에 해당하는 범죄를 저지른 소년을 소년법의 보호대상에서 제외하고 있다.

소년부 송치결정 시 신병처리 근거 및 책임에 대한 규정, ④ 사형·무기형의 금지연령의 상향 조정, ⑤ 보호사건에 대한 밀행주의를 구체적으로 명시하고 있다.

3) 이 밖에도 소년보호에 관한 법률로는 소년원법,[3] 보호관찰 등에 관한 법률,[4] 아동복지법,[5] 청소년보호법[6] 등이 있으나 개별 법률마다 소년의 보호방법에서 소년법과 차이가 있다.

4) 소년원법은 소년원과 소년분류심사원의 조직과 기능 그리고 기타소년의 교정교육 등에 관해 소년형벌이 어떻게 구성되어야 하는가를 내용으로 하고, 소년법은 소년범죄자의 건전한 육성을 위해 어떠한 보호조치와 형사처분을 해야 하는가를 다루고 있다.

5) 즉 전자는 후자의 목적, 즉 소년범죄자의 건전한 육성을 구체적으로 실현하기 위한 법률이라고 할 수 있다.

6) 보호관찰 등에 관한 법률은 소년법 제32조 제1항 2, 3호에 의해 보호관찰처분을 받은 보호소년을 지도·원호함으로써 건전한 사회복귀를 촉진하고 효율적인 범죄예방활동을 전개하여 개인 및 공공의 복지 증진과 사회보호를 목적으로 하는 점에서 반사회성 있는 소년의 환경 조정과 성행교정을 위한 보호조치와 형사처분을 규정하는 소년법과 구별된다.

3. 소년보호[7]의 원칙

1) 소년범죄인을 특별히 처우해야 하는 이유는 성장발육기와 인격형성 단계에 있다는 범죄 주체의 특성 때문이다.

2) 인격의 미성숙은 한편으로는 범죄오염의 가능성을 높여 주지만, 다른 한편으로는 특별한 보호와 처우를 통해 범죄감염으로부터 쉽게 벗어날 수 있는 이유가

---

3 1988. 12. 31. 법률 제4058호 전면 개정(1990. 12. 27. 법률 제4268호로 개정, 전문6장 53조 및 부칙).
4 1995. 1. 5. 법률 제4933호 전면 개정. 원래 명칭은 보호관찰법이었으나 1995년의 전면 개정으로 이름이 바뀌었다.
5 1981. 4. 13. 법률 제3438호 전면 개정.
6 1997. 3. 7. 법률 제 5297호 제정. 같은 해 7. 1.일 시행 1999.2.5일 이 법이 개정됨에 따라 미성년자보호법은 폐지.
7 인도주의와 과학주의를 표방한 증거주의의 발달과 19세기 말 소년법원(juvenile court)의 확립으로 소년을 성인범죄인과 구별하여 특별한 보호를 하여야 한다는 계기하에 주장된 이론이라 할 수 있다.

될 수도 있다.

3) 이러한 점으로 인하여 소년이 건전하게 자랄 수 있는 사회환경을 조성하는 동시에 문제소년의 비행원인을 제거함으로써 소년과 사회를 범죄로부터 보호해야 할 필요성이 있는 것이다.

4) 이와 같은 소년보호정책의 이념은 범죄가 발생하기 전에 범죄를 예방하고, 범죄인의 처벌보다 사회에 대한 적응을 쉽게 할 수 있도록 교육에 중점을 두는 것을 특징으로 한다.

5) 이는 범죄인에 대한 적극적 보호와 범죄인의 사회복귀를 위한 교육을 내용으로 하는 현재 형사정책의 이념에도 일치된다. 소년보호이념은 다음과 같은 원칙을 내용으로 한다.

(1) 인격주의

인격주의는 소년을 보호하기 위하여 소년의 행위·태도에서 나타난 개성과 환경을 중시하는 것을 말한다. 소년보호절차는 교육기능 및 사법기능을 동시에 수행해야하기 때문에 객관적 비행사실만 중요하게 취급되어서는 안 되고, 소년의 인격과 관련된 개인적 범죄 특성도 함께 고려하여야 한다.

(2) 예방주의

예방주의는 소년법의 목적을 범행한 소년의 처벌이 아니라 이미 범행한 소년이 더 이상 범죄를 범하지 않도록 하고 그리고 장차 죄를 범할 우려가 있는 우범소년이 범죄에 빠지지 않도록 범죄예방에 비중을 두는 것을 말한다.

(3) 개별주의

개별주의는 소년사건에서 소년보호조치를 취할 때 소년 개개인을 1건의 독립된 사건으로 취급하는 것을 말한다. 이는 범죄인에게 알맞은 처우를 찾는 형벌의 개별화이념을 기초로 구체적 인간을 대상으로 한다. 인간은 서로 다른 개성을 가지고 있고 다른 환경 속에서 범죄를 저지른다는 것을 전제로 한다. 따라서 소년사건을 조사함에 있어 소년의 개성, 환경 등의 요인을 중시하여야 한다.

(4) 과학주의

예방주의와 개별주의를 추구하기 위해서는 반드시 소년의 범죄환경에 대한 연구와 소년범죄자에게 어떤 종류의 형벌을 어느 정도 부과하는 것이 적당한가에 대한 연구·검토가 필요하다. 그러므로 소년범죄에 대한 법률의 단순한 적용보다 소년을 교육하고 보호하는 데 적합한 대책을 전문가의 의견을 들어 결정하는 것이 중요하다. 이와 같은 논의 전체를 과학주의라고 표현한다.

(5) 교육주의

교육주의는 반사회성이 있는 소년의 건전한 육성을 위한 환경 조성과 성행의 교정에 필요한 보호처분을 행하고, 형사처분을 할 때 특별한 조치를 취해야 한다는 것을 말한다. 다시 말하면 소년범죄에 대해서는 처벌을 위주로 할 것이 아니라 치료·개선을 우선해야 한다는 것을 의미한다. 따라서 소년보호절차와 보호활동의 모든 과정에 걸쳐 교육적 정신이 관철되어야 한다.

(6) 협력주의

협력주의는 효율적 소년보호를 위해 국가는 물론이고 소년의 보호자를 비롯한 민간단체 등이 서로 협력해야 한다는 것을 말한다. 사법으로서 국가권력은 소년보호수단을 강구할 때 그 다양성이나 포괄성 등에서 흠결이 있기는 하지만 소년보호조치를 강제할 수 있는 국가적 권위를 가지고 있다. 그러므로 효율적 소년보호를 위해서 양자의 장점을 서로 보완시킬 수 있는 협력관계를 유지하는 것이 무엇보다도 필요하다. 예컨대, 소년호보정책의 국가독점을 지양하고 소년보호 관련 민간단체, 교육기관, 가정 등의 협력을 이끌어내야 한다.

(7) 밀행주의(비공개주의)

밀행주의는 보호소년을 개선하여 사회생활에 적응시키고 건전하게 육성하기 위해서는 문제소년을 가급적이면 노출시키지 않아야 한다는 것을 의미한다. 만일 소년의 과거 비행이 노출되면 사회로부터 전과자라는 낙인이 찍혀 사회진출이 어려운 것은 물론이고, 그로 인해 미래에 대한 희망을 포기하는 원인이 될 수도 있기 때문에 비공표성을 원칙으로 한다.

4. 처분상의 특칙

1) 사형, 무기형의 완화

죄를 범할 당시 18세 미만인 소년에 대하여 사형 또는 무기형으로 처할 경우에는 15년의 유기징역으로 하며(「소년법」 제59조), 다만 특정강력범죄를 범한 당시 18세 미만의 소년을 사형 또는 무기형에 처하여야 할 때에는 「소년법」 제59조에도 불구하고 그 형을 20년의 유기징역으로 한다(「특정강력범죄의 처벌에 관한 특례법」 제4조 제1항). 기준시점은 변론 종결시나 판결선고시가 아닌 "행위시"임을 유의할 필요가 있다.

2) 부정기형

소년이 법정형으로 장기 2년 이상의 유기형에 해당하는 죄를 범한 경우에는 그 형의 범위에서 장기와 단기를 정하여 선고하되, 장기는 10년, 단기는 5년을 초과하지 못한다(「소년법」 제60조 제1항). 다만 특정강력범죄를 범한 소년에 대하여 부정기형을 선고할 때에는 「소년법」 제60조 제1항 단서에도 불구하고 장기는 15년, 단기는 7년을 초과하지 못한다(「특정강력범죄 처벌에 관한 특례법」 제4조 제2항), 기준시점은 행위시가 아닌 "판결선고시"이며, 법정형이 사형, 무기징역으로만 규정되어 있는 경우에는 감경하더라도 정기형을 선고하여야 한다. 피고인이 항소심 심리 중에 성년이 되면 정기형을 선고하여야 하고, 이 경우 단기형을 기준으로 불이익변경금지의 원칙이 적용된다.

3) 법률상 감경

소년의 특성에 비추어 상당하다고 인정되는 때에는 그 형을 감경할 수 있다(「소년법」 제60조 제2항). 소년의 경우 성인보다 책임능력이 미약하다는 점을 고려한 규정이다.

4) 성범죄의 경우 필요적 보호관찰

성폭력범죄를 범한 자가 소년인 경우 형의 선고를 유예할 때에는 반드시 1년 동안 보호관찰을 받을 것을 명하여야 하며, 형의 집행을 유예할 경우에는 반드시 그 집행유예기간 내에서 일정한 기간 동안 보호관찰·사회봉사 또는 수강을 받을 것을 명하여야 한다(「성폭력범죄의 처벌 등에 관한 특례법」 제16조).

5) 환형처분의 금지

18세 미만인 소년에게는 「형법」 제70조(노역장유치)[8]에 따른 유치선고를 하지 못한다. 다만, 판결선고 전 구속되었거나 소년법 제18조 제1항 제3호[9]의 조치가 있었을 때에는 그 구속 또는 위탁의 기간에 해당하는 기간은 노역장에 유치된 것으로 보아 「형법」 제57조를[10] 적용할 수 있다(「소년법」 제62조). 위 단서에 따라 미결구금일수 등을 벌금에 관한 환형유치기간에 산입하는 경우의 주문 형식은 다음과 같다.

〈주문 기재례〉

이 판결선고 전에 구금일수(또는 위탁기간) 23일을 1일 금 30,000원으로 환산하여 위 벌금액에 산입한다.

6) 소년부송치

법원은 소년에 대한 피고사건을 심리한 결과 벌금 이하의 형에 해당하는 범죄이거나 보호처분에 해당할 사유가 있다고 인정한 때에는 결정으로써 사건을 관할 소년부에 송치하여야 한다. 소년부송치를 할 수 있는 연령에 관하여 특별한 제한이 있는 것은 아니지만, 일반적으로 18세 이상의 소년에 대하여는 소년법이 예상하는 교육적인 기능이 대단히 제한적이라는 점, 18세 이상인 자의 범행이 날로 흉포화, 전문화되고 있는 실정 등을 감안할 때 18세 이상의 소년에 대하여 소년부송치 결정을 함에 있어서는 신중한 판단이 요망된다고 하겠다.

7) 자격에 관한 법령의 적용

소년이었을 때 범한 죄에 의하여 형의 선고를 받은 자가 그 집행을 종료하거나 면제받은 경우 자격에 관한 법령을 적용할 때에는 장래에 향하여 형의 선고를 받지 아니한 것으로 본다(「소년법」 제67조).

---

8 벌금 또는 과료를 선고할 때에는 납입하지 아니하는 경우의 유치기간을 정하여 동시에 선고하여야 한다.

9 소년분류심사원에 위탁하여 소년감호를 결정한다.

10 판결선고 전 구금일수의 통산: ① 판결선고 전의 구금일수는 그 전부 또는 일부를 유기징역, 유기금고, 벌금이나 과료에 관한 유치 또는 구류에 산입한다.
② 전 항의 경우에는 구금일수의 1일은 징역, 금고, 벌금이나 과료에 대한 유치 또는 구류 기간의 1일로 계산한다.

5. 소년원의 처우

1) 소년원은 법원 소년부에서 송치한 14세 이상 19세 미만의 범죄소년, 형벌법령에 저촉되는 행위를 한 10세 이상 14세 미만의 촉법소년과 성격 또는 환경에 비추어 장래 형벌법령에 저촉되는 행위를 할 우려가 있는 10세 이상 19세 미만의 우범소년을 수용하여 교정교육을 행하는 국가 기관이다.

2) 소년원은 사법적 기능보다는 교육적 기능을 중시하여, 비행에 대한 책임을 추궁하는 것이 아니라 국가가 소년들의 보호자가 되어 인성교육 등 생활지도와 특성화교육, 교과교육 및 직업능력개발훈련, 의료처우 등을 실시함으로써 이들의 왜곡된 성격과 행동을 교정하고 건전한 청소년으로서 인격을 도약케 한다는 점에서 소년교도소와는 법적·이념적으로 그 성격을 달리하고 있다.

3) 우리나라의 소년원제도는 1942년 경성소년원(현 서울소년원)의 개원이 그 효시로서 2010년 12월 현재 전국적으로 10개의 소년원이 운영되고 있다.

(1) 분류처우 및 수용보호

① 분류조사

㉠ 소년원에서는 소년법원으로부터 보호처분을 받고 송치된 소년에 대하여 교정교육과 개별처우에 필요한 각종 자료를 수집하기 위한 분류조사를 한다.

㉡ 분류조사에서는 소년의 가족관계, 성장환경, 교육력, 직업력 및 비행력 등 생활사를 중심으로 한 사회환경적 조사를 위시하여 지능, 성격, 적성, 취미, 학력조사 등 심리검사와 신체 및정신상의 이상 유무를 밝히기 위한 의학적 검진과 행동관찰, 보호자상담 등이 이루어진다.

㉢ 이와 같은 과정을 통하여 밝혀진 제 사실과 소년법원 및 소년분류심사원에서 송부된 자료를 참고로 보호소년처우심사위원회에서 이를 종합심사하여 개별처우계획을 수립하게 된다.

② 분류수용

㉠ 우리나라의 소년법원은 소년원송치처분을 함에 있어서 소년원의 종별은 지정하지 아니한 채 소년원 측에 이를 일임하고 있다.

㉡ 그런데 최근 소년원에 수용되는 소년들의 문제점을 분석해보면 더욱 복잡·다양화되는 양상을 보이고 있다. 따라서 법무부에서는 이들 본인의 장래 진로

등을 종합 고려하여 개별적인 특성에 따라 처우를 하는 것이 효과적이라는 판단 아래 소년원을 초·중등교육, 직업능력개발훈련, 의료·재활교육, 인성교육 소년원으로 분류하고, 같은 소년원 안에서도 학생들의 연령, 비행의 질, 입원횟수, 공범 유무, 교육정도 등에 따라 분류 수용하고 있다.

ⓒ 수용·교육기간은 소년의료보호시설 위탁(소년법 제32조 제1항 제7호)은 6개월 (6개월 이내 1회 연장가능), 1개월 이내의 소년원 송치(제8호) 1개월 이내, 단기 소년원 송치(제9호)는 6개월 미만, 장기 소년원 송치(제10호)는 24개월 미만이다.

③ 급식 및 급여

㉠ 소년원 학생들에 대한 급식을 과학적이고 합리적으로 관리하기 위하여 각 소년원에 급식관리위원회를 설치하여 학생들의 급식에 적정을 기하고 있다.

㉡ 질병, 기타사유로 인하여 특별한 급식이 필요한 경우를 제외하고는 일정 혼합식을 원칙으로 하고 있는데, 1명당 한 끼니에 급여하는 주식 및 부식의 열량은 900kcal(여자는 667kcal) 이상으로 하고 있다.

㉢ 주식은 1일 3회 혼합식으로 하며, 그 혼합비율은 쌀 80% 이상으로 하되 사안에 따라 비율을 조정할 수 있다. 1명당 한 끼니 급여량은 124g(여자는 92g) 이상으로 하며, 그 외 교정교육 및 생활지도를 위하여 특별급식 또는 대용식을 급여하고 있다.

㉣ 식단은 한국영양학회에서 제시한 영양섭취 기준과 보호소년 등의 기호를 고려하여 엄격히 관리하며, 그 밖에도 이들에게는 「보호소년 등의 처우에 관한 법률 시행규칙」에 따라 피복, 침구, 기타 일상생활에 필요한 물품을 급여 또는 대여하고 있다.

(2) 교육과정 및 내용

소년원에서의 교육은 학생들에게 규칙적인 생활과 개방적인 인성교육 등을 통하여 사회부적응의 원인을 제거함과 동시에 학생들의 흥미·적성 등을 고려하여 교과(특성화·보통)교육 및 직업능력개발훈련을 실시함으로써 사회적응 능력을 길러 건전한 청소년으로서 사회에 복귀할 수 있도록 하고 있다. 교육이 완료되면 전적학교장 또는 소년원학교장 발급의 수료증 및 졸업장 수여한다.

① 생활지도

㉠ 소년원에서는 소년원 학생들이 지닌 왜곡된 성행과 생활습관을 교정하고

사회생활에 적응하지 못하는 제요인을 제거하기 위하여 모든 생활현장에서 종합적이고 체계적인 생활지도를 하고 있다.

ⓛ 생활지도는 바람직한 습성과 건실한 생활태도를 익히게 하는 교육활동으로서 기초적인 일상 생활지도로부터 전문적인 진로지도, 사후지도 등에 이르기까지 그 영역이 매우 광범위하다.

ⓒ 입원초기에는 언어, 식사, 취침, 기상 등 일상생활에 필요한 기초적인 행동양식을 비롯하여 공중도덕, 기본예절, 사회규범 등을 익히도록 지도하고 시간이 지남에 따라 학생들의 창의력과 자율성을 북돋움과 동시에 바람직한 인간관계의 형성과 참여의식을 고취하기 위하여 자치회 등 광범위한 집단지도를 실시하며, 나아가 학생들의 정서순화를 위하여 독서, 영화감상, 레크리에이션 등을 지도하고 있다.

② 인성교육

㉠ 2007년 소년보호기관 조정에 따른 교육과정 통폐합 및 교육기능 조정의 필요성이 대두되면서 소년원학교 교육과정이 개편됨에 따라, 학생들의 특성과 욕구를 반영한 전문화된 인성교육과정을 운영하기 위해 대구·청주·춘천·제주소년원을 인성교육 전문기관으로 지정하여 기본교육과정 중 50% 이상을 인성교육 시간으로 편성·운영하였다.

ⓛ 인성교육은 분노조절훈련, 사회성향상훈련 등 집단상담 20%, 준법교육, 생활예절, 독서지도 등 집단지도 40%, 사회봉사활동, 체험학습 등 특별활동 15%, 체육교육 25%로 편성되어 있으며, 잔여시간은 검정고시, 컴퓨터교육 등으로 구성·운영하는 한편, 인성교육 전문기관 이외의 소년원에서도 매주 인성교육 시간을 편성·운영하도록 하고 있다.

ⓒ 또한, 2008년 '보호소년 등의 처우에 관한 법률', '동법 시행령' 및 '동법 시행규칙'이 시행되면서 1개월 이내 집중 인성교육을 실시하는 8호 처분자 전담소년원을 대덕·청주·제주소년원으로 지정하여 남자 8호 처분자는 대덕, 여자 8호 처분자는 청주, 남자 8호 처분자 중 제주거주자는 제주소년원에서 각각 교육을 받도록 하였다.

㉣ 8호 처분자 교육과정은 비행별 유형에 따른 비행예방 전문교육, 솔로몬로파크 견학 등 체험활동, 집단상담 및 교양교육으로 편성·운영하고 있으며, 대덕소

년원에서는 신체질환자, 약물중독, 정신·발달장애 등 집중치료나 특수교육이 필요한 보호소년을 대상으로 의료·재활교육을 실시하고 있다.

③ 체험학습 위주의 열린 교육

특성화교육 전환과 함께 그간 기업체 현장방문 실습, 산업체 통근취업 등 개방적 교육을 실시해 온 경험을 바탕으로 기존의 교내에서 이루어지던 폐쇄적 인성교육을 탈피하여 문화·예술공연 관람, 청소년 야영훈련 등 다양한 체험학습 위주의 열린 교육을 실시하고 있다.

ⅰ) 야영훈련·국제청소년평화캠프 참가, ⅱ) 소년원학생 국토순례 대장정

2009년부터 '소년원학교 사랑나누기, 희망더하기' 행사로 전환하여 4월부터 11월에 걸쳐 기관별 별도 계획을 수립·운영함으로써 전국 10개 소년원에서 총 1,000여명이 참석하여 학생, 교사, 보호자, 자원봉사자가 서로 화합하고 소통하는 장을 마련하였다.

④ 완전한 사회복귀 지원

㉠ 소년원 교육의 궁극적인 목표는 소년원에서 교육과정을 이수한 소년이 재비행을 하지 않고 사회에 정착하여 완전한 자립을 이룰 수 있도록 하는 데 있다.

㉡ 이를 위해 가정관을 신축·운영하여 손상된 가족관계를 회복하고 문신제거시술을 통한 사회적응상 장애요소를 제거해 주고 있다.

ⅰ) 가정관 운영

ⅱ) 문신제거시술

ⅲ) 취업 및 사후정착지도: ⓐ 취업지원협의회, ⓑ 자립생활관 「청소년쉼터」 운영, ⓒ 무의탁학생 등 생활안정 특별지원

(3) 8호 처분자 교육(1개월)

기본교육으로는 기초질서교육, 생활예절, 독서지도 등을 교육하고, 전문교육으로는 폭력예방교육, 절도예방교육, 약물예방교육, 성비행예방교육, 정보화역기능예방교육, 교통안전교육 등을 실시한다.

체험교육은 자연체험, 봉사활동, 극기훈련, 영화·미술·웃음치료 등이고, 집단상담으로는 가족관계회복, 사회성향상, 자아성장, 법교육, 감수성훈련, 분노조절 프로그램 등을 교육하고 있다.

(4) 출원(퇴원 및 가퇴원)

① 「보호소년 등의 처우에 관한 법률」 제43조는 보호소년이 22세가 되면 퇴원시키도록 하는 한편, 22세에 달하지 아니한 경우에도 수용중인 학생이 교과성적이 양호하며 교정의 목적을 이루었다고 인정될 때에는 소년원장이 보호관찰심사위원회에 퇴원을 신청하도록 하고 있다.

② 또한 교정성적이 양호한 보호소년 중 보호관찰의 필요성이 있다고 인정되는 경우 소년원장은 보호관찰심사위원회에 임시퇴원을 신청하고, 보호관찰심사위원회에서는 보호소년의 인격, 교정, 성적, 생활태도 등을 종합적으로 고려하여 적부를 심사·결정한 후, 법무부장관의 허가를 받아 임시퇴원을 시키고 있다.

③ 그러나 임시퇴원생이 임시퇴원기간 중 준수사항을 위반하고 그 정도가 무거워 임시퇴원을 취소함이 상당한 때에는 임시퇴원 허가를 취소하고 재수용하여 교육을 하도록 하고 있다(「보호관찰 등에 관한 법률」 제48조 제1항).

6. 소년분류심사원의 처우

1) 개 설

⑴ 「소년법」 제12조는 소년부가 조사 또는 심리를 할 때에는 정신건강의학과 의사, 심리학자, 사회사업가, 교육자나 그 밖의 전문가의 진단, 소년분류심사원의 분류심사 결과와 의견, 보호관찰소의 조사결과와 의견 등을 고려하여야 한다고 규정하고 있으며, 「소년법」 제18조 제1항은 소년부 판사가 사건을 조사 또는 심리하는 데에 필요하다고 인정하면 소년의 감호에 관하여 결정으로써 보호자, 소년을 보호할 수 있는 적당한 자 또는 시설에 위탁, 병원이나 그 밖의 요양소에 위탁, 소년분류심사원에 위탁하는 임시조치를 할 수 있도록 규정하고 있다.

⑵ 또한 「소년법」 제49조의2는 검사가 소년 피의사건에 대하여 소년부송치, 공소제기, 기소유예 등의 처분을 결정하기 위하여 필요하다고 인정하면 피의자의 주거지 또는 검찰청 소재지를 관할하는 보호관찰소의 장, 소년분류심사원장에게 필요한 사항에 관한 조사를 요구할 수 있도록 규정하고 있다.

⑶ 소년분류심사원의 임무로는 「보호소년 등의 처우에 관한 법률」 제2조 제

2항에 따르면, 「소년법」 제18조 제1항 제3호[11]의 규정에 의해 법원소년부로부터 위탁된 소년의 수용과 분류심사, 「소년법」 제12조에 따른 전문가 진단의 일환으로 법원소년부가 상담조사를 의뢰한 소년의 상담과 조사, 「소년법」 제49조의 2에 따라 소년 피의사건에 대하여 검사가 조사를 의뢰한 소년의 품행 및 환경 등의 조사, 그 밖에 소년원장이나 보호관찰소장이 의뢰한 소년의 분류심사를 주요 임무로 하고 있다.

(4) 분류심사의 목적은 「보호소년 등의 처우에 관한 법률」 제24조에 명시하고 있는바, 동법 제2조 제2항에 해당하는 소년의 신체, 성격, 소질, 환경, 학력 및 경력 등에 대한 조사를 통하여 비행 또는 범죄의 원인을 규명하여 심사대상인 소년의 처우에 관하여 최선의 지침을 제시토록 하고 있으며, 분류심사를 할 때에는 심리학, 교육학, 시회학, 사회복지학, 범죄학, 의학 등의 전문적인 지식과 기술에 근거하여 보호소년 등의 신체적, 심리적, 환경석 측면 등을 조사·판정하여야 한다고 규정하고 있다.

(5) 또한 「보호소년 등의 처우에 관한 법률」 제26조에 따라 「청소년기본법」 제3조 제1호에 따른 청소년이나 그 보호자가 적성검사 등 진로탐색을 위한 청소년심리검사 또는 상담도 함께 실시하는 등 소년분류심사원의 임무가 매우 강조되고 있다.

(6) 2013년 1월 현재 소년분류심사원은 서울 1개 지역에서만 운영되고 있으며, 소년분류심사원이 설치되어 있지 않은 부산, 대구, 광주, 전주, 대덕, 홍천, 제주 지역은 소년원에서 그 기능을 대행(이하 "대행소년원"이라 한다)하고 있다.

(7) 분류심사는 면접, 심리검사, 정신의학적 진단, 행동관찰, 생활사 및 환경자료의 분석 등의 조사방법에 의하여 이루어지고 있다.

(8) 소년조사제도의 종류로는 방법과 사법절차 및 대상자에 따라 여러 형태로 구분할 수 있지만, 현재 소년보호기관에서 실시하고 있는 소년조사제도에 국한하여 분류하면 크게 수용분류심사와 상담조사 등으로 구분할 수 있다.

(9) 위탁기관은 1월 이내 위탁, 단 1회에 한하여 법원 소년부의 결정으로 연장 가능하다.

---

11 소년분류심사원에 위탁.

2) 분류심사의 과학화·전문화

(1) 분류심사의 전산화

① 2000년 '분류심사결과통지서관리 프로그램'과 '특수인성검사 프로그램'을 개발하여 분류심사전산화의 획기적 발전을 가져왔으며, 2003년에는 서울소년원 연구실에서 개발한 「재비행예측프로그램」을 전산화하였다.

② 이후 2008년에 「교육종합관리시스템(TEAMS: Total Education & Management System)」의 개발로 전자심리검사 및 종합적인 진단·분석시스템을 마련함으로써 위탁소년분류심사에서부터 처우 및 수용관리 등의 업무에 이르기까지 연속선상에서 업무를 처리할 수 있게 되었다.

(2) 분류심사의 전문화

① 2000년부터 자체 연구진에 의해 개발된 '특수인성검사'를 실무에 도입, 심리검사의 신뢰도를 높였고, 특히 2005년에는 이 검사를 재표준화하여 2006년 6월 이후 본격적으로 활용함으로써 효용성을 더욱 높였으며, 2003년에는 비행청소년의 특성을 고려한 '지능·적성검사'를 개발하여 위탁소년 심리검사, 청소년 적성검사 등에 활용하고 있다.

② 한편, 2007년 7월 분류심사관의 전문성 제고를 위하여 분류심사관 보임기준을 '직급'에서 '전문성'으로 전환, 기존의 5급 이상 당연 보임이었던 형태에서 전문성을 갖춘 6급 이하 직원들도 분류심사관으로 보임할 수 있는 '전문분류심사관제도'를 도입하였다.

③ 최근에는 형소법상 양형조사관 제도 도입과 관련하여 조사관의 전문성을 더욱 강화하고자 일정한 요건을 갖춘 직원에 한해 자격검증시험 절차를 거쳐 공인자격을 부여하는 '조사관인증제도'를 도입, '조사관인증자격'을 취득한 사람이 조사업무를 수행함으로써 법무부의 다양한 조사제도 전문성 확보는 물론 대국민 신뢰도를 높일 것으로 기대하고 있다. 이에 따라 2010년 8월 제1회 조사관인증자격 검정시험을 실시하였다.

3) 비행원인진단 기능 강화

분류심사제도는 청소년비행 예방과 재범 방지를 위해 구속 송치자 위주로 시행해왔는데 불구속 송치자를 포함한 모든 소년보호사건 대상자로 확대할 필요가 있어 대법원과의 정책협의를 거쳐 2003년 7월부터 '보호소년 상담조사제'와 '분류심사관 심리 참여제도'를 시행하고 있다.

(1) 보호소년 상담조사제

① 2003년 7월 새롭게 도입된 '보호소년 상담조사제'는 불구속 송치자 중 보호자 등에게 위탁되어있는 소년을 대상으로 법원 소년부 판사가 전문가의 진단이 필요하다고 인정되는 경우 대상소년을 소년분류심사원에 주간에만 3~5일 출석하게 하여 상담과 조사를 받도록 하는 제도이다.

② 이에 따라 소년분류심사원에서는 대상소년의 성격과 행동특징, 능력과 욕구 등 개인이 지니고 있는 자질과 환경적 특성에 대한 조사와 비행원인 규명을 위한 종합적인 진단을 실시한 후, 그 결과를 담당 소년부 판사에게 심리자료로 송부하는 한편, 보호자에게는 소년의 훈육과 지도지침으로 제공하고 아울러 소년의 비행성 제거를 위한 '대안교육'을 병행하고 있다.

③ 상담조사는 현재 서울소년분류심사원 및 그 외 7개의 소년분류심사원 대행 소년원에서 실시하고 있다.

(2) 분류심사관 심리참여제도

이 제도는 소년사건 심리중에 소년부판사가 분류심사결과통지서에 의문이 있거나 그 보고서만으로는 소년이 처한 상황을 정확하게 파악할 수 없는 경우, 소년의 성행과 비행환경 등을 정확히 알고 있는 담당 분류심사관을 법정에 참여시켜 직접 의견을 듣는 제도로서, 이는 대법원에서 추진하고 있는 '국민의 사법참여 방안'과 맥을 같이하고 있으며, 소년분류심사원의 국가 후견자적 역할을 강조하고 있는 소년법 이념을 충실히 구현할 수 있다는 점에서 매우 의미 있는 제도로 평가받고 있다.

4) 청소년비행예방 역량 강화

(1) 청소년비행예방센터 신설

① 최근 학교폭력 등 저년형 소년에 의한 비행이 증가함에 따라 위기청소년 및 비행 초기 단계에 있는 청소년의 재범방지를 위한 장기적이고 체계적인 대책의 일환으로, 2007년 7월부터 소년원 및 소년분류심사원 기능조정과 함께 폐지를 한

부산·광주·청주 등 전국 6개 지역에 청소년 예방센터를 설립·운영하고 있다.

② 청소년비행예방센터는 위기청소년 및 그 보호자에 대한 심리검사, 상담 및 교육과 검사의 기소유예 처분을 받은 자, 학교장이 의뢰한 학교부적응학생 등에 대한 대안교육, 판사가 의뢰한 상담조사 및 검사가 의뢰한 결정전조사 외에 청소년 비행관련 연구·교육프로그램 개발, 청소년 법교육 및 자원봉사자 전문교육 등을 실시하고 있다.

(2) 일반학교 부적응학생 등 대안교육 내실화

① 지역사회 일반 청소년들의 비행을 예방하기 위해 2001년 10월 시범운영을 거친 후 2002년부터 일반학교 부적응학생에 대한 대안교육을 실시하고 있다.

② 2010년 말 현재 5개 청소년비행예방센터 및 5개 대행소년원(대구·전주·대덕·춘천·제주)이 각 시·도 교육청으로부터 초·중등교육법시행령 제31조에 의한 '중·고등학생 특별교육 이수기관'으로 지정되어 운영하고 있다.

③ 대안교육은 진로·성격 등 심리검사, 심성훈련, 체험교육 등 1~5일 과정의 프로그램으로 운영되고 있는데 교육과정을 이수하면 대안교육 수료증을 수여하고 교육결과를 해당학교에 보내어 학생 생활지도의 자료로 활용토록 하고 있으며, 학부모에게 적성검사 결과 등 자녀지도에 필요한 정보를 제공하고, 해당 학교와 협조하여 교육수료 학생에 대한 사후지도도 실시하여 비행청소년 전문기관으로서의 청소년비행예방센터 역할을 강화함으로써 신뢰도 제고에 기여하고 있다.

④ 대안학교 임무는 법원·검찰청·학교 등에서 의뢰한 위기청소년에 대한 대안교육 및 부모 등에 대한 보호자교육을 실시하고, 소년부 판사가 의뢰한 비행청소년의 상담조사를 실시하며 지역사회 청소년에 대한 각종 심리검사 및 상담 활동을 한다.

(3) 기소유예자 및 선도유예자 대안교육 실시

안산청소년비행예방센터 등 10개 기관에서 각 관할 지방검찰청과 협의를 통해 기소유예자에 대한 체험교육을 실시함으로써 그들의 비행성 조기개선과 아울러 재비행 방지에 기여하고 있다. 이는 청소년비행예방센터의 비행청소년에 대한 전문 진단기법과 교육 프로그램을 비행의 초기단계에 있는 청소년 교육에 적극 활용함으로써 청소년 선도 강화 및 재비행 방지를 목적으로 실시하고 있다.

(4) 청소년심리상담실 운영

1996년 2월부터 서울소년분류심사원과 대구·춘천·전주·제주소년원 등에 청소년적성검사실을 설치하였고, 2007. 12. 21. '보호소년 등의 처우에 관한 법률'이 개정되면서 '청소년심리상담실'로 명칭을 변경하여 전국 12개 청소년비행예방센터(대전센터 제외)와 2개 센터 대행소년원(대전·제주)에서 지역사회 청소년들의 진로지도 및 비행예방 활동을 적극 전개하고 있다.

청소년심리상담실은 소년분류심사원의 비행청소년 지도경험과 전문지식을 활용하여 지역사회 근로청소년과 학생, 지역주민 등을 대상으로 적성·지능·성격검사 등을 실시하여 소질과 흥미에 맞는 진로 지도지침을 제공하는 기능을 수행하고 있다.

각 기관에는 교육학, 심리학, 사회학, 정신의학 등을 전공하고 임상적 경험이 풍부한 전문직원이 검사 및 상담을 실시하고 있으며, 가정·학교·사회단체 등에서 의뢰한 청소년의 다양한 문제에 대한 원인을 분석하여 과학적이고 합리적인 지도지침을 제공하고 있다.

5) 분류심사의 종류

세 가지로 나눌 수 있는데 일반분류심사는 문제가 비교적 경미한 소년으로, 면접조사, 표준화검사, 신체·의학적 진단, 행동관찰 등 종합심사를, 특수분류심사는 문제해결이 용이하지 않은 소년으로 일반분류심사 외에 개별검사, 정신의학적 진단, 현지조사 등을 추가한다. 상담조사는 보호자 위탁소년 중 법원 소년부 판사가 의뢰한 소년이며 3~5일단 주간에만 출석하여 조사 및 상담·교육을 병행 실시한다.

제 5 절 수형자의 권리구제수단 및 피해자론

1. 권리구제수단

1) 행형시설 안에서 발생하는 인권침해나 비인도적 처우는 주로 교도행정의 은밀성과 폐쇄성에 기인하는 경우가 많다. 따라서 수형자 자신의 고충이나 불복의 사를 외부에 알리는 것도 쉽지 않은 것이 사실이다.

2) 교도행정의 공정성과 수형자의 권리보장을 담보하기 위해서는 행형시설을 개방하고 교도행정을 공개할 것이 요구된다.

3) 그리고 수형자가 권리구제를 요청하면 전문화된 독립기관으로 하여금 그 실상을 파악하고 시정하도록 하는 것이 필요하다.

4) 외국의 예를 살펴보면, 미국에서는 권리구제방법으로서 소송제기 이외에 독립된 공공기관으로 행형 옴부즈만(Ombudsman)을 두고 있다. 이것은 현재 교정분야의 분쟁 해결에 가장 많이 활용되고 있는 제도이다.

5) 독일의 경우에는 지방법원 안에 형집행부를 별도로 두어 행형사안에 관해 관할권을 행사하도록 하고 있다. 수형자의 권리침해가 신속하고 공정하게 사법심사에 의해서 구제받을 수 있는 길이 열려 있다.

6) 이러한 비사법적·비소송적 수단으로 대체로 옴부즈만(ombudsman)·재소자불평처리위원회(inmate grievance committee)·중재(mediation)의 세 가지 대안(이윤호, 2007: 88-90)이 주로 활용되고 있으며 현행법이 규정하고 있는 수용자의 권리구제수단으로는 순회점검, 청원, 진정 등이 있다(신석환 외: 449-451).

(1) 옴부즈만 제도

① 옴부즈만은 원래 정부관리에 대한 시민의 불평을 조사할 수 있는 권한을 가진 스웨덴의 공무원에서 유래되었는데, 현재 미국의 경우 교정분야의 분쟁해결 기제 중 가장 많이 활용되는 것의 하나가 되었다.

② 일반적으로 옴부즈만은 불평을 수리하여 수사하고, 보고서를 작성하고, 적절한 기관에 대안을 제시하며, 그 결과를 공개하는 권한을 가진다. 옴부즈만은 해당 기관에 대하여 대안을 제시할 수만 있기 때문에 성공 여부는 그들의 비당파성과 설득능력에 달려 있다.

③ 이와 더불어 옴부즈만이 성공하기 위해서는 재소자가 불평을 쉽게 제기할 수 있어야 하고, 옴부즈만은 재소자, 교도관 그리고 기록에 대한 완전한 접근이 허용되어야 하며, 옴부즈만의 해결책은 재소자와 교도관 모두에 의해서 존중되어야 한다.

④ 그래서 옴부즈만은 대체로 법원소송과 내부분쟁해결의 중간쯤에 위치한 것으로 간주되고 있다.

(2) 재소자불평처리위원회

① 이는 노사관계에 있어서 일종의 고충 또는 불평처리위원회(inmate grievance committee)와 유사한 것으로 재소자들의 불평을 처리하는 절차이다.

② 보통 기관 내의 지정된 직원에게 불평이 접수되었으나 이를 제기한 재소자가 당국의 반응에 만족하지 못하면 상위기관에 다시 청원할 수 있는데, 이 경우는 재소자, 담당직원 그리고 외부인을 포함하여 위원회를 구성하고 여기서 결정하고 검토하는 것이다.

③ 이러한 재소자불평처리절차는 재소자와 직원 모두를 위해서 이용되고 있는 분쟁해결을 위한 공식적 행정절차이다.

④ 이 제도는 공식적으로 불평처리위원회 등에 의해서 분쟁이 제기되기 전에 비공식적으로 해결될 수 있도록 분쟁의 양쪽 당사자가 성실하게 노력할 것을 요구하고 있다.

⑤ 그것이 불가능한 경우에만 분쟁사항을 불평처리위원회에 제기하여 공식적인 처리절차를 밟게 된다.

⑥ 공식적으로 불평처리위원회에서 불평을 처리하기 전에 불평사항이 해결될 수 있도록 최선의 노력을 할 것을 요구하는데, 그것은 대부분의 불평사항이 사실은 오해의 소산인 경우가 많고, 따라서 상담요원이나 직원 또는 동료재소자들과의 대화를 통해서 해결될 수 있는 문제이기 때문이다.

(3) 중재(仲裁)

중재제도는 비단 교정분야뿐만 아니라 많은 형사사법단계와 과정에서 활용되고 있는 분쟁해결방법이다. 예를 들어 공식송사를 피하여 분쟁을 비공식적으로 해결하기 위한 지역사회분쟁조정센터(Neighborhood Dispute Mediation Center)와 같다.

(4) 순회점검

① 법무부 장관은 교도소, 소년교도소 및 구치소를 순회점검하거나 소속 공무원으로 하여금 순회점검하게 할 수 있다.

② 판사와 검사는 교도소, 소년교도소 또는 구치소를 수시로 시찰할 수 있다.

③ 제 2 항 이외의 자로서 학술연구, 기디 정당한 이유로 교도소, 소년교도소를 참관하고자 할 때에는 그 이유를 명시하여 당해 소장의 허가를 얻어야 한다.

④ 수용자 또는 미결수용자가 그 처우에 대해 불복이 있을 때에는 법무부 장관 또는 순회점검공무원에게 청원할 수 있다.

⑤ 청원의 형식은 서면 또는 구두이다. 다만 순회점검공무원이 구술에 의한 청원을 청취하는 때에는 교도관을 참여시키지 못한다. 이때 순회점검공무원은 그 요지를 청원부에 기재하여야 한다.

⑥ 청원이 특히 중요하다고 인정되는 것은 이를 법무부 장관에게 보고하여야 하며 스스로 그에 대한 결정을 하지 못한다.

⑦ 청원에 의한 결정은 문서로써 하여야 하며 그 결정서는 당해 소장이 지체 없이 이를 청원인에게 전달하여야 한다.

(5) 청   원

① 수용자가 순회점검공무원 이외에 법무부 장관에게 청원하고자 할 때에는 그 취지를 기재한 서면을 당해 소장에게 제출하여야 한다.

② 교도관은 청원서를 개봉하지 못한다.

③ 소장이 청원서를 접수한 때에는 지체 없이 이를 법무부 장관에게 송부하여 야한다.

④ 청원에 대한 심사와 결정은 순회점검의 경우와 같다.

⑤ 소장은 수용자가 청원을 하였다는 이유로 수용 중 부당한 처우를 하여서는 안 된다.

(6) 진   정

① 2001년 5월 24일 동북아시아에서는 처음으로 공포된 우리나라의 「국가인권위원회법」(법률 제6481호) 제3장 「위원회의 업무와 권한」에서는 구금·보호시설의 방문 및 조사, 정책과 관행의 개선 또는 시정권고, 인권교육과 홍보, 인권자료실, 법원 및 헌법재판소에 대한 의견 제출, 보고서 작성 등에 대하여 규정하고 있다 (「국가인권위원회법」 제19조 내지 제29조).

② 또한 제4장 「인권침해의 조사와 구제」에서는 인권침해와 관련한 조사대상, 시설수용자의 진정권 보장, 수사기관과 위원회의 협조, 조사의 목적과 방법 등 국가인권위원회의 인권침해행위에 대한 조사와 구제 등에 대하여 규정하고 있다 (「국가인권위원회법」 제30조 내지 제50조).

③ 이에 따라 국가인권위원회는 인권침해행위에 대하여 진정이 있거나 직권으

로 조사절차를 개시할 수 있다.

④ 특히 교도소·수용소 같은 구금보호시설을 시찰하여 정부에 시정권고, 인권교육과 홍보를 실시하고 학교 교육 내용에 관하여 교육부 장관 등과의 협의, 진정이 제기되거나 또는 직권으로 인권침해 행위를 조사하여 고발, 시정 및 징계권고, 조정, 법률구조요청 등 폭넓은 구제에 기여하고 있다.

(7) 소장면담

소장은 매주 1회 이상의 면접일을 정하고 수용자의 처우 또는 일신상의 사정에 관하여 면담을 원하는 수용자를 면접하여야 한다. 소장은 면담을 원하는 자가 있는 때에는 그 성명을 면접부에 기재한 후 순서에 따라 면접을 하여야 하며 면접인에게 표시한 의견의 요지를 면접부에 기재하여야 한다. 소장면담은 처우에 대한 불복 이외에 일신상의 사정 등을 호소할 수 있다는 점에서 청원과 다른 성격을 가지고 있다.

(8) 소송 제기

수용자는 교도소장 또는 그 휘하 공무원의 위법한 처우행위로 말미암아 부당하게 인권을 침해당한 경우에는 행정소송을 제기할 수 있다. 또한 일반적으로 수용자의 신체에 대한 직접강제, 특히 계구(포승, 수갑, 사슬, 안면보호구)의 사용과 관련하여 교정직원에 대한 형사처분을 구하는 고소도 가능하다.

(9) 헌법소원

공권력의 행사 또는 불행사로 인하여 헌법상 보장된 기본권을 침해받은 자는 법원의 재판을 제외하고는 헌법재판소에 헌법소원심판을 청구할 수 있다. 다만 다른 법률에 구제절차가 있는 경우에는 그 절차를 모두 거친 후에 청구할 수 있다(「헌법재판소법」 제68조 제1항). 따라서 수용자는 행형기관의 적극적인 작위행위와 소극적인 부작위행위로 말미암아 기본권이 침해된 때에는 헌법소원을 통해 권리를 구제받을 수 있는 길도 있다.

2. 법률구조제도

1) 의   의

⑴ 사회의 발전과 더불어 점점 복잡하고 다양해진 각종 법률제도의 혜택을 모든 국민들이 고루 누릴 수 있도록 하기 위해서는 경제적 이유나 법률지식의 부족으로 사실상 법의 보호 밖에 놓인 국민을 지원할 수 있는 제도적인 장치가 요망된다.

⑵ 법률구조제도는 경제적으로 어렵거나 법을 모르기 때문에 법의 보호를 충분히 받지 못하는 사람들에게 변호사 또는 공익법무관에 의한 소송대리 및 형사변호, 기타 법률사무에 관한 각종 지원을 하여 줌으로써 그들의 정당한 권리를 적법한 절차에 의하여 보호하고 더 나아가 국민의 기본적 인권을 옹호하는 법률분야의 사회복지제도이다.

⑶ 우리나라에서는 이러한 법률구조사업을 효율적으로 추진하기 위하여 1987. 9. 1. 법률구조법을 제정하고 비영리 공익법원인 법률구조공단을 발족하여 법률구조제도를 운영하고 있다.

⑷ 공단은 서울특별시에 본부를 두고, 그 아래에 13개의 지부와 40개의 출장소를 전국의 법원, 검찰청에 대응하여 설치하고 있다.

⑸ 경제적인 이유나 법에 대한 무지 등으로 법으로부터 소외되어 있는 국민의 권리를 보호하는 법률구조제도는 현대사회에서는 국가가 베푸는 자선이 아니라 국민의 권리이자 국가의 의무이고 더 나아가 의료서비스와 같은 사회복지권의 하나로써 자리잡아 가고 있다고 볼 수 있다.

⑹ 향후 법률구조 영역 및 구조대상자 범위 확대는 물론 외국의 노동자에게까지도 무료법률구조기금의 확충을 통한 무료법률구조사업의 확대 등이 요망된다고 하겠다.

2) 내   용

(1) 법률상담

법률상담은 전 국민을 대상으로 민사, 가사, 형사, 행정사건 등 법률문제 전반에 대하여 무료로 실시하고 있는데 상담한 결과 구조를 필요로 하는 경우에는 민사·가사사건에 대해서는 당사자간의 화해 조정이나 변호사 또는 공익법무관에 의한 소송대리를 하여주고 형사사건에 대해서는 변호사 또는 공익법무관이 변호를 해주게 된다.

(2) 법률구조

법률구조는 소송대리, 형사변호, 기타 법률적 지원을 하는 것으로써 구조대상 사건과 구조대상자에 일정한 제한을 두고 있다.

① 민사·가사사건

농어민, 영세민, 기타 생활이 어렵고 법을 몰라 스스로 법적 수단을 강구하지 못하는 국민(국민기초생활보장수급자 등)들의 국가를 상대로 하는 사건을 제외한 모든 민사·가사사건에 대하여 법률구조가 이루어지고 있는데 소송을 하지 않고 화해로 끝난 사건은 무료로 처리하고 일단 소송에 들어간 사건에 대해서는 소송이 종료된 후에 인지대 등 필요 소송비용을 의뢰자로부터 상환받는다. 그러나 의뢰자는 공단에 상환할 비용을 법원의 소송비용 확정절차를 거쳐 패소한 상대방으로부터 회수할 수 있을 뿐만 아니라, 공단에서도 의뢰자의 구체적인 사정을 고려하여 경우에 따라서는 분할 상환하도록 하거나 상환을 면제하기도 한다.

② 형사사건

형사사건에 대해서도 법률구조가 이루어지고 있다. 즉 구속사건, 공판절차에 회부된 사건, 소년부에 송치된 사건에 대하여 공단 소속변호사 또는 공익법무관이 변호를 해주고 있다. 형사사건과 관련된 일체의 비용(기록등사료, 접견료 등)은 공단에서 부담하고 의뢰자로부터는 비용을 징수하지 않으나 다만, 보석보증금 또는 보석보증보험증권 수수료는 의뢰자가 부담한다.

③ 행정소송·헌법소원사건

2000년 7월 1일부터는 행정소송 및 헌법소원사건에 대해서도 법률구조를 실시하고 있는데 다만, 국가를 당사자로 하는 소송에 관한 법률에 의한 국가 소송사건, 행정심판사건, 행정소송사건 중 당사자소송사건, 민중소송사건, 기관소송사건은 제외하고 있다.

범죄인에 대한 인권보호에 대해서는 많은 관심을 가져왔으나, 정작 범죄로 인해 신체적·정신적·경제적 피해를 입고 고통 속에 생활하고 있는 범죄피해자의 보호·지원에 대해서는 상대적으로 관심이 부족하였다.

이러한 인식하에 법무부는 범죄피해자에 대한 원상회복 지원, 범죄피해자구조금 지급 확대, 범죄피해자의 형사사법절차 참여 확대, 법률조력인 등을 통한 수사 재판 과정에서 범죄피해자 인권 보호, 민간 범죄피해자지원센터 지원 육성 등 각종 범죄피해자보호 지원 정책을 마련하여 시행하고 있다.

1) 피해자의 손실복구 지원
• 법무부는 범죄피해자의 피해정도, 보호 지원의 필요성 등을 고려하여 범죄피해자에게 상담, 의료 제공, 관련 법령에 따른 구조금 지급, 법률구조, 취업관련 지원 등 피해 회복을 위한 각종 서비스를 제공하고 있다.
• 현재 범죄피해자보호법의 구조금제도, 소송촉진 등에 관한 특례법의 배상명령제도, 법률구조공단에 의한 무료법률구조 제도 등이 시행되고 있고, 범죄피해자보호기금을 운영 중이며, 민간 차원의 보호 지원 활성화를 위해 범죄피해자지원센터를 적극 지원하고 있다.
• 법무부와 범죄피해자지원센터는 범죄피해로 인해 현재의 주거에서 거주하기 곤란한 피해자에게 임시주거를 제공하고, 정신적 충격을 받은 피해자나 그 가족에게 쉼터('스마일센터')를 제공하며, 심리치료, 재활교육 등 다양하고 전문적인 치유프로그램을 실시하여 범죄피해자의 신속하고 원활한 사회복귀를 도모하고 있다.

2) 형사절차에서의 인권지원
• 범죄피해자가 자신의 사건과 관련하여 수사담당자와 상담하거나 재판절차에 참여하여 의견을 진술하는 등 형사절차상의 권리를 행사할 수 있도록 보장하고 있다. 특히, 2012년 3월부터 성폭행 피해를 당한 19세 미만의 아동·청소년을 상대로 수사와 재판 과정에서 법률적인 도움을 주기 위해 검사가 지정해주는 국선변호인인 '법률조력인' 제도를 시행하고 있다. 아울러, 가해자에 대한 수사결과, 공판기일, 재판결과, 형집행 및 보호관찰 집행 사항 등 형사절차 관련한 정보를 제공받을 수 있도록 진행단계별로 법이 허용하는 범위 안에서 서면, 구두, 팩스 등의 방법으로 피해자에게 통지해주는 제도도 시행하고 있다.

3) 생활의 평온과 신변보호에 만전
• 범죄피해자의 명예와 사생활의 평온을 보호하고 범죄피해자가 형사소송절차에서의 진술 증언과 관련하여 보복을 당할 우려가 있는 경우 범죄피해자를 보호하기 위한 법적, 제도적 장치를 마련해 나가고 있다.

4) 형사 조정을 통한 피해회복에 노력
• 재산분쟁, 사적 다툼으로 인한 고소 사건의 경우 각급 검찰청에 설치된 형사조정위원회에서 변호사, 교육자 등 덕망 있는 조정위원의 참여하에 당사자간 합의를 통해 분쟁을 해결할 수 있도록 함으로써, 피해자에게는 피해의 실질적 회복을, 가해자에게는 진지한 반성과 속죄의 기회를 부여하여 분쟁의 신속하고 종국적인 해결이 이루어질 수 있도록 돕고 있다.

- 범죄피해자 구조제도: 범죄행위로 인한 사망·중장해 피해자가 가해자의 불명 또는 무자력인 관계로 범죄피해의 전부 또는 일부를 보상받지 못하거나, 자기 또는 타인의 형사사건의 수사 또는 재판에 있어서 고소·고발 등 수사단서의 제공, 진술, 증언 또는 자료제출과 관련하여 피해자로 된 때 국가에서 피해자 또는 유족에게 일정한도의 구조금을 지급하는 제도
- 소액심판제도: 2,000만원을 초과하지 않는 금전지급을 목적으로 하는 청구(체납관리비, 대여금, 금전채권, 손해배상청구)와 같이 비교적 단순한 사건에 대해 보통재판보다 신속하고 간편하며 경제적으로 재판을 받을 수 있게 만든 제도
- 장애인복지시책:
  * 보건복지가족부에서 시행하는 사업
  * 기타 중앙행정기관에서 시행하는 사업
  * 지방자치단체에서 조례에 의거 시행하는 사업
  * 민간기관에서 자체운영규정에 의하여 실시하는 사업
  * 지방이양사업
- 교통사고 유가족 지원
- 배상명령제도 -폭행·상해치사상 등 형사사건의 피해자가 범인의 형사재판 과정에서 간편하게 민사적인 손해배상명령까지 받아낼 수 있는 제도(소송촉진등에관한특례법의사상자 예우 등에 관한 제도)
- 국민건강보험제도를 이용한 피해자 구조제도(국민건강보험요양급여의기준에관한규칙)
- 무보험차량교통사고 및 뺑소니 피해자 구조제도(자동차손해배상보장법)
- 범죄신고자 보호 및 구조-특정범죄신고자등보호법, 성매매특별법, 범죄신고자보호및보상에관한규칙에서 세부절차 등 규정
- 지급명령제도
- 기초생활 보장제도
  - 지원 내용: 생계급여, 주거급여, 의료급여, 교육급여
  - 수급자 선정기준: 부양의무자가 없거나 부양의무자가 있어도 부양능력이 없거나 또는 부양을 받을 수 없는 자로서, 소득인정액이 최저생계비 이하인 자
- 긴급지원제도 - 긴급지원 대상: 영유아보육료지원, - 아동복지시설, 여성폭력피해자(가정, 성폭력) 보호시설, 성매매피해자 지원시설, 모자(일시) 보호시설 등의 아동의 경우 해당시설(기관)은 입소확인서(기관장의 날인요)를 발급받아 시군구에 제출

제 6 절 범죄피해자에 대한 이해

1. 피해자학의 의의

1) 피해자학(Victimologie)이란 범죄로 인한 피해를 받았거나 받을 가능성이 있는 자를 생물학적, 사회적으로 특징적인 연구를 함으로써 범죄시 피해자의 역할과

형사상의 피해자 보호에 관하여 연구하는 학문 분야를 말한다.

2) 최근까지는 범죄자들에 의한 피해자의 보호나 대책에 관하여는 무관심했던 것이 사실이었다.

3) 피해자는 ① 범죄원인의 제공자 또는 범죄원인 일부를 책임질 입장에 있는 자로 본다면 범죄원인론적인 영역이 될 것이지만, ② 범죄로 인한 피해자로 보고 이에 대한 적절한 대책의 수혜자로 본다면 마땅히 박탈된 법익에 대하여 최소한의 보전을 국가차원에서 해야 할 대상인 것이다.

4) 사실상 오늘날의 범죄학은 가해자의 범죄성을 밝히기 위해 피해자 측면에도 관심을 가지고 양자를 포괄적·종합적으로 연구하는 입장에 있기 때문에, 또 가해자에 대한 범죄학을 떠나서 피해자학의 연구가 불가능하기 때문에 범죄성을 밝히기 위해서는 양면성에 해당하는 두 학문을 분리한다는 것은 바람직한 방법은 아니라고 할 것이며 대부분의 학자들도 이 같은 입장을 취하고 있다.

5) 다만, 피해자의 보상, 보호에 관하여는 좀 더 구체적으로 연구되어야 할 것으로 보여진다.

6) 피해자학은 피해자가 되기 쉬운 사람들을 연구하여 그 심리상태를 조사하고 피해자를 발생시키는 사회구조적 연구를 하는 데 많은 범죄에 있어 피해자가 범죄유발적 원인을 제공하고 있다는 사실을 밝혀내었다고 할 수 있으며, 한편으로는 형사절차에 있어 피해자의 진술권 보장, 배상명령제도, 변호인의 조력을 받을 권리, 증인보호, 원상회복 등과 관련된 피해자의 보호문제와 피해자에 대한 공적구조문제 등의 과제를 남기고 있다.

7) 현재 우리나라의 경우는 국가가 범죄예방에 실패하여 피해자가 피해를 받았다는 사실에 대하여 국가가 책임을 지는 입장을 취하고 있다.

8) 피해자학의 학문적 연혁이나 입법적 연혁에 관해서는 제 1 장에서 설명하였다.

2. 피해자의 개념

1) 피해자의 사전적 정의는 자신의 생명이나 신체, 재산, 명예 따위에 침해 또는 위협을 받은 사람을 말하며 특히 범죄피해자란 범죄로 인하여 피해를 입은 자와 그 가족등을 의미하며 1차적 피해와 2차적 피해로 구분할 수 있다.

2) 1차적 피해(직접적 피해)는 폭행·상해 피해자는 육체적 상처 등 신체적 피해를 입고, 절도·사기 피해자는 재물이나 재산 손실 등 경제적 피해를 입게 된다. 이와같이 범죄에 의해 입게 되는 직접적인 피해를 말한다.

3) 2차적 피해자는 범죄에 의한 직접적인 피해뿐 아니라, 실직 등에 의한 경제적 손해, 수사·재판 과정에 있어서의 정신적·시간적 부담, 언론의 취재·보도에 의한 불쾌감, 대인관계 악화 등 다양한 문제에 직면하게 되는데, 이러한 문제를 통틀어 '2차적 피해'라고 한다.

3. 현행법상 피해자의 위치

1) 수사절차에서의 피해자

① 피해자는 수사과정에서 고소인으로서의 위치를 기진다. 수사는 대체로 고소나 고발에 의해 개시가 되기 때문에 피해자의 위치는 바로 수사개시의 중요한 단서가 된다.

② 특히 친고죄의 경우는 피해자의 고소가 없으면 수사기관이 범죄사실을 인지했다고 하더라도 수사는 할 수 있으나 공소를 제기할 수 없다. 그러므로 친고죄의 경우는 피해자의 위치가 재판에 절대적인 전제가 되는 것이다.

③ 반의사불벌죄의 경우에도 처벌의 과정에서 피해자의 의사가 크게 영향을 미치고 있다. 또 피해자가 고소를 제기했는데도 수사기관이 불기소처분을 한 경우에도 항고, 재항고, 재정신청, 헌법소원 등 다양한 방법으로 수사기관에 영향을 미칠 수 있다.

④ 우리 형사소송법에는 아직 수사절차에 있어 피해자를 위한 특별한 보호에 대한 규정은 없으나 특별법인 「성폭력범죄의 처벌 등에 관한 특례법」에서는 수사공무원이 피해자의 사생활을 보호해야 하며, 수사상 취득한 인신에 관한 비밀을 엄수해야할 것과 고소권 행사에 있어서의 특칙과 피해자를 위한 상담과 피해자에 대한 보호제도 등이 인정되고 있다.

2) 공판절차에 있어 피해자의 위치

① 형사사건에 있어 피해자의 피해사실에 대한 소추는 국가기관인 검사에 의

해 대행되므로 당사자가 되지는 않으나 증인으로서의 지위를 갖는다.

　② 이와 관련하여서는 증인으로서 신문과정에 피해자의 인격이나 프라이버시가 최대한 존중되어야 하고 가해자측으로부터 보복을 당하는 문제 등에 대한 보호책이 확실히 마련되어야 한다.

　③ 또 피해자로서 재판과정에서 진술할 수 있는 권리가 있다. 「헌법」은 제26조 제 5 항에서 "형사피해자는 법률이 정하는 바에 의하여 당해사건의 재판절차에서 진술할 권리가 있다."고 규정하고 있고 「형사소송법」 제294조의2 제 1 항에서 "법원은 범죄로 인한 피해자의 신청이 있는 경우에는 그 피해자를 증인으로 신문하여야 한다."고 규정하고 있다.

　④ 「특정강력범죄의처벌에관한특례법」에서는 피해자가 증인으로 증언할 경우 또는 피해자 가족 등이 증언할 경우를 위해 특별한 보호조치를 취하고 있다. 즉 증인에 대한 신변안전조치(제 7 조), 일정한 경우의 피고인에 대한 보석 또는 구속집행정지의 취소(제 6 조), 피해자의 정보에 대한 언론등에의 게재·방송금지(제 8 조) 등이 그것이다.

3) 배상명령절차에서의 피해자의 위치

　우리나라도 1981년부터 범죄 피해자의 구제를 위한 배상명령제도가 시행되고 있는데 피해자는 형사절차에 있어 피고인에 대한 손해배상을 청구할 수 있도록 하고 있다. 배상명령 절차는 법원이 직권이나 피해자의 신청이 있을 경우 피고인에게 그 범죄행위로 인하여 발생한 손해를 배상하도록 명하는 절차이다. 즉 「소송촉진등에관한특례법」 제25조 제 1 항은 "유죄판결을 선고할 경우에 법원은 직권 또는 피해자나 그 상속인의 신청에 의해 피고사건의 범죄행위로 인하여 발생한 직접적인 물적 피해 및 치료비 손해의 배상을 명할 수 있다"고 규정하고 있다. 이 경우 배상명령을 할 수 있는 범죄는 상해죄, 중상해죄, 상해치사죄, 폭행치상죄, 과실사상의 죄, 절도와 강도의 죄, 사기와 공갈의 죄, 횡령과 배임의 죄, 손괴의 죄에 의하여 직접적인 물적 피해 및 치료비에 한해서 손해를 받은 경우이다.

4. 범죄피해자의 구조제도

1) 의   의

⑴ 범죄피해자란 범죄에 의해 직접 피해를 당한 즉 법익을 침해당한 자를 말하는데 범죄피해자에 대한 보상의 역사는 이미 B.C. 2000년의 함무라비 법전에서 비롯된다(함무라비 법전 제23조는 범죄자가 체포되지 않으면 피해자는 신 앞에서 피해에 관한 공식적인 선언을 요구받게 되고 범죄지의 수장은 그 피해를 원상회복시켜야 할 것으로 되어 있다).

⑵ 또 성경은 출애굽기나 신명기에서 피해자에 대한 피해회복을 규정하고 있다. 근대에 와서 피해자에 대한 구제제도는 벤담(Bentham)에 의해 제기되었는데, 그는 피해자의 구제가 잘 되지 않으면서 유해한 형벌만 남용되고 있음을 지적하면서 범죄자의 갱생을 위한 제도적 보장과 더불어 피해자의 구제도 마땅히 고려되어야 한다고 주장하였다.

⑶ 그 후 롬브로조, 가로팔로, 페리 등 이탈리아 학파에 의해 이러한 주장이 다시 강력히 제기되었고, 영국의 프라이 여사가 1951년에 「Arms of the Law」라는 저서에서 범죄자에 의한 피해액의 배상이 이루어져야 함을 강조하였다.

⑷ 이러한 주장들이 1963년 뉴질랜드에서 입법화되었고, 그 다음해 영국, 1966년에는 캘리포니아주를 최초로 하여 미국 전역과 캐나다, 호주, 1970년대에는 유럽 전역이, 1987년에는 우리나라도 헌법 제30조의 정신에 따라 범죄피해자 구조법이 제정되어 이듬해부터 실시되었다.

2) 범죄피해자 보상의 이론적 근거

개인간에 발생된 범죄에 있어 피해자에 대해 보상을 국가가 해야 하는 당위성은 충분하다. 이론적으로 개인간의 문제를 왜 국가가 책임을 지는가에 대해서는 다음과 같은 논리를 제시할 수 있다.

⑴ 국가가 범죄를 막지 못했기 때문에 이와 같은 위법행위가 발생하였으므로 치안질서를 확립해야 할 국가는 책임을 다하지 못한 데 대한 응분의 책임을 져야 하는 것이다. 국민들이 범죄에 대한 두려움이 없이 일상생활에 종사할 권리가 있기 때문이다. 이는 결코 범죄자에 대한 형사처벌로는 부족하고 당사자에 대한 재산상 손해까지 보전해야 할 의무가 있는 것이다. 물론 이 같은 입장에서 모든 범

죄로 인한 물질적 배상을 국가가 하는 경우는 국가 재정 부담이 가중된다는 큰 문제점이 있다.

(2) 사회적 의무이론(Social Obligation Theory): 사회가 책임을 져야 한다. 사회는 개인이 자신을 보호할 제도적 장치를 마련하지 않고 있다. 그러나 공형벌권이 확립된 오늘날에는 사회에서 발생하는 형사상·민사상의 법규 위반적 행위는 개인이 아닌 국가나 사회가 책임을 지는 입장에 있기 때문에 사회는 마땅히 사회 구성원인 시민을 보호해야 할 의무가 있는 것으로 이를 다하지 못한 경우에는 책임을 져야 한다.

(3) 휴머니티 이론(Humannitarian Theory): 이 이론은 위와는 달리 범죄로 인한 피해자와 그 가족의 비참한 상태에 대해 인간적인 측면이나 국가나 사회가 손해난 피해를 보상함으로써 생계의 최소한을 보장해야 한다는 입장이다.

(4) 사회 복지적 이론(Social Welfare Theory): 이 견해는 범죄자에 대한 피해 보상의 근거는 범죄 피해자에 대한 사회적 동정심이 바탕이 되는데 피해를 당한 자에게 정신적·물질적으로 도움으로써 범죄 피해로 인한 고통에서 벗어나도록 하는 것이 현대 복지국가의 역할이라고 보는 것이다. 즉 피해자가 보상을 받는 것은 권리라는 입장에서 보는 것이 아니라, 사회정책적인 차원에서 범죄 피해자에 대한 공적인 동정심의 표현으로 보는 것인데 합리성이 큰 이론이다(大谷實, 被害者の 補償, 109).

(5) 결론적으로 (1)과 같은 입장에서 사회질서를 확립해야 할 의무가 있는 국가가 그 의무를 다하지 못해 범죄의 결과가 발생했다면 피해자에 대해 응분의 책임을 지는 것은 당연한 일이나 현실적으로 모든 범죄에 대한 피해보상을 국가가 하게 되면 천문학적인 재정부담을 무시할 수 없어 현실성이 적다. 왜냐하면 가해자는 대개 경제적 능력이 없는 자들이기 때문에 국가가 사후적인 구상권을 행사하기가 쉽지 않을 것이기 때문에 전적으로 재정 부담을 질 수밖에 없다. 결국 (4)와 같은 사회복지 차원에서 범죄 피해로 인해 생계가 극히 어려운 피해자 측에 대해 사회보장적인 복지 차원에서 최소한의 생활 원조를 하는 것이 합리적이라고 생각된다.

3) 범죄피해자 보상의 방법과 그 한계

(1) 보상의 방법

범죄피해자에 대한 구제는 당연히 이루어져야 하는바 그 방법은 ① 가해자에 대한 직접배상의 청구, ② 민사소송에 의한 피해구제, ③ 보험에 의한 피해구제, ④ 손해배상명령제도에 의한 피해구제 등이 있을 수 있다. 그러나 이러한 제도들이 너무 피의자 인권중심의 형사사법절차의 운영으로 인해 법에 규정된 제도조차도 제대로 활용되지 못하고 있는 현실이다.

법원에서는 명백하게 범죄사실과 피해자가 가려진 경우에는 우선 피해자에 대한 손해배상명령제도에 의해 피해자구제를 제 1 차적으로 고려한 다음 형사처벌을 하도록 하는 것이 바람직하다고 본다. 특히 재산범죄 피해자인 경우 명백하게 범죄사실이 입증된 경우에도 형사처벌만 하게 되니 피해자는 별로 실효성이 없는 민사소송을 별도로 진행해야 하는 이중적인 부담을 지는 입장에 있다.

재산범죄 이외의 범죄 특히 강력범죄로 인하여 가장을 잃은 가족들은 생계에 큰 어려움이 있는데 이들에 대한 재정적 지원이라도 이루어져야 할 것은 당연한 국가의 몫이다.

이상에서 언급한 것처럼 법규정상으로는 피해자가 구제를 받을 수 있는 방법들이 여러 경우가 있으나 현실적으로 활용되지 않고 있고 활용을 함에도 여러 면에서 한계가 있다.

(2) 한   계

① 피해자가 범죄자에게 직접 배상을 청구하는 경우

피해자가 가해자에게 피해금액을 청구하여 이를 당사자와 적당한 선에서 합의가 이루어지는 것이 최선의 방법일 것이나 가해자가 무성의하게 나오는 경우라든지 배상능력이 없는 경우에는 현실적으로 이 방법은 불가능하다. 뿐만 아니라 가해자가 체포되지 않는 경우에는 아예 합의의 상대가 없다는 것도 큰 문제이다.

② 민사소송에 의한 경우

가해자에게 불법행위로 인한 민사상의 손해를 청구할 수 있으나 범죄자의 소추가 불가능한 경우 외에도 소송을 위한 시간과 비용이 많이 들고 가해자가 재력이 없는 경우 소송법상 승소를 하더라도 현실적인 만족을 할 수 없어 부질없는 짓이 되고 만다.

③ 배상명령제도에 의한 구제

이 제도는 앞서 본 바와 같이 국가의 공형벌권을 실현하는 형사절차에서 민사상의 손해배상청구권을 병행하여 실현하는 탁월한 제도이기는 하지만 형사재판의 본질상 정확한 손해배상액 사정을 위한 피고인의 신문에 따른 피고인에 대한 권리 침해적 문제도 있고 민사절차와 형사절차가 상충한다는 논리적인 문제점이 있기는 하나 피해자 보상을 위해서는 최선의 제도적 장치인 것만은 틀림없다. 제도상 이론상 문제가 있다고 해도 이를 개선하여 적어도 재산범죄에 대해서는 이 제도를 적극 활용하는 것이 좋을 것 같다.

4) 피해자학의 전망

1950년도에 유행한 피해자학은 또 피해자 유책론으로서의 색채를 가지고 있는 면이 있다. 그러므로 피해자학은 피해자 구제와 직결되지 않는가 비판을 받고 있으나 오늘날에는 피해자·가해자 상호작용론으로 변화하고 있다. 또 1970년대 이후는 피해자 구제의 측면이 급속히 발전한 시대라면 1980년대는 형사절차상 피해자 지위의 문제, 1990년대의 경우 범죄자 처우에 있어서 피해자 관점의 문제에 대한 논의가 활발하였다. 최근 피해자학을 연구하고 있는 학자들은 새로운 관점에서 피해자의 문제를 다루고 있다.

(1) 범죄에 대한 불안감

현실의 범죄피해는 한정된 수를 경험하나, 실제로는 더 많은 사람이 범죄의 피해를 입을 것이라는 불안감을 가지고 생활하고 있다. 유럽의 범죄학이나 피해자학에서는 이런 실제의 피해경험에 그치지 않고 많은 학자들이 범죄의 발생에 대한 공포심을 '범죄에 대한 불안감(fear of crime)'이라 부르고 높은 관심을 보이고 있다.

(2) 불안감의 의미

미국에서는 범죄에 대한 불안감은 범죄의 증가와 함께 과거 30년간 급격히 높아졌다. 하지만 이 범죄에 대한 불안감은 실제의 범죄통계나 피해자 실태조사의 결과 이상으로 확산되어 있다.

예를 들어, 스코간(W. Skogan)과 맥스필(M. Maxpil)은 '범죄에 대한 대응'에서 미국인의 약 반수가 범죄불안감을 품고 있으나 실제 범죄피해를 입는 것은 6% 전후에 지나지 않다고 지적했다.

일반적으로 범죄에 대한 불안감은 남성보다 여성쪽이 더 높으나 실제 피해는 남성이 높다. 한편 연령별로 보면 실제범죄의 피해 가능성은 고령층이 가장 낮으나 그들은 범죄불안감을 강하게 품고 있는 경우가 많다.

(3) 불안감의 원인

그러면 실제 피해를 입을 가능성과 주관적인 면에서의 불안감 사이에 큰 차이가 생기는 원인은 어디에 있는가? 이 점에 대해 두 가지가 지적될 수 있다.

하나는 매스미디어의 범죄보도 영향으로 생각된다. 오늘날 범죄피해를 직접 입지 않아도 그 실태를 매스미디어를 통해 간접적으로 알 수 있다. 때문에 범죄 증가와 흉악화를 선정적으로 보도하는 매스미디어의 태도가 범죄피해에 대한 불안감을 심어주게 된다. 또 하나는 이런 범죄증가와 흉악화에 대한 보도는 정신적인 쇼크를 일으켜 '법과 질서' 정책을 정당화하는 근거로 이용되는 측면도 지적할 수 있다.

(4) 범죄에 대한 불안감의 대책

범죄에 대한 불안감은 시민생활에 많은 영향을 미친다. 예를 들어, 현실에서 범죄피해에 대한 불안감을 가진 사람들은 여행이나 외출을 줄이거나 혼자 외출하는 것을 삼가는 등의 행동을 하게 된다. 또 불안감이 깊으면 경찰을 비롯하여 형사사법기관에 대한 신뢰가 약해진다.

따라서 이런 현상을 막기 위해 ① 정확한 범죄피해 실태를 파악하기 위해 범죄피해 조사를 활성화해야 한다. ② 범죄정보를 정확히 전달하여 특이한 범죄사건 등에 대한 과도한 보도를 자제하도록 한다. ③ 범죄예방책을 마련하여 실제 범죄피해의 가능성을 감소시키는 활동이 필요하다.

5. 외국 범죄피해자지원센터 — 선진국의 피해자 지원조직

(1) 북미와 유럽 선진국에서는 이미 1950년대 후반부터 수많은 자원봉사단체가 출현하여 각종 범죄피해자에 대해 다양한 원조를 제공해왔다. 1960년대 후반부터 북미로부터 유럽에까지 널리 확산된 "피해자 운동"의 영향 아래 피해자 지원단체의 수가 크게 증가하였다.

(2) 1970년대에는 산발적으로 활동하던 민간 자원봉사단체들이 전국적인 네트워크를 구축함으로써 영국의 피해자보호협회(VS: Victim Support), 독일의 백색고리(Weiber Ring) 또는 미국의 피해자보호협회(NOBA: National Organizationfor Victim Assistance)와 같은 체계화된 피해자 지원조직이 등장하였다.

⑶ 전국적인 조직망을 갖춘 이들 단체가 국가기관과의 협조 아래 국가 재정으로부터의 보조금을 안정적으로 확보함으로써 피해자 지원업무는 더욱 체계화되었다.

⑷ 현재 북미와 유럽 선진국에는 매우 많은 수의 피해자 지원조직이 활동하고 있는데 그 성격에 따라 다음과 같이 분류하는 것이 가능하다.

① 피해자지원조직: 범죄피해자에 대한 정신·심리상담, 법률구조, 피난처 제공과 같은 피해자 지원을 주된 임무로 하는 조직

② 형사화해 중재기관(가해자-피해자 조정기관): 형사절차상의 비중이 날로 높아지고 있는 피해 회복 및 형사화해를 위한 가해자와 피해자 사이의 중재를 주된 임무로 하는 조직으로서, 전문적인 훈련을 이수한 중재자가 확보되어야 한다.

③ 통합적 기능을 수행하는 조직: 피해자 지원과 형사화해 중재를 모두 담당하는 조직. 그러나 피해자를 보호·지원하는 조직이 가해자와 피해자의 화해를 중재하는 경우에는 중립성을 유지하는 것이 매우 어렵고, 전문성을 확보하기도 곤란하다. 그리하여 최근에는 피해자 지원 또는 화해중재 중 하나의 기능만을 수행하는 형태로 전문화되어야 한다는 생각이 일반화되어 있다.

6. 한국의 피해자지원조직

1) 지원조직의 과정

⑴ 우리나라에서는 1990년대 후반부터 성폭력·가정폭력·아동학대·학교폭력 등 개별적인 범죄피해자에 대한 상담과 지원을 위하여 민간단체가 선도적인 활동을 전개하였고, 정부에서도 나름대로 관련 입법과 제도를 정비하여 왔으나, 종합적이고 체계적인 범죄피해자 지원시스템으로까지 발전하지는 못하였다.

⑵ 그러던 중 대구지하철방화참사(2003. 2. 18. 발생)사건을 계기로 김천·구미지역에서 피해자 지원센터 창립대회(2003. 9. 5.)를 개최하여 치료·상담·경제적 지원 등의 활동을 통하여 범죄로부터 피해를 당한 피해자의 피해 회복을 지원하기 위하여 설립된 비영리 민간공익단체로 전화·면접상담과 사건 직후의 위기개입(안전의 확인·확보·병원 수배·동행 등), 정보 제공, 수사기관 및 법정 동행 서비스 등의 직접 지원 활동을 전개해 나감을 주 임무로 하고 있다.

⑶ 이러한 피해자 지원조직은 먼저, 피해자를 직접 접하는 일선 경찰, 검찰 등

수사기관의 피해자 보호 노력이 선행되어야 하며, 대구지방검찰청 김천 지청의 경우 ① 2003년 8월 11일 「범죄피해자 보호 강화지침」을 마련하여 피해자 상담실 설치(울산지점도 설치) 및 핫라인 개설, 피해자 통지 확대, 수사·공판절차에서의 피해자보호등 제도를 시행하고, ② 2003년 10월 1일 「경찰에 대한 수사 시 피해자 지원 강화 지시」를 통하여 범죄현장에서의 신속한 직접지원 조치, 범죄보고 시 피해자 동향란 신설, 지원센터와의 연계 강화 등을 지시하였고, ③ 2004년 1월 19일 검찰, 경찰, 시청, 소방서, 법조단체, 의료단체, 피해자 지원센터 등이 참여하는 「피해자 지원 유관기관실무협의회」를 구성한 바 있다.

2) 전　　망

(1) 21세기를 맞아 범죄자의 인권에 비하여 현저하게 소홀히 취급되어 왔던 피해자 인권보호의 중요성을 수사기관에서도 새롭게 인식하기 시작하였는데, 대검찰청에서는 「범죄피해자의 보호강화」를 검찰개혁자문위원회의 4대 개혁과제의 하나로 정하고 2003년 5월부터 구체적인 실현방안을 논의하고 있으며, 경찰청도 2003년 9월 범죄피해자 보호를 위한 「인권 매뉴얼(제1호)」을 발간·배포하기에 이르렀다.

(2) 또한 법무부는 2004년 9월 1일 범죄피해자 보호·지원 강화를 위한 종합대책을 마련하였는데 형사재판상 화해제도를 도입함으로써 확정 후 공판조서를 토대로 별도의 민사소송절차 없이 피고인은 물론 보증인을 대상으로 강제집행이 가능해지게 된다.

(3) 또 배상명령제도를 개선하여 법률구조공단이 경제적으로 곤궁한 피해자를 위한 배상명령 신청 대행업무를 적극 취급토록 할 계획이며 공익적 민간법인 형태의 '피해자지원센터' 설립을 적극 지원해 피해자에 대한 상담 및 경찰서, 검찰청, 법원에의 동행 등 정신적 지원과 함께 사건 직후 위기개입 등 법 집행기관의 피해자에 대한 보호, 지원시스템을 감시, 비판토록 했다.

(4) 또한 '피해자 구조기금'을 설립해 국가가 피해자에게 직접 보상하는 피해자 구조제도를 확대키로 하였는데 이는 피해자 중심의 획기적인 전환을 가져오는 진일보한 제도라고 할 수 있다.

제 7 절   교정의 신경향과 회복적 사법

(1) 범죄의 양적·질적 증가에 대응하여 국가에 의한 범죄와의 전쟁을 통해 형벌제도는 강화되고 있는 한편 현행 형사사법제도의 기능과 운영이 그 본래의 목적을 달성하는 데 적합한가 하는 근본적인 의문이 제기되고 있다.

(2) 지금까지의 형사정책은 원칙적으로 범죄자에 대한 응보에서 출발한다. 범죄자는 자신의 행위에 대한 사회적 책임은 지지 않으며, 그가 저지른 범죄로 야기된 각종 문제를 해결하는 데 어떤 역할도 하지 않는다.

(3) 여기서 진정 형벌의 목적이 무엇이며, 이에 대한 해결책이 없는가에 대하여 진지하게 생각해 볼 때이다. 특히 교도소는 범죄학교의 기능을 담당하여 범죄기술을 습득하는 장소로 전락하였으며, 범죄피해자는 자신의 피해에 대하여 국가나 사회로부터 전혀 도움을 받지 못하고 있다.

(4) 이에 따라 최근에는 과거 전통적인 응보적 사법(retributive justice)에 대응하는 회복적 사법 내지 원상회복적 사법(restorative justice)에 대한 논의가 활발히 진행되고 있다. 따라서 본 교재에서는 광의의 사회복지적 관점에서 회복적 사법의 의미와 방향을 소개하고자 한다.

1. 회복적 사법의 의의

1) 회복적 사법[12]이라는 개념은 1970년대 후반에 처음 사용되었는데 당시 이 용어는 북미와 유럽에서 행해지고 있는 다양한 형태의 피해자·범죄자조정프로그램을 표현하는 말이었다.

2) 회복적 사법의 개념은 형사사법의 세 가지 유형 즉, 응보적 사법, 분배적 사법, 회복적 사법이 그것이다. 전통적인 처벌과 처우모델은 범죄자의 행동에 초점을 맞추어 사법절차에 피해자참여를 거부하고 단지 범죄자에 의한 수동적인 참여를 요구할 뿐이다.

3) 이에 반해 회복적 사법에 의하면 우선 피해자, 지역사회 그리고 범죄자에게 해를 미치는 결과를 초래하는 개인 사이의 갈등으로 정의되며, 국가에 대한 침

---

12 회복적 사법이라는 용어를 처음 사용한 학자는 알버트 이글래쉬(Albert Eglash)이었다.

해는 단지 2차적 의미를 지닐 뿐이라고 한다.

4) 다시 말하면 범죄자는 추상적인 통합체 즉 국가에 대하여 빚을 지는 것이 아니라 그들의 피해자와 실질적인 지역사회에 대하여 책임이 있다.

5) 결국 회복적 사법에서는 범죄자의 행위결과인 해악적인 효과에 초점을 맞추어 적극적으로 배상과 사회복귀절차에 피해자와 범죄자를 관련시킨다.13

2. 형사사법의 기능과 회복적 사법

1) 회복적 사법은 기본적으로 범죄대응의 기본원칙이라고 할 수 있다.

2) 회복적 사법은 범죄의 개념, 범죄에 대한 효과적인 대응, 형사사법의 고전적 기능에 대한 이해 등에서 전통적인 응보형 사법과 구별된다.

3) 먼저 응보적 사법이 당사자주의적 절차를 통해 유죄를 인정하고 있고, 적절한 처벌을 과하는 것에 초점을 맞춘 결과 범죄자는 어떠한 사회적 책임도 지지 않으며, 그가 저지른 범죄로 인하여 야기된 문제를 해소하는 데에도 전혀 역할을 담당하지 않는다.

4) 반면에 회복적 사법은 범죄자와 피해자 및 지역사회라는 보다 광범위한 관계를 형성하고 있다. 결국 회복적 사법은 응보 그 이상의 의미를 가지고 있으며, 범죄로 발생한 침해는 단지 피해자 단독의 피해라는 차원을 넘어서 피해자와 지역사회 및 범죄자 자신에 대한 침해로 이해하고 있다.

5) 따라서 회복적 사법은 구체적인 법위반행위를 인정하지 않는 동시에 범죄자와 피해자, 지역사회를 지원하는 사법체계라고 할수 있다.

6) 회복적 사법은 지금까지 공식적인 형사사법체계에서 범죄자의 처우와 교정 등에 관한 관심이 집중되고 피해자와 지역사회는 등한시 되어 왔다는 문제인식에서 출발한다.

7) 피해자가 겪는 정신적·물질적인 고통과 피해, 지역사회가 겪는 범죄로 인한 불안감, 범죄자의 사회적 책임이 도외시 되는 현실에서 지역사회 전체의 재통합이 쉽지 않고 지역사회의 불신과 해체를 가속화시키는 결과를 초래하게 된다. 회복적 사법은 바로 이처럼 범죄자, 피해자, 그리고 지역사회 등의 균형과 조화를

---

13 회복적 사법은 피해자·가해자조정프로그램과 밀접한 관련성을 갖고 있다. 이 프로그램은 영국, 뉴질랜드, 호주, 독일 등에서 도입되어 운영되고 있다.

다루는 기능을 담당한다.

3. 회복적 사법에서의 대상

1) 회복적 사법은 기본적으로 미래에 중점을 두며, 과거에 중점을 두지 않는다는 점에서 응보적 사법과 구별된다. 즉 치료되어야 할 필요가 있는 것, 회복되어야 하는 것, 범죄로 인해 야기된 것에 대해서 배워야 할 필요가 있는 것 등에 중점을 둔다.

2) 그러므로 회복적 사법은 잘못된 것에 대한 구제를 통해 범죄자·피해자 모두에게 문제를 방지하는데 초점을 맞추고 있다.

3) 여기서 형사사법체계의 성공여부는 얼마나 많은 처벌이 가해졌는가 하는 점에서가 아니라 발생한 손해 또는 해악이 얼마나 복구되고 예방되었는가 하는 점에 달려 있다.

4. 피해자·범죄자·지역사회의 관계에 근거한 회복적 사법

1) 회복적 사법의 가장 큰 장점은 피해자, 범죄자, 그리고 지역사회일원 등이 중요 당사자를 직접 포함시킨다는 데 있다.

2) 회복적 사법의 개념은 사법절차에 있어서 범죄피해자의 지위와 역할을 향상시켜 피해자 본인과 피해를 입은 지역사회에 대하여 직접 변명할 책임을 범죄자에게 부과하는 것에 초점을 맞춤으로서 피해자와 범죄자의 직접적인 대화, 범죄자에 의한 피해자에의 피해배상, 범죄예방, 범죄자와의 협력, 피해자지원, 보다 안전한 지역사회의 창조 등 지역사회의 적극적인 참여의 중요성을 강조한다는 점에서 전통적인 응보적 사법과 구별된다.

3) 즉 회복적 사법은 범죄문제를 국가에게만 맡겨두기보다는 범죄예방과 감소를 위한 공동의 협조와 주도권의 중요성을 강조하는 특징을 가지고 있다.14

4) 따라서 범죄자 및 피해자뿐만 아니라 지역사회의 모든 자원들이 분쟁해결 절차에 참여해야 할 책임이 있다. 범죄자는 범죄행위를 인정하고 사과하며, 애도를

---

14 이런 점에서 전통적 경찰활동과 대비되는 개념인 지역사회경찰활동(community policing)과 맥을 같이 한다.

표하여 보상 또는 복구를 할 책임이 주어지며, 피해자는 범죄자에 의해 행해진 애도와 사과를 수용하고 용서의 표현을 할 책임이 있고, 지역사회의 일원은 필요한 지원을 아끼지않음과 동시에 당사자를 분쟁해결에 참여하도록 권함으로써 분쟁해결을 촉진한다.

5) 이처럼 회복적 사법은 지역사회에 근거한 사법모델이다. 그렇다고 하여 회복적 사법이 전적으로 지역사회에 기초하는 것은 아니다. 경찰, 법원, 행형기관의 피해자지원이 요구되며 이들은 지역사회의 강화를 위해 협조해야 할 책임이 있다.

6) 결국 회복적 사법은 관련당사자의 참여와 합의를 유도하여 이미 발생한 갈등상황에 대한 이해와 치료를 통해 완전하고 직접적인 책임을 추구하고 이를 통해 서로 대립된 당사자를 재통합함으로서 평화와 인도주의를 실현하고, 결국에는 지역사회의 깅회를 통한 향후 범죄예방에 그 목적을 두고 있다.

7) 따라서 회복적 사법은 범죄의 당사자, 국기, 지역사회의 모든 자원들이 지역사회의 범죄문제를 해결하는 데 공동으로 노력하는 사회복지적 관점의 프로그램이라고 할 수 있다.

5. 회복적 사법의 전망

1) 최근 회복적 사법에 대한 많은 관심과 발전은 기존의 형사정책에 대한 불만이 늘어남에 따라 이에 대한 혁신적인 정책 내지 프로그램의 하나로 제시된 것이다.

2) 회복적 사법은 위에서도 언급하였듯이 범죄자, 피해자, 지역사회를 함께 아우르는 과정으로서 범죄에 의하여 발생한 피해를 응보적 형벌로 대응하는 것이 아니라 치유하는 데 중점을 두고 있다.

3) 회복적 사법의 중요한 의의는 범죄와 처벌의 본질에 대한 기존 관념의 전환에 있다. 범죄문제를 단순히 국가가 주도적으로 해결하는 관념에서 벗어나서 범죄자와 피해자, 지역사회가 공동으로 해결한다는 점에서 지역사회의 자원이 적극적으로 참여할 수 있는 환경을 조성하고 또 지역사회 자원들의 주도적 참여가 절대적으로 필요하다.

4) 회복적 사법의 성공 여부는 국가와 지방정부, 지역사회의 다양한 자원 간에 적극적인 대화와 협조가 관건으로 생각한다. 최근일부 지방에서 실시되고 있는

범죄피해자지원센터의 설립과 경찰에서 시도하고 있는 지역사회경찰활동프로그램은 회복적 사법의 전망을 밝게 하는 것들이다.

5) 범죄로부터의 안전을 지키는 일은 국가 또는 개인이 해결해야 할 문제라기보다는 국가와 개인, 지역사회의 모든 구성원의 공통적인 문제라고 볼 때 범죄문제의 해결은 형사정책적인 과제인 동시에 사회복지적인 과제이다.

6) 이런 점에서 회복적 사법은 형사정책적인 면과 사회복지적인 관점을 동시에 고려해야 그 전도가 유망할 것이라고 생각한다.

01. 비범죄화 또는 다이버전(Diversion)에 대한 설명 중 옳지 않은 것은? (11. 사시)

① 비범죄화론은 약물범죄와 같은 공공질서관련 범죄에 대해서 많이 주장되고 있다.

② 다이버전은 형사제재의 최소화를 도모하는 것으로, 보석도 그 한 형태이다.

③ 다이버전은 재판절차 전 형사개입이라는 점에서 또 다른 형사사법절차의 창출이라는 비판도 있다.

④ 경미범죄에 대한 경찰의 훈방조치 내지 지도장 발부, 범칙금 납부제도 등은 넓은 의미의 비범죄화의 일환이다.

⑤ 다이버전은 범죄자를 전과자로 낙인찍을 가능성을 줄인다.

> 정답 ② 다이버전은 형사제재의 최소화를 도모하는 것으로, 보석은 완전한 사회 내 처우를 의미하는 것이 아니기 때문에 다이버전의 형태에 해당되지 않는다. 즉 다이버전은 종국처분을 의미한다고 볼 수 있다.

02. 「소년법」상 보호처분이 아닌 것은? (05. 9급 공채)

① 보호자감호위탁　　　　② 단기보호관찰

③ 치료감호집행　　　　　④ 소년원송치

> 정답 ③ 치료감호집행은 정신장애나 약물중독자의 처우내용이다.

03. 「소년법」상 보호처분에 대한 설명으로 옳은 것은?

(12. 9급)

① 보호자 및 보호·복지시설 등에의 위탁은 최장 12개월까지 가능하다.

② 사회봉사명령과 수강명령은 14세 이상의 소년에게만 부과할 수 있다.

③ 단기로 소년원에 송치된 소년의 보호기간은 1년을 초과하지 못한다.

④ 단기보호관찰은 1회에 한하여 연장할 수 있으나, 장기보호관찰은 연장할 수 없다.

> **정답** ①.
> ① 보호자 및 보호·복지시설 등에의 위탁은 원칙이 6개월, 6개월 연장이 가능하다.
> ② 사회봉사명령은 14세 이상, 수강명령은 12세 이상의 소년에게 부과할 수 있다.
> ③ 단기로 소년원에 송치된 소년의 보호기간은 6개월을 초과하지 못한다.
> ④ 장기보호관찰은 1회에 한하여 연장할 수 있으나, 단기보호관찰은 연장할 수 없다.

04. 「소년법」에 규정된 소년범죄자에 대한 형사처분의 특례규정으로 볼 수 없는 것으로만 묶인 것은?

(13. 7급 형사정책)

> ㉠ 구속영장의 발부제한
> ㉡ 구속시 성인피의자, 피고인과의 분리수용
> ㉢ 소년형사사건의 필요사항에 대한 조사관의 필요적 위촉
> ㉣ 가석방조건의 완화
> ㉤ 소년분류심사원 위탁기간의 미결구금일수 산입
> ㉥ 보도금지의 완화
> ㉦ 보호처분 계속 중 징역형이 선고된 경우 보호처분우선 집행

① ㉠, ㉢, ㉣   ② ㉡, ㉤, ㉦

③ ㉢, ㉥, ㉦   ④ ㉤, ㉥, ㉦

> **정답** ③ ㉢㉥㉦이 틀린 지문이다.
> ㉢ 소년형사사건의 필요사항에 대한 변호인의 임의적 위촉
> ㉥ 보도금지는 형사 및 보호사건에 적용된다.
> ㉦ 보호처분 계속 중 징역형이 선고된 경우 징역형 우선 집행

05. 교정처우의 새로운 이론인 회복적 정의(Restorative Justice)와 관련한 다음 설명 중 옳지 않은 것은? (07. 9급 경채)

① 이 이론은 과거 응징적·강제적·사후대응적 사법제도에 대한 반성으로 나온 것으로서 정부와 범죄자가 주체이다.

② 피해자 및 지역사회의 손실을 복구하고 재통합을 추구는 형사사법이론이다.

③ 싱가포르의 '노란리본 프로젝트(Yellow Ribbon Project)'는 이 이론에 입각한 범국민 교정참여운동이다.

④ 교정처우에 있어 기존의 처벌과 응보 외에 치료와 화해의 개념을 도입하였다.

> **정답** ① 회복주의사법의 주체는 정부, 지역사회, 가해자와 피해자, 그들의 가족 등이다. 정부와 범죄자가 주체인 것은 응징적 사법이다.

06. 현행법상 피해자의 권리·보호를 위한 제도가 아닌 것은? (11. 사시)

① 피해자의 판결공시청구권

② 공판절차상 피해자의 진술권

③ 수사기관의 성폭력범죄피해자 조사시 신뢰관계에 있는 자의 동석

④ 배상명령신청에 관한 피해자의 변호인선임권

⑤ 범죄피해자 보호업무종사자에 의한 피해자의 사생활에 관한 비밀누설 금지

> **정답** ④ 피해자의 권리·보호를 위한 제도로 배상명령신청권은 해당될 수 있으나, 이와 관련된 변호인선임권은 권리·보호를 위한 제도라고 보기 어렵다.

07. 소년분류심사원에 대한 설명으로 옳지 않은 것은? (09. 7급 공채)

① 소년분류심사원에서는 의학, 심리학, 교육학, 사회학, 그 밖의 전문적인 지식과 기술을 활용하여 수용자에 대한 분류심사를 실시하여 그 결과를 해당 법원 소년부 또는 검사에게 통지하여야 한다.

② 소년분류심사원의 위탁기간은 1개월을 초과하지 못하나 분류심사상 필요하다고 인정할 때는 1회에 한하여 결정으로써 연장할 수 있다.

제11장 범죄의 형사법적 대책 533

③ 소년분류심사원은 법원 소년부가 상담·조사를 의뢰한 소년의 상담과 조사의 임무를 수행한다.

④ 가정법원 소년부 또는 지방법원 소년부가 소년의 형사처분에 대한 결정을 하기 위하여 소년분류심사원에 그 분류심사를 위탁한다.

> **정답** ④ 가정법원 소년부 또는 지방법원 소년부가 소년의 보호처분에 대한 결정을 하기 위하여 소년분류심사원에 그 분류심사를 위탁할 수 있다.

08. 수형자권리구제와 관련이 없는 것은?   (06. 9급 경채)

① 국가인권위원회에 진정

② 가석방심사위원회의 심사

③ 소장면담

④ 법무부장관에 청원

> **정답** ② 현행 수형자권리구제로 주로 이용되는 것은 청원, 소장면담, 행정심판, 국가인권위원회의 진정 등의 비사법적 구제수단이 활용되고 있고, 헌법소원, 민·형사상소송 및 행정소송 등의 사법적 구제제도가 허용되고 있다.

09. 최근 각국의 교정정책 수립시 중요한 이념적 토대를 제공하고 있는 회복사법 (restortive justice)에 대한 설명으로 맞지 않는 것은?   (12. 9특)

① 공동사법, 배상적 사법, 관계적 사법이라고도 불린다.

② 기존의 형사사법이 가해자 책임성에 대해서 지나치게 강조하였다고 비판하면서 가해자 책임성에 대해서는 완화된 입장을 견지한다.

③ 피해자가 입은 상처에 대해 진단하고 피해자의 욕구를 범죄처리절차에서 반영해야 한다고 주장한다.

④ 가해자와 피해자뿐만 아니라 그들이 구성원으로 있는 지역사회 자체의 역할과 기능도 강조한다.

> **정답** ② 회복적 사법은 범죄자가 자신의 범행에 대한 처벌을 받고 피해자 및 해당 지역사회에 보상해야 할 필요성을 갖도록 책임감을 갖게 하려는 것이다. 사법제도에 들어온 범죄자들은 보다 생산적이고 책임감 있는 시민이 되도록 능력개발이 이루어져야 한다는 목표를 지향한 적극적인 형사패러다임을 강조하는 사상이다.

10. 다음 중 회복적 사법의 기본원칙과 거리가 먼 것은?

① 범죄는 인간관계에 대한 침해이고, 관련자는 상호연계를 통해 회복적 사법의 책임을 공유한다.

② 범죄자는 회복적 사법을 경험한 결과로 자신감과 이해력이 증진되어야 한다.

③ 형사사법의 최우선 고려사항은 범죄자를 지원하는 것이고, 두 번째 고려사항은 가능한 한 지역사회를 재건하는 것이다.

④ 범죄자는 자신이 저지른 행동으로 피해자와 지역사회에 끼친 잘못에 대해 책임을 져야 한다.

> **정답** ③ 형사사법의 최우선 고려사항은 피해자를 지원하는 것이고, 두 번째 고려사항은 가능한 한 지역사회를 재건하는 것이다. 또한 피해자와 지역사회는 형사절차에서 핵심적 위치를 차지한다.

11. 소년 형사사건에 있어서 「소년법」상 특칙에 대한 설명으로 옳은 것은?

① 죄를 범할 당시 18세 미만인 소년에 대하여 사형 또는 무기형으로 처할 경우에는 10년의 유기징역으로 한다.

② 보호처분이 계속 중일 때에 징역, 금고 또는 구류를 선고받은 소년에 대하여는 먼저 보호처분을 집행한다.

③ 장기 5년 단기 3년의 부정기형을 선고받은 소년에 대하여는 1년이 경과한 때부터 가석방할 수 있는데, 이때의 보호관찰기간은 1년이다.

④ 징역 또는 금고를 선고받은 소년에 대하여는 특별히 설치된 교도소 또는 일반 교도소 안에 특별히 분리된 장소에서 그 형을 집행하되, 소년이 형의 집행 중에 23세가 되기 전까지 계속하여 수용할 수 있다.

> **정답** ③.
> ① 죄를 범할 당시 18세 미만인 소년에 대하여 사형 또는 무기형으로 처할 경우에는 15년의 유기징역으로 한다.
> ② 보호처분이 계속 중일 때에 징역, 금고 또는 구류를 선고받은 소년에 대하여는 먼저 그 형을 집행한다.
> ④ 징역 또는 금고를 선고받은 소년에 대하여는 특별히 설치된 교도소 또는 일반 교도소 안에 특별히 분리된 장소에서 그 형을 집행하되, 소년이 형의 집행 중에

12. 다음은 현행 법률에서 규정하고 있는 정보공개와 관련된 내용들이다. 틀린 것은?

① 수용자는 법무부장관, 교정본부장, 지방교정청장, 소장에게 정보공개를 청구할 수 있다.

② 수용자가 정당한 사유 없이 정보공개청구를 취하하거나 비용을 납부하지 않은 적이 2회 이상 있는 경우 그 수용자에게 예상되는 비용을 미리 납부하게 할 수 있다.

③ 미리 비용을 납부해야 하는 수용자가 비용을 내지 않을 경우 정보공개 여부의 결정은 유예될 수 있다.

④ 예상비용의 산정방법, 납부방법, 납부기간, 그 밖에 필요한 사항은 대통령령으로 정한다.

정답 ① 수용자는 법무부장관, 지방교정청장 또는 소장에게 정보의 공개를 청구할 수 있다.

참고문헌

1. 국내문헌

1) 단 행 본

공정식, 『한빛교정학』, 육서당, 2002.

김상균·신석환 공저, 『교정학개론』, 청목출판사, 2009.

김일수, 『새로 쓴 형법총론』, 박영사, 2006.

김지훈, 『정도교정학』, 박문각, 2017.

김형태, 『상담의 이론과 실제』, 동문사, 2000.

김화수·허주욱·강영철·홍성열·조준현·박영규·이영근·오영근, 『한국교정학』, 한국교정학회, 2007.

박상기·손동권·이순래, 『형사정책』, 한국형사정책연구원, 2003.

배임호·박경일·이태언·신석환·전영록, 『교정복지론』, 양서원, 2009.

배종대, 『형사정책』, 홍문사, 2000, 2003.

_____, 『교정학』, 홍문사, 2005.

손순용·천정환 공저, 『교정복지실천론』, 푸른북, 2006.

송광섭, 『범죄학과 형사정책』, 유스티니아누스, 1998.

송병호·신석환·이태언 공저, 『교정보호론』, 청송출판사, 2012.

신석환, 『보호관찰론』, 한국학술정보(주), 2009.

심재무, 『형법총론과 연습강의』, 신지서원, 2007.

이상현, 『범죄심리학(제3판)』, 박영사, 2004.

이윤호, 『교정학』, 박영사, 1995, 2007.

이윤호, 『범죄학』, 박영사, 2007.

이태언·김상균·신석환·조미숙, 『신형사정책』, 형설출판사, 2005, 2009.

이창한 외 공저, 『범죄학&형사정책』, 박영사, 2012.

이형득, 『상담이론』, 교육과학사, 1994.

임상곤, 『범죄심리학원론』, 백산출판사, 2004.

장석헌, 『청소년비행대책론』, 박영사, 2015.

장상희 외(역), 엘렌 리스카, 『일탈의 사회학』, 경문사, 2001.

장혁표·신경일 공저, 『상담과 심리치료의 이론과 실제』, 교육과학사, 1996.

전대양, 『현대사회와 범죄』, 형설출판사, 2002.

최옥채, 『교정복지론』, 학지사, 2006, 2010.

홍성열, 『범죄심리학』, 학지사, 2000.

홍봉선, 『교정복지론』, 공동체, 2007.

2) 논   문

김혜정, "개정법률안에 도입된 양형자료조사제도에 관한 검토: 형사소송법 및 보호관찰 등에 관한 법률 개정법률안을 중심으로," 형사법연구 제26호, 2006.

박영숙, "보호관찰제도의 활성화 방안," 교정복지연구 제8호, 2007.

이호룡, "사회보장행정법의 법리에 관한 연구," 한양대학교 박사학위논문, 2000.

심재무, "한국소년보호제도의 문제점과 그 개선방안," 비교형사법연구 제10권 제2호, 한국비교형사법학회, 2008.

이법호, "소년범에 대한 시설내처우 및 사회내처우의 효과적인 연계방안," 보호 통권18호, "2006.

이성칠, "한국보호관찰의 현황과 과제," 한국형사정책연구원, 2003.

이형제, "미국보호관찰제도 연구," 해외연수 보고서, 2004.

조미숙, "기능적 결손가정 청소년의 비행행동 예방을 위한 중재요인에 관한 연구," 형사정책연구 제13권 제3호, 2002.

한영수, "형기종료 후 보호관찰제도 도입 및 전자감독확대방안에 관한 연구," 법무부 연구용역 과제, 2008.

3) 기타자료

법무부, 심리치료프로그램, 법무부보호국, 1999.

_____, 한국인의 법과 생활, 개정판, 2015.

_____, 보호관찰제도, 2003.

_____, 범죄예방실무, 법무부보호국, 2005.

_____, 팀제편성, 운영에 관한 지침, 보호국 관찰과, 2005.

_____, 교정위원 운영지침, 교정국, 2005.

_____, 특정성폭력범죄자 위치추적법령 해설, 사회보호정책과, 2008. 12.

_____, 조직개편 및 법교육 강화 등, 법무부 보호국, 2007.

_____, 청소년의 비행심리와 인성지도, 2014.

법무연수원, 범죄백서, 1999, 2007, 2012, 2105.

법원행정처, 새로운 형사재판실무, 2002.

_____, 법원실무제요, 소년, 2014.

법률 제8394호, 특정범죄자에 대한 위치추적 전자장치 부착에 관한 법률, 2007.

법제사법위원회, 보호관찰 등에 관한 법률 일부 개정법률안, 2008, 12.

법률 제14281호(2016. 12. 2), 형의 집행 및 수용자의 처우에 관한 일부 개정 법률.

피해자지원센터, 한국피해자학회, 범죄피해자 지원, 성민기업(서울), 2003. 10.

한국보호관찰학회 보호관찰제도의 변화를 유도할 형사제재의 도입에 관한 논의, 2006.

한국비교형사법학회, 제 6 회 한·중 형법학술심포지움, 2008.

검찰청 홈페이지(www.spo.go.kr)

대법원 홈페이지(www.scourt.go.kr)

법무부 홈페이지(www.moj.go.kr)

2. 국외문헌

染田惠, 犯罪者の社會內處遇の探求: 處遇の多樣化と修復的司法, 成文堂, 2006.

枡木一久, 保護觀察運營の諸形式, 日本の 矯正と保護 第3券, 有斐閣, 1981,

藤本哲也, 刑事政策槪論, 靑林書院, 2006.

齊藤豊治, 少年法硏究, 2: 少年法改正の檢討, 成文堂, 2006.

Archer, J.(1994), _Male Violence_, New York: Routledge.

Beveridge, W.(1942), _Social Insurance and Allied Services_, London: Her Majesty's Stationery Office.

Burt, Gallaway(1997), "Restitution as Integrative Punishment," in Randy E. Barnet and John Hegel Ⅲ(eds.), _Assessing the Criminal_, Cambridge, MA : Ballinger.

Champion, Dean J.(2007), _Probation, Parole and Community Corrections in the United States_, N.J.: Prentice-Hall.

Conklin, J. E.(1997), _Criminology_, Boston: Allyn & Bacon.

Farrington, D. H.(1991), "Early predictors of adolescent aggression and adult violence," _Violence and Victims_, Vol. 4.

Felson, R. B.(1978), "Aggression as impression management," _Social Psychology_, No. 41.

Jeffery, C. R.(1990), _Criminology: An Interdisciplinary Approach_, Englewood Cliffs, N.J.: Prentice-Hall.

Mednick, S. A.(1987), _The Cause of Crime: New Biological Approach_, Cambridge: Cambridge Univ. Press.

Pepinsky, H. E.(1984), *Myths that Cause Crime*, Washington D.C.: Seven Locks Press.

Quay, H. C.(1987), *Intelligence, Handbook of Juvenile Delinquency*, Wiley: New York.

Reza, Fadaei-Tehrani & Thomas M. Green(2002), "Crime and society", *International Journal of Social Economics* 29(10).

Rogers, J. W.(1977), *Why are you not a Criminal?*, New Jersey: Prentice-Hall.

Shelden, G., Randall(2005), *Delinquency And Juvenile Justice in American Society*, Waveland Pr. Inc.

Skinner, B. F.(1953). *Science and human behavior.* New York: Macmillan.

Zamble, E. & V. L. Quinsey(1996), *The Criminal Recidivism Process*, Cambridge University.

[저자 소개]

■ 김상균(金相均)

창원대학교 법학과/동대학원(법학석사)
고려대학교 심리학과(심리학석사)
동국대학교 경찰행정학과(형사학박사)
국가인권위원회 조사담당관
국제민간조사학회 회장
한국범죄심리학회 회장
범죄피해자지원센터 상담위원
천안교도소 징벌위원회위원
천안교도소 옴부즈만위원
국방공무원 교정직시험 감수위원
국가고시출제위원(교정학 5·7·9급)
현 백석대학교 경찰학부 교수

〈주요저서 및 논문〉

범죄학개론(청목출판사, 2009)
범죄심리학(청목출판사, 2008) 외 다수
연쇄살인범의 심리학적 특성에 관한 연구에 30여 편의 논문발표

■ 송병호(宋炳昊)

한양대학교 법대(법학사)
동국대학교 경찰행정학과(법학석사)
동국대학교 경찰행정학과(경찰학박사)
국가고시 출제위원(교정학 5·7·9급, 2010－2012)
충청남도 지방경찰청 상담위원 역임
한국공안행정학회·한국부패학회 상임이사
한국범죄심리학회·한국경찰발전연구회·한국민간경비학회 이사
천안동남경찰서 집회시위자문위원/공주교도소 교정행정자문위원
현 백석대학교 법정경찰학부 교수/백석문화대학교 경찰경호학부장/백석대학교 도서관 부관장

〈주요저서 및 논문〉

교정보호론(공저, 청송출판사, 2012)
경찰조직관리론(공저, 청목출판사, 2011)
영화로읽는범죄심리(삼진프린트, 2010)
현대범죄학(삼진프린트, 2010)
탐정학개론(공저, NO1210, 2010)
특수범죄론(다해, 2009)
민간조사업법(고시미디어, 2008)
형사사법학개론(다해, 2008)
경찰수사(공저, 글소리, 2007)
조직범죄론(공저, 형설출판사, 2004)
한국정보경찰의 직무만족과 효과성인식에 관한 조사연구(2011)
지역사회경찰활동에 관한 연구(2011)
복잡계이론을 활용한 범죄연구 가능성 고찰(2010) 외 다수

■ 신석환(申碩桓)

창원대학교 행정대학원(법학석사)
경성대학교 대학원 법과(법학박사)
대전, 대구, 부산, 서울 보호관찰심사위원회 위원
법무부, 창원, 대전, 대구, 부산보호관찰소장
서울 보호관찰소장(고위공무원) 역임
한국범죄심리학회 이사, 서울보호관찰소 특별범죄예방위원
삼육대 보건복지대학원 및 삼육대, 부산외국어대, 법무연수원 강의
백석대학교 법정경찰학부 겸임교수력
경성대 법행정정치학부 외래교수

〈주요저서 및 논문〉
교정복지론(공저, 양서원, 2013)
교정보호론(공저, 청송출판사, 2012)
교정학개론(공저, 청목출판사, 2009)
신형사정책(제 2 판, 공저, 형설출판사, 2009)
보호관찰제도의 활성화방안 연구(2009) 외 다수

제 2 판
교정학

초판발행	2013년 3월 10일
제2판인쇄	2017년 2월 15일
제2판발행	2017년 2월 25일

지은이	김상균·송병호·신석환
펴낸이	안종만

편 집	문선미
기획/마케팅	이영조
표지디자인	조아라
제 작	우인도·고철민

펴낸곳	(주) **박영사**
	서울특별시 종로구 새문안로3길 36, 1601
	등록 1959. 3. 11. 제300-1959-1호(倫)
전 화	02)733-6771
f a x	02)736-4818
e-mail	pys@pybook.co.kr
homepage	www.pybook.co.kr
ISBN	979-11-303-0404-5 93350

정 가   27,000원